国家出版基金项目
NATIONAL PUBLICATION FOUNDATION

中国社会科学院近代史研究所中华民国史研究室
总编 李 新

中华民国史

第十一卷

(1945—1947)

汪朝光 著

中 华 书 局

1945 年 8 月 15 日，蒋介石就抗战胜利向全国发表广播讲话。

蒋介石巡视重庆市街。

南京中国战区受降仪式会场。

1945 年 9 月 9 日，中国陆军总司令何应钦接受日军总参谋长小林浅三郎呈递降书。

中国陆军副参谋长冷欣将日军降书呈蒋介石。

重庆谈判期间，蒋介石与毛泽东合影。

日本侨民撤离台湾。

中国军队进驻台湾。

1945 年 12 月 1 日，昆明学生举行反内战游行。

1946年1月，张群、周恩来、马歇尔参加停战令签字仪式。

1946 年 3 月 4 日，国共美军事三人小组在延安机场。

周恩来与中共将领在张家口合影。

军调部国共美三方代表合影。

国共美军事三人小组和军调部三方代表在北平召开会议。

1946 年 5 月 5 日，国民政府还都南京。

1946 年 5 月 5 日，蒋介石等国民政府领导人谒中山陵。

国民党陆军官兵合影。

国民党空军官兵合影。

李公朴。

闻一多。

1946 年 5 月，中共代表团在南京梅园新村驻地。

周恩来与美国友人安娜·路易斯·斯特朗在延安。

陈诚与陈布雷。

王世杰与远东国际法庭的法官。

南京国民大会堂。

制宪国大会场。

蒋经国在东北会见苏联外交人员。

目 录

前　言

1945年8月,中国人民历经八年艰苦卓绝的抗日战争,终于赢来了反对日本帝国主义侵略的最终胜利。这是永垂史册的历史性胜利,是近代以来备受列强欺凌而从未放弃过抗争的中国人民所赢得的第一次反侵略战争的全面、彻底的胜利。

本卷所述为从抗战胜利到全面内战爆发前后的民国历史。这是一个中国政局大幅度动荡、社会发生急剧变化的历史时期。抗战胜利,为中国带来了前所未有的历史机遇,全中国人民都渴望和平建国,使中国成为一个真正富强民主、自立于世界民族之林的国家。但是,当时执政的中国国民党和已经建立了相当规模力量基础的中国共产党,对于如何建设战后中国,从理论到实践都有着截然不同的主张与行动。国民党奉行一党专政、以党治国和领袖个人专断的理论,企图独享抗战胜利成果,继续排斥其他党派和社会力量的政治参与,维持其多年一党专政带来的既得利益。共产党以新民主主义理论为指导,主张在和平、民主、团结的基础上实现全国统一,各党派与各种社会力量合作,建设独立、自由与富强的新中国。这种分歧的实质用一句话表达,就是中国向何处去?它成为战后中国政局变化原因的根本所在。

国共两党关于未来中国前途与命运看法的分歧,既缘于政治理念的差别,更缘于对战后中国形势的不同理解。国民党认为,它因为抗战胜利而得到民心,因为接收日伪政权大量资财而得到空前的物质支持,因为战后有利的国际政治形势而得到美国的支持并可以期望苏联的中立,同时它还有着军事上确切无疑的优势地位,所有这些使国民党获取了自执政以来前所未有的政治、经济、军事资源,从而处于其统治的巅峰地位。因此,在这种强烈优势感笼罩下的国民党领导层及其领袖蒋介石,没有抓住民心望治的历史机遇,为中国开辟一条和平民主发展的新路,而是袭用其惯常思维逻辑,以武力作为自己统治的砝码,以战争作为解决问题的手段,企图压服自己的政治对手。

抗战的胜利,同样使中国共产党获得了极其宝贵的历史契机。经过抗战八年的发展,中共已经成为有了大块根据地、独立的武装、严密的组织和成熟的领袖的政党。中共确立的新民主主义政治路线,从理论到实际都更接近中国的国情,从而也更利于自己的社会动员;农村土改政策,使它得到了中国最广大人口的农民的支持;统一战线团结了全国多数中间党派和社会舆论;向北发展、向南防御的军事战略,为自己打下了一块巩固的东北根据地。所有这些,使中共的力量日渐上升,在战后中国的政治斗争中占据了不容忽视的实力地位。

战后初期,中国出现了和平的期望与现实的机遇。从重庆谈判、政协会议,到停战协议、军事调处,战争暂时得以停止,国共坐在一起谈和。尤其是 1946 年初政协通过的诸项决议,为中国打开了和平民主的大门,社会各界为此而有着极大的期待。但是,面对自己的政治对手强有力的挑战,国民党领导层根深蒂固的唯我独尊意识和多年执政的既得利益,以及其组织力与竞争力日渐低下的现实,使它不甘心在民主竞争中败阵,从而失去自己的统治地位。因此,国民党最终放弃了和平而选择了战争。但是,选择战争就是违反民心,失民心者失天下,国民党同样不能逃脱这一历史的必然。

全面内战的爆发,是战后中国政治发展的一大转折。国民党以自己所拥有的政治、经济、军事优势为后盾,对中共根据地发动了全面的军事进攻。双方力量对比的强弱是显而易见的。但是,国民党以占领实地为目标的军事战略,使它的军事力量不断在战争中被消耗,而中共的运动战、歼灭战战略,使自己在失去地方的同时,换来了实力的增强。战争进行刚刚一年,国民党统帅部就不得不由全面进攻改行重点进攻,再由重点进攻改取全面防御。加上影响民心向背的其他种种因素,自抗战中后期起即逐渐显现的国民党统治力的衰败，已经成为国民党领导层也无可讳言的事实。

国民党通过战争确立自身全面优势的企图失败了。国民党很快就因为接收舞弊和通货膨胀而失去了民心，因为战争而消耗了大量财力物力并导致了经济危机，因为战略战术的失误而失去了军事优势。在不到两年的时间里，国民党就基本丧失了它在胜利初期所拥有的诸多资源，从而不得不进行"戡乱动员"。国民党所失即中共所得。在一场以弱对强的较量中，历史的天平正在向新生力量一方倾斜，中共历经多年的奋斗，终于看到了全国胜利的曙光。

抗战胜利后的国内外环境，为中国的中间势力及其代表党派提供了一次发展机遇，一时党派林立，蔚为大观。所谓中间势力，即介于国共及其代表的阶级之间的社会力量，主要是中国的民族资产阶级和自由主义知识分子。他们企望中国以渐进与和平的方式走西方式民主与发展的道路，思想来源是自由主义与改良主义。然而，中国资本主义经济的不发达和自由主义传统的缺乏，使他们缺少自身发展的社会环境。中国的政治现实决定了，只有实力才是政治斗争的依靠，因此也只有国共两党有实力角逐中国的领导地位。中间党派短时的发展不仅没有改变这种格局，而且他们的发展本身就是国共相持不下时的产物。随着政治形势的变化，国共关系的破裂，处于两党夹缝中的所有中间党派，不是投靠国民党，便是接近共产党，走中间道路的努力最终没能成功。

战后中国的国内政治无可避免地受到国际政治的影响。与战前相比，日本退出中国政治舞台，英法在华影响式微，而美国与苏联两强参与中国政治的广度与深度则大大超过了战前。不同的是，美国主要是在台前，苏联基本上是在幕后；美国是全面参与中国的政治经济事务，如马歇尔使华与中美商约；苏联则更多地关注地区问题及其自身利益，如东北和新疆。美苏的立场与行动对于中国战后政治的发展起着不容忽视的影响。但是中国国内政治斗争的实际同时说明，中国的发展道路主要决定于内部因素，而非国际干涉，决定未来中国命运的只能是中国人自己。

战后中国的经济发展出现了前所未有的困难与危机。经济恢复迟缓,生产水平下降,财政出现巨额赤字,通货膨胀威胁到绝大多数人的日常生活。与此同时,国家资本有了很大的发展,民营资本运营困难,外国在华投资也在萎缩之中。执政的国民党为更紧迫的政治与军事问题所牵制,对于经济问题,既缺乏切实可行的经济政策,也提不出改善经济状况的良方,其战争政策更拖累经济的不断下滑,以致发生了震动全国的黄金风潮。不断恶化的经济状况正在成为统治当局的滑铁卢,并导致国民党统治的全面危机。

战后中国外交地位较之战前有所提高。中国成为战后最重要的国际组织——联合国的创始成员国和拥有否决权的一员,被列为国际五强之一。中国废除了近代以来被外国列强强加于己百年之久的不平等条约体系,这是中国抗战胜利和民族复兴的重要成果。但是中国积贫积弱的政治经济地位和国内分裂与战争的现实,决定了中国外交还只能是大国的附庸。旧的不平等消除之后,新的不平等仍然在出现。在中苏条约谈判及其实施过程中,在中美商约谈判过程中,在中英关于香港问题之争中,在中法关于越南问题的交涉中,这种不平等均有种种具体的表现。中华民族的真正独立仍然是一个艰巨的任务。

所有这些,就是本卷所要叙述的内容和解释的问题。历史著作的本质特征首先是真实,只有在真实再现历史的基础上分析历史与解释历史,历史才可置信,历史才有意义,因此本卷写作的原则首先是叙述历史事实,然后才是历史分析与评论。尽管特定的历史事实只有一个,但真实的再现仍非易事,其中既有档案文献掌握不够的客观原因,更有各种各样的影响及于研究的主观原因,诸如历史的禁忌与避讳,尤其对于距离当今很近的近代史而言,这些情况的出现是很难完全避免的。作者在写作当中,不敢说已经达到了百分之百的真实与可靠,但在史料运用、史实分析乃至名词术语的使用、写作文笔的把握上,都力求还原历史的本来面目,做到客观真实,实事求是,尽量避免强不知以为知的主观与个人感情的色彩，以求经得起历史本身与时代发展的考验。然而历史本身的复杂，决定了求真的困难和解释的困难，也由于作者自身功力的限制，虽然作者努力使本卷叙述的事实和对历史的解释接近于历史的真实和本来面目，然本卷所述所析离充分反映历史的丰富多彩与复杂多变恐仍有一定距离，因而仍待作者自己与后来者的努力。

由于体例与条件所限，本卷所述仍以这段时期的政治史为中心，辅以直接相关的军事、经济内容。这样做的好处是，叙述集中并反映了历史的重大内容，不足之处是，对社会发展全面性的研究仍不够完整。更全面地研究这段历史的政治、经济、军事、文化、外交及社会各个层面的内容及其相互关系，并在此基础上建立起对历史的全面观照，也待将来的继续努力。

在本卷写作中，作者尽可能搜集了国内外的档案文献和图书资料，尤其注重第一手档案文献史料，但因为种种原因，还有许多第一手的、有助于说明与解释历史真相的档案文献，或仍未开放，或开放后不易得之，因此也为叙述与分析这段历史留下了遗憾。好在这方面的条件正在日益改善，而且历史学本身也是一门不断发展的科学，视今后档案资料的开放程度，或许本卷还可修改，以臻更为完善与真实。

本卷书末附有参考文献与人名索引，俾便读者阅读时参考利用。对于索引的编制，作者尽量接近于国际通行规则，但为了使用的方便，也有若干变通处理。由于技术原因，本卷未附有关示意地图，烦请读者在必要时参阅相关的地图集。

文章千古事，得失寸心知。本卷毕竟是作者十年心血的汇集，所谓敝帚自珍也。作者期待能在此基础上，对这一阶段的历史有更深入的研究。至于本卷史实叙述或分析论点中的疏漏与不足之处，概由作者个人负责，并敬请各界读者不吝指教。

本卷自酝酿到成书历十年之久。最初的提纲于 1987 年由邓野和作者共同拟订，并曾经过研究室内同仁的讨论，提出了不少有益的意见。其后，作者即开始广泛搜集国内外所藏有关这一时期的历史资料，准备写作。因为种种原因，写作间有断续，但作者对这一时期历史资料的搜集和研究进展的关注则从未中断，其间写的若干论文亦为本书写作打下了基础。1995年起，作者在对原拟提纲进行修改的基础上，集中时间写作，历时三年有余，终告完成。书中第二章第一节第二目和第三章第四节第二目，由陶文钊先生惠赐大作。全书经总编李新先生审阅。本卷写作过程中，得到近代史所历任领导和科研组织管理部门的大力支持，近代史所图书馆提供了周到的服务。所内外学者杨天石、曾业英、陶文钊、李玉贞、万仁元、马振犊、吴景平、罗志田、章百家、皮明勇、黄亦兵诸先生，均给予作者各种形式的帮助。作者写作当中，常与《中华民国史》第三编第六卷作者朱宗震先生就有关问题进行讨论，受益良多，并承朱先生指出书中若干可修改之处。当年历史事件的当事人郭汝瑰、杨伯涛、郑庭笈、文强等先生接受了作者的采访，提供了若干有价值的亲历史料。1993年，作者得到美国美中学术交流委员会(CSCC)的资助，赴美访问进修，并搜集了若干现藏美国的民国史料。在此过程中，得到哥伦比亚大学东亚研究所曾小苹(Madeline Zelin)教授、斯坦福大学胡佛研究所马若孟(Ramon H. Myers)教授、斯坦福大学历史系范力佩(Lyman P. Van Slyke)教授的帮助。中国第二历史档案馆、中央档案馆、军事科学院图书馆、中国人民革命军事博物馆、国家图书馆、南京图书馆、上海图书馆、上海档案馆、美国哥伦比亚大学珍本与手稿图书馆、斯坦福大学胡佛研究所档案馆和图书馆等机构，给予作者查阅资料的方便。本卷责任编辑陈铮编审在书稿审阅中付出了大量劳动。中华书局历史编辑室副主任柳宪女士及书局诸领导对于本卷顺利出版多所贡献。中国建设银行信托投资公司对本卷的写作予以支持。对于以上所有为本卷写作和出版给予帮助的机构和个人，谨致以衷心的谢意。

第一章　抗战胜利与战后初期的国内政治

第一节　抗日战争的胜利

一　日本投降 普天同庆

1945年8月10日夜，中国战时首都重庆人声鼎沸，炮竹四起，一片欢腾。日本通过瑞士政府，请求转达日本接受同盟国波茨坦公告，决定无条件投降的消息传到重庆①，饱受战争的苦难和折磨，付出了难以计数的生命财产损失，然而坚持了八年艰苦卓绝的抗日战争，创造了惊天地而泣鬼神的英雄壮举的亿万中国人民终于迎来了胜利的一天。

这是八年来，重庆市民第一次可以不必担心日本飞机的轰炸而自由地聚会，“这是一个兴奋的不眠之夜”。街上的人流中，人们无论认识还是不认识，都在奔走相告，传递着日本投降这一大快人心的消息。“街头上是一片狂欢的人海，每个人对每个人，每群人对每群人，都打着招呼，互相道贺。大家的感情在泛滥！升华！”“人的潮水几乎吞没了全

① 该照会称：“日本政府准备接受中、美、英三国政府领袖于一九四五年七月二十六日在波茨坦所发表，其后经苏联政府赞成的联合公告所列举的条款，而附以一项谅解，即上述公告并不包含任何要求有损天皇陛下为至高统治者的皇权。”（世界知识出版社编：《反法西斯战争文献》，世界知识出版社1955年版，第317页）因此，日本投降实际是有条件的，即维持天皇的名义地位不变。

部的马路。”①他们尽情地欢笑，他们有理由高兴，因为他们为这一天付出了无数艰辛，正应了中国的一句名言：艰难困苦，玉汝于成。这是中国人民值得衷心庆贺的一天，是永载史册的一天。当晚，重庆各报的号外均书醒目大字：日本无条件投降。次日的《大公报》在社评中激情洋溢地写道：“同胞们！战争是要结束的了，整整八年的大战要过去了。强大的敌人，要屈服了。我们实在抑制不住要长长欢呼，欢呼！昨夜，山城已为欢呼的声浪久久淹没。我们受了八年苦难的压缩的心，好像原子弹一样，已经爆炸了，爆炸了！”②

日本投降的消息传出，全中国都沉浸在胜利的狂欢之中。从后方到前线，从战时首都重庆到中共解放区的政治中心延安，所到之处，人人兴高采烈，个个欢欣鼓舞。在沦陷区，受尽了日伪统治带来的屈辱与压抑的民众，也在衷心欢呼抗战的胜利③。唯有日本豢养下的南京、华北和东北伪政权的大小官僚处于一片混乱慌张之中，在他们的主子投降之际，他们惶惶然不可终日，急于寻找新的出路，在国民政府正式接收前便纷纷作鸟兽散。8 月 16 日，南京伪政权举行临时中央政治委员会会议，声称“国民政府自汪主席领导以来，即努力于中国之独立完整，兹者虽其方法有所不同，然既已见诸和平之实现，故作为完成其使命者国民政府应予取消，并为处理善后计，设置

① 《中央日报》(重庆)1945 年 8 月 11 日。这一晚的重庆确实令所有亲历者难忘。陈纪滢写道：“重庆市民的狂欢，是毕生中难得一见的场面，唯有亲自参加的人才能体会到是什么情况。”傅斯年拿着一瓶酒，到街上大喝，又拿了一根手杖，到街上乱舞。易君左正在一家餐馆用餐，忽然有人冲进来大声狂叫：“日本投降了！”“吃饭的客人也同时推翻食桌，一齐向门外狂奔。这家菜馆的老板、老板娘子、伙计们，什么都不管了。跟着我们跑出大门，只见人潮汹涌，在黯淡的街灯光下，万头攒动，高呼狂叫，嚷成一片，像巨雷的震响。”(朱汇森主编：《中华民国史事纪要》1945 年 8 月 10 日，台北“国史馆”1988 年版)

② 《是投降的时候了》，《大公报》(重庆)1945 年 8 月 11 日。

③ 上海全市商家 11 日停业，各报均出号外报道日本投降消息，日军因未接到投降令，仍实行戒严，压制民众情绪。

南京临时政务委员会，以待将来中央政府之接收。至地方行政机关，则依然继续存在，担当局面之维持，军事委员会则改为治安委员会，其所属军队，将以全力维持治安以待将来之收编”①。陈公博和周佛海分任该委员会的正副委员长②。伪华北政务委员会委员长王荫泰亦电告重庆称，将“尽力维持治安，保护人民，统候中央明令派员接收”③。8月11日，伪满洲国“皇帝”溥仪及其家族偕伪满众臣，在日本关东军安排下逃离长春，13日到达中朝边境临江县的大栗子沟。17日夜，在这个偏僻小镇一座灯光昏暗的简陋小屋内，上演了伪满洲国历史的最后一幕。伪满总理大臣张景惠向溥仪表示，“事到如今，对满洲国来说，已是失掉了依靠和存在的意义。我想应由皇上自动退位，来给满洲帝国以最后的终结”④。随后，溥仪宣布“退位”，在日本扶植下存在了14年的伪满政权终告灭亡。19日，溥仪飞回沈阳，准备逃往日本，但被苏军扣留，解往苏联。

---

① 《情报单位截译南北伪组织善后措置情形》，1945年8月20日，秦孝仪主编：《中华民国重要史料初编——对日抗战时期》第六编第四册，台北1981年版，第1537—1538页。

② 陈公博为了向重庆靠拢，特意致电蒋介石献策称，南京政权所属部队“若有自危之心，无路可投，必走奸匪自固。公博之意似宜均应予以番号，一俟大局初定，再行分别改编复员”。他还对委任名单提出了建议（《陈公博报告伪组织解散并请予伪军番号免其走匪自固一俟大局初定再分别改编复员呈蒋主席之巧电》，1945年8月18日，《中华民国重要史料初编》第六编第四册，第1552页）。然而蒋介石对陈不屑一顾，陈的献策没有得到蒋的青睐，陈不得不于25日在日方安排下匆匆逃往日本。周佛海则早经戴笠和重庆建立了联系，抗战临近结束前，周又与顾祝同“不断派人员往来联络”，“关于配合防制奸匪问题”，顾“指示彼等配合防制办法，坚定其信心，俾不致为奸匪所利用”。因此，日本投降后周佛海即被任为上海行动总队司令，负责暂时维持京沪地区的治安（《顾祝同为策动周佛海等反正呈蒋委员长电》，1945年4月7日，《中华民国重要史料初编》第六编第四册，第1551页）。

③ 《阎锡山转报日本投降后华北王荫泰等上蒋委员长静候处置之皓电》，1945年8月19日，《中华民国重要史料初编》第六编第四册，第1537页。

④ 田中钧一：《满洲国皇帝的最后一天》，孙邦主编：《伪满覆亡》，吉林人民出版社1993年版，第188页。

8月14日，日本天皇裕仁发布停战诏书。诏书矢口不提“投降”两字，对于日本挑起侵略战争，造成各国人民生命财产的惨重损失，诏书中毫无反悔认罪之意，仍声称“帝国所以向美英两国宣战，实亦为希求帝国之自存与东亚之安定而出此，至如排除他国主权，侵犯其领土，固非朕之本志”，并“对于始终与帝国同为东亚解放而努力之诸盟邦，不得不深表遗憾”。面对日本战败的事实，诏书解释为是因为“战局并未好转，世界大势亦不利于我。加之，敌方最近使用残酷之炸弹，频杀无辜，惨害所及，真未可逆料。如仍继续交战，则不仅导致我民族之灭亡，并将破坏人类之文明”①。如此一来，侵略者倒成了悲天悯人、仁义道德之辈，颠倒黑白莫过于此。日本天皇的停战诏书再清楚不过地表明了日本的心态，不服输不认输，期待来日。然而，无论日本的心态如何，日本投降的事实是无法改变的，发动侵略战争的日本侵略者已经被永远钉在历史的耻辱柱上，而反法西斯同盟国为人类文明与正义做出的贡献也必将永远为历史铭记。

8月15日，中国政府外交部接获日本政府的投降电文，文称：“天皇陛下准备授权，并保证日本政府及日本大本营，签订实行波茨坦宣言各项规定之必需条件”，日本正式宣布向同盟国无条件投降②。当天，蒋介石发表广播演讲称：“我们中国在黑暗和绝望的时期中，八年奋斗的信念，今天才得到了实现。我们对于显现在我们面前的世界和平，要感谢我们全国抗战以来忠勇牺牲的军民先烈，要感谢我们为正义和平而共同作战的盟友，尤须感谢我们国父辛苦艰难领导我们革命正确的途径，使我们得有今日胜利的一天。”③蒋介石的演讲，标志着中国官方对抗战结束的正式表示，也拉开了驻华日军向中国投降的序幕。就

① 《日皇裕仁停战诏书》(1945年8月14日)，张蓬舟主编：《近五十年中国与日本》第5卷，四川人民出版社1992年版，第338页。

② 《日本政府致中美英苏政府电》(1945年8月15日)，中国第二历史档案馆编：《第二次世界大战中国战区受降纪实》，中共党史资料出版社1989年版，第15页。

③ 中国国民党河北省党部编：《抗战胜利后重要文告》，1945年印本，第1—2页。

在同一天，蒋介石致电日本驻华派遣军总司令冈村宁次，命令其“通令所属日军停止一切军事行动，并速派代表至玉山接受中国陆军总司令何应钦之命令”。8 月 21 日，日本驻华派遣军副参谋长今井武夫，根据中方指令飞抵湖南芷江，接洽投降进行事宜，由陆军参谋长萧毅肃指示其有关投降程序及区域划分的规定。负责受降的中国陆军总司令何应钦将指示日军投降的备忘录交今井带回南京，命令日军：自即日起立即接受本总司令之一切规定，立即停止一切敌对行为，各就现在驻地及指定地点静待命令，听候本总司令派员接收①。

9 月 2 日，日本投降代表、外相重光葵和参谋总长梅津美治郎，在停泊于东京湾的美国战舰密苏里号上，签订了日本投降文书，正式声明：“我们兹宣布日本帝国大本营及在日本控制下驻扎各地方的日本武装部队，向同盟国无条件投降。”②国民政府军事委员会军令部部长徐永昌上将，代表中国政府在投降书上签字。次日即成为对日作战胜利纪念日。

为了庆祝抗战胜利，9 月 3 日，国民政府发布命令，决定：1. 所有抗战以来殉职官兵，由军事委员会依例给恤，凡阵亡将士家属及残疾官兵，并各依例优待，供以年时之抚慰，予以生活之保障，因抗战死难之各地同胞，由各省市县政府查明姓名事迹，报由内政部分别褒恤；2. 由军事委员会传令全体官兵，一体优予褒奖，厚为慰劳，其应如何各按功绩分别给赏以励忠勋而资激励之处，并由该会会同行政院迅为拟议，详订办法，呈候核夺施行；3. 所有在抗战期中颁布之各种战时法令，着各主管院部官署立即分别检讨，加以整理，其有未合平时规模者，得先申请废止，以相符合约法的精神，而作实施宪政之准备；4. 凡我曾经

① 《中国战区中国陆军总司令部致冈村宁次备忘录》(1945 年 8 月 21 日)，《第二次世界大战中国战区受降纪实》，第 78—79 页。

② 《反法西斯战争文献》，第 323 页。

陷敌各省，应即予豁免本年度田赋一年，其他后方各省为今年军粮民食所赖，准俟明年亦予豁免（次年7月又改为分两年平均豁免），全国兵役，自本日起一律缓征一年，其余减租轻息，以及一切安缉事宜，并责成各级政府暨各主管机关照二五减租决议及其他政纲政策中有关民生之各项规定，限于本年十一月十二日以前，分别条议办法，次第实施①。当天，陪都重庆举行了隆重的庆祝日本无条件投降大会及有六万余人参加的盛大的纪念游行。

9月9日，中国战区日军投降仪式在南京举行。南京，这座中国的历史名城，在抗战中蒙受了日本侵略者的铁蹄践踏，数十万军民惨遭屠杀，留下了人类历史上空前惨痛的一页，也使所有中国人永志难忘。然而，雄伟的紫金山和中山陵终于洗刷了侵略者强加的耻辱，高昂起自己骄傲的头颅，目睹曾经不可一世的日本侵略者向全中国人民俯首认降。当天上午，南京黄埔路原中央军校、现中国陆军总司令部院内，日军投降仪式会场布置得庄严得体。会场门前牌坊上书"中国战区日军投降签字典礼会场"字样，进门后的大牌坊上书"和平永奠"大字。"会场前面一片草园，绿草如毯，当中康庄大道，两边每隔十公尺，彩扎竹杆，悬五十同盟国国旗，犹如联合国家，聚首一堂，洋洋喜气，弥漫全场"；"葱翠雄壮之紫金山第二峰，屏峙与侧背。而国父陵寝所在之紫金山第一峰，更以虎踞龙蟠之姿态，映入吾人眼帘，真乃毓秀钟灵，宜吾民族有此光荣际会也"②。代表中国政府接受日军投降的有：陆军总

① 《抗战胜利后重要文告》，第15—17页。根据10月30日公布的《二五减租办法》，凡实行豁免田赋省份的佃农当年地租一律减交四分之一。陆军总部进驻南京后亦颁布命令："伪政府所颁布一切法令规章，亟应完全废止，所有因爱国行为，致遭逮捕，及触犯伪订法律，而并不违反国法，业被拘禁判处徒刑人员，均得宣告无罪，予以恢复自由。"（《布告废止伪政府法令规章》1945年9月9日，中国陆军总司令部编：《中国战区中国陆军总司令部处理日本投降文件汇编》下卷，1946年印本，第205页）。

② 严问天等编：《南京受降记》，四人出版社1945年版，第132页；《青年日报》1945年9月9日报道，引自《第二次世界大战中国战区受降纪实》，第136页。

司令何应钦上将，海军总司令陈绍宽上将，空军第一路司令张廷孟上校，东南行营主任（第三战区司令长官）顾祝同上将，陆军参谋长萧毅肃中将等；日本方面投降代表为：中国派遣军总司令冈村宁次大将，参谋长小林浅三郎中将，副参谋长今井武夫少将等。出席观礼的有美、英、苏、法等同盟国代表、中外来宾、记者及会场礼仪警卫人员计一千余人。签字仪式于上午9点整开始，首先由何应钦命冈村宁次交出证明文件，其后何应钦将日军投降书中文本两份交由萧毅肃转交冈村宁次，冈村宁次签字盖章后，由小林浅三郎至席前呈递给何应钦，何应钦签字盖章后再由萧毅肃交付冈村宁次。日军投降书声明：在联合国规定区域内之全部日本陆海空军及辅助部队之将领，愿率领所属部队向中国政府无条件投降。签字仪式历二十分钟结束。据记者现场报道，"冈村宁次进入席前，脸色惨白，眉头高耸"；"签字时，手臂微抖，签字盖章后，低头俯视有五十秒钟之久"；退场时，"冈村翻着脸……形容惨淡，几乎像要哭了"①。

南京受降，是中国抗日战争最后、也是最精彩、最壮观的一幕。抗战八年，中国人民经历了无数的苦难，付出了无数的牺牲，终以自己坚忍不拔、不屈不挠的奋斗，赢来了这胜利的一天。所有为抗战胜利献出自己生命的志士仁人，都将得到中华民族永远的尊敬与纪念；所有为抗战胜利做出了贡献的党派、团体与个人，都将永载于万千年的中国史册。

抗战胜利给中国带来了什么？这是中国近代百年历史上，第一次完全意义上的中国人民反抗帝国主义侵略的胜利，体现了中国人民决不屈服于任何外来侵略的无畏精神；这也是国共两党合作、全体中国人共同奋斗而取得的胜利，所有中国人都为此感到骄傲与光荣。国共合作的抗日统一战线，是中国抗战胜利的旗帜，这又说明，只有一个统一团结的中国才能自立于世界民族之林。然而从另外一方面观察战后中

① 《南京受降记》，第131—133页。

国的现实，抗战胜利并没有解决中国面临的一切问题。在长期抗战之中，中国饱经了战争的苦难与创伤，遭受了空前的破坏，经济残破，人民生活困苦，战后恢复重建工作极其繁重，亟待解决的一系列紧迫问题，仍然严峻地摆在所有中国人面前。

在如何对待抗战胜利成果的问题上，在如何实现中国民主化的问题上，在如何进行战后恢复重建、改善国计民生的问题上，中国两大党国民党与共产党之间，有着截然不同的看法。归结为一句话就是，中国向何处去？9月3日，国民党为抗战胜利发表《告全国同胞书》，就战后重建问题，提到“目前急待共同进行的复员，最近必须完全实施的宪政，有许多大事要做。关于前者，要为军人布置就业的机会，要为抗属伤兵难民难童取得必须的救济，要为毁于炮火的城市乡村策复兴，要为海外侨胞谋复业，要为青年解决求学的困难，要为工矿农商各业开拓发展的道路。关于后者，要加紧造成地方自治，要切实保障人民权利，要从速成立各级民意机关，要充分养成尊重法治习惯”①。然而这个文件对当时中国面临的更为严重的问题，即国共对战后中国发展道路意见不一而导致矛盾冲突的加剧，以至内战危机迫在眉睫，则只字未提。当天，蒋介石也发表广播演讲，比上述文件更为具体地提到：宪政实施愈早愈好，因此召开国民大会不可再事迁延，只要是在革命建国的最高原则三民主义不致动摇，和中华民国国民政府的法统不致紊乱的前提之下，一切问题无不可以推诚相见共同商讨，求得合理合法的解决，尤愿社会贤达，各党领袖，皆能参加政府，共策和平建国的百年大计；国家统一是民主宪政的惟一基础，而要完成国家的统一，惟一的前提，就是要我全国军队国家化，在我国家领土之内，不再有私人的军队，亦不再有任何一党的军队②。这一演讲对国民党战后政治意图的表达更为明确，即独享抗战胜利成果，继续确保国民党一党统治。

① 《抗战胜利后重要文告》，第5—9页。

② 《抗战胜利后重要文告》，第12—13页。

比较起来，中共的战后声明比国民党坦率得多，也切实得多。8月25日，中共发表《对目前时局宣言》，提出目前面临的任务是："巩固国内团结，保证国内和平，实现民主，改善民生，以便在和平民主团结的基础上，实现全国的统一，建设独立自由与富强的新中国。"为此，宣言提出六项要求：1. 承认解放区民选政府和军队；2. 划定八路军、新四军接受日本投降的地区；3. 严惩汉奸，解散伪军；4. 公平合理地整编军队，办理复员；5. 承认各党派合法，取消一切妨碍人民自由的法令；6. 立即召开各党派和无党派代表人物会议，商讨各项问题，成立联合政府，筹备普选的国民大会①。国共两党对战后中国面临的急迫问题的不同表态，将两党分歧一下子摆在了全国和全世界的面前，而最先引发两党争执的就是受降问题。

二　受降权的争执

8月10日晚日本投降的消息传来，蒋介石正在宴请墨西哥大使，得知此事后，他立即召集部下会商，将预定电稿发往各战区。电令在通告日本投降的消息后，指示如下：1. 对敌可能之抵抗的阻扰，应有应战准备；2. 并应警告辖区以内敌军，不得向我已指定之军事长官以外任何人投降缴械；3. 对封锁地伪军应策动反正，并迅即确保联络掌握，令其先期包围集中之敌，先期控制敌军撤离后之要点要线，以待国军到达；4. 对投降之敌军及俘虏，不得危害，并剀切通令所属官兵；5. 各战区除以主力挺进解除敌军武装外，应酌留必要部队维持当地治安；6. 国军之整编，得由各战区长官斟酌状况暂缓实施②。

11日，国民党中央常务委员会和国防最高委员会举行临时联席会

① 《解放日报》1945年8月27日。

② 秦孝仪主编：《总统蒋公大事长编初稿》卷5(下)，台北1978年印本，第785页。

议，通过有关受降和沦陷区问题各案，决定由军事委员会负责受降和伪军处置，中央秘书处负责伪组织处理，行政院负责伪币处理和复员计划问题①。对于最为紧迫的受降问题，蒋介石当天发给各战区长官和十八集团军总司令的电报，用了两种不同的口气。他给各战区的电令称："倭寇政府已示投降，国内外军阀仍不免有负隅顽抗之事故，目前断不能认为日寇已实行投降。且我国领土之内，迄今尚有多数盘踞寇军，狡恶万端，诡计百出，非以军事实力迫令放下武器，绝不能望其觉悟。我各战区前线将领及全体官兵，务当严密警戒防范，加倍奋斗，一切依照既定军事计划与命令执行，绝不可稍有松懈，致涉贻误。务希切实遵照，并逐级饬遵照为要。"而给十八集团军总司令的电令称："本委员长经电令各部队一律听候本会命令，根据盟邦协议，执行受降之一切决定。所有该集团军所属部队，应就原地驻防待命，其在各战区作战地境内之部队，并应接受各该战区司令长官之管辖。政府对于敌军之缴械，敌俘之收容，伪军之处理，及收复地区秩序之恢复，政权之行使等事项，均已统筹决定，分令实施。为维护国家命令之尊严，恪守盟邦共同协议之规定，各部队勿再擅自行动，为要，除分令外，希即严饬所部一体遵照。"②这样就将中共排除在对日受降之外，因而引起了中共的抗议。

日本决定投降的消息传到延安，朱德以十八集团军总司令身份，以延安总部名义，于8月11日连发七道命令，下令："我军对任何敌伪所占城镇交通要道，都有全权派兵接受，进入占领，实行军事管制，维持秩序，并委任专员负责管理该地区之一切行政事宜，如有任何破坏或反抗事件发生，均须以汉奸论罪。"③8月15日，朱德以中国解放区抗日军

① 《中央对于日本请求投降之决策暨有关受降及沦陷区各问题之议案》，1945年8月11日，《中华民国重要史料初编》第七编第一册，第9页。

② 第六战区参谋处编：《第六战区受降纪实》，1946年印本，第3页；《日本投降后中共动态资料汇编》，第48页。

③ 《解放日报》1945年8月11日。

总司令的名义，向美、英、苏三国驻华大使发出说帖，并请转达其政府。说帖声明，国民党政府不能在受降时代表解放区、沦陷区广大人民和抗日武装力量，人民抗日武装力量有权“接受被我军包围之日伪军队的投降，收缴其武器资材，并负责实施同盟国在受降后之一切规定”；“派遣自己的代表参加同盟国接受敌国的投降和处理敌国投降后的工作”；“参加将来关于处理日本的和平会议及联合国会议”①。当天，朱德还以中国解放区抗日军总司令的身份，直接命令日本驻华派遣军总司令冈村宁次：“停止一切军事行动，听候中国解放区八路军、新四军及华南抗日纵队的命令，向我方投降，除被国民党政府的军队所包围的部分外。”②对于蒋介石的命令，中共公开予以反驳。8 月 13 日和 16 日，毛泽东起草了两份电报，以十八集团军总司令的名义发给蒋介石，电称：“我们认为这个命令你是下错了，并且错得很厉害，使我们不得不向你表示：坚决地拒绝这个命令。”电中提出六项要求，主要是中共及其武装有权参加受降及受降后的工作，国民党应立即废止一党专政，召开各党派会议，成立联合政府③。

国共关于受降权的争执，并非仅仅是一个对日受降的问题，实际上它是战后初期国共两党分歧的焦点所在。承认中共的受降权，就意味着承认中共的政治地位，就意味着中共可以在未来和国民党分享国家政治权力，所以国民党决不会在这个问题上轻易让步。中共提出受降问题后，国民党中央执行委员会立即拟出对策，认为中共“企图先发制

① 《解放日报》1945 年 8 月 16 日。美国国务院、陆军部和海军部其后通过魏德迈向朱德转交了他们的答复，强调美、英、苏一致同意，蒋介石作为中国战区盟军总司令将接受日军的投降，美国政府希望中共在这个问题上与蒋介石充分合作（Feis, Herbert. *The China Tangle——American Effort in China from Pearl Harbor to the Marshall Mission*, p. 359. Princeton University Press, New Jersey, 1953）。

② 《朱德选集》，人民出版社 1983 年版，第 185—186 页。

③ 《第十八集团军总司令给蒋介石的两个电报》（1945 年 8 月），《毛泽东选集》（合订本），人民出版社 1967 年版，第 1039—1044 页。

人,以割据地盘扩张实力,进而自建中央政权,与国民政府对抗”;提出“中央对共党态度应及时改变,在此期间,应以争取主动为最有利,应予打击者打击之,不可再事迁就与过于顾忌”①。因此,蒋介石在随后给毛泽东的电报中坚持,“此次受降办法,系由盟军总部所决定,分行各战区,均予依照办理,中国战区亦然,自未便以朱总司令之一电破坏我对盟军共同之信守”②。

蒋介石在极力阻止中共参与对日受降的同时,首先部署利用日伪军控制原占领地区,以待接收。蒋在给何应钦的指示中,特别要求“对于非经政府指定之受降部队,如有擅自接受敌军投降,企图扰乱我受降计划者,得呈请本委员长下令惩罚之”;对于日伪军,“如对非指定之部队而擅自向其投降或让防……得由陆军总司令下令以武力制裁之”③。何应钦因此在给冈村宁次的命令中强调:“凡非蒋委员长或本总司令所指定之部队指挥官,日本陆海空军不得向其投降缴械,及接洽交出地区与交出任何物资”;“绝对不得将行政机关移交非蒋委员长或本总司令所指定之行政官吏或代表人员”。9 月 10 日,何应钦在南京受降仪式后首次召见冈村宁次,再次对他强调,日军一切武器必须完整交给指定部队,切勿损坏散失,落于匪手,致扰乱地方。冈村表示,此点在蒋委员长下命令前我已下令实施,日军武器完全缴交中国中央政府,决不交与其他任何地方部队④。同时,戴笠主持的军统利用过去建立的关系联

---

① 《国民党中执会关于延安总部命令的对策》(1945 年 8 月),中国科学院历史研究所第三所南京史料整理处编:《中国现代政治史资料汇编》第四辑第二册。

② 《蒋介石致毛泽东电》(1945 年 8 月 20 日),《中央日报》(重庆)1945 年 8 月 21 日。

③ 《蒋中正致何应钦电》(1945 年 8 月 18 日),《第二次世界大战中国战区受降纪实》,第 64 页。

④ 《中国战区中国陆军总司令部致冈村宁次备忘录》(1945 年 8 月 21 日),《何应钦召见冈村宁次谈话记录》(1945 年 9 月 10 日),《第二次世界大战中国战区受降纪实》,第 78—79、146—147 页。实际上,冈村宁次早于 8 月 18 日就拟订了《对华处理纲要》,其原则为“首应使重庆中央政权容易统一”,“国共关系应由中国方面自行处理,

络各地伪军。8 月 15 日,戴笠致函周佛海称:“在此局势急转直下之时,京沪治安之维持甚关重要,弟已呈准上海由兄联络各方共同负责,而由兄主其事务。请兄于此紧急艰巨之时期,于任务能秉承领袖之意旨,鼎力以支持之也。”周佛海即在京沪地区布置伪军控制局势。戴笠以后曾经称赞周佛海:“奉令负责维持地方治安,防制奸共,稳定金融,极著成效。……伪府数十万伪军之向背,与东南财富及通都大邑之掌握,不费一枪一弹,而能顺利接管,关系大局极巨。”① 冈村宁次和周佛海等日伪头目与国民党的合作态度,是以后国民党不顾各方抗议对他们从轻论罪的重要原因之一。

对于国民党的举动,中共采取了针锋相对、寸土必争的立场。日本刚刚宣布投降,中共中央即发出党内指示,要求“于日本投降时,我们能迅速占领所有被我包围和力所能及的大小城市、交通要道……如遇顽军妨碍我们进占城镇和要道时,应以各种方法阻止以至打击消灭之”;“目前阶段,应集中主要力量迫使敌伪向我投降,不投降者,按具体情况发动进攻,逐一消灭之,猛力扩大解放区,占领一切可能与必须占领的大小城市与交通要道,夺取武器与资源,并放手武装基本群众,不应稍有犹豫”②。中共以交通线及其两侧地区为接收重点。8 月 12 日,中共中央指示各地:我党必须力争占领之交通线如下:同蒲路太原以北段、平绥路归绥以东段、北宁路、正太路、道清路、白晋路(山西白圭至晋城,未完成)、德石路、平汉路郑州以北段、陇海路郑州

但延安方面,如持以抗日、侮日态度时,则断然惩罚之”,所有武器装备器材一律移交给中央政府。他还命令日军,不但不接受敌方(指中共——作者注)任何要求,且必要时,断然采取自卫武力行动(稻叶正夫编、天津市政协编译委员会译:《冈村宁次回忆录》,中华书局 1981 年版,第 45—46 页)。

① 《戴笠致周佛海函》(1945 年 8 月 15 日),南京市档案馆编:《审讯汪伪汉奸笔录》(上),江苏古籍出版社 1992 年版,第 180 页;《中华民国史事纪要》,1945 年 8 月 18 日。

② 《中央关于苏联参战后准备进占城市及交通要道的指示》(1945 年 8 月 10 日),《中央关于日本投降后我党任务的决定》(1945 年 8 月 11 日),中央档案馆编:《中共中央文件选集》第 15 册,中共中央党校出版社 1991 年版,第 215、228 页。

以东段、津浦路、胶济路，“并须积极准备对付蒋介石之进攻”①。在给华中局的指示中，中共中央要求“集中主力去占领大城市和要点。津浦线至少集中十万到十五万人，沪宁线至少七万人”②。8 月 20 日，中共中央又发出扩军的指示，要求“各战略区应就现有兵力，迅速抽出二分之一到五分之三，编成野战兵团”③，表明中共根据形势的发展，已经准备将抗战时的分散游击战转向以正规兵团为主的运动战。

根据中共中央的部署，各地中共部队起先都准备了占领若干大城市的计划。华中局于 8 月 11 日提出：由苏浙军区部队占南京，七师占芜湖，浙东部队控制沪杭路并以一部开上海，三师解决苏北，二师、四师占津浦路徐浦段④。陈毅亦建议新四军在江南“造成一整片的(包括城镇)统一的农村局面，造成迎接内战的坚强基础”；在江北“应将津浦路以东、长江以北、陇海路以南、运河两岸这一整块地区打成一片，占领所有城市，解放所有地区，打定长期巩固根据地的基础”⑤。19 日，华中局又向中共中央报告，准备在上海动员二十万人，发动群众武装起义，被中共中央认为“完全正确”，并要求“其他城市如有起义条件，照此办理”。中共中央还指示晋察冀分局，要求对于华北的大城市，如北平、天津、唐山、保定、石家庄等，“迅速布置城内人民的

① 《必须力争占领之交通线及沿线城市》(1945 年 8 月 12 日)，中共中央文献研究室、中国人民解放军军事科学院编：《毛泽东军事文集》第 3 卷，第 6 页，军事科学出版社、中央文献出版社 1993 年版。

② 《中央关于夺取大城市及交通要道的部署给华中局的指示》(1945 年 8 月 10 日)，《中共中央文件选集》第 15 册，第 213 页。

③ 《第三野战军战史》编辑室编：《第三野战军征战日志》，江苏人民出版社 1995 年版，第 6—7 页。

④ 《华中局致中共中央电》，1945 年 8 月 11 日，《毛泽东军事文集》第 3 卷，第 5 页。

⑤ 《第三野战军征战日志》，第 3 页。

武装起义，以便于不失时机配合攻城我军实行起义，夺取这些城市”①。

但是，随着情况的变化，中共很快对接收方针作了重要调整，即由大中城市转向中小城市和广大乡村。8月22日，中共中央致电各大区，认为“苏联为中、苏条约所限制及为维持远东和平，不可能援助我们。蒋介石利用其合法地位接受敌军投降，敌伪只能将大城市及交通要道交给蒋介石。在此种形势下，我军应改变方针，除个别地点仍可占领外，一般应以相当兵力威胁大城市及要道，使敌伪向大城要道集中，而以必要兵力着重于夺取小城市及广大乡村，扩大并巩固解放区，发动群众斗争，并注意组训军队，准备应付新局面，作持久打算。望各地按具体情况逐步转变思想与部署”②。中共此时实际上已经放弃了在苏联支持下合法受降的想法，而将工作重点置于尽可能地以和平或武力方式扩大中共占领区，争取在未来国内斗争中的有利地位。

三　各地受降

受降权之争由于国共双方的主张不一而没有结果，国民党利用国际上承认国民政府为中国合法政府的有利条件，垄断了中国战区的受降工作。

根据远东盟军最高统帅麦克阿瑟签署的命令，“在中国境内(除满洲外)、福摩萨(即台湾——作者注)以及北纬16度以北的法属印度支那境内的日本高级指挥官以及所有陆、海、空军和辅助部队，应向蒋介

① 中共中央文献研究室编:《毛泽东年谱》(1893—1949)下卷，人民出版社、中央文献出版社1993年版，第9页。

② 《中共中央、中央军委关于改变战略方针的指示》(1945年8月22日)，《中共中央文件选集》第15册，第243页。

石委员长投降”;“盟国只授权上面指定的各司令官为接受投降的代表,日军只能向各该司令官或其代表投降”①。中国战区的受降工作,由中国战区最高统帅蒋介石命令陆军总司令何应钦主持进行。8月18日,蒋介石电令何应钦,“承本委员长之命”,处理以下事项:处理在中国战区内之全部敌军投降事宜;指导各战区各方面军分区分期办理一切接受敌军投降之实施事宜;对中国战区内之敌军最高指挥官发布一切命令,等等②。20日,陆军总司令部自云南昆明转移至湖南芷江,何应钦在此连续召集部分战区、方面军受降主官和各部门接收代表开会,部署军事受降和政治经济接收事宜。根据蒋介石18日和何应钦25日的命令,中国战区受降地点和指挥关系的划分如下:

第一战区,受降主官胡宗南,接收洛阳地区,受降地点洛阳,日军投降代表第一一〇师团师团长木村经宏,后改为接收洛阳、开封、郑州、新乡地区,受降地点郑州,日军投降代表第十二军司令长官鹰森孝;

第二战区,受降主官阎锡山,接收山西省,受降地点太原,日军投降代表第一军司令长官澄田徕四郎;

第三战区,受降主官顾祝同,接收嘉兴、金华、杭州、宁波、厦门地区,受降地点杭州,日军投降代表第一一三师团师团长野地嘉平(后改为第十三军司令长官松井太久郎);

第五战区,受降主官刘峙,接收郑州、开封、新乡、南阳、襄阳、樊城地区,受降地点开封,日军投降代表第十二军司令长官鹰森孝,后改为接收许昌、商丘、堰城地区,受降地点漯河,日军投降代表仍为鹰森孝;

第六战区,受降主官孙蔚如,接收武汉、沙市、宜昌地区,受降地点

---

①《麦克阿瑟第一号命令》(1945年8月17日),琼斯等著:《1942—1946年的远东》下册,上海译文出版社1979年版,第741—742页。东北由苏联受降。由于英国的坚持,香港实际由英国接收,详见本书第三章第四节第三目。

②《蒋中正致何应钦电》(1945年8月18日),《第二次世界大战中国战区受降纪实》,第63页。

汉口，日军投降代表第六方面军司令长官冈部直三郎；

第七战区，受降主官余汉谋，接收曲江、潮州、汕头地区，受降地点汕头，日军投降代表第一〇四师团师团长（后改为第二十三军司令长官田中久一）；

第九战区，受降主官薛岳，接收南昌、九江地区，受降地点南昌，日军投降代表第十一军司令长官笠原幸雄；

第十战区，受降主官李品仙，接收徐州、安庆、蚌埠、海州地区，受降地点徐州（后改蚌埠），日军投降代表第六五师团师团长森茂树（后改第六军司令长官十川次郎）；

第十一战区，平津地区受降主官孙连仲，接收北平、天津、保定、石家庄地区，受降地点北平，日军投降代表华北方面军司令长官下村定（后为根本博）。济南、青岛、德州地区受降主官李延年，接收济南、青岛、德州地区，受降地点济南，日军投降代表第四十三军司令长官细川忠康；

第十二战区，受降主官傅作义，接收热、察、绥三省，地点归绥，日军投降代表蒙疆军司令长官根本博；

第一方面军，受降主官卢汉，接收越南北纬16度线以北地区，受降地点河内，日军投降代表第三十八军司令长官土桥勇逸；

第二方面军，受降主官张发奎，接收广州、香港、雷州半岛、海南岛地区，受降地点广州，日军投降代表第二十三军司令长官田中久一；

第三方面军，受降主官汤恩伯，接收南京、上海地区，受降地点南京、上海，日军投降代表第六军司令长官十川次郎、第十三军司令长官松井太久郎；

第四方面军，受降主官王耀武，接收长沙、衡阳、岳阳地区，受降地点长沙，日军投降代表第二十军司令长官坂西一良①。

① 《蒋中正致何应钦电》（1945年8月18日）、《何应钦电》（1945年8月25日），《第二次世界大战中国战区受降纪实》，第65—67、71—73页。中国方面接收主官，除李延年为第十一战区副司令长官外，其他均为该战区或方面军司令长官。

9月3日，指定台湾、澎湖地区受降主官为台湾行政长官公署长官陈仪，受降地点台北，日军投降代表为第十方面军司令长官安藤利吉。

为了确保接收计划的顺利完成，陆军总部首先令各接收单位派出前进指挥所，先行到达接收地点，安排、监督日军投降事宜，待准备完毕后，即行正式受降仪式。8月27日，陆军副参谋长冷欣飞抵南京，设立陆总前进指挥所，进行受降和接收的准备工作。9月9日，中国战区日军投降仪式在南京举行。当天，蒋介石向投降日军发出《中国战区最高统帅命令》第一号，指示日军投降的具体事项：1. 停止敌对行动，暂留原地待命，保管武器装备及一切资产、建筑，严守纪律及秩序，保护战俘及平民，扫除交通障碍；2. 提交部队、武器、装备、建筑设施的详细情况报告；3. 报告日侨情况，通知其留驻现地或指定地点；4. 一切军政官员须协助接收；5. 日军及其一切文武官员和人民对于本命令及以后之命令须敬谨服从，倘有迟延或不能施行者，将立刻严惩违反者及其负责之军官①。除此之外，中国陆军总司令部还给冈村宁次发出若干命令，指示投降具体事项，尤其注重于要求日军维持治安，等待指定接收部队到达。

各地受降仪式举行的时间是：

第一战区，9月22日；第二战区，9月13日；第三战区，9月16日；第五战区，9月20日；第六战区，9月18日；第七战区，9月25日；第九战区，9月14日；第十战区，9月24日；第十一战区，北平，10月10日，济南，12月27日；第十二战区，9月28日；第一方面军，9月28日；第二方面军，9月16日；第三方面军，与南京受降典礼同时进行；第四方面军，9月15日；台湾地区，10月25日。少数地区因接收军队未能及时到达而延至1946年初才缴械完毕，如天津、青岛就是由美国海军陆战队先行代理受降。

---

① 《第二次世界大战中国战区受降纪实》，第140—143页。

总体而言，受降大体顺利。也有少数地区的日军有抗拒表示。如日本第十二军司令长官鹰森孝因未及时接到改变投降地区的指令，而以“未奉上峰命令，不便洽降”；驻长衡地区日军也以“未奉上峰命令，坚持不肯将轻武器缴收”。经与冈村宁次交涉后，才得到解决①。

向中国战区投降的日军总数为：一个总司令部，三个方面军司令部，十个军，三十六个师团（内有一个战车师团，二个飞行师团），四十一个独立旅团（内有一个骑兵旅团），十九个独立警备队（含守备队、支队等），六个海军陆战队（含特别根据地队）；总人数1,283,249人，其中华北方面军326,244人，华中第六方面军330,376人，京沪地区的第六、十三军330,397人，广东第二十三军137,386人，台湾第十方面军169,031人，越南北部第三十八军29,815人。投降地点集中在中国和越南北部的98个城市②。在东北，日本关东军总司令山田乙三于8月17日下令向苏军投降。9月3日，远东苏军总司令华西列夫斯基元帅到达长春，关东军近六十万人成为苏军俘虏。

日军向中国军队投降缴械的主要地点与时间如下③：

战区	中国受降部队	日本投降部队	缴械地点	开始缴械日期	缴械完毕日期
第一战区	第三十八、九十军	第一一〇师团	洛阳、开封	10.2	10.28

① 《中国陆军总司令部命令》，军字第5、29号，1945年9月11、20日，《中国战区中国陆军总司令部处理日本投降文件汇编》下卷，第2、13页。

② 何应钦：《日军侵华八年抗战史》，台北1983年版，第375—376页。

③ 《中国战区日本陆军及海军陆战队缴械情形一览表》，1946年2月14日，《第二次世界大战中国战区受降纪实》，第507—513页。表中若干错误，根据《中国战区受降始末》第229—236页同表较正，但仍有个别地方两表不一，本书概据前表。

（续）

战区	中国受降部队	日本投降部队	缴械地点	开始缴械日期	缴械完毕日期
	第四十军	第二十二、三师团、警备队	新乡	10.2	10.28
	第八十五军	第十二军、警备队	郑州	10.2	10.10
第二战区	第七军团	第一军、第十旅团	太原	9.11	10.10
	第七军团	第三旅团	崞县（今原平）	9.11	1946.2.13
	第七军团	第一一八师团、警备队	大同	9.11	10.10
	第七军团	警备队	汤原①	9.11	10.10
	第七军团	第一一四师团	平遥	9.11	1946.2.13
	第七军团	第十四旅团	沁县	9.11	1946.2.13
第三战区	第四十九军	第一一三师团	杭州	9.16	9.25
	第四十九军	第九十一旅团	杭州	9.23	9.25
	第二十八军	第六十二旅团 海军特别根据地队	松江 厦门		10.14 11.11
第五战区	第四十七军	第九十二旅团、警备队	许昌	9.20	9.30
	第五十五军	第一一五师团、警备队	堰城	9.20	9.30
	第六十八军	警备队	商丘	12.27	1946.1.14
第六战区	第六十六军	第六方面军	汉口	10.8	10.14
	第九十二军	第八十八旅团	金口	10.5	10.10
	第六十六军	第八十六旅团	嘉鱼	10.5	10.10
	第六十六军	第十二旅团	咸宁	9.30	10.5
	第七十五军	第一三二师团	天门、岳口	9.30	10.10
	第七十五军	第八十五旅团	应城	9.25	10.6

①　原文如此，山西县以上地名无汤原，疑为浑源或襄垣。

（续）

战区	中国受降部队	日本投降部队	缴械地点	开始缴械日期	缴械完毕日期
	第七十七军	第十一旅团	孝感	9.25	10.6
	第七十五军	第八十三旅团	黄陂	10.1	10.6
	第七十五军	第五旅团	仙桃	9.25	10.6
第七战区	第一八六师	潮汕支队	汕头	9.15	10.3
	第一五四师	第一〇四师团	惠州	10.1	11.12
第九战区	第九十九军	第七十一旅团	吴城		9.15
	第五十八军	第八十四旅团	彭泽		9.26
	第五十八军	第十三师团	湖口		10.9
	第五十八军	第十一军、五十八师团	九江		10.16
	第五十八军	第二十二旅团	武穴		10.19
	第五十八军	第八十七旅团	都昌		10.19
第十战区	第九十七军	第六十五师团	徐州	9.20	10.5
	第九十八军	第七十二旅团	海州	1946.1.14	1946.1.20
	第七军	第七十师团	蚌埠、固镇	9.28	10.10
	第七军	警备队	滁州	9.28	10.10
	第四十八军	第一三一师团、六旅团	安庆、大通	11.17	12.7
第十一战区平津地区	第九十二军	华北方面军军部	北平	11.5	12.17
	第九十二军	蒙疆军部	北平	11.11	1946.1.7
	第九十二军	第三战车师团	北平	11.5	12.17
	第九十二军	第八旅团	石匣镇		12.17
	第九十二军	第二旅团	沙河镇		12.17
	第九十二军	警备队	马驹桥		12.17
	第九十四军	特警大队	塘沽		1946.1.17
	第九十四军	第一一八师团	天津、大同		1946.1.17
	第三十四军团	警备队	保定		1946.1.14
	第三军	第二旅团	石门		1946.1.16
	第九十四军	第九旅团	沧县		1946.1.17
	第三军	第一旅团	定县		1946.1.16

（续）

战区	中国受降部队	日本投降部队	缴械地点	开始缴械日期	缴械完毕日期
济青地区	第八军	第五旅团	青岛	1946.1.14	1946.1.16
	第十二军、九十六军	第四十三军、警备队	济南	11.29	1946.1.13
	第八军	第一旅团	张店	1946.1.13	1946.1.30
	第八军	警备队	坊子	1946.1.14	1946.1.15
	第十二军、九十六军	第四十七师团	泰安	1946.1.14	1946.1.30
	第十二军、九十六军	第十一旅团	兖州	1946.1.13	1946.1.30
	第八军	辅助部队	青岛	11.20	11.28
第十二战区		警备队	包头	9.26	10.2
第一方面军	第九十三军	第三十八军	河内	10.1	10.7
	第五十二军、九十三军	第二十一师团	海防、河内	10.5	10.10
	第六十军	第二十二师团	顺化	10.10	10.26
	第六十二军	第三十四旅团	土伦	10.10	10.26
第二方面军	第四十六军	雷州支队	雷州	9.26	9.29
	第六十四军	第一三〇师团	顺德	10.14	10.17
	新一军	第二十三军	广州	9.22	10.11
		第二十三、三、八旅团			
	新一军	第一二九师团	东莞	9.22	10.20
	第四十六军	海南警备队	海南岛	10.5	12.7
第三方面军	新六军、七十四军	第六军、第六十一师团 第十二空军师团	南京		9.26
	第七十四军	第三十四师团	浦镇		11.26
	第七十四军	第三师团	镇江		11.19
	第七十四军	第四〇师团	芜湖	11.21	11.27

（续）

战区	中国受降部队	日本投降部队	缴械地点	开始缴械日期	缴械完毕日期
	第九十四军	第六十师团	苏州	10.1	10.5
	第九十四军	第十三军、第六十一师团 第八十九旅团	上海	9.20	10.10
	第九十四军	海军陆战队	浦东	9.14	9.30
	第九十四军	海军特别根据地队	浦东	9.14	9.30
	第九十四军	海军陆上人员	杨树浦	9.14	9.30
	第九十四军	空军地上人员	杨树浦	9.14	9.30
	第九十四军	第六十九师团	嘉定、昆山、太仓	10.1	10.5
	第九十四军	第二十七师团	无锡、常州	12.4	12.18
	第一〇〇军、七十一军	第九〇旅团	镇江	1946.1.14	1946.1.16
第四方面军	第十八军	第二十军、警备队	长沙	9.18	9.22
	第七十四军	第六十八师团	衡阳	9.20	9.22
	第十八军	第六十四师团	湘阴		9.24
	第七十三军	第八十一旅团	株洲	9.14	9.24
	第七十三军	第八十二旅团	新墙	9.23	9.25
	第十八军	第一一六师团、十七旅团	岳阳	9.22	9.25
台湾地区	第七十军	第十方面军	台北	11.5	11.7
	第七十军	第九师团	新竹	11.5	11.15
	第七十军	第一一二旅团	苏澳	11.22	12.10
	第七十军	第一〇二旅团	花莲	12.5	1946.1.13
	第六十二军	第七十二旅团	丰原	12.11	1946.1.13
	第七十军	第一〇三旅团	嘉义	11.22	12.5

（续）

战区	中国受降部队	日本投降部队	缴械地点	开始缴械日期	缴械完毕日期
	空军第二十二地区司令部	第八飞行师团	台中	11.1	1946.1.13
	第七十军	第七十六旅团	善化	11.22	12.4
	第六十二军	第十二师团	台南	12.1	12.15
	第六十二军	第一〇〇旅团	高雄	12.16	1946.1.13
	第六十二军	第五〇师团	潮州	12.10	12.20
	第七十军	第六十六师团	台东 台中	11.22	12.2 1946.1.13
	海军第二舰队	澎湖守备队	澎湖	11.15	1946.1.13

据统计，接收日军装备总数为：步枪685,897支，手枪56,698支，轻重机枪30,961挺，各种炮12,446门，步机枪弹10,899万发，炮弹207万发，装甲战车456辆，卡车14,964辆，马73,886匹，各种飞机1068架，机动船舶514艘，7.7万吨。仅仅是火炮一项，军政部即准备将其编成126个炮兵营，至1945年底，已经编成54个，其中第十一战区最多，已编成20个营①。

因为国共关于受降权的交涉没有结果，中共不再理会国民党“固守原防”的命令，从日军或伪军手中，以和平或武力方法接收或占领了若干地区，这些地区多位于华北和华东。据统计，中共部队占领的城镇有，晋察冀近六十座，晋冀鲁豫近八十座，山东六十余座，华中四十余座，晋绥十余座，其中较重要者有，察哈尔省会张家口，热河省会承德，绥远的集宁，河北的邢台、邯郸、衡水，山西的长治，河南的焦作，山东的

① 中国陆军总司令部编：《中国战区中国陆军总司令部受降报告书》附表第21、45表，1946年印本，第7—8页。

烟台、威海、淄川与博山、周村、临沂、菏泽、曲阜、济宁，江苏的淮阴、淮安、盐城等。在东北，中共进入了数十座苏军占据的城市（见第四章第一节）①。由于占领了这些城镇，使中共有了比过去任何时候都要广大的地域与人口，力量达到了中共从事武装斗争以来的最高峰，从而也增强了中共与国民党抗衡的实力。

在受降和接收过程中，因为国共双方立场不一，因而在一些地区引发了激烈的冲突。尤其是在华北，双方都在争夺失地，国民党军队依靠空运，在接收大城市中占了上风，而中共部队利用国民党大部军队不及北上之机，占领了大量中小城镇。在河北，全省 132 个县，中共占领了 94 座县城，完全控制了 82 个县；在山东，中共部队所占城镇已达到 90％以上，以至山东省主席何思源向国民党中央惊呼，“情势益危，务乞钧座速赐派机运送弹药，伫盼孙长官、李副长官率军早日空运入鲁支援”②。如何解决国共之间日趋激烈的矛盾冲突，成为战后中国的头号问题。

第二节　重庆谈判

一　重庆谈判的背景

如何处理国共关系一直是国民党面对的中心问题之一。第二次国共合作成立之后，国共在两党关系如何定位、中共军队与政权的地位等问题上始终存在分歧，两党多次谈判均无定论。国民党内对中共问题

---

① 据《中国人民解放战争军事文集》第 1 集附录《中国人民解放战争大事日记》的统计。

② 《河北省政府代电》（1946 年 1 月 18 日），中国第二历史档案馆藏档（以下简称二档），全宗二，卷号 9099；《山东省政府主席何思源致财政部部长俞鸿钧告朱德令鲁境共军窥犯津浦胶济铁路沿线祈请政府派军援助电》（1945 年 8 月 18 日），《中华民国重要史料初编》第七编第二册，第 318 页。

的处理，自抗战后期起出现了两种不同思路。以陈立夫为代表的CC系党务系统、以邹鲁等前西山会议派人物为代表的国民党右翼势力以及以陈诚为代表的黄埔系军人，沿袭传统的看法，主张对中共以强硬为主。陈立夫认为，与中共谈和就是玩火，终必自焚，而且一方面要求军队在前方准备与中共作战，一方面在后方谈和，将会大大影响部队士气。他批评主和派自命为自由派，他们以为有足够的精明对付中共，实际则对中共一无所知①。以张群为代表的政学系和当时主政的宋子文、王世杰、张治中等人，更多地看到国民党正在走下坡路，用传统方法很难与中共相争，因而企图以和的方法拘束中共，同时不无借此刺激国民党改革的意图，以最终维持国民党的执政地位。作为国民党的最高领袖，蒋介石内心更倾向于军事解决中共问题，但出于对国内外形势的考量，主要是国民党军事准备不足和美苏两强对国共和谈的支持，以及国内的和平呼声，使蒋认为动武时机尚不成熟，因而在表面上较多地考虑到后一批人的意见。值得注意的是，当时后一批人多与蒋有较深的个人关系，又身居重要岗位，他们的意见因而更易于影响蒋的决策②。

战后国共关系首先发生的戏剧性变化，是蒋介石连发三电邀请毛泽东到重庆谈判。此举究属何人所建议，现并无确切记载。日本决定投降后，国民党高层连续几天开会，讨论有关重要问题，但并未见提及邀请毛赴渝一事。有说法称此事出于国民政府文官长吴鼎昌的建议，如陈立夫在其回忆录中说，毛泽东赴渝“由吴文官长鼎昌为蒋委员长去

① Chen Li-fu Materials, pp. 22 - 24, *Chen Li-fu Collection*, Box 48, Rare Books and Manuscript Library, Columbia University, New York.

② 蒋的亲信陈布雷曾对人抱怨说：自1944年以来，新进的人（指宋子文、王世杰、张群等人——作者注），立论高，气势逼人，拼命拉着政府向左边跑，右倾势力日渐低落，连果夫先生近来也不常见委座，见到委座也不常发言（唐纵：《在蒋介石身边八年》，群众出版社1991年版，第502页）。

电邀其来的，此事关系甚大，未付中央常会讨论，遽尔去电，似乎疏忽”[1]。蒋此举未经国民党中央讨论当为事实，是否出于吴鼎昌献言尚需更为可靠的材料证实[2]。倒是蒋介石的侍从室六组组长唐纵拟订的《日本投降后我方处置之意见具申》非常值得注意。该份文件拟于日本投降前后，于 8 月 12 日交给蒋介石。关于中共问题，此件建议：“中央表示统一团结战后建设之殷望，并重申召集国民大会实施宪政之诺言，同时表示希望中共领袖来渝共商进行。如毛泽东果来则可使其就范；如其不来，则中央可以昭示宽大于天下，而中共将负破坏统一之责。”[3]蒋介石对这个建议有何反应，唐纵未予记载，但该文件其他各项建议大多实行，而蒋在两天后即电邀毛赴渝，恐不是偶然的。何况该建议对国民党邀请毛泽东赴渝的原因及利害表述得非常清晰，无论其起到作用与否，它所反映的内容应该是当时国民党的真实想法，即以和谈压中共就范。

---

① 《成败之鉴——陈立夫回忆录》，台北正中书局 1994 年版，第 334 页。据吴鼎昌的旧部、时被提名任吉林省民政厅长的尚传道回忆，他在重庆见到吴鼎昌时，吴告他“现在毛润之先生亲自来重庆了，国共两党正在进行谈判，是我向蒋主席建议连发三次电报才请来的，电报是我亲笔拟的”（尚传道：《四进长春》，《长春文史资料》第 8 辑第 10 页）。然此说法并不完全可信，吴鼎昌是否会向一位地位并不高的下属、以这样明确的方式谈论当时尚属高度机密的事情，甚可怀疑。与吴鼎昌同属政学系、同为蒋之高级幕僚、而且关系十分密切的熊式辉，在其日记中对此事毫无记载（熊的日记为当年所记而非事后回忆，可信度当更高，何况其日记中对国民党高层机密并无避讳处），如果此事确属吴之献言，按常理吴更应该告诉熊。另据《大公报》渝版负责人王芸生回忆，吴鼎昌向蒋献言后，为了给他曾任社长的《大公报》一条特大新闻，15 日将蒋电稿交《大公报》，准备当天发在晚报上，但在检查时被扣，经请示侍从室，陈布雷称“绝无此事，是大公报造谣”。结果此电只能在 16 日由中央社发出通稿（王芸生、曹谷冰：《1926 至 1949 年的旧大公报》，《文史资料选辑》第 25 辑，第 13 页）。吴将电稿交给《大公报》，只能说明他事先得到此电稿，并不必然证明此电与他的关系。

② 现有关于吴鼎昌与蒋电关系的材料均为他人回忆，然后口口相传，吴本人并未有此说法，已公开的蒋的谈话、日记亦未有任何暗示，故尚待更为可靠的材料予以证实。

③ 唐纵：《在蒋介石身边八年》，第 688 页。

由于国民党的体制决定，邀请毛泽东的决定只能由蒋介石作出。无论这个过程如何，外界关注的是其结果。8 月 14 日、20 日、23 日，蒋介石三次致电中共领袖毛泽东，称："倭寇投降，世界永久和平局面，可期实现，举凡国际国内各种重要问题，亟待解决，特请先生克日惠临陪都，共同商讨"；"如何以建国之功收抗战之果，甚有赖于先生之惠然一行，共定大计"；并表示"兹已准备飞机迎迓，特再驰电速驾！"①态度执著，语气谦恭，大有毛不赴渝、如苍生何之慨。

蒋介石邀请中共领袖赴重庆谈判的消息传出，在国内政治上似乎得了一分。战后中国人民和民间舆论最关心的就是国共是否会打仗，大家都希望中国能够和平，能够建设，能够让大家不再受战火的折磨与摧残。蒋两电公布后，社会舆论的喉舌《大公报》在社评中说，"在胜利的欢欣中，人人都在悬注延安的态度"；"日前得见蒋主席致毛先生的寒电，大家为之兴奋，希望得由此启开政治解决之门。现在又读到蒋主席致毛先生的帤电，更感到一片祥和之气，真使人既感慨，又兴奋"；"我们相信全国同胞的心情，都与蒋主席相同，殷切盼望毛先生不吝此一行，以定国家之大计"②。国民党内主张与中共谈判的一派人还频频与各界人士接触，希望得到社会各界与舆论的支持③。

---

① 《中央日报》(重庆)，1945 年 8 月 16、21、25 日。

② 《读蒋主席再致延安电》，《大公报》(重庆)1945 年 8 月 21 日。国民党中央机关报《中央日报》得知蒋电后，总主笔陶希圣等决定"假戏真做，制造空气"。陶希圣认为："谈判的办法是政学系想出来的。政学系想用软的一套手法把共产党吃掉，谈何容易！可是现在动大手术也不是时候，国内有厌战情绪，国际形势也不允许中国打内战，一打起来我们更被动，利用谈判拖一拖也好。共产党拒绝谈判，我们更有文章好做。"(王抡楦：《重庆谈判期间的〈中央日报〉》，《重庆文史资料》第 1 辑，第 73—75 页)

③ 8 月 21 日，张群、王世杰、邵力子等宴请民盟领导人张澜、黄炎培、左舜生、章伯钧等，意在沟通感情，结果黄炎培不客气地说："蒋主席仅发电邀毛来渝，虽见恳切，尚不够，必须在日本签和约后，主办数事；言论解放了，身体自由了，特务取消了，政治犯释放了，各党承认合法了，一面立即宣布召集政治会议。抗战之初，数度邀集

中共对于国共谈判早有考虑。1942 年林彪赴重庆谈判时，毛泽东即考虑“到适当时机，我准备出去见蒋，以期谈判成功”。1944 年 11 月赫尔利到延安，毛又对他表示，“我很愿意和蒋介石先生见面，过去有困难，没有机会，今天有赫尔利将军帮助，在适当时机我愿意和蒋先生见面”①。潜藏在毛泽东这样表示背后的考虑，是毛提出并经中共高层认可的新民主主义革命战略。1942 年，毛泽东在一份给从华中启程回延安的刘少奇的密电中提出：“我们的方针是极力团结国民党，设法改善两党关系，并强调战后仍须合作建国。整个国际局势战后一时期仍是民主派各界合作的统一战线的民主共和国局面，中国更必须经过民主共和国才能进入社会主义。在此国际总局势下，国民党在战后仍有与我党合作的可能。虽然亦有内战的另一种可能，但我们应争取前一种可能变为现实。”②在这样的方针之下，虽然中共与国民党的关系不断地有摩擦，甚而在抗战后期中共一度有另起炉灶的打算，但就中共的根本战略而言，仍然大体立足于毛的判断。抗战胜利后，在美苏两强合作、国内人民反战的形势下，中共的基本战略是边打边谈，以打促谈。

8 月 9 日，中共七届一中全会举行第二次会议，着重讨论苏联参战后的时局问题。毛泽东在会上谈到中共在新形势下的任务之一即继续国共谈判。11 日，中共在日本投降后发出的第一份党内指示中便谈

会议会谈，今结束了，胜利了，难道不应有一度召集。况国防最高委员会非改组不可，抗战建国纲领非重订不可，何不自动为之。再隔一星期、一旬无所表示，大好机会又逸去矣！”（《黄炎培日记》1945 年 8 月 10 日，引自《中华民国史资料丛稿》增刊第 5 辑）

① 《争取在抗战胜利后与国民党建立和平局面》（1943 年 1 月 25 日）、《同赫尔利的谈话》（1944 年 11 月 8 日），中共中央文献研究室编：《毛泽东文集》第 3 卷，人民出版社 1996 年版，第 1、225 页。蒋介石也曾有请毛泽东到重庆当面商谈之意，并在 1943 年林彪自重庆回延安时，经张治中向林转交了一封给毛的信。因为时机不成熟，此事未有下文（《张治中回忆录》，文史资料出版社 1985 年版，第 685 页）。

② 《山东根据地实为战略转移的枢纽》（1942 年 7 月 9 日），《毛泽东军事文集》第 2 卷，第 681 页。

到,“国共谈判将以国际国内新动向为基础考虑其恢复”①。只是由于日本投降后,在受降等问题上国民党摆出了一副独占姿态,中共对内战形势估计较为严重,所以蒋的第一次电邀被中共认为“请毛往渝全系欺骗。目前蒋之一切宣传均为内战做文章”②。

随着形势的发展,中共对蒋介石邀请毛泽东谈判的态度有了变化。蒋的第二电发出后,中共决定先派周恩来去谈。8 月 23 日,蒋的第三封电报到延安,当天毛泽东在延安主持中共中央政治局扩大会议,讨论国共谈判问题。毛泽东在会上作了长篇发言,分析了国内外形势,说明了中共将采取的方针和对策。他认为:抗日战争阶段已经结束,进入了和平建设阶段。国共各有有利不利之处,但因为国民党本身的困难(兵力分散、矛盾很多、实力不足),解放区的存在,共产党不易被消灭,国内人民和国际上反对国民党打内战,因此内战是可以避免和必须避免的。我们党提出的和平、民主、团结三大口号是有现实基础的,能得到国内外的广大同情。“蒋介石要消灭共产党的方针没有改变,也不会改变。他所以采取暂时的和平是由于上述各种条件的存在,他还需要医好自己的创伤,壮大自己的力量,以便将来消灭我们。我们应当利用他这个暂时和平时期”。“以后我们的方针仍是‘蒋反我亦反,蒋停我亦停’,以斗争达到团结,做到有理有利有节”。“摆出内战是不好打的姿式给蒋介石和美国看,以便在谈判中取得比较有利于我的解决”。“现在我国在全国范围内可能成立资产阶级领导的而有无产阶级参加的政府。中国如果成立联合政府,可能有几种形势。其中一种就是现在的独裁加若干民主,并将存在相当长的时期。对于这种形式的联合政府,我们还是要参加进去”。与会者同意毛泽东的分析。周恩来认

① 《中央关于日本投降后我党任务的决定》(1945 年 8 月 11 日),《中共中央文件选集》第 15 册,第 230 页。

② 《积极宣传反内战反独裁揭穿蒋介石的欺骗阴谋》(1945 年 8 月 16 日),《周恩来选集》上卷,人民出版社 1980 年版,第 223 页。

为，我们要争取主动，迫蒋妥协。也可能边谈边打，或者打打停停。实现新民主主义的中国这个总任务没有变。朱德说：和平对中国人民是有利的，这次去谈判是必要的，蒋介石可能作些让步。毛主席去谈判是有利的。有无危险？看来比过去保险得多了。彭德怀说：要把打与争两者结合起来。我们今天所提和平、民主、团结的口号是主动的、适合的，今后解放区一切工作要作长期打算。毛主席出去，我们是主动的，给全国人民很大兴奋，对民主运动是个推动。在会议结论中，毛泽东认为："国民党有很大困难，至少今年不会有大的内战，和平是可能的。""我们要准备有所让步，在数量上作些让步，以取得合法地位，以局部的让步换取在全国的合法地位，养精蓄锐来迎接新形势。对这种让步我们要有准备。另一方面，我们还要准备在合法工作中去进攻，利用国会讲坛去进攻，要学会作合法斗争。"关于谈判，"今天的会议决定还是去，而不是不去。但去的时机由政治局、书记处决定"。为了谈判期间的中共领导不至受影响，会议还决定在毛泽东外出期间，由刘少奇代理中共中央主席，补选陈云和彭真为中央书记处候补书记①。毛泽东去重庆谈判的方针在这次会议上已经基本决定了。

对于毛泽东赴渝谈判，中共党内也不是没有阻力的，这种阻力更多地来自对于毛赴重庆安全上的担心。据李维汉的回忆，"开始，大家没有估计到毛泽东会去重庆，消息传开后都很紧张，许多解放区负责同志为他的安全计，或者口头劝说，或者打电报来，认为不去为好"。为了缓解这种担心，周恩来经过分析对大家说，毛去有利，同时在中共力量和

① 《抗日战争胜利后的新形势和新任务》(1945 年 8 月 23 日)，《毛泽东文集》第 4 卷，第 4—9 页；中共中央文献研究室编：《周恩来年谱》(1898—1949)，人民出版社、中央文献出版社 1989 年版，第 615 页；中共中央文献研究室编：《朱德年谱》，人民出版社 1986 年版，第 276 页；王焰主编：《彭德怀年谱》，人民出版社 1998 年版，第 300 页。

美方调解的保证下，毛的安全是有保障的①。

8月25日晚，毛泽东、周恩来等和从重庆回延安的王若飞最后商定了毛泽东去重庆一事，并于当晚复电魏德迈："鄙人承蒋委员长三电相邀，赫尔利大使两次表示愿望来延，此种诚意，极为心感。兹特奉达，欢迎赫尔利大使来延面叙，鄙人及周恩来将军可以偕赫尔利大使同机飞渝，往应蒋委员长之约，以期早日协商一切大计。"②26日，中共中央政治局会议正式通过毛泽东去重庆谈判一事。毛泽东再次谈到："去。这样，我们可以取得全部主动权。去重庆，要充分估计到蒋介石逼我作城下之盟的可能性，但签字之手在我。谈判自然必须作一定的让步，只有在不伤害双方根本利益的条件下才能得到妥协。……由于有我们的力量、全国的人心、蒋介石自己的困难和外国的干预四个条件，这次去重庆是可以解决一些问题的。"③会议并决定中共在谈判中可作一定让步，第一步为广东到河南地区，第二步为江南地区，第三步为江北地区，但从陇海路到东北地区一定要占优势。当天，中共中央发出党内通知，向全党通报并解释了重庆谈判问题。通知说："现在苏美英三国均不赞成中国内战，我党又提出和平、民主、团结三大口号"，国民党"在内外压

---

① 李维汉：《回忆与研究》下册，中共党史资料出版社1986年版，第628页。贺龙曾在毛赴渝后致电刘少奇等询问："毛泽东主席赴渝安全有无保证，我们不明了情况，望告之。"刘等回电说：毛泽东赴渝和平谈判是完全必要的，蒋介石不敢不保证毛主席的安全（李烈主编：《贺龙年谱》，人民出版社1996年版，第382页）。据贺龙说，"对于毛主席去重庆谈判，大家对蒋介石的诚意有怀疑，对毛主席的安全很担心，许多党员、干部、战士、群众放声大哭"（《关于前后方军事政治群众情况》，1946年3月31日，总参谋部《贺龙传》编写组：《贺龙军事文选》，解放军出版社1989年版，第224页）。8月25日，中共高级将领刘伯承、邓小平、陈毅、林彪、陈赓等搭乘美军运输机离开延安赴各根据地，毛特意对他们说：你们回到前方去，放手打就是了。不要担心我在重庆的安全问题。你们打得越好，我越安全，谈得越好。别的法子是没有的（《毛泽东年谱》下卷，第13页）。

② 《毛泽东年谱》下卷，第13页。

③ 《赴重庆谈判前在政治局会议上的讲话》（1945年8月26日），《毛泽东文集》第4卷，第15—16页。

力下，可能在谈判后，有条件地承认我党地位，我党亦有条件地承认国民党的地位，造成两党合作（加上民主同盟等）、和平发展的新阶段”。通知强调，“在我党采取上述步骤后，如果国民党还要发动内战，它就在全国全世界面前输了理，我党就有理由采取自卫战争，击破其进攻”。“总之，我党面前困难甚多，不可忽视，全党同志必须作充分的精神准备，但是整个国际国内大势有利于我党和人民，只要全党能团结一致，是能逐步地战胜各种困难的”①。

重庆谈判得到了美国和苏联的支持，这是战后雅尔塔体系达成的默契。8 月 15 日，蒋介石会见美国大使赫尔利，向其通报中苏谈判的情况，对中苏条约的签订表示满意，认为苏联将支持国民党统一中国。赫尔利不失时机地向蒋建议，这时为邀请毛泽东到重庆谈判的适宜时机，但他从蒋处得知蒋给毛的邀请已经发出。过后他在给国务院的报告中表示，他向蒋提出这样的建议时，并未对蒋的决定承担责任②。由此可知，美国人事先并未对蒋的决定作出建议。当然，美国关心国共两党接触的情况，这是因为美国在中国的重大政治经济利益和美国与苏联争夺战后世界霸权的需要。

苏联在重庆谈判前后起了什么作用，现在仍然不是十分清楚。从已经公布的资料看，中共确实考虑过在国际大背景下解决国共关系问题。毛泽东在 8 月 9 日的中共中央会议上谈到，在苏、美、中协定的基础上准备继续国共谈判，国共谈判要在国际的基础上（不是一切）来解决③。曾经有这样的说法，中共同意参加重庆谈判，是因为斯大林来电压迫的结果。由于目前无法见到这份电报的原文，很难得出确切的答案，但可以肯定的是，中共决定参加重庆谈判是综合各方情况作出的决

---

①　《中共中央关于同国民党进行和平谈判的通知》（1945 年 8 月 26 日），《毛泽东选集》（合订本），第 1051—1052 页。

②　*Foreign Revolutions of the United States*，1945，Vol. 7，p. 446. Here after *FRUS*.

③　《毛泽东年谱》中卷，第 618 页。

定，斯大林的电报可能对中共的决定起了一定作用，但未必就是决定性的作用①。根据美方资料，8 月 29 日，美国驻苏大使哈里曼与斯大林会见，斯大林告诉他，他相信国共双方为了自己的利益，会达成一项协议，如果中国有两个政府，那就太愚蠢了。此处透露的含义是暧昧不明的，并未明确表示支持哪一方。这与苏联在中苏条约谈判中的立场是一致的，即既支持国民党作为合法政府的地位以协调苏联与其他大国的关系，又保留对中共的支持以显示其意识形态色彩。这样的立场体现了苏联对外关系的特点，保持国家政策的灵活性以最大限度地有利于其国家利益②。而据毛泽东当时的秘书胡乔木回忆，“在考虑赴重庆谈判的问题时，毛主席在国际方面更为关注的实际是美国的态度和反应，而不是苏联的态度和反应，这是因为美国的动向对中国政局的影响更为直接”③。这是一个符合当时实际的看法。毛泽东自己也说：“中国防止内战的希望在很大程度上(比早先大得多)依靠外国影响，其中，

① 参章百家：《对重庆谈判一些问题的探讨》，《近代史研究》1993 年第 5 期。据当时在中共中央负责对苏联系工作的师哲回忆，斯大林有过两封电报，第一封说中国不能再打内战，要再打内战，就可能把民族引向灭亡的危险地步。第二封则说，世界要和平，中国也要和平，尽管蒋介石挑衅想打内战消灭你们，但是蒋介石已再三邀请你去重庆协商国事，在此情况下，如果一味拒绝，国内、国际各方面就不能理解了。如果打起内战，战争的责任由谁承担？毛泽东看到这两封电报后非常生气，1949 年以后曾在不同场合谈到此点(《在历史巨人身边——师哲回忆录》，中央文献出版社 1991 年版，第 308 页)。这两封电报可能属实，但具体内容在见到电报原文之前，只能存疑。

② *FRUS*，1945，Vol. 7，p. 454. 国民党对苏联的态度一度寄予了过高的期望，实际上，苏联虽然在中苏条约谈判时表示支持国民政府，但这并不等于不支持中共，国民党是在以后的历史实际进程中深切感受到这一点的。如同有研究者所论，“斯大林支持统一中国的政策并不意味着他会全身心地支持国民党，或他将拒绝援助共产党人，也不意味着他会帮助国民党在中国建立自己的权力，并无条件地支持美国的政策”(Tsou，Tang. *America's Failure in China，1941-1950*，p. 326. The University of Chicago Press，Chicago，1963)。

③ 《胡乔木回忆毛泽东》，人民出版社 1994 年版，第 402 页。

尤为重要的是美国。美国在中国和远东的力量日益增长，它是能够起决定作用的。”①

二　重庆谈判的过程

1945年8月28日下午，毛泽东、周恩来、王若飞一行，由国民政府军事委员会政治部部长张治中和美国驻华大使赫尔利陪同，自延安飞抵重庆九龙坡机场。毛泽东在机场发表书面谈话称，本人此次来渝，系因国民政府主席蒋介石先生之邀请，商讨团结建国大计。现在抗日战争已经胜利结束，中国即将进入和平建设时期，当前时机极为重要。目前最迫切者，为保证国内和平，实施民主政治，巩固国内团结。国内政治上军事上所存在的各项迫切问题，应在和平、民主、团结的基础上加以合理解决，以期实现全国之统一，建设独立、自由与富强的新中国②。重庆以及全国的舆论都对毛泽东到渝和即将开始的国共商谈表示了极大的欣慰和期待。《大公报》总编辑王芸生在社评中写道："现在毛泽东先生来到重庆，他与蒋主席有十九年的阔别，经长期内争，八年抗战，多少离合悲欢，今于国家大胜利之日，一旦重行握手，真是一幕空前的大团圆！认真的演这幕大团圆的喜剧吧，要知道这是中国人民所最嗜好的！"③这一段文采斐然、激情洋溢的文字，可以说代表了全国大多数人民的心声，他们饱经战争的创伤与折磨，祈求中国的和平、建设、强大与

① 引自邓泽宏：《美国对华调处政策和第三条道路的兴衰》，《中共党史研究》1992年第3期，第46页。周恩来也曾告诉美国人，"尽管苏联在欧洲的战争中起了最大的影响，做了最大的牺牲，但它在东方的影响总是次于美国，这是无可争辩的"（《中国不要成为一国的工具，应同一切盟国保持友好关系》(1946年7月9日)，中共中央文献研究室、中共南京市委员会编：《周恩来一九四六年谈判文选》，中央文献出版社1996年版，第540页）。出于这样的估计，中共处理战后国共关系时，在全局上更看重美国，而在局部上如东北，当然较多地考虑到苏联的意见。

② 《新华日报》1945年8月29日。

③ 《毛泽东先生来了》，《大公报》(重庆)1945年8月29日。

繁荣，反对一切内战和动乱。他们寄希望于国共两党的商谈能够得出人民满意的结果。

蒋介石虽然邀请毛泽东到重庆谈判，但对谈判并无准备，在他的内心或许这不过是一种策略。据中共获取的国民党情报，蒋介石的战略部署是："目前与奸党谈判，乃系窥测其要求与目的，以拖延时间，缓和国际视线，俾国军抓紧时机，迅速收复沦陷区中心城市，待国军控制所有战略据点交通线，将寇军完全受降后，再以有利优越军事形势与奸党作具体谈判，彼如不能在军令政令统一原则下屈服，即以土匪清剿之。"①国民党代表张群曾在谈判中告诉中共代表：你们所提的办法，事先经过你们党的决议，而我方事前党内并未有何讨论，亦未准备任何方案与中共谈判②。而按国民党的公开说法，没有提出方案是因为，"我们只希望听取中共的意见，倘若政府先提具体方案，也许使中共方面认为政府已有一种定见，而有碍会谈的进行"③。直到毛泽东已经到了重庆，蒋介石才决定谈判方针是："政治与军事应整个解决，但对政治之要求予以极度之宽容，而对军事则严格之统一不稍迁就。""（一）不得于现在政府法统之外来谈政府改组问题。（二）不得分期或局部解决，必须现时整个解决一切问题。（三）归结于政令、军令之统一，一切问题必须以此为中心也。"④这是以国民党军事收编中共部队，从而换取中共一定程度的政治参与的交换，与中共对谈判的立场有重大差别。国共两党在这个问题上的分歧后来被概括为，先行军事国家化，再行政治民主

① 《中共中央致重庆代表团电》1945 年 9 月 20 日。

② 《第六次谈话记录》（1945 年 9 月 15 日），《中华民国重要史料初编》第七编第二册，第 83 页。

③ 邵力子：《政府与中共代表会谈经过》，《中央日报》（重庆）1946 年 1 月 13 日。民社党的蒋匀田曾经评论说，国民党作为执政党，面对全国人民渴望和平民主建国的心理，"无建国救民的具体方案之提出，能赢得全国人民的同情吗"？反观中共，"则强调实行地方自治，保障人民权利及党派平等合法的地位，自然获得各方面之赞许"（蒋匀田：《中国近代史转捩点》，香港友联出版社有限公司 1976 年版，第 15 页）。

④ 《总统蒋公大事长编初稿》卷 5（下），第 815—816 页。

化，还是先行政治民主化，再行军队国家化。

毛泽东到重庆后，在正式谈判前后，与蒋介石有多次会见。因为有些谈话只在他们两人之间进行，内容如何不得而知，但他们的会见无疑为谈判决定了原则，国共谈判实际是在两人指导下进行的。

重庆谈判最初几天为双方交换意见阶段，也就是“先培养谈话的良好情绪”，“因为过去不幸的事情太多，不先有良好的情绪，就谈各种具体问题，解决一定很困难”①。9月2日，毛泽东、周恩来、王若飞与王世杰会见，双方先就需要商谈的问题初步交换了意见。毛建议，当双方会谈有结果后，再由政府邀请其他党派和无党派人士及中共举行政治会议，讨论诸问题②。9月3日，周恩来将中共的谈判方案正式交给国民党方面。该方案首先提出：“在和平、民主、团结基础上实现全国的统一，建设独立、自由和富强的新中国，彻底实现三民主义”，“拥护蒋先生，承认蒋先生在全国的领导地位”；具体内容有承认各党派合法，承认解放区政权及部队，严惩汉奸，重划受降地区，停止武装冲突，结束党治，保障人民自由等。方案中最关键的内容是九、十两项——实现政治民主化和军队国家化的必要办法。前者包括召开各党派及无党派人士参加的政治会议，讨论建国大计、施政纲领、改组政府、重选国大等问题，实行地方自治和普选，承认中共解放区政权的地位，陕甘宁边区及热河、察哈尔、河北、山东、山西委任中共推选之省主席，绥远、河南、江苏、安徽、湖北、浙江、广东七省与北平、天津、青岛、上海特别市委任中共推选之省副主席或副市长，参加东北行政组织；后者包括公平合理地整编全国军队，中共部队编为十六个军四十八个师，驻地集中在淮河流域及陇海路以北地区，中共参加军委会及其各部工作，设立北平行营及

① 邵力子：《政府与中共代表商谈经过》，《中央日报》（重庆）1946年1月13日。

② 《政府代表王世杰与毛泽东谈话记录》（1945年9月2日），《中华民国重要史料初编》第七编第二册，第37—39页。

北方政治委员会，委任中共人员为主任①。

蒋介石得知中共的要求后，自感“脑筋深受刺激”，事情的进展不如其所愿。他认为：中共“提出之方案，实无一驳价值，倘该方案之第一、二两条，具有诚意，则其以下各条在内容上与精神上与此完全自相矛盾者，即不应提出”。9 月 4 日，蒋召见国民党谈判代表，归纳了他的谈判条件是：1. 军队问题，中共军队最多编十二个师，驻地由双方商讨决定；2. 解放区问题，此为事实所绝对行不通者，只要中共做到军令政令的统一，则对县级行政人员酌予留任，省级行政人员亦可延引中共人士；3. 政治问题，拟改组国防最高委员会为政治会议，由各党各派人士参加，中央政府俟国大后再予改组；4. 国大问题，已选国大代表仍然有效，中共方面可酌增代表名额②。4 日，他在与毛泽东会见时告以，“所提方案与态度，皆应根本改变”③。国民党代表根据蒋的指示，拟定了对中共方案的答复，对第一、二项拥护三民主义和蒋介石的内容表示“甚佩”，对于其他各项多表示原则上“绝无问题”（实际仍各行其是），但对关键性的实现政治民主化和军队国家化的具体办法则不予接受，尤其是对解放区和军队问题，提出解放区名词“已成过去”，倘必指定由中共推荐某某省主席，则即非真诚作到军令、政令之统一；中共军队编为十二个师实已为可允许之最高限度④。国民党的态度预示着国共谈判前景之不容乐观。

自 9 月 4 日起，国共谈判正式开始进行。国民党方面参加者先后

① 《同国民党谈判的十一条意见》（1945 年 8 月 30 日），《毛泽东文集》第 4 卷，第 20—21 页。

② 《总统蒋公大事长编初稿》卷 5（下），第 825 页。据中共方面的情报，蒋的实际开价是，中共军队编 16 个师，考虑在中央各院增设副院长，由中共人员担任，并让出新疆省主席给中共，国大保证国民党代表占十分之七以上（《胡乔木回忆毛泽东》，第 407—408 页）。

③ 《总统蒋公大事长编初稿》卷 5（下），第 824、826 页。

④ 《中华民国重要史料初编》第七编第二册，第 41—44 页。

有张群、邵力子、张治中、叶楚伧和张厉生，中共方面参加者始终为周恩来和王若飞。谈判以中共所提方案为基础，双方唇枪舌剑，进行了激烈的争辩。第一次会谈主要涉及国共之间广泛的未决问题。国民党代表邵力子首先表示，中共方案中第一、二两项（即实行三民主义和承认蒋的地位）态度甚好，不胜赞佩①，然九、十两项（即实现政治民主化和军队国家化的具体办法）实令政府为难，没有顾及对方的困难，实有重加考虑的必要。张群称，中共此次所提条件，距离实在太远，因此亟须确定谈判之态度与精神。周恩来表示，中共此次不提联合政府、党派会议问题，对国大代表重选虽保留意见，但亦不反对参加，凡此让步，皆为此次谈判之政治基础。我等以上述之让步，政治既可安定，各党派间亦可和平合作。毛先生有此决心，党内异议，均所不顾，毅然来渝。如果不希望解决问题，毛先生何能远来。邵力子答称，他承认中共此次商谈已有若干让步，但中央之让步，亦已达最大之限度。张群称中共所提九、十两项意见，实为问题之症结所在，关于军队问题，与前此所谈距离甚远，而解放区问题如照中共意见，非致导国家于分崩离析之局不止。王若飞提出，解决问题必须根据事实，中共所要求于政府者，亦无非在于事实之承认，承认中共的政治地位，必须承认中共军队与解放区政权存在的事实②。此次会谈可谓主要务虚，双方未多接触实际问题，但从双方的发言可知，解决国共之间的问题绝不会是一件轻松的任务。

9月8日，双方进行第二次会谈，主题仍是上次悬而未决的问题。周恩来首先表示，希望国民党能对中共所提各项予以答复。张治中答称，中共所提九、十两项的内容，国民党不能接受，因此要求政府答复实在困难，希望中共重新考虑。王若飞表示，今要解决国共两党问题，必

---

① 在国共谈判中起过重要作用的张治中认为，中共这两项表示，使国民党内大多数人认为非常满意（《张治中回忆录》，第728页）。

② 《第一次谈话记录》（1945年9月4日），《中华民国重要史料初编》第七编第二册，第45—55页。

须承认两党皆有军队和政权的现实,否则便无法再谈了。双方在军队和政权问题上反复争辩,未能一致。张群遂建议,今后应讨论具体问题,以期一次会谈有一次之进步,得到周恩来的赞成①。此后的会谈即围绕各项具体问题展开。根据中共给各地的通报,在谈判的第一阶段"国党毫无诚意,双方意见相距甚远";"蒋表面上对毛周王招待很好,在社会上造成政府力求团结的气象。实际上对一切问题不放松削弱以致消灭我的方针,并利用全国人民害怕与反对内战心理,利用其合法地位与美国的支持与加强他(保障美国在远东对苏联的有利地位),使用强大压力,企图迫我就范,特别抓紧军队国家化问题。因此在谈话态度上只要求我们认识与承认他的法统及军令政令的统一,而对我方则取一概否认的态度"②。

10 日、11 日、12 日,双方连续进行第三、四、五次会谈,主要涉及政治问题③。首先谈政治会议,中共建议召开各党派和无党派人士参加的政治会议,即党派协商会议,协商解决和平建国、施政纲领、各党派参加政府、国民大会和复员善后问题,这样可"在训政结束之过程中,使各党派由协商而趋于合作。一改过去一党在野一党在朝之方式,亦非以此党代替彼党之方式,乃求党派合作,共同参加政府,以求全国政治之安定"。此建议得到国民党的原则赞同,张治中并建议此会议称政治协商会议。双方并就会议的组织、地位与范围问题达成了初步妥协④。

---

① 《第二次谈话记录》(1945 年 9 月 11 日),《中华民国重要史料初编》第七编第二册,第 55—60 页。

② 《中央书记处关于和国民党谈判情况的通知》(1945 年 9 月 13 日),《中共中央文件选集》第 15 册,第 276—277 页。

③ 以下引文见《第三、四、五次谈话记录》(1945 年 9 月 10、11、12 日),《中华民国重要史料初编》第七编第二册,第 60—78 页。

④ 中共在抗战后期提出召开各党派参加的国事会议,解决战时的迫切问题,但为国民党拒绝。此后中共一直坚持党派会议主张,而国民党反对此一提法,主张采用咨询会议方式,故建议改为政治协商会议,以示协商而非决定。而按中共的理解,政协会议就是党派会议。

继谈国民大会问题。中共主张国大延期召开，代表重新进行选举，国民党则坚持国大尽早举行，原选举代表有效，可在此基础上增加若干代表。最后双方达成妥协，第一次国大只进行制订宪法的工作，适当延期举行，第二次国大再通过普选代表赋予行宪权。关于国大代表问题，中共对原代表有效问题没有松口，但国民党提出可在当然代表240名(国民党中央委员)、遴选代表240名和未选出代表240名的基础上，由各党派适当分配，因此此一问题虽未解决，实际为以后的妥协留下了活动余地。

军队问题本为国共之间一大难题。在重庆谈判期间，国民党对中共军队的地位不能不予以承认，但对其应编数量双方意见不一。国民党起先只同意中共军队编十二个师，但过后感到此一提议很难为中共接受，因此12日蒋与毛会谈时，表示原则上可以考虑中共编二十个师，"唯必须保证共军确能接受国民政府之统率权为前提"①。中共也在19日的第七次会谈中表示，军队数量可考虑占全国军队总数的七分之一，如果国民党军队缩编至一百二十个师，则中共保留二十个师。这样，双方在军队问题上的距离有所接近，剩下唯一谈不拢的问题就是解放区的地位问题。

9月15日，第六次谈判主要涉及解放区地位问题。张群自始即表示，他们经请示蒋介石后，认为蒋之提议(即在军令政令统一后，中共可推荐省级行政人员，中央择予任用)为解决问题之唯一办法，中共的方案与国家政令之统一不符，碍难考虑，我等亦想不出任何方法。王若飞认为，中央依照政令统一之原则，处理各项问题，尽可不必否认地方之现存事实。今我方提案，规定解放区各省市，由中共推荐人员请中央任命，并不有违政令统一之旨。周恩来继提出，我党对于国民党，已作重大之让步，军权政权，中共皆承认国民党为中国第一大党，然国民党亦不能抹杀共产党，故国民党亦必须为我党打算，方能使我两党各得其

① 《总统蒋公大事长编初稿》卷5(下)，第832页。

所。我们所提之办法，乃目前过渡时期之必要办法。张群又称，蒋主席此次之所主张，尚未提经党与政府讨论，蒋主席须对党与政府负责，吾人不能不体谅其困难，我等实不能再作任何主张，或者蒋主席与毛先生直接商量，较易获得结果①。张群摆出甩手不干的架势，既为胁迫中共让步，也为国民党内可能的反对意见预留地步。

9 月 19 日，双方进行第七次谈判。中共主动表示，中共军队数量可减至占全国军队总数的七分之一；南方海南岛、广东、浙江、苏南、皖南、湖北、湖南、豫南等八个地区的军队可以撤退至苏北、皖北及陇海路以北地区，第二步再将上述地区的部队撤退，集中驻防于山东、河北、察哈尔、热河与山西之大部分、绥远之小部分，与陕甘宁边区等七个地区；解放区亦随军队驻地而合一，即鲁、冀、察、热四省主席，晋、绥两省副主席，及平、津、青三市副市长由中共推荐，较之中共原提方案有了较大的减少。中共以此作为对国民党的又一重大让步，借以推动谈判的进行。张群对此没有准备，因而只能表示俟转呈蒋介石请示后再议②。

然而中共的让步并未得到国民党的回应。在 9 月 21 日的第八次会谈中，反而出现了谈判期间争论最为激烈的场面。此次会谈重点谈军事问题，在这个问题上双方立场本已有所接近，但在此次会谈中，张治中起始即表示，政府军事上各部门负责同志对中共之过分要求，尤深为愤慨，政府殊难予以考虑。他提出中共军队最多只能编十六个师，至于解放区问题，他提出中共如觉何人堪任省、厅、县长，尽可开列名单，送请中央量才任用，但切不可指定何省应划归中共。他认为解决两党间问题须首先培养信心，接着指责中共方案有碍信心之培养，何异乎割据地盘。此时，王若飞激动地质问，那末，中央将我党军队都消灭好了！

---

① 《第六次谈话记录》(1945 年 9 月 15 日)，《中华民国重要史料初编》第七编第二册，第 78—86 页。

② 《第七次谈话记录》(1945 年 9 月 19 日)，《中华民国重要史料初编》第七编第二册，第 86—89 页。

也许是考虑到张治中与中共有长期友好关系，周恩来出面为其解围，他赞成张治中所言，双方应设身处地，推己及人，以互让互谅之精神，求问题之解决。接着批评国民党之观念是自大的，是不以平等待中共的，视我党为被统治者，投降者，自西安事变以来，即一贯如此。但他巧妙地将这一批评引导到真正反对国共和谈的陈立夫一派身上，以陈之言为例，说明必惹起我党之愤怒。王若飞继而说明，军队国家化，所谓国家乃人民的国家，而非一党的国家，如能召开党派会议，成立联合政府与联合统帅部，则一切军事政治皆可解决。他并质问你们国民党做了些什么？今日的问题，要看全国的民主实行到何程度，如能实行民主，问题即易解决。在这个问题上，他与张群、张治中和邵力子又有激烈的争论①。此次会谈气氛紧张，结果导致谈判停顿，陷于僵局，而且连双方已经达成默契的若干问题，也被淹没在争论之中。而美国人的插手，更使问题复杂化了。据胡乔木的回忆，恰在此时，赫尔利企图在回美前见到谈判获得成果，对中共施加压力，提出军队编二十个师，但不能按国军比例缩编，必须放弃任命省主席的要求，如果这个问题不解决，就不能发公报。他最后威胁中共，要么承认由国民党统一，要么谈判破裂。说完要求周恩来立即请示毛泽东，做最后决定，而张群就坐在隔壁的屋子里等待答复，情况十分紧张。毛泽东当即决定会见赫尔利，告诉他中共的态度是不承认，也不破裂，问题复杂，还要讨论；虽然目前有很多困难，但总可以想出合理的办法解决，不会向分裂的方向走②。

9 月 21 日谈判后，会谈停顿，照其后邵力子的说法，“当时的情形，几乎使会谈搁浅”。他认为这一由于多年以来的事实造成的困难，二由于两方面的立场本不相同，各有不能让步之处③。中共在给各地的第

① 《第八次谈话记录》(1945 年 9 月 21 日)，《中华民国重要史料初编》第七编第二册，第 89—97 页。

② 《胡乔木回忆毛泽东》，第 410 页。

③ 邵力子：《政府与中共代表会谈经过》，《中央日报》(重庆)1946 年 1 月 13 日。

二次通报中称，谈判“基本上无若何进展，即起草联合公报事，亦为蒋所阻，谈判乃遭受挫折。三星期来，我方调子低，让步大(允逐步退出陇海路以南)，表示委曲求全，彼方乘机高压，破坏联合公报。因此我方政治上处于有利地位，一切中间派均为我抱不平，认为我们已做到仁至义尽，同情我们主张(提议各党派参加谈判)，谈判将坚持原定方针转入第二阶段”①。毛泽东在会见国社党领导人蒋匀田时告他：“商谈了近二十日，时间白费，毫无结果，已面临僵局了”；“我们触及到两个问题，一个是军队分配的比例问题，一个是我们管理的地区自治问题。现在没有一个问题得到协议，可说商谈已经失败了”②。作为国共谈判的旁观者，青年党领导人李璜在从美国写给重庆总部的信中认为：“敌人忽然投降，高君(指蒋介石——作者注)得美助力，收复各要地，高兴之余，必骄而难说话。毛则到处有兵，横亘南北东西，势亦不弱，虽苏允独支高君，毛有十年内战经验，亦不愿随便妥协也。……恐谈去谈来，仍是一个先统一军权，一个则先改组政府。美总统杜鲁门今日谈话，仍如前几日，说是中苏协定，苏联既承担蒋为正统，则中共黯然无光，势须妥协。杜总统看法未免简单。杜不知中共根本看不起国民党人，认为不是敌手，对蒋势力毫无所恐惧，且苏联表面不助中共，骨子里有无另一套，亦不可知。”③李璜的看法不无道理。作为两个各有政权和军队并经过多年对立的政党，在没有互信的情况下，很难设想可以以几天的谈判便解决多年的积怨。亲历谈判的王世杰认为，蒋介石和毛泽东“在性格及信念上似不能合作”，他并且将此看法告诉了毛本人④。此一看法恐非一时心血来潮，其间多少透露出国民党内对国共关系的预期。说到底，这

---

① 《中央关于和国民党谈判的第二次秘密通知》(1945年9月26日)，《中共中央文件选集》第15册，第293页。

② 蒋匀田：《中国近代史转捩点》，第2页。

③ 《李璜自纽约致重庆青年党总部函》(1945年9月16日)，*Li Huang Collection*，Box 1，Rare Books and Manuscript Library，Columbia University，New York。

④ 《王世杰日记》1945年9月4日，台北1990年版。

不仅是两位领导人个人，也不仅仅是单独两个政党之间的较量，这是各有各的基础、各有各的支持者、从而也各有各的不同利益的两大力量之间的较量。

据胡乔木回忆，9 月 21 日前后几天“是谈判期间最紧张的几天，因为当时看起来双方最后能否达成协议很成问题”。而且中共还得到情报，国民党中统要员私下透露，不宜让毛泽东和周恩来返回延安，表面是蒋常有国事咨询，实际是此举可动摇中共军心，有利于国民党军进攻①。延安得知后，在 26 日的政治局会议上，认为谈判没有结果，形势可能逆转，蒋介石要共产党屈服，否则就准备武力对立，毛泽东再留重庆似无必要，建议毛泽东争取快回延安②。但毛泽东既然亲自到了重庆，说明国共谈判有其内在和外在动力，也不可能轻易中断。实际在一定程度上，国共双方打的是心理战，谁都不愿承担谈判破裂带来的政治责任。所以毛泽东决定仍留在重庆，以取得最大限度的政治主动，而国民党也会给自己找台阶下。谈判又出现了转机③。

在重庆谈判进行过程中，蒋介石感觉“目前最重大的问题，为共毛问题，国家存亡，革命成败，皆在于此”。但他对美苏的态度没有把握，“俄是否因此藉口毁灭其盟约义务？促使蒙疆内侵与久踞东北？果尔，则国际形势犹能容忍否？又美国舆论与政策，是否因之改变，弃绝我国不再予以接济乎？”因此蒋只能决定“不能不为国相忍”④。在整个谈判期间，国民党内部仍然有争论，据王若飞说，参加谈判的“国方代表都承

① 《胡乔木回忆毛泽东》，第 411 页。

② 中共中央文献研究室编：《刘少奇年谱》(1898—1969)上卷，中央文献出版社 1996 年版，第 502—503 页。

③ 胡乔木认为：“当时的情况恐怕是我们紧张，国方也紧张。一方面，他们冷淡我们，向我方施加最后压力，想要我党再让一步；另一方面，他们也知道谈判结果只能大体如此，继续施压有可能迫使我们关闭谈判之门而适得其反。我方担心达不成协议，国方也担心，因为如果达不成协议，国民党方面要承担主要的政治责任。”(《胡乔木回忆毛泽东》，第 412 页)

④ 《总统蒋公大事长编初稿》卷 5(下)，第 837 页。

认解放区的力量，认为国共不能打，一定要和，他们是倾向民主和平方面的。其中，最肯想问题的是王世杰；邵力子愿意解决问题，但怕负责任；张治中坦白直爽，连CC派指责张群‘联共坍党’的事情也讲了出来”①。而中共则始终表示拥护国民党的领导，发动政治攻势，争取中间派，赢得了社会各界的好评。毛泽东特别告诉《大公报》总编辑王芸生：我们对国民党，只是有所批评，留有余地，并无另起炉灶之意②。

9月27日，谈判恢复，张治中首先提出，军队问题的解决，需要经过相当的程序和步骤，技术上的问题可否由军政、军令部同中共派员另组小组会议，共同商讨。此提议得到周恩来的同意。这样，谈判的难题之一军队问题得以暂时解决，剩下解放区的问题，仍成为双方反复争论的焦点。中共提出的解决方法，从重划省区到任命省级长官再到民选，均为国民党所拒绝，最后周恩来只好提出暂时维持现状，留待政治会议解决。张群表示，暂维现状非问题之真正解决，提出国民党的省政府与中共的县政府互相承认，俟宪法颁布后，省政府再行选举。对于这种使中共政权限制在县一级的办法，中共当然不能同意。28日双方的会谈中，就军事小组的成员达成了一致意见，国民党方面由军政部次长林蔚和军令部次长刘斐参加，中共则派出十八集团军参谋长叶剑英为代表③。

10月2日和5日，国共双方主要就解放区的问题进行了最后二次会谈。张群先提出中共解放区不过六十余个县，问题不难解决，但周恩来指出经过日本投降前后的战斗，解放区已有二百八十余个县。张治中提出了行政专员区的方案，即中共统治地区如数县连成一片者，可由中共推荐行政督查专员，显示国民党愿意再退一步，但始终不同意给中

---

① 《胡乔木回忆毛泽东》，第418页。

② 《毛泽东年谱》下卷，第33—34页。

③ 《国共第九、十次商谈记录》(1945年9月27、28日)，张九如：《和谈覆辙在中国——知难行易在美国》，台北文海出版社1968年版，第134—142页。

共省一级的行政权。周恩来提出，华北冀、鲁、热、察四省，大部分甚至整个省区均在中共治理下，不可与行政专员区相提并论。如中央必欲置一省府，岂非等于虚设。他批评国民党不同意解决解放区的问题，仍旧是心理的问题，以为地方如归中共治理，而军队又驻在当地，则一切归中共包办，中央将永不能插足矣。中共则以为解放区之成立，乃多年奋斗所得之结果，政府何必阻止地方行政之进步。双方在这个问题上又有一番争辩。张治中认为解放区乃战时的产物，中共的要求不论基于何种理由，均将怀疑为中国之分裂矣。邵力子指责说，中日战争发生之近因，乃因日本要求华北五省特殊化，今中共又有此要求，政府将何以向国民解释。周恩来立即指出邵之比喻之不当，解放区问题与华北特殊化根本不同，中共所要求者不过实行民主而已。王若飞则指出，解放区虽为战时产物，然不能说民主制度在战后即须取消，其他莫不如此，政府不可不维持之。中共方面感觉这样的争论不会有结果，遂提议将商谈的结果整理发表，而毛泽东来渝已逾一月，拟于下周回延安。国民党方面表示同意①。国共历时一月之会谈告一段落。

三　双十协定的签订

10 月 10 日，国民党代表王世杰、张群、张治中、邵力子和中共代表周恩来、王若飞签订了《政府与中共代表会谈纪要》。纪要共十二条，主要内容如下：关于和平建国的基本方针，双方一致认为中国抗日战争，业已胜利结束，和平建国的新阶段，即将开始，必须共同努力，以和平、民主、团结、统一为基础，并在蒋主席领导之下，长期合作，坚决避免内战，建设独立、自由和富强的新中国，彻底实行三民主义。双方又同认

① 《两党代表谈判的情况》（1945 年 10 月 2、5 日），中共重庆市委党史研究室、重庆市政协文史资料委员会、红岩革命纪念馆编：《重庆谈判纪实》（增订本），重庆出版社 1993 年版，第 270—274 页。

蒋主席所倡导之政治民主化，军队国家化及党派平等合法，为达到和平建国必由之途径。双方在召开政治协商会议、保证人民自由、承认党派合法、限制特务机关活动、释放政治犯等问题上达成一致意见；在实行地方自治、惩处汉奸解散伪军、重划受降地区等问题上，政府方面表示实行地方自治不应影响国民大会之召开，惩处汉奸要依法律行之，中共参加受降在其接受中央命令之后自可考虑①；关于国民大会问题，双方未能达成协议，同意提交政协解决；关于军队国家化问题，中共提出将部队缩编至二十个师，自八个地区撤出部队至陇海路北和苏北皖北，政府方面表示，此次商谈各项问题果能全盘解决，则中共军队数目可以考虑，驻地问题可由中共提出方案，双方同意组织三人小组，由军令部、军政部及第十八集团军各派一人组成，进行具体商谈；关于解放区地方政府问题，中共先后提出四种方案，政府方面均不同意。政府方面以政令统一，必须提前实现，此项问题久悬不决，虑为和平建设之障碍，仍亟盼能商得具体解决方案，中共方面表示同意继续商谈。对于未解决的问题，双方表示将在互信互让之基础上，继续商谈，求得圆满之解决②。

“双十协定”列出了国共两党对于战后中国各项待解决问题看法的异同之处。对于国民党而言，最大的收获是中共承认国民党和蒋介石的领导地位；对于中共而言，最大的收获是国民党承认了中共及其军队的地位。对于双方一致之处，实际国民党以后并未能完全实现其诺言，

---

① 根据中共方面关于会谈纪要的原拟稿，中共曾经提出：中央军队进入或通过某一解放区，只有在会谈已有结果，驻地已有划分后，才不致发生冲突，如在目前，不论前进或通过，事实上均为进攻中共所领导的抗日军队，且此事已在许多地区发生，要求政府立予制止，免致造成内战。因为国民党方面的不同意见，此条没有列入最后公布的纪要中，而以后的事实证明，正是因为对受降、进军问题的看法不一，导致国共的大规模武装冲突（《国共会谈纪要初稿（我方起草）》，1945 年 10 月，《党的文献》1995 年第 1 期，第 91 页）。

② 《中央日报》（重庆）1945 年 10 月 12 日。

如保证人民自由和限制特务机关权力；对于国民党原则同意的各点，国民党有其前提条件，因此实际基本没有实行，双方仍是各说各话；对于国民大会和军队整编问题，双方虽未达成协议，但实际已有了妥协方案，可以通过进一步的谈判达成协议；因此双方最大的分歧实际是如何解决中共解放区政权的地位问题。对于国民党来说，中共的地位可以承认，军队可以整编，但如果军队和地盘结合，则国民党就无可如之何了，因此它在这个问题上始终不肯让步。周恩来在总结国共谈判成果时曾说："武装固然重要，但武装毕竟是保持根据地的工具，武装脱离了根据地就无法生存。蒋看清了这点，他也特别懂得这个问题的重要性，因此，他无论如何不承认。"①

10月8日，张治中举行盛大宴会，欢送毛泽东回延安。张在会上报告双方大部分意见已经一致了，就是"和平、民主、统一、团结，在蒋主席领导之下，彻底实行三民主义"；"剩下不到百分之三十的距离，我们很有方法来接近"。毛泽东在讲话中强调：中国今天只有一条路，就是和，和为贵，其他的一切打算都是错的。在和平民主团结的基础上实现统一，这个方针，符合于全国人民的要求，也符合于全世界人士与同盟国政府的要求。和平与合作应该是长期的。大家一条心，不作别的打算，作长期合作的计划②！

10月9日，蒋介石与毛泽东相见，蒋一方面表示"国、共非彻底合作不可，否则不仅于国家不利，而且于共党有害"；但又要求中共"对国内政策应改变方针，即放弃军队与地盘观念，而在政治与经济上竞争，此为共党今后唯一之出路"。在毛泽东临行前，蒋又告以"所谓解放区问题，政府决不能再有迁就，否则不成其为国家之意，坚决表示望其了解也"③。据胡乔木的回忆，毛泽东说蒋在这几次谈话中表示，我们两

---

① 《一年来的谈判及前途》(1946年12月18日)，《周恩来选集》上卷，第254页。

② 《大公报》(重庆)、《新华日报》1945年10月9日。

③ 《总统蒋公大事长编初稿》卷5(下)，第845—848页。

人能合作，世界就好办；国共两党，不可缺一，党都有缺点，都有专长；我们都是五六十的人了，十年之内总要搞个名堂，否则对不起人民；共产党最好不搞军队，如你们专在政治上竞争，那你们就可以被接受。毛并未正面回应蒋的谈话，但表示赞成军队国家化，军队不为党派服务，党则全力办政治；解放区的努力应该承认，应该帮助。正因为蒋的这些表示，毛泽东对国共和谈前景一度较为乐观，认为现在是有蒋以来，从未有之弱。兵散了，新闻检查取消了，这是十八年来未有之事。说他坚决反革命，不见得①。

10 月 11 日，毛泽东飞回延安，当天在中共中央政治局会议上，报告了谈判经过。他认为，会谈纪要采取平等的方式双方正式签订，这是历史上没有过的；有成议的六条，都是有益于中国人民的。解放区问题，还要经过斗争。会议批准了这个会谈纪要②。次日，中共中央下发给各地的指示，着重强调："和平基本方针虽已奠定，但暂时许多局部的大规模的军事冲突仍不可避免……我方必须提起充分注意，战胜这些进攻，绝对不可松懈"；"解放区问题未能在此次谈判中解决，还须经过严重斗争，方可解决。这个极端重要的问题不解决，全部和平建国的局面即不能出现"；"解放区军队一枪一弹均必须保持，这是确定不移的原则。……目前伪军未解散，敌军未缴械，解放区问题未解决，谈不到编整部队问题。即将来实行编整时，我方亦自有办法达到一枪一弹均须保存之目的。过去中央指示各地扩大军队整编主力计划，继续执行不变。"③

全国舆论对于国共会谈结果的评价不尽一致。国民党为了呼应舆论的和平要求，对会谈结果表示了一定程度的赞同。《中央日报》认为，

① 《胡乔木回忆毛泽东》，第 422 页。

② 《毛泽东年谱》下卷，第 33 页。

③ 《中央关于双十协定后我党任务与方针的指示》（1945 年 10 月 12 日），《中共中央文件选集》第 15 册，第 324—325 页。

“这一结果固然还有不能尽满人意的地方，但内战之不至发生，却已有确实的保障，我们总也可以普告国人和关切中国问题的友邦人士，请其不必为和平将在中国遭遇危机而担忧了”。中共则对会谈成果予以积极评价，《解放日报》认为，“此次会谈获得了重要的成果，表示了中国的前途是光明的。在中国人民及抗日党派面前还有很多困难，走向光明的道路上还有荆棘，还有曲折，还有障碍。但是我们坚信，这些困难是能够克服的”①。社会舆论在肯定会谈成果的同时，又表示出相当的担心。《大公报》认为：对于双方一致的问题应该至诚至速地付诸实施，对于关系建国根本的政治上的大问题希望由政协商得共同的办法，对于现实的军政问题，复杂难决，但必须求得解决，才能真正避免内战的危险。目前似可从求安定着手，但求不决裂，力求妥协，尽力增加向心力，力避割据争夺现象，以求得一个过渡的办法。《新民报》的评论更为低调，认为双方一致之处在谈判的比重上却不是最重要的，现实的问题不是堂皇的原则所能解决的，假如这些现实的问题得不到最后的结果，即使不至于推翻已有的成果，也可能阻碍已有成果的实施。提出民主政治是消灭问题的惟一途径，民主的进程愈快，问题消灭得也愈快②。现实也确实如此。国共最高会谈结束后，双方围绕一些现实问题的分歧远未解决，导致双方之间的冲突不仅没有停止，反有越打越大之势。

第三节　国共军事政治对峙

一　国民党以接收为重点的战略方针

战后初期国民党的基本战略方针，就是以恢复交通为主旨，将其军

① 《政府与中共的会谈》，《中央日报》（重庆）1945 年 10 月 12 日；《国共谈判的成果与今后的任务》，《解放日报》1945 年 10 月 13 日。

② 《团结会谈的初步成就》，《大公报》（重庆）1945年10月12日；《未解决的问题》，《新民报》1945年10月13日。

队向全国推进，控制要点要线，占据有利的战略地位，压迫中共妥协。所谓恢复交通，主要是铁路交通，因为空运数量有限，公路或水路运输又缓不济急，只有恢复铁路交通，国民党的军队才可以运动自如，接收、复员、遣返等等才可以顺利进行，因此在战后最初一段时间里，国民党军队基本是沿铁路线向各地尤其是华北推进。但因为国共双方未就接收问题达成妥协，国民党实行此一方针的结果，必然造成其军队在向前推进过程中，与铁路沿线的中共军队发生军事冲突，孕育着内战的极大危险。

据李宗仁回忆，还在抗战临近结束之时，他曾向蒋介石建议，战后应令日军就地维持治安和交通，对沦陷区的接收采用“后浪推前浪”的方法，即以驻豫、皖、苏的部队向鲁、冀推进，驻晋、绥的部队向察哈尔推进，再以后方部队接替上述部队防地，以便尽快接收华北，防止中共捷足先登。但蒋介石为了防止非嫡系部队先入华北，调远在大西南的嫡系部队前往接收，致时间迟缓，落在了中共后面①。

8 月 12 日，唐纵将侍从室拟订的《日本投降后我方处置之意见具申》交给蒋介石，该文件对军事方面提出了八项意见，主要内容为：1. 为防止奸伪乘机进占重要城市与收编敌伪武装及为尔后恢复沦陷区秩序起见，似应发动全线部队从速推进，并特别派遣部队进据各重要据点；2. 饬各战区向上海、南京、北平、天津、广州、武汉、徐州、青岛、济南、东北等地推进；3. 向美国交涉空运及海运，以为接受日本投降，收复华北打击奸伪企图作准备②。副参谋总长白崇禧观察形势后亦提出四点建议：1. 请迅速由陆空两途推进，派遣部队控制要点，以免归顺或观望之伪军，被奸党威胁利诱；2. 请迅即发表北平行营命令，以便

① 《李宗仁回忆录》下册，广西政协 1980 年印本，第 846—849 页。据郭汝瑰回忆，国民党在抗战后期已有计划，以傅作义进军张家口，胡宗南进军平津，不使中共通过收缴日械而壮大（作者访问郭汝瑰记录，1989 年 9 月 19 日）。

② 唐纵：《在蒋介石身边八年》，第 686—687 页。

先遣要员，率一小部空运部队早达平津，指挥先遣军及伪军，巩固要点，控制机场及海口，以保持交通联络，并安定民心及归顺军之军心；3. 令由行营指挥河北滦东一带归顺之伪军，布防山海关、喜峰口、古北口之线，以防奸军东窜，渗入东北境内，夺取伪械，发展组织。因苏军进入伪满境内，其撤退完毕有三个月以内之时间，倘此时，如任奸军渗入，苏军以不干涉内政为口实，恐不至拒止，我对奸军投鼠忌器，东北环境恐日趋困难矣；4. 黄河以北，党政军各机关渐次向北推进，联络通信既已困难，协同一致亦属不易，请划定行营管辖区域及所属战区，俾便督导指挥①。这些建议的重点都在于尽力限制中共力量的发展。

8月18日，蒋介石命令何应钦："在办理接受敌军投降期间，秉承本委员长之指示，调动部队，占领中国战区内各军事、政治、经济、交通要点及要港，构成处理敌军及恢复全般秩序之有利态势。"22日，又令各部队"迅速行动，以争取时间"，为此下令：预定空运部队，应立即向机场所在地集结。其余部队，除残留必要部队维持辖境区内之治安外，一切应尽可能即向指定目标挺进；各挺进部队之番号、目标、路线，由何总司令及各战区长官指定克日行动，不必反复请示②。9月2日，何应钦遵蒋令发出指示，要求各部队以接收名义"急

---

① 《白崇禧副参谋总长上蒋委员长告共军侵夺华北各地并陈述处置事项函》(1945年8月24日)，《中华民国重要史料初编》第七编第二册，第318—319页。白崇禧是战后坚决主张"剿共"的代表人物之一，他自称曾向蒋介石建议，"应乘战胜余威，先将共匪剿平，而后行宪"；"若共匪未剿平即行宪，有甚多矛盾处，且难免违宪"。他的理由是，行宪"予共党以扩大叛乱之机会"，负责任者忙于竞选"势必松懈其本身工作"，"因竞选激烈而生争执伤和气者甚多"，东北华北因无法票选而改为推选，"与宪法规定之普选殊为不合"。他将这些意见签呈报蒋，蒋对他说："你从军事的观点主张先剿匪后行宪，不错的，但各党各派压迫得厉害，本党主张亦不一致，我们再考虑考虑。"结果蒋迫于形势未接受白的意见(《白崇禧先生访问纪录》上册第475、478页，下册第848页，台北中研院近代史研究所1984年版)。

② 《蒋中正致何应钦电》(1945年8月18、22日)，《第二次世界大战中国战区受降纪实》，第64、69页。

向所规定之受降地点挺进，并尽先以一部接收日军撤离之地区，主力迅速进驻日军投降集中地区之附近，完成一切受降准备”；“受降地点以外之重要城市之据点，应迅速以有力部队接防控置之”；“奸匪活动地域，应集中优势兵力择要封锁之”①。何首先部署对于全国二十七处大城市和战略要点，即南京、上海、杭州、北平、天津、广州、武汉、长沙、南昌、九江、安庆、徐州、济南、青岛、郑州、洛阳、石家庄、太原、大同、归绥、包头、张家口、承德、赤峰、多伦、古北口、山海关，“须于解除日军武装之同时，即能完全掌握之，以期受降事宜得以顺利进行，及各地治安得以早日恢复”②。

对于国民党而言，最为关注的是长江以北地区，尤其是华北与东北，因为长江以南地区“实力雄厚，党政力量亦能配合，尚不十分严重”，而华北地区中共部队“深入陷区，易制先机，控制交通，接近敌区，便于受降收械”③。但是国民党主力部队偏处后方，运送需时，因此国民党最初主要是利用日伪军暂时控制要点，以待其军队的到达。具体作法是，在部署受降时，“不先占领敌军指挥机关”，而是暂时保持其建制，利用其力量控制要点要线，等待接收军队的到达④。各战区接收指挥机构无不要求日军：保持原有态势，在接防前不得移动，并须继续维持地方治安及一切交通通讯，等待接收；不得交由非指定部队接收或占领与破坏，否则应负责任；如有匪徒伪军企图接收或占领破坏时，日军应即加以制止⑤。对于华北各省的接收，何应钦要求冈村宁次：“查河北山

① 《中国陆军总司令何应钦自芷江呈蒋委员长报告已通令各战区各方面军迅速派出前进指挥所向受降地区挺进并以优势兵力封锁奸匪地域电》，1945 年 9 月 2 日，《中华民国重要史料初编》第二编第三册，第 642—643 页。

② 何应钦：《日军侵华八年抗战史》，第 393 页。

③ 《新编陆军骑兵第六师作战机密日记》，二档，全宗廿五，卷号 6822。

④ 《中国战区中国陆军总司令部受降报告书》，第 7 页。

⑤ 第六战区参谋处编：《第六战区受降纪实》，1946 年印本，第 6 页；军事委员会委员长广州行营参谋处编：《广东受降纪述》，1946 年印本，第 27 页。

东两省因指定接收部队尚未到达，土匪乘机蜂起，势益猖獗。着该两省境内日军暂缓集中，仍应保持以前态势，负责巩固要点要线，恢复铁道交通，并维持地方秩序。俟各该区内指定接收部队全部到达，就日军态势逐次接防，逐次缴械。”对于北平日军准备撤出城外的举动，何应钦令冈村宁次转令根本博“严密注意，并对北平之治安及华北各要地与重要城镇及交通线等，在孙长官连仲之部队未到达及正式接收以前，务须确保，并维护地方秩序为要”①。在察哈尔省会张家口被中共军队占领后，何应钦即致电冈村宁次，要求他“立即查明张家口究被何项部队占领，如果属实，贵官及当地日军长官应负其责”。冈村宁次表示，此种行动为苏、蒙军所为，“我方难于现地处理，故有必要时，作为贵方之要求事项，请中央作为联合国全般之问题，向苏联国方面接洽处理”②。在山东，省长何思源要求日军“协助维持山东治安及现在态势”，并完全依赖日军的接应才得以于9月1日打破中共部队的围困，自章丘进入济南③。在山西，阎锡山因为兵力不足，索性大规模利用日军，南北自灵石到大同，东西自沁县到汾阳，“皆依赖日军护路”，“且皆凭日军为之固守也”④。

---

① 《中国陆军总司令部训令》，诚字第24、31号，1945年9月28日，《中国战区中国陆军总司令部处理日本投降文件汇编》下卷，第86、90页。

② 《中国战区中国陆军总司令部致冈村宁次备忘录》（1945年8月31日）、《冈村宁次致何应钦复文》（1945年9月5日），《第二次世界大战中国战区受降纪实》，第95、109页。

③ 参山作启：《抗战胜利后国民党山东省政府进入济南之真相》，《民国档案》1989年第4期，第120—123页。

④ 《徐永昌日记》1945年10月27日，台北中研院近代史研究所1991年版。据原伪山西省公署顾问城野宏回忆，赵承绶初至太原即告诉他，阎锡山认为“这次日本失败，是政治上的失败，而不是军事上的失败。失败者的地位是暂时的，今后的问题是中日如何团结一致，抵挡北方。为此，希望得到你们比以前更好的合作”。其后，由省防第二军军长赵瑞与城野宏等达成原则：日军自愿者编成部队，全部给予军官待遇，在原级别上升三级，合同期两年，期满后阎方负责归国事宜。这种情况以至连蒋介石也觉得“有碍观瞻”。他对阎的老部下、军令部部长徐永昌说：“山西有利用日俘对共作战之

利用日军毕竟受到许多限制，为了应付自身兵力不足以迅速展开的处境，蒋介石在日本投降之初即命令各地伪军，“应就现驻地点负责维持地方治安，保护人民。各伪军尤应乘机赎罪，努力自新，非本委员长命令，不得擅自移动驻地，并不得受未经本委员长许可之收编”①。在蒋的命令下，伪军被赋予占领要点要线、保护交通通讯、监视敌人、维持治安等重要任务。如任援道的伪第一方面军成为南京先遣军、苏浙先遣军，周佛海的税警团成为军委会上海行动总队，华北伪军则给以新编第一至十路的名义，其他地区的伪军也多给以先遣军、挺进军的名义。这些伪军堂而皇之成为“国军”，较之日军更易运用②。然而在抗战胜利的大环境下，伪军普遍无心继续作战，而且其多数部队的战斗力也不强，因此国民党在战后争夺华北优势地位的斗争中，大城市依靠空运尚可维持，而广大地方则只能等待接收部队的陆续北上。

就国民党军在华北的行动而言，第一战区胡宗南部、第二战区阎锡山部和第十二战区傅作义部由于位置靠近华北日占区，因此出动的也最快。得知日本投降的消息后，阎锡山立即在8月11日召开所部干部会议，决定采取各项紧急措施：1. 派楚溪春率军向太原前进；

事实，此种情事实属破坏国家政策，教敌人看不起，无论对内对外使主席不能负责（不但共党宣布，日人亦有正式报告，美方亦不谅解）”，要徐前往“办理送俘”（城野宏：《日俘“残留”山西始末》，《山西文史资料》第45辑，第37、41页；《徐永昌日记》1946年3月23日）。实际上，在全国日俘遣返以后，仍有日军留在阎部参战。直到1949年4月太原战役期间，以暂编独立第十总队名义参战的日军最后覆灭。日本前驻华北第一方面军司令澄田徕四郎则一直被阎锡山奉为顾问上宾，至1949年初才被送回日本。

① 《蒋中正令》（1945年8月11日），《第二次世界大战中国战区受降纪实》，第62页。

② 军统局局长戴笠在浙江淳安得知日本投降消息后，即致电在重庆的局主任秘书毛人凤：迅即就已策动之一百二十七部伪军中实力较大之九十七部，七十四万人，呈奉军委会核准，先给予先遣军或先遣支队之名义，赋予维持当地地方秩序与阻止共军滋扰任务。上海方面，派周佛海为上海行动总指挥，负维持地方治安，稳定金融责任（《戴雨农先生全集》，引自朱汇森主编：《中华民国史事纪要》1945年8月11日）。

2. 电赵承绶速赴太原与苏体仁并日酋澄田联系；3. 电史泽波抢占上党；4. 电王靖国即赴临汾；5. 电高倬之即与日军联络进入运城。8月18日，第八集团军副总司令楚溪春部进入太原，30日阎锡山到达太原①。在绥远，8月11日，傅作义下令"绥西部队积极向东挺进"，并令马占山部"相机收复各县城，不得再任奸军占领，并选地集结，防止奸军北窜，候与进出绥包部队确实联系后再向察北、东北前进"②。18日，傅部暂三军进占归绥，28日傅总部到达归绥，随后继续沿平绥路向东扩展，9月初已经打通了平绥路的归绥至大同段。在西安，8月13日，胡宗南奉蒋介石令，以四个军驻守关中，以六个军入晋，与第二战区切取联系③。9月3日，胡部第三十八军到达郑州，8日，第四十军到达新乡，第三军和十六军则自韩城渡黄河入晋，沿同蒲路北上，10月18日到达石家庄，改归第十一战区指挥。此外，李延年指挥的第十二军自徐州沿津浦线进入济南，九十六、五十一、七十七军随后进至山东兖州、泰安等地，九十七军进至徐州北韩庄地区，李品仙部第七军和四十八军则沿津浦线自蚌埠向徐州前进。国民党军向华北的进军形成了自北、西、南三个方向，以平、津、济等大城市为中心的向心推进。

由于中共部队沿铁路线的阻击，9月以后国民党军向华北的推进遇到了很大的阻力。察、热两省基本由中共控制，冀、晋、绥、鲁等省和豫北、皖北、苏北只能接收省会和大中城市。针对接收中出现的新形势，唐纵判断中共"所持谈判之方针，拖延时间和缓各方空气，以期转移兵力于华北乘势进入东北造成新割据局面"，因此拟定意见为：向美国大量接洽飞机船舶；于九、十两月之内，将预定国军全部输送

---

① 贾文波：《上党战役前后在阎锡山身边所见》，《山西文史资料》第37辑，第39页。

② 《东北挺进军马占山部机密作战日记》，中国第二历史档案馆编：《抗日战争时期国民党军机密作战日记》（下），中国档案出版社1995年版，第1976页。

③ 第一战区参谋处编：《第一战区受降纪实》，1946年印本，第1页。

于京、沪、平、津、东北各要地；构成点线，再扩张面；在华北筑成两条长城线，一自津沽而至平绥包头之线，一自青岛济南而至石家庄太原之线，以抑制中共军事之发展；同时研究地方行政战斗体制以抑制其地下组织①。10 月 13 日，蒋介石给各战区长官发电，进行战争动员，电文称："查抗战胜利，日寇投降，亟应从速建设以完成抗战大业。乃奸匪竟乘机侵入城市，破坏交通，企图破坏统一以遂其割据之阴谋。若不速予剿除，不仅抗战八年前功尽失，且必遗害无穷，使中华民族永无复兴之望。我辈将士何以对危难之同胞，更何以对阵亡之将士？贵长官所部自抗战以还，迭著勋功，党国依为长城，中正尤寄厚望。此次剿共为人民幸福之所系，务本以往抗战之精神，遵照中正所订《剿匪手本》，督励所属，努力进剿，迅速完成任务，其功于国家者必得膺赐，其迟滞贻误者当必执法以罪，希转饬所属剿共部队官兵一体悉遵为要。"②由于蒋的态度，部分国民党高级将领对"剿共"颇为积极。军令部长徐永昌让下属拟出全盘"防剿"共党部署，于 10 月底连续与蒋介石商讨如何进行。杜聿明曾向蒋介石建议："国军这次接收敌占领区，在解除日寇武装的同时，请令大军所至各地，将共产党的武装游击队一律肃清，以消除今后建国之后患。"胡宗南亦在 11 月的复员整军会议期间向蒋献言："连日恭聆训示对现时剿匪颇有忧疑，如以管见：一、官兵副食如能维持……则逃兵减少，士气旺盛，成功极易；二、请亲临西安或太原则军心士气必振。补给、交通、通讯、卫生等解决，陆空联络解决，军民配合解决，一年工作，半年决可完成，时间缩短，苏俄虽欲援助共匪，亦不易也。"③在蒋的命令下，国民党军在华北各主要铁路沿线与

---

① 唐纵：《在蒋介石身边八年》，第 541 页。

② 《胡宗南十月二十四日致高树勋电》，中国人民解放军总部编：《中国人民解放战争军事文集》第 1 集，1951 年印本，第 174—175 页。此电于平汉战役中为中共部队所缴获，并于 11 月 5 日公布。

③ 杜聿明：《蒋介石破坏和平进攻东北始末》，《文史资料选辑》第42辑，第5页；於凭远、罗冷梅等编：《民国胡上将宗南年谱》，台湾商务印书馆1980年版，第159—160页。

中共部队发生较大规模的军事冲突。在华中，国民党军则着重于“围剿散匪”，“清剿任务，改由第五战区刘（峙）长官负责”，刘峙即命令“各部队应以三分之一兵力担任交通警备，在各该辖线三十里以内不得有奸匪存在。以三分之二兵力担任进剿，协助友军歼灭本战区所有之奸匪”①。

国民党军以接收为中心的军事进军在很大程度上依赖于美国的支持。美国的支持主要体现在两个方面，其一为国民党政府军调动提供空中与海上运输，没有这种大规模的运输，国民党军队就不可能迅速确定在全国各地尤其是华北的优势地位；其二是以美国海军陆战队在华北的登陆，为国民党提供直接的支持。所有这些支持，都是以同盟国统一安排、援助中国接收、进行战争善后的名义进行。用美国总统杜鲁门的话说是，“蒋介石需要我们的帮助，运送他的军队到日本主要部队准备投降的地点。否则，中共就会得到日军的武器，并且占领日本人控制的地区”②。

美国对国民党军的海空运输计划于抗战胜利前即已决定，并在战后开始实施。7 月 31 日，蒋介石和宋子文与魏德迈达成了一项原则协议，美国将帮助国民党占领华北的关键港口和城市，美国海军陆战队和其他部队将据守战略要点，直到中国正规军可以控制这些要点为止。日本决定投降的当天，8 月 10 日，美国参谋长联席会议命令魏德迈：“你应该援助中国中央政府迅速运送政府军到各关键地点”，“美国太平洋战区的力量应准备尽可能迅速地控制中国关键港口和交通要点”③。

---

①　《二十八集团军阵中日记》，二档，全宗廿五，卷号 6836。

②　Truman, Harry S. *The Memoirs of Harry S. Truman*, Vol. 1, p. 378. Hodder and Stoughton Ltd., Suffolk, 1955.

③　Wedemeyer Files, Schaller, Michael. *The U. S. Crusade in China, 1938-1945*, p. 262. Columbia University Press, New York, 1979; Naval Aide Files, Westad, Odd Arne. *Cold War & Revolution: Soviet-American Rivalry and the Origins of the Chinese Civil War*, p. 100. Columbia University Press, New York, 1993.

9月间,美国第十和第十四航空队开始空运新六军自芷江到南京,随后第九十二、九十四军10月间自汉口、柳州空运至北平和上海(九十四军其后又空运至天津);海运第十三、五十二军11月上中旬自九龙、海防到秦皇岛,第七十、六十二军10月下旬、11月下旬自宁波、海防到台湾,第八军11月中旬自九龙到青岛①。9月间,美国海军陆战队第三军团五万余人先后在华北塘沽、秦皇岛、青岛等地登陆,并进入北平和天津以及北宁铁路沿线各点,他们的主要任务是:占领并确保华北若干指定港口和机场,以便利中国政府军进入这些地区;协助对日军的受降并解除其武装;确保对投降部队及其装备的控制与安全,并尽其可能移交给中国当局。此外,他们还受命保护北宁铁路塘沽至秦皇岛段、开滦煤矿的安全。而且根据美国参谋长联席会议给驻华美军的指令,美军占领的地区只能移交给中国国民政府。连同以往驻在中国的美军,在华美军总数最多时达到十一万余人。这些对于亟须确立对华北控制并进而自此进军东北的国民党而言,对于稳定迫切需要煤炭供应的长江流域地区的经济形势,都是极端重要的②。

但是美国的政策和国民党的要求并不总是一致的。蒋介石注重于建立国民党在全国的优势地位,主张向东北运送相当军队,而驻华美军司令魏德迈认为国民党应该首先巩固华北。魏德迈在给华盛顿当局的报告中作出这样的结论:1. 如果委员长接受外国行政和技术人员的帮助,通过正直而富于进取心的官员进行政治、经济和社会改革,他将能

① 《中国战区中国陆军总司令部受降报告书》附表13。次年春,美国又从上海、九龙、海防等地海运新一、新六、第六十、七十一、九十三军到东北,使美国运送国民党军队的总数超过了四十万人。

② *The China White Paper*, Originally Issued as United States Relations With China, With Special Reference to the Period *1944 - 1949*, Vol. 2, p. 694. Department of State Publication 3573, Far Eastern Series 30, Stanford University Press, California, 1967; *Marshall's Mission To China, December* 1945—*January* 1947, The Report and Appended Documents, Vol. 1, pp. 381 - 382. University Publications of America, Inc. Arlington, Virginia, 1976.

够稳定南中国的局势；2. 除非他和中共达成一个满意的解决办法，并现实地遵循之，他将不可能在几个月甚至几年内稳定华北局势；3. 除非他和俄国及中共达成一个满意的协议，他将不可能在若干年内占领满洲。因此他向蒋建议，首先集中力量控制华北，同时进行政治和行政改革，清除官吏的贪污腐败行为①。也许正是出于这样的考虑，11 月 19 日，驻华美军总部突然拒绝继续海运国民党军北上，蒋向魏德迈询问原因不得要领，只好立即致电杜鲁门，电称华北接收任务"必须再增运五个军之兵力"，"余兹紧急吁请贵国早日供给达成此重要任务所需之船只"。为了缓和美国舆论对美国卷入中国内战的担心，蒋在电文中表示，"贵国人民关怀贵国军队有牵涉中国内部战争之可能性一点，敝国人民完全了解，余诚盼经中国已往八年抗战及牺牲所获取之胜利之果，得在一建设之时期内享受之，并得由此瞻望一充满自由、民主、繁荣、发展之和平康乐时代"②。在某种程度上，当国民党与美国的意见不一时，美国人便将军运视为压国民党的一种手段，蒋介石对此虽屡有怨言③，但迫于形势，也只能与美国周旋，而美国的总体战略仍是支持国民党，双方在这一问题上的矛盾尚处于可以控制的范围之内。11 月 21 日，蒋介石告诉魏德迈，政府军在东北只准备进至锦州，以为以后的行动留下一个方便的基地，但政府军的力量无法应付目前的华北局势，再次要求美国加运五个军到华北。魏德迈认为，加运军队一事确实十分必要，他已向美国政府建议，要么进一步援助中国，要么撤出全部美国军队。他还建议蒋可以向联合国求援，在能够确实接收东北前，将其置于国际共管之下，否则苏联将在东北扶植一个缓冲政权。蒋表示在

---

① *The China White Paper*, Vol. 1, pp. 131 - 132.

② 《总统蒋公大事长编初稿》卷 5(下)，第 890—891 页。

③ 在次年东北作战时，蒋介石便报怨"我中央军则须由美军代为运输，一切计划皆受其牵制，且彼时时以撤退其海军，中止其运输，以为胁迫，使我不能不迁就彼对共党妥协之建议"(《总统蒋公大事长编初稿》卷 6 上，第 115 页)。

他作出决定前，将考虑美国的意见，但他怀疑此举的可行性①。就魏德迈本人而言，他虽然不赞成国民党军队立即进入东北，但对于支持其控制华北则是完全赞成的，但他不想在没有得到华盛顿明确授权的情况下，承担美国卷入中国事务可能带来的后果。美国军方则反对任何放弃华北和满洲的计划，认为从长远的军事观点看问题，远东有利于美国的最为重要的军事因素，就是一个统一的、包括满洲的、对美国友好的中国，蒋介石的地位并非完全没有希望，美国的援助和承诺将给予国民党抵抗共产党的决心，因此应该向蒋提供除了加派美国战斗部队以外的一切必要援助。11 月 27 日，美国国务院、陆军部和海军部联席会议为美国对华政策确定了大致轮廓，即继续维持驻华美国海军陆战队，为国民党运送军队去华北和满洲，同时努力促成政治解决和停战②。战后美国对华政策的基点和矛盾，从美国当局这种既支持蒋介石统一中国的努力，又企图将中国问题约束在中国国内和政治层面的政策中，可以找到全部答案，这也是其后马歇尔来华调停的出发点。

到 1945 年底，国民党军队以接收为中心的全国战略部署，因为运输问题及中共部队的抵抗，未能达成其预期目标。当时的军政部军务署署长郭汝瑰以后在其回忆录中评论为，“蒋介石自以为垄断受降，便可达到独吞胜利果实之目的，殊一拥而上，争夺城市，导致到处出击，弊多力分，处处被动，战略上也就伏下了败亡因素”③。

---

① Minutes Of Meeting Held With Generalissimo Chiang Kai - Shik, Nov. 25, 1945, *T. V. Soong Papers*, Hoover Archives, Stanford University, California.

② Forrestal and Patterson to Byrnes, Nov. 26, 1945, Meeting of Secretaries of State, war, and Navy, Nov. 27, 1945, JCS to Wedemeyer, Dec. 14, 1945, Schaller, *The U. S. Crusade in China*, pp. 284, 287. Levine, Steven I. *Anvil of Victory - The Communist Revolution in Manchuria, 1945 - 1948*, p. 53. Columbia University Press, New York. 1987.

③ 《郭汝瑰回忆录》，四川人民出版社 1987 年版，第 178 页。

二　中共向北发展向南防御的战略方针

抗战临近结束之时，中共一度摆出了向南发展的态势，派八路军王震部南下湘粤赣，新四军粟裕部南下苏南浙江，以隔断大后方的国民党政权与江南广大沦陷区的联系，争取在日本投降时取得有利的战略地位。在抗战刚刚胜利之时，中共仍然坚持了这个方针，要求江南粟裕部"就原地继续扩展，长期坚持"，即使"不可能在现地坚持时，应准备开入闽浙赣，创造新局面"，"决不退回江北"①。

中共决定由毛泽东去重庆谈判后，对战略方针作了修改。8 月 26 日，毛泽东在中共中央政治局会议上谈到：为了有利于谈判，需要作一定的让步，中共准备让步的地区，第一批是广东至河南，第二批是江南，第三批是江北，这要看谈判的情况。"陇海路以北以迄外蒙一定要我们占优势。东北我们也要占优势，行政大员是国民党派，我们去干部，那里一定有文章可做"。刘少奇亦对毛泽东谈了他的设想：苏联军队虽然没有积极支持和帮助我们，却也没有阻拦我们，估计也不至于对我们背后开枪。那么，我们在东北也就赢得了战略上的胜利，即北面没有敌人，西面蒙古、东面朝鲜都是友邻，我们可以集中力量对付一个方面的敌人。有了这样一个有利的战略地位，就有了取得胜利的基础②。于此已经透露出中共向北发展战略的讯息。与此相适应，中共着重部署了华北的军事行动，令太行区夺取上党，太岳区向同蒲路进击，冀鲁豫区进攻豫北，晋察冀区出击晋北与正太路，晋绥区协助晋察冀区夺取大

---

① 《中央关于华中我军的战略部署给华中局的指示》(1945 年 8 月 12 日)，《中共中央文件选集》第 15 册，第 234 页。

② 《赴重庆谈判前在政治局会议上的讲话》(1945 年 8 月 26 日)，《毛泽东文集》第 4 卷，第 15—16 页；师哲：《在历史巨人身边》，第 307 页。

同，并争取收复归绥，尤其要求各地控制国民党军队北上必经的交通要道①。

对中共确定其战略方针具有重要意义的是两件事，一是东北的情况，一是部队干部的建议。中共在战后初期的千头万绪之中，已经注意到东北问题的重要，但因对东北的具体情况不明，对苏联态度和东北苏军动向不明，在行动上比较谨慎。此时，正值进入东北的中共曾克林部有了很大发展，但对未来究竟如何行动没有把握，而东北苏军面对当地的复杂局势，也希望与中共中央建立联系，因此东北苏军总司令马林诺夫斯基派出飞机，送自己的代表贝鲁罗索夫和曾克林于 9 月 14 日一同飞抵延安。贝氏向朱德转告了马林诺夫斯基的口头通知：国共军队进入东北应按照特别规定之时间，在苏军撤退前不得进入，现已进入东北的部队应退出苏军占领区，苏军撤退后，中国军队进入东北问题由中国自行解决，我们不干涉中国内政②。苏联的这一表示，虽然没有支持中共军队立即进入东北，但也没有提根据中苏条约将东北交给国民党一事，而且不干涉中国内政的说法，实际默认了中共军队可以在不公开的情况下进入东北，对中共实际还是有利的③。当天下午，中共中央召开政治局会议，听取曾克林的汇报，曾克林谈到东北广大地区无人管理，秩序混乱，而我军进入东北后发展很快，认为应该配合苏军，接管东北。如刘少奇所说，在曾克林到延安前，我们对东北问题研究了好几天，就是不知道具体情况，下不了决心，而曾克林的汇报为中共中央提供了了

---

① 《军委关于目前军事部署的指示》(1945 年 8 月 26 日)，《中共中央文件选集》第 15 册，第 250—251 页。

② 《刘少奇年谱》上卷，第 490 页。

③ 中共中央得知苏联态度后，由刘少奇等致函马林诺夫斯基，提出热河、辽宁抗战时即有八路军活动，并有根据地，请允许该地区八路军仍留原地，得到苏方的默认(《刘少奇年谱》上卷，第 491 页)。同时，进入华北的苏军则要求中共“火速北开接收”，并给予武器，“确保北面及内蒙地区，以便同外蒙苏联经常保持联系”(《中共中央致重庆代表团电》，1945 年 9 月 17 日)。

解东北真实情况的第一手材料，对中共的决策产生了重要影响①。

也就在曾克林到延安汇报的这一天，新四军三师师长黄克诚发出给华中局转致中共中央电，他认为蒋介石对和谈毫无诚意，只不过作为欺骗人民、麻痹我军、拖延时间之手段，同时以大军积极进占大城市和交通要道，分割孤立我军各战略区，到和平压力无效后，即以大军进攻，以收各个击破之效；我军数量虽大，但精干主力不多，且部署分散，突击力量欠强大，各根据地联系不好，很难独立长期支持大规模战争。他提出目前中共可有三个方针：一是以极大让步取得和平，但将造成严重失败；二是在有利基础下让步，争取和平，保持力量，但目前很少有实现可能，时间拖延对我极端不利；三是主动放弃一些地区，集中主力进行决战，创造联系一片的大战略根据地，逼蒋介石让步，取得和平，他认为中共应采取第三种方针。为此他建议：尽量多派部队去东北，并派有威望的领导人去主持工作，创造总根据地，支持关内斗争；以晋、绥、察为关内第一战略根据地，以山东为关内第二战略根据地，在此集中主力决战，以求基本控制，其他各地区则成为二大战略根据地之卫星，争取局部决战胜利，不可能时以游击战争周旋；为了达此目的，须从山东调三至五万人去东北，从华中调三至六万人去山东，河南主力调山西，江南主力调江北。他认为："集中兵力进行决战，当为当前之急，如依靠谈判或国际干涉，均带有极大危险性。"②与此同时，华东局书记饶漱石亦建议，"从新四军调数万兵力到山东，以便山东兵力能迅速进入东北"③。9月17日，华中局致电中共中央，认为："如果在过去情况与我战略要求下，苏南、浙东、皖南部队决留原地有重大意义，且已收到很大效果（如收复许多县城地区，提高我政治地位）。但在今天新的情况下（如对

---

① 曾克林：《戎马生涯的回忆》，解放军出版社1992年版，第232页。

② 《黄克诚关于目前局势和战略方针的建议》（1945年9月14日），《中共中央文件选集》第15册，第283—285页。

③ 《刘少奇年谱》上卷，第494页。

顽敌已打不到,扩大地区已达一定限度,山东急需派大批主力前往东北,为应付内战危险,须集中主力作战等),如果江南主力分散各地,似将害多利少。"因此他们建议,"浙东、苏南主力转移,时间越快越好"①。这样的意见同时有人提出并非偶然,可见中共从中央到地方都认识到了向北发展的重要意义,这也为中共战略重点的转移提供了充分的条件。

根据新的情况,中共中央政治局由刘少奇主持召开会议,进行讨论,认为有改变中共战略方针的必要。15 日,刘少奇致电在重庆的毛泽东等人,通报了东北的情况,认为这是中共在东北发展的"千载一时之机"。当天又在给各地的指示中提出:"目前我党对东北的任务,就是要迅速的、坚决的争取东北,在东北发展我党强大的力量。"②9 月 17 日,刘少奇代中共中央拟电致重庆毛泽东、周恩来等人,提出"我们全国战略必须确定向北推进,向南防御的方针。否则我之主力分散,地区太大,处处陷于被动。因此,我们意见,新四军江南主力部队立即转移到江北,并调华东新四军主力十万人到冀东,或调新四军主力到山东,再从山东冀鲁豫抽调十万人至十五万人到冀东热河一带。而华东根据地则以剩余力量加以扩大去坚持"。毛泽东等于 19 日回电,"完全同意"延安中共中央的决定③。19 日,刘少奇主持中共中央政治局会议,他在发言中提出:我们今天的方针,是力求控制热、察两省,控制东北。要下决心,坚决行动,舍得把其他地方丢掉。要赶快动作,利用时机。我们要当作全党全军的任务提出,完成这样的计划。我们应向北发展,南面可采取防御。朱德在发言中说:"南面定天下",古来如此,我们将来也会如此。但是我们现在要争取北方。只要北方行,南方不巩固甚至

---

① 《华中局建议江南主力北调致中央电》,1945 年 9 月 17 日。

② 《刘少奇年谱》上卷,第 492 页。

③ 《中央关于确定向北推进向南防御的战略方针致中共赴渝谈判代表团电及中共赴渝谈判代表团的复电》(1945 年 9 月 17、19 日),《中共中央文件选集》第 15 册,第 278—280 页。

丢一些地方也是需要的。三个月打不起来,要打至少得六个月。我们要争取主动,争取时间①。发展东北成为中共中央的共识,会后刘少奇即将中共中央的指示发至各地,指示提出:"目前全党全军的主要任务,是继续打击敌伪,完全控制热、察两省,发展东北我之力量并争取控制东北,以便依靠东北和热、察两省,加强全国各解放区及国民党地区人民的斗争,争取和平民主及国共谈判的有利地位。""全国战略方针是向北发展,向南防御,只要我能控制东北及热、察两省,并有全国各解放区及全国人民配合斗争,即能保障中国人民的胜利。"②指示要求,晋察冀与晋绥两区确保以张家口为中心的基本战略根据地,山东主力迅速向冀东及东北出动,华东新四军主力一部向山东移动,江南主力撤返江北,晋冀鲁豫部队阻滞顽军北上并准备以一部调东北。从此,中共确定了向北发展向南防御的战略方针,这一方针不仅使中共得以集中力量发展东北、华北战略根据地,而且放弃江南根据地,还可作为中共对国民党的让步,在国共谈判中争取社会舆论的同情和支持。以后的事实证明,这是一个对中共在战后发展具有至关重要意义的战略方针③。

中共确定向北发展向南防御的战略方针之后,迅即付诸实施。在北方部署调兵东北(详见第四章第一节),控制华北,在南方部署部队北撤。9月20日,中共中央指示华中局,"同意你们提议浙东、苏南、皖中、皖南部队北撤,越快越好。……估计从江南皖中可以撤出四五万人,以此加强苏北、皖东,则苏北、皖东主力,应即迅速向山东开进,以便

---

① 《刘少奇年谱》上卷第495页;《朱德年谱》第279页。

② 《目前任务和战略部署》(1945年9月19日),《刘少奇选集》上卷,人民出版社1981年版,第371—372页。

③ 国民党和美英在华人员亦认识到:"国党最大危险,莫如共党全力挺进东北,借苏联暗中掩护占据东北,利用日军武器武装军队,然后由张家口至承德沿山海关秦皇岛一线筑成防线,若是,则国际和会对国共必折衷解决,共产党如失此机处境必危。"(《中情部关于东北问题的通报》,1945年9月20日)

山东部队亦能迅速开动"①。26日又指示华中局,"江南撤退,但江北必须控制,不可放松";"因目前谈判无结果,大的内战可能爆发,那时,苏北、皖北在全国战略上仍居很重要地位"②。22日华中局电示江南各部:"粟(裕)率一、三纵王(必成)陶(勇)部迅速集结完毕,立即出动,叶(飞)率四纵及江南可能转移之部队及地方干部,为第二梯队,作两批转移,时间在浙东纵队转移至安全地区及宣传、秘密工作准备适当完成之后。"③在苏南、浙东、皖南的中共各部队遂按计划陆续北撤,先后到达苏北泰兴、南通和皖中地区,总计北移人数达七万余人。随后,这些部队中的大部分继续北移山东,新四军军部也迁往山东,统一指挥山东和华中两地的部队。在湖南的八路军南下支队王震部北撤,与湖北新四军五师李先念部和河南军区王树声部在中原鄂豫皖边地区集结,后因情况变化,未及北撤。中共在南方根据地的调整到10月间大体完成,原拟第一步撤出的八个地区,只有海南岛和广东的部队因国民党不承认中共武装而未撤退(广东部队的撤退直至次年6月才最终解决,而海南岛部队国民党始终不予承认)。至于原拟第二步撤退集中方案,因在重庆谈判中国民党没有同意中共以在南方让步换取在北方合法发展的建议,中共改变原来设想,要求坚持苏北、皖北和豫北。

为了确保在北方的发展,中共以交通战为核心,阻止国民党向华北的进军。9月22日,中共中央军委给各地负责人发出指示,提出对沿津浦、平汉、同蒲路北上的国民党军队"用纠缠扭打的战法""阻止顽军根本不能由上述三路北进,对我争取在东北和热察两省的胜利是极端重要的"④。26日,中共中央举行政治局会议,刘少奇提出中共的方针就是阻止国民党军的前进,随迹尾追,追跟扭打,应以一切力量争取时

① 《中央关于撤退江南部队向北进军问题给华中局的指示》(1945年9月20日),《中共中央文件选集》第15册,第286—287页。

② 《第三野战军征战日志》,第17页。

③ 《叶飞回忆录》,解放军出版社1988年版,第350页。

④ 《刘少奇年谱》上卷,第501页。

间。任弼时认为，我们“现在的任务是占东北，打傅顽，东北可说是决定中国革命之命运的。所以，掌握东北是首要问题”①。中共派往东北的彭真、陈云等到达沈阳后，经过与苏方交涉，传回了更为令人鼓舞的信息：“某方已下最后决心，大开前门，此间家务全部交我，因我力量微小，现只能接收一部分，允许在一月内替我保存云。”彭、陈因此建议：“下最大决心，立即从各区抽调主力卅万，于一月内赶到彭、陈处，用一切方法控制此间，宁使其它区受牺牲化为游击区，以至暂时丧失。”②这更进一步坚定了中共向北发展的决心。为了与此相配合，毛泽东回延安后，10月15日，中共中央给各地党委发出指示，“为争取我党我军的应有地位，保证解放区人民的既得权利，争取部分受降，争取东北工作的开展，争取全国和平局面的出现，对于经平汉、津浦、同蒲、正太和平绥等路前进之国民党军队，必须坚决加以打击和阻止”。这个指示划定了归各地破坏和扼守的铁路路段，要求组织野战军并以地方部队配合进行阻击作战，以民兵和群众破坏铁路，并由公家订价奖赏。“各地必须在干部中、群众中充分解释目前交通作战，是决定今后国内形势和人民地位的中心环节，因此必须全力进行，坚决作战”③。

在组织上，中共中央决定组建以各地中央局为核心的领导机关，按地域关系将各地划分为东北局（书记彭真）、晋察冀中央局（书记聂荣臻）、晋冀鲁豫中央局（书记邓小平）、华东局（书记饶漱石）、中原局（书记郑位三）、西北局（书记彭德怀）。各中央局对各地军区、野战军及政权机关实行一元化领导，以确保令行禁止，统一力量。

总之，中共根据抗战胜利后的情况变化，确立了明确的战略方针。10月20日，中共中央发出给各地负责人的指示，提出：“目前开始的六

---

① 《刘少奇年谱》上卷第502页；中共中央文献研究室编：《任弼时年谱》，人民出版社、中央文献出版社1993年版，第497页。

② 《中共中央致重庆代表团电》，1945年10月5日。

③ 《中央关于进行交通战阻止国民党军队前进的指示》（1945年10月15日），《中共中央文件选集》第15册，第345—347页。

个月左右期间，是为抗日阶段转变至和平建设阶段的过渡期间。今后六个月的斗争，是我们在将来整个和平阶段中的政治地位的决定关键。”为此，在国统区的任务“是扩大民族民主的统一战线工作”，“并与政府当局继续谈判尚待解决的问题”；在解放区的任务“是集中一切力量反对顽军的进攻及尽量扩大解放区”；“必须认识清楚，必须坚持又团结、又斗争，以斗争之手段达到团结之目的这一方针，毫不动摇地争取目前斗争的胜利，以便有利地转到和平发展的新阶段”①。

三 不断升级的国共军事冲突

还在抗战刚刚结束之时，中共已经敏锐地注意到一段时间内的国共军事争夺将主要围绕交通线而展开，因此要求“为围困大城市，夺取小城市，增加国民党军队与我争夺果实的困难，故我应彻底破坏所有铁道”②。随后，周恩来在重庆会谈中警告国民党方面，在这一问题未解决前，国民党若要利用铁路运输北上接收，我方决不能同意，自不能坐视。他提出建议，双方可协商若干大城市由国民党接收，若干地区国民党不再派兵前往，但未得国民党的同意，最后的会谈纪要中也未能列入这个问题③。因此当国民党军队在接收名义下向华北推进时，便不断遭到中共部队的阻击，国共双方军队发生了大规模的军事冲突。这种冲突的本质，是国共双方都企图以实力较量占据未来政治格局中的有利地位，如同中共中央在给各地负责人的指示中所说：“只要我党有明确的方针与坚决的努力，战胜与大量歼灭向华北、东北进攻的顽军，争

---

① 《中央关于过渡时期的形势和任务的指示》(1945 年 10 月 20 日)，《中共中央文件选集》第 15 册，第 370—372 页。

② 《军委关于破路给晋察冀、晋冀鲁豫、平原、山东区的指示》，1945 年 8 月 24 日。

③ 《国共第九次商谈记录》(1945 年 9 月 27 日)，《和谈复辙在中国》第 136 页；《两党代表谈判的情况》(1945 年 10 月 2 日)，《重庆谈判纪实》第 271 页。

取我党、我军在华北、东北的有利地位，迫使顽方不得不承认此种地位，然后两党妥协下来，转到和平发展的新时期，这是完全必要与完全可能的。……但国民党力图在最近几个月内控制更多地方，力求他们在华北东北占优势，力图削弱我党我军，以便在有利于他们的条件下实现和平妥协，故在目前过渡阶段上发生了大规模的猛烈的军事斗争（不能把目前这种大规模的军事斗争误认为内战阶段已经到来）。”①这种“军事斗争”主要发生在通往华北的各条主要道路，尤其是平汉路、平绥路和津浦路两侧地区。

1. 上党战役

战后国共双方军事冲突的第一仗发生在山西东南部的上党地区。上党地区是以长治为中心的晋东南地区的古称，8 月下旬，阎锡山部第十九军军长史泽波率四个师抢先自日伪军手中接收了该地区。但该地区恰位于中共晋冀鲁豫根据地的太行与太岳两区之间，态势孤立，中共在抗战胜利伊始即将其列入应予占领的地区之一。8 月 26 日，中共中央军委在关于各地军事部署的指示中，要求太行军区应即集结主力，“收复上党全区，采取一切有效手段彻底消灭伪顽，逼敌投降”。31 日再度指示刘伯承和邓小平，“阎部一万六千占我长治周围六城，乃心腹之患，必须坚决彻底全部歼灭之”②。据此，刘邓部署了对上党地区的作战行动。

晋冀鲁豫根据地的部队在抗战结束后编成四个野战纵队（11 月又增编三个纵队），为了进行上党战役，动用了三个纵队。9 月 10 日，太行、太岳、冀南三个纵队同时行动，不出十天，阎军据点尽失，20 日晋冀鲁豫部队已兵临长治城下，史泽波率部困守待援。阎锡山得知长治被

① 《中央关于过渡时期的形势和任务的指示》（1945 年 10 月 20 日），《中共中央文件选集》第 15 册，第 371 页。

② 《军委关于目前军事部署的指示》（1945 年 8 月 26 日），《中共中央文件选集》第 15 册，第 250 页；中国军事博物馆、中央文献研究室朱德研究组编：《朱德军事活动纪事》，解放军出版社 1996 年版，第 665 页。

围，一方面给史泽波打气，告其“上党必争，潞安必守，援军必到，叛军必败”，一方面决定派第七集团军副总司令彭毓斌率第二十三、八十三军共六个师二万余人，自祁县南援长治①。刘伯承决定改取围城打援战法②，以一部续攻长治，集中主力围歼阎锡山的援军。彭部南下走白晋大道，沿线山势陡峭，地形狭隘，重装备运动困难，不利大军展开，行动时又值天雨，道路泥泞，部队拥挤于山路，行动迟缓。10 月 2 日，彭部在屯留以北山地被包围，5 日在突围中被歼，彭毓斌身亡。阎锡山急令史泽波突围，史虽担心“背敌弃城”的危险，但见增援无望，不得不于 8 日弃长治城南逃，终于 12 日在沁水以东被晋冀鲁豫部队抓住歼灭，史泽波被俘。

上党战役，阎锡山以“牵一发动全身，虎搏兔竞全力”的态势出战，结果一次损失十个师，几占其总兵力的一半，对阎本人、对国民党均为一大打击，阎锡山在内战中从此再无大的作为③，而中共晋冀鲁豫根据地太行与太岳两区联为一体，在晋冀豫三省交汇处稳固立足，东对平汉路，西对同蒲路，北对正太路，南对陇海路，均可构成威胁，大大有利于中共在华北的战略地位。而且此役正值国共重庆谈判期间，其对双方心理的影响不可轻视。

2. 平汉战役

重庆谈判结束后，关于接收问题，国共各持己见，国民党军队继续向华北进军，中共也因而部署展开阻击战、破路战，堵击国民党的进军，

---

①　史泽波:《阎军抢占上党的惨败和“雪耻奋斗”的幻灭》,《山西文史资料》第 24 辑，第 15 页。

②　晋冀鲁豫部队当时刚刚编成野战军，装备奇缺，全军只有六门山炮，半数以上的团没有重火器，每支枪平均只有数发子弹，因此刘伯承决定不强攻城池，而是力争在野战中消灭对手。实践证明，这是一个符合实情的决策。

③　阎锡山部总共有七个军(二十一个师)，另一个骑兵军(三个骑兵师)。经此一役，一向闭关自保的阎锡山，不得不一再要求蒋介石派军队入晋，接管晋南防务，而山西境内多处防务依赖日军承担，颇为舆论所诟。

平汉战役由此而起。

10 月中旬，胡宗南部第三十四集团军李文部乘中共晋冀鲁豫部队在上党作战之机，经同蒲路、正太路到达石家庄，第一军在晋南亦准备沿同蒲路后续北上；第十一战区司令长官孙连仲令第四十、三十、新八军，组成北进兵团，自河南新乡集结北进，企图与李文部在石家庄会合，打通平汉路北段。此一计划的进行，不仅对中共在华北的地位是一大威胁，而且直接牵涉到中共对华北、东北全盘战略部署能否顺利完成，因此中共极为重视。10 月间，中共中央连续致电刘伯承和邓小平，要求晋冀鲁豫部队“必须阻止胡宗南、孙连仲北进”，以地方部队“对顽阻击侧击扭击”，迟滞、消耗对手，“便利我主力适当集中，寻求机动歼灭顽伪每路一师或数师”，并要求“由刘邓亲自统一指挥对付平汉路北进顽军，务期歼灭其一部至大部”①。刘、邓据此部署平汉战役，首先利用沿途均为根据地的有利条件，以地方部队及民兵不断袭击国民党军队，迫其分兵，使其疲惫，同时集中三个纵队于邯郸以南漳河以北地区，待对手进至预设阵地时予以歼灭之。

10 月 14 日，国民党军自新乡北上，左翼为第十一战区副司令长官兼新八军军长高树勋指挥的新八军和第三十军共五个师，沿平汉路北进；右翼为第十一战区副司令长官兼第四十军军长马法五指挥的第四十军及第三十军二十七师共三个师，沿平汉路东的公路北进。部队受第十一战区参谋长宋肯堂节制，但两位战区副司令长官随军行动，可谓一国三公，难以令行禁止。这三个军渊源系统不一，第四十军与第三十军是 8 月初才分由第一、六战区调至第十一战区，临时组合成兵团，“地理民情不熟，系统不一，补充困难”，又把对手“当作只能扰乱的游击队看待”，轻装急进，没有友邻支持与策应，“犯了‘夜郎自大’的骄傲和孤

---

① 《军委关于阻止国民党军北进掩护我向东北进军给刘伯承邓小平等的指示》(1945 年 10 月 6 日)，《军委关于迟滞国民党军北进给刘伯承邓小平的指示》(1945 年 10 月 12 日)，《中共中央文件选集》第 15 册，第 317、337 页。

军深入的错误”①。

中共晋冀鲁豫部队在作战部署上，先对对手故示以弱，以纵其骄，诱其放胆北进至漳河与滏阳河河套纵横的预设战场。24 日，国民党军渡过漳河到达磁县，次日续进至邯郸南十余公里的马头镇地区，晋冀鲁豫三纵立即攻占磁县，封闭其退路，一、二纵分由东、西攻击。此时对下一步的进止，马法五与高树勋意见不一，只能先就地转攻为守，形成三个分散防守集团。因新八军军长高树勋与中共早有联系，因此刘邓集中全部三个纵队重点攻击马法五的第四十军，只以太行军区部队牵制第三十军，同时对新八军发起政治攻势（27 日，晋冀鲁豫军区参谋长李达亲至高部，争取其起义）。自 25 日起，经过数日战斗，第四十军大部被歼，高树勋率新八军于 30 日宣布起义，改编为民主建国军，整个防线顿形动摇，马法五见固守无望，不得不率第四十军残部及第三十军向南突围，脱离既设阵地后，又于途中遭晋冀鲁豫部队的东西钳击和兜击，11 月 2 日大部被歼，马法五、宋肯堂被俘②。

平汉战役，中共认为胜负“关系全局极为重大”，结果“获得完满胜利”，使国民党军打通平汉路，继而控制华北、北进东北的计划未得实现。孙连仲于是役后报告军事委员会，称“经此次挫折，匪军之势当益甚。负军事之责者，宜详加筹度，勿令大河以北从此不可收拾也”。蒋介石得知此役之败的次日，在与王世杰谈中共问题时，“亦甚悲观，似以

① 《中央关于争取平汉战役的胜利问题给晋冀鲁豫局的指示》，1945 年 10 月 17 日，《中共中央文件选集》第 15 册，第 359—360 页；《平汉战役的战术总结》，1945 年 12 月 1 日，《刘伯承军事文选》，解放军出版社 1992 年版，第 315 页。

② 上党与平汉两役，刘伯承均利用对手不擅野战、运动战的特点，诱使其脱离既设工事，于运动中歼灭之。刘伯承在战役总结中认为，因为国民党军队“战术上的单独防御与互不支援，一切按照条令动作而不会机动”，因此“特别利于我们在野战中，压迫与引诱它脱离阵地，在运动中消灭它”（《平汉战役的战术总结》，1945 年 12 月 1 日，《刘伯承军事文选》，第 321 页）。邓小平认为，高树勋的功劳很大，“没有他起义，敌人虽然不会胜利，但是也不会失败得那么干脆，退走的能力还是有的，至少可以跑出主力”（薄一波：《七十年奋斗与思考》上卷，中共党史出版社 1996 年版，第 390 页）。

为黄河以北一时殆无法收拾作为今后建国之洁净土"。可见此役之败对蒋之战略打击之大①。蒋认为,"这次我们在马头镇的失败,并不是兵力不够,更不是土匪的力量如何强大,而完全是由于我们高级将领指挥的错误和注意的疏忽"②。国民党所编战史承认,经此役连同上党之役,国民党损失十七个师,在华北的兵力优势大打折扣,而且"上党为晋、冀、豫交通之孔道,冀南漳河为平汉铁路所必经。由于两作战之失利,终戡乱全役,该两地之交通要冲,均未规复。东西、南北中梗,在用兵上形成极大障碍,行动之自由尽失"③。

3. 平绥战役

华北国共冲突的另一个主要地点是平绥路沿线。抗战胜利后,国民党部署由傅作义第十二战区接收绥远、察哈尔两省,由于傅部离绥、察距离较近,而且该两省一直是其地盘,故傅作义行动积极,其部队三个军、四个骑兵师于 8 月中旬自绥远五原出发,至 9 月中旬的一个月时间里,先后进占平绥路上的重镇集宁、丰镇等地,进至柴沟堡,离中共晋察冀区中心城市张家口不到百里。如任其继续前进,将导致中共在晋察冀和热河的地位受到严重影响,从而分割中共华北与东北两区的联系,对中共实现华北、东北战略部署是一大威胁。因此,中共认为这"关系我党在北方的地位及争取全国和平局面极为重大。……此次平绥战役,系为收复失地打开交通路而战,具有充分之理由"④。中共中央指示晋察冀和晋绥军区配合,由聂荣臻和贺龙共同指挥,担负平绥路作战

① 《何成濬将军战时日记》1945 年 11 月 2 日,台北传记文学出版社 1986 年版;《王世杰日记》1945 年 11 月 3 日。

② 《剿匪战术之研究与高级将领应有之认识》(1945 年 11 月 16 日),张其昀主编:《先总统蒋公全集》第 2 卷,台北中国文化大学出版部 1984 年版,第 1786 页。

③ "三军大学"编:《国民革命军战役史第五部——戡乱》第 2 册,台北"国防部"史政编译局 1989 年版,第 156 页。

④ 《中央关于平绥战役及准备消灭阎锡山残部的指示》(1945 年 10 月 16 日),《中共中央文件选集》第 15 册,第 355 页。

任务。

傅作义部东进后，其部队沿平绥路据守各点。中共决定先打路外分散各点，再寻机在绥东歼灭傅部主力。为了实现战役计划，晋察冀集中三个纵队，晋绥集中五个旅，共五万余兵力，10 月 18 日分由平绥路东、南两面出击。23 日晋察冀部队攻占集宁，25 日晋绥部队攻占卓资山，傅作义部队未作大的抵抗即向归绥收缩，平绥路沿线各点均为中共部队所占，傅部一度在绥远只占有归绥、包头、百灵庙三点。但从军事上说，傅部本处于一字长蛇阵的不利态势，现在主动收缩固守，以逸待劳，反将远途奔袭的不利留给了对手。根据情况的发展，中共中央军委指示聂荣臻等人，“傅部主力必须歼灭，归绥、包头、五原、固阳必须占领，如有可能则占领临河。大同必须占领，如能速占则速占之，否则待回师时再占。请按此方针部署作战”①。10 月 26 日，聂荣臻与贺龙在集宁南隆盛庄会见，商定下一步“先肃清外围，合围归绥，再行攻城；并派一部兵力，西出包头，切断傅作义后路，孤立归绥之敌，以利于在其动摇恐慌时予以歼灭”②。至 11 月初，两部已扫清归绥外围据点，兵临归绥城下。傅作义不得不连电向蒋介石告急称，“我军一面坚守城防，一面机动出击，鏖战已数昼夜，奸匪主力尚未击溃，刻仍围攻归绥甚急，情势极为严重，恳请钧座迅赐有效策略，以济艰危为祷”③。

傅作义部退守绥、包，以深沟高垒坚拒固守。在归绥，傅作义亲自督战，“整个防区，筑有坚固防御阵地，阵地内筑有明暗碉堡及侧射斜射轻重机枪掩体和掷弹筒、迫击炮游动阵地，火力交叉，消灭死角。阵地前沿挖有深宽各四米的外壕，壕外设有鹿砦及通电流的带刺铁丝网。阵地后方筑有坚固的炮兵群阵地”。在包头，由晋陕绥边区副总司令董

---

① 《归绥包头大同等地必须占领》(1945 年 10 月 22 日)，《毛泽东军事文集》第 3 卷，第 71 页。

② 《聂荣臻回忆录》下册，解放军出版社 1984 年版，第 610 页。

③ 《傅作义司令长官呈蒋委员长告共军围攻归绥甚急电》(1945 年 11 月 3 日)，《中华民国重要史料初编》第七编第二册，第 321 页。

其武坐阵指挥，“四围是高 5 米、厚 2 米的土城，四周筑有深、宽各 2.5 米的外壕。日占时期即筑有坚固城防工事。外壕筑有鹿砦，壕边设带刺通电铁丝网，并布地雷。城外各据点均有通往城内的暗壕沟通”①。攻打这种坚固布防的城市，是中共部队以往作战所没有的经历。关于归绥作战的方法，中共中央军委 11 月 6 日曾有指示给聂荣臻与贺龙，提出一举攻克、诱敌出歼、围坚攻弱、久困重围四种方法，实践的结果，由于傅作义部几乎全部主力均集中于归绥，城防坚固，而攻城部队无论数量还是攻击力都不居优势，几次攻击不下，至 11 月中旬，攻击顿挫，形成僵局。聂荣臻和贺龙商定改变原计划，由贺龙率晋绥部队攻包头，聂荣臻指挥晋察冀部队继续围困归绥。因绥远作战不顺利，中共中央曾向前线指挥部提出三个方案，或以贺部攻包、聂部围归绥，或聂、贺两部主力集中攻取包头，或放弃原计划、部队后撤整理，中共中央更倾向于先以全力攻包头②。聂荣臻认为，如果照此执行，“显然是不妥的”，因为全部主力西进，归绥方面将成劣势，于全部战局不利；再者这样绥远将形成归绥、包头、河套三个战场，相距遥远，兵力分散，难以策应；而且绥远是无后方作战，后勤也是问题。他建议“仍按原部署进行，再打几仗，看情况发展，必要时应该考虑结束绥远战役”。因此中共中央军委电示：“如果你们估计在短时间内，没有把握攻下包头、归绥，是否即将部队撤退到机动位置，相机再定今后计划。”③晋绥部队在 12 月初攻击包头未果后，于 12 月 4 日主动撤出了战斗④。12 日中共中央军委决

---

① 靳书科：《第十二战区抢夺包头归绥大同胜利果实的经过》，《呼和浩特文史资料》第 4 辑，第 20—22 页。

② 《刘少奇年谱》上卷第 532 页。

③ 《聂荣臻回忆录》(下)，第 612—613 页。

④ 董其武在起义之后，曾对贺龙说：“我们的部队工事里生着火炉，枪炮口都标定了方位，是以逸待劳，又有优势装备，弹药充足。包头城一面是山坡高地，一面是平坝子。我们部队据守在高处，给周围城墙泼了许多水，一冻成冰，又滑又硬，不好接近，你们是很难攻下来的。当时，你下令撤退，非常英明。”(《贺龙传》编写组：《贺龙传》，当代中国出版社 1993 年版，第 370 页)

定结束平绥战役，随后晋察冀部队撤围归绥。

平绥战役，中共部队将傅作义部队向西逼退200公里，并一度使其困守孤城，策应了华北和东北全盘战略部署的实现，取得了一定的成功。但此役中共部队未达预定目标，主要原因是赋予战役的任务过重，与部队实力不相符合。塞外天寒地冻，土工作业困难，后勤支援不足，也直接影响到作战进程。这次战役的主要指挥者聂荣臻在其回忆录中总结道："从力量对比和我军的具体条件来看，要求夺取绥远全省，事实上是不可能的。当时，部队正处在由游击战到运动战的过渡之中，……武器装备比较差，尤其是缺少火炮。部队训练也差，不会打大兵团的运动战和攻城战。参加这次作战的部队，许多成员来自县大队、区小队，要到塞外作战，时值冬季，长途远征，出现不少思想问题，这也影响了战斗力的发挥。总之，这次战役无论是思想上组织上和物资上都准备不足。"①因为此役未达预期目的，使傅作义部成为中共晋察冀根据地的"大患"，次年的大同和张家口两役，傅部都被蒋介石作为援兵，发挥了很大作用。

4. 津浦战役

津浦路是国民党军北上重点路线，兵力最为雄厚。中共山东主力调东北后，新四军北移山东，军部与山东军区合并，陈毅任军长兼司令员，另在苏北组建华中军区。中共中央赋予华东方面的中心任务，"就是截断津浦路，阻止顽军北上，并力求消灭北上顽军之一部或大部。为此必须立即组织一个强大的突击力量，布置于徐州以北、济南以南之适当位置，控制铁路一段，创造战场，以便打击北上顽军"②。同时指示："华中可能为蒋介石最先向我进攻之地，如华中现有地区不能确切保障，不独影响山东局势，且对全国形势及国共谈判均极不利，故必须首

---

① 《聂荣臻回忆录》(下)，第615页。

② 《军委关于截断津浦路阻止国民党军北进给陈毅等的指示》(1945年10月12日)，《中共中央文件选集》第15册，第335页。

先在华中组织一个强大的野战军。”①为此，华东方面以山东部队为主于10月15日组成津浦前线野战军，由陈毅任司令员，下辖四个师，以津浦路徐州至济南段为作战中心，迟滞国民党军的北上。华中则以江南北撤部队为主，在11月10日组成华中野战军，粟裕任司令员，进行苏北内线作战。

津浦战役之始，中共部队首先在10月19日占领津浦路上之邹县，随后继续向南北扩张，南段于12月14日攻占滕县，围困临城、枣庄，北段先后攻占宁阳、曲阜，包围兖州、泰安。坐阵济南的李延年和困守临城的陈大庆，均连电向军委会告急，“援军如再迟延不到，恐将影响山东全局及铁路煤矿”；“恳速饬大军北上，否则鲁省恐将不保”②。与此同时，华中野战军于11月16日占领盐城，12月26日占领高邮，1946年1月15日占领陇海路徐东要点新安镇，配合了津浦路的作战。山东军区部队则进行了胶济路阻击作战。至1946年1月停战之日，华东三大铁路干线中，津浦路济南南万德至徐州北韩庄段、陇海路徐州东新安镇至海州段、胶济路济南东张店至昌乐段，均在中共部队控制下，中共山东和华中两大根据地已连为一体，成为对国民党统治中心南京、上海地区最直接而严重的威胁。

四　打打谈谈　边打边谈

重庆谈判结束之时，国共双方同意就有关未决问题继续商谈，自10月下旬至11月中旬的一个月时间里，国民党代表张群、王世杰、邵力子和中共代表周恩来、王若飞为此进行了多轮谈判。

这一阶段国共谈判的主题之一是政治会议问题。还在重庆谈判期

① 《中央关于在华中和山东建立野战军等给陈毅、黎玉及华中局的指示》(1945年10月24日)，《中共中央文件选集》第15册，第380页。

② 《何成濬将军战时日记》1945年12月11、31日。

间，国共便就政治会议问题达成了初步的妥协，双方同意在结束训政实行宪政之前，由国民政府召集政治会议，邀请各党各派代表和无党派人士参加，讨论和平建国方案和国民大会以及相关问题①。关于会议代表名额的分配，会议进行的方式和会议召开的日期，双方尚未达成一致意见。中共曾经建议，各党派和无党派人士名额可适当多一些；会议采取平等、自由、一致、公开方式进行，协议结果有最后拘束力；会期可定于10月10日。但国民党方面对代表人数、会议方式有不同看法，对会议日期表示过近恐来不及②。9月30日，国共就政治会议的一些具体问题征求了各党派和无党派人士的意见，各方大体同意国共商谈的结果③。

10月20日，国共谈判重开。在关于政治会议的商谈中，首先遇到的是代表名额分配问题。会议原定代表三十六人（蒋介石在外），由国、共、各党派和无党派人士四方面平均分配。后来国民党提出减少一人，中共提出减少二人，让于民盟。但青年党在国民党的鼓动下，提出自己是第三大党，历史长、党员多，不同意作为民盟成员参加，而要成为一个单独单位参加，并与民盟代表人数相等，各为六名。这立即成为政治会议能否顺利进行的一大关键。中共认为，青年党的要求毫无理由，其以第三大党自居，纯属主观看法，如照此办理，中共和各党派均可要求加倍。但国民党极力为青年党说话，认为不能对其勉强。后经各方会外协商，青年党同意减少为五名，另在总数上增加二名，使民盟代表达到九名，此一问题遂在21日的会谈中得以解决。国民党即提出政协于11月1日召开，然后如期在11月12日召开国大④。

国民党此时之所以热心于其以往深为反感的政协，目的是通过政

---

① 《国共第十次商谈记录》（1945年9月28日），《和谈复辙在中国》，第142页。

② 《两党代表谈判的情况》（1945年10月2日），《重庆谈判纪实》，第270—271页。

③ 《政治会议问题谈话要点》（1945年9月30日），《和谈复辙在中国》，第143—145页。

④ 《国共两党代表继续谈判的情况》（1945年10月20、21日），《重庆谈判纪实》，第407—411页。

协确定国大日期，再通过国大确立其统治合法性，同时以军事进军控制全国局势，企图政治军事双管齐下，对中共施加压力并约束中共至其框定范围内，重心在以战迫和。可以说，这是战后国民党处理对共关系时的基本方针之一。而中共对国民党的这个方针采取的是针锋相对的回击战略，军事上反击国民党军队的进军，政治上不使国民党以国大获取政治利益。因为国民党的进军没有停止的迹象，使中共对国民党的态度颇为怀疑，对政协和整军的态度也不如以往积极。10 月 20 日，中共中央致电周恩来：蒋现以七十万大军向我进攻，如不停止，我方对政治会议无甚兴趣，叶剑英出来也无可谈。伪军、受降、解放区三问题不解决，缩军、国大均谈不上①。因此，周恩来在会谈中提出，为不致妨碍政治协商会议之进行，应在开会前将军事和解放区问题商得眉目，实际是以其作为政协召开的先决条件。从 21 日到 30 日，国共连续举行了五次会谈，讨论未决问题。在军事上，中共提出国共军队停止冲突，各守原防，重划受降区，各自执行；国民党则提出治本之法为速开军事小组会议，解决中共军队整编及驻地问题，治标之法为中央军经交通线通过中共地区时，中共军队不应妨碍。中共认为现在前方交通线均在中共控制下，中央军如一定要前进，当然要起冲突，而且中央运兵华北数额若无限制，将使中共感到威胁。在政治上，中共提出或维持现状，或进行选举，或直接由中央委任中共提名人选；国民党认为如此维持现状，则问题根本未解决，殊非办法②。双方此轮谈判着重于国民党进军和恢复交通问题，但因意见不一而呈胶着状态。

26 日，张群在会谈中就避免冲突问题以蒋介石名义提出，铁路交通必须恢复，中共军队退至铁路线以外，早日召开军事小组会议，商谈中共军队整编及驻地问题。周恩来愤愤而言，受降问题现在未得解决，

---

① 《周恩来年谱》，第 624 页。

② 《国共两党代表继续谈判的情况》(1945 年 10 月 21、22、23 日)，《重庆谈判纪实》，第 410—417 页。

甚至视我军不如日军，日军在中国境内尚得保持武器，受命维护交通，而中共军队则须退出交通线，揆诸情理，宁可谓乎？他警告说，在解放区问题未得解决和受降区没有重划之前，我方视中央之进兵即为进攻，而我方之破坏交通，阻止中央军之前进乃为当然的事。交通只能在和平状态下恢复，若中央必欲武装占领交通线，而将我方驱出于交通线之外，那便是战争①。张群请中共提出在何种情况下可以恢复交通的方案。29 日，中共提出恢复交通的前提条件是：停止进兵、进攻、进占，停止利用敌伪，在华北的八条主要铁路线上双方均不驻兵，国民党如向平、津、青岛运兵须经过协商。在上述问题之原则决定后，军事小组可以拟出具体办法，如不能取得协议，可以先召开政协，但开会时须先解决避免内战、恢复交通问题。31 日，国民党提出对案，主要内容为：双方下令部队各驻原地；中共部队撤离铁路线 10 公里以外；由第三方组织交通监察委员会视察事实提出报告；中央军队如在华北各路运输与中共协商决定；一个月内对中共军队驻地及整编商定办法；按计划召开政治协商会议②。但中共同意撤出铁路沿线的条件是国民党不得利用来运兵，这个对案对此未作明确规定，双方未能谈成，谈判陷于停顿。

对于谈判停顿造成的形势，国共双方各有自己的判断。而因为国共之争导致交通受阻，影响战后复员，国内舆论对此有所评论。《大公报》连续发表了多篇社评，提出“我们需要安定，需要进步”。社评对国共双方均有批评，然在当时情况下，此种批评更有利于国民党，因此受到中共的反批评，指其失去了中立立场。《世界日报》社评称，“我们对于共产党所提的团结统一和平民主等等政治主张，绝对拥护”，但是对

① 《国共两党代表继续谈判的情况》(1945 年 10 月 26 日)，《重庆谈判纪实》，第 417—418 页。

② 《中共代表向国民政府代表提出停止内战的四项办法》(1945 年 10 月 29 日)，《中共中央解放战争时期统一战线文件选编》，第 22 页；《总统蒋公大事长编初稿》卷 5(下)，第 868 页。

于破坏交通的军事行动"则不能不予以指责"①。国民党利用舆论呼声发动宣传攻势，以《中央日报》为中心，频发言论，利用人民渴望安定的心理，指责中共破坏交通，阻挠复员，称"我们不能容许任何人再对这交通建设作有计划有组织的破坏，不能让国库负担的交通建设费成为无代价的牺牲，更不能坐视社会经济生命线的断绝"。交通部长俞飞鹏、次长凌鸿勋对记者称，华北主要铁路线被破坏一千四百余公里，尤以平汉、津浦、同蒲三路为甚，系"有组织有计划之破坏"②。同时，国民党继续摆出热心于政协的架势，呼吁"要终止目前的混乱局面，惟有共产党体念国家的前途，悲悯人民的痛苦，迎合全国的期望，不再延期来出席政治协商会议，以谋合理解决一切问题"。并策动若干社会团体，以全国人民团体名义，发表对时局宣言，指责中共"遣将派兵，争城掠地，因利乘便，巧取豪夺，遮断国军，阻挠受降，至不惜举全国铁路航路电杆电线工厂物资，尽情破坏"，"深望共产党当局立即停止一切军事行动，……无条件归政还军，服从中央军令、政令，放弃武装斗争，遵循政党正轨"③。

对于这样的形势，国民党内主和派颇为不安。当时正在新疆与三区代表谈判的张治中，曾专门给蒋介石写了一份万言书，可谓主和派的代表性意见。上书称："关于中共问题采取政治方式解决，钧座与中央曾一再宣示，此为国人所共同体认与热烈拥护之方针。盱衡当前局势，似仍宜尽量予以最大之容忍。倘问题能适时解决，固所愿望，否则亦不妨暂为等待，以俟时间之转移，不宜遽行变更方针，采取其他解决方针也。倘为一时感情之愤激所冲动，或为任何个人与某一地区目前之利害，而放弃政治解决之方针，使国家蒙受极不利之影响，职殊未敢苟

① 《为交通着急》，《大公报》(重庆)1945 年 10 月 25 日；《中共报国之机》，《世界日报》1945 年 11 月 4 日。

② 《建设第一交通第一》，《中央日报》(重庆)1945 年 11 月 2 日；《时事新报》1945 年 11 月 6 日；《扫荡报》(重庆)1945 年 11 月 1 日。

③ 《迅开政治协商会议》，《中央日报》(重庆)1945 年 12 月 12 日；《和平日报》1945 年 12 月 1 日。

同。”张分析了国内外形势，认为国际上此时不会发生大的战争，国民党不宜借任何一国之力量解决国内问题，而且内战将大大影响中国的国际地位和蒋的声望；在国内，人民经多年战乱，急需休养生息，恢复元气，战争违反人民的愿望，厌恶战争、渴望和平为不可遏止之时代巨流。他坦率地告蒋：“以今日之国军士气与态度而论，亦不能继续作战。各将领在钧座之前，或不敢显然作厌战之表示，甚至有自告奋勇，坚持以武力解决中共者，然以职所接触之若干将领中，其不愿战争之心理，甚为普遍，且今日多数之国军，实亦不能作战。”张的结论是：“决不能轻率从事，作孤注之一掷。”①王世杰和张群也向蒋建议，与中共订立一个暂时避免冲突的办法，“盖内战一发，势将不可遏止，中共或可藉此机会，借苏联为暗援，夺占热察绥甚或东北三省，而自成一国”。王世杰还认为，“中共问题与苏联问题不可分开，今后苏联定将采取与美英合作路线，抑或背道而驰，不久当见分晓。在此一问题未决前，政府对于中共问题，只可尽力防范其扰乱之范围，不能希望得到根本解决”②。由于他们的意见，也由于军事进军受阻的形势，使国民党表面上仍摆出希望谈判获得成果的姿态。

对于国民党的宣传攻势，如同对其军事攻势一样，中共采取了坚决反击的战略。11 月 3 日，毛泽东为中共中央起草致重庆代表团电，认为“目前形势于我有利，我必须达到下列目的：华北、东北、苏北、皖北及边区全部归人民自治（孙中山主张），仅平、津、青三地可暂时驻一小部中央军，将来亦须退出。其他各地中央军已到者须退出，未到者停止前进；阎锡山、傅作义须免职，民选各省省政府；华北、东北各设政治委员会统一管理各省，中央政府不得违背自治原则派遣官吏，已派者须取消”。他在电中还提出：“应公开承认破毁铁路是为受降、灭伪、制止内战绝对必要，毫无不好。又蒋军侵占各县须退出。请警告蒋方如华北

① 《张治中回忆录》，第 734—736 页。

② 《王世杰日记》1945 年 10 月 31 日、11 月 3 日。

各地受降不归我方，我方是绝对不答应的。东北由东北人民自治军保护治安，中央军不得开入，否则引起内战，由彼负责。”5 日，毛泽东再草致重庆代表团的电报，认为“在恢复交通问题上有几点提法已处于被动，必须考虑成熟，恢复主动”，即“强调必须立即制止内战，必须先解决受降、伪军、自治三大问题，才能恢复交通”，电报要求周恩来等以平汉战役缴获的国民党准备发动内战的文件“借此转弯，采取强硬态度”，而且“不但我们在之交通线彼不得进，我们不在彼亦不得进，已进者须撤退，否则一定是内战”①。当天，毛的意见以中共发言人谈话的形式公诸于众，提出“我们和旁人一样，主张交通线迅速恢复，但是必须在受降、处置伪军和实行解放区自治三项问题获得解决之后，才能恢复”。“三大问题不解决而言恢复交通，只是使内战扩大延长，达到内战发动者们淹没解放区的目的”②。中共并且公布了平汉战役期间缴获的蒋介石给各战区的“剿共”密电及各战区的进攻计划，对国民党进行反宣传战。在重庆的谈判中，中共于 11 月 8 日向国民党提出四项要求：全面停止向解放区进攻，从进占区全部撤退，从八条铁路线撤退，取消各地“剿匪”命令，表现了毫不退让的立场。11 月 12 日，毛泽东在中共政治局扩大会议上讲话，强调中共的方针是两手策略，但“现在美蒋一定要把我们整下去，给我们的压力很大，没有别的方法，只有打”。“蒋军来势很凶，对我们压力很大，除抵抗以外，别无办法。我们不打肯定是被消灭，打顶多也是被消灭，为什么不打呢？我们打而胜之的可能性很大”③。由于国共双方距离相距较大，11 月中旬，双方在最后两次谈判中泛泛交换了意见而未涉及具体问题，双方均表示希望继续商谈，和平

① 《华北东北等地须归人民自治》(1945 年 11 月 3 日)，《先解决受降、伪军、自治三大问题才能恢复交通》(1945 年 11 月 5 日)，《毛泽东文集》第 4 卷，第 57、66 页。

② 《国民党进攻的真相》(1945 年 11 月 5 日)，《毛泽东选集》(合订本)，第 1066 页。

③ 《抗战胜利三个月来的局势和今后若干工作方针》(1945 年 11 月 12 日)，《毛泽东文集》第 4 卷，第 76—78 页。

解决问题。11 月 25 日,周恩来飞返延安,谈判暂时中断①。

11 月 26 日,国民党中常会和国防最高委员会联席会议通过召开政治协商会议办法,并公布了三十八名代表名单,但因为政治、军事两方面尚未出现有利于政协召开的形势,国共关系也暂时处于僵持状态,政治协商会议一时尚无法召开。

第四节 中间势力的兴起

一 日渐活跃的中间势力

战后中国政坛由于国内外形势的影响,为政党的发展留出了较大的活动空间,一时党派纷出,颇有政党政治的声势。据《中国党派》一书的统计,战后初期涌现出了 105 个大大小小的党派,成为当时所称的中间势力②。

中间势力的中坚是中国民主同盟。成立于 1941 年的民盟,自称"为国内在政治上一向抱民主思想各党派一初步结合",主要宗旨是实

---

① 对于召开政协会议未能达成协议,周恩来在给中共中央的报告中认为,"政治会议早开对我们不便,倡议不开或缓开,又给国民党造口实","我方表示无兴,则将给人以我方消极的印象",不利于宣传。但中共中央指示周恩来:"请向各界说明政府所谓和平民主都是骗人的,实际已经发动了全国规模的内战,双十协定不过是废纸,政府急于要开政治会议之目的是强迫各党承认旧代表及筹备登极大典。"周恩来随后建议:因抗战初胜,双方协定签订未久,人民渴望和平,一般人多幻想政治协商会议能解决问题,故要使人民相信必须经过战争才能真正保障和平,非经相当时间体验不可。在这种条件下,我在宣传上只能采取"哀兵"策略,"不仅哀必胜,而且胜亦不喜",如此"方能使人民同情我们"(《拟向国民党提出停止内战恢复交通的四项临时办法》,1945年10月26日,《周恩来军事文选》第3卷,人民出版社1998年版,第6—8页;杨奎松:《失去的机会?——抗战前后国共谈判实录》,广西师范大学出版社1992年版,第222页)。

② 中联出版社编:《中国党派》目录页,中联出版社 1948 年版。

践民主精神，加强国内团结，厉行法治，尊重自由①。自成立后，民盟便站在国民党反对派立场上，批评国民党的诸多施政方针，要求结束一党统治，建立民主联合政权。随着抗战后期国民党统治危机的加剧，民盟对国民党的批评也在加强，它实际上已成为中共在政治上的盟友。抗战胜利之初，民盟立即发表声明，表示："我们坚决的要求民主，一切反民主的都是我们所不赞成的"；"我们要求一个完整的国家，凡一切可以制造分裂或引起内战的姿态与措施，也是我们要坚决的排除的"；"我们现在的口号是，民主统一，和平建国"。声明提出了十项主张，要求延期召开国大，保障人民自由，召集各党派与无党派人士参加的政治会议，成立举国一致的民主政府，解决当前一切紧急和重大的问题②。

1945 年 10 月，民盟召开临时全国代表大会，会议政治报告认为："从国际的及国内的形势来说，中国目前迫切的需要是民主。……因此我们中国民主同盟就认定我们当前唯一的责任是实现中国的民主，是把中国造成一个十足道地的民主国家。"报告肯定英美式的政治民主制度，提出"拿苏联的经济民主来充实英美的政治民主，拿各种民主生活中最优良的传统及其可能发展的趋势，来创造一种中国型的民主"。报告提出中国面临的三大问题是，政治会议、联合政府和国民大会问题。认为政治会议应能够真正解决问题，联合政府是中国和平团结统一的唯一途径，国民大会必须名符其实，而不是任何党派包办操纵的机关③。会议通过的纲领全面概括了民盟的基本政治主张。纲领分政治、经济、军事、外交、教育、社会、妇女七大项。政治上，保障人民基本自由，实行宪政，厉行法治，实行地方自治，并实行国会制、内阁制、普选

① 《中国民主政团同盟成立宣言》，《中国民主政团同盟对时局主张纲领》，中国民主同盟总部编：《民主同盟文献》，1946 年印本，第 1—5 页。

② 《在抗战胜利声中的紧急呼吁》（1945 年 8 月 15 日），《民主同盟文献》，第 36—39 页。

③ 《中国民主同盟临时全国代表大会政治报告》（1945 年 10 月 11 日），《民主同盟文献》，第 50—57 页。

制的政治制度,行政首长和议会议员由民选产生;经济上,保障人民经济平等,发展社会生产力,制定统一经济计划,实行减租,并以渐进方式完成土地国有,银行、交通、矿业、森林、水利、动力、公用事业及具有独占性之企业,概以公营为原则,其他一切企业,均可由私人经营,企业员工应有管理权,予外人以投资之便利;军事上,军队属于国家,禁止军队中之党团组织,实行征兵制,现役军人绝对不得干预政治,并不得兼任行政官吏;外交上,以保障国家之领土主权,民族之自由平等,与各国和平相处为原则①。大会通过的宣言,重申了政治报告和民盟纲领的主要要求和主张。

民盟一大选出张澜、沈钧儒、章伯钧、黄炎培、张君劢、左舜生、罗隆基、梁漱溟、张东荪、张申府等十八人任中央常委,张澜任主席,左舜生任秘书长(青年党退出后,梁漱溟任秘书长)。下设十一个委员会,负责人为:组织章伯钧,宣传罗隆基,国内关系梁漱溟,国外关系张君劢,工商黄炎培,青年沈钧儒,民运陶行知,妇女刘清扬,华侨郑振文,文化张申府,财务张澜②。各地支部负责人为:西南潘大逵,西北杜斌丞,南方李章达,华北张东荪,东北高崇民,华东由民盟中央直接负责。据统计,到 1947 年 11 月民盟被迫解散前,全盟有总支部五个,分支部四十六个,盟员总数 2.2 万余人③。民盟领导人之一罗隆基认为,这时候的民盟在一定程度上成了民族资产阶级及其知识分子的集合团体,它在中国资产阶级知识分子中有它的代表性,亦有它相当的影响。除国民党和共产党以外,它是中国当时较有代表性的有多个派别组成的政治集团④。

---

① 《中国民主同盟纲领》,《民主同盟文献》,第 40—45 页。

② 卫聚贤编:《中国各党各派现状》民主同盟篇,说文社 1946 年版,第 7—8 页。

③ 张军民:《中国民主党派史》(新民主主义时期),华夏出版社 1989 年版,第 424 页。

④ 罗隆基:《从参加旧政协到参加南京和谈的一些回忆》,《文史资料选辑》第 20 辑,第 200 页。

民盟的特点是各个党派的联合，盟员与各党派成员可以兼跨（随着盟务的发展，无党派盟员数量在增加），入盟党派仍有相当的自主权，因此如何处理盟内各党派之间的关系，也是民盟面临的一大问题。民盟成立时，是三党三派的结合（青年党、国社党、中华民族解放行动委员会即第三党和救国会、职教派、乡建派）①，其中青年党力量较大，在盟内占有重要地位。抗战胜利后，由于政治立场未尽一致（青年党倾向于与国民党合作，而民盟内不少人则倾向于与中共合作），更由于实际的利益考虑（争取参政时的更多席位），青年党在 1945 年底退出民盟，自立门户②。为了解决盟员与党派的关系问题，1946 年 4 月，民盟中常会专门通过了《调整盟内党派问题施行办法》，规定加盟党派应负下列义务：1. 接受本盟之政治主张，并遵守组织规章，服从决议；2. 对政治上之重大意见，顺向政府提出者，应建议本盟提出之；3. 不得以其党派之名义，自行向政府交涉政治权益；4. 所主持之言论机关，对于本盟或盟内党派不得有所诋毁或攻击；5. 不得在盟内收揽盟员参加其组织；6. 分担本盟经费③。同时通过了《中国民主同盟盟员规约》和《中国民主同盟盟员入盟办法》，以图对盟内成员的不同立场予以约束。尽管如此，民盟的组织基础仍不稳固，盟内各党派间的关系仍然存在某些矛盾，也不可能执行非常严格的纪律，在一些重要问题上时有不同的声音出现。到制宪国大召开时，民社党决定参加国大，导致民盟的又一次分裂。

---

① 中华民族解放行动委员会于 1947 年 2 月改称中国农工民主党，章伯钧任主席；全国各界救国联合会于 1945 年 12 月改组为中国人民救国会，沈钧儒任主席。

② 青年党把持盟务的行为引起盟内其他党派的反对，据罗隆基回忆，他和史良还有救国会以及无党派盟员主张开除青年党，但张澜和其他常委不同意，后因青年党与民盟分歧越来越大，民盟常委开会不再通知青年党成员参加，而青年党成员也不再参加常委会，实际等于开除了青年党（罗隆基：《从参加旧政协到参加南京和谈的一些回忆》，《文史资料选辑》第 20 辑，第 213 页）。

③ 《中国民主同盟调整盟内党派问题施行办法》，中国民主同盟中央文史资料委员会编：《中国民主同盟历史文献》，文史资料出版社 1983 年版，第 157—158 页。

民盟以外，还有一批中间党派相继成立。民主建国会是以迁川工厂联合会为中心的部分工商界人士和以中华职业教育社为中心的部分文教界人士组成。1945 年 12 月 16 日，民建在重庆召开成立大会，发表成立宣言。对于国内政治，主张和平统一，民主集中，政府充分尊重人民自由，各政治党派以国家利益为前提，相忍相让，通过政治的民主化以达成军队的国家化；对于经济，主张有民主的经济建设计划，与在计划指导之下的充分企业自由，用和平合理的手段解决土地问题。宣言称“我们不是一个党同伐异的政党，我们对于一切为民主建国而努力的党派及个人，都愿保持极度的友善，然而同时保留对于任何方面的完全的批评自由，我们愿以纯洁平民的协力，不右倾，不左袒，替中国建立起来一个政治上和平奋斗的典型”。成立大会通过的政纲，提出了政治、经济、社会、教育文化方面的四十六项要求。民建组织原则规定，“不采取领袖制，会务分工负责，重大事宜，以合议制决定之”①。成立大会推胡厥文、章乃器、黄炎培、施复亮、李烛尘等为理事。

中国民主促进会是以上海的文教界人士和部分工商界人士为主组成的。1945 年 12 月 30 日，民进在上海正式成立，“以发扬民主精神推进中国民主政治之实践为宗旨”。次年 1 月 4 日，发表《对于时局的宣言》，提出实现民主、还政于民、停止内战等八项主张②。随后推出马叙伦、陈此生、王绍鏊为常务理事。

九三学社以“五四”时期的“民主与科学”口号为号召。1944 年底，许德珩、潘菽等一部分文教科学界人士发起“民主科学座谈会”，抗战胜利后改称“九三座谈会”，并决定筹组九三学社。1946 年 5 月 4 日，九

---

① 《民主建国会成立宣言》、《民主建国会组织原则》(1945 年 12 月 16 日)，中国民主建国会中央宣传部编:《中国民主建国会历史文献选编》(1)，书目文献出版社 1992 年版，第 6—9、26 页。

② 《中国民主促进会简章》(1945 年 12 月 30 日)，《中国民主促进会对于时局的宣言》(1946 年 1 月 4 日)，中国民主促进会中央宣传部编:《中国民主促进会四十年》，上海人民出版社 1985 年版，第 157—162 页。

三学社在重庆正式成立，选出潘菽、褚辅成、许德珩、涂长望等为理事。成立宣言称，“中国今日，舍和平团结，实无救济之策，而和平团结之能实现与否，端赖民主宪政之实施，故政治的民主与宪政的实施，实为救国要着，本学社同人，愿在自己岗位上，作此种问题之努力，促其实现”。成立大会上提出八项基本主张，着重于“促进民主政治之实现，争取人民之基本自由”，“从政治的民主化，谋军队的国家化”①。

上述新成立的党派，其政治主张与民盟大同小异，人员组成亦常有与民盟重合者，民建主张“对于中国民主同盟须极端联系”，民进“愿与国内各民主党派友好联合”②，因此，民盟实际上是战后中间势力的中坚力量和政治上的代表。除此之外，由国民党内民主派组织的三民主义同志联合会和中国国民党民主促进会分别于 1945 年 10 月 28 日和 1946 年 4 月 14 日成立，民联由谭平山、陈铭枢、杨杰、柳亚子等任常务干事，民促由李济深任主席，李未到任前，由蔡廷锴代理。除了在政治主张上与民盟等党派基本一致外，民联和民促的特点是利用其成员在国民党内的老关系，要求改造国民党，并联系与策动国民党内的反蒋人士一致行动，共同投身于反蒋的实际行动之中③。民联和民促最终于

① 九三学社中央社史办公室编：《九三学社历史资料选辑》，学苑出版社 1991 年版，第 11—12 页。

② 《民主建国会进行步骤》(1945 年 11 月 26 日)，《中国民主建国会历史文献选编》(1)，第 2 页；《中国民主促进会四十年》，第 65 页。

③ 1946 年 2 月，李济深、冯玉祥、杨杰、陈铭枢、蒋光鼐等原国民党军政要员和西南地方实力派人物龙云、刘文辉在重庆秘密聚会，李济深提出，“今后蒋介石要打内战，我们就在内战中打倒他”；陈铭枢提出，“我们要进一步的合作，把政治和军事配合起来，在各方面实际上动员起来，彻底地把这个独夫民贼打倒”(冯洪达：《冯玉祥将军魂归中华》，文史资料出版社 1981 年版，第 3—4 页)。会后成立了先后由冯玉祥和李济深任组长的秘密策反小组，在国民党内部进行策反工作。他们本来希望推出孙科与蒋介石抗衡，但参加了此次聚会的孙科不久即变卦，重新接近蒋介石，他们的计划未能实现。

1948 年 1 月合并成立了中国国民党革命委员会①。

除了这些新成立的党派之外，原有的一些老党，主要是青年党和民社党（原国社党），也在战后全面恢复了活动。青年党成立于 1923 年，是国共之外各党派中历史较悠久、组织较健全、人数也较多者。抗战胜利后，青年党在 10 月初发表了对于时局的主张，提出十条要求，中心为"从速召集建国会议（或政治会议），以奠定团结基础。其权限不必动摇国民党之领导地位，但必须是以解决问题；其名额与人选不必拘文牵义，但必须顾及各方之实现，并转得举国一致之信赖"；国民大会之召开，须在政治协商会议作详密之协商；切实保障人民之基本自由；中央与地方之用人行政，宜破除成见，一本惟才惟贤之旨；解散伪军，裁汰冗兵，为全国大举整军的初步②。12 月 2 日至 12 日，青年党召开第十次全国代表大会，"其目的在重订政纲，修改章则，扩大组织，刷新阵容，尤以研讨战后时局，讲求适当对策，为其最主要的工作之一"③。大会通过的新党章称："本党本国家主义之精神民主政治之原则，内求统一与自由，外保安全与独立，以建设全民福利的现代国家，并促进平等合作的世界为宗旨。"④大会选出曾琦为主席，李璜、左舜生、陈启天、余家菊等为常委，陈启天为秘书长。青年党号称中国第三大党，有党员二十余万，但实际党员人数不过万余人⑤，党部组织以四川、重庆、西康、云南、贵州等西南诸省市较为健全，尤以四川为其主要活动基地。青年党中央领导号称曾、李、左三巨头，曾琦抗战时期一度活动于沦陷区，形象欠佳，战后代表党内右派，"力主脱离民主同盟"；李璜因在抗战时期实际

① 参甘祠森：《回忆三民主义同志联合会》，《近代史研究》1982 年第 4 期；朱学范：《我与民革四十年》，团结出版社 1990 年版。

② 《新华日报》1945 年 10 月 7 日。

③ 《中国青年党第十次全国代表大会宣言》（1945 年 12 月 15 日），中国第二历史档案馆编：《中国青年党》，档案出版社 1988 年版，第 126 页。

④ 《中国青年党党章》（1945 年 12 月），《中国青年党》，第 243 页。

⑤ 北平市宣慰团编：《中国各党派史略与批判》，1947 年印本，第 39 页。

领导该党，“在党内之势力相当雄厚，该党参加民主同盟及与中共采取联系，多为李璜所主张，故有左派之称”；“左舜生则依违于曾、李之间，曾经联李以排曾，复因不满李之左倾领导，又联曾以排李”①。然而随着国共关系和国共与青年党之间关系的变化，随着战后国内整个政治环境的变化，随着青年党对于参政利益的追求，这三人之间对国共的态度也逐渐趋于一致。实际上，1945 年底青年党退出民盟已经预示了其政治态度的变化，其后青年党实际成为国民党的政治盟友。

民社党是由张君劢、张东荪负责的国家社会党和由伍宪子、李大明负责的民主宪政党合并而成②。两党领导人因为与康有为、梁启超共同的传承关系，且政见大体相同，在张君劢的运作下，1946 年 8 月在上海召开代表大会，决定成立民主社会党，由张君劢任组织委员会主席，伍宪子任副主席，以形成一个大党，在战后政治舞台上据有一席之地。民社党领导人张君劢主张在国家本位基础上，实行英美式的政治民主和苏俄式的经济平等，故将该党定位为民主社会主义，即政治民主主义和经济社会主义的结合。张君劢在二十余年政治生涯中，屡受挫折，政治活动不如其意，感到“人民权利毫无保障”，因此希望得到西方式的政治活动空间与自由。他自称：“我从读书起，一直看重英美民主政治，这种民主政治是以尊重人民权力为基础，而以选举方法表示民意，始终觉得值得爱护”③。张君劢在战后中间势力争取民主政治的活动中起了

① 《国民党中央联秘处关于李璜坚辞经济部长内幕及青年党要求参加地方政权目的的专报》(1947 年 5 月 31 日)，《中国青年党》，第 306 页。

② 伍宪子等人的民主宪政党袭承梁启超的宪政党衣脉，1945 年改现名，但长期在海外活动，国内没有多少影响。张东荪等人的国家社会党成立于 1934 年，也承继了梁启超研究系的余绪，但长期在上层活动，缺乏群众基础，党员人数从未超过二百人(《中国党派》，第 43、49 页)。

③ 张君劢：《二十余年来世界政潮激荡中我们的立场》(1946 年 3 月 28 日)，中国第二历史档案馆编：《中国民主社会党》，档案出版社 1988 年版，第 90—91 页。

一定的作用，尤其是在政协和制宪问题上，张主张限制国民党一党专政的特权，实行英美议会政治，一度颇受中间势力的推重。民社党在成立宣言中主张，奠定和平，拥护统一，要求民主，实现社会主义，而要做到这些，应该实行政争决于选举，不决于疆场，“故吾人尊重政协之协议，非徒以其为协议之结果，乃以其为建国关键之所在，而吾人平日所祈求之和平统一，正在于是”①。民社党对各党的态度是：对国民党，反对其一党专政，指出其政治腐化，惟在实施政协决议，则予赞助，如在各地不阻碍本党之发展，与之取友好态度；对共产党，在目前力避文字上之攻击，忠告其停止军事行动或缩小范围，在反对一党专政取消特务等方面取同一态度；对青年党，保持以往私人往还及友好态度，在文字上对其取静观态度；对民主同盟，视为联盟，非为政党，暂不退出，惟须保持本身独立，如有共同行动，应以明文约定者为限，党员非经核准，不得自行加入民盟或担任任何名义②。

抗战胜利后，中国政坛上还涌现出一大批形形色色、背景不一的小党派，其中有源起于清末的光复会（1945 年恢复，负责人尹锐志）、源起于 20 年代的中国少年劳动党（负责人安若定）；有主要在海外侨团中发展的党派，如中国洪门民治党（负责人司徒美堂，后退出）、中国中和党（负责人尤永昌）等；有的是特殊社会阶层的集合，如四川袍哥的中华社会党、以佛教界人士为主的中国宗教徒和平建国大同盟；有的是地方实力派为巩固自身利益而组织，如山西的民族革命同志会（阎锡山任会长），四川的中国农民自由党（得到四川省政府主席王缵绪支持）；有的是失意政客军人的寄托，如四川将领范绍增的益社；多数是抗战胜利后成立或开始公开活动的党派，如中国民主党（负责人侯野君）、中国人民党（负责人吴仁勋）、中国国民自由党（负责人林东海）、中国农民党（负

① 《中国民主社会党组织委员会宣言》（1946 年 8 月 31 日），《中国民主社会党》，第 167—172 页。

② 《中国政党》，第 44 页。

责人董时进)，等等①。

战后的小党派，无论旧有或新成立的，多数没有明确的政治理念，而为利之组合，希求在战后的政治重组中占据一席之地，因此趋时而起，应时而散，在中国政治中毫无影响力可言。少数有政治主张的党派，在国共分裂前，多数呼吁停止内战，实现政治民主化和军队国家化，与中间势力的主张大同小异，间或有一些代表行业利益的特别要求。而在国共分裂之后，这些小党派或追随中共，或投靠国民党，或干脆散伙，除此很难有别的选择。然而无论他们的政治态度如何，只要他们存在，总是既存秩序中的不稳定因素，总对执政党形成公开或隐藏的威胁，因此国民党对这些实力不大的小党派也不愿放手，他们不反现政府，则听其自生自灭，一旦有反对现政府的迹象，则毫不留情地予以镇压。

二　中间道路的理想和现实

何为中间道路？中间势力的基础与意义何在？施复亮的解释可为代表之一。他认为："中国是一个落后的、农业手工业占优势的小生产制的社会，阶级分化还不十分尖锐，中间阶层还占着全中国人口的绝大多数。民族企业家、手工业者、工商业从业员、知识分子(公教人员及自由职业者)、小地主、富农、中农(自耕农和一部分佃农)等，都是今天的中间阶层。简单说，民族资产阶级和小资产阶级，都是今天中国的中间阶层。这些中间阶层，都是中间派的社会基础。"在这样广大的社会基础之上，中间派的政治立场必须站在大多数人民的立场上，政治上实现英美式的民主政治，经济上发展民族资本主义，思想上应是自由主义，行动上应是和平的改良的，解决问题的方式是民主的。中间派决不笼

① 有关战后诸小党派的情况，参《国民党统治时期的小党派》(中国第二历史档案馆编，档案出版社 1992 年版)和《中国党派》两书。

统地反对或追随国民党或共产党，而“国共问题的合理解决，中国政治的全面安定，和平、民主、统一的真正实现，经济建设的顺利进行，都必须有一个强大的中间派在政治上起着积极的甚至决定的作用”①。

中间势力及其代表党派在战后一度有较大发展与战后美苏相争的国际背景和国共相争的国内背景密切相关。国共两党在政治斗争中都希望争取中间党派的支持，而美国要求国民党实行一定的民主改革，容纳反对党，这些均鼓励了中间党派的兴起。中间党派的中间路线，在战后中国主要表现在以和平方式调和国共关系，希冀以此为中国打开一条新的发展道路。民盟可称中间势力的代表性党派，它自称是“一个具有独立性与中立性的民主大集团。所谓独立性，是说它有它独立的政纲，有它独立的政策，更有它独立自主的行动。所谓中立性，是说它介在中国两大政党对峙的局面中，是两大对峙力量组织中间的一种，要求它保持不偏不倚的谨严态度，不苟同也不立异，以期达到国家的和平、统一、团结、民主”②。民社党的张东荪对中间势力的这种立场作了更为详尽的解释。他认为，国际存在美苏对立，反映到国内即存在国共对立，中间势力的责任，就是调和折衷，使两者之间的对立趋于软化。他提出：“中国必须于内政上建立一个资本主义与共产主义中间的政治制度，虽名为政治制度，当然亦包括经济教育以及全体文化在内，自不待言。这个中间性的政制在实际上就是调和他们两者，亦就是，在政治方面比较上多采取英美式的自由主义与民主主义，同时在经济方面比较上多采取苏联式的计划经济与社会主义。从消极方面来说，即采取民主主义而不要资本主义，同时采取社会主义而不要无产专政的革命。我们要自由而不要放任，要合作而不要斗争，不要放任故不要资本家垄断，不要斗争故不要阶级斗争。”对于国共对立，他希望将“偏右者稍稍

① 施复亮：《何谓中间派》，《文汇报》1946年7月14日。

② 《中国民主同盟临时全国代表大会政治报告》(1945年10月11日)，《民主同盟文献》，第63—64页。

拉到左转，偏左者稍稍拉到右转，在这样右派向左，左派向右的情形，使中国得到一个和谐与团结，并由团结得到统一”。“所以我们一百二十分赞成联合政府，但我们却以为联合政府必须建立于共同纲领之上，这个共同纲领，就是具有中间性的”，“这条唯一的路可泛名之曰民主，但不是纯粹英美式的，至于苏联式的，当然更不必说了”①。一句话，中间党派主张在左与右之间保持中立，方法上采取和平改良的立场，协商谈判，不搞暴力革命。

在抗战胜利后的现实条件下，中间势力对于国内外形势、尤其是国内形势的看法，无论理论还是实践都脱离实际。理论上，他们对西式和苏式制度本质及其优劣的理解是非常肤浅的，以为西式民主加苏式计划经济，就可为政治民主和经济平等搭上过桥，这实在是一种空想。至于实践，中间势力企图以调和国共之争争取自身的地位以至规划中国的发展道路，是他们在当时情况下唯一可行的选择。然而调和国共这个事实本身，就说明了国共力量的强大与中间势力的无奈。与政治主张脱离实际相伴随的，是中间党派缺乏真正的群众基础和组织，多在上层活动。在中国特定的政治环境下，无论中间派的理想多么高远，事实是中国政治已经处于国共两大党的争斗之下，留给其他党派的活动空间非常有限，而且中国当时缺乏引进西方民主制度的环境与条件，党派政治奉行的是实力原则②，只有国共两党有组织、有武装、有强大而可靠的群众基础与动员力，任何其他党派都难以代替国共两党的作用，这是中国的客观情况所决定，而非一时可以改变。中间党派格于实际，只能周旋于国共之间，受到国共政治斗争的强烈影响，在国共之间保持完全的中立是不可能的，随着时间的发展，非偏于国，便

① 张东荪：《一个中间性的政治路线》(1946 年 5 月 22 日)，《再生》第 118 期，第 3—4 页。

② 重庆谈判期间，毛泽东对国社党领导人蒋匀田说：老实说，没有我们这几十万条破枪，我们固然不能生存，你们也无人理睬(蒋匀田：《中国近代史转捩点》，第 3 页)。证之以民国年间的实际，不能不承认毛泽东此言的道理。

偏于共。但因为国民党是执政党，中间势力对国民党的压迫感受更为直接，争民主是他们的一致要求，因此在国共尚未破裂之际，他们的态度对中共更为有利，在实践中他们也往往采取与中共合作、反对国民党的立场。

不仅如此，中间势力自身由于种种利益考量的不同，不仅各党间有不同的政治主张，各党内部同样存在着主张的不一，尤以民盟为甚。民盟是各个不同党派的集合体，在政治问题上一向主张不一，只是对外维持着大体的统一。民盟内部最初的三党三派中，青年党较为倾向于国民党，第三党、救国会较为倾向于中共，民社党、职教社、乡建派态度较为中立①。随着形势的发展，民盟成员不断分化，青年党脱离单干，民社党逐渐与民盟拉开距离而倾向于国民党，他们成为中间偏右政党；而民盟作为一个整体，更多的是中间偏左，与中共更为接近。民盟在抗战胜利后发表的声明中，在政治民主化方面，要求延期召开国大，召开政治会议，成立联合政府，都与中共的主张相一致；而在军队和解放区问题上，民盟虽主张军令政令的统一，但又提出“应该注意到人事的合理

---

① 第三党领袖、也是民盟重要领导人的章伯钧在接受记者采访时，表示战后问题的中心在于，“必须坚决要求国民党应立即结束党治，实现民主，给人民以民主权利，并承认现有一切抗日民主党派合法地位”；“目前解放区之军队及政权问题之解决，须着眼于实际的情况，觅取妥当而切实的过渡办法，因此等军队与政权，系由当地人民取自敌人，有功抗战，不能视为化外，予以敌视的态度”。军队国家化实现之先决条件，在以全国政治能真正民主化（《新华日报》1945 年 9 月 14 日）。这实际是在政治民主化和军队国家化两个问题上呼应了中共的主张。而民盟领导人张澜在重庆谈判期间，发表了一封《致国共两党领袖的公开信》，希望“今日商谈内容，似应随时公诸国人，既能收集思广益之效，更可得国人共商国是之实”。对于政治民主化和军队国家化的问题，张澜认为，“政治必须彻底民主，此为国人一致之要求。纵国共双方存有若干特殊问题，不妨事先商谈，但所作成之解决方案，必须不与国人之公意相违。如团结仅有空名，统一徒具形式，则于根绝内争一点，窃恐贡献无多”；军队则须“绝对超越党派关系，绝对遵守军队属于国家，军人忠于国家之原则”，“如谓‘民主必恃武力始能保障’，则民主之为民主，岂不令人寒心？如谓‘统一必赖武力始能维持’，则统一之为统一，岂不令人气短？”（《新民报》，1945 年 9 月 18 日）

安排，使各有关方面心安理得”；“组织一收复地带人事调整委员会，根据当地的实况及人民的要求，作人事上合理的调整，以避免党派间的冲突”①。这又在实际上呼应了中共的要求，自然为国民党所不满。对于中共采取的政治经济政策，尤其是土地改革问题，中间势力有他们自己的看法，但是在当时情况下，这些问题往往为更为迫切的和平民主问题所掩盖，因此中共与中间势力在这些问题上的分歧表现得并不明显②。

实际上，中间势力的作用也只有在国共两党争执不下时才得以发挥，至于他们的种种政治经济文化主张，因为中间势力的在野特性而未及进入实践。一旦国共破裂，战火燃起，中间党派势必在国共中间作一抉择，任何真正的中间道路都是不可能的，这已为以后的历史发展所证明。他们深知：“倘使内战长期继续下去，中国问题只有依靠武力来解决，那么中间阶层和中间党派在中国政治上都不会有重要地位，也不会起什么独立的作用……只有在内战停止，和平恢复之后，中间派的政治路线才有实现的可能。”③如同梁漱溟所言：盖唯国共两方具有力量，而此外则没有。大局为此矛盾之两大力量所支配，其他的人皆莫如之何④。

在内战战火即将点燃之际，1946 年 5 月间，民盟领导人在聚会时有若干对话，颇能反映他们的处境与心态。沈钧儒说：内战扩大，人民

---

① 《在抗战胜利声中的紧急呼吁》（1945 年 8 月 15 日），《民主同盟文献》第 38 页。

② 黄炎培曾为土改问题致函毛泽东，并在民盟内部表示，“应以民盟同人公共名义，向中共委婉而恳切地劝告其从速改善苏北、华北等地政治作风（求生存越困难，改善政治作风，争取人心越需要），是善意的劝告，非恶意的诟骂”。李烛尘认为中共“军纪极好”，但对中共“到处闹清算斗争”颇为不满。梁漱溟亦然（许汉三编：《黄炎培年谱》，文史资料出版社 1985 年版，第 189 页；《黄炎培日记》1946 年 7 月 1 日，《中华民国史资料丛稿》增刊第 5 辑，第 111 页）。

③ 蔡尚思主编、李华兴编：《中国现代思想史资料简编》第 5 卷，浙江人民出版社 1983 年版，第 302—303 页。

④ 梁漱溟：《忆往谈旧录》，中国文史出版社 1987 年版，第 211 页。

固然痛苦，我们这些第三者又将如何呢？一方面政权在握，可以为所欲为；一方面已有地盘，更有枪杆，可以上山打游击，我们这些赤手空拳，为自由民主奋斗的人，恐将左右为难，如何是好呢？梁漱溟说：在左右和谈时，中间人已感不易；到左右开枪武打的时候，中间人当更难以自处。黄炎培说：现在处变之中，固不易决定我们的立场，然恐亦不容静观以待呀！章伯钧说：两个有力的政党都在那剧变，形势实恐不容我们静观。国民党专政多年，优越感太浓。我敢武断的说，他们的一切筹策，还是保持一党专政。他们早已认定我们这些中间人都是左倾的，不要说我们不愿右倾，就是你想投靠，他们也不会容纳你。我们在政治协商会中，虽与中共合作，目的仅在造成制衡的力量，以为实现民主的必要条件，何尝是左倾呢？国民党失计，因此而加以左倾的罪名。我们如此夹于两者之间，真是不知如何是好①？归根结底，在中国的特殊环境与条件下，没有武装就没有发言权，没有真正的政治地位。著名的《观察》杂志记者曾经就张君劢写过一段颇含意味的话：“如张君劢氏，固一彬彬有礼的长者，亦为一博学能文的学者，然而他领导组党，数年以来，可谓无甚成就。吾人固不赞成组党要用打手，然而单靠书生，也是不行的。”②

中间势力在战后中国政坛上一度活跃的重要原因，是国共两党的态度。由于国内外形势所逼，政治斗争一度代替武装斗争成为战后中国政治大舞台的焦点，而在政治斗争中，国共双方都需要支持者，因此也就为中间党派的活动留出了一定的空间，客观上提高了中间党派的地位。然而，国共双方虽都力争中间势力能够站在自己一边，但都不会

---

① 蒋匀田：《中国近代史转捩点》，第70—71页。

② 《中国各党派史略与批判》，第108页。战后的中间党派主张和平的民主运动，即使是较为激进者，如罗隆基，也“坚决反对运用武力争民主”，认为此乃“手段破坏目的”（《罗隆基日记》1946年7月5日，《中华民国史资料丛稿》增刊第6辑，第105页）。在这一点上，他们与稍后成立的民革有一定区别，民革因为与国民党的渊源关系，在国民党军政界有较为广泛的联系，因此作了一些军事策反和建立武装的工作。

使自己的政策受中间势力的左右。国民党中宣部早在1943年就拟订了《各党派之言论分析与对策》，认为对于各党派而言，“以本党开放政权为最有利，次之在本党及中共相持不下之局面下亦可以稍收渔人之利，至于在本党或中共独揽政权之形式下则最不利”。对策提出国民党应付各党派的三项原则：一、必须拆散各小党派与中共联盟之形势——本党对现状如无任何改变，则在“民主宪政”之共同要求下，各小党派可能与中共成立联盟，加厚反政府之力量，目前有种种象征，证明此一可能性之日益显著，故本党现阶段对各小党派，当尽力疏隔其与中共之关系，不使有任何形式之反政府联盟可以产生；二、采取对各小党派开放，对中共抑压政策——要拆散各小党派与中共之联盟形势，必须一方面尽可能给予他们以言论结社之自由，及参政之机会，另方面对中共则尽量予以箝制，如此，不但可以一新国人之耳目，且可以转移国际（苏联方面例外）观听；三、拉拢各小党派，增我外围实力，以孤立中共——本党如对各小党派稍示公开，彼等必如张君劢云，感政府求治之殷，亦以琼瑶报之，而可能成为本党外围，如善加扶植及运用，不但可以孤立中共，亦可助我完成统一。对策提出拉拢各小党派的方法是，加强联系，有限度的满足其要求（言论自由，活动公开，参加各级民意机构）①。在这样的认识下，国民党对中间党派的策略是，拉住青年、民社两党，争取其他党派的领导人，对于靠近中共者则施以压力。对于最主要的中间党派民盟，国民党的策略是，“加速其分化过程，孤立其对外关系，并加强本党对其之压力。譬如民盟内部已有左右两派之斗争，即应加速挑起国社党村治派等对救国会派第三党之斗争，扩大其矛盾”②。在全面内战

① 《各小党派之言论分析与对策》，《中国现代政治史资料汇编》第3辑第11册。据唐纵记，1944年，国民党中央指派张群、吴铁城、王世杰、张治中、陈布雷五人负责“联系各党派孤立共产党之工作”，“乃以彼等无组织，各人事忙，终至迄未进行”。1946年4月，又指定唐纵负责，“配合情报，切实进行”。参加此项工作的有陶希圣、李惟果、黄少谷、彭学沛等（唐纵：《在蒋介石身边八年》，第608页）。

② 《国民党应付民盟之策略》，二档，全宗一三，卷号279。

爆发前，蒋介石特别指示，“对民盟不必姑息”，尤其对罗隆基、沈钧儒、章伯钧，“应施打击”①。对于态度较为温和的黄炎培，蒋介石专门派陈立夫、陶希圣、杜月笙等去拉拢，还派陶希圣前往上海，征求黄炎培对时局的意见，以得到中间势力对其政策的谅解。但黄答以：“一，对中共只有一法，即以共同制定之宪法范围其行动，故下手必须合作，只有政协会议决案可以解纷；二，目前办法宜使参加商谈，迅速解决军事问题，接谈政治；三，若舍政协会，别寻门径，决非国家之福。”使陶悻悻而归。陈立夫为此指责黄炎培说：国民党不能容许共产党并存，第三者以国共并称，忽视国民党之为正统，从事调解冲突，即延缓对中共问题之解决②。

由于国民党一党独大的理念，国民党对于各小党派仍多采一种居高临下的态度，因此对他们的拉拢并不成功。即使是与国民党较为接近的青年党和民社党，也在一个时期内反对国民党以武力解决中共的政策，可见国民党对中间势力政策的不成功。反观中共与其他党派之间，虽然追求的终极目标并不一致，但因为现实处境的相同，在反对国民党垄断政权和一党专政的当前斗争目标上具有一致性，因此而有相当成功的合作③。据国民党方面的情报，还在1945年11月，中共与民盟签订了秘密合作的协定，双方同意：1. 双方为推翻国民党一党专政，实现民主政治之新中国，得共同携手奋斗；2. 双方得保持其政治最高

---

① 唐纵：《在蒋介石身边八年》，第622页。

② 《黄炎培日记》1946年7月15、26日，《中华民国史资料丛稿》增刊第5辑，第112—113页。

③ 有美国研究者认为，中共和民盟合作的原因之一，是因为中共需要民盟作为其与部分知识分子以及其他中共一时尚联系不多的阶层之间的桥梁，而民盟与中共合作的原因，一是只有中共的力量可以使国民党放松政治控制，二是共产主义是中共的长期目标而非中共的当前目标，因此不需要为此而担心（Belden, Jack. *China Shakes the World*, p. 397, Victor Gollancz, London, 1951; Van Slyke, Lyman P. *Enemies and Friends - The United Front in Chinese Communist History*, pp. 195 - 196, 202, Stanford University Press, California, 1987）。

原则，但在奋斗过程中得随时交换意见，以划一步调增加力量；3. 中共解放区欢迎中国民主同盟成立分部，但民主同盟所做之工作，以不妨害中共事业为原则；4. 中国民主同盟对中共解放区之政治军事经济各设施得尽量予以支持，并扩大其影响；5. 双方不得单独对国民党作妥协合作，如有谈判，得相互通知，并取得双方同意后，始与国民党成立条件①。在战后国共政治斗争中，如停战、政协、国大、宪法、改组政府等方面，中共与中间势力尤其是民盟的合作，给国民党造成了很大的政治压力。但即便如此，中共对中间势力的基础及其发展前景的看法是非常明确的。周恩来在总结中共的民主党派工作时认为："中国的民主运动，由于历史的发展，武装斗争成为主要形式。到了大革命后，就只有两个全国性大党，经过二十多年的斗争和战争，一天天证明中间道路即第三条道路已成为不可能。民盟由于抗战特别由于政协的机缘，客观上一时造成了他在全国的第三党地位，使他中间许多领导人物代表着中产阶级的想法，企图在国共对立的纲领之外，寻找出第三条道路。但一接触到实际斗争，尤其是内战重起，就使他只能在靠近共产党或靠近国民党中选择道路，而不能有其他道路。"②

中间党派自身随着形势的发展，也逐步放弃了中间的政治主张。青年党和民社党投向国民党阵营。青年党本身即具有反共色彩，他们自称："本党对共产党，从周恩来在法国组党迄今，一贯立于反对地位。"③随着战后国共关系的不断恶化，青年党的态度也日渐倒向国民党。发展到 1947 年 9 月，青年党的曾琦在该党第十一次全国代表大会

---

① 《中国民主同盟与共产党成立协定》，*T. V. Soong Papers*, Hoover Archives。民盟内部不少成员甚至领导成员是中共地下党员（如民盟中委周新民），他们在推动民盟与中共合作方面起了重要作用。

② 《关于当前民主党派工作的意见》（1948 年 1 月），《周恩来选集》上卷，第 283—284 页。

③ 《国民党中央联秘处关于青年党在各地动态的专报》（1948 年 3 月），《中国青年党》，第 328 页。

政治报告中称："中国现介于苏美两大集团之间，可以亲美反苏，亦可以亲苏反美。但自中苏条约签订以来，苏联所表现之不友好态度，层出不穷，如搬运东北物资，及长期占据旅大等，均极明显之事实。美国对华政策固不如吾人理想之友善，然较诸苏联，则属进步多多矣。次就国内情势而言，青年党今日亦介于国共两党之间，可以亲共反国。但自政协会议以来，共党存心破坏，无所不用其极。青年党力谋团结，与国民党政策固无二致。因而参加国大，参加政府，在与国民党合作之下，而使国家臻于富强之境。"①民社党起初虽避免直接批评中共，但它的行动已逐步脱离民盟与中共合作的路线，尤其是它决定参加制宪国大后，实际上也已倒向国民党方面。

中间势力中最强调中间立场的民盟，则在政治立场上不断地靠近中共。虽然民盟人士关于在国共破裂后民盟应采何种立场的问题上有争论，有人主张坚持"中间性的政治路线"，对内"调和国共"，对外"兼亲美苏"；也有人认为，民盟实际是与中共在一条战线上作战，因此不能称为第三方面，在民主与反民主的斗争中，"没有调停两可的余地，只有勇往直前，以斗争解决我们的生存问题"②。但是国民党打击民盟而中共争取民盟的事实，迫使民盟只能左转。民盟拒绝参加制宪国大，已经表明其与国民党的分道扬镳。1947 年 1 月，民盟举行一届二中全会，分析形势，总结工作。主席张澜在会议报告中回溯了过去一年的形势发展，认为中共"确实有了与国民党合作的诚意"，而"国民党方面的反动分子有彻底推翻政协的阴谋"，他将政协失败的原因归结为"政府撕毁了政协决议"，召开国大是"政府用任何言词不能掩饰这是彻底撕毁政

---

① 《国民党中央联秘处关于中国青年党第十一届全代会经过的专报》，《中国青年党》，第 310—311 页。

② 施复亮：《中间派的政治路线》，《时与文》创刊号；中国民主促进会中央宣传部编：《马叙伦政论文选》，文史资料出版社 1985 年版，第 300 页。有关这方面争论的情况，参《中国往何处去》（文化出版社 1949 年版）、《批判中国资产阶级中间路线参考资料》（中国人民大学中共党史系中国革命史教研室编，1958 年印本）两书。

协决议的行为”。对于国共双方的态度如何实际决定了中间党派的政治立场，张澜此言对民盟在国共之争中的立场是一个明确的解释，说明民盟也不可能在国共之争中保持所谓真正的中立。还在这个报告中，张澜解释了民盟的政治立场，他认为：“站在政团的立场，对国共两党的党争，民主同盟是个第三者，我们应保持不偏不倚的态度。但民盟既是一个独立自主的政团，我们依据我们的政纲政策以争取国家及人民的福利，民盟对国事自然应该明是非辨曲直。是非曲直之间就绝对没有中立的余地。民主同盟的目的是中国的民主，是中国的真民主。民主与反民主之间，真民主与假民主之间，就绝对没有中立的余地。”①既是第三者，但又不能在反民主时保持中立，而反民主的责任者是国民党，民盟就这样在逻辑上解释了自己向中共立场靠拢的原因。全会通过的政治决议，虽然还提到“继续推进与国共两党的合作”，但决议中彻底反对内战、重新举行政治协商、成立全国一致的联合政府、认为制宪国大不合政协决议的要求等主张，与中共更为接近而远离国民党的立场②。因此国民党逐渐不能容忍民盟的公开存在，终至发展到压迫民盟解散的地步。在这样的形势下，即使一贯坚持中间路线的人也不能不走向反对国民党的立场，正如施复亮文中所说：“自然万一中间路线真正走不通，中间阶层和中间派也可以支持并执行左翼的政治路线，但决不可支持或执行右翼的政治路线。因为反动是一条死路，只有改良和革命才是出路，改良不成，便只有革命。”③

相比较起来，从国民党分离出来的民联及其后身民革，对国民党从言论的批判到实际的行动都更为激烈。1947 年 2 月，民联召开第四次政治会议，会议报告认为，国民党已经成为代表军阀、官僚、买办、大地

① 《中国民主同盟一届二中全会政治报告》(1947 年 1 月 10 日)，《中国民主同盟历史文献》，第 266—277 页。

② 《中国民主同盟一届二中全会关于目前应采取的政治主张及行动的决议》，于刚主编：《中国各民主党派》，文史资料出版社 1987 年版，第 466—467 页。

③ 施复亮：《再论中间派的政治路线》，《文汇报》1947 年 4 月 13 日。

主、金融资产阶级、土豪劣绅、地痞、流氓的集团，建立了法西斯的独裁政权，发动了全面内战。因此提出：中间阶层不但应该立即团结起来，组织争取和平民主的力量，还要和工农民主力量联合，组织广泛、坚强、统一的民主联合战线，用尽一切手段，甚至不惜流血，争取人民的基本自由和政治权利，实现政协决议、停战和整军协定①。他们虽然还强调自己的中间阶级特性，但他们联合工农，不惜流血的主张，与中间派一贯的和平改良、保持特性的主张，已经有所疏离。他们虽然还不能忘情于国民党，认为反动力量不能代表国民党，主张恢复党的革命精神、民主精神，对国民党进行改革，但他们的实际作为已经离国民党越来越远，而离中共越来越近了。

① 民潮社编：《民联政治报告》，香港1947年印本，第16—21页。

第二章 短暂的和平

第一节 停战令的颁布与政协的召开

一 和平民主的呼声

重庆谈判结束后，社会各界所期待的和平局面并未出现，相反，“一个为我们所最忧虑的、所最厌恶的、所最恐惧的大祸，终于无端的飞临在我们的头顶上盘旋着”。这个“大祸”就是“中国有史以来空前大规模的内战”①。

国内愈演愈烈的内战局势，引起了社会各界的广泛不满与担心，刚刚赢得了抗战胜利的中国人民，亟须休养生息，不愿见到战争的重演，因此社会各界和舆论界一片反对内战之声。据《新华日报》11月所载，就有第三党、中国经济事业协进会等六团体、全国工业协会等三团体、中国妇女联谊会、中国社会科学研究会、中国民主实践社、《中华论坛》等二十六家杂志、陪都各界反对内战联合会以及重庆、成都大学生呼吁和平、反对内战的宣言、言论发表。他们一致的要求是：内战必先停止，是非再付公论。政治问题必须用政治的方法来解决，并且必须用和平的方式来解决②。中间派代表民主同盟亦积极反对内战。民盟负责人

① 《陪都各界反对内战联合会成立大会宣言》，《新华日报》1945年11月20日。

② 《陪都各界反对内战联合会成立大会宣言》，《新华日报》1945年11月20日。

黄炎培于10月30日致函国共两党和谈代表:“各报发表收复区军队双方冲突,益趋激烈,各方关心国事者,一致惊讶。”他提出:双方电令部队立即停止冲突,听候解决;组织包括各方人员参加的调查团,前往冲突地点,调查真相,或就地商决,或电报中央商谈解决。“至一切基本问题,恐须有待于政治会议,此会议必须早日召集,借以协商结果,安定人心”①。民盟发言人也发表谈话,表示:“在抗战八年以后,在全面胜利以后,假定大规模的内战终于无法避免,这不仅要为一切中国的友邦所齿冷,要为新遭惨败的敌人所窃笑,这简直是在对着整个国家的生命当心一枪,简直是对着四万万五千万老百姓瞄准扫射。国家绝对无负于任何党派,任何党派不应该这样毁灭国家。老百姓也绝对无负于任何政团,任何政团不应该这样的残杀老百姓。”“现在一切谈判,既已经过两个月,而得不着一个具体的结论,当然便只有把这个问题全部公诸国人之一途,舍此已无其他更好的办法了。”②所谓公诸国人,就是召开政治协商会议。因此,11月以后,召开政治协商会议的呼声日高。12月30日,民盟主席张澜致函国共谈判代表,提出在政协即将召开之际,“双方发令所属一切军队即日停止武力冲突,所有问题均得提交政治协商会议解决”。“际此履端伊始,咸与维新,同人等基于国人公意,敬掬至诚,为此迫切建议,希望转达当局,迅予鉴纳施行”③。

反对内战的呼声一旦转为实际的行动,便很难避免与当局的冲突。11月底,中共云南地下工委为响应中共的反内战宣传运动,组织以西南联大为首的昆明各大学学生自治会召开时事演讲会,讨论如何制止内战。政治学教授钱端升演讲称,“苟无联合政府,则内战无法停止,老百姓将增无数不必要之痛苦”④。讨论会进行过程中,遭到军警干扰,

---

① 《新华日报》1945年11月2日。

② 《新华日报》1945年11月3日。

③ 《新华日报》1945年12月31日。

④ 陪都各界反对内战联合会编:《昆明一二一学生爱国运动》,第1页,无出版地及出版年月。

引起学生愤慨，各校相继罢课，要求当局查办有关人员，并发表《为反对内战告全国同胞书》等文件，要求制止内战，实现和平，成立民主联合政府。云南军政当局认为这是“共党煽动”的结果，遂在各校策动成立反罢课委员会，组织党团人员与学生会抗衡，军警便衣人员奉令禁止学生串联，与学生发生多次冲突，昆明形势趋于紧张①。12 月 1 日中午，先是身穿军服、佩有“军官总队”徽号的人员闯进云南大学骚扰，接着又有百余人企图闯入西南联大各学院，与在校学生发生冲突，暴徒大打出手，并投掷手榴弹，导致西南联大学生潘琰、李鲁连和在场的昆华工校学生张华昌、南菁中学教师于再四人身亡，数十人受伤。

“一二一”事件发生在光天化日之下，军警闯入学校校园内致伤人命，云南省军政当局自然难逃干系②。消息传出，引起全国各界和舆论的强烈抗议。民盟发言人发表谈话，对昆明惨案“深引为痛惜”，要求“对此次学潮，即应予以圆满的解决，以平全国之公愤，而政府之威望亦可挽回于既坠之后”③。在“陪都各界追悼昆明被难师生大会”上，民盟主席张澜和梁漱溟、张东荪三人合送的挽联上写着：为反内战而牺牲，真成痛史；试思中国之命运，能勿忧心。邓初民在会上演讲时疾呼：今天有人在争论是谁在发动内战，是谁先放的第一枪。是谁？“一二一”

---

① 张奚若教授在演讲中指斥蒋介石说：“不知主席从何产生，我不能称他为主席；我非军人，我不能称他为委员长；我非党员，又不能称他为总裁；我经考虑再三，唯有称他为蒋介石先生较为合宜。”此语被当局认为是“公然否认蒋主席之法律地位，此为共产党所不敢为者”，“应予处置”（张军民：《中国民主党派史》第 417 页）。

② 此次事件实际上是云南军政当局事先布置的。国民党云南省党部主委李宗黄在 12 月 1 日上午召集手下开会，号召“以宣传对宣传，以流血对流血，进行还击”，随后即由手下开始行动（沈沉：《“一二·一”惨案侧记》，中共云南省委党史资料征集委员会、中共云南师范大学委员会编：《一二·一运动》，中共党史资料出版社 1988 年版，第 423—425 页）。

③ 《昆明一二一学生爱国运动》，第 86 页。

的惨案等于不打自招。谁反对学生反对内战的，谁就是内战的发动者①！这无异于将国民党置于被告席上，并在全国引发了抗战胜利后一场大规模反对内战要求民主自由的运动。中共以此作为推动反国民党的契机，宣传“谁要和平，谁在国民党当局眼中就是敌人。这种敌人，那怕手无寸铁，也要加以威吓，最后就置之死地”②。参政员许德珩等提案，认为“自战事结束以来，内战纠纷愈演愈烈，青年本其爱国热诚，对国事有所主张，亦为事理之常，情非得已”，要求严惩肇事者，抚恤受害者，严禁以后有类似情事发生③。《新民报》发表社评《刺刀乎？民主乎？》，认为“这惨案的发生与政府对此案的处置，都可以作为民主前途的测验”；“反对内战既是人同此心心同此理，仅仅是反对内战就须受到这样的迫害，试问人民如何能够顾问国事”；“昆明学潮惨案，受害的却是赤手空拳的学生。他们既无武器更非军队，而竟受到武力的攻击，这乃是证明没有武力的就得不到安全保障么？假如无武力即无发言权，我们又有什么理由来责备共产党的拥军自卫呢”④？这些言论实际上支持了中共的主张，使刚刚在宣传中共“破坏交通”、“阻碍复员”问题上似乎得了一分的国民党又处于被告地位，很是被动。事后奉派赴昆处理的联大常委傅斯年抱怨“地方当局荒谬绝伦”，“此等惨案有政治作用者岂有不充分利用之理”？身历其事的联大党团负责人之一姚从吾感叹，“风潮的扩大，全是由于军人的盲目泄愤……指挥既不统一，见识又甚卑陋，实在没有政党的组织，也没有政治斗争的能力，就这次的学潮

① 于再先生纪念委员会编：《一二·一民主运动纪念集》，镇华出版社 1946 年版，第 18—19 页。

② 《昆明惨案》，《解放日报》1945 年 12 月 7 日。

③ 《请政府从速严惩昆明学生惨案祸首禁止非法行为安慰员生以平民愤案》，1945 年 12 月 7 日，重庆市政协文史资料研究委员会、中共重庆市委党校、中国第二历史档案馆编：《国民参政会纪实》续编，重庆出版社 1987 年版，第 195 页。

④ 《新民报》1945 年 12 月 7 日。

而说，C. P. 可能完全胜利了”①！蒋介石于事后发表《告昆明教育界书》，称此次“乃讹言流传波及学府，演成如此不幸之事件”，“目前一切问题必以恢复课业为前提，以正常手续为解决，否则政府纵如何爱护青年，亦不能放弃其维护教育安定秩序之职责”②。为了缓和社会各界的压力，国民党当局不得不于 12 月 10 日下令，以“此次学潮之酝酿与扩大，虽系有人策动，惟关总司令负地方治安职责，究属防范欠周虑，以致学生竟有死伤”，将云南警备总司令关麟徵停职议处，由霍揆彰代理其职，李宗黄调离云南。云南当局还搞了一次审判，于 11 日将两名“失业军人”以投弹致人死亡而处以死刑③。

中国的局势也引起了国际尤其是美国的注意。12 月 15 日，美国总统杜鲁门发表对华政策声明，认为一个强盛、团结和民主的中国，对于世界和平是极端重要的；而一个紊乱、分裂的中国，在现在和将来都将是一种危及世界稳定与和平的力量。他提出，国共军队停止冲突，召开包括各主要政治力量代表的全国会议，筹商解决内争的办法。他在声明中表示，美国将继续支持国民政府，但不会发展为军事干涉，以至左右中国内争的发展。他特别提出，国民党一党专政的政府如果扩大其基础，容纳国内其他政治力量，中国的和平、团结和民主的改革才能推进。在广泛的有代表性的政府成立之后，全中国的武装部队都应编入国军。当中国经由上述途径走向和平与团结后，美国准备用各种合理的办法协助国民政府复兴中国，并提供各种贷款④。这一声明明确要求国民党作出改革，而且只有在这种改革基础上，美国才能提供其所要求的援助，因此中共认为这表明“美国已决定不直接参加中国内战，不援助蒋介石武力统一中国，而援助中国的和平统一。所有美国政策

---

① 《傅斯年致其夫人俞大彩函》、《姚从吾给陈雪屏、郑毅生的信》，《一二·一运动》，第 409—413 页。

② 《中央日报》(重庆)1945 年 12 月 8 日。

③ 《中央日报》(重庆)1945 年 12 月 11 日。

④ *The China White Paper*, Vol. 2, pp. 607 - 609.

的这些变动，对中国人民要求和平民主的当前斗争是有利的”。因此中共以中央发言人名义发表谈话，对杜的声明表示欢迎，并“希望杜鲁门总统的建议能为中国各方面在实际行动中所接受”，“中国共产党和中国一切民主派别有充分诚意，希望与中国国民党在杜鲁门总统建议的基础上求得妥协”①。

12 月 26 日，在莫斯科结束的美、英、苏三国外长会议发表公报：渠等同意，在国民政府下，有一统一与民主之中国，国民政府各级机构中民主党派之广泛参与以及内部冲突之停止，均属必要。渠等重申坚持不干涉中国内部事务之政策。苏、美二外长对于两国军队应在合乎完成任务及责任的条件下，尽早撤离中国一事，彼此意见完全一致②。公报发表后，中共中央发言人再度发表谈话，表示其“与中国人民目前的迫切要求相适合”，希望国民党“在全国人民一致要求与三强对中国所一致表示的愿望的基础上，迅速以政治商谈的方法，来解决国内的一切争论，以求实现团结与民主”③。值得注意的倒是国民党的态度。杜鲁门声明发表前，中国驻美大使魏道明特意约见美国总统顾问李海，希望“总统宣布对我协助之旨，必须明确切实无疑，当更有助益，否则影响匪浅”。显然，杜鲁门的声明并未如国民党所愿，魏道明称其“措辞不少含浑之处，语气亦嫌有未当者”。因此，国民党对此几乎没有公开反应，被中共称为“抗拒式的沉默”。只是由于魏道明的建议，“避免外间可能发生误解起见”，蒋介石才对外表示，杜鲁门的声明与他的初衷并不违

---

① 《刘少奇年谱》上卷，第 542 页；《和平民主的道路——国共停战协议及政治协商会议重要文献之一》，1946 年印本，第 9—11 页。

② 世界知识出版社编：《国际条约集》（1945—1947），世界知识出版社 1959 年版，第 125—126 页。

③ 《和平民主的道路》，第 20—21 页。

背①。为了抵消杜鲁门声明可能的消极影响，国民党中宣部特别向各省市发出密电进行解释说明。电称杜声明表示美国对国民政府政策的不变与全面和无条件的支持，目的为马歇尔使华之后盾，并协调各大国之关系；如以为"似不免对我施以相当压力者，此实为一种不应有亦不必要之过虑"；"吾人为配合此一局势，应当继续推行用政治方法解除共产党武装的政策"；"望我各级机构在此期中，不论对于军事政治均须充分提高警觉性，以资防备，对于共党组织联合政府一项宣传攻势幸勿轻信谣言，一切镇静应付听候中央指示为要"②。无论如何，对于国际上对国民党施加的公开压力，国民党公开不反驳，内心里也难免酸溜溜的③。

二　马歇尔来华

出于稳定战后远东局势以及与苏联争夺战略势力范围的需要，中国问题占据着战后美国远东政策的中心位置。对于中国局势，美国当局一直存在着担心，即中国可能爆发西班牙式的内战，从而使苏联和西方都卷进去，但范围更大，危险性也更严重④。而在一场世界大战之

① 《驻美大使魏道明呈蒋主席告与马歇尔特使晤谈要点电》(1945 年 12 月 6 日)，《驻美大使魏道明呈蒋主席告美总统指示马歇尔特使调停方针等事电》(1945 年 12 月 18 日)，《中华民国重要史料初编》第七编第三册，第 47、61 页。

② 《中宣部致各省市密电》，1945 年 12 月 22 日，二档，全宗一(八)，卷号 178。

③ 中央社在发自纽约的报道中，虽然极力想使读者认为杜鲁门的声明对国民党并无不利，但除了美国继续承认国民政府这一点外，中央社的报道找不出这个声明中还有什么可以使国民党引为同道之处。而美国新闻处发自重庆的报道称，中国报纸对于杜鲁门的声明一般的明白表示赞同，官方报纸以之为一粒难于消化之药品，共产党则认为彼等乃系可自此种声明获益之主要对象(《和谈复辙在中国》，第 156、160 页)。美国人的报道无宁说更接近于事实。

④ Wells，Sumner：*Seven Decisions That Shaped History*，p. 152. Harpes and Brothers，New York，1951.

后，再爆发一场这样的战争，则是美国人十分不愿意见到的，那将使美国处在一个非常为难的处境下。战后美国对华政策，按艾奇逊的说法，面临着三种选择：1. 自中国完全撤出；2. 大规模军事干涉，援助国民党击败共产党；3. 援助国民党尽可能确立对中国的统治，同时使国共双方达成妥协以避免内战①。第一种选择，是刚刚成为超级大国，并必然与苏联竞争未来世界领导权的美国所不甘为的；第二种选择，是刚刚经过大战的美国所不能为的；因此第三种选择便是美国政策的必然，保持中国在国民党统治下的"稳定"，这样既可以保持美国在中国的战略利益，又可避免美苏可能有的直接对抗。还在战争末期美国国务院的一份文件中，对于美国对华政策的基点便有明确表示，即：我们应该负起领导责任，援助中国，发展一个强大、稳固和统一的政府，使其成为远东稳定的主要因素；美国政府关于中国的长期政策，应该建立在这样的理念上，该地区的和平与安全有赖于中国成为远东的主要稳定因素，我们的政策是在政治上促成一个强大、稳定和统一的中国，并有一个能够代表中国人民意愿的政府②。为了达成这样的目的，美国不能不在一定程度上积极介入中国的内部事务，前提是并不以武力直接卷入。杜鲁门曾经表示，摆在我们面前唯一可行的途径，就是尽力协助维护中国的和平，在政治上、经济上以及有限度地在军事上，支持蒋委员长，同时避免卷入中国内部自相残杀的战争。如同美国舆论的代表《纽约时报》所言，帮助任何一方去进行内战，这不是我们的事情，正当的事情是我们必须利用我们的影响来求得协议与和平③。

美国在考虑战后对华政策时，除了与国民党的关系之外，苏联的存在是一个不可回避的重要因素。如同魏德迈在给国务院的报告中所

① *The China White Paper*, Vol. 1, p. X.

② *FRUS*, 1945, The Conferences at Malta and Yalta, pp. 353, 356.

③ Truman: *Years of Trial and Hope——1946 - 1953*, p. 67.《纽约时报》1945年10月2日，译载于《新华日报》1945年10月5日。

说,“由于出现了强大的苏俄,中国成为世界上两个最大的强国,即苏联和美国的政治、经济角逐的舞台。如果中国成为苏联的傀儡国……那么苏联就会在实际上控制欧亚大陆。统治如此广阔的空间,特别是由一个极权主义的强国来统治,将会使世界和平受到危害。……如果我们要实现我们有关中国的政策,那就不能允许俄国取得对它的统治”。然而在这样做的同时,未来与苏联可能发生冲突的危险也困扰着美国当局,即如魏德迈所言,“如果美国的政策是要在国民党军队统治下使中国和满洲统一起来,那就必须卷入自相残杀的战争,以至可能卷入对苏联的战争,而为实现此项政策,肯定需要增派远远超过目前在该战区可以动用的更多的美军”。但是这样行动带来的麻烦与困扰,诸如美国军人驻在海外的代价,中国内部斗争可能引起的困难,美国公众对美国在军事上卷入外国内部事务而引起的批评,以及同俄国之间可能产生的麻烦,等等。都不是魏德迈所能决定的,而只能由华盛顿最高当局决定①。

11 月 27 日,美国驻华大使赫尔利因其坚决扶蒋政策引起广泛争议而突然辞职,杜鲁门旋即任命原参谋长联席会议主席、五星上将马歇尔为总统特使,前往调处中国内部冲突。28 日,美国国务院远东司拟订了在华行动方针备忘录,提出美国应帮助国民政府运送军队北上,收复满洲,在国际上继续承认并支持国民政府,但不进行军事干涉,同时谋求和平解决中国的政治纷争。美国政府的对华政策,虽然其大框架是确定的,但具体如何执行,在政府官员内部仍然存在着不同的看法和主张,这又是与中国国内政治的发展密切相关的。因为当时的中国不是一个统一的国家,国共之间的矛盾随着日本投降而渐趋激烈。这一矛盾的发展及其解决方式,决定着中国未来的走向,也关系到美国在中国、远东以及世界政治格局中的战略利益。如何在美国介入中国问题时处理国共矛盾,是美国当局不能不考虑的。为了解决这个矛盾,备忘

① *FRUS*,1945,Vol. 7,pp. 659,665,673.

录又提出美国鼓励和支持国民政府召开有各方代表参加的会议，以扩大政府基础，结束国民党一党训政，建立一支统一的国家军队。这样的政策包含着显而易见的内在矛盾，即以武力支持蒋介石抗拒共产党人，而同时又倡导努力在他们之间寻求一种政治上的解决办法①。马歇尔来华调处就是在这样的矛盾基础上进行的，即一方面谋求国共妥协，在约束中共的基础上实现和平，另一方面支持国民党统一中国，尤其是接收东北，同时鼓励其进行民主改革。马氏起初并未完全意识到他的使命的艰巨性，而是满怀信心地出任调处使命，并且一度取得了成功。

在马歇尔来华之前，美国高层对他赴中国的任务进行了反复讨论。在支持国民党的问题上美国决策层其实并无根本的分歧，但在运用什么方法上，则意见不一。军方主张继续运送国民党军队北上，国务院认为，这将损害马歇尔的努力，并导致内战的爆发。麦克阿瑟和魏德迈则建议，美国应支持国民党，但是否运送国民党军队的问题可由马歇尔相机行事。结果，这个建议被接受。12 月 11 日，杜鲁门和马歇尔以及国务卿贝尔纳斯讨论马歇尔此行的目的。贝尔纳斯说明了美国应在中国采取的政策，即美国将为国民政府继续运送军队去华北和满洲，但目前不必将此通知蒋介石，以便马歇尔可以利用这种不确定性，对国共双方施加影响，以达到美国结束中国内部冲突，建立统一政府的目的。在对中国两大党的态度上，如果中共不合作，美国将全力支持国民党，然而如果国民党不合作，美国怎么办？贝尔纳斯主张，可以通知蒋美国将不再为他运兵，也不会给予进一步的援助。马歇尔不赞成贝氏的意见，他倾向于即便蒋不让步，美国也应继续支持蒋，并帮助他运兵。最后，杜

① *FRUS*，1945，Vol. 7，pp. 745 - 747. 艾奇逊：《参与宇宙的创造时——国务院时代》，第 139—140 页，引自复旦大学历史系中国近代史教研组编《中国近代对外关系史资料选辑》下卷第 2 分册，上海人民出版社 1977 年版，第 306 页。

鲁门明确授权给马歇尔，无论蒋让步与否，都应继续支持蒋介石①。他们讨论的结果是，美国对华政策的目标是建立一个在蒋领导下的统一的亲美的中国，为此应成立一个以蒋为首的联合政府，既使中共处于从属地位，又防止俄国在广泛程度上插手中国事务②。实际上，无论是马歇尔还是军方，对国民党政权战胜共产党和武力统一中国的前景并不乐观，而恰恰是这种担心，使他们主张支持国民党，以保证美国在中国的战略利益。在这种方针之下，马歇尔在中国可以用来压蒋让步的手段十分有限，他一方面要压国民党让步，另一方面又必须支持国民党，这种内在矛盾很难解决。一旦蒋介石摸清了美国的底牌，马氏的活动余地就相当有限了。不幸的是，以后的形势发展，恰恰是向着这个方面进行的。

12月15日，杜鲁门给马歇尔一份指示，内称：他和国务卿切望以和平民主的方法达成中国的统一，我希望你作为我的特使，以适当而可行的方式运用美国影响达成这一目的。你可以以最坦率的方式告诉蒋介石和其他中国领导人，关于中国希望在经济方面得到贷款和技术援助以及军事援助方面，一个不统一的、并为内部冲突所分裂的中国，实际上不可能被认为是按既定方针接受美国援助的合适地区。就在这同时，国务卿贝尔纳斯根据和杜鲁门及马歇尔讨论的结果，致送陆军部备忘录，要求陆军部指示魏德迈，帮助国民政府运送军队前往满洲，作好运送军队去华北的部署，在不妨碍商谈或协商失败时，可由马歇尔决定付诸实施③。美国对华政策这种目的与手段之间的矛盾，注定马歇尔的使命很难成功。也在15日，杜鲁门发表公开声明，阐明了美国对华政策的原则、手段和目的（见上目），战后美国对华政策进入了一个新阶段。

---

① *FRUS*，1945，Vol. 7，pp. 767—768. 艾奇逊：《参与宇宙的创造时——国务院时代》，第142—143页，引自《中国近代对外关系史资料选辑》下卷第2分册，第354—355页。

② Schaller，*The U. S. Crusade in China，1938-1945*，p. 292.

③ Truman，*Years of Trial and Hope——1946-1953*，pp. 72，76-77.

蒋介石对美国将对中国采取什么样的政策是非常敏感的。当他得知报载美国有意派艾奇逊和谢伟思等人为麦克阿瑟的政治顾问，协助决定美国远东政策时，在尚未证实消息是否可靠的情况下，便交给赫尔利一份备忘录转呈杜鲁门，指艾、谢两人“均曾发表对于中国中央政府确实不利之意见，并明显表示拥护共产党之政策”，对美国表示了不满①。实际艾、谢两人只驻东京，处理有关对日占领问题，并无来华之意。所以，蒋极力邀请支持国民党的赫尔利回任驻华大使，但赫尔利因为自己的主张得不到有力的支持而辞职，使蒋颇为失望。对马歇尔来华的消息，国民党喜忧参半，喜的是美国派出如此高级别的特使，表明其对中国问题的重视，而国民党作为执政党，自然获利多多；忧的是对马歇尔态度把握不定，担心其有对国民党不利之言行。得知马氏来华消息后，《中央日报》发表社论，一面对马氏来华表示欢迎，一面又对赫氏辞职表示婉惜，希望“中美合作更加密切化”，马帅“本其素具的抱负，卓绝的才能”，必能执行杜鲁门总统的政策②，可谓反映了国民党当局的真实心态。中国驻美大使魏道明在与马氏会见时也表示，“此时美对远东态度，必须明朗，切实协助，当不仅使远东形势改进，可望由此打破世界僵局”③。所谓“明朗”，“不为浮言所动”，实际即希望美国能够坚定地支持国民党统一中国。

12 月 17 日，马歇尔抵达北平。21 日，马歇尔在南京与蒋介石首次正式会见，蒋首先告马：“中国所以不能统一，乃由中共拥兵割据，仰承

---

① 《蒋主席为艾其森事致赫尔利大使转呈杜鲁门总统备忘录》(1945 年 9 月 19 日)，《中华民国重要史料初编》第七编第三册，第 30 页。

② 《惜别赫尔利欢迎马歇尔》，《中央日报》(重庆)1945 年 11 月 29 日。马氏到华后，《中央日报》再度为文，声称“在当前的中国，宣传常大于事实，而事实亦常供宣传之用。若认定这种不正确的宣传为中国的民心，则易生莫大的误解”。也即担心马氏受所谓“宣传”之惑，从而对国民党有负面看法(《马歇尔特使莅渝》，同前，1945 年 12 月 23 日)。

③ 《驻美大使魏道明呈蒋主席告与马歇尔特使晤谈要点电》(1945 年 12 月 6 日)，《中华民国重要史料初编》第七编第三册，第 47 页。

苏联鼻息，其同意和谈乃在争取时间，政府必须迅速收复华北，方能促使中共言和。”马歇尔则表示：“中美关系友好，惟美国人民不愿干涉他国内政，此种情绪相当强烈，足以左右杜鲁门总统之行动，是以今后对中国援助，将视国共双方能否互相让步，达成协议而定。”①于此可见，蒋企图拉马歇尔站在国民党一方，但马氏初来乍到，态度谨慎，双方立场尚有一定距离。不久，蒋便慨叹“彼对我国内情形及中共阴谋并无了解，终将误大事也”②。

中共对马歇尔来华抱谨慎的欢迎态度。中共当时对国际问题的看法是，“目前世界的中心问题是美苏之争，反映在中国便是蒋共之争。美国政府对华政策是尽力扶蒋、打共、反苏，而蒋之政策则在打共时企图中立苏，在反苏时又必望连上共。故苏联目前对华政策在形式上乃不得不与中共隔离，在对美斗争时有时中立蒋，在对蒋时亦常不联系美。因此，我们目前在以对蒋斗争为中心时，一方面固应表示与苏联无关，另方面有时（甚至只是形式上的）也可中立美国，以减少我们一时或某一种程度的困难”③。这种“中立美国”的政策，即争取美国在国共斗争中保持中立，只要美国保持中立，实际则有利于缓解其对中共的压力，而于国民党不利。当时中共甚至有让英国和苏联也参加调停的考虑，在刘少奇代中共中央所拟致重庆代表团的指示中认为：“中国从来就是依靠几个国家相互牵制来保持独立的，所谓以夷制夷政策，如果中国只被一个强国把持则早已灭亡。”胡乔木认为，“这个设想虽然没有实现，但是它反映出党中央当时的一个策略思想，就是要运用国际力量的相互制衡来保持我们党的独立地位，在国际国内的斗争中取得更大的

① 《总统蒋公大事长编初稿》卷5（下），第907页。

② 《总统蒋公大事长编初稿》卷6（上），第24页。

③ 《中央关于对美蒋斗争策略的指示》（1945年11月28日），《中共中央文件选集》第15册，第455页。

回旋余地”①。中共的对美政策，随着美国政策的变化而变化，基点是“对其错误政策必给以适当批评；对其武装干涉中国内政必给以严正抗议；对其武装进攻必给以坚决抵抗”②。当马歇尔来华之初，一方面被中共认为是美国“重新考虑其政策”的某种契机（因为马氏来华是反共的赫尔利辞职后的产物），寄希望于美国可能对其对华政策作一些修正；另一方面，马歇尔来华已是既成事实，中共希望能够有利于至少不妨碍自己的既定政策。在周恩来与马歇尔的首次会见中，周态度热情地表示：“我们的政策是和罗斯福总统的政策相同的，即用民主的方法解决国内的一切问题。杜鲁门总统的声明是很好的，而且是和罗斯福总统的政策相一致的。我们对其中的主要论点是同意的。”③因此，当国民党提议马歇尔参加国共谈判后，周恩来认为，“国际过问国共谈判已在开始”，“我如完全拒绝马歇尔参加国共谈判，我将处于不利地位”，只有如此，才能迅速达成停战。中共中央予以同意④。唯其如此，在马歇尔初到中国的一段时间中，中共与他维持着还算良好的关系。

三　停战令的颁布

马歇尔来华，社会各界和舆论的停战呼声，国民党政府军推进的受

---

① 《胡乔木回忆毛泽东》，第427页。苏联虽然没有参加调停工作，但苏共中央向中共中央转达了他们的意见，要求中共无论如何应决心停止内战，不搞苏维埃化，并取得蒋介石的同意，实行民主化。他们特别提醒中共，中共如再不停战，美国军队和空军会压下来，要对美国有足够估计（《周恩来年谱》，第638页；《胡乔木回忆毛泽东》，第432页）。

② 《关于国共谈判》（1945年12月5日），《周恩来一九四六年谈判文选》，第6页。

③ 《欢迎马歇尔来华促进中国和平》（1945年12月23日），《周恩来一九四六年谈判文选》，第23页。

④ 杨奎松：《失去的机会》，第232页。

挫，这一切使得停战的条件接近成熟。周恩来对形势的分析是："问题的解决系于美苏的关系和力量的对比"；"反内战求和平，是目前最得人心的口号"；"要蒋放弃反共思想和灭共企图而自动地做到国共亲密合作，这是不可能的；但要蒋目前下讨伐决心，宁进行长期内战而不惜，这也是不可能的。"①作为国民党长期的和最有力的对手，中共对国民党的认识是相当深刻的，可以说，正是在国内外对国民党继续作战反应不利的形势下，蒋介石不得不考虑另外一种解决方法的可能性。

12月16日，中共代表周恩来等回到重庆，即向国民党表示，立即无条件停战，召开政治协商会议。由于马歇尔已到重庆，23日蒋介石召集国民党高级干部讨论全盘形势，决定"对共方针，若准其成立地方政权，不如准其参加中央政府。只要共军受编与恢复交通，则其政治上之要求，决尽量容纳也"②。这样，国民党的对共方针又由战而和，国共谈判便在这样的大背景下得以恢复。

27日，国共重开中断了一个月的谈判。中共首先提出无条件停战的建议，即国共双方下令所属部队在全国范围内均暂各驻原地，停止一切军事冲突；凡与避免内战有关之一切问题，如受降、驻兵地区、恢复交通、解放区等，均应于军事冲突停止后，经和平协商方法解决；组织各界考察团分赴发生内战区域考察，报告事实真相。31日，国民党答复中共提议，提出停止一切军事冲突并恢复铁路交通，对停止军事冲突、恢复交通和受降等事项，由国共各派代表会同马歇尔商定办法③。1946年1月3日，中共原则同意国民党的提议，从此马歇尔成为国共冲突之间的调解人，由马氏与国民党代表张群和中共代表周恩来组成最高三

---

① 《关于国共谈判》(1945年12月5日)，《周恩来一九四六年谈判文选》，第4页。

② 《总统蒋公大事长编初稿》卷5(下)，第909页。

③ 《新华日报》1946年1月1日。

人会议，负责停战和整编军队中有关事项的讨论和决定①。马歇尔提议在三人会议中采取一致协议方式，每方都有否决权，一切协议须送国、共最高当局核准后始生效。在北平设立执行部，执行已取得协议的政策，监视停战，公正地作调查。执行部亦由国、共、美三方组成，一切行动根据一致协议进行②。5日，国共双方在马氏调停基础上草拟了《关于停止国内军事冲突的协议》。

对于停战的原则（无条件就地停战）及其实施方法（由军调部监督执行），国共双方未产生大的分歧，主要的争执之点集中在两个问题上。其一是东北，国民党坚决拒绝将东北列入停战令规定的停止调动军队的范围之内，他们的理由是东北属于接收主权的问题，牵涉国际条约义务，应由其与苏美协商解决。马歇尔支持国民党的立场，他在1月3日与周恩来的谈话中提到，美国政府对国民政府调动军队进入东北接收负有义务。中共一方面对东北问题有全面和长远的考虑，而这非在停战谈判中可以解决，另一方面苏联出于种种原因不愿介入国共美三方谈判，因此中共考虑将东北问题留待下一步解决，遂同意在东北问题上作出让步。1月5日，周恩来告诉马歇尔："我们承认东北问题的特殊性。因为这里关系于政府接收东北的主权，牵连到美国协助中国经海路运兵到东北境内，并牵连到根据中苏条约中国由苏联手中接收东北之事，因此，应由国民政府直接与美苏办理。"③东北问题的解决为停战

---

① 张群只在停战谈判的短时期中参加了三人会议，从1月中旬到3月底，国方代表为张治中。张治中出任西北行辕主任后，4月上旬陈诚接任国方代表，但他无意言和，只参加了几次谈判，便称病离任。自5月到6月，徐永昌出任国方代表。6月以后，三人会议停顿，直到11月国大召开前夕，陈诚又一度参加三人会议，但因内战已经大规模进行，此时的三人会议不过虚应故事而已。国大召开后，周恩来回延安，三人会议不复存在。

② 《周恩来年谱》，第634页。

③ Notes on Conference Between General Marshall and General Chou En-lai, Jan. 3, 1946, *FRUS*, 1946, Vol. 9, p. 12.《停战办法中应删去涉及东北的文句》（1945年1月5日），《周恩来一九四六年谈判文选》，第33页。

消除了一个主要障碍。但从以后停战令的执行过程看，东北条款成为国民党调派大军进入东北的借口，并最终导致东北大战，牵连关内，使停战终成昙花一现，由此也可知国民党当时之所以坚持东北例外有其更深的意图。其二是热河问题，热河对屏障东北、隔断中共华北与东北两地的联系、从而对国民党确立其在东北的地位具有重要意义，因此国民党极力主张将热河包括在东北之内，并要求接收东北通往华北交通线上的要点赤峰（在热河）与多伦（在察哈尔靠热河边界），但遭到中共的坚决反对。周恩来指出，华北所有地区均已被政府或中共接收，赤峰与多伦也在中共管理之下，如果政府一定要求接收这两处，则冲突责任不在我方。何况如果按照国方理解，则其他地区亦可被授权接收，而这正是导致过去冲突的原因。中共主张不附加任何条件，立即停战。至于政治问题，可以留待停战以后再解决①。双方在这个问题上意见不能接近几乎导致停战谈判功败垂成。

尽管国共双方就停战已经接近于达成协议，蒋介石仍对停战"颇犹豫"。王世杰认为，停战可以使美国协助国民党接收东北，给予借款，帮助遣返日本战俘，恢复交通，因此建议蒋"断然接受美方提议（略予修正），以加强政府之国际地位与自身力量"。但即便蒋考虑到实际情况而接受停战，在具体得失上，他仍然是寸土必争的，停战问题一度卡在赤峰和多伦问题上即是蒋坚持的结果。王世杰又建议蒋"多从政治上作远大之考虑，不可拘泥于一二城市之暂时得失"，以此作为对马歇尔的让步，"以示宽大，且以坚中共对马歇尔之信任"②。蒋碍于马氏刚到中国，需要给其一点面子，何况，政协即将开幕，停战多少可以为政协创造一个良好气氛。9日晚蒋在与马氏的会谈中，在赤峰和多伦问题上作了让步，为停战谈判消除了最后的障碍。

---

① Minutes of Meeting of Military Sub-Committee, Jan. 8 - 9, 1946, *FRUS*, 1946, Vol. 9, pp. 73, 99 - 101.

② 《王世杰日记》1946年1月5、9日。

1月10日,张群和周恩来分别代表国共双方签署了《关于停止冲突恢复交通的命令与声明》,主要内容为:国民党及共产党领导下之一切部队,应即实行下列命令:1. 一切战斗行动,立即停止;2. 除另有规定者外,所有中国境内军事调动一律停止;3. 破坏与阻碍一切交通线之行动必须停止,所有阻碍该项交通线之障碍物,应即拆除;4. 为实行停战协定,应即在北平设一军事调处执行部;双方并声明下开规定,亦经同意,载入会议记录内:1. 上开停止冲突命令第二节,对国民政府在扬子江以南整军计划之继续实施,并不影响;2. 上开停止冲突命令第二节,对国民政府军队为恢复中国主权而开入东北九省,或在东北九省境内调动,并不影响;3. 上开停止冲突命令第三节内所云之交通线,包括邮政在内;4. 国民政府军队在上项规定之下调动,应每日通知军事调处执行部①。当天,国民政府主席蒋介石和中共中央主席毛泽东均对各自所属部队下达了停战命令。

停战令颁布前后,国共双方围绕争夺实地,在热河和绥远进行了一系列激烈的战斗。

在热河,停战令下发前,国民党第十三军沿锦承路进攻承德,在占领朝阳、叶柏寿之后,已进至凌源附近,与此同时,第九十二军自北平沿平承路向古北口、九十四军自唐山向喜峰口攻击前进,蒋介石严令于停战前拿下承德。中共中央认为"我能否控制热河,对全国战略意义及我党在全国的地位均有极大关系,这是决定我党在今后整个阶段中的地位问题",因此要求冀热辽部队"死守平泉、凌源、承德,不得退让,同时迅速集中兵力打击进攻之顽军"②。至1月13日停战令生效,国民党政府军各部均停止了进攻,承德仍控制在中共手中。

---

① 《中央日报》(重庆)1946年1月11日。

② 《中共中央关于保卫承德问题给程子华等的指示》(1946年1月3日),引自《中国人民解放军全国解放战争史》第1卷,第213页;《中央关于死守平泉、凌源、承德的指示》(1946年1月4日),《中共中央文件选集》第16册,第11页。

在绥远，由于中共部队在平绥战役后后撤，傅作义部企图跟进打通平绥路。1月12日，傅部占陶林、和林，攻击卓资山，14日又占集宁。阎锡山部与之呼应，自大同派兵于13日攻入丰镇。中共部队立即发起反击，14日收回丰镇，迫使傅部停攻卓资山。就在集宁战斗激烈进行之时，16日军调部小组飞抵张家口，要求前往集宁调停，聂荣臻告诉他们，集宁不属晋察冀军区管辖，如要前往须得晋绥军区的同意，并将谈判延迟了3个小时，使他们不得不改在次日前往。就这样"赢得了收复集宁的时间"。等到次日上午，军调部小组飞抵集宁时，战斗已经结束，中共部队"已把战场打扫完了"，小组成员也就无话可说了①。

1月13日，停战令生效，国共双方均下令所属部队停止战斗行动。在军调部派出的执行小组调处之下，到当月底，除了东北之外，内战基本上停止了，一度遍及华北华中大地的枪炮声终于停息了下来。然而停战的基础并不稳固，与其说这是真正的停战，不如说是国共双方都有这种需要②。关键是在停战期内双方如何以明智的态度找到办法，以真正避免战火的重燃，政治协商会议一时间便成了避免内战的唯一选择。

四 政治协商会议的开幕

政治协商会议的召开与否，是重庆谈判之后国共双方政治斗争的主要内容之一。在马歇尔来华调处、停战令颁布的形势下，召开政协的条件也告成熟。国民党同意召开政协，一定程度上如重庆谈判一样，是

① 《聂荣臻回忆录》(下)，第619—620页。

② 周恩来在对国共谈判作总结时认为，国民党之所以同意停战是因为军事上还没有准备好，加上国内外环境的压力，而"我党在当时也需要停战整顿，特别在东北是日本投降后才搞起来的。就是在华北，过去也没有这样大，所以当时党签订停战协议是对的"(《一年来的谈判及前途》，1946年12月18日，《周恩来选集》上卷，第255页)。

为了争取政治上的主动，应付国内外舆论。蒋的幕僚唐纵认为：政治协商会议有两个特质，一是面临当前的现实困难问题，二是国际的要求，因此不得不开。停止冲突，开放政权，由此可获国内的安定，国际的同情。如果中共不就范，则可获得国内国际对用兵的赞同①。但国民党内对政协会议的反应不一。强硬派持反对态度，陈诚电蒋称，须先军队国家化，然后始能政治民主化，否则，中央政权公开了，而共党军队仍不交出，将为国家无穷之害②。温和派则主张对中共采取缓和态度，孙科主张“亲苏和共”，王世杰主张“本党此次下大决心，作一妥协之尝试”③。处于两者之间的蒋介石在当时的国内外环境下，接受了温和派的意见，但他内心的真实意图是，“对共条件应着重在军队统一与统辖于中央，而对政治方面尽量开放为主”④。即以中央政府的一些席位，羁縻中共，本质仍是以军事国家化换取有限的政治民主化。

经过与国民党的军事斗争和宣传战，中共也考虑恢复谈判，并开政治协商会议。由于中国的现实和国共交往的经验，中共起初更倾向于由国共两党直接谈判解决问题。毛泽东曾经在为中共中央起草的致重庆代表团的电报中提到，“政治会议实际上是一对于各中间派的教育机关，使他们取得经验，问题是不会在那里解决的”。周恩来回延安后，在给中共中央的报告中，亦将政协视为“我方进行政治攻势的主要讲坛，辅之于国共的幕后商谈”，“不要希望这次商谈有什么大结果”⑤。进行政治攻势是中共此时同意召开政协的主要考虑。12月15日，中共中

① 唐纵：《在蒋介石身边八年》，第578页。

② 唐纵：《在蒋介石身边八年》，第582页。

③ 《王世杰日记》1945年11月23日、12月16日。中共的分析是，“黄埔、CC是要战的，但对战，尤其是军人，并无足够信心。政学、英美、元老三系是倾向和的，当然希望照他们能出的价钱和下去”。此一分析是符合当时实际的（《关于国共谈判》，1945年12月5日，《周恩来一九四六年谈判文选》，第8页）。

④ 《总统蒋公大事长编初稿》卷5(下)，第909—910页。

⑤ 《我方发动反攻具有充分理由》(1945年11月3日)，《毛泽东文集》第4卷，第59页；《关于国共谈判》(1945年12月5日)，《周恩来一九四六年谈判文选》，第13页。

央决定由周恩来率中共代表团参加政协，任务是配合军事自卫，开展政治攻势，同时寻求可以接受的妥协方案。具体方法是争取停战，在政协会议上制定和平建国纲领，改组政府，在此基础上讨论国大和宪法问题，至于解放区问题在地方自治下解决，军队国家化问题由改组后的民主政府解决①。但周恩来重来重庆之后的新情况，诸如停战的实现，美苏的态度，及各党派和国内舆论的呼声，使中共敏锐地观察到形势的变化，从而修正原先的估计。1946 年 1 月 5 日，中共中央致电重庆代表团，提出：解决问题的可能性增加了。如果国民党被迫接受用政协来解决问题，那这次政协会议亦将可能解决一些问题。我们对政协应做解决一些问题的准备。“如果政协是能够解决一些问题的话，那我们准备提出的纲领，就应更实际一些、简单一些，而不只是为了宣传”。10 日的中共中央会议集中讨论停战和政协问题，认为：蒋介石在全国人民和国际的压力下，被迫接受和平，但消灭共产党的基本方针未变，美国的政策基本还是扶蒋、压共，但前途是光明的。我们的任务是发展民主，巩固和平。此次会议提出了主要斗争形式是非武装斗争②。正是由于这种估计的变化，使中共在政协会议期间积极活动，与民盟合作，得到了一系列有利自己的结果。

由于国共两大党都同意召开政协，1946 年 1 月 6 日，国民政府公布《政治协商会议召开办法》，规定“国民政府为在宪政实施以前，邀集各党派代表及社会贤达共商国是起见，特召开政治协商会议”；会议代表三十八人；会议协商范围为和平建国方案及国民大会召集有关事项；“本会议商定事项，由本会议主席提请国民政府实施”。会议代表分配为，国民党八人，孙科、吴铁城、陈布雷、陈立夫、张厉生、王世杰、邵力子、张群；中共七人，周恩来、董必武、王若飞、叶剑英、吴玉章、陆定一、

① 《周恩来年谱》，第 630—631 页。

② 《刘少奇年谱》下卷，第 4 页；《董必武年谱》，第 238 页；《任弼时年谱》，第 506 页。

邓颖超；青年党五人，曾琦、陈启天、杨永浚、余家菊、常乃悳；民主同盟九人，张澜、罗隆基、张君劢、张东荪、沈钧儒、张申府、黄炎培、梁漱溟、章伯钧；无党派人士九人，莫德惠、邵从恩、王云五、傅斯年、胡霖、郭沫若、钱永铭、缪云台、李烛尘①。下分改组政府组（十人，召集人王世杰、罗隆基）、施政纲领组（十一人，召集人张厉生、董必武）、军事组（十人，召集人胡霖、张东荪）、国民大会组（十人，召集人曾琦、邓颖超）、宪法草案组（十人，召集人傅斯年、陈启天）共五个组（各组人员互有重复者），具体讨论各项方案。另设综合小组，由五方面各出二人组成，负责解决一些有关全局的问题，成员为王世杰、吴铁城、周恩来、董必武、章伯钧、张东荪、曾琦、陈启天、王云五、傅斯年，召集人孙科。

1946年1月10日，各方关注的政治协商会议在重庆国府礼堂开幕。蒋介石以会议主席身份致开幕词，他说："我们要在国民大会召开以前，集思广益，群策群力，来消除一切足以妨碍意志统一、影响安宁秩序和延迟复兴建设的因素，以充实我们建国的力量，加速我们建国的进行。政府召集本会议的旨趣，就在于此。本会议的使命和任务，也就在于此。"他认为要开好这次会议，需要"真诚坦白，树立民主的楷模"；"大公无私，顾全国家的利益"；"高瞻远瞩，正视国家的前途"。他同时宣布了国民政府四项诺言：人民享有各项自由，现行法令将依此原则修订，司法、警察以外机关不得拘捕、审讯人民；各政党在法律之前一律平等，并可在法律范围内公开活动；各地依法实行由下而上之普选；政治犯除汉奸及确有危害民国之行为者外，分别予以释放②。中共代表周恩来在致词中表示，中共"愿以极大的诚意和容忍，与各党代表和社会贤达，共商国是，努力合作"。在其后回顾国共会谈经过的报告中，周恩来谈到处理党派关系的四点经验：互相承认，不要互相敌视；互相商量，不要独断；互相让步，不要独霸；互相竞赛，不要互相抵消。对于国共曾经争

① 《中央日报》（重庆）1946年1月7日。政协代表名单亦详见当日该报。
② 《中央日报》（重庆）1946年1月11日。

论的政治民主化和军队国家化孰先孰后的问题，周表示：执其一端，必致造成对立，应该并行前进，归于一途①。政协主角国共两大党领袖的这番讲话，得到与会者的高度评价，认为使会议有了“光明的前途”。民盟代表张澜（由沈钧儒代读）、青年党代表曾琦、无党派代表邵从恩在开幕式上分别致词，均表示祝贺政协开幕，希望各方面开诚布公，和衷共济，互相谅解，使会议达到成功。全国各界、各主要报刊对政协会议的开幕也都寄予极大希望。会议当天，国共双方下达停战令，自13日起停止一切战争行动。所有这一切，为政治协商会议创造了一个良好的氛围和开端，使中国出现了和平的希望。

第二节　政协会议的成就和局限

一　各项方案的磋商

政协会议召开前后，各方对其提出了很多希望，焦点仍是政治民主化与军队国家化两事，更多的是要求政治民主化，即国民党开放政权，成立广泛的有代表性的联合政府，召开民主的国大，修改“五五宪草”，保证人民自由。《大公报》的言论可谓代表，它在社评中提出“我们更希望政治协商会议要能解决问题，且希望解决得彻底，解决得快”；它认为政协要解决的问题无非政府、军队与地方三者，“这些实际问题，需要有实际的方案，但也有一个前提，即是政治的民主。政治果真大量民主化了，则军队便可能摆脱党派的窠臼，而地方也可能无分彼我了。政治民主化与军队国家化，人人希望其能做到，而这两个‘化’实是相连的。政令军令的统一，也应该由此着手。我们的政治必须向民主方向迈进”②。各方也都认为政治民主化与军队国家化是中国急待解决的问

① 《新华日报》1946年1月11、13日。

② 《希望解决问题》，《大公报》（重庆）1946年1月14日。

题，但如何解决则意见不一，政协会议的全过程实际就是围绕这两个问题，各方讨价还价的过程。

政协会议根据小组分组，对各项问题进行了深入讨论。关于国大、宪法和改组政府问题讨论最多，也最为激烈。关于国大问题，国民党提出，当年 5 月 5 日召开第一届国大，职权为制定宪法，原代表有效，另增加部分代表，宪法颁布六个月内，选举召集第二届国大。张厉生在对这个方案作说明时，特别提到原选代表问题，认为就法理而言原国大代表没有任期规定，就情理而言为了求团结也不能不承认其有效①。对此，各党派代表的意见集中在原国大代表是否有效问题上。因为原国大代表为 1936 年选出，当时还是国民党一党专政时期，选举有许多限制，其他党派不能参加选举，其中还有许多当然和指定代表，何况时间已有十年之久，情况变化很大。因此中共反对原代表有效，主张根据当前的情况，重新举行公正而合理的普选，并得到其他党派几乎一致的支持。民盟代表章伯钧认为，论法理，国大组织法只规定任务，并不能因此而为维持旧代表之根据；论情理，不能忘记民主原则而来讲团结。因此他代表民盟声明，坚决不承认旧代表，要依新的组织法和选举法重行选举。青年党代表曾琦也批评国民党在国大代表问题上一党决定，与民意不合，主张要认清当前事实，不要拿法统来谈②。当时的舆论认为，“必须承认反对派的理由是相当强固的。任何人不能相信，十年前由国民党一党包办的选举能够公平合理。即说政府办理并无私心，可是以十年前所选的代表，来代表十年后的民意，又是谁也不能承认的。……要想以不变应万变，将政权交给十年以前的民众代表，那确是民国三十五年的国民所难以承认的”③。

在国大代表问题上，国民党与其他党派之间发生了激烈的争论。

---

① 历史文献社编：《政协文献》，1946 年印本，第 111—113 页。

② 《政协文献》，第 114、121 页。

③ 《国民大会问题》，《新民报》1946 年 1 月 18 日。

邵力子表示，政府方面于法不能承认旧代表无效，主张增加代表即是让步。陈立夫说，中国的国情是很多有能力有地位人士尚清高而不愿竞选，须三顾茅庐去请，故指定代表有其必要。无党派人士王云五等人附和国民党的主张，认为法令不能随便修改，应在法统中顾及现实。罗隆基则认为，以十年前选出的代表来开议会，制定宪法，为世界史例所无，坚持重选。中共代表陆定一批评陈立夫的说法，责问他如果中共有好环境，会不参加竞选吗？许多政党都愿竞选，满足这一要求很重要①。对立双方各不相让，使此问题几成僵局。用《大公报》的话说是："若以政治协商会议的全部工程比作为金字塔，则国大代表问题便是塔尖，然而这个塔尖的工程真是千难万难。"②为了打破僵局，中共代表周恩来提出：承认不承认国大旧代表是一回事，是否因此而闹到分裂，这又是一回事。国大旧代表我们当然不能承认他们为合法代表。但如果一切问题都已解决了，只剩下这个问题未得解决，是否为了这一个问题我们就要与政府党分裂呢？当然不能。既是难题，就要找出路，就要在许多问题上找政治民主化的出路。如果在若干问题上都有好的民主的出路，那么，对于这一件违背民主的事情，人民或者还能谅解③。也就是说，国民党需要在其他方面作出让步，如改组政府的问题，宪法草案修改的问题，等等。最后，在其他问题得到解决后，中共才同意在各党派约束其代表在国大支持政协宪草和中共与民盟获得四分之一否决权的前提下，与国民党在国大代表问题上达成妥协，即原代表有效，增加东

---

① 《政协文献》，第122—127页。

② 《大公报》（重庆）1946年2月1日。

③ 《政协文献》，第124页。实际上，以承认国大旧代表有效以交换其他问题解决的方案，周恩来在政协开幕前已经提到了。他在给中共中央的报告中认为，如果能在政协会议中商定宪草原则，国大只限于在形式上通过宪法，并增加中共和各党各界的新代表，旧代表的作用就不大了，还可永久保留我们批评旧代表的权利。由此也可见中共当时对政治斗争的算度确胜于国民党（《关于国共谈判》，1945年月12月5日，《周恩来一九四六年谈判文选》，第12页）。

北和台湾地区的代表一百五十名，将原规定的当然及指定代表七百名另行分配于各党派及无党派人士，此一问题在政协闭幕的当天才得到最终解决。

与国大问题直接相关的是宪法草案修改问题。国民党提交政协讨论的仍为1936年制订的“五五宪草”，是根据所谓人民有权、政府有能的“五权宪法”精神而来，它的核心是实行总统制和中央集权制，具体作法是将国大作名义上的人民权力机关，而以总统为施政中心，五院从属于总统。这部宪草被在野党派和舆论认为“缺点太多，只可作为参考，不可用为蓝本”；“总统大权在握，不啻独裁，而地方制度，规定省长仍由中央任命，处处表现集权，即处处表现不民主”；“把立法这一部门也划成政府的能而不是人民的权，再设立一个庞大不着边际的国民大会以行使所谓直接民权，这种制度从民主运用的观点来说，就远不如英美现行的议会制度”①。民盟主张实行西方式的资产阶级民主制度，中共出于抑制国民党一党专政的考虑，支持民盟的主张，因此，采用西方式国会制和责任内阁制的宪法成为中共和民盟的共同要求，并得到了青年党的支持。再者，根据中共提出的宪草修改原则，实行地方自治，这样国民党最为反感的解放区问题可以在这个名义下解决，而不必另行提出，也避免了在这个问题上的公开争论。张君劢为此设计出一套制度，即由选民直接投票行使选举、罢免、创制、复决四权，同时加强立法院的作用，行政院须对立法院负责。这样，国民党原来设计的架在五院之上的国大由有形化为无形，不再起作用，而立法院实际成为国会下院，监察院成为上院，中国的政治制度便成为国会两院制下的责任内阁制，有五院之名而无五院之实。张以为这样既可得民主之实，又可在名义上

① 《纲领·政府·国大·宪草》，《大公报》（上海）1946年1月24日；国民大会秘书处编：《国民大会代表对于中华民国宪法草案意见汇编》，1946年印本，第70页；《中国民主同盟临时全国代表大会政治报告》（1945年10月11日），《民主同盟文献》，第52页。

符合孙中山的五权设计，以免国民党的反对①。在这样的宪政体制下，“总统位尊无权，他只是国家名义上的元首，而不是行政首长”②。蒋介石如果作总统，则无实权；如果作行政院长，则随时有被倒阁的可能，因此，宪草决议以后成为国民党最为反对的一项政协决议就完全可以理解了。而这个决议之所以能通过，据梁漱溟回忆，是因为参加宪草小组的国民党代表孙科企图在行宪后当行政院长，掌握实权，所以赞成这个方案③。邵力子本来就是党内温和派，更不会反对了。孙科以后确实也在国防最高委员会报告政协讨论情况时，为国民党的让步作了辩护。他认为宪草原则最大的变更就是国大由有形变为无形，因为有形国大开会期间，除了听报告以外无事可议，也许会发生找问题的情形，如果设立常设机关，就会影响立法院的工作。立法院相当于民主国家的下议院，行政院对立法院负责，相当于内阁制。他强调这些修改并不违反总理遗教，现在是参考英美体制推行五权宪法④。

关于改组政府问题。国民党提出，国民政府委员会为政治最高指导机关，委员名额增加三分之一（即由三十六人增至四十八人），并得由主席提请选任党外人士担任，决议以三分之二多数通过为有效，遇有紧急情况时主席得为权宜处置，但应于事后报告国府委员会，行政院增设政务委员若干人。王世杰在对这个方案作说明时，强调须顾及事实与

① 据蒋匀田回忆，“因当时所有朝野代表，皆认同张君劢代表为宪法专家”，因“请君劢先生草拟十二条修改五五宪草原则”。宪草原则通过后，周恩来建议由张君劢拟订宪法草案，“以免国民党代表执笔，偏于一党私见”；而王世杰亦中意由张拟订，因为“若由国民党代表执笔，将难免中共代表每字推敲，甚难通过”。因此宪法草案亦由张君劢执笔拟订（蒋匀田：《中国近代史转捩点》，第36—37页）。

② 曾资生：《论宪法上的中枢行政制度》，三民主义宪法促成会编：《宪草修改原则批判集》，1946年印本，第21页。

③ 梁漱溟：《忆往谈旧录》，第219—220页。孙科的这个设想未能实现，蒋介石为了安抚孙科，在1947年改组政府时，派其出任国民政府副主席兼立法院院长。

④ 《政府代表孙科报告政治协商会议各分组委员会商谈情形》（1946年1月28日），《中华民国重要史料初编》第七编第二册，第215—216页。

法理两面，所谓事实即是政府不能不改组，以容纳党外人士；所谓法理，就是不违背国民党的法统。比如在改组国府委员会时，交出一权即最高决策权，保留一权即用人权，此即为兼顾法理与事实。他就顾及法理方面作了特别说明：在国大召开前，国府委员仍由主席提请国民党中央执行委员会通过，但党外人士自须先征求各方意见；国府委员名额分配，不作具体规定，待事后协商解决；国民党委员名额应占特定多数；国府委员会可以议决法律、施政方针、军政大计、财政计划等事项，但不包括用人权，部会长官任命权属行政院。在解释为什么国府没有用人权时，王世杰说，用人如需先经国府讨论，难免有所评论，爱惜声名的人，就不愿来干了，或无勇气来做，做主席的也为难，对行政效率并无帮助。这倒实在是一种新奇的解释，体现了国民党为了维持一党专政地位而苦心孤诣地造出的理论的贫乏①。由此观察，国民党的本意是使国府委员会成为某种程度上的最高咨询机关，一种荣誉机构。

国民党改组政府的方案被中共评论为，“把现在已经动摇的一党专政，经过三个多月的临时的‘扩大的’一党专政，最后过渡到完全合法的‘宪政’式的一党专政。总之，变来变去，还是一个一党专政”②。中共的主张是，政府要有一个共同纲领，有用人权，国民党委员名额不超过三分之一，委员不能经由国民党中央执委会通过，主席决定须由会议通过、有人副署，不能有紧急处置权。中共中央曾有指示给周恩来，提出：1. 国民党改组政府方案，仍是露骨的要保持一党专政，我们不能接受；2. 改组政府未获协议前，对国大问题绝不要让步；3. 军队国家化问题，应表示非有广泛代议制政府则军队无法统一。中共中央认为，国民党“现利于速决不利于拖，愈拖我愈强他愈困难愈被动”，因此，“我应说服

① 《政协文献》，第52—53页。王世杰早年留学欧洲，曾获伦敦大学经济学学士和巴黎大学法学博士学位，为国内知名法学家，可是却在政协公开场合发表如此有悖常理、且为国民党辩护之言论，颇为时论所诟。

② 《评〈扩大政府组织之意见〉》，《解放日报》1946年1月19日。

中间派了解此点，争取其共同行动”①。民盟同意中共的主张，罗隆基代表民盟发言时尖锐地质问国民党：国府委员须经国民党中央通过，是否要向国民党负责？增加国府委员是整个国府委员会改组重选还是只补充？如是后者，根据三分之一建议、三分之二否决的原则，则党外委员永远难有建议权，更谈不上否决权；国府委员会如方案所言为政治指导机关，“指导”似谈不上“决策”；国府委员会没有用人权，决策如何保证其实施？对政府官员弹劾权的问题如何解决？主席紧急处置权如无限制，则改组后的国府委员会等于今天的国府委员会。他认为，改组后的政府要真能决策，真能执行，真能过渡到民主，不然只有过渡而无目的，就无意义②。他以法学专家的身份，对国民党方案的质疑颇为有力，一针见血地揭出其维持一党专政的实质，使同样也是法学专家的王世杰处境尴尬。青年党则主张以中央政治会议代替国防最高委员会，决定国策，而不主张设国府委员会；全盘改组政务执行机关，包括各院会；扩大国民参政会，在宪政实施前作为政府监督机关。曾琦在发言中认为，国府委员会自民国二十年以后就未开过会，以此久未运用的机构，恐难使天下人民一新耳目③。虽然青年党的主张与众不同，但对国民党一党统治的不满也是显而易见的。

由于中共和各党派的坚持，国民党在政府改组问题上，同意使国民政府委员会成为负有实际政治权力的最高国务机关，有决策权和用人权，主席和行政院对国府委员会负责。接下来的困难是国府委员名额的分配。国民党企图占据多数席位，中共认为绝对多数不可能，相对多数是可以的。最后国民党对国府委员会让步为其占一半席位，中共表示同意，但提出重要议案须以三分之二多数通过，中共和民盟席位合占

① 《中央关于我在政协斗争中之方针原则的指示》(1946 年 1 月 16 日)，《中共中央解放战争时期统一战线文件选编》，第 43 页。

② 《政协文献》，第 56 页。罗隆基和同在一个小组的中共代表王若飞会内外有密切的合作，发言和提出方案均在事前有详细地讨论。

③ 《政协文献》，第 57 页。

三分之一。中共的意图是将国府委员会作为政治枢纽机构,并保证中共和民盟的否决权,只有这样,中共才能在政权和军队问题上得到保障。最后得出的妥协是,国府委员名额四十人,国民党占半数,其他方面合占另外半数;凡有关变更施政纲领的决议须有三分之二委员的同意。这个方案大体满足了中共和民盟的要求,但国府委员的具体分配方案未能在会中得到解决,又为以后在这个问题上的争论留下了空间。

关于和平建国纲领,因为这是中共所坚持,故草案也为中共所提出。中共提出的《和平建国纲领草案》包括了十个方面的内容,基本点是:各党派长期合作,实施宪政,和平建国;保障人民各项自由权利;改组国民政府为各党派及无党派人士参加的举国一致的联合政府;改组后的国府协同政协商定宪法草案,并召开有各党派参加的自由的民主的国民大会,制定宪法;推行地方自治,成立各级地方民选政府,省得自订省宪;改组军事委员会,使之成为各党派及无党派人士共同领导的机构,公平合理地分期整编全国军队①。中共认为,有了共同纲领,可以在过渡期约束各党派,使参加政府的各方有一个共同遵行的施政原则,便于政务的进行。中共提出的草案,被认为是"内外并顾,无微不照","赢得在野党派一致赞许","更争取得广泛的民间之同情"②。民盟认为,没有共同纲领,难免使参加政府的各党派意见不一,不能做事。青年党同意中共的意见,认为很切合需要,可作讨论的根据,同时提出了自己的纲领草案,与中共所提草案有相通之处。在这样的情况下,国民党也不便反对,吴铁城提出可以仿照《抗战建国纲领》的形式。青年党也主张以《抗战建国纲领》为蓝本,去掉有关抗战的部分,再加以修改而成③。

关于军队整编问题。因为这个问题将由国共美三方组成的军事三

---

① 《新华日报》1946 年 1 月 17 日。

② 蒋匀田:《中国近代史转捩点》,第 26 页。

③ 《新华日报》1946 年 1 月 16 日。

人小组具体商谈，而且参加政协的其他党派没有军队，在这个问题上插不进手，既没有多少发言权，也不关乎其实际利益，所以这个问题虽是国共之间的主要问题之一，但在政协会议上，各方除了发表一些原则性看法外，没有成为争论的热点。曾琦提出三原则：希望政府切实实行整军计划；国共双方军事问题由双方自行解决，即由三人小组会商，但望时间不要太长；实行军党分治。邵力子很坦率地说，军事方面过于棘手之问题，可由军事三人小组解决，不必在本会议提出①。实际大家心中都有数，即使提到大会也解决不了。《大公报》对军事问题讨论的描述是：一派和平，无半点火药味，会中发言的都温文儒雅，心平气和②。

二　政协决议的达成

政协会议历经各方磋商与讨价还价，在各项问题上意见终于接近，得出各方都能接受的方案。就政协的讨论而言，国民党处于受指责的被动地位。中共与国民党立场对立自不待言，民盟信奉西方式民主，与国民党一党专政的施政理念距离很大。因为中共当时希望以西方式民主约束国民党，作为结束其一党专政的过渡，所以在要求民主的问题上，民盟与中共意见一致。即使是与国民党接近的青年党，多年在野，时受挤压，也希望通过开放政权而分一杯羹，在政协会议期间他们对国民党的公开批评虽较为克制，但也主张实行多党合作的民主制，客观上于国民党并不利。

美国特使马歇尔虽未直接参加政协有关问题的讨论，但始终关心着政协的进程。1月22日他与蒋介石会见，双方同意，在政协关于政治民主化的讨论结束后，即进行军队国家化问题的谈判。马氏告诉蒋，在他看来，有两个因素使其迫切需要与共产党人尽早为建立一个统一

---

① 《中华民国重要史料初编》第七编第二册，第183页。

② 《大公报》(重庆)1946年1月17日。

的政府和军队达成协议，其一是，在目前形势下，中国对付俄国在紧邻俄国的中国西北和东北地区加强共产党政权、进一步削弱国民政府地位的行动的能力是非常脆弱的；其二是，美国陆海军力量显然不可能长期待在中国①。马氏还向蒋提出了一个《临时政府组织法》，主张：1. 国务委员会以多数表决为原则；2. 各省主席及特别市市长人选由国务委员会通过；3. 非经国务委员会同意，政府不得发布影响各地纯地方性事务之法令，各地方政府仍由现有之行政官员管理，在其他行政人员未确定之地区，国务委员会应成立一小组委员会，国共代表各半，以选拔临时行政人员。这一方案不仅沿用了西方式多数决定的民主原则，对国民党一党专政是一大约束，而且对中共控制区采取了承认现实的态度，并赋予中共参与决定地方行政的很大权力，难怪蒋介石看到这个方案后大发感慨："此为共党所不敢提者，可知客卿对它国政治之隔阂。若本身无定见，不仅误事，且足以召亡国之祸也。"②虽然如此，在当时情况下，马氏的态度对于国民党是一种无形的压力，成为国民党接受政协决议时不能不考虑的因素③。

1月27日，周恩来飞返延安，在中共中央会议上报告了政协商谈的情况，得到认可，认为成绩很大，方针正确，授权代表团在政协各项决议上签字④。国民党方面，对政协会议似无党的统一立场，其政协代表

① General Marshall to President Truman, Jan. 23, 1946, *FRUS*, 1946, Vol. 9, pp. 142-143.

② 《总统蒋公大事长编初稿》卷6(上)，第24—25页。马歇尔提出由国务委员会的小组委员会任命临时行政人员的地区包括热、察、绥、宁、鲁、冀、陕、晋、豫、甘等省，以及平、津、青三市，几乎囊括了华北以至西北的大部分省份，比中共在重庆谈判中第二次提出的要求还多出了一个河南省，当然是国民党所不可能接受的(*FRUS*, 1945, Vol. 9, p. 140.)。

③ 蒋介石以后曾抱怨说，他之所以同意政协决议，一个原因就是"因为国际关系复杂，我们政府不能不委曲求全，以谋国内的和平统一"(《特种兵的任务和努力的方向》，1946年6月，《先总统蒋公全集》第2册，第1820页)。

④ 《周恩来年谱》，第640页。

在会议期间通过与蒋介石的个人沟通决定对各项议程的态度。考虑到“此次政治协商会议之结论，将造成空前之政治新形势，兼之协商会中所商定之‘五五宪法’草案修正意见，尤足引起党内外之反对”，故王世杰建议“应将协议结果提请常会核定后，始能由本党代表于政治协商会议末次会中正式表示接受”。因此，31 日下午，在政协各项议案均达成协议后，国民党召集中央常务委员会讨论通过各项议案，授权代表签字。但在常会讨论时，反对派对宪草协议极为不满，“谷正纲反对宪草协议甚烈，至于流泪”，这实际预示了其后政协决议实行过程中国民党出尔反尔的必然①。

1 月 31 日，政治协商会议闭幕。会议通过了五项议案，主要内容为②:《国民大会案》规定，当年 5 月 5 日召开国大，职权为制定宪法，宪法通过须经出席代表四分之三同意，原有代表 1200 名照旧，台湾、东北增加区域代表 150 名，增加党派及社会贤达代表 700 名，分配另定之，行宪机关在宪法颁布六个月内，依宪法之规定选举召集之。

《宪法草案案》规定，组织宪草审议委员会，由参加政协的五方面及会外专家组成，根据政协拟定之修改原则，参酌各方面意见，在两个月内制成“五五宪草”修正案，提供国大采纳；宪草修改主要原则为：1. 全国选民行使四权，名之曰国民大会；总统普选制未实行以前，总统由县省及中央各级选举机关选举或罢免。2. 立法院为国家最高立法机关，由选民直接选举，职权相当于民主国家之议会。3. 监察院为国家最高监察机关，由各省及民族自治区议会选举，职权为行使同意、弹劾及监察权，相当于上院或参院。4. 司法院即为国家最高法院，大法官由总统提名，经监察院同意任命，须超出于党派之外。5. 考试院委员由总统提名，经监察院同意任命，须超出于党派之外。6. 行政院为国家最高行政机关，院长由总统提名，经立法院同意任命，对立法院负责；如立

① 《王世杰日记》1946 年 1 月 31 日。

② 政协各项决议条文均见《中央日报》(重庆)1946 年 2 月 1 日。

法院对行政院全体不信任时，行政院或辞职或提请总统解散立法院。7. 总统经行政院决议，得依法颁布紧急命令，但须于一个月内报告立法院。8. 省为地方自治之最高单位；省与中央权限划分依照均权主义规定；省长民选；省得制定省宪。9. 人民自由权利受宪法保障；如用法律规定，须出之于保障自由之精神，非以限制为目的。关于国大和宪法的决议另有不公开之商定事项：1. 各党派负责使其出席国大之党员在国民大会中维持政协所修正之宪法草案；2. 如有其他较好之宪草意见，由党派临时协商定之；3. 国大增加代表名额分配为，国民党 220 名，中共 190 名，民主同盟 120 名，青年党 100 名，社会贤达 70 名①。根据这两案的规定，国民党放弃了“五五宪草”的总统和中央集权制实即变相一党制，而采用国会制、责任内阁制、省自治制度，中国将成为采用西方式民主政体的国家，各方并承诺保证该方案在国大通过，中共和民盟则承认了旧国大代表的有效。

《政府组织案》规定，一、关于国民政府委员会，1. 国府委员名额定为 40 人；2. 国府委员由主席就国民党内外人士选任；3. 国府委员会为政府之最高国务机关；4. 国府委员会议决立法原则、施政方针、军政大计、财政预算、各部会长官任免及立法、监察委员之任用等事项；5. 国府主席对国府委员会之决议如认为执行困难，得提交复议，如有五分之三以上委员同意，该案应予执行；6. 国府委员会一般议案以出席委员

① 根据最初的协议，国大另行分配代表名额 700 名，计国民党 230 名，中共 200 名，民盟及青年党各 100 名，无党派人士 70 名。其后，民盟提出其由各党派合组而成，代表人数应超过青年党，而青年党以第三大党自居，自不相让，中共遂提议国共各让出 10 名代表给民盟，得到国民党同意，遂成立党派代表名额分配的最后妥协。另根据国共双方的默契，在原有 1200 名区域代表中，华北战前未及选出需待补选的 250 名，由中共解放区选出，无党派代表中可有 17 名由中共或民盟提名，这样中共和民盟合计共有代表 577 名，超过了四分之一否决权的票数。后来国民党为了打消中共和民盟的否决权，补选代表多采用遴选方式产生，破坏了原有的默契（Memorandum from Sprouse to Marshall，Nov. 16，1946，*Marshall's Mission To China*，Vol. 2，p. 467）。

过半数通过之，如有涉及施政纲领之变更者，须有出席委员三分之二之赞成；7. 国府委员会每两周开会一次。二、关于行政院，1. 各部会长官均为政务委员，并设不管部会之政务委员三至五人；2. 政务委员及部会长官，均可由各党派及无党派人士参加。附注，1. 国府主席提请选任各党派人士为国府委员者，由各党派自行提名，但主席不同意时，各该党派另提人选；2. 国府主席提请选任无党派人士出任国府委员时，如有为各被选人三分之一所反对者，主席须另行选任；3. 国府委员半数由国民党人员充任，其余半数由其他党派及社会贤达充任，分配另行商定；4. 行政院政务委员总额中将以七至八席约请国民党外人士充任；5. 国民党外人士担任部会数目，会后继续磋商。根据这个决议，国民党承认改组后的国府委员会为最高国务机关，并保证中共和民盟在重大问题上的否决权，取消了国府主席的紧急处置权，中共和民盟则承认国民党占国府一半名额和行政院五分之三名额，并担任五院院长。

《军事问题案》规定：1. 建军原则，军队属于国家，军制依国防需要，依政制和国情实行改革。2. 整军原则，(1)实行军党分立，禁止一切党派在军队中公开或秘密活动，现役军人不得参加党务活动，政党不得利用军队为政争工具；(2)实行军民分治，现役军人不得兼任行政官吏，严禁军队干涉政治。3. 实行以政治军，初步整军计划完成时，即改组军事委员会为国防部，隶属于行政院；国防部长不以军人为限；军额及军费经行政院决议，立法院通过；全国军队受国防部统一管辖。4. 实施整编办法，军事三人小组尽速商定中共军队整编办法；中央军队尽速于六个月内完成 90 师之整编；上两项完成后，将全国军队统一整编为 50 或 60 个师。国共两党在政治民主化的前提下，承认了军党分立、军民分治和以政治军原则，实行军队国家化。

《和平建国纲领》包括总则、人民权利、政治、军事、外交、经济及财政、教育及文化、善后救济、侨务等九个方面的内容，规定了国民政府改组后的施政纲要。在总则中规定，遵奉三民主义为建国之最高指导原则；团结一致，建设统一自由民主之新中国；以“政治民主化”、军队国家化及党派平等合法，为达到和平建国必由之途径；用政治方法解决政治纠纷，以保持国家之和平发展。为了使国民党放心，纲领特别提到了“在蒋主席领导之下”的字样。对于解放区的问题，纲领提出“暂维现状，俟国民政府改组后”，再依地方自治原则解决。国民党承认了一系列民主化主张，以政治方法解决问题，中共承认了三民主义、国民党和蒋介石的领导地位。

在政协闭幕式上，各方面代表的发言均称赞政协取得很大成功，为中国开辟了一条和平民主的道路，希望能够早日全部实现。对解决中国问题负有关键责任的国共两党，对政协决议都表示了尊重与支持的态度。蒋介石“代表政府先行声明，政府必然十分尊重，一俟完成规定手续以后，即当分别照案实行”。周恩来代表中共声明，“愿意拥护这些协议，并保证为这些协议的全部实现，不分地区，不分党派地努力奋斗”。然而，有心人仍然可以从蒋、周的讲话中听出不同的声音。蒋介石在讲话中强调了《和平建国纲领》的重要。因为这个纲领的总则中两次提到了蒋，这可能是蒋不足与外人言的微妙心理。他尤其强调政党不应再使用武装暴动，所有军队听命于政府，是“巩固和平完成统一的最大要素”，是决议“能否全面贯彻的试金石”，这又显然是对着中共而发。周恩来在讲话中两次提及宪草修改原则，并强调改组政府是将政治民主化和军队国家化联系起来的关键。值得注意的是，蒋在讲话中丝毫未提到宪草和国大问题，并且在议程讨论完毕时曾经声明，据宪草修改原则而成之宪法草案是提供国大“采纳”而非“接受”，实际并不影响国民大会之权限，这又埋下了动摇宪草修改原则的种因①。以后的事实证明，国民党对政协决议的抵触和反对，就是自宪草修改原则而

① 《中央日报》、《新华日报》1946 年 2 月 1 日。据梁漱溟回忆，政协宪草决议通过前，国民党内即有强烈反对，蒋介石表示，“我对宪草也不满意，但事已至此，无法推翻原案，只有姑且通过，将来再说”（梁漱溟：《忆往谈旧录》，第 176 页）。联系蒋的公开表态，可见蒋对宪草决议的不满始终一贯。

始，因此蒋有这样的表态恐非偶然。

政治协商会议闭幕之后，社会各界和舆论对其取得的成就给予了高度评价，对中国未来的发展前景寄予乐观的期望。《大公报》在社评中说：政治协商会议使积累多年的国家严重问题得以政治解决，在这个过程中，各党派态度的妥协，值得赞美；中共不固执己见，甚为难能；国民党着眼于国家，值得赞扬。“政治民主化与军队国家化，如鸟之双翼，车之双轮。现在这两项具备，以后施政建军有轨辙可循，其前进之路，则归纳于政府改组，以过渡到宪政实施”。中共《新华日报》连续发表社论，称政协是“中国历史的创举”，“符合于今天中国与人民的需要”，呼吁“努力把所获协议变成现实，使中国历史真正走上和平建设的大道”①。经历过晚清、北洋和国民党三个时期的马叙伦先生，过后曾经用令人警醒的语言写下了人们对政协的期待：“我们国内除了一部分所谓顽固分子外，都从政治协商会议的议决案里，充满了对中国前途的乐观和展望。……风雨如晦，鸡鸣不已，现在是被鸡唱出了曙光，怎样不叫人们对这个曙光发生欣慰，和希望他不要被阴霾来笼罩了，而且不但国内这样，就是国际明白中国在世界里面关系重要的人们，也和我们有一样的感觉。”②比较起来，国民党《中央日报》的评论较为低调，它强调的是国民党的让步，军队和政权的统一，认为宪草修改原则为国大多一“参考”，须国大“从长考虑与研究”③。

政治协商会议在国家民主化和军队国家化方面取得了重大进展，

---

① 《政治协商会议的成就》，《大公报》(重庆)1946 年 2 月 1 日；《和平建国的起点》、《中国历史的新方向》，《新华日报》1946 年 2 月 1 日、2 日。

② 《国民党二中全会闭幕后》(1946 年 3 月 17 日)，《马叙伦政论文选》第 86 页。

③ 《政治协商会议闭幕》，《中央日报》(重庆)1946 年 2 月 1 日。《中央日报》在政协开幕当天发表的社论说，“政权之归还于国民，乃以国民大会为唯一的枢纽，而以五权宪法为正常的轨道。因此，召开国民大会才是宪政的成功。至于政治协商会议乃是国民政府在国民大会召开之前的一种权宜的重大措施，并不是民主政治完成和其完成所必经的步骤”(《政治协商会议开会》，《中央日报》重庆，1946年1月10日)。可见国民党始终坚持政协的咨询性，而不当其为决策机构。

政协决议以及此前达成的停战协议，此后达成的整编军队的协议，为中国展现了一个光明而有希望的前途，可以说是民国三十余年历史上的一个创举。对于政协会议的成功，参加党派均做出了相当的努力和让步，是“各方面在互让互谅的精神之下得到的一致结果”。国民党作为执政党，无论主动还是被迫，毕竟做出了一些有利于民主化进程的让步，承认取消一党专政，承认实行民主政治；中共虽然认为政协决议与其政治理念还有距离，但也做出了相当让步，承认三民主义、国民党和蒋介石的领导地位，在许多问题上做出了妥协；其他各党派和无党派人士在会内外折冲努力，促成了会议的成功。但是，政协决议毕竟还是纸面文章，关键的问题是决议如何贯彻执行，如黄炎培所说，建设中国好比造房子，政协决议只是一个精美的图样，真正要把房屋造好，还须依靠今后努力①。正是在这一方面，社会各界仍然存有疑虑，其中关键在于当时中国第一大党也是执政党的国民党的态度。有意思的是，政协会后，国民党代表孙科和邵力子都谈到，有人认为政协会议是国民党的失败，他们认为这不仅不是国民党的失败而是国民党的成功②。然而正话反说，于此人们可以领会他们的话外音，就是国民党内对政协会议的评价与外界的期待有很大距离，所有人因此都在注视国民党的正式反应。

三 整军方案的制订

政协会议通过了有关军事问题的决议，但军事问题的解决并未在会议上具体讨论，而是在马歇尔的直接参与下，会后由国共美三方谈判解决。马氏提出的对中国军队彻底改造的方案，强调按西方军事传统，在中国建立一支国家的、非政治化的、民主的军队，而非政争的工具。

① 《新华日报》1946年2月2日。

② 《新华日报》1946年2月7日、9日。

军政分离是他拟订整军方案的总原则①。然而他的设想，首先在国共军队混编问题上便碰了壁，中国的现实注定了马氏的设想难以实现。

军队是中共最为关注的问题，即使是在政协刚刚闭幕的乐观气氛中，中共对军队问题也比对其他问题更为小心。2月5日，周恩来向中共中央报告了马歇尔的整军方案，马氏提出实行军队国家化，军人不得兼任文职，平时军队只管训练，另划补给区供给，军队不得随意调动；整编时间为18个月，第一步即实行国共军队以师为单位的初步混编。周恩来认为马氏提出的“建军原则可同意，因他在基本上是限制统帅权的”；其“整军原则，基本上亦可同意，因他之统一整编办法，是公平的”。但在整军程序上，周恩来认为国共军队应首先平行整编，混编应待第二步再行②。中共中央基本同意周恩来的意见，认为：马歇尔所提主张按西方民主制度改变中国军队制度及军人思想的办法，对破坏国民党及许多军队的原系统是彻底的，但事实上今天行不通，可原则上赞成他的意见。对于马氏的混编方案，中共认为“其目的是企图消灭或控制中共军队，故绝不能答应”。因此，中共中央指示周恩来：“军队问题是最重要的问题，必须谨慎处理。为取得经验并看清美国的意图及当前形势来决定对军队的政策。”③

中共对马歇尔整编方案的反应尚在马氏意料之中，令马歇尔不解的是，国民党也反对他的混编计划，原因之一是非嫡系部队及其长官担心因此而失去部队的自主性，从而也就失去了诸多特权。直到晚年撰写回忆录时，李宗仁尚愤愤于陈诚企图以混编“排除异己，培植私人势力”，而且这样一来，“原先本甚单纯的军事系统，反而弄得庞杂了，指挥不易，士气消沉，战斗力也因此丧失”（实际陈诚并不主张立即实行混

① *Marshall's Mission to China*, Vol. 1, p. 40.

② 《关于军队整编办法和程序的意见》（1946年2月5日），《周恩来军事文选》第3卷，第53—54页。

③ 中国人民解放军军事科学院毛泽东军事思想年谱组编：《毛泽东军事年谱》（1926—1958），广西人民出版社1994年版，第473页；《刘少奇年谱》下卷第19页。

编,见下段)①,马氏另外一个设想更是令国民党莫明其妙。据张治中回忆,马歇尔最初曾提出中共陆军占总兵力的三分之一,海空军中共亦占至少30%份额的方案。蒋介石见到该方案后非常诧异,因为国共军队比例双方已有成议,即中共占总数的六分之一或七分之一,而海空军问题中共从未提出过,蒋即要马歇尔立予修改。马氏最后提出的方案维持了中共军队占总数六分之一的原案,而未再提海空军问题②。大概马歇尔当时企图对中共诱之以利,使中共尽早同意其整编方案。就马氏本人而言,他自认提出的方案对国共双方不偏不倚,然而他是按美国人的思维逻辑考虑问题的,因此他的方案没有考虑到中国国情,没有认识到中国长期你死我活的政治斗争中,军队所起的举足轻重的作用,因此他的方案遭到国共双方的反对就不奇怪了。

2月14日,关于整编军队的三人小组会议在重庆开始举行。由于国共双方在很多问题上已经有私下默契,也由于当时的大环境,加上马歇尔的调解,整军谈判总体而言是在较为和谐的气氛中进行的,在军队数量、统帅权、复员等问题上很快达成了妥协③。国共争论较多的是马歇尔提出的混编计划。国民党代表张治中最先提出的方案照抄了马歇尔的方案,在第一期整编的十二个月内,军队实行以师为基础的初步混编,即每军由政府军二师和中共军一师,或政府军一师中共军二师组成;十二个月后的第二期整编六个月内,实行彻底混编,即不再有政府师和中共师的界限之分。中共代表周恩来反对此一方案,他提出第一期双方各自编成,不相混合;第二期初步混编或称统编;彻底混编则须视以后局势进展情形如何再议。他的理由是,两支军队彼此对立了十八年,有着不同的制度和体系,不可能一下就合在一起。马歇尔折衷双

---

① 《李宗仁回忆录》下册,第851页。

② 《张治中回忆录》,第739—740页。

③ 关于中共军队数量,国方原提15个师,中共要求20个师,后妥协为18个师,即占全国总兵力的六分之一,与政府军比例为1∶5。

方意见提出一个方案，第一期整编，前六个月各自编成，后六个月实行以军为基础的混编，第二期实行以师为基础的混编，未提彻底混编问题①。实际混编的方案在国民党内亦遭反对，军政部部长陈诚的意见是："混合编军办法最值得研究，因国共军队今后虽均属国军，在理自无问题，惟以种种思想问题，以及各军历史性，尤其所处之环境及将领之生活等等，决非短期所能融合（此点尤需特别注意）。"张治中详加研究后，认为一年内混编实属利害参半，遂向蒋介石建议，不如顺水推舟，接受马歇尔的折衷方案②。结果马氏的方案得到国共双方的首肯。

整军谈判中另外一个引起争议的问题，是一般人不太注意的宪兵与护路队的地位。周恩来认为此两者人数及武装均不少（宪兵有 20 个团，护路队有 18 个总队），考虑到他们对中国政治民主化进程的影响，应予限制。张治中则表示，宪兵编制小，部署分散，且无重武器，不能称为武装力量，护路队则不属于军政部管辖，因此这两者不在讨论范围之内，不应提出。周恩来又表示，宪兵问题非纯关力量对比，而是宪兵到处干涉人民，影响民主政治。马歇尔建议将此问题留给政治方面解决。张治中就此问题向蒋请示时认为："整编共军最主要的为统编及驻地问题，但如能于六个月后，即以军为单位开始统编，则驻地问题亦可随而解决，似属于我有利。至宪兵及护路队问题，自仍以坚决拒绝商谈为宜。"③最终这两个问题未在协议中写明。

---

① 关于整军谈判，参 Minutes of Meeting Between General Marshall, General Chang Chih-chung, and General Chou En-lai, Feb. 14, 15, 16, 18, 21, 22, 25, 1946, *FRUS*, 1946, Vol. 9, pp. 220-292。

② 《三人会议政府代表张治中上蒋主席报告军事三小组第二次会议商讨整编共军方案内容呈》（1946 年 2 月 15 日），《中华民国重要史料初编》第七编第三册，第 76 页。

③ 《三人会议政府代表张治中上蒋主席报告商谈共军统编问题情形呈》（1946 年 2 月 19 日），《中华民国重要史料初编》第七编第三册，第 77 页。

2月25日，张治中、周恩来、马歇尔签署了《关于军队整编及统编中共部队为国军之基本方案》(通称“整军方案”)，主要内容为：1. 国民政府主席为陆海空军最高统帅，但在撤免中共部队军官时，应由政府内的中共代表提名；2. 陆军每军由三个师组成，全国划为八个补给区，负责军队补给；3. 本协定公布后十二个月内，政府应将九十个师、中共应将十八个师以外之各部队复员，三到六个星期内，政府与中共应交出保留各师表册及复员部队次序，十二个月完毕后之六个月，政府军应缩编为五十个师，中共军应缩编为十个师，合共六十个师，编为二十个军；4. 自整编开始六个月后，由政府军和中共军编成集团军，十二个月终了时，配置如下，东北，政府五个军，中共一个军。西北，政府五个军。华北，政府三个军，另四个集团军，各包含政府一个军、中共一个军，双方各担任二个集团军总司令。华中，政府九个军，中共一个军。华南，政府四个军。十八个月终了时，取消集团军，配置如下，东北，政府四个军，另一个军，包括政府二个师，中共一个师，政府军官任军长。西北，政府三个军。华北，政府二个军，另三个军，每军包括政府一个师，中共二个师，中共军官任军长，一个军，政府二个师，中共一个师，政府军官任军长。华中，政府三个军，另一个军，包括中共二个师，政府一个师，中共军官任军长。华南，政府二个军；5. 省保安部队不得超过1.5万人，以轻武器为限；6. 军调部为本协定执行机关，协定生效后，政府及任何党派组织不得保持或支持任何秘密或独立武力，伪军及非正规军应尽速解除武装并解散之①。

自抗战中后期起，军队问题就一直是国共之间争执不下、最难妥协的关键问题之一，在马歇尔的调停下，国共双方达成整军协定，这是继

---

① 《中央日报》(重庆)1946年2月26日。另据三人小组在3月16日达成的备忘录，整军方案即军调部关于复员、调防和统编的一般指令；军调部为执行此方案的工具，将以小组根据军调部的命令监督方案的执行情况；逐步取消军以上之军事指挥部；三个月内完成伪军之遣散；军调部将指令政府或共产党所要保留的师集中至其所在地(*The China White Paper*，Vol. 2，pp. 626－627)。

达成停战协议和政协决议之后，中国政治民主化进程的又一重大收获。在整军协定签订时，国共美三方代表均给予了肯定的评价。张治中称，政治协商会议之成功，乃在达成政治民主化之目标，此一文件，则将奠定军队国家化之基础。今后我国当可本和平建设之大方针，以建设三民主义之新中国。本人代表政府签此方案，并百分之百保证其执行，使达成逐步军队国家化之目的。周恩来称，只要政府和中共，乃至全国人民都能坚守和拥护此一方案，相信任何困难阻碍，都不能妨碍此方案之实施。我代表中国共产党，向诸位，向全国人民，向世界友邦保证，凡我们签订的文件，特别要包含这次签订的整军基本方案，我都要使他百分之百的实现。马歇尔称，此协定为中国之希望。吾相信其将不为少数顽固分子所污损，盖此少数顽固分子，自利自私，即摧毁中国大多数人民所渴望之和平及繁荣生存权利而不顾也①。根据马歇尔拟订原则达成的整军协定，与政协决议精神是相符合的，即在一个西方式民主政体下，建立一支真正的国家军队。考虑到军队在中国政治中的特殊重要性，整军协定的实行较之政协决议更为困难，更有赖于整个政治环境的支持，然而此时的政治环境较之一个月以前已经有了某种变化，国民党内对于政协决议的反弹正在浮现，从整军协定在反苏游行的余波中签订这一事实②，多少已可预知其未来的命运未可乐观。

整军协定虽得到了蒋介石的同意，但他对此并不满意，他自记所感曰："整编时期定为一年半，乃全照共党之意见而定，又华北五省，政府只可驻七个军，而中共反可驻四个军，初尚以为只限于冀鲁两省，殊不

① 《新华日报》1946年2月26日。

② 有关反苏游行事见本书第四章第二节第三目。

料其所谈者系指华北五省也，甚矣！文白（张治中）之足以误事也。”①更为蒋介石不满的是，美国提出在整军期间建立一所军事学校，训练中共军队，并以美国武器装备中共部队十个师。在美国看来这是对中国军队一视同仁，并且可以借此笼络、控制中共部队，但在蒋介石眼中，这无异于使自己的老对手如虎添翼。魏德迈在3月27日以备忘录致蒋介石，拟先装备中共部队十个步兵营，十一个山炮连。蒋介石批示以下述意见转告魏德迈：“在中共部队未依照规定整编完毕以前，似不宜将此项装备即行移交。”②马歇尔回中国后，对蒋的决定颇为不满，他在给蒋的备忘录中指出，此项装备为供给设在张家口的中共军事学校培训之用，以使其部队在整编时得有适当组织与训练，非为野战使用，“现得见钧座之训令，势将中止上述办法，于是实施整编统编之协定，亦必中止，故此事自极严重也”。国民党方面经过研究，认为训练与装备应该分开，训练所用之必须装备可以同意供应，但应先交由国方保管，至于“装备共军部队，须俟统编后能统一指挥，方可开始，否则，危险性大，我方拟坚持此项原则”③。由于形势的变化，马歇尔以后未再坚持前议，此事遂不了了之。

整军协定达成后，张治中、周恩来、马歇尔三人偕军调部三方委员

① 《总统蒋公大事长编初稿》卷6（上），第56页。整军谈判基本是由张治中根据蒋介石的旨意进行，国民党军事高层主官未参加意见，何应钦等人对此极为不满，“认为每次会前国民党方面都未举行会商，是最大的错误。他尤其对方案未曾提及大本营直属部队和西北驻军太多两点深表不满”（《郭汝瑰回忆录》，第235页）。参谋本部经研究亦认为，华北的政府军数量不足以对中共形成优势，建议将原定华南政府驻军六个军减至四个军，西北由五个军减至四个军，将此三个军配置于华中，形成对华北的支援之势。结果，张治中只同意华南减少二个军，西北驻军则不变。因为张治中即将去西北任职，故他对西北驻军数量可能有所偏袒。

② 《魏德迈参谋长为装备共军十师训练计划事呈蒋委员长备忘录译文》（1946年3月27日），《中华民国重要史料初编》第七编第三册，第96—97页。

③ 《马歇尔特使为装备训练共军十师案复蒋委员长备忘录译文》（1946年4月21日），《军令部部长徐永昌军政部部长陈诚上蒋委员长有关装备训练共军十师案拟办意见呈》（1946年5月2日），《中华民国重要史料初编》第七编第三册，第113—114、119—120页。

于2月28日至3月6日巡视了北平、张家口、集宁、济南、徐州、新乡、太原、归绥、延安、武汉十处，会见了中共领导人毛泽东、刘少奇、朱德和国共双方高级军事将领，解决了若干未决问题①。此次三人小组视察体现出的合作精神，不仅是军事调处，而且可以说是1946年早春中国政治民主化进程的最高峰。在延安，毛泽东向马歇尔保证，中共将尽其可能地遵守已经达成的协议，在美国朋友的帮助下，这些协议定能付诸实施，完成中国的复兴重建工作。马氏显然为毛的表示所打动，特意告诉他，因为国民党是执政党，因此其党内的自私派别自然不愿交出权力，然而这一定不会被大家所容忍。随后，马歇尔自信地告诉杜鲁门："通过他们的巡视，各地的所有问题已经得到澄清，并促进了普遍的理解。一切都表明，事情将迅速得以解决，交通将重新恢复，平民的正常生活实际正在恢复之中。"②他因此而认为，事态的发展都在他的计划之中，他可以放心地回国述职，安排贷款、援华等事宜。然而马歇尔过于自信了，他没有料到的是，就在他返美前后，国民党六届二中全会对政协决议的反动，导致了这一民主化进程的停滞和逆转。等他一个月之后自美返华，中国的政治军事形势与他走前相比已经面目全非了。

四　国民党六届二中全会

政协会议对国民党带来了比一般人想象的更为严重的冲击，国民

---

① 此次三人小组出巡会见的国方将领有（以先后计）王耀武、顾祝同、阎锡山、傅作义、郭忏等，共方将领有聂荣臻、贺龙、萧克、陈毅、粟裕、刘伯承、陈赓等，如果加上在延安会见的毛泽东、朱德和彭德怀，可以说，中共高级将领中，除了林彪、罗荣桓、徐向前三人，已全部在此次露面。即就在战场上兵戎相见的国共高级军事将领，由于此次三人出巡而能坐在一起的事实，亦可称为国共对立史上一次少有的经历。

② Minutes of Meeting Between General Marshall and Chairman Mao Tse-tung at Yenan, March 4, 1946, General Marshall to President Truman, March 6, 1946, *FRUS*, Vol. 9, pp. 501 - 502, 510.

党内对政协会议的反对意见远远大于重庆谈判。因为，重庆谈判并未达成多少实际的协议，而政协决议则对国民党一党独大地位作了许多实际的约束，因此引起其党内的强烈反弹。连同政协前后的停战、整军协议，以及东北问题的激化，在国民党内造成了强烈的反应。如同周恩来5月12日在和美国记者的谈话时所分析的，“停战协定使政府军事领袖不满，政协决议使顽固分子不满，整军协定使高级军官不满，东北问题又使若干国民党分子不满”①，所有这些不满汇合起来，在国民党内形成了一股强烈的反对势力，以至到了蒋介石一度也无法控制的地步。

政协会议进行期间，政治协商会议陪都各界协进会假座重庆沧白堂，举行报告会，请政协代表报告会议进行及商谈情况。在16日到19日的几次会议中，演讲人遭人围攻，并发生扰乱会场情形。会上有人喊出“拥护国民党”和“打倒异党”的口号，显见有国民党背景②。政协会议闭幕后，由政协陪都各界协进会等二十三家单位发起，2月10日在重庆较场口广场举行庆祝政协成功大会。然会议尚未开始，即有国民党支持的职业团体农会、总工会、教育会等派人抢占主席台，重庆市农会常务理事刘野樵自称主席，会议主席团李公朴等与其交涉，结果李公朴遭人殴伤，郭沫若、施复亮、马寅初等均被殴打，包括记者在内的十余人受伤，大会无法正常进行，本已准备参加的邵力子、周恩来和各界代表只能离去。刘野樵等即以会议名义发表反对政协宪草修改原则的言论。此事发生前，国民党重庆市党部经向中央党部秘书长吴铁城请示，由陈立夫授意市党部主任委员、CC大将方治主持，于2月8日召开临时紧急会议，讨论“如何遏止反动言行以戢邪乱”。决定派各职业团体

① 《瞭望台》,《世界知识》第13卷第10期，第1—2页。

② 陈立夫曾下令拨给重庆市党部法币400万元，以每人每晚2000元的代价，雇人扰乱会场(张钧陶:《“沧白堂事件”和“较场口事件”》,《政治协商会议纪实》上卷，第601页)。

参加大会，设法以刘野樵为总主席，由擅长辩论者发言，强调三民主义、国民党和蒋介石的领导地位，强调宪法不容修改。对于发言者名单、动员党团员参加会议、如何把握会场情绪等等，会议都作了具体安排。会议记录上报了国民党中央执委会和中央组织部①。可见，较场口事件完全是国民党内某些人有计划有预谋造成的，表示了他们对政协决议的强烈不满情绪。一叶知秋，此事发生后，社会舆论认为，国民党"如果心理上先蒙上一层阴影，对于闹嚷嚷、活泼泼的人民行动看不惯，一定要以拳头铁条打击别人表达意见的自由，那可就太危险了。以小喻大，则沧白堂的石块与较场口的铁条，可能就是国家大乱的缩影"②。2月下旬，在国民党内部分势力策动下，发生了全国范围内的反苏反共游行示威活动，进一步恶化了政协会议后的和解气氛③。

沧白堂、较场口事件和反苏反共游行，成为国民党对政协决议反对意见的一种公开表示，私下里，围绕未来政治发展走向，国民党内各派间也产生了尖锐的分歧。据王世杰所记，2月4日，国民党召开中央委员谈话会，"出席发言之委员大都为党中某一系统之人，均反对政治协商会议之结果，而尤攻击宪草案"④。这所谓"某一系统"，即操控党务的CC系的代名词，他们对政协的反对最为激烈。他们认为，中共的根本目的是夺取政权，因此"决不能妄存幻想，希冀中共和平合作"。说到底，他们是不愿放弃国民党一党专政地位带来的特殊利益，张厉生以后向黄炎培说过实话："要改组行政院，那吾们也要恐慌，问题到吾们身上

① 《国民党重庆市党部第二十次临时执行委员会会议记录》(1946年2月8日)，《政治协商会议纪实》上卷，第584—587页。方治曾建议国民党中央召开大会，宣传上述各点，但未获同意。在军统的情报中，也提到较场口事件"为CC方面所为"，"中统局所主使"(张钧陶：《"沧白堂事件"和"较场口事件"》，《政治协商会议纪实》上卷，第607页)。蒋介石事先即得到有关报告，但他避不表态，实为默许。

② 《民主的习惯》，《大公报》(重庆)1946年2月12日。

③ 有关反苏游行事见本书第四章第二节第三目。

④ 《王世杰日记》1946年2月4日。

来了。”[①]CC 系领袖陈果夫向蒋进言，“政治协商会议必无好结果。且无论如何，共党已得到好处，本党已受害。……中国如行多党政治，照现在党、政、军均未健全之际，颇有陷覆辙之可能。请临崖勒马，另行途径。并劝美国勿误中国并以自误为幸”[②]。张道藩、谷正纲等在国民党党政小组会上“对现状抨击甚力！谓一切失败，均由于不民主，要求党、总裁给予民主”！反对矛头已指向蒋介石，参会的国民党中央秘书长吴铁城无法控制局面[③]。握有实权的国民党军政官员也多反对政协。阎锡山认为，“协商愈久，祸患愈大，调处结果是助共选举，毛得政权，华南三之一，华北十之九有选举把握”[④]。而在国民党六届二中全会开会期间，中统局以重庆传言的名义报送了一份情报，声称对于政协决议，“多数国军干部咸表愤慨，成都军校学生群情哗然，认为……改组后之国府委员会及国防部即无异中共主张之联合政府与联合统帅部之实现。……各党派高呼拥护蒋主席之口号，恐口是而心非，意在逐渐减消委座权力，以法共对戴高乐之手段对委座，是可忍孰不可忍”[⑤]。值得注意的是，这一关于国民党军队动向的情报出于 CC 系控制的中统之手，他们选择这样的时间将此情报送给蒋介石，意图一目了然，即以此影响一贯重视军队的蒋介石的态度。相反，国民党内支持政协决议的一派人的声音显得较为微弱。孙科指责反对派的意见“犯了严重之错误”，称政协决议是经国民党当时表决通过的，成就很大，是国民党的成功也是国家的成功，并称如六届二中全会“压迫他，他即脱党”。王世杰认为，如果政协会议的结果使国大顺利召开，并使中共军队改编为国

① 李炳南：《政治协商会议与国共谈判》，台北永业出版社 1993 年版，第 286 页；《黄炎培日记》(1946 年 10 月 27 日)，《中华民国史资料丛稿》增刊第 5 辑，第 124 页。

② 徐泳平：《陈果夫传》，台北正中书局 1978 年版，第 935 页。

③ 唐纵：《在蒋介石身边八年》，第 588 页。

④ 《徐永昌日记》1946 年 4 月 15 日。

⑤ 《陪都传言国军干部反对政协决议之谣言》(1946 年 3 月 12 日)，第二历史档案馆，全宗一三，卷号 239。

军,则国民党的让步是有代价的,“惟欲达此目的,似须造成一种宁静的政治空气,而从国共双方相约停止互相攻击入手”。张治中认为,政协获得了圆满的成功,“从此中国结束了过去以武力从事政争的旧历史,并将步入和平建设的新时代”。邵力子提醒外界,“政界若干人士刻正企图破坏政治协商会议决议,我人必须保持镇静与忍耐的态度,勿入若辈圈套。目下政治局势紊乱已极,以是日后之政治发展实难预测”①。在国民党总裁决定一切的体制下,党内意见不同的双方都在寻求蒋介石的支持,蒋的态度决定了国民党未来政策的走向。

表面上处于两派之间的蒋介石,实际上更倾向于强硬派的意见。蒋介石对形势的分析在其 1 月 12 日的日记中写得明明白白:“颁发停战命令,以及宣布政府关于保障人民自由权利等四项要旨,在现时观之,对于政府乃为不利……但为国家前途计,此时只有忍辱负重耳!”“政治协商会议分子复杂,其真有国家观念主持公道者,实不多见”。事后他称,“政治协商会议集会的三个星期,可以说是我一生中最痛苦的时期”,是在“委曲求全”②。然而蒋为什么同意召开政协并通过各项决议呢?他曾经在 2 月召开的军事复员会议上,对高级将领解释了召开政协的原因:一,军队疲劳与空虚;二,官兵精神松懈,志气消沉,士气不振,纪律废弛,漠视命令;三,民众痛苦,经济凋零,社会困苦,大家希望安定,厌倦战争;四,国际上美国希望中国统一,希望现政府成为强有力

---

① 唐纵:《在蒋介石身边八年》,第 593 页;《王世杰日记》1946 年 2 月 3 日;《新华日报》1946 年 2 月 9 日;《时事新报》(重庆),1946 年 2 月 24 日。

② 《总统蒋公大事长编初稿》卷 6(上),第 13 页;《最近国际形势之分析与国民大会应注意之点》(1946 年 12 月 20 日),秦孝仪主编《先总统蒋公思想言论总集》卷 21,台北中国国民党中央委员会党史委员会 1984 年版,第 487 页。据李璜回忆,张群告诉他,“蒋先生肝火甚大,天天吵马歇尔将军压迫他,他不愿与中共开会了”。李认为,“蒋以正统的全国领袖自待,不愿意平等视中共”,“蒋愿意以领袖的身份封赐权位,而不愿开会讨价还价”,“国民党之二陈派受不住,复在蒋处煽动,于是愈协商则离题愈远了”(李璜:《记生平所经历的几件事》,*Li Huang Collection*,Box 1,Rare Books and Manuscript Library,Columbia University,New York)。

政府,但不希望一党专政,如果先动武,国际舆论必有不利反响。基于以上原因,所以不能不产生政治协商会议,故本会议可说是一种政策,希望大家忍耐,在本人岗位上埋头苦干,克服困难。这样的言论,蒋以后多次对党政军高级干部解释过,尤其是告诫军队将领,“我们在抗战结束的时候,因为经过这样长期的苦斗,一般部队未免精神疲惫,内容空虚,战斗的力量和纪律皆不甚健全。这在当时平汉路与津浦路各战场剿匪的经过,可以明证。因此我们不能不有一个相当的时间休养整训,来充实我们军队的力量”,“所以不能不忍受一时的委曲,求得谅解”①。无宁说,这更反映了蒋的真正想法,他对政协的态度本来是为了应付国内外环境的压力,不能不作出某些姿态。然而政协决议的达成,使中国偏向于西方式民主道路,多少出乎蒋的预计,也使蒋感到了危险。蒋在其年末反省录中写道:“自一月十日政治协商会议开会与颁发军事停止冲突令后,政府无论政治、军事各方面,皆处于被动逆势,本党中有所谓左派者,以及所谓民主同盟者,皆为共党张目,至平时所谓无党无派而自名为社会贤达如黄炎培者流,一面受俄国与共党之操纵,一面藉美国与马歇尔为其奥援,煎迫不已,故余此时之处境,乃至感痛苦。”②

蒋介石并不甘心这样的处境。会后不久,2 月 4 日,蒋在接见外国记者的谈话中,谈及改组政府时称:现在乃政党合作之开始,将来政府采取何种方式须由国民大会决定③。这里已透露出蒋不承认政协决议,而将问题留待国大解决的讯息。10 日,蒋约请国民党高级干部谈话,提出了对政协宪草决议案的十二点意见,他表示:“此次政治协商会

---

① 《张发奎日记》1946 年 2 月,*Chang Fa-kuei Collection*,Rare Books and Manuscript Library,Columbia University,New York。《特种兵的任务与努力方向》(1946 年 6 月 7 日),《先总统蒋公思想言论总集》卷 21,第 324 页。

② 《总统蒋公大事长编初稿》卷 6(上),第 348 页。

③ 中国国民党河北省党部编:《政治协商会议之经过及有关文件》,1946 年印本,第 49 页。

议中,宪草所决定之原则与总理遗教出入处颇多。余事前未能评阅条文,在协议决定以前,不及向本党代表贡献意见,以相商榷。协议既定之后,本党代表八人所同意者,党不能不为八位代表负责,虽有不同意之处,党亦只好为所派遣之代表负责也。然事实上欲据此原则作为定案,则窒碍甚多,且决不能拘束国民大会而使之通过,亦为甚明之理。"这实际是将政协决议的通过推为国民党政协代表的个人行为,无异于否定政协决议的合法性①。蒋在谈话中对政协宪草决议表示了全面的否定意见,认为"不合党纲,不适国情","不足以服党内同志之心,亦不能保证国民大会代表之不反对",实际这是利用国民党内强硬派对政协的反对,而挑动他们出面公开反对。对宪草规定的国大形式及中央和地方政制,蒋均提出了反对意见。对于责任内阁制,蒋碍于外界的议论而不便公开表态,但称之为"应顾及我国之国情及事实,不可以若干学者空想之理论,拼凑而成,致有扞格难行之处,使政府成为无能之政府,而无法做事"。此言明明白白地表示,蒋不甘作一个名义领导人,而一定要有职有权,继续独裁。最后蒋"深望今日在座之各位老同志,于此次宪草审查委员会开会时,尽保障三民主义五权宪法之责任"②。蒋的这番谈话,实际是对政协会议及其决议的全面否定,其后国民党对政协决议的否定即是从宪草决议开始,并在其二中全会上得以实现。

1946 年 3 月 1 日,国民党六届二中全会在重庆开幕。蒋介石在开幕词中表示将实行"和平建国"的方针,"我们要由战时渡到平时,要进行复员建设的工作,所遭遇的困难与阻力特别繁多。这些困难与阻力,我始终认为唯有以最大的忍耐来克服,以大公至诚的精神来消除,也要

① 根据国民党在重庆谈判期间的承诺,政协会议"协议之结果,各方面均须遵守,当然有最后之拘束力"(《国共第十次商谈记录》,1945 年 9 月 28 日,《和谈复辙在中国》第 141 页)。因此,蒋的意见实际也推翻了国民党当初的承诺。

② 《总统蒋公大事长编初稿》卷 6(上),第 41—43 页。

秉着我们历届决议‘政治问题用政治解决’的方针来处理”。然而蒋在这个讲话中，对国民党对政协决议的否定预留了伏笔，其一，他认为在宪政问题上，国民党“在不违背革命主义，不动摇国家法统之下，不惜变通总理关于建国程序的遗教，以求得和平建国的机会”。这为国民党的立场设立了界线，即“主义”和“法统”，至于对这两者如何解释，则取决于国民党的态度，而且他的关于“变通”总理遗教的说法，正为国民党内的不满者提供了攻击政协决议的口实，事实上，二中全会恰恰是以此为借口，否定了政协关于宪草的决议。其二，蒋在讲话中声称，“我们要与各政党处于同等的地位，但是我们本党还负有捍卫主义、保障民国的特殊义务。我们党的地位较之抗战结束以前已稍有不同，而在宪政实施以前，我们在法理上与事实上，还不能诿卸我们对于国家所负的责任”①。这仍然是将国民党凌驾于其他各党派之上，坚持国民党的独大地位。从蒋的讲话透出的信息，对于国民党二中全会非常关注的其他党派没有理由乐观。而在会议期间的纪念周演讲中，蒋一方面表示希望大家忍辱负重，认清环境，另一方面又声称宪草协议违反了总理遗教，并鼓励自由发言，实际目的何在一目了然。

国民党六届二中全会对战后国民党的施政方针进行了全面检讨，主题报告多达十七个，其中较为重要者为宋子文的政治报告，王世杰的外交报告，翁文灏的经济报告，孙科的政协会议报告，张群的停战问题报告，张治中的整军报告等。报告人回述了国民党在战后实行的政策措施，并为此进行了说明辩护。孙科在政协会议报告中，说明“政治协商会议的召开，完全是秉着本党多年来以政治方式解决国是的一贯政策”，并对各项决议进行了解释；认为各党派代表在会中“对于每一问题都能殚精竭虑，多为国家民族打算，少为党派利益计较”；强调“所有的协议，都在不违背革命主义，与不动摇国家法统之下，来容纳各方面的

① 中国国民党中央执行委员会秘书处编：《中国国民党第六届中央执行委员会第二次全体会议记录》，1946年印本，第6—7页。

可行的意见”①。张群和张治中的报告,对停战和整军谈判的过程及内容作了说明。

国民党六届二中全会对政治、经济、军事、外交问题进行了全面的讨论,尤其是围绕政协会议以及由此产生的对共关系问题、宪草修改问题,会议进行了激烈争论。强硬派在发言中一味指责中共,要求中共“放弃割据之政权”,“放弃武力争权之野心”,“不应以种种问题束缚领袖”,指责国民党政协代表让步过多。政协宪草修改原则为强硬派反对之焦点,他们坚持五权宪法“不容率予变更”,应实行总统制,国大“不应约束其权力”②。他们连带指责宋子文、王世杰对苏外交软弱,东北处置错误,宋子文的财政金融政策失当。此次会议争论的激烈程度在国民党历次中央全会中是少有的。宋子文、王世杰、熊式辉等人成为众矢之的,宋子文答辩时,因气氛过于激烈,“甚愤慨,其手发抖”。主张对共缓和的孙科、张群、张治中等亦噤口不言,以免成为攻击对象。为了适应会场气氛,孙科在报告中数次引用蒋介石的讲话为报告充门面,为各项报告中所仅见。张治中同样打出蒋介石的旗号,称整军问题“关系国家之存亡,最高统帅部处理此项问题,一定不致疏忽,请各位信仰最高统帅”③。只有邵力子就宪草协议“说明当时不得不有此谅解之苦衷与彼个人之见解”,被人称为“为人算有担当”④。而在强硬派方面,张继、邹鲁、潘公展、方治等极为活跃,谷正纲“慷慨陈词,垂泣而道”;善于演讲的刘健群在发言中极具煽动性地说:“有办法拿出来,没有办法说出来,干得了挑起来,干不了放下来”,博得会场内一片欢呼⑤。不仅如此,以陈立夫为代表的党内“革新派”,以“救国必先救党”,实行民主革

① 青年远征军第二零八师政治部编:《中国国民党第六届二中全会辑要》,1946年印本,第83—90页。

② 《中央日报》(重庆)1946年3月8日。

③ 《国民党二中全会面目》,1946年印本,第101页。

④ 唐纵:《在蒋介石身边八年》,第597页。

⑤ 唐纵:《在蒋介石身边八年》,第597页。

新为口号，打着“肃清官僚主义”的招牌，提出一系列“革新”主张，以通过自己掌握的组织系统，控制选举，取代党内温和派的地位①。据当时美国陆军部战略事务组的情报，二中全会“最突出的地方就是对政协决议的攻击以及对国民党政协代表们个人的攻击，总言之，是对整个政协决议的不满，但不满的焦点却集中在关于修改宪法的协议”。他们认为，“这一切都说明国民党是故意为了应付公众，特别是美国人，表示他们保证实施政协决议，而他们实际活动的精神却丝毫不意味这一点”②。

二中全会如此激烈的争论，可能也出乎蒋介石事先的预料。他对会议的几近失控不满，感觉党内如此互相攻击，对国民党自身形象和地位都未必有利，因而他不能不表明自己的态度。3 月 4 日，蒋在纪念周演讲时，告诫代表不能“徒逞感情，执持成见，各行其是”；“切不可作片面的观察，感情用事，凭幻想和主观来决定行动，以致破坏整个的政策

① 据程思远回忆，革新运动认为：政学系利用与总裁接近的关系，提出各种建议，然后挟总裁手令以压人。例如此次政治协商，本党中央并未作出任何决策，本党八个代表，也没有一个共同的方案。某些代表不惜牺牲本党的立场以谋与共产党达成妥协，藉此维持其既得的权位。此种走私勾当，再不能这样继续发展下去了。因此他们提出：总裁最后决定权只能在中央执行委员会会议上行使，而不能以面谕或手令方式变更中央决议；总裁最后决定权只能在议案经过充分讨论并付表决后认为必要时行使，不能在议案尚未表决前先作决定，致妨碍自由讨论；中央常务委员应由中央执行委员会以无记名方式投票选举（以往是总裁指定），中央各部会首长应由总裁提名经中常会通过任命。此案如通过，国民党中央权力将全部置于掌握了组织大权的 CC 派控制下。对于这种限制总裁权力的举动，蒋介石颇不以为然，当革新派向其游说此项提案时，蒋训以“本党的组织原则是民主集权制，你们主张民主固无不可，但不要因民主而忘了集权”。由于蒋的反对，革新派的主张终未如愿（程思远：《政海秘辛》，北方文艺出版社 1991 年版，第 188—189 页）。

② 《美国陆军部战略事务组关于国民党六届二中全会会议情况的报告》（1946 年 4 月 1 日），中共江苏省委党史工作委员会、中共南京市委党史资料征集编研委员会、中共代表团梅园新村纪念馆编：《中共中央南京局》，中共党史出版社 1990 年版，第 480、485 页。

和终极的目的”。他强调政协不是在国内外压力下召开的，而是出自他本人的决策，“不必责备本党的代表”。然而对于国民党内反对最强烈的宪草协议，蒋却表示“有若干点实在与五权宪法的精神相违背，这不仅各位已经感觉到，我个人也有同样的感觉。但是这件事情是否即已不能挽回呢？我认为这是不会没有挽救的办法的。宪草正在审议，而且将来要提到国民大会去采纳，国民大会的权限，自不受任何的约束，所以我们尽有讨论的余地，各党派如有真诚合作的诚意，也不能漠视本党的立场”。他强调“我希望各位都相信我，我决不会不忠于党，不忠于主义，而且绝不肯违反了总理遗教的。所以我绝对不会抛弃五权宪法而不顾的”。最后蒋总结说：“这一阶段，必须平心静气，体察国内国外的环境，采取适当的政策，来达到一定的目标，决不可意气用事，感情冲动，以致破坏政策，而使革命建国的目的愈形遥远。”11日，蒋又在纪念周演讲中表示：“这次政治协商会议的召集，完全由我负责，你们不能责备负责政协的八位代表，你们如果一定要责备他们，就不如直接来责备我。至于政治协商会议对‘五五宪草’修正的原则，违反三民主义五权宪法与党纲的地方，我们自然不能接受，我个人将来到国民大会里面，也一定要负责力争，总要依据三民主义五权宪法和党纲来加以修正。”①蒋介石的这些表示具有两重意义。一方面，他对党内强烈的反政协情绪予以警告，以保证全会至少在表面上不通过反对政协的决议；另一方面，他又为党内反对政协决议的主张留下了发挥余地，尤其是在宪草问题上。前者是做给美国人和舆论看的，后者是在实践中必须坚持的。

在蒋介石一打一拉的操控下，国民党重要领导干部何应钦、陈诚、吴铁城、朱家骅，包括对立双方的人物陈立夫和张治中等，多少领会到蒋之苦心，在会下商谈中要求“不要责难太过”，使会议总算得以正常进

① 《认识环境与遵循政策的必要》(1946年3月4日)，《革新党务之要道》(1946年3月11日)，《先总统蒋公思想言论总集》卷21，第262、266—267、272页。

行。3月16日，国民党六届二中全会根据张继等人的提案，通过《对于政治协商会议之决议案》。这个名为关于政协的决议案，对于政协决议没有明确表示赞成还是反对的态度，只提到"于各项协议之实施进程中，凡有足为和平建国之阻碍者，胥必力为排除"。对于政协决议的中心问题"政治民主化"和"军队国家化"两事，该案完全责之于中共，要求中共"使政治民主化之原则不致因任何障碍而不能普遍实现"，对于整军协议，中共"务须切实履行。尤其目前一切停止冲突，恢复交通之成议，必须迅确实现；封锁、围城、征兵、扩军及军队之调动，必须即刻停止"。国民党作为当时的执政党，对于"政治民主化"和"军队国家化"负有无可逃避的责任，然国民党于此独责中共，而对自身责任只字不提，一党独大的心态之外，无非是将能否实现政协决议的责任诿之于中共。更关键的是，决议提出"五权宪法乃三民主义之具体实行方法，实有不可分离之关系。……绝不容有所违背。所有对于'五五宪草'之任何修改意见，皆应依照建国大纲与五权宪法之基本原则而拟订，提由国民大会讨论决定"①。综观该案全文，在对政协决议起码的表面赞成都很暧昧的文字中，独独对于宪草问题有如此明确的文字表述，显示国民党势将以此为借口，为政协决议的实行制造障碍。而这样的决议还是在蒋介石公开表态之后才得以勉强通过，可见国民党内对政协决议反对力量之强烈。

为了将对政协宪草的修改意见具体化，二中全会通过决议，要求：1. 宪法应以建国大纲为依据；2. 国民大会应为有形组织，用集中开会方式行使职权；3. 立法院对行政院不应有同意权及不信任权，行政院亦不应有提请解散立法院之权；4. 监察院不应有同意权；5. 省无须制定省宪②。这个决议实际主张"五五宪草"一仍其旧，无异于否定政协会议通过的关于宪草的决议。同日，二中全会决定国府委员由国府主

① 《中国国民党第六届中央执行委员会第二次全体会议记录》，第118页。

② 《中央日报》(重庆)1946年3月17日。

席提请国民党中央执行委员会选任，在中执会闭会期间，提请中常会选任；在国防最高委员会撤销后，恢复设立中央政治委员会，作为国民党对于政治的最高指导机构。这两项决定实际又将政务置于国民党控制之下，违反了政协决议各党派协商的民主原则。

17日，六届二中全会通过全会宣言后闭幕。宣言提出国民党的六项任务为：1. 安定社会，恢复秩序，完成复员计划，以开始和平建国的工作；2. 如期召开国民大会，还政于民，以达成我们实施宪政的夙愿；3. 说明我们对于贯彻政协决议的诚意，与坚持五权宪法的决心；4. 贯彻军队国家化，以立和平统一的基础；5. 实行六大着重民生主义的方针；6. 贯彻保持国家主权而巩固世界和平①。紧接着二中全会，国民党控制的国民参政会于3月20日至4月2日召开四届二次会议。4月1日，蒋介石在会上发表演讲称：宪法的最后决定权属于国民大会；在宪法未颁布前，训政时期约法根本有效；政协会议本质上不是制宪会议，政协会议关于政府组织的协议，本质上不能代替约法；如政协果真成为这样一个性质的会议，我们政府和全国人民是决不能承认的。蒋的演讲对二中全会决议又加引申与发挥，在所谓民意场合表明了反对政协的态度。在其鼓动下，参政会通过的关于政协的决议声称：国家法统，不容中断，政府扩大组织，尤应以国家利益为重；宪法制订原则应根据三民主义和五权宪法理论；要求广为延揽民意机关代表参加国大，强调中共应取消特殊组织，实行军事整编②。这样，国民党二中全会决议便通过"民意"招牌而"合法化"了。

六届二中全会是战后国民党召开的最重要的一次中央全会，为国民党的战后政策决定了基本框架，然而这次会议带给社会各界的却是

① 《中国国民党第六届中央执行委员会第二次全体会议记录》，第145—147页。

② 《中华民国重要史料初编》第七编第二册，第496—498、267页。国民参政会委员企图通过参加国大而继续自身的政治参与，国民党则利用这一点提出进一步增加国大代表名额的提议，从而推翻中共与民盟合占的四分之一否决权，因而受到中共的坚决反对。

重重疑虑。除了重复一些以往的空洞许诺之外，此次会议未能在政治民主化方面带来任何新东西，相反，会议对政协决议实际的否定，使刚刚为政协决议给中国带来的新变化而感到一些欢欣的社会各界心中又抹上了重重一层阴影。各界舆论在二中全会开幕前后，本期望国民党“接受政治协商会议的各项协议，循和平民主之路向前进步”①，然而二中全会的结果使这种期待终归落空。民盟主席张澜认为，国民党二中全会“目的无非在维持国民党一党专政的实质与形式，把各党派参加政府变成请客。所以国民党二中全会违反政协的决议，我们不能不加以重视。如果这些问题不弄清楚，我们同盟为对国民负责计，不愿贸然参加政府”。为政协宪草做出贡献的张君劢认为：“国民党内有少数人希图采用总统制是不对的”。无党派人士邵从恩认为：政协决议是全国都赞成的，中国目前的问题，除此也没有可以解决的途径。即使与国民党较为接近的青年党领袖陈启天也认为：应将政协宪草提交国大讨论，如果有几个草案同时提交国大，徒引起纠纷②。天津《益世报》认为，二中全会表明国民党内“握有实权之强硬派人士，正猛烈抨击目前若干从政之进步派人士，责渠等执行之外交财经等政策均有错误，并对政协表示不满”③。

对国民党二中全会作出强烈反应的首推中共。政协会议之后，中共立即召开中央会议，认可并力促政协决议的实行。但是中共也知道，作为当时的执政党，国民党的态度对政协决议能否顺利实行具有举足轻重的作用，因此中共一直密切关注着国民党中央全会的动向。可是会议的结果却使中共非常不满，因为国民党实际抛弃了政协决议的精神。国民党如此作法，使本就缺少互信的国共两党之间，再次出现了

① 《诉诸国民党的智慧》，《大公报》(天津)1946 年 3 月 4 日；《所望于二中全会者》，《时事新报》(重庆)1946 年 3 月 2 日。

② 学习知识社编：《评二中全会》，1946 年印本，第 15—18 页。

③ 《益世报》(天津)1946 年 3 月 7 日。

信任危机。中共感觉国民党的不可信，必然要相应调整自己的政策，而中共的政策调整又会反馈给国民党，国内和平的希望就在两党关系的恶性互动之中日渐黯淡，所有这一切不能不自国民党二中全会始①。

五　中共对政协会议的评价

政协会议通过的一系列决议，在推动中国政治民主化、确立和平建国道路上迈出了一大步，对于中共是有利的，因此中共给予了积极的评价。政协刚刚结束，2 月 1 日，中共中央即发出刘少奇主持起草、毛泽东修改审定的《关于目前形势与任务的指示》，认为："由于这些决议的成立及其实施，国民党一党独裁制度即开始破坏，在全国范围内开始了国家民主化。这就将巩固国内和平，使我们党及我党所创立的军队和解放区走上合法化。这是中国民主革命一次伟大的胜利。从此中国即走上了和平民主建设的新阶段。"指示提出："中国革命的主要斗争形式，目前已由武装斗争转变到非武装的群众的与议会的斗争，国内问题由政治方式来解决。党的全部工作，必须适应这一新形式。"为此，党将停止对于军队的直接指导，准备整编军队，学习合法斗争、上层斗争和大城市的斗争。指示特别强调："党内目前主要危险倾向，是一部分同志中的狭隘的关门主义。……在以后一个时期，国内和平民主新阶段

① 国民党中央秘书长吴铁城以后曾经对第三方面代表说，千不该，万不该，国民党最不该。一不该，较场口；二不该，二中全会；三不该，东北纠纷，致把政协议案搁起。如果当时打铁趁热，立即将政府改组，则一切没有问题，中枢下令执行，便不得有异议了(《黄炎培日记》1946 年 6 月 18 日，《中华民国史资料丛稿》增刊第 5 辑，第 107 页)。邵力子也对周恩来说：如照政协决议，当时即应改组政府，一气呵成，情形要好得多。不幸，当时未改组政府，以至六个月中局势更坏，彼此更不信任了(《政府已在各地扩大军事动作》，1946 年 7 月 3 日，《周恩来一九四六年谈判文选》，第 512 页)。

更加确定，并为广大群众看清之后，在国民党实行若干重大改革之后，右倾情绪即可能生长起来，并可能成为主要危险倾向，那时我们就要注意克服右倾情绪。但在今天则应注意克服一部分同志中的左倾关门主义。”①同一天，刘少奇在延安作报告，对这个指示作了进一步的解释②。他在报告中说，这次是苏美英三国、国共民盟三党、工农小资产阶级中等资产阶级三个阶级合作，使中国走上民主化道路，条件和环境比过去都好，因此中国的民主化是有希望的。我们党的全部工作要实行改组，实行转变，党要适应目前这个新的形势，从武装斗争为主转变到非武装的政治斗争。这个变化是一个带基本性质的变化，而且牵扯的很广泛，牵扯到党的全部工作需要转变，需要加以改组。他在报告中用了不少篇幅解释军队问题，认为实行军队统一整编是我党的一个必要让步，好处是换来了我们军队的合法化，国家的民主化，合乎党和人民的利益，而且丝毫没有改变我们军队的本质。以后主要依靠搞群众斗争，议会斗争，合法斗争，这方面我们比国民党要好一些，熟练些。刘少奇在报告中强调了反对狭隘的左的关门主义的重要性，认为这来源于我们党与国民党长期的斗争，使党内外许多人不相信内战可以停止，和平可以到来，因此不愿与国民党合作，不重视合法斗争，这种倾向是危险的，对今天新的形势新的任务是不适合的。刘少奇在报告最后总结说，我们经过了整风，又经过了七大，我们党有充分的经验，克服左右倾偏向。所以我们应该相信不会发生大的问题也不会有大的危险③。

① 《中央关于目前形势与任务的指示》(1946 年 2 月 1 日)，《中共中央文件选集》第 16 册，第 62—67 页。

② 自上年 11 月中旬起，毛泽东因为疲劳过度、身体不适而暂时休养，中共中央的工作由刘少奇主持。

③ 刘少奇：《时局问题的报告》，1946 年 2 月 1 日。因为是口头报告，其中一些提法与中共正式文件相比，更随意一些，因而刘少奇的这个报告在中共党内始终存在争议，刘少奇以后也承认这个报告中“有些话讲得不妥当”(林蕴晖：《高岗发难与中共七届二中全会的召开》，《中共党史资料》第 57 辑，第 150 页)。但是因为中共对形势的估计很快便发生了变化，因而这个报告的精神在中共内部并未起到太大影响。

从中共的指示和刘少奇的报告看，中共认为政协决议虽然与自己的主张仍有距离，但基本上是合乎人民利益的，表示欢迎，准备力促其实行，这就是中共在政协会议之后一度实行的“和平民主新阶段”方针的由来①。

政协闭幕之后，中共对于全国进入“和平民主建设的新阶段”的估计，通过延安权威人士评论和朱德在延安庆祝和平民主大会上讲话的形式公之于众②。2月1日，周恩来在会见蒋介石时，转达了毛泽东军党分立、长期合作的意见，并告以毛将参加政府。在当天举行的记者招待会上，周表示，中共在政协会议上作出了很多让步，是因为中共认为中国政治的进步不可一蹴而就，国民党也有很多让步，现在已经进入和

---

① 周恩来过后曾经总结说：在政协决议中承认了联合政府。照政协的决议改组的政府，就是联合政府。当然这与我们的新民主主义还有很长的距离，但如照政协做下去，则是向新民主主义的方向发展。这个决议实际上也就是实现了毛泽东同志的路线，我们对此要有个深刻的认识，政协路线就是毛泽东同志《论联合政府》的路线，这将是今后长时期的奋斗目标（《一年来的谈判及前途》，1946年12月18日，《周恩来选集》上卷，第256页）。

② 2月1日，延安权威人士评论政协决议为，“中国在全国范围内即将开始脱离国民党一党专政，而走上国家制度民主化的第一步”，“中国从此无疑的走上了和平民主建设的新阶段”。3日，朱德在延安庆祝和平民主大会上更明确说：“从大局方面来看，国内和平局面，是已经确定了。全国民主化的方向，也是已经确定了。我们的国家，从此已走向和平民主与建设的新阶段。这个事实已经不能抵抗了，已经不容怀疑了，这是中国民主革命一个非常伟大的胜利。”（《和平民主新阶段的指针——国共停战协议及政治协商会议重要文献之二》，1946年印本，第1、7页）刘少奇在2月初会见美国驻延安观察组成员时，作了同样的估计，他认为反动派修正政协决议的可能性是存在的，但随着民主化的进程，这种可能性越来越少。当前的主要任务是起草一部基于美英议会制和内阁制基础的宪法并实行之（Ariyoshi to Fairbank and Conners, Feb. 3, 1946, Westad, *Cold War & Revolution*, p. 149）。

平时期，中共愿与国民党及各党派长期合作，以后不是武装斗争了①。2月2日，中共中央电告陈毅巩固华中现有地区，因中央机关将来可能迁淮阴办公②。2月6日，中共中央电告周恩来，提出中共准备参加改组后的国民政府委员名单，包括毛泽东、林伯渠、董必武、吴玉章、周恩来、刘少奇、范明枢（如范不能去则提彭真）、张闻天八人，并以周恩来、林伯渠、董必武、王若飞分任行政院副院长、两部长及不管部③。同时以周恩来、董必武、吴玉章、秦邦宪、何思敬五人为宪草审议委员会中共委员。7日，中共中央向各地发出指示，认为国民党内在政协后已起分化，一派支持政协决议，另一派则反对，“我们的方针是争取蒋介石国民党继续向民主方面转变，以实现国家民主化，孤立国民党内部的反动派。我们现在应谨慎的与蒋介石、孙科、王世杰、邵力子及政学系等人合作，进行民主化工作，而反对西西复兴两系中的坚决反民主分子”。为此，“中央决定暂时与国民党成立宣传休战，停止对于国民党的宣传

① 《周恩来年谱》，第642页；《新华日报》1946年2月2日。周恩来在此时期的一次中共政治局会议上谈到与国民党合作的一些设想：我们与国民党，准备搞几个君子协定，长期合作，不搞两党交替（执政）。长期合作的办法是：1. 保持政府以外的两党协商（政协可普遍化，遇有争论即协商）；2. 联合选举；3. 公开说明四分之一否决权，备而不用；4. 有效地参加政府，不仅今天，宪法实施后亦如此（引自王沛：《全国解放战争时期国共谈判述略》，《中共党史研究》1992年第4期，第51页）。

② 张治中于3月初随军事三人小组巡视到延安时，毛泽东曾对他说：我们将来当然要到南京去，不过听说南京热得很，我怕热，希望常住在淮安，开会就到南京（《张治中回忆录》，第750页）。可见中共当时确有将中心移至苏北并参加政府之意。

③ 《毛泽东年谱》下卷，第56页。据国民党称，中共要求为交通、经济两部部长和军政、财政、内政三部次长。周恩来解释中共之所以要求这两个部，一是国防、财政、外交等重要的部国民党不会同意，二是这两个部多是和美国合作，可以使国民党放心。国民党六届二中全会导致改组政府一事搁浅后，国民党于5月16日局部改组行政院，任命接近国民党的无党派人士王云五为经济部长，俞大维（名义上是无党派人士，实为国民党秘密党员）为交通部长，刚好占据了原定中共所占席位，周恩来认为“这不过是对付中共而已”（《总统蒋公大事长编初稿》卷6上，第113页；《现在的中心问题是东北》，1946年5月27日，《周恩来一九四六年谈判文选》，第362页）。

攻势”。对于国民党内反动派的反动措施的批评,“应该指出这是反动分子的行动,使之与整个国民党及蒋介石分开”[1]。从2月1日到7日,中共在国统区的舆论喉舌《新华日报》连续发表社论,对蒋介石和国民党在政协的态度表示肯定,对“在蒋主席领导下”,国民党能够实行政协决议寄予希望,提出各党派长期合作,民主协商解决中国问题。从抗战中后期国共关系恶化之后,这样的言论出现在中共党报上还是很少见的。

自停战以后出现的国内和平局面,与马歇尔的调停是分不开的。马歇尔此时表现的对国共大体不偏不倚的态度,尤其是主张实现西方式民主带给国民党的压力,也使中共较为满意。周恩来在政协会议结束时特意告诉马氏:“我们认为你这次在处理停战的态度和方法上是公正的。中共愿在像你所表现的这种公正的态度和方法的基础上,在地方以及在全国的范围内和美国合作。我们认为中国的民主要走美国的道路,因为中国今天没有社会主义化的条件,虽然我们在理论上是主张社会主义的,但在今天不打算且不可能把它付诸实施。我们要学习美国的民主和科学,要使得中国能进行农业改革和工业化,企业自由,发展个性,以达成建立一个独立自由富强的国家。”周恩来还对马氏说,外传毛泽东要去莫斯科,毛觉得很好笑,如果休养,他宁愿到美国去休养,在那里还有许多东西要学[2]。9日,毛泽东在和美联社记者的谈话中表示:政治协商会议成绩圆满,令人兴奋。但来日大难,仍当努力,深信各种障碍都可加以扫除。总的方面,中国走上民主舞台的步骤,已经部署完成。共产党于此准备出力拥护。综观中国内部及世界大势,各种情形实利于转趋民主的新方面[3]。这些表示使马歇尔很是受用,也增

① 《中央关于争取蒋介石国民党向民主方面转变暂时停止宣传攻势的指示》(1946年2月7日),《中共中央文件选集》第16册,第72—73页。

② 《中共愿在公正的基础上同美国和国民党继续合作》(1946年1月31日),《周恩来一九四六年谈判文选》,第92—93页。

③ 《新华日报》1946年2月13日。

强了他调处成功的信心。

2月上旬的十天时间，是中共对形势估计最为乐观的一个时期。这种乐观估计的基础，一方面是中共认为蒋介石处于国民党内左右两派之间，将蒋定位于中派，因此认为，经过斗争有可能争取蒋在一定程度上实行民主；另一方面是中共对美国的作用估计过高，认为美国可能压蒋接受民主改革。然而就当时的实际而言，国民党内对政协决议确实有不同意见，但蒋并没有居其中，而是自始即站在反对派一边，对此即便国民党内赞成政协决议的一派人也没有完全估计到，而美国对国民党的态度不会离开其基本立场，这是杜鲁门在马歇尔到中国之前的指示中已经明确的。因此，中共当时对于形势的判断确实不无过于乐观之处。

但即使是在这一时期，中共仍然对形势可能的发展保持着一定警惕。2月2日，中共中央召开书记处会议，认为：政协成功很大，整个和平民主趋势是确定的。但民主化的具体过程与结果还没有看到，民主化过程必然很慢，还须寸土必争，针锋相对。尤其对军队整编问题，中共认为要慎重，目前国家民主化的前途还不明朗，如果我们把军队交给国民党，失去对军队的控制权，我们的发言权即降低，即成为民主同盟，民主化就反而没有希望①。2月8日，中共中央发出指示：要求全党全军保持清醒的头脑，一方面要尽量争取和平民主新阶段的到来，即使很短时间也对人民有利，一方面要积极做好迎接全面内战到来的准备②。

2月10日，重庆发生较场口事件，其后明显有国民党势力支持的背景，同时在整军谈判中，马歇尔提出国共军队混编方案，引起了一直关注国民党动向和军队问题的中共的警惕。2月8日，刘少奇在为中共中央起草给重庆代表团关于整编军队问题的指示电中，提出："美蒋的目的仍是在政治上让步，军事上取攻势，即最后夺取我之军队，此种

① 《任弼时年谱》，第508页。

② 《毛泽东军事年谱》，第473页。

阴谋必须严重注意。”[①]11 日，董必武和王若飞在回延安汇报时，提出了十一点意见，重点在于：失掉军队就失去一切，无论在任何情况下都不要忘记控制在手；力争和平，避免内战，但又要有不怕内战的准备；力争全国和平民主统一是在不丧失解放区政权及军队根本上的统一；马歇尔的整军计划是在用一种新的方法来消灭我们军队；他的国共军队合编及分驻计划，有使我们军队被化掉的危险。身处谈判第一线的代表提出的意见无疑引起了中共党内高层的重视。毛泽东阅后批示：“此意见书所取立场及态度是正确的，因而是可以预见与预防将来之危险的。”[②]次日，毛泽东、刘少奇、彭德怀和王若飞讨论了整编军队方案问题，决定与国民党合作，力求和平解决东北问题，但毛泽东在讲话中强调了独立性的问题，他认为：美国和蒋介石要以全国军队统一来消灭我们，我们要统一而不被消灭。军党分立还不是最危险的，合编分驻才是最危险的。杂牌军还没有与蒋介石的嫡系部队合编的，连杂牌的集团军都没有与蒋介石嫡系部队掺杂合编。我们只有对付好，才能摆脱危险。全国军队统一，原则上我们只好赞成，实行步骤要看具体情况，这是我们与法国不同的。刘少奇则认为，以军队国家化换取国家民主化的思想有危险性，国民党是不会使它的军队国家化和民主化的，在这一点上不可有幻想[③]。这与中共最初的乐观态度已经有了一定的区别。

政协会议结束后，各方都在等待国民党二中全会的召开，但在此期间发生的一系列事件，已经使中共提高了对国民党否认政协决议可能性的警惕。2 月下旬，全国各大城市发生大规模反苏游行，并由此发生冲击重庆《新华日报》和北平军调部的反共行动，中共认为这是国民党内反动派“企图撕毁停战令、政协决议与挑拨中苏、美苏邦交的法西斯阴谋充分暴露”，“应立即发动一个宣传的反攻”，虽然中共此时仍强调

① 《刘少奇年谱》下卷，第 19 页。

② 《董必武年谱》，第 245 页。

③ 《毛泽东年谱》下卷，第 56—57 页；《刘少奇年谱》下卷，第 20 页。

“不要一般的反对国民党、国民政府与政府军，不要反蒋”①，但一度平静的政治局势再度紧张，国共双方的怀疑和猜忌进一步加深了。

国民党六届二中全会的结果，使中共改变了原先对形势的估计。3月15日，国民党二中全会即将结束，中共中央政治局举行会议，毛泽东在发言中提出对时局的四条分析：1. 战后，民主在向前发展；2. 法西斯残余势力与同盟国内的亲法西斯势力已经在组织反苏反共反民主的反革命运动，这些反动势力是当前和今后的主要敌人；3. 各国资产阶级分裂为反苏反共与和苏和共两大派，和苏和共派又包括资产阶级的中派和左派，如蒋介石就是中派，这就产生了妥协的可能性；4. 党的路线是联合广大人民和资产阶级的中、左派，打倒法西斯残余势力和资产阶级中的反革命势力。毛强调：“不管风浪多么大，这几条我们要把握住。第一条很清楚，第二条是人们容易忘记的，稍为平静一点就忘了。二月一日到九日就忘了，较场口事件一来就又记得了。马歇尔能够放长线，蒋介石也和何应钦有不同，假如美蒋有一个放长线的，放半年我们有些人就会忘了第二条，就会觉得天下太平、四方无事，那就危险得很。我们的军队是要缩编的，但不是缩编得越少越好，一些同志不知道这些，需要说清楚。”②刘少奇在总结时提出中共的方针是：“打起来，有了准备；不打，更好。”③蒋介石虽然还被列为中派，但中共对国民党的态度和对中国未来形势的估计已有了明显变化。国民党二中全会结束的当天，毛泽东为中共中央起草致重庆代表团电，提出“如果蒋介石坚决要修改宪法原则，我们便须考虑是否参加政府及是否参加国大问题。我党国府名单及国大代表名单暂勿提出”。同时指示代表团，“闻二中全

① 《中央关于对国民党反动派发动宣传反攻及应注意事项的指示》(1946年2月25日)，《中共中央文件选集》第16册，第83—84页。

② 《关于时局的四条分析》(1946年3月15日)，《毛泽东文集》第4卷，第96—98页。

③ 中共中央文献研究室编：《毛泽东传》(1893—1949)，中央文献出版社1996年版，第755页。

会决议很坏，我们应展开批评攻势，针锋相对，寸土必争”①。18日，中共中央向各地主要负责人发出指示，通报国民党二中全会的情况，要求“各地应严重注意和警惕”。指示指出：“最近时期一切事实证明，蒋介石反苏、反共、反民主的反动方针，一时不会改变的，只有经过严重的斗争，使其知难而退，才有作某些较有利于民主的妥协之可能。”此电在对形势估计上又进一步，蒋介石不再被列入争取对象而强调其反动性，中共对前途的估计也由“和平民主新阶段”转变为力争“某些”妥协。这个指示提出，“我们反对分裂，反对内战，但我们不怕分裂，不怕内战，我们在精神上必须有这种准备，才能使我们在一切问题上立于主动地位”②。同日，中共中央在给重庆代表团的指示中说：“国民党二中全会是坚决反对国家民主化的，他们必然坚持要修改宪草原则，国大代表名额他们又擅自增加，我与民盟在国大保持否决权将不可能。在这种情形下，我们决不能参加国大，参加政府。”③

3月18日，中共中央发言人发表谈话，提出：“宪法原则协议，必须百分之百实现，反对有任何修改，并呼吁一切民主人士与全国人民准备为此神圣的任务进行严重的奋斗。”④同一天，周恩来在重庆举行记者招待会，表示二中全会的结果“令人失望”，“动摇了政治协商会议的决议”。他对国民党在保障人民权利、改组政府、国大、整军、停战诸问题上违反协议的表现提出了批评，关于宪草问题，他认为这是关系中国民

① 《甲乙致丙丁电》(1946年3月17日)，中央档案馆卷90，第9号。

② 《中央关于坚决反对国民党反动派破坏政协决议的指示》(1946年3月18日)，《中共中央文件选集》第16册，第97—98页。

③ 《甲乙致丙丁电》(1946年3月18日)，中央档案馆卷90，第10甲号。据马歇尔的报告，因为国民党二中全会对政协决议的态度，中共将预定于3月底举行的批准政协决议的中央全会延期，并拒绝送交其军事单位的全部名册，包括将保留的18个师的名册和最初两个月军队复员的日程，而根据规定，应该在整军协定公布后三周内送交这些名册。国民政府已在3月26日送交了这些名册(*Marshall's Mission To China*，Vol. 1，p. 66)。

④ 《解放日报》1946年3月19日。

主或独裁的大问题，国民党二中全会违反民主的做法，是任何人不能忍受的。他特别提到："亲自主持政协的蒋主席，竟使顽固派的要求得在国民党二中全会中通过，实使我们奇怪。"他表示："政协的一切决议不能动摇或修改，这是由五方面代表起立通过的，应成为中国的民主契约。谁要破坏，谁就是破坏今天中国的民主和平团结统一。"①随后，中共报刊发表一系列公开批评国民党二中全会的文章，直至 4 月 7 日，《解放日报》发表《驳蒋介石》，公开批驳蒋在国民参政会的演说，表明政协之后的一度宣传休战结束②。这样，中共与国民党在政协决议上的分歧由此而公之于众，而中国政治的特点决定了，没有国共两党的合作，中国的和平是不可能的。

六 政协决议的实行与顿挫

政协会议闭幕后，会议通过的各项决议开始进入实施程序，其中最重要的就是改组政府和讨论国大召开问题。然而，国民党方面的一系列举动，使这些商谈很难保持原有的和谐气氛。

国民党修正政协决议的突破口就是关于宪草原则的决议。政协会议通过宪草修改决议后，拥护国民党观点的宪法专家频频公开撰文，从法理角度论证政协宪草修改原则的不合实际，声称"如果曲解了五权宪法的原则而制定的宪法，也不是我们所需要的宪法"，主张至少坚持下面三种主张：国民大会应有形的存在以行使四种政权；五院行使治权，不容与政权相混；省长可以民选，但不主张省宪③。实际即反对政协宪草的国会制、内阁制和省自治原则，而主张中央集权、大权独揽的总统

① 《新华日报》1946 年 3 月 19 日。

② 《解放日报》此文被国民党认为是"诬蔑元首"，国民党各报因而一致发起对中共的攻击。

③ 杨幼炯：《宪法中必须坚持的几个主张》，孔繁霖编《五五宪草之评议》，时代出版社 1946 年版，第 87—88 页。

制。在人皆认为“五五宪草”总统权过大时，他们反认为“五五宪草”“对总统限制太严”，“限制总统权力的规定也实在太多”；攻击政协宪草原则与“五权宪法之精神大相径庭，而且十之七八皆根本欠妥”，尤其是“对于中央政制之拟议，几无一是处”①。宪草审议会的领衔专家、立法院秘书长吴尚鹰认为：中国现时所最需要者，为政局之安定。是以“五五宪草”之国民大会制度，或与欧美之议论政治不同，民权之行使或为间接，而总比议会制减少政潮起伏与政局动荡之虞，实值得国人慎重考虑，不必泥于欧美成例，为偏见所困，使民国初年错误上演也。现政治协商会议对国民大会原则，提出修正，实有重加考虑之必要②。政局安定唯有中央集权，中央集权唯有以国民党为主导，这就是国民党的逻辑。

政协结束后，首先成立了宪草审议委员会，由参加政协的五方面各出五名代表组成，另聘吴尚鹰等会外专家十人（其中六人为“五五宪草”起草人），由孙科为召集人。任务是根据政协通过的宪草修改原则，参酌各方意见，制成《五五宪草修正案》，提供国民大会讨论采纳。根据会议程序，该会如对政协宪草原则作出修正，必须得到五方面的同意，宪草条文以出席者三分之二多数通过。2 月 14 日至 19 日，宪草审议委员会举行审议会议，就宪草问题作原则探讨。国民党代表主张对宪草原则有关国大、立法与行政关系、地方自治问题作出修改，部分无党派人士和专家附合国民党的主张，中共与民盟代表反对对政协宪草原则作重大修改，青年党和部分无党派人士的态度则左右摇摆③。值得注

① 范予遂：《对于五五宪草与宪政期成会修正案之比较研究》，陈长蘅：《评政治协商会议所拟定之宪草修改原则》，《宪草修改原则批判集》，第 116、118，57、63 页。

② 吴尚鹰：《对协商会议改订宪草原则意见》，李旭编：《政治协商会议之检讨》，时代出版社 1946 年版，第 182—185 页。

③ 青年党在立法与行政关系上，主张大体维持政协原案；在国大问题上，认为如一定要恢复有形国大，可限制其权力为选举总统与制定宪法；在地方政制上，主张省的地位应提高，但省宪可称为省单行法。无党派委员中，王云五等与国民党一致，而傅斯年仍基本赞成政协宪草原则，但不赞成制定省宪（《宪草审议会第一至六次会议》，孔繁霖编：《五五宪草之评议》，第 291—307 页）。

意的是，在政协期间同意修改“五五宪草”的孙科，此时的态度有明显变化，认为政协宪草原则关于国民大会各点有不妥之处，而有形国大可补救各国议会制度之缺陷①，从而也埋下了以后宪草审议纠纷的种子。

3月8日至16日，宪草审议委员会连续举行审议会议，对宪草问题进行实质性讨论，中央和地方政治体制问题仍为讨论的焦点。国民党方面主张对政协宪草原则进行修改，尤其对于国大，坚决主张恢复为有形。王宠惠提出，将国大恢复为有形国大，实行总统制，省不必制订省宪。参加会议的制宪专家也都附合国民党代表的主张，这些主张与正在进行的国民党二中全会反对政协决议的要求正相呼应。

国民党在宪草审议中的主张，在其他方面引起不同的反应。中共与民盟对于国民党的主张持反对态度。张君劢撰文全面而尖锐地反驳了国民党二中全会提出的宪草修改意见，他认为：1. 照“五五宪草”所规定之国民大会，人数虽多至一千五百名，而在全体选民，仍占绝对少数，此与代议政治何异。何况国大三年开会一次，会期仅一月，名为有形，实等虚设，其去中山先生主权属于国民全体之意义，不啻十万八千里。以四权属于千五百人，名为尊崇中山先生，实假中山先生之名，以行专制之实；2. 国民党主张采用总统制，然在其心目中，政府之权力，宜如英制，但不要对议会负责。总统之地位，宜如美制，以防止政府动摇。试问内阁操全国之大权，而不对任何机关负责，恐按之法理人情，均说不通。今次修改，为总统有权，行政院有责之制，固非总统制，亦非内阁制，纯为针对国内实际情况而设；3. 省宪之名，闻者为之疑惧，然吾国即有省宪，亦不怕其因此而分裂，况各省自制省宪，为国民党早年宣布之政策。他在文章中总结说：十余年来政府借三民主义四字，以为妨害民权之借口。目下既已还政于民，中山先生之遗教宜善为规定于

① 《宪草审议会第二次会议》，孔繁霖编《五五宪草之评议》，第293—294页。

国宪中，方不至令人借中山先生之名义，以掩其施行专政之伎俩①。

在宪草讨论中，周恩来考虑国民党内反对宪草原则呼声正高，如果坚持原议，很有可能使政协决议的实施搁浅，因此为了争取国民党对于政协决议的支持，在 3 月 15 日的政协综合小组和宪草审议委员会联席会议上，中共代表团又做了三点重要让步，即无形国大改为有形国大，删去宪草协议第六项第二条(即立法院对行政院全体不信任时，行政院或辞职或提请总统解散立法院)，省得制定省宪改为省自治法②。据梁漱溟回忆，孙科在讨论中以国民党内部对宪草协议反对甚烈为理由提出修改的要求，得到一些会外专家的附和。民盟反对让步，但周恩来对张君劢说，政治是现实的事情，走不通就得设法转圜，不能因此而牵动大局③。因此周恩来在同意对宪草决议作修改时，曾经提出这一问题不能单独解决，要国民党对履行政协决议作出明确表示。实际这是沿用了政协讨论国大代表问题时的策略，希望以此形式上的让步，而保留国会制、内阁制和省自治的精神，同时使国民党约束其党员不再反对政协决议，并尽速实行政府改组，使大局得以稳定。

然而中共的让步并未得到国民党的善意回应，反而更增加了国民

---

①　《张君劢对修宪原则疑难之解答》，孔繁霖《五五宪草之评议》，第 309—315 页。

②　《周恩来年谱》，第 651 页。谈判各方还达成默契，修改后的宪草为提交国大的唯一方案，各党派有义务约束其国大代表支持该宪草，国民党中执会只任命参加国府委员会的国民党员，其他党派成员由各党派分别任命。据孙科说，蒋介石曾明确同意上述各点，但其后的事实表明，国民党未能履行自己的诺言(*Marshall's Mission To China*, Vol. 1, pp. 64 - 65)。

③　梁漱溟:《忆往谈旧录》，第 181 页。这种让步反映了周恩来的谈判艺术，他曾认为:"既称和，便须有妥协，有妥协便须有价钱。早晚市价固可不同，但一个时期，总要有一个基本价钱，好在有利时机，使妥协能够得到。否则，我有利，我涨价，他有利，他涨价，其目的便非求妥协，而是在求战。""定了价钱，也不是一次就能解决，更不会全盘解决。但是有了定价，而他不解决，其过在彼不在我。如解决了一部分，可使我们有阵地或有资本地进而解决另一部分，到那时另一部分的价钱，也就有可能提得更高些。"(《关于国共谈判》，1945 年 12 月 5 日，《周恩来一九四六年谈判文选》，第 4 页)

党内反对派的气势，国民党中央社在报道对政协宪草原则作出修改时擅自扩大范围①，更使同意修改的一方居于微妙地位。此时正值国民党二中全会对政协宪草原则发出一片反对之声，中共如再让步有被视为软弱的可能②。因此中共中央18日致电周恩来："修正宪草原则三点，我们仍深感不妥，因为这动摇了议会制、内阁制及省之自治地位，因为这些是基本的重大的原则问题，我们是决不能容许动摇的，而如果动摇了这些，必给国民党保持独裁以极大便利，国家民主化就没有可能。同时我们现在同意国民党对政协决议的这种修改，在策略上亦给国民党推翻政协决议的企图和斗争以便利，使我们保卫政协决议的斗争增加困难。因此，我们认为对十五日决定，必须迅速加以挽救。"办法是，或者撤回此让步，或者要求召开政协否决，或用其他办法挽救③。在19日的宪草审议会上，董必武即遵照中共中央的指示提出："必须坚持政协的一切决议，目前应召开政协的综合小组讨论，保障原有政协决议不能有任何动摇。"④3月22日，周恩来回延安请示后电告在重庆的董必武等，"我们打算在宪草修改时，力争立法监察两院合为国民大会而将省自治法仍改回为省宪，以保证解放区的地位"。"政协谈判应以宪

---

① 中央社的报道为：国大应为有形之国大，其职权为行使选举或罢免总统，创制立法原则及复决法律之权（如此具体规定各方并未达成一致）；行政院与立法院之关系，立法院对行政院之不信任权，及行政院解散立法院之权均取消；省得制定省宪，改为省得制定省自治法规或省单行法规（各方同意者为省得制定省自治法，法与法规虽一字之差，然法理意义大有差别，仅仅制定法规等于取消省的自治权）（《中央日报》重庆，1946年3月16日）。

② 周恩来其后公开表示，中共的让步反而增加了顽固派的嚣张（《新华日报》1946年3月19日）。而据周恩来其后告诉梁漱溟，在中共党内讨论此事时，毛泽东说，他们（指国民党）要制定他们所要的宪法，十个、八个，由他们自己制定去吧！必须制定共同遵守的宪法，我才接受。我只接受第十一个宪法！亲历其事的梁漱溟认为，"论理，大会之所决议，虽大会亦不得变更之，何况大会所付托之一小委员会，岂有权变更大会决议？这种让步实为过分之让步"（梁漱溟：《忆往谈旧录》，第181、244页）。

③ 《甲乙致丙丁电》（1946年3月18日），中央档案馆卷90，第10甲号。

④ 《董必武年谱》，第249页。

草为中心，如能争得一个民主宪草而又能保证在国大通过，则可参加政府、国大，因此，在目前谈组府及国大时，必须与宪草扣住”。“重庆除继续宣传攻势外，请注意勿再提我之让步各点（如宪草三点东北一师等），以免束缚我之改变打算，而强调我之进攻各点（连东北问题美苏问题在内）”①。

由于中共对国民党二中全会的不满，致使本已达成原则妥协的宪草三点协议又成悬案，有形国大的组织及职权、行政院与立法院的关系、省的地位问题，成为宪草争论的焦点，3 月 19 日以后的讨论纠缠在这些问题上，进展甚微。在国大问题上，各方虽同意恢复有形国大，但职权只限于选举罢免总统副总统及修改宪法。在行政与立法关系问题上，关键是内阁向谁负责，国民党要求内阁向总统负责，中共和民盟坚持内阁向立法院负责，认为此“乃是整个政治协商会议决议中头等重要的原则”，并得到青年党的赞成。在地方自治问题上，国民党力图限制自治权，得到青年党的附合，但中共坚持省为地方最高自治单位，并得制订省自治法。4 月 1 日，在审议会上，青年党代表陈启天提出，省自治法应在中央决定的原则下制订，遭到中共代表秦邦宪坚决反对，认为这无异于使省自治形同虚设，名存实亡。双方代表就此进行了激烈争论②。

4 月 8 日，中共代表秦邦宪、王若飞等在回延安时因飞机失事身亡（自“皖南事变”后即被国民党关押，此时刚被释放不久的前新四军军长叶挺等亦同机遇难），中共随后派李维汉参加宪草审议工作。宪草审议委员会会议恢复后，讨论仍无定议，只整理出了一个由张君劢起草而没有得到各方认可的草案。关于行政与立法的关系，该案规定行政院长

---

① 《周恩来关于进行宣传攻势及在谈判中要强硬问题致董必武、王若飞电》（1946 年 3 月 22 日），《中共中央解放战争时期统一战线文件选编》，第 91 页。

② 《新华日报》1946 年 4 月 4 日。青年党因为要争取参政权，故支持内阁制，但因为其在地方没有多少力量，故对地方自治不感兴趣。

任命须经过立法院同意,行政院依规定对立法院负责,即行政院如不同意立法院的决议或议案,得经总统核可后,交立法院复议,经立法院出席者三分之二复议维持原案,行政院长或接受或辞职,但立法院没有对行政院的不信任投票权,行政院也不能解散立法院。按此规定,立法院的复议权受总统核可和出席者三分之二的限制,实际仍保留了较大的行政权力。关于地方自治,规定省自治法事先须根据省县自治通则拟订,事后须送司法院认可,也就是为其设置了若干障碍①。在整个宪草问题讨论中,"争论最久的为行政院问题,争论最烈的为地方制度问题,最后总算勉强定案",但并未得到一致认可②。4 月 21 日,在宪草问题讨论的最后一次会议上,中共代表李维汉声明:鉴于小组本无协议权,而许多重要争议问题又搁置未议,加以中共负责代表,因故未能出席,而由雷震秘书长整理的条文更多不忠实,甚至任意增减,故中共代表团对小组全部工作及雷震整理的全部条文,概采保留态度③。

除了宪草问题外,在改组政府问题上因国共对名额分配意见不一,亦陷于僵局。政协会议对国府非国民党委员名额分配问题未作明确规定,但根据当时的默契,中共和民盟在国民政府委员中合占三分之一名额,即十四名,以保证否决权④。中共和民盟会后多次提及此一默契的

---

① 黄香山主编:《国民大会特辑》,东方出版社 1947 年版,第 24—25 页。

② 蒋匀田:《中国近代史转捩点》,第 63 页。

③ 李维汉:《人民无权 独夫集权》,《群众》第 14 卷第 3 期,第 10 页。司徒雷登亦承认,宪草问题无法达成协议的根本障碍是国民党企图修改政协决议,改内阁制(行政明确对民选立法院负责)为总统制(最高权力集中于总统,同时没有美国制度中对总统权力的监督和制衡规定)(Stuart to the Secretary of State, Oct. 9, 1946, Rea, Kenneth W. and Brewer, John C. edited, *The Forgotten Ambassador: The Reports of John Leighton Sturat*, 1946, p. 26. Westview Press Inc., Boulder, Colorado, 1981)。

④ 司徒雷登认为,如何保证政协达成的协议不被破坏,是中共的主要担心所在,因为他们将政协决议视为生命线,寻求保障以反对对其作任何修改,可能三分之二多数票才能修改的规定能够向他们提供这种保障(Stuart to the Secretary of State, August 30, 1946, *The Forgotten Ambassador*, p. 12)。

存在，但为国民党方面否认，使国府委员名额分配问题成为改组政府难产的最重要原因①。其实根据改组政府的协议，只有在涉及施政纲领变更时，才牵涉到三分之一否决权问题，而议案内容是否涉及施政纲领的变更，由出席委员过半数解释之。按国民党能够掌握的委员席位，应该可以争取到过半数的票数。国民党在这个问题上的耿耿于怀，不过反映了其长期一党专政思维形成的神经过敏，以及对有可能影响其执政地位的任何规定的高度警惕。民盟曾经将这一问题解释为，"民盟与中共在国府委员会中所以要取得否决权，此所以保证中共放下武力。因民盟不赞成政党有武力，而欲使中共放下武力，循民主宪政常轨办事，必有所保证。政协各方面，国民党与中共为反对党，不能予以保证；青年党为国民党之与党，中共不能信任；无党无派，以个人为单位；惟有民盟有力量与资格，为之保证"。民盟认为否决权的问题是换取中共武力的交换品，若不能使共产党放心信赖，则交换不成。国民党坚持反对否决权，表示其"在政治上不肯让步，以求得交换之成功，以遂其破坏政协之私图而已"②。

按政协决议的程序，应该首先改组政府，议定宪法草案，再由改组

---

① 周恩来1月31日会见马歇尔时首次提及，国民党已和中共及民盟成立谅解，在改组后的国民政府中，中共和民盟合占十四席(《中共愿在公正的基础上同美国和国民党继续合作》，1946年1月31日，《周恩来一九四六年谈判文选》，第94页)。此时正值政协会议期间和平气氛最为浓厚之时，应可排除双方在这个问题上互相刁难的可能，故国共双方的谅解当为事实。据罗隆基回忆，此事得到了蒋介石的同意，民盟随后准备提出七人名单，即张澜、黄炎培、张君劢、沈钧儒、张东荪、梁漱溟、章伯钧，此外罗隆基和杜斌丞参加行政院。同时决定，国府改组应与行政院改组同时进行，民盟名单与中共名单同时提出。不料国民党其后否认有此默契的存在，民盟也拒绝提交名单(罗隆基:《从参加旧政协到参加南京和谈的一些回忆》，《文史资料选辑》第20辑，第247—248页)。为了拉拢青年党，国民党于4月要其提出四名国府委员，一名政务委员，及社会部部长名单，青年党无人愿干社会部，且第三方面当时尚持一致立场，故未提出(陈启天:《寄园回忆录》，第224页)。

② 《梁漱溟先生说明民盟对中共态度》(1946年9月6日)，《梁漱溟谈国府委员名额分配问题》(1946年10月4日)，《民主同盟文献》，第146、151—152页。

后的政府召开国大，通过宪法，但由于在宪草和改组政府这两个关键问题上国共意见不一，其他问题更无法列上议事日程，政协决议的实行无形停顿。国民党此时摆出一副急欲改组政府、召开国大，还政于民的姿态，催各党派提交国民政府委员和国大代表的名单。此举被当时舆论评之为：如果各党派不交名单，则国民党"实际上不过是装出一种好看姿态，把不能早日改组的责任推在各党派身上而已"；如果交出名单，则国民党希望"各党派暂时（最好是永久）作为客人，把政府的样子弄得'民主'一些。这样做有二个好处，对外可以弄得到美国的大笔借款，渡过难关；对内则塞住各党派的嘴巴"①。中共深明国民党的用意，3月30日，在政协综合小组会上，王若飞代表中共代表团声明：鉴于二中全会所造成违反政协决议之混淆情形，尚未澄清；宪草修改原则之争议未决；国大代表名额总数，政府又提修改之议②；而中共应有国府委员及行政院政务委员之名额，政府亦尚未作最后之肯定；在此种情况下，中共目前实无提出国府委员名单之可能③。4月1日，中共中央致电重庆代表团，肯定了他们"所取坚决斗争立场是很对的"，"对于过去所取不适当的让步态度，因而使自己处于很不利的被动地位这一种情况，有求得解脱与恢复主动之可能"。同时提出，"在宪草与国大等问题没有解决，中央没有最后通知以前，我党参加政府的名单不要提出，名单内容亦尚待考虑"④。应该说，实施政协决议的契机在中国特定的政治环境下可谓稍纵即逝，而在政协闭幕后的一段时间里，本来有这样的机会，但国民党囿于一党独大的理念没有抓住、更可能是根本不想抓住这样的机会，政协决议为中国打开的和平民主的道路终未能走通。

---

① 陈浩：《改组政府难产》，《消息半周刊》第2期，第3页。

② 政协关于国大的决议决定国大代表名额为2050名，此时国民党又在酝酿增加，此举将威胁中共和民盟在国大否决权的实现，因此为中共所反对。

③ 《新华日报》1946年3月31日。

④ 《中央关于用坚决斗争的立场保卫政协决议给重庆代表团的指示》（1946年4月1日），《中共中央解放战争时期统一战线文件选编》，第94页。

4 月 2 日，王世杰向蒋介石转达中共意见，国大开会法定人数应由 2/3 改为 3/4，但为蒋所拒。15 日，蒋亲自出面，召集各党政协代表举行座谈会，表示国大“各党派应提出之代表名单，甚盼于本月二十日以前提由政府办理。至国民政府委员名单，亦盼同时提出，俾能于还都前完成政府之改组，使和平建国工作，得以逐步实施”①。蒋想以改组政府的许诺，掩盖东北正在爆发的战争，并在还都后立即召开国大。但是国民党提出国府国民党外委员名额，中共、民盟、青年党、无党派人士按 8∶4∶4∶4 方法分配，使中共和民盟失去否决权，被中共认为“决无考虑之余地”。而且国民党二中全会提出的国府委员须由国民党中央执行委员会选任一事也未得到中共和其他党派的认可。周恩来在座谈会上表示，政府名额分配、宪草修改问题尚未解决，整军和停战也发生不少问题，希望将诸问题迅速一道解决。会后周致电中共中央，告以蒋是两面作法，公开要求各方提出参加政府及国大名单，暗中布置东北大打全国大闹，代表团的方针是“决提高价求全盘解决”，“中心在人权、宪草、东北、停战、整军五个问题”，“如蒋在马之压力下最后能接受，我不致上当；如蒋坚不接受，则责在彼不在我。东北不停战，决不参加政府”②。周恩来、董必武等和张群、邵力子等为此多次交换意见，但在如此仓促的时间下（此时距国大原定开幕之期还有不到一个月），显然无法达成妥协。4 月 21 日，中共代表团正式通知国民党代表：关于参加国民政府及国民大会之名单问题，在政协决议、停战协议及整军方案被破坏，内战重新扩大民主毫无保障之情况下，中共目前已无提出国府委员及国大代表之可能。同时警告国民党，“若政府更不顾各方尤其是敝方参加与否，即径自召开国大，则尤为违反政协决议，破坏团结，结果必

① 《总统蒋公大事长编初稿》卷 6（上），第 108 页。

② 《对蒋介石两面作法的分析和我们的对策》（1946 年 4 月 16 日），《周恩来一九四六年谈判文选》，第 248 页。

致造成分裂之局，其责恐政府亦无法逃避”①。民盟亦于同时通告国民党，民盟要求：东北必先停止内战；在国大召开之前改组政府，由改组后的政府召开国大；国民政府委员会与行政院同时改组。如果不能满足这三个条件，民盟决定不提名单②。

中共和民盟对国大的态度，使国民党召开有各党参加的国大成为不可能。在蒋介石召集国民党政协代表讨论应对方案时，孙科、王世杰、邵力子等认为，“中共等不参加国大，则召开国大徒然促成大决裂，于党于国无益，不如暂时不开会”。他们还指责CC系“过去数月鼓励党中同志异论以增加本党负责对外接洽诸人之困难”。吴铁城认为，“今日既不能决裂，亦不能妥协，延期得以争取准备之时间”。陈立夫等仍主张只要能拉入青年党参加，“则即中共不来亦应开会”。结果与会者达成共识：“共党并无急求解决之意，我希望于五月五日前改组政府，恐不可能，而国民大会之召开，亦难望获得决议。”③此时正值国民党筹备还都，召开国大本已面临许多困难，因此蒋介石决定将国大延期。24日国民政府正式下令国大延期召开，表面显示为尊重各党派意见，实际表示其以国大营造全国统一气氛的企图失败。从此，政协综合小组会和宪草审议委员会会议停顿，再未举行。政协决议实际已被束之高阁，战争成了更迫切的问题，实行政协决议倒成了第二位的问题，很少有人再提了。

政协举行前后，国民党在人民自由权利方面作出了一定姿态。1月28日，国防最高委员会通过决议，对于有碍人民自由的法令规定如下：1. 法令之已经明令废止者，毋庸再议；2. 法令之拟予废止者，由原公布机关明令废止；3. 法令之应予修正者，可送立法机关重行修订；4. 各省县市及治安机关自行制定而与中央有关人民基本自由之法令抵触

① 《新华日报》1946年4月23日、24日。

② 罗隆基：《从参加旧政协到参加南京和谈的一些回忆》，《文史资料选辑》第20辑，第249页。

③ 《总统蒋公大事长编初稿》卷6（上），第113—114页；唐纵：《在蒋介石身边八年》，第610页。

者，一律废止。根据这个规定，应予废止者有：《保障人民身体自由办法及其实施规定》、《危害民国紧急治罪法》、《维持治安紧急办法》、《水陆交通统一检查办法》、《国家总动员法》、《战时出版品审查办法》、《战时书刊审查规则》、《非常时期取缔集会演说办法》、《共产党人自首法》、《人民团体整理办法》等等；应予修正者有：《保护管束规则》、《出版法及施行细则》、《废止出版品检查制度办法》、《非常时期人民团体组织法》，等等①。然而这些规定只是纸面上的，实际仍有许多新旧法规限制人民的自由权利，比如舆论出版界啧有烦言的新闻、出版审查制度，终国民党统治之世，始终未能真正废除。

第三节　军事调处与军事复员

一　军调部的成立及其活动

根据停战令的规定：在北平设立军事调处执行部，由国、共、美三方各出一名委员组成，所有必要训令及命令，应由三委员一致同意，以中华民国国民政府主席名义经军事调处执行部发布之；军事调处执行部之一切协定建议及指示，只涉及停止冲突所引起之直接问题；美国参加军事调处执行部，仅为协助中国委员实施停止冲突命令②。在国共双方同日达成的《建立军事调处执行部的协议》中具体规定：军调部的任务是，执行已经商定之停战政策，提出有关建议，增订必要之附属协定，以确保停战命令更有效地实施；军调部委员各有表决及商议权，邀请美国委员任主席；设立执行小组，作为军调部之执行机构，实地监督各种协议的执行，提交报告，国、共在执行组内应有同等人数，主任由美国军

① 《最高国防委员会关于废止及修正侵害人民自由法令之决议》(1946年1月28日)，《政治协商会议文献》，第86—90页。

② 《中央日报》(重庆)1946年1月11日。

官担任;军调部的工作将延续至国民政府主席或中共中央主席通知对方废除此协定时为止①。这样就对军调部的性质、作用及美国的地位作出了原则规定,以后军调部的工作大体即按此原则实行。

军调部于 1946 年 1 月 13 日正式成立,总部设在北平,所有部门成员均由国共美三方共同组成,国方委员郑介民(军令部二厅厅长),共方委员叶剑英(十八集团军参谋长),美方委员罗伯逊(美国驻华代办),执行主任由美方白鲁德担任,5 月增设副委员,国方蔡文治,共方饶漱石,美方吉伦。总部下设联合参谋部(参谋长为国方蔡文治,共方先耿飚后罗瑞卿再后陈士榘,美方海斯凯),以及执行、新闻、总务、通讯、交通科(5 月改为调处、交通、整军、新闻、行政处)。在军调部工作的高峰时,设有 36 个小组,加上执行部机关,人员总数九千余人(其中国方两千六百余人,共方六百余人,美方则多达六千余人),每月开支法币 4 亿元,是一个相当庞大的机构②。根据协议,军调部的工作主要是五项,即停止冲突、恢复交通、受降日伪、遣返日俘、整编军队,实际工作主要是前两项,尤其集中在停止冲突问题上,后三项任务中,国民党不承认还有受降问题,遣返日俘则主要由国方负责,军调部干预不多,整编军队尚未开始即告搁置。

军调部最早派出的执行小组是集宁第一小组,其后执行小组陆续被派往各个地区,东北停战前后,又向东北派出若干小组,最多时共有 36 个小组。驻扎地点如下:集宁第一小组(1. 17—8. 14,以下小组顺序类推),赤峰(1. 17—9. 28),太原(1. 31派出),徐州(1. 17—9. 29),张家口(1. 17—9. 30),沁县(3. 27派出),济南(1. 17—10. 1),广州(1. 22—7. 10),汉口(1. 20—9. 12),新乡(1. 29派出),承德(1. 31—9. 10),石家庄(2. 4派出,4. 24共方撤离),大同(1. 19派出),侯马(1. 31 派出),德州

① *The China White Paper*, Vol. 2, pp. 627 - 628.

② 《执行部谈判总结》(稿本),第 89、99—100 页。军调部最初编制不过国共双方各 170 人,美方 125 人,后来随着任务的增加,编制日渐庞大。

(2.1 派出，7.8 改驻青岛，9.25撤离)，泰安(2.7 派出)，淮阴(3.6 派出)，泊头(2.18 派出)，安阳(2.20 派出)，南口(2.20 派出，8.20 共方撤离)，高密(2.22—5.16)，枣庄(3.5 派出，6.16 国方撤离)，晏城(3.7—7.17)，徐州(2.11—9.29)，安次(3.16 派出，不久回北平，8.2 改为安平小组)，朝阳(4.9 派出)，沈阳(3.30—11.21)，四平(3.30—11.21)，海龙(原在本溪，3.30—11.21)，鞍山(原在海城，3.30—11.21)，永年(5.7 派出，后驻邯郸)，光山(宣化店)(5.4—9.2)，拉法(6.17—11.21)，德惠(6.17—11.21)，双城(6.17—11.21)，齐齐哈尔(后移洮南即白城，6.17—11.21)①。执行小组是军调部工作最基层也最重要的组织，负责监督命令的实行，提出调处报告。在 36 个小组中，第 18 到 24 共 7 个小组为交通小组，主要负责恢复交通工作，其余为停战小组，负责停战的执行(其中有 9 个小组兼管交通)；第 1、3、4、7—12、27 小组为中心小组，必要时可派出分组；小组驻在国方区域者 24 个，驻在共方区域者 12 个，华北最多，有 24 个，其中山东地区即有 8 个(包括徐州)；派出时间，停战小组主要集中在 2 月，交通小组集中在 3 月，东北小组集中在 3 月和 6 月；此外还派出过若干特别小组及联络员，任务完成即行撤销。在派出小组地区上，国共双方都争取将小组派往己方处于劣势或需要阻止对方进攻的地区，以保护己方战略利益，如国方要求派往集宁、赤峰和山东等处，共方要求派往广东、中原和东北等处。

军调部成立后，在最初三个月内，由于大环境的关系，工作进展较快。这一阶段，军调部发出六号和字命令，五件特别指令，派出 23 个小

① 各小组派出与撤回时间各说不一，此处据 1946 年 10 月的《军调部三方小组人员名单》，二档，全宗七八七，卷号 16716。各小组国共美三方负责人员迭有变动，此处不赘。

组，达成 69 项小组协议或指令①，均占各项工作数量的 60%以上②。关内冲突在军调执行小组监督下基本得以停止。在这一阶段调处中，国共美三方均表现出较为合作与克制的态度，军调部第七号公告曾称，国共“双方皆有保持和平之诚心，且无疑义的，双方要求和平，并将尽可能以全力处之”③。中共为了实现政协决议，在军事调处问题上态度更为积极。2 月 2 日，中共中央书记处会议讨论军调部工作时，刘少奇指示，在全国要与国民党的主体合作，表现我们力求解决问题的诚意，对 1 月 14 日以后被国民党所占地区基本上应以政治方式解决④。军调部中共委员叶剑英在给中共各战略区的电报中，要求各地实行彻底停战，主动提出双方撤除包围封锁，对国方蚕食政策应采取扩大政治宣传与积极准备自卫方针，各小组对执行部命令应表示积极支持态度⑤。

国共双方在最初阶段的调处中，互有让步。中共在伪军和遣返日俘问题上作了让步。中共原本坚持解散被其包围的伪军、并参与日俘遣返工作。但在国方坚持下，军调部 2 月 9 日发出第九号公告（和字第三号令），规定所有部队，不论其是否称为伪军，均属于停战令范围内，应保持在 1 月 13 日的位置（此规定可使被中共部队包围的伪军免受攻

① 这些协议主要是解决若干地方冲突、恢复交通、交换物资等，如山东德州、泰安、张店、聊城、枣庄协议，河北石家庄、保定、琢县协议，河南新乡协议，山西大同、临汾协议，绥远集宁协议，湖北罗山协议等。以徐州小组为例，先后达成了执行停战令的《停战协议》（1 月 28 日）、同意国方驻临城军队购买粮食及燃料的《运粮证明》和《燃料协议》（2 月 16、22 日）、保证民众自由来往的协议（3 月 9 日）、不得阻碍恢复交通工作的《特别备忘录》（3 月 9 日）、国共军队撤离枣庄的《徐州协议》（3 月 15 日）等（中共徐州市委党史工作委员会编：《军事调处在徐州》，中共党史出版社 1996 年版，第 86—89 页）。

② 《执行部谈判总结》第 8 页。

③ 《第七号公告》（1946 年 2 月 1 日），晋察冀日报资料科编：《军事调处执行情况汇编》，1946 年印本，第 30 页。

④ 《刘少奇年谱》下卷，第 17 页。

⑤ 《叶剑英等致各战略区各小组电》（1946 年 3 月 9 日），军事图书馆藏档。

击），有关部队地位问题，将由三人会议决定。2 月 18 日，发出第十三号公告，将遣返日俘责任归之于国民政府，并由美军协助①。

在中共东江纵队撤退问题上，国民党作了让步。东江纵队是中共领导的广东地区抗日武装，停战令下达后，广州行营主任张发奎声称，“行营从未奉到辖区内有中共部队番号、驻地及驻军数目之通知，各方亦无此种情报，事实上在粤专扰乱治安者，仅系地方零星土匪及伪军之残余与逃亡之日兵，其行动在任何方面观察，均不能承认其为军队，故本人实无法应中共代表之要求，妄行承认此种败类为中共部队”②。因此张不同意派军调小组到广东（军调第八小组到惠州视察后，因当地驻军的反对而无法执行任务），并派部队继续围攻东江纵队，引起中共的抗议。在三人小组的最初几次会议中，周恩来提出应允许东江纵队北撤，否则“定必引起严重之后果，届时共党军队亦必在山东方面采取报复行动，如因此使停战协定陷于破裂，其责任应由政府方面负之云”。参加三人会议的国民党代表张治中认为，“彼既保证此项部队退出广东，则似不宜因此局部问题致影响整个问题之进行”。他与军令部商量后，提出由军令部电令张发奎停止军事行动，并由军调小组前往调处③。4 月初，国共代表皮宗敢和廖承志在美国代表协调下，与广州行营和东江纵队达成协议，中共武装人员分为三个地区集中后至指定地点大鹏湾驻扎，准备复员及北撤，行营方面对此给予便利。又经过一个多月的延宕，至 5 月下旬，中共部队才开始集中，6 月 30 日自大鹏湾由美国军舰接运北上，7 月 5 日，东江纵队全部二千六百余人，由司令员

① 《第九号公告》、《第十三号公告》（1946 年 2 月 9、18 日），《军事调处执行情况汇编》第 32、37 页。

② 《新华社延安 1946 年 2 月 16 日电》，《中国人民解放战争军事文集》第 1 集第，375 页。

③ 《三人会议政府代表张治中上蒋主席报告与周恩来代表马歇尔特使会谈经过呈》（1946 年 2 月 11 日），《中华民国重要史料初编》第七编第三册，第 74 页。

曾生率领到达山东烟台①。

当然，军调中的三方矛盾斗争，尤其是国共之间的矛盾斗争，自始即存在。首先表现出来的就是停战原则问题，1 月 21 日军调部第二号公告（和字第二号令）规定所有冲突部队立即停火并予隔离，隔离方法为，城市如一方占领，另一方应撤离一日路程，如双方都在城内，则各自撤离一日路程；野战部队撤离冲突地点一日路程；一日路程至少为 60 里②。因为国方军队占的城市多，如实行此一规定，则共方部队将撤出许多地方，因此指令下达后，国美方即抓住条文在集宁、大同、同蒲路南段等双方相接地区提出隔离问题，企图保护己方所占地区，合法削弱中共所占地区。中共中央认为该项规定“其内容是不公道的，对我是不利的”，因此指示“各地接到这一命令应依照各地情况灵活执行”③。叶剑英亦致电各地中共负责人，要求“各地区在实施停战隔离之时，必须根据情况决定。各停战小组的中共代表，在实际执行隔离时有自己的否定权，可以坚决抵抗并将办法中实际行不通的情形电告我们，以便根据实际材料作新的规定”④。在中共的坚持下，2 月 4 日，军调部发出对

① 《陈毅、张云逸、黎玉报告党中央：东江纵队抵达烟台》（1946 年 7 月 7 日），广东省档案馆编：《东江纵队史料》，广东人民出版社 1984 年版，第 758 页。东江纵队其后被编入华东野战军。

② 《军事调处执行情况汇编》，第 26 页。

③ 《刘少奇年谱》下卷，第 10 页。

④ 《叶剑英传》编写组：《叶剑英传》，当代中国出版社 1995 年版，第 346—347 页。关于和字第二号令，叶剑英曾经回忆说：“军调部刚刚开始工作时，我们没有经验。美国人起草了个协议条文，送给三方委员，说是已经讨论过的东西，各方的意见都吸收了，要求签字。那时黄华作我的翻译。当时我想，刚一开始就闹僵了不好。于是我采取灵活的办法，在协议上签了字。协议公布以后，很快发现问题比较大。我立即给我方各战略区部队打电报，告诉他们，在执行中要坚持有理有利的原则。我一连发了几个电报给部队。后来中央领导对这个事情也有批评。六号命令发布以后，中央领导又来电报，给予了表扬。那时，我们同美国人和国民党代表一起谈判，一开始确实缺乏经验啊。”（同前，第 348—349 页）后来，叶剑英总结了此次经验，要求中共各代表，一是话不要说得太多，每说一句话都要经过充分的考虑，话一说出了就不好改

和字第二号令的修订指示，规定隔离办法可由双方根据情况就地决定，随后又将“城”的含义解释为“城、镇或乡村”。3 月 19 日，军调部又发出和字第六号令，规定国共双方军队必须停驻于 1 月 13 日之位置，“任何部队曾越过上述位置者，应立即退回”；否则，“将以违反停战命令论罪”①，从而确定了调处工作根据停战令规定进行的原则，如何恢复 1 月 13 日的军事位置成为此后各方争论的焦点。

在最初的军事调处工作中，恢复交通问题占据着重要位置。国民党特别注重恢复交通带来的战略利益②，而中共强调恢复交通的全面性及拆除封锁线的重要性。在谈判中，国民党提出，立即发布命令，禁止破坏交通和通信；恢复交通由政府交通部负责，派执行组监督实行；交还被拆去铁轨枕木与器材；由交通部警察护路③。中共提出交通恢复应为全面性的，包括铁路、公路、水路、邮电；各自地区由各自负责，所有封锁线及碉堡均应撤除；铁路局、运输司令部和路警应由双方人员组成；拆除对陕北的封锁线。对于铁路管理问题，中共希望“深插一脚”，而国民党不同意，为了显示诚意，中共过后作了让步，同意美方建议，由北平执行部监督修复铁路及通车，同时成立铁路管理组，铁路守卫和保护各自负责。“此外，恢复与开放交通应坚持同时并行，一切封锁线碉

变；二是三方达成协议并签字时要慎重，写在纸上的东西，用斧头砍都砍不掉；三是要注意保密工作，防止敌人钻空子；四是要及时请示报告，以便统一步调(《李聚奎回忆录》，解放军出版社 1986 年版，第 237 页)。

① 《和字第六号命令》(1946 年 3 月 19 日)，《军事调处执行情况汇编》，第 45—46 页。

② 徐州小组国方代表谢慕庄曾对陈毅说，现进入解放区之许多部队，如铁路不恢复很难继续维持，国党对执行政协决议有困难，今后时局仍须巩固，要价不宜太高，山东华中与陈军长关系甚大(《华东局关于我与徐州小组会谈情形报告》，1946 年 2 月 10 日，《军事调处在徐州》，第 39 页)。

③ 《军事调处执行部委员郑介民上蒋主席报告会商处理共军阻挠恢复交通问题经过情形电》(1946 年 1 月 29 日)，《中华民国重要史料初编》第七编第三册，第 72 页。

堡必须拆除,并以后不得建立”①。此问题在执行部谈判未得结果,不得不提至三人会议,2 月 9 日,张治中、周恩来和马歇尔达成恢复交通原则协议,11 日由北平军调部发出第十号公告(和字第四号令)并两项附件,公告规定:“为履行停战任务之一部分,各指挥官应立即进行协助恢复各交通线工作,所谓交通线包括所有道路、铁路、水道、邮政、电话线、电报线、或无线电设备。各指挥官应立即撤去或平毁在交通线上及沿交通线之一切地雷碉堡封锁防御工事,及其他军事工程之妨碍交通线运用者”;“政府或中共任何一方,均不得藉修复交通而获取军事上之利益。除非经执行部特准,重行开放之各运输线,均不得运输军队及武器军火”;对于国共意见不一的铁路管理权和护路问题,协议规定,修复工作将于执行部监督下由国民政府交通部之代表机关完成之,执行部设立铁路管理科,各指挥官均有护路责任,列车守卫、路政管理、行车员工由交通部代表机构直接管理,受执行部监督②。该协议只规定了恢复交通的原则,而在管理权和一些具体问题上未能作明确规定,为以后的实行埋下了隐患,但无论如何,恢复交通协议的达成,是此期国内政治和解气氛的又一产物,它与停战协议、整军协议并称为 1946 年初国共关于军事方面的三项主要协议。2 月 16 日,军调部决定了待修复的八条主要铁路的次序,成立了铁路管理科,并派出了七个交通小组监督实行。为了争取舆论同情,3 月初中共在三人小组内口头同意,“铁路修复不应以等待对于拆除碉堡工事之决定而中止或受阻碍”③。此后,

① 《刘少奇年谱》下卷,第 11、19 页。

② 《第十号公告》(1946 年 2 月 11 日),《军事调处执行情况汇编》,第 32—35 页。按协议解释,恢复交通包括一切交通形式,但军调部只成立铁路管理科,显见国美方只对恢复铁路交通感兴趣。当时华北十条铁路干支线全长 7602 公里(包括津浦与陇海路),车站 830 座,其中 2512 公里和 239 座车站在中共控制下,占全部里程数的 33%,全部车站数的 29%,而其中石德路的 94%,平绥路的 57%,津浦路的 47%,胶济路的 39%在中共控制下,对国方调动军队准备战争极其不利,因此国方特别强调恢复铁路交通的重要(《执行部谈判总结》,第 226 页)。

③ 《执行部谈判总结》,第 194 页。

中共在解放区内自行进行了修复铁路的工作①。

在恢复交通实行过程中，关于管理权问题国共双方始终争执不下，中共建议仿照军调部成例，成立由三方组成的铁路管理委员会，在军调部监督下行使管理权，而国方坚持由交通部统管，解决方案因而搁浅。对于协议中要平毁的碉堡的定义，国民党只强调拆毁妨碍铁路交通的碉堡，对于“保护”交通线的碉堡则坚决主张保留，而中共则主张拆毁一切碉堡，特别是双方交界地方如陕甘宁边区周围的碉堡。4 月 3 日，在陈诚接任张治中出任三人会议国方代表后的第一次会议上，周恩来强调“不去除一切碉堡，仅铁路通了，则政府有到中共区去的自由而中共区不能反过来照行，这样不能说是恢复一切交通”②。7 日，陈诚提出国民党方面提案为：1. 同意碉堡不应妨碍人民往来；2. 拆除工事与碉堡问题应从整体解决，请即执行整编方案，此问题仍可顺利解决；3. 如必拆除，提议于整军第一期完成开始拆，第二期完成则拆完；4. 如上述条件暂时无法做到，则就考虑凡足以妨碍交通之工事与碉堡一律撤毁，但防守性及保护性之工事与碉堡决不能撤除，必须保留碉堡之地区为，津浦、胶济、北宁线、陇海线西段及平绥线之一部，陕北封锁线是否撤除须待胡宗南决定；5. 中共应该做到修复各路，保持路政完整（即用人由交通部考核，统一收费，统一路警），不破坏煤矿和邮政，不向铁路作向心运动③。这样的条件实际意味着国民党不同意先拆碉堡，而保持其

① 据中共方面统计，自 2 月到 5 月，解放区共计修复津浦、胶济、陇海、平汉、平绥五条铁路干支线共计 1238 公里，占中共实际控制铁路长度的近一半，但均未与国方区域铁路接轨（《执行部谈判总结》，第 229 页）。

② 《恢复交通应包括铁路和其他一切水陆交通》（1946 年 4 月 3 日），《周恩来一九四六年谈判文选》，第 193 页。

③ 《郭汝瑰回忆录》，第 201—202 页。

作为封锁、压迫中共部队的手段，谈判自然无法达成妥协①。因此，中共的对策是，“主动的修复解放区铁路，同时不断的提出修路的成绩数字，以争取政治上影响，但在国共地区恢复通车，则自然采取拖延政策”②。此后，更为迫切的东北问题占据了谈判的中心，恢复交通问题则被搁置，直到6月谈判中才被重新提起。

对于军事调处，国共双方都希望能够为己所用，国民党由于美国的支持，“开始时期也自然比较主动，来势汹汹”，而中共方面因为工作干部多系临时抽调，缺乏外交谈判的经验，“开始采取的是防御方式，试探性质”③。据华东局给中共中央的报告，国民党时常利用中共地方准备不足，交通联络困难，进行突然袭击，提出大批要求，侦察中共方面意图，寻找弱点，造成中共方面仓促应付，前后矛盾，“作对他有利之解决”，“各地美国人态度上，尽管方式有些不同，基本上与国民党站在一齐”。因此，华东局认为，“这是一种严重的剧烈的政治斗争，我们须以

---

① 据中共方面情报，国方在协议达成后，尚命令在华北各要线要点“应即修碉堡工事，限于本年四月底完工，并在各要点屯足两月粮弹”；“各地无防奸必要之碉堡工事可由战区长官自行决定修筑或平毁，但铁路沿线之防奸碉堡工事则不可拆除”。据不完全统计，国方在华北八条主要铁路线增建碉堡5023个，工事441处，其中以津浦、平汉、同蒲三路最多，同蒲路上十里一大碉，五里一小碉，二里一哨棚，此为阎锡山接受日军经验所致，中共中原军区周围则平均每300米即有一碉堡（《执行部谈判总结》，第215—217页）。

② 《执行部谈判总结》，第21页。虽然恢复交通问题未能解决，但国共双方实际控制区之间的往来在一定程度上得到恢复。中共山东省政府曾下令：“关于对国民党所占城市点线地点的物资封锁问题，前经指示，原则上一律撤销。按目前形势变化，已无封锁必要，因此决定凡粮食、棉花、煤炭、油类等均一律准许输出。”（《山东省政府关于撤销对蒋占区物资封锁的紧急命令》，1946年2月10日，山东省档案馆、山东社会科学院历史研究所编：《山东革命历史档案资料选编》第16辑，山东人民出版社1984年版，第191页）据不完全统计，自2月到5月，国方区域与共方区域间开放物资进出口24处，其中山东9处，河北8处，山西6处，江苏1处，共方向国方输出粮食29033吨，食盐380吨，煤炭14603吨，其中以山东为最多，对缓解国方区域粮食供应紧张状况起到了一定作用（《执行部谈判总结》，第233页）。

③ 《执行部谈判总结》，第21页。

军事战斗的精神，沉着机敏，提高警惕性与求主动，决不可仓促解决问题，暴露我之弱点与企图，造成劣势与对全局之不良影响”。在具体作法上，要求签字应一律请示上级批准；提交材料须统一提出、完全一致以保持主动；以国民党为主要斗争对手，对美方代表避免正面冲突；对军调部的命令应联系当地的实际情形，找出有利于我之解决办法，对恢复交通问题要特别警惕；全部谈判由华东局亲自掌握，进行一元化领导①。

三方一致同意原则为军调部工作的核心原则，然而在当时情况下，国共美三方完全一致的可能性几等于零，国美一致不同于共方者居多，共美一致不同于国方者很少，也有三方各执己见者，由此导致军调部及其小组的实际工作，除了少数程序问题以外，终日处于开会、谈话、互发备忘录的争吵之中。据不完全统计，在军调部存在的一年中，三委员正式会议62次，参谋长会议53次，处长级会议269次，非正式会议和谈话不计其数，国方发出备忘录12571件（实际收到四千余件），共方发出1222件，美方发出约一千件②，如此数量实为惊人，可见军调部及其小组就是一个你来我往、但解决不了多少实际问题的事务性机构。如同中共方面参谋长罗瑞卿所言：“在执行部的工作就是三方天天开会，亦就是天天吵架。”“一遍又是一遍，一场接着一场，如此翻来覆去，周而复始，没有终了。”③由于执行小组经常因为意见不一而无法工作，3月31

① 《华东局致中共中央电》，1946年2月。

② 《执行部谈判总结》，第285、328页。

③ 黄瑶、张明哲：《罗瑞卿传》，当代中国出版社1996年版，第172页。这种争吵的主要内容不外是力争对己方有利，有时也不无幽默之处，令人忍俊不禁。比如有一次，罗瑞卿在会中说：狡辩改变不了事实。蔡文治立即声称此话侮辱了他，要罗道歉。美国代表不明所以，蔡向其解释：中国文字的偏旁有特定含义，“狡”字用的是反犬旁，就是狗的意思，因此罗这样说是对他的侮辱。翻译也不知该怎么翻，吭哧了半天，美国代表总算搞明白了，只能说：你们中国字实在是神奇莫测。他自以为找到一个解决办法，对蔡文治说：罗用的是第三人称，不是指你，可以不道歉。蔡不同意，会议只能休会（同前）。

日，美方曾提出对三方一致同意原则加以修改，建议当调查违反停战令事件而派出小组问题不能达成一致时，由美方以主席资格作出决定，但只牵涉小组往何处派出问题，而不牵涉调查的结果或采取的行动。国民党方面同意，而中共方面反对，认为这种关系军调部活动原则的改变，应由高层当局决定①。5 月初，美方又提出，派出小组问题由多数决定，为了配合美方提议，国方代表有意在执行部和小组会议上，无条件地同意美方意见而反对共方意见，一切推由美方决定。虽然美方的提议似乎只牵涉到调处中的程序问题，但根据当时的实际情况，任何违反三方一致原则的规定无疑首先有利于国民党，因而为中共所反对。周恩来对白鲁德表示，三方一致的原则“才可以解决一切纠纷。这获得我们的完全信任，认为公正，有诚意。这种立场我们不能改变。否则会影响到我们的党对美方的调处公正的信任。这个办法在任何时候都不能改变”②。

军调部最初的若干成功，是在国内政治和解的大环境下取得的。美国人在总结时认为，军调部所有被赋予的任务中，只有遣送日俘回国一事顺利完成了，恢复交通和整编军队必须依赖于停战，只要军事冲突还在继续，并且没有对相关政治问题的适当解决，这两件任务不要说完成，即便是有效地开始进行都是不可能的。执行部在其可能限度内，已经非常成功地行使了其职能，但它的成功很大程度上依赖于全盘政治形势③。军调部成立时间不长，3 月国民党六届二中全会的召开，已经使“全盘政治形势”恶化，军事调处工作很快受到影响。根据整军协定，在协定公布后的三个星期内，国共双方应交出拟保留部队表册和最初两个月部队复员之次序，由军调部制订实施计划。3 月 16 日，三人小

① *Marshall's Mission To China*, Vol. 1, pp. 74 - 75.

② 《三方一致协议的原则不能改变》(1946 年 5 月 12 日)，《周恩来一九四六年谈判文选》，第 315 页。美方最后决定权问题在 6 月休战期的谈判中再次成为各方争执的问题，详见第四章第三节。

③ *The China White Paper*, Vol. 2, p. 632.

组在备忘录中确认,军调部为执行整军方案的工作机构,并将组织小组监督执行情形①。然而这也是关于整军方案执行的唯一一个协议。由于整个政治环境的变化,中共方面认为,国民党未能履行政协决议,交出整编表册的时机尚不成熟,整编复员工作未能循序开始,整军处成为军调部最清闲的一个部门②。

东北战火燃起之后,军调部的活动集中在找出解决东北冲突的办法,但终未能如愿。此时,关内军事形势虽还保持大体稳定,但亦有恶化的征兆。一是中原地区形势日渐紧张;二是中共为了报复国民党在东北的进攻,在关内若干地区发起反击;三是恢复交通受阻;四是各执行小组内互相指责,已很难再达成协议。不仅如此,军调部工作人员本身的安全亦成为问题。首先是中共方面人员的安全不断受到威胁,其中严重者为4月3日北平十八集团军办事处被搜查、滕代远将军秘书李新被扣押,5月15日调处处中共方面处长宋时轮遇刺未遂。如同中共其后所总结的,“这时期在谈判与调处上的斗争确是走入最尖锐的阶段,无论与国民党或美国人,大家都已撕破脸,丝毫不让”③。由于马歇尔此时尚极力控制战火不使蔓延关内,为了保持军调部的权威及其活动的势头,因此而有5月初徐永昌、周恩来、白鲁德的中原之行,以及5月14日三人会议给军调部下发的五条指令(16日以和字第七号令公布):1. 国、共双方应对执行小组的行动给予一切可能的帮助,而不得强加以任何延迟与限制;2. 国、共双方应保证执行小组成员的个人自由与安全;3. 国、共双方将在任一执行小组区域内得到同等的调查机会,调查次序将以报告给小组的违反协定事项的严重和紧急程度而定;4. 前往调查地区和调查事件的次序由小组美国代表作为主席而决定,

① Memorandum by the Military Sub-Committee, March 16, 1946, *The China White Paper*, Vol. 2, pp. 626 - 627.

② *Marshall's Mission to China*, Vol. 1, p. 49.

③ 《执行部谈判总结》,第46页。

并经小组成员一致同意，如有不同意见则报告执行部，再有不同意见即报告三人会议(这一条在文字上照顾到了美国的要求)；5. 若有关于调查违反协定事项的虚假报告呈送小组，三委员应将其提交三人小组，采取制裁办法①。但无论如何，军事调处工作已不复最初的权威，当一地发生战事时，曾有有利一方借口离去而拒绝前往调处的情况出现②，执行小组也由监督执行停战的机构，退而成为报告机构，何况牵涉违约的报告由于意见不一也往往送不上去。

二 复员整编的实行

整军方案达成后，国共双方都依据这一方案，进行了初步的复员整编工作。

国民党方面早在抗战后期便已计划军队整编工作。至 1944 年底，国民党政府军计有 124 个军 354 个师 31 个旅近 600 万人，如此庞大的兵力于经济是一个极其沉重的负担，而且部队素质低下，待遇不高，亟待调整整编。从 1945 年初起，国民党已陆续裁减了 36 个军 111 个师 21 个旅，编制减少了约三分之一，人数减少了约 110 万。到整军方案达成时，国民党军队还有 91 个军 253 个师③。据军政部向国民党六届二中全会的报告，政府军将在十八个月内分两期整编。第一期十二个月，部队裁减为 30 个军 90 个师，其中第一阶段先将军改为师，师改为旅，预定 5 月底完成；第二阶段统一编成 90 个师，两期预计复员官兵 143 万人。第二期全军编为 50 个师，预计复员官兵 65 万人。地方保

---

① *The China White Paper*, Vol. 2, pp. 640 - 641.

② 为了避免此种情况的出现，军调部不得不发出鸽字第 3623 号令，申明各小组成员不得擅离小组所在地，违者应予适当处罚，但并不能解决实际问题(《执行部谈判总结》，第 143 页)。

③ 林蔚：《关于整军的报告》，《中央日报》(重庆)1946 年 1 月 17 日。

安团队亦复员三分之一①。

根据蒋介石的机密甲 9269 号和 9272 号手令，国民党军队的整编方法是，“将全国现有陆军，按军师单位，军缩为师，师缩为团，或先缩为旅”②，即将三师九团制的军缩编为三旅六团制或二旅四团制的师，裁掉三分之一的员额，从三三制改为三二、二三或二二制。之所以如此，一方面是为了应付整军方案的要求，另一方面在保留原有单位的情况下也较易操作。就军事作战的角度考虑，三三制较为合适，但当时军队高层考虑，“三三制在运用部署上虽较便利，但三旅九团过于庞大笨重，在我国道路不良，行军长径大，补给与指挥不便，易失机动力”。而“两旅六团兼有持续强韧战力与机动力，在运用上似较适宜”③。国民党军队的整编自 3 月开始进行，第一期整编陇海路沿线的 27 个军 67 个师，4 月底完成；第二期整编长江以南的 30 个军 84 个师，6 月底基本完成；第三期计划整编陇海路以北的 32 个军，自 7 月开始，因内战爆发而停止④。

对于复员计划所裁减的官兵，按蒋介石当初的设想，是“将现役师

① 林蔚：《军事复员报告》（1946 年 3 月 3 日），《中国国民党第六届二中全会辑要》，第 42—48 页。

② 《行政院复员官兵计划委员会第一次会议报告及决议案》，1946 年印本，第 4 页。

③ 《陆军部队现行编制装备之检讨综合研究》，军官训练团编：《第二期军事小组讨论结论汇集》，1947 年印本。但据时任军政部军务署副署长郭汝瑰的看法，国民党军原计划汰弱留强，后因各部队要求公平，遂改为凡整编部队一律裁减三分之一，导致弱者更弱，强者变弱（作者访问郭汝瑰记录，1989 年 9 月 19 日）。

④ 这种整编本身由于时间所限和计划的粗糙，很多时候象征意义大于实际意义。如第三十八集团军电称：“整编之各师军，不论其是否改编完毕，统自五月一日起军改称为整编某某师，师改称为旅。”（《中国人民解放军全国解放战争史》第 1 卷，第 254 页）国民党军队裁减实数尚缺乏确切统计。如按中共的统计，1946 年 6 月，国民党军队总数为 430 万人，则较林蔚所称 1945 年底 490 万的数量约减少了 60 万人，但国民党军队缺额甚多，此减少数字完全可能是名义上的数字而非实数。现有资料显示出国民党军队军官佐被裁员后的情况，但很少士兵被裁员情况的资料，或许可能说明问题。

旅团中之各级优秀军官佐及军士，轮流悉数选集于中央陆海空军各学校，重新训练，以为建立国防军之新干部，尔后按省设立军区，开始征兵，逐步成立国防师"；"将已经缩编之师旅，配置于全国重要公(铁)路线上，及国防重地，区分地境，限期六个月至一年内，将其所辖地区内之公路铁路或水利治河，定期完成，尔后按实有人数，师缩为旅，旅缩为团，继续增修公(铁)路与治河水利工作，并增加较久之生产事业，如造林，垦殖，与移民实边等工作"①。为此，行政院成立了复员官兵计划委员会，"对于复员官兵之生计，负统筹设计之责，务使人人各安其业，各得其所"②。根据其计划，预计第一期复员军官(佐)18 万人，其中除了 1 万人深造，1 万人退役，1 万人集团转业外，其余 15 万人将经三个月至一年的训练后，予以个别转业。计划为，警官 4 万人，交通管理 5000 人，工矿管理 2000 人，农林垦牧 1000 人，土地测量 1000 人，地方行政 2 万人，地方卫生 2000 人，金融财政 1000 人，民众义务教员 4 万人，劳动服务队督导员 4 万人，总预算 2010 亿元。如加上上述事业开办费和军官(佐)薪俸(每月人均 7 万元)，还需 3566 亿元③。至于复员士兵 125 万人，"除择优深造及资遣退役者约二十五万人外，尚余百万人，即行集团转业，分配于修筑铁路、公路、水利、工程，及垦殖畜牧等项"④。可是这些计划大都停留在纸面上，很少真正付诸实施。唯一实行的是成立了 20 个军官总队及 4 个直属大队，收容被裁军官⑤。正是由于国民党对复员官兵的漫不经心，使得复员官兵流落社会，生活无着。按国

---

① 《行政院复员官兵计划委员会第一次会议报告及决议案》，第 4—5 页。

② 《行政院复员官兵计划委员会第一次会议报告及决议案》，第 3 页。

③ 《第一期复员军官佐十五万人个别转业训练计划》，1946 年印本。

④ 林蔚：《军事复员报告》(1946 年 3 月 3 日)，《中国国民党第六届二中全会辑要》，第 48 页。

⑤ 根据国防部统计称，复员军官佐人数总计约 23 万余人，其中编余 16 万余人，失业 7 万余人，最后安排是，留用约 7 万人，转业 5.6 万余人，退役 10.6 万余人(《国防部对国民党六届四中全会军事报告》，1947 年 9 月 9 日，第二历史档案馆，全宗七一一五，卷号 129)。

民党原规定,军官佐退役金数量,最高的将官不过发给一年薪给及6斗退役粮另加三分之一月俸,后调整为按实职年资计算,以三个月薪水为基数,每增加一年,加发一个月薪水,及二分之一月俸。然而按照当时的物价上涨情况,如果退役后没有职业,这点薪水能够维持的生活水平是可想而知的。甚至出现了"将级人员退伍还乡后,社会地位未予保障,致受保甲人员欺压"的情况①。这就难免使复员工作受到影响,复员官兵对国民党心怀怨恨,不仅影响社会安定,而且直接影响到部队作战士气。至于被裁军官,更是利用以往的社会地位和活动能量,四下串联,要求给以适当安排,以致最后酿成中山陵哭陵的一幕,对于国民党军队官兵士气是一大打击②。

对于军队复员整编,国民党内部意见不一。据郭汝瑰回忆,"围绕着整军,蒋军内部发生过激烈的争论。奇怪的是,蒋、白、陈都坚决反共,而整军的态度各不相同。蒋介石坚决反共,国共两军在全国已广泛

---

① 《国防部政绩报告》,《国防部会议记录》(第三次参谋会报,1946年6月18日),二档,全宗七八三,卷号797、822。

② 据重庆警备总司令孙元良回忆,重庆一地的登记失业军官即多达四千余人,"虽经收训若干,但没有着落的仍有三千多人。其中数百人藉口饥饿难捱,成群结队地'游食'于市内各大小餐馆。食后,照数付给欠条。夜间,露宿于精神堡垒和关帝庙两处。他们那种悲苦无告的样子,社会各界都寄予同情。市内秩序,自然受了很大的影响!"最后不得不强令资遣回原籍(孙元良:《亿万光年中的一瞬——孙元良回忆录》,高雄世界出版社1972年版,第286页)。这些被裁军官,多数身无长技,一旦裁减,势必流落社会,走投无路,甚至不乏自寻短见者,以至"兔死狐悲,士气也无形中受到影响"(《刘汝明回忆录》,台北传记文学出版社1966年版,第143页)。国民党在整编时将编余军官组成军官总队,原意是不使其流离失所,但却给这些人提供了一个合法的场所,发泄他们的不满与怨气。以至当时舆论将"军官总"与"国大代"、"立法委"、"新闻记"、"妇女代"并列为社会"五害"。1947年5月12日,中央训练团将官班失业学员五百余人,于中山陵谒陵时,因感生活无着,"多掩面痛泣",并表示如不能按目前待遇发给编余费,将续向行政院请愿。史称"哭陵事件",引起社会各界强烈反响,称为"近年来空前的现实大讽刺"(万仁元、方庆秋主编:《中华民国史史料长编》第70册,南京大学出版社1993年版,第107页)。

展开战斗，蒋军将领许多人都叫嚣停止整军，但蒋介石还是要整，陈诚希图迎合蒋介石意旨取宠，也大声疾呼整军，对于蒋军要整，对满洲国及汪伪部队，更要整编，声称国防军不能容纳伪军，以保持国防军的纯粹性。……白崇禧认为内战不可避免，反对整军”①。实际上多数高级将领对整军态度消极。2月16日，国民党军事整编会议在南京举行，蒋介石出席致词谓：因为军事上之弱点，所以政治协商会议有此失败，所以我们不得不忍耐，不得不避战！我们必须改正过去庞大空虚的军制之思想观念而整军建军，重质不重量。会议提出的口号是：加强革命武力，贯彻三民主义；拥护领袖，必须分劳任怨；复兴民族，当从死里求生②。会后陈诚即按蒋的旨意大力裁减军队人数及编制，实行精兵主义。但是在明面上的理由而外，陈诚还有一个不能明说的目的，即排斥异己。照当时人的说法，“同样是国家的军官，出身经历战绩等等都差不多，而属于所谓‘土木工程系’的军队，不只不被裁编，反而扩充”，“这种不公不平的事实……怎么不会使得国军的精神完全瓦解了”③。

国民党军队在复员期间的重大改革，是重组了中央军事指挥机构。国民党的军事指挥机构迭经变动，至抗战后期，形成了以军事委员会为龙头，以军政、军令、军训三大部为主干的一整套叠床架屋而庞大繁杂的机构（直属单位十七个，编制人数2.4万人，外有行营、战区、绥署等机构），“组织庞大，系统复杂，指挥运用自难期其灵活”；各部会“事权不一，连系概同，所在不便，行政效率难于发挥”；最重要的是，军令与军政分立，陆海空军各有指挥系统，互不相属与联系，很难组织统一而有效的指挥，已经明显不适应时代要求④。抗战胜利前后，各方均有改革呼

① 《郭汝瑰回忆录》，第237页。

② 唐纵：《在蒋介石身边八年》，第591页；《中央日报》（重庆）1946年2月17日。

③ 孙元良：《亿万光年中的一瞬》，第286页。实际上不仅是陈诚系，整个中央系军队裁减都极其有限，被裁者主要是非作战人员或原已列入编余的人员。

④ 《国防部政绩报告》，二档，全宗七八三，卷号797。

声。何应钦呈蒋介石称，军事改制，势在必行，建议仿美体制，撤销军委会，改设国防部，以便号令一致，有始有终。同时魏德迈亦建议：为了今后贵我两国长期协作，军事体制必须紧密配合，达到中美国防体制一元化，俾可达到共同对敌，共同繁荣之目标①。蒋介石遂决心在美国顾问团的帮助下②，对军事指挥架构进行彻底改组，以收运用自如之效。1946 年 3 月 30 日，蒋召见各军事机构负责人，宣布改组中央军事机构，"以仿照美国制度为原则"，并以陈诚牵头组成起草委员会，限于 5 月 15 日之前完成③。美国方面由白林克将军等参加改组筹备工作。4 月 19 日，驻华美军总部向陈诚提交了关于《中国国防部组织》的基本研究，其原则是：1. 所有设计主要在中国国防，而非全球作战；2. 应求适应自平时转入战时之预备扩充之基础；3. 组织应简单；4. 应能迅速有效执行参谋总长之命令，并提供适当之方法与权限，以监督及指导其命令之确实执行；5. 研究与发明应注重至达高级水准；6. 集权之指挥统御，与分权之实施管制，应在各级组织中贯彻之④。根据这个方案，4 月 26 日，成立了以陈诚为主席的中央军事机构改组委员会，进行改组准备工作。5 月 29 日，国防最高委员会通过《国防部组织法》，决议裁撤军事委员会及所属各部会和行政院之军政部，于行政院内设国防部。

根据《国防部组织法》的规定，"国防部承国民政府主席之命，综理军令事宜；并承行政院院长之命，综理军政事宜"；国防部设参谋总长和陆、海、空军及联合勤务司令部。国防部以参谋总长为核心枢纽，其职

① 徐世江：《国民党政府军事整编改制的内幕》，《武汉文史资料》第 32 辑，第 131 页。

② 1946 年 3 月 9 日，魏德迈宣布美国驻华军事顾问团成立，前美驻华作战司令部司令麦克鲁任团长。"该团人员不超过七百五十人。该团任务乃助华训练军队，纯系顾问性质，而非受雇性质"（《中华民国史史料长编》第 68 册，第 770 页）。

③ 国防部史政局编：《国防部改组纪要》，1947 年印本，第 6 页。

④ 《中国战区美军总部致军政部备忘录》（1946 年 4 月 19 日），二档，全宗七八三，卷号 788。

责为“掌理军事之一切计划准备及监督实施，并有关国防之各种建议”；国防部所属各厅局处“均承参谋总长之命，分掌业务”；各总司令部“承国民政府主席之命，参谋总长之指导，分掌军事实施”。国防部长的职责不过是，审定参谋总长所提之军事预算及人员物资计划，提交行政院决定，审议总动员有关事项①。美方最初的建议纯仿美制，以文人担任国防部长，但格于中国实情未能实现。改组后的国防部，形式上仿美制，但国防部的职掌明显偏于一般军政事务，军事实权全在参谋本部，正因为国防部长名大于实，蒋介石才将第一任国防部长的虚名给了桂系的白崇禧，以示拉拢，而将自己的亲信陈诚摆在参谋总长的位子上，其下四大指挥机构的负责人为，陆军总司令顾祝同，海军总司令陈诚兼，空军总司令周至柔，联合勤务总司令黄镇球。

国民党中央军事机构的改组，“系参照美方建议原案，及斟酌国情，顾虑今后新军事建设开展容易为原则”，但在改组过程中，就制度而言，一方面“因彼此国情未能尽合，此次改组偏重采用美制，未能兼顾本国固有之国情与环境”，另一方面又“未能采用美国分层负责之制度，工作程序繁重”。就改组本身而言，时间紧迫，“旧有积习，仍多未除”，“最大缺点为忽视业务，迁就人事”②。在国防部的运作过程中，各部门机构重叠，职责不明，相互掣肘，人事纠纷不断。国防部两巨头陈诚和白崇

---

① 《国防部改组纪要》，第12页。起草委员会事先拟订改组计划时，专门制定了《总统国防部长参谋总长职权划分办法》，将参谋总长定位为“负全部军事指挥之实际责任”，而将国防部长定位为“负有国家政策与军事组织互相联系协调之任务”，这也是为了应付未来可能成立的多党政府，将军事权力置于国民党而非联合政府控制之下。林蔚在改制会议上曾说：“关于军政、军令范围问题，我们也慎重考虑过，如果军政职权过于扩大，今后有关重大军事决策，势必先经行政院，而将来行政院改组，可能扩大组织范围容纳各党派各方面人士参加组阁，那么决策不仅缓不应急，且有泄密之危险！因之，为了党国大计，军事还要第一，不能不将军政职权缩小些，军令范围扩大些，那么有关军事决策，就可由国民政府主席直接裁决，再不经过行政院了。”（徐世江：《国民党政府军事整编改制的内幕》，《武汉文史资料》第32辑，第138—139页）

② 《国防部改组纪要》，第23页。

禧更是积不相能，白无实权但名义上是国防主管，陈目空一切根本不把白放在眼里，在部务会议(部长主持)和参谋会议(总长主持)上，两人各执一词，下属无所适从，后来矛盾一直发展到互不出席对方主持的会议①。在这样的关系下，很难保证最高军事指挥机关的效率。

总体而言，国民党一方面迫于当时的政治压力，以及过于庞大的军队带来的财政负担和运转不灵的实情，进行了一定的精简整编，同时其整编的过程也是裁弱留强、军事动员备战的过程，它的一系列军事作战计划都是在这一时期制定的。

中共方面，对复员整编也作了若干规定。3 月 6 日，中共中央发出关于精兵简政的指示，提出"第一期精简三分之一，并于三个月内外完成。被精简人员武器，有计划的妥善的分配到农村生产中去。第一期完成后，取得经验，第二期再精简三分之一"。该指示要求兵员最多的华东(山东)、晋冀鲁豫、华中三处，"于电到十日内开会讨论，制定方案，并派员来延报告，做成最后决定，然后立即实施"。15 日，中共中央在给各地的指示中再次强调："除东北及热河外，各地第一期整军复员(即精兵简政包括党、政、军、民、学所有脱离生产人员在内)，不论时局变化如何，均应力争完成，以裁减老弱及无职务、无武器人员，合并机关，减少单位，充实部队，减少财政支出利于作长期打算为目标。""同时要向复员者说明，如遇反动派大举进攻，除老弱外，要在一声号令下准备归队。"②可见中共是从积极的意义理解整军复员之举，既可适应政治形

① 《郭汝瑰回忆录》，第 226 页。

② 《中央关于精兵简政问题的指示》(1946 年 3 月 6 日)、《中央关于目前时局及对策的指示》(1946 年 3 月 15 日)，《中共中央文件选集》第 16 册，第 86、93—94 页。据郑维山回忆，中共在 2 月曾有一个关于整编的指示，要求"为将来国民党内反动派一旦对我进行突然袭击我能有效地组织自卫起见，除将二分之一的主力部队编为保安部队外，再保留大约三分之一的优秀军政干部在各解放区隐蔽起来，不去请求政府加委，以便在一旦受到袭击时，他们能自由行动"(郑维山：《从华北到西北——忆解放战争》，解放军出版社 1985 年版，第 17—18 页)。在中共中央的指示下达后，山东报告共有部队 29 万人，拟保存 15 万精锐武装，其余逐步复员；华中报告第一期复员 5 万人，

势的需要，又可精兵简政，提高部队战斗力，而且对政治形势可能的变化，保持了警惕。为了避免被精简人员的不满，中共特别要求"除在政治上彻底解释清楚外，必须对复员人员妥为安置，各得其所"。"各地应组织复员委员会等机关，认真办理，不得敷衍塞责"。具体办法是：

1. 复员人员，按照军龄长短，发给胜利生产补助金(标准由各地自定)；2. 复员人员，不论军龄长短，一律发给衣服、鞋子；3. 连以上干部一般不复员，但有一部分须帮助其转业；4. 复员人员回到各地后，应设法拨给土地及帮助解决生产与生活上的困难；5. 家庭非在解放区的干部战士暂时争取其不复员或复员在解放区生产①。这样避免了复员人员流落社会，有利于安定人心②。

在中共中央的指示下达前后，中共各大区都召开了复员整编工作会议，颁发复员条例，组织复员委员会，进行复员工作。不过中共内部对复员的看法并不一致。据当时人回忆："同志们看到整军方案后，有些发愁，说革命二十年，就搞剩这么些枪！""此刻，人们的思想十分活跃，确切地说，是有点混乱，各种议论纷纷不一。人们议论最多的是军队国家化的问题；缩编我军为二十个师的问题；……对此简直有点想不通，跟红军改编为八路军时的情形颇为近似。"③不过，由于国民党二中全会对政协决议的反复，政治形势变化很快，中共的复员工作实际未能按计划进行，已裁减者主要是地方部队和老弱病残人员，全军人数由

区乡脱离生产部队全部复员(《第三野战军征战日志》，第47页)。晋冀鲁豫则未见计划。但实际因情况变化均未见执行。

① 《中央关于复员工作的指示》(1946年4月28日)，《中共中央文件选集》第16册，第142—144页。

② 中共复员工作也有各区所发复员费多少不一、敷衍应付、"致伤情绪"的情况出现，不过中共部队的正规化程度不高，官兵本无固定薪饷，因此这个问题并不严重。

③ 《关于目前时局和任务的报告》(1946年6月19日)，《贺龙军事文选》，第233页；郑维山：《从华北到西北》，第15页。郑维山认为："第一期就复员三分之一，步子似乎大了些(第二期还要精简三分之一)，而且光靠'裁减老弱'等项又不可能达到三分之一，势必要大伤军队的筋骨方能完成。"(同前，第19页)

138 万人减少为 127 万人①。

但是，“在复员问题上，晋察冀却是一个例外”。在中共各大区中，晋察冀部队复员的人数最多，时间也最快。还在整军方案最后达成前，1946 年 2 月 16 日，晋察冀中央局致电中共中央，提出：“目前和平已确定，全国范围内战已不可能，军队需要大量缩编……因此我们提议立即进行大规模的精减（如果迟了一方面开支浩大，另一方面回乡人员将误农时）。”②3 月 1 日，晋察冀中央局发出《关于复员工作的决定》称：我国已开始步入和平民主建设的新阶段，边区立即开始部分的复员，将战时的各种组织机构逐步转变为平时的组织机构。晋察冀边区行政委员会还公布了《晋察冀边区复员条例》和《晋察冀边区复员人员费用发给办法》，按参军时期的不同，发给数量不等的小米、衣服和鞋子③。此后晋察冀部队进行了较大规模的精简整编。抗战胜利时，晋察冀部队编为第一野战军（4 个纵队）和第二野战军（5 个纵队），共有 9 个纵队（26 个旅）20 万人，还有 5 个地方军区，部队 11 万人，连同机关学校等共 32 万人。到 1946 年 6 月，虽然地方部队增加为 15 万人（主要由编余部队转入），但野战部队撤销了 3 个纵队，其余精简整编为 4 个纵队（9 个旅），人数锐减为五万余人，全区总兵力减少为二十余万人④。其间原因，郑维山认为：“中央之所以指示晋察冀率先复员三分之一，恐怕意在给全国树立一个复员整军的榜样，以事实使设在北平的军调部看到，我

① 《毛泽东年谱》下卷，第 59 页。据郑维山回忆：4 月 25 日中央发出关于整军会议要点的通告，“关于复员的要求已经由第一期的三分之一改为依本身具体情况作适当复员。凡在此之前尚未着手复员的，自然不必按照三分之一的要求执行了”（郑维山：《从华北到西北》，第 19 页）。

② 《关于整编复员问题摘报》，军事图书馆藏档抄件。

③ 《和平民主建设的新阶段》，第 27—33 页。

④ 北京军区《华北第三次国内革命战争史》编写组编：《华北第三次国内革命战争史》，附件三《第三次国内革命战争时期华北军区实力统计表》，河北人民出版社 1990 年版。

党执行整军方案是切实认真的。”①这当然有一定道理，因为晋察冀离北平最近。但是晋察冀的复员与该区负责人聂荣臻对形势的估计也有关系，他曾对人说：大势所趋，非要和平。我也有矛盾，一面担心内战再起，一面又看到中央的决心很大……国民党军无法打下去，美国也不支持他打下去。那就按中央的决心办吧②。其后，他坦承“这时我们的领导机关过多的相信了和平，就是所谓和平幻想问题。因为这个缘故，使得我们对于战争的准备极不充分。军队进行了复员”；“其基本原因就在于对全国形势的估计有错误”③。

军队整编对国共双方的作战能力都产生了一定的影响。白崇禧认为，国民党军事失利“实因整编与取消杂牌部队致军队减少，仅能控制点与线，无控制面的力量，士气低落，人心怨上畏匪”。徐永昌甚至认为，“当此战事吃紧，部队军官多惧年限失业，以为平匪无异缩短一己职业(退伍有一条可以因需要不按年限者)”，因此作战不积极④。除此之外，从军事意义而言，国民党很快在作战实践中发现新编制的不足，最主要的是第一线部队和预备队均不足数，不适应实战要求⑤。蒋介石总结为：“在作战时，师长旅长留置必要之预备队后，其第一线兵力极为

① 郑维山：《从华北到西北》，第20页。

② 《聂荣臻传》，第401页。

③ 《总结经验 继续前进》(1947年9月30日)，聂荣臻传记编写组编：《聂荣臻军事文选》，解放军出版社1992年版，第258—259页。

④ 《徐永昌日记》，1947年4月18日、6月14日。因为对裁减不满和前途的无望，当时在被裁人员中甚至有这样的说法：此路走不通，去找毛泽东(作者访问郑庭笈记录，1991年9月10日)。陈毅在对中共作战做总结时认为，国民党政府军的整编，好处是充实战斗力，大力重新配备，缺点是，所有军官降级使用，情绪不满；编余军官失业，影响在职者不安心；指挥不方便，兵力较前单薄，又不好形成重点，特别是旅更不能形成重点；排斥异己，战斗力大为削弱。因此，“蒋军整编害多利少”(陈毅：《一年来自卫战争总结》，中央档案馆卷89，第1号)。

⑤ 整11师11旅旅长杨伯涛认为，二团制“在战术上部署极为困难。如我旅只辖两个团，等于两根木联在一起，不能直立起来，必须要三根木才能稳固直立，所谓‘鼎足之势，固若金汤’”(《杨伯涛回忆录》，第124页)。

薄弱，未能尽量发挥其战斗力。譬如三旅制之师，师长旅长各控制一个团，则该师六个团之部队，其在前线作战之兵力，只有二个团。如二旅制之师，在前线作战兵力，仅有一个团。此种缺点，影响作战甚大。”①因此从1947年起，国民党军队在实战中又陆续恢复了三三编制。至于整编过程中因为处理不当而造成的矛盾，使得人心浮动，战斗力下降，则已经不是军事学意义的问题，而要由国民党军队复杂的派系组成及其多年积累的矛盾中找原因了。

中共方面对精简整编也有不同看法。在精简整编较多较快的晋察冀区，不少人当时和以后都认为，该区在全面内战初期作战不利的原因之一，就是精简整编“大大削弱了野战军这个‘拳头’”，“伤了部队的元气”；“大批干部战士复员到地方，在当时的情况下，自然增加了地方工作的困难，也造成了部队和地方之间的矛盾，从而影响了士气”；“而且大量复员这一行动本身，又增加了部队的和平观念，影响了练兵的积极性。练兵抓得不紧，对战争初期也带来了不利的影响”②。最权威的意见当然是毛泽东的看法，他在1946年11月和刘少奇、周恩来的谈话中说：“在复员的问题上我们就吃了亏，结果有些部队不充实，民兵也减少了。”③

---

①　蒋介石：《机密（甲）10080号手令》（1946年），引自《中国人民解放军全国解放战争史》，第2卷第3页。

②　《耿飚回忆录》，解放军出版社1991年版，第421页；郑维山：《从华北到西北》，第21—22页。

③　《要胜利就要搞好统一战线》（1946年11月21日），《毛泽东文集》第4卷，第199页。

第三章 战后中国的内政与外交

第一节 战后接收及对日伪的处理

一 接收与复员

抗战胜利如此迅速地来到,多少出乎国民党的意料之外。对于战后复员的设计与安排,国民党还缺乏充分的准备。8月12日,得知日本决定投降的消息后,唐纵才将侍从室拟订的《日本投降后我方处置之意见具申》交给蒋介石,对于接收与复员,这个报告建议:“从速发表上海、南京、武汉、平、津市长人选,并令各沦陷区省主席、市长从速前往抚辑流亡,恢复秩序”;“饬复员委员会于一周内提出计划纲领并即核定实施,以免临时仓促陷于无计划无组织无秩序之行动。此事最好责成一大员负责主持统一步骤。”①关于第一点建议,8月13日,国民政府任命马超俊、钱大钧、熊斌、张廷谔为京、沪、平、津四市市长②,紧接着又派定了收复区苏、浙、赣、鄂、湘、闽、粤、桂、鲁九省的行政长官。但是对于统一接收步骤问题,并未引起当局的足够注意。

接收之初,蒋介石令陆军总部“指导监督并得全权处理收复区内一切党政各事务”。9月5日,在陆军总部下成立党政接收计划委员会,主任委员由总司令何应钦兼,副主任委员为社会部长谷正纲和陆总参

① 唐纵:《在蒋介石身边八年》,第687页。

② 8月18日,蒋介石在接收大员一时未及到达情况下,任命蒋伯诚、何其巩为委员长驻沪、平代表,策应接收工作。

谋长萧毅肃，秘书长李惟果，任务是搜集研究接收资料，拟办接收计划与命令，联系协调接收工作。但该会不过是“幕僚性质之机构”，并不实际主管接收工作①。陆总也不可能具体处理军事接收以外的各项接收事务，实际接收是由各战区成立的、以战区接收机关为主、由行政院各部会特派员和各省市政府成员组成的接收委员会负责，各机关派出的接收委员或特派员具体主持接收②。这就难免造成接收中各自为政、各不相属的混乱状况。随陆总参加接收的侍从室秘书邵毓麟在给蒋介石的密电中告以：“军事接收以团体为对手，正面侧面相机配合，并运用其原有组织逐步接收，除有少数日军部队有不法行动，大致成绩尚佳。但行政经济接收情形极坏。”原因为，陆总与行政院配合不够，办法先后不同，职权亦有变更；行政院接收人员对敌伪政治经济毫无认识，不知从何着手；经济接收工作原极微妙难办③。

接收开始后，陆总很快便觉得没有统一接收机关带来的问题，9 月 11 日，何应钦电请成立收复区全国性事业临时接收委员会，但由于行政院迟迟未派定负责人员，此事仍未能进入实际运作。直到 9 月下旬，宋子文自国外回国，由行政院系统统一全国接收事宜的工作才提上日程。宋子文首先从上海开始，设立行政院院长驻沪办事处（10 月 12 日），统一接收工作。接着在 10 月下旬，正式成立了行政院收复区全国性事业接收委员会（由行政院副院长翁文灏主持），“办理收复区全国性事业接收事宜并协助中国陆军总司令部处理接收事宜”，“全国性事业

① 《中国战区中国陆军总司令部受降报告书》，第 36 页。

② 行政院曾订有《各部会署局派遣收复区接收人员办法》，规定各部会署局可派出接收特派员，以各区受降军事长官驻在地为工作地点，受陆军总司令部指导监督。第一批派出的特派员有，京沪、冀鲁察热、晋豫绥、鄂湘赣、粤桂闽区财政金融特派员，上海、天津、汉口、广州、南京、青岛市四行两局接收委员，京沪、平津、武汉、广东区交通通信特派员，苏浙皖、湘鄂赣、粤桂闽、冀察绥、鲁豫晋区经济工矿特派员（《中华民国重要史料初编》第 7 编第 1 册，第 10 页）。

③ 《邵毓麟为经济接收问题呈蒋委员长电》（1945 年 9 月 22 日），《中华民国重要史料初编》第七编第一册，第 31 页；邵毓麟：《胜利前后》，台北 1967 年版，第 75 页。

系指经济(包括工矿、商业、农林、粮食、水利等)、交通、金融事业,均由本会统筹接收,并移交有关各部会接管之"①。此举使最初接收的混乱状况有所改观,但"接收办法公布既晚,且复一再变更,致敌伪事业,先经军事机关接收,复经地方机关接收,又经主管机关接收,接收一次,损失一次,至于不肖官吏军警勾结地痞流氓,明抢暗盗,所在多有,损失更所不赀。敌伪强占或强租强买人民房屋,经各机关接收后,任意占用或封锁,使人民无屋居,此为各城市之普遍现象,丧失人心,莫此为甚"②。

11 月 23 日,行政院颁布《收复区敌伪产业处理办法》,规定:收复区敌伪产业接收处理以全国性事业接收委员会为中心机关,在重要区域设立敌伪产业处理局,办理敌产接收处理事宜;处理局分别委托各有关机关接收敌伪产业;处理敌伪产业的原则是,原属本国盟国人民、被日方强迫接收者发还原主,原属华人后与日伪合办者收归中央政府,产权原为日侨所有或为日伪收买者收归中央政府;接收后之敌伪产业处理原则是,与资源委员会所办事业性质相同者交该会核办,纱厂及其必需附属工厂交纺织业管理委员会接办,面粉厂交粮食部接办,规模较小或不在上述范围内者以公平价格标售;已接收厂矿由经济部督导尽快复工;收复区原有接收及处理敌伪产业机关一律撤销移交处理局③。在此前后,成立了上海区(后改为苏浙皖区,局长刘攻芸)、河北平津区(局长孙越琦)、山东青岛区(局长程义法)和两广区(局长林继庸)敌伪产业处理局,以及武汉和河南区敌产处理办公处。湖南、江西两省接收

---

① 《行政院收复区全国性事业接收委员会组织规程》(1945 年 10 月 26 日),河北平津区敌伪产业处理局秘书处编:《河北平津区敌伪产业处理局章则汇编》第 1 辑第 1 页,1946 年印本。

② 国民参政会秘书处编:《国民参政会第四届第二次大会提案原文》下册审 4 第 134 号,1946 年印本。

③ 《收复区敌伪产业处理办法》(1945 年 11 月 23 日),《国民政府公报》1945 年 11 月 26 日。

委托省政府处理，东北和台湾则设立接收委员会或处理委员会①。敌伪产业处理局的成立，使接收有了相对统一的机构，并发布了有关规章制度，有助于改变接收中的混乱局面，但因为它们成立得较晚，以前接收的许多敌伪产业既不可能交还，账册亦难以查找，而且由于它们和各机关尤其是有实权的军政机关在接收上的矛盾，它们的工作仍面临着相当的困难。以致蒋介石在12月还电告宋子文，斥责接收人员“既不互相联系，又不与党政军主管人员通力合作，更有自以为中央所特派，不受当地行营主任指挥者，以致系统紊乱，权责不明，有利相争，遇事相诿，形成无组织状态”，要其“针对错误，妥拟方策，以图补救”②。1946年7月，敌伪产业接收大体完成，全国性事业接收委员会撤销，由中央信托局接办敌伪产业处理善后事宜。

关于接收敌伪产业的总数量，现有统计数字不一。因为法币币值变动剧烈，以法币计算其价值因时而变，很难得出确切数字，而以美元计算，在换算时亦不无困难。一般而言，以美元直接计价的数字偏低。如赔偿委员会1946年11月第一次估计是38,992万美元，1947年7月第二次估计为33,496万美元，英国估计为4亿美元，美国顾问估计为3.5亿美元③。以法币价值折算为美元则偏高。如据1947年3月的统计，全国接收总数（不包括东北和台湾）为法币95,897亿元，其中已处理6252亿元，转账12,388亿元，未处理76,250亿元（三者相加与总数不一，原文如此——作者注），按当时法币官价12000元兑1美元折算，则为79,914万美元；今人有统计全国接收总数（包括东北与台湾）合战前法币230,155万元，如按当时法币兑美元1∶0.295的比例，

---

①　《苏浙皖区敌伪产业处理局工作报告》，《中华民国重要史料初编》第七编第一册，第141页。

②　《蒋主席令行政院院长宋子文转各部部长议处接收失职人员电》（1945年12月19日），《中华民国重要史料初编》第七编第一册，第34页。

③　《我国接收敌产估计表》，“中华民国外交问题研究会”编：《日本投降与我国对日态度及对俄交涉》，台北1966年版，第106—107页。

则合 67,896 万美元①。

以接收产业论,工矿企业为重点。至 1946 年 2 月止,苏浙皖区,接收厂矿 562 单位,其中以上海为最多,又以纺织业为最重要,计接收上海棉纺织厂 27 家(纱锭 96 万枚,织机 1.7 万台),毛纺织厂 9 家,其他纺织业厂 71 家,金属制造厂 19 家,机器厂 97 家,电器厂 21 家,卷烟厂 13 家,包括永利公司、首都电厂等大企业;冀察热绥区,接收厂矿 58 单位,以化工为最多,包括北平石景山钢铁厂、天津永利公司、久大精盐公司、北平门头沟煤矿、河北开滦矿务局、华北电业股份总公司、北平石景山电厂、唐山电厂等大企业,以及天津的纺织厂等;鲁豫晋区,接收厂矿 74 单位,其中青岛纺织工业拥有纱锭 38 万枚,织机 7000 台,三省煤炭业亦具有重要地位;湘鄂赣区,接收厂矿 90 单位,但规模均较小,较为重要者是湖北大冶铁矿和江西萍乡煤矿;粤桂闽区,接收厂矿 34 单位,以化工厂为最多②。

经济部工矿电商事业接收处理概况表(迄 1947 年 9 月底)③

区　　域	东北	冀热察绥	鲁豫晋	苏浙皖	湘鄂赣	粤桂闽	台湾	共计
接收事业单位总数	160	656	189	873	181	258	915	3232
商社仓库事务所总数	9	275	48	246	12	154		744
工矿厂总数	151	381	141	627	169	104	915	2488
移交资委会及其他机关之工矿厂数		86	30	175	75	8	313	687
发还原主之工矿厂数		5	15	162	30	15	1	228
特派员主持移交发还								

① 《中华民国史史料长编》第 70 册,第 122 页;《中国资本主义发展史》第 3 卷,第 604 页。

② 《中国国民党第六届中央执监委员会第二次全体会议行政院工作报告》经济章,1946 年印本,第 6—8 页。接收数量各家统计不一,本节各数均取其中一种。

③ 国民大会秘书处编:《国民大会代表询问案(经济部)之答复》,1946 年印本,第 11 页。

（续）

区　　域	东北	冀热察绥	鲁豫晋	苏浙皖	湘鄂赣	粤桂闽	台湾	共计
标售后复工之工矿厂数	11	115	34	238	41	51	377	867
标售之工矿厂数		21	26	94	13			154
自营工矿厂数		60	15	72	2	37		186
尚未处理之工矿厂数	140	182	55	162	49	40	311	939

经历了后方八年艰苦生活的国民党各级官僚，骤一到达收复区，犹如闸门开口，在没有约束的情况下，各谋私利，徇私舞弊，滥用权力，给收复区人民留下极坏的印象，当时称之为“五子登科”，即房子、条子（指金条）、票子、车子、婊子。由于这种事情很难有完整的档案记载，因此确切的贪污数字仍有待研究。据参加湘鄂赣区接收清查团的监察委员何汉文总结，接收中的贪赃枉法可分四种情况。其一是抢，即接收之初的公开抢占敌伪房产和金银珠宝等财产，仅上海一地的八千五百多幢敌伪房产中，就被占据了五千多幢；其二是占，即以单位名义占有，再化公为私（如南京二千多幢敌伪房屋，几乎全由各单位以各种名义占据），其后发展为只要是敌伪财产，贴上封条就可据为己有；其三是偷，或是监守自盗（如汉口宝安大楼原存有价值不菲的贵重物品，最后查封时已所余无几），或是乘混乱之机，援引外人直接盗窃，不仅盗走了物资，还对财产本身造成了极大破坏（如上海流氓盗窃团伙）；其四是漏，即日本人为了讨接收人员欢心，故意在移交清册中漏列若干财产，使之堂而皇之地落入接收人员私囊（如武汉日本第六方面军在移交时留下了百亿元的无清册物资），移交物资再经层层转手，另造清册，又有不少被截留①。

除了上述这些虽然规模很大，但至少名义上还是非法的贪污外，还有一类通过标卖方式进行的合法贪污。接收产业经层层截留，最终移交给敌伪产业处理局的仍有相当大的数量。对这些产业，政府以平卖、

① 何汉文：《大劫收见闻》，《文史资料选辑》第55辑，第22—30页。

委托代售、标卖、拍卖、价让等方式出售以回笼货币，平抑物价（上海区接收478家工厂，标售或由各机关承购者有226家，宋子文坚持将敌伪物资全部交由处理局，冠冕堂皇的理由而外，一个重要原因就是将这批巨额财产的控制权转移到行政院，以利其施政方针的实行）。各敌伪产业处理局下有评价委员会，负责敌伪产业标售时的估价、投标人的资格审查工作。虽然有规定“变卖接收后之敌伪产业（包括逆产）所得价款应悉数解缴国库不得移作别用”①，但由于标售和处理物资可以以低于市价的价格并指定商家进行，因此给了接收官员以合法的机会，从中上下其手，收受贿赂，贪污实物。如上海标售日人房屋二千多幢，基本上由接收时的占用者获得，所付只有标价的一半；汉口江汉关标售物资13批，得33亿元，但标售最高价格只有市场批发价的60%，最低不过20%，中标者的无形收入当在15亿元以上。有人估计全国标售敌伪物资总价在法币5万亿元左右，如以损失一半计算，则有2.5万亿元落入私人手中②。

接收过程中最为恶劣的一项政策，是法币与伪币兑换率的规定。9月9日，陆军总部发布命令：“政府机关暨国营事业，以及一切税款之收支，自我政府所派人员接收后，即应完全使用法币，不得再用伪钞，京沪区各银行，自民国三十四年九月十二日起，凡一切往来交易，应一律使用法币。”③及至9月27日，财政部公布《伪中央储备银行钞票收换办法》，将法币与伪中储券的兑换率定为1∶200（收兑期为11月1日至次年3月31日）；11月22日，又公布《伪中国联合准备银行钞票收换办法》，将法币与伪联银券的兑换率定为1∶5（收兑期为次年1月1日至4月30日）。这一兑换比例对收复区人民无异于一场灾难。因为如

① 《行政院节三字第3070号训令》（1946年1月31日），《河北平津区敌伪产业处理局章则汇编》，第30页。

② 何汉文：《大劫收见闻》，《文史资料选辑》第55辑，第28页。

③ 《布告处理伪钞办法》（1945年9月9日），《中国战区中国陆军总司令部处理日本投降文件汇编》下卷，第206页。

以物价指数计算，上海物价为重庆的约五十倍，为整个法币使用区的约三十五倍，当时黑市兑换价为1∶80，因此法币与伪币的兑换率最高也不能超过1∶100。据统计，伪中储券回收总数为41,677亿元，伪联银券回收总数为1167亿元①，如按上述兑换比例，只要四百余亿元法币即可全部收回，政府的公开说辞是以少量法币换回伪币，以免刺激通货膨胀，然而实行的结果，恰恰是后方法币大量流入收复区，刺激了收复区物价的上涨，大量资金东流也打击了后方工业，而且接收官员凭本已不值钱的法币在收复区大发横财，被时人形象地描述为，“陪都来沪接收人员，均有腰缠十万贯，骑鹤上扬州之感”②。如果说，官员腐败尚是不合法的私人行为的话，法币兑换率的规定则几近于国家掠夺，是用公开合法的方式剥夺收复区的财富。这一私心自用的政策，引起收复区人民的强烈不满，以至国民党官员以后也不能不承认这一重大失误。陈立夫认为，这样“把有钱的人也变成没有钱了，没有钱的人，更是一无所有了”，“弄得老百姓痛恨我们”。李宗仁认为，在“一纸命令之下，收复区许多人民顿成赤贫了，而携来大批法币的接收人员则立成暴富。政府在收复地区的失尽人心，莫此为甚”③。

普遍的接收舞弊不仅腐蚀了国民党的干部队伍，而且使国民党在接收中失尽了人心。《时事新报》在社评中说：“老百姓的希望，说起来实在是极其简单而起码的。他们恨日本人，恨汉奸，他们希望中央来了之后能够把日寇汉奸所作所为的坏事一律革掉，而切切实实地替老百姓做一点好事。”社评问道：“政府究竟替老百姓做了些什么？”《大公报》在短短半个月中两次发表社评《收复失土不要失去人心》、《莫失尽人心》，呼吁“我们现在不但去收复失土，而且去抚慰受创的人心。收复失

---

① 财政部财政年鉴编纂处编：《财政年鉴》第3编(下)，第10篇第5页，1948年印本。

② 汤心仪：《上海之战时经济》，引自杨培新：《旧中国的通货膨胀》，三联书店1963年版，第58页。

③ 陈立夫：《成败之鉴》，第337—338页；《李宗仁回忆录》下册，第852页。

土，千万不要失去人心”；“二十几天时间，几乎把京沪一带的人心丢光了。有早已伏在那里的，也有由后方去的，只要人人有来头，就人人捷足先抢”①。

接收中的舞弊行为引起社会各界的强烈反应之后，不能不使当局加以注意。陆军总部进驻南京后，一周内连续发布《布告不得擅自封占汉奸及日侨产业》、《布告在京各机关人员不合法处置宣告无效》等通令，并称一经查获违法行为，即予严惩不贷，企图抑制各级接收人员擅作主张、影响形象的举动②。蒋介石陆续接到有关接收舞弊的报告后，9月25日，分电何应钦和北平行营参谋长王鸿韶，训以对接收人员“应即严加督饬，务须恪守纪律，以维令誉。如有不法行为，准予从严究办，毋得宽假”③。10月24日，陈诚和张群在官邸会报中报告“接收人员花天酒地，以及贪污受贿等种种不法情形”，使蒋介石“闻而怒甚”④。他即召京沪警备总司令汤恩伯赴渝，令其彻查。同时电致京、沪、平、津四市军政长官称：“据确报，京、沪、平、津各地军政官员，穷奢极侈，狂嫖滥赌，并借党团军政机关名义，占住人民高楼大厦，设立办事处，招摇勒索，无所不为，而以沪、平为尤甚，不知就地文武主官，所为何事，究有闻见否？……如各地文武主管再不及时纠正，实无以自容，当视为我革命军人之敌人，必杀无赦，希于电到之日，立刻分别饬属严禁嫖赌，所有各种办事处之类，大小机关名称，一律取消封闭，凡有占住民房招摇勒索情事，须由市政当局负责查明，一面取缔，一面直报本委员长，不得徇情隐匿，无论文武公教人员及士兵长警，一律不得犯禁，并责成各级官长连带负责，倘再有发现，而未经其主官检举者，其主官与所属同坐，决不

① 《市政所感》，《时事新报》（上海）1945年12月15日；《大公报》（重庆）1945年9月14日、27日。

② 《中国战区中国陆军总司令部处理日本投降文件汇编》下卷，第206—210页。

③ 国民政府档案《复员计划纲要卷》，朱汇森主编：《中华民国史事纪要》1945年9月25日。

④ 《徐永昌日记》1945年10月24日。

宽贷，特此严令遵行。”①12 月 30 日，陆军总部又颁布了《收复区隐匿日伪财产物资及军用品检举奖励规则》，规定凡在指定机关和人员以外自相授受敌伪物资者以隐匿论处；隐匿者凡未向指定接收机关报告者，一经检举查实，物品由指定机关接收，隐匿者除依法惩治外，课以隐匿物品价值 10％之罚金；以该项物品价值 10％之奖金奖励举报人②。行政院 1946 年 2 月 27 日下发的《收复区隐匿敌伪财产物资及军用品检举奖惩规则》重申了这些规定。且不说这些规定能否真正实行③，即就其发布的时间而言，接收中大规模舞弊行为的高潮此时已过，因此，这个规则的颁布，除了显示国民党惩治舞弊的决心外，不过是事过境迁的表面文章而已。

为了缓和舆论对接收中大规模贪污舞弊情况的批评，1946 年 6 月，由监察院牵头，有国民党中央监察委员会和国民参政会参加，组织接收清查团，赴苏浙皖、湘鄂赣、粤桂、冀察热绥、鲁豫、闽台、东北等地清查接收情况。然而清查团清查时间，已是接收一年之后，可以使接收人员中的贪污者有充分的时间在原始表册上做手脚④，兼之清查团所管地区广大，人员不多，时间紧迫，在清查团的清查过程中，各地又有各

---

① 《总统蒋公大事长编初稿》卷 5(下)，第 858—859 页。

② 《收复区隐匿日伪财产物资及军用品检举奖励规则》(1945 年 12 月 30 日)，《中国战区中国陆军总司令部处理日本投降文件汇编》下卷，第 329—330 页。

③ 据亲历者称，检举密报办法给各级官吏又一次贪污机会，“因为密报物资的范围很宽，数目很大，又无案可稽，报来以后，可以任意以多报少，或全部吞没，毫无问题”；“而且密报查封的物资，不少系被挟嫌诬报，损害私人利益，尤属巧立名目劫夺民资”(何汉文：《大劫收见闻》；杜建时：《蒋帮劫收平津的经过》；《文史资料选辑》第 55 辑，第 19、41 页)。

④ 湘鄂赣区清查团在武汉清查时，“有的声称原始清册已经上交到南京去了，有的干脆什么清册也没有，最好的也只有接收机关自己造具的接收清册。三百多个单位的接收，全部都成了一笔无底帐可查的糊涂帐。而原来投降时移交的日本人都已经离开原单位不知去向，无法对质。整个的接收帐目，如果按照会计审查手续核其有无原始凭证，都是显然有重大贪污嫌疑，可以一起送法院治罪”(何汉文：《大劫收见闻》，《文史资料选辑》第 55 辑，第 13 页)。

地的借口，东北借口战事紧张，台湾借口光复不久，上海借口国际观瞻，两广借口地方情形复杂，使清查工作困难重重，与社会和舆论的期待相距甚远。但各清查团都承认接收中贪污舞弊行为的存在，在各方最为关注的上海，清查团团长张知本公开谈及接收中的弊端为：1. 政府接收处理政策失当；2. 接收机构众多，组织散漫，致骚扰凌乱；3. 处理工作迟缓，接收物资或隐匿盗卖，或腐烂，未能充分利用。致战后工厂倒闭，生产衰落，物价腾贵，人民生活不堪其苦①。赴北平清查团认为，"接收工作之贪污问题，由于人事者半，由于政策者半"；"既未先设整个统一之机构，亦无统一指挥接收之大员。关于各部分之派员来平，特派员头衔者不知若干名，接收机关不下数十处，各不相谋，各自为政，明为接收，实为抢攘"②。实际上，虽然清查团出巡浩浩荡荡，真正因涉嫌贪污被处理的官员却不过寥寥数例③。

在接收的同时，国民政府各机关、经济事业单位、教育和文化机构，以及战时迁往后方的机关团体也开始了复员回原地的繁复工作。中央设计局拟订的《复员计划纲要》草案于 1944 年 7 月 31 日由国防最高委员会通过，该计划分内政、外交、军事、财政、金融、工矿商业、教育文化、

---

① 《大公报》(上海)1946 年 9 月 23 日。

② 《接收处理敌伪物资工作清查报告书》，二档，全宗五三六，卷号 56。

③ 根据公开报道，被处死刑的官员计有，军统局少将秘书叶燕荪(1946 年 9 月 4 日)，海军驻津专员刘乃沂(1947 年 1 月 16 日)，沈阳市工务局局长李荣伦(1947 年 12 月 9 日)，江海关帮办尹兰荪(1948 年 1 月 31 日)，北平市民政局长、原军统华北区区长马汉三(1948 年 9 月 28 日)。此外，1947 年 9 月 19 日，行政院善后救济总署副署长李卓敏因贪污案被停职，1948 年 1 月 21 日，原邮政储金汇业局局长徐继庄(上年因贪污失职被撤职)在香港被逮捕。另据杜建时回忆，天津市市长张廷谔仅贪污黄金就有 400 两，清查团到天津后，张"做贼心虚，唯恐有人告发，心神不安，坐立不宁"。清查团离开的次日，9 月 1 日，市府招待记者，张致辞时已语无伦次。当晚，在游艺大会上，张忽然发生脑血管痉挛，晕倒地上，几乎丧命。不久，张被免职，杜接任市长，张贪污事亦不了了之(《从接收天津到垮台》，天津市政协文史资料委员会编：《天津历史的转折——原国民党军政人员的回忆》，1988 年印本，第 10 页)。

交通、农业、社会、粮食、司法、侨务、水利、卫生、土地十六个部门，每部门又分工作要点和计划项目两项，“前者，在提示每部门主要复员业务之原则，便于各主管机关据以拟订其复员工作计划；后者，在提示有单独计划必要之特别重要事项，便于各主管机关据以拟订其复员事别计划”①。根据这个纲要，在各部门提出自己复员计划的基础上，再由中央设计局拟订复员总计划，然总计划尚未编出，日本已经投降，复员工作只能在没有周密计划准备的情况下进行。

8月17日，国民党中央执行委员会开会决定：1. 一般复员计划，由各机关分别拟订；2. 收复区紧急措施办法，由中央党部、行政院和军委会分别拟订；3. 各单位派出人员赴南京接收；4. 还都分三期进行②。随后，行政院匆匆拟出《收复区各项紧急措施办法》，要点如下：1. 地方治安，迅速恢复地方行政、警察机构；2. 财政金融，分区设置财政金融特派员，供应钞券，恢复银行系统，举办紧急贷款，处理敌伪金融机构，接收敌伪财产；3. 交通，接管敌伪陆海空交通线路，并照常运营；4. 邮电通信，接管敌伪邮电通信机构，并照常运营；5. 经济工矿，接收后迅速恢复业务，整理就绪后，根据处理原则，或发还原主，或由政府经营；6. 军政，接收军用物资，处理后勤补给业务，担任俘虏管理；7. 教育，接收教育文化机关，督饬整理恢复工作，各级学校照常上课；8. 农林，接收农林渔牧机构；9. 社会，安定沪、京、津、汉、穗五大都市工人，进行社会救济；10. 粮食，供应收复地区军公民食；11. 司法行政，恢复收复区司法行政机关；12. 蒙藏，派员前往宣示中央德意，施放急赈；13. 水利，接管水利机构；14. 卫生，接收卫生医疗机构；15. 善后救济，接运国外

① 《复员计划纲要》(1944年7月31日)，《中华民国重要史料初编》第七编第一册，第351页。

② 国民政府档案《复员计划纲要卷》，引自朱汇森主编：《中华民国史事纪要》1945年8月17日。

物资，设立输送难民机构；16. 广播，接收广播事业①。复员还都工作进行之中，人人归心似箭，但因交通工具的制约和指挥管理的混乱，复员工作进行困难。在一段时间里，许多单位在重庆和原迁出地均有工作班子，反而加重了经济的负担并降低了工作效率。12 月中旬，行政院第一批复员还都人员陆续抵达南京，行政院例会开始在南京举行。

1946 年 2 月 21 日，行政院发出《中央党政机关还都办法》，对各部会还都人员、运输及经费预算作出了具体规定，行政机关的复员工作加速进行。4 月 25 日，行政院迁回南京办公，各部于 28 日开始在南京办公。4 月 30 日，国民政府发出还都令，内称："兹者国土重光，金瓯无缺，抗战之任虽繁，建国之责加重，政府爰定于本年五月五日凯旋南京，以慰众望。"该令同时称陪都重庆"襟带双江，控驭南北，占战略之形势，故能安度艰危，获致胜利，其对国家贡献之伟大，自当永光史册，奕叶不灭"②。5 月 5 日，国民政府还都大典在南京隆重举行，因战争而流迁异地八年半的国民政府又回到了其发家之地。

二　对汉奸的处理

关于战后对汉奸的处理，侍从室最初拟订的意见提出：1. 凡附逆之汉奸均应受特别审判，褫夺公权，其受有任务参加秘密工作者经审查确实准予另案办理；2. 敌产逆产由政府组织特种委员会调查处理；3. 伪军之处理方针当视其对国军协助与贡献之成绩，本宽大之旨分别处理之。结果奉批"如拟，但不可发表"。因为"为受降便利起见，未予发表。其后，共党倡乱，破坏道路，煽惑伪军，如是政府处理伪军之方针动

① 《收复区各项紧急措施办法》(1945 年 9 月)，《中华民国重要史料初编》第七编第一册，第 382—402 页。

② 《国民政府公报》1946 年 4 月 30 日。

摇，所有伪军均予收编，利用暂时维持地方秩序。伪军察知政府之处境，恬不知耻，向政府要挟需索”。唐纵以为“此事关系重大，苟我不予纠正，中央将蒙莫大之羞”①。

国民党接收人员到达接收地区之后，因为需要利用原有敌伪政权机构和人员为其服务，因此对汉奸并无动作，结果造成大汉奸逍遥法外，中小汉奸摇身一变而为“地下工作者”，一些无辜者倒成了敲诈勒索的对象。据最早进入南京的陆总前进指挥所主任冷欣回忆，“不断来见的伪官群丑，均口口声声说是奉有陈立夫或戴雨农（戴笠）两人的使命，负有中统、军统的特别任务为开场白，自命地下英雄，功在国家，口讲指画，神气活现”；“光复后的陷区，所谓地下工作人员，真像雨后春笋，一个连接一个从地下冒出来”。此种情况的出现，使冷欣也感到太不成话，他曾与江苏省政府主席王懋功联名致电戴笠称，“各杂色部队以及地方痞棍，亦皆闻风而起，甚有假借名义强占民居，妄缴枪械，绑架勒索，无所不为！以致京沪一带城市，内外秩序，顿遭破坏，造成极度恐慌现象，舆论沸腾，闾里骚然！若不迅予遏制，后患殊堪忧虑”②。

陆军总部到南京后，先发出电令，对于南京伪政权简任职以上之官吏，“应查明其行踪”，“饬觅具妥保，随传随到，听候依法处理”；对于各地之汉奸，“应先行调查，予以监视，听候中央命令处理”③。但对于汉奸问题，蒋介石自有其考虑，他在给何应钦的指示中，要求“逮捕汉奸消息及逮捕条例，概勿发表，必须由本委员长批准后，方得正式公布”。同时他命令：“以后关于逮捕汉奸之案件，准令戴副局长（军统局副局长戴笠——作者注）负责主持，另派有关人员会同检查办

① 唐纵：《在蒋介石身边八年》，第540、579页。

② 冷欣：《从参加抗战到目睹日军投降》，台北传记文学出版社1967年版，第128—129页。

③ 《电令南京市政府首都警察厅监视伪方简任以上官吏》，《电令各受降主官各战区各省市监视重要汉奸》，《中国战区中国陆军总司令部处理日本投降文件汇编》下卷，第213页。

理，以归统一，而免纷歧。”①军统局随后成立肃奸委员会为处理汉奸最高机关，并在全国设立了二十五处肃奸分会。但在审判汉奸问题上，国民党的动作迟缓，大大不利于其政治形象。直到接收告一段落，并且各方对汉奸问题有了强烈反应之后，国民党才开始逮捕和审判汉奸的法律程序。

最早被捕的大汉奸是伪广东省长褚民谊和汪精卫的妻子陈璧君，9月9日在广州被捕。9月26日，何应钦下令各战区对伪政权武官少将以上、文官荐任以上之正副主官，目前尚未自新自效者，以及职位虽低但罪行重大者，一律拘捕，听候中央处置。自此，南京汪伪政权汉奸梅思平、李圣五、郑大章、项致庄、温宗尧、梁鸿志等陆续落网。30日，周佛海、丁默邨、罗君强一行五人由戴笠陪同飞赴重庆，听候处置。10月3日，陈公博等人自日本被押解至南京。12月5日至8日，军统局在北平和天津统一行动，缉捕了王克敏、王揖唐、王荫泰、齐燮元、殷汝耕、周作人等华北大汉奸（次年5月，其中一部分人被解至南京受审）。据统计，经军统逮捕的汉奸总数为4692名②。伪满汉奸和战犯，以溥仪为首，陆续被苏军逮捕后押往苏联关押③。

1945年11月23日，国民政府公布《处理汉奸案件条例》，规定下列汉奸应厉行检举：曾任伪组织简任职以上公务员或荐任职机关首长，特务，文武公务员侵害他人经人告发者，曾任军政特务机关工作者，专科以上学校校长，金融实业机关首长，新闻出版宣传文化社会组织团体

① 《电令各省市军政长官拘捕汉奸》，《电示各战区司令长官各方面军司令官逮捕汉奸权限》，《中国战区中国陆军总司令部处理日本投降文件汇编》下卷，第196—198、214页。

② 《戴雨农先生全集》，引自朱汇森主编：《中华民国史事纪要》1945年10月3日。另一说称军统逮捕汉奸总数为3455人，尚不及军统人员在抗战中死难四千余人的数字（何国涛：《国民党政府惩治汉奸的真相和对敌伪产业处理的见闻》，《浙江文史资料选辑》第6辑，第141页）。

③ 上述人员在1949年后由苏联移交给中华人民共和国政府，经过战犯拘留所的改造，得到宽大处理，除已死亡者外，其余人员自50年代末起陆续被特赦。

重要工作者;上列汉奸曾协助抗战工作或有利于人民之行为者,得减轻其刑;汉奸财产应予没收或发还被害人;汉奸案除被告任伪军职应受军事审判者外,均依特种刑事案件诉讼条例之规定,由高等法院或其分院审理之;汉奸于8月10日以后自首者,不适用减刑规定;各地军政机关对于审理汉奸案件应切实协助。12月6日,又公布了重行制定的《惩治汉奸条例》,规定有图谋反抗本国等十四项罪名的汉奸可处死刑或无期徒刑;预备或阴谋犯此等罪者处一年以上七年以下徒刑;对汉奸藏匿不报包庇纵容者处一年以上七年以下徒刑;汉奸案件应迅速审判并公开之;曾在伪组织担任职务未依本条例判罪者,仍应在一定年限内不得为公职候选人或任用为公务员①。

经过一番法律程序,1946年3月,对大汉奸的审判开始进行。18日,汪伪头号汉奸陈公博以叛国罪被起诉,起诉书列举其十大罪状为:缔结密约辱国丧权,搜索物资供给敌人,发行伪币扰乱金融,认贼作父宣言参战,搜集壮丁为敌服役,公卖鸦片毒化人民,改编教材实施奴化教育,托词清乡残害志士,官场贪污政以贿成,收编伪军祸国殃民。而陈公博对这十条罪状矢口否认,强调他是为了"保存国家、人民元气和日本苦斗","铺好一条统一之路,等蒋先生容易统一",并表白自己"防共"之功。与其说这种论调是汉奸的无耻,不如说是求生的本能。然而,众目睽睽之下,罪状铁证如山,赖是赖不掉的,何况汉奸声名已臭,对于当政者也失去了利用价值,自然难逃一死。4月12日,江苏高等法院在判决书中驳斥了陈公博为自己的辩护,指其"一再破坏抗战国策,助长日寇侵略,将使国家、民族陷于万劫不复之境地,实属昧于大义,甘作罪魁,于法无可钤全,自应处以极刑,以昭炯戒"。判陈公博"通

① 《处理汉奸案件条例》(1945年11月23日),《惩治汉奸条例》(1945年12月6日),南京市档案馆编:《审讯汪伪汉奸笔录》下册,江苏古籍出版社1992年版,第1490—1494页。

谋敌国,图谋反抗本国,处死刑,褫夺公权终身”①。此判决足以为一切背叛民族利益、通敌谋叛汉奸的警戒。

5月21日,汪伪立法院副院长缪斌被枪决,这是大汉奸伏法的第一人。6月3日,陈公博在苏州被执行死刑。被判处死刑并执行的重要汉奸还有:伪参谋总长胡毓坤(1946年6月24日,执行时间,下同),伪海军部长凌霄(6月24日),伪湖北省长杨揆一(6月24日),伪外交部长褚民谊(8月23日),伪内政部长梅思平(9月14日),伪中央宣传部长林柏生(10月8日),伪立法院长梁鸿志(11月9日),伪华北治安督办齐燮元(12月18日),伪浙江省长傅式说(1947年6月19日),伪陆军部长叶蓬(9月18日),伪冀东自治政府主席殷汝耕(12月1日),伪安国军司令、国际女谍金璧辉(即川岛芳子,1948年3月25日),伪华北政务委员会委员长王揖唐(9月10日)。据不完全统计,被判死刑并执行的曾任伪政权部长、省长以上职的特任级汉奸不到二十人②。其他大汉奸被判刑者有:汪精卫的妻子陈璧君、伪司法院长温宗尧、伪考试院院长江亢虎、伪华北政务委员会委员长王荫泰、伪安徽省长罗君强、伪米粮统制委员会主任袁履登均为无期徒刑,伪华北教育督办周作人十四年徒刑。此外,1945年8月17日,汪伪考试院院长陈群自杀。12月25日,原华北政务委员会委员长王克敏被捕后病死。总体而言,被判刑的汉奸中,政务官员多于军事将领,北洋和汪派余党多于原国民党中央官员,手握军权的伪军头目大多逃脱了审判。

汉奸审判虽在进行,但大汉奸周佛海、丁默邨等人一直在戴笠的庇护下,安居重庆,舆论对此极为不满,认为周“和日本勾结最深,卖国是最彻底的。在汪记傀儡班中,周逆罪实在陈逆公博之上”;而丁所主持

---

① 《江苏高等法院检察官起诉书》(1946年3月18日),《陈公博之答辩书》、《江苏高等法院刑事判决》(1946年4月12日),《审讯汪伪汉奸笔录》(上),第41—44、45—59、65—69页。

② 根据洪桂己的《近代中国外谍与内奸史料汇编》第766—804页的统计,台北1986年版。

“七十六号”之特务机关，“不知多少在地下工作的忠贞爱国分子，死在此人的手里”；“若巨奸不早伏法，多年锻炼培植起来的民族气节，恐不免有所耗伤”①。在各界要求下，戴笠飞机失事身亡后，1946 年 9 月 25 日，周、丁等人由重庆解往南京。10 月 7 日，周佛海在南京被起诉②。与陈公博不同的是，周佛海与蒋介石关系较深，投敌后又较早与军统拉上关系，在抗战胜利初期为国民党顺利接收京沪立下了汗马功劳，因此还在审判期内，即不断有各方面党政要员为其说项，甚至陆军总司令部和国民党中央组织部亦专函说明周之“功绩”。11 月 7 日，首都高等法院以与陈公博相同之罪名判周佛海死刑，并驳其“纵树微功，难掩巨过；偶施小惠，莫蔽大辜。权衡轻重，量刑未便从宽，自应处以极刑，并褫夺公权终身，以伸国法尊严而正人民视听”。周被判决后，各方说项者纷至沓来，然法院方面不改初衷，1947 年 1 月 20 日，最高法院复判周“实属法无可恕。虽事后稍树微功，仍不足以蔽其过，乃处以极刑，于法并无不合”③。此判决作出后，陈果夫和陈立夫兄弟亲自致函蒋介石，称周“在京沪杭一带暗中布置军事颇为周密，胜利后使江浙两省不致尽陷于共党之手，国府得以顺利还都，运兵至华北各地，不无微功”。经过一番周折，蒋介石最终批示，“该犯似可免于一死”④。2 月 26 日，国民政府发令，以周佛海“既在敌寇投降前后能确保沪杭一带秩序，使人民不致遭受涂炭，对社会之安全，究属不无贡献……准将该犯周佛海原判之

---

① 《陈逆公博判死刑》、《周佛海丁默邨怎样呢?》，《大公报》(上海)1946 年 4 月 13 日、8 月 24 日。

② 据周佛海日记，戴笠曾“谓蒋先生对余事至相当时期必有办法”，因此戴飞机失事身亡后，周“为之忧虑不置。盖余之身家性命，渠曾立誓保护，今如此，则前途殊可隐忧也”(公安部档案馆编注:《周佛海狱中日记》，中国文史出版社 1991 年版，第 6 页)。日记中记载了周佛海为求一命而请人四处活动奔走之情形。

③ 《首都高等法院特种刑事判决》(1946 年 11 月 7 日)、《最高法院特种刑事判决》(1947 年 1 月 20 日)，《审判汪伪汉奸笔录》(上)，第 238、272 页。

④ 《陈果夫、陈立夫为请对周佛海减等处罪致蒋介石函》(1947 年 1 月 25 日)，《审判汪伪汉奸笔录》(上)，第 273 页。

死刑减为无期徒刑”①。周佛海总算逃脱了死刑判决，1948 年 2 月 28 日，病死南京狱中。丁默邨则没有周佛海这么“幸运”。1947 年 2 月 8 日，丁被判处死刑。5 月 1 日，最高法院复判，认其自首在被通缉之后，协助受降则在胜利之后，“虽不无微功，究不能掩其罪恶之万一，因此不予轻减”②。虽然各方为其说项者亦颇具地位与声势，但如果继周佛海后对其再予减刑，则当局承担的舆论压力必更大，因此丁之减刑未成事实，7 月 5 日被执行死刑。

1946 年底为告发汉奸的截止日期，据司法行政部统计，截至 1947 年 10 月，各地汉奸案件经检查办结 45,679 件，起诉 30,185 人，不起诉 20,055 人，其他 13,323 人。审判办结 25,155 案内，科刑的 14,932 人，其中死刑 369 人，无期徒刑 979 人，有期徒刑 13,570 人，罚金 14 人，无罪 5822 人，其他 10,654 人③。

关于伪军的问题，国民党的处理更为宽大。何应钦最初指示：如各地投诚伪军已由军委会委派新职者，暂由各战区指挥；各地伪军曾由我策反人员接洽投诚，或现在接洽尚未经军委会委派者，由各战区先行准其投诚，以待日后处理编遣；凡各地伪军抗不投诚者，由各战区分别切实剿办④。但在当时的情况下，国民党需要利用伪军控制局势，而伪军出于未来出路考虑也愿意投靠国民党，因此伪军多为国民党所用⑤。

---

① 《中华民国重要史料初编》第六编第四册第 1625 页。

② 《最高法院特种刑事判决》(1947 年 5 月 1 日)，《审判汪伪汉奸笔录》(下)第 862 页。

③ 《中国战区受降始末》，第 176—177 页。

④ 《何应钦电》(1945 年 8 月 28 日)，《第二次世界大战中国战区受降纪实》，第 69 页。

⑤ 据时人回忆，在讨论对伪军的处理时，何应钦与白崇禧主张收编，陈诚反对。主张收编伪军最坚决的恐为戴笠，他在军统局会议上说，“经我们策反的伪军将近百万，他们对国家、对抗战，有罪无功。现在要他们对付共产党，保卫国家，用来洗刷伪军耻辱，必然全力以赴。所以，这百万伪军，我们必须善为运用。试想，如果不是靠这些伪军负责保守各个城市，我们接收能这样顺利吗？能不为共产党抢占吗？伪军是

随着形势的发展，国民党政府军陆续运至收复区，而利用伪军易遭社会的反对，因此国民党对伪军的政策转向以编遣为主。但各地对伪军的处理因情况不同而未尽一致，大体在北方者，因其对协助国民党稳定统治有作用而多以原编制保留；在南方者，因为国民党的统治较为稳固，伪军部队编制被遣散，而以士兵拨补各部队。如在北方的伪第二方面军孙良诚部、第三方面军吴化文部、第四方面军张岚峰部、第六方面军孙殿英部、徐州绥署郝鹏举部均被大体按原编制保留下来，投入反共战争第一线，而庞炳勋的伪军被拨给各部队。在南方的伪第一方面军任援道部、蚌埠绥署林柏生部、杭州绥署项致庄部、武汉绥署叶蓬部、九江绥署黄自强部、广州绥署陈春圃部，则被解散，将士兵拨补各部队。据林蔚向政协的报告，对伪军以全部编遣为基本原则，至于官佐则按甘心附逆、投机两可、被迫胁从、奉派策反四种方式处理。至1945年底，全国伪军（除东北外）五十一个单位60万人，长江以南的20万人已编遣完毕，长江以北尚有20万人未能编遣，将于1946年上半年完成①。

三　对日处理

关于战后对日本的处理，蒋介石采取了宽容态度。8月15日，蒋介石在为日本投降发表的广播演讲中提出："我中国同胞们须知'不念旧恶'及'与人为善'为我民族传统至高至贵的德性。我们一贯声言，只认日本黩武的军阀为敌，不以日本的人民为敌，今天敌军被我们盟邦共同打倒了，我们当然要严密责成他忠实执行所有的投降条款，但是我们并不要企图报复，更不可对敌国无辜人民加以侮辱，我们只有对他们为他的纳粹军阀所愚弄所驱迫而表示怜悯，使他们能自拔于错误与罪恶。

对付共产党的一股强大武力，我们不能疏忽"（刘措宜：《抗战胜利后蒋介石收编伪军经过》，《文史资料选辑》第36辑，第163页；朱汇森主编：《中华民国史事纪要》1945年9月20日）。

① 林蔚：《关于整军的报告》，《中央日报》（重庆）1946年1月17日。

要知道如果以暴行答复敌人从前的暴行，以奴辱来答复他们从前错误的优越感，则冤冤相报，永无终止，决不是我们仁义之师的目的。这是我们每一个军民同胞今天所应该特别注意的。”①这就是被称之为“以德报怨”的战后中国对日政策，在战后对日处理问题上，国民政府基本实行了这个政策。应该说，与日本侵略者在中国烧杀抢掠的残暴政策相比，作为一个战胜国的中国战后对日政策，确实相当宽容与宽厚。蒋介石之所以这样作，表面上的理由虽然冠冕堂皇，显示胜利者的“与人为善”和“仁义之师”，实际的目的一则是企图尽可能平稳地处理日本投降问题，以免干扰他对战后中国其他更紧迫问题尤其是国共关系问题的处理；二则是希望在接收问题上得到日本的合作，成为减少接收阻力的策略和手段，不使其因别种原因而投向中共方面；三则蒋已体会到美国对日态度因国际局势的变化而与对德态度不同，因而在此问题上与他最希望得到支持的美国保持一致。

为了体现“以德报怨”政策，当时对于在华已经放下武器的日本军队，不称战俘而称徒手官兵，并保持了原有的部队指挥体系，集中于各地设立的集中营内，由各战区设立的战俘管理处集中监视、教育、管理，等待遣返。原日本中国派遣军总司令部改称中国战区日本官兵善后总联络部，秉中国陆军总司令部的命令，“办理日军投降后之一切善后事宜”②。各战区的日军司令部相应改称该战区日本官兵善后联络部，使日军得以基本以原编制生活在集中营内。在这些集中营里，除了少数执勤人员外，不得携带任何武器，非经允许不得外出，如有逃亡者应予追捕法办；接受中方的教育，清算军国主义毒害，灌输民主和平意识，并从事一定的体力劳动，主要是修复交通通讯设施和战时被毁工程③。

---

① 《抗战胜利后重要文告》，第 3 页。

② 《中国战区中国陆军总司令部命令》，军字第一号（1945 年 9 月 9 日），《第二次世界大战中国战区受降纪实》，第 144 页。

③ 《第一战区受降纪实》，第 81—84 页；《广东受降纪述》，第 96—97 页。

对于中国境内的日本侨民，陆军总司令部先后发布了《中国境内日侨集中管理办法》、《日本在中国私人产业暂行处理办法》、《中国境内日籍员工暂行征用通则》，规定："凡散处于中国境内(东三省在外)之各地日侨，应均由各该地区中国陆军受降主官指定区域集中，交由当地省市政府管理"；日侨产业以公司会社形式经营者、战争中以强力占有者、中国法律所禁止者应由政府接收；个人小本产业登记封存；个人财产，除生活必需品外，每人准带法币 5000 元，其余款项存入中国政府银行作为将来赔款之一部；对于各事业部门中事业不能中断技能无人接替者、技术为我国缺乏者、需征用为业务上之清理者，可以征用日籍员工，发给生活费①。

1945 年 10 月 25 日至 27 日，中美双方在上海举行第一次遣返日俘日侨会议，制定了《中国战区日本官兵与日侨遣送归国计划》，决定中国战区(包括越南北部)日俘日侨的遣返由中国政府负责，日俘日侨的运输自内地至集中地由中方承担，自集中地至日本由美国第七舰队和日本航运管理处提供运输船只，运输规模为每月 15 万人②。1946 年 1 月 5 日，中美在上海召开了第二次遣返会议。2 月 6 日，在东京召开了中国战区遣送会议，确认了中美双方先前的安排。军调部成立后，在遣返华北日俘日侨方面被赋予了特别的使命，它们可以根据情况，安排运输及登船次序，保证被遣返者沿途的物品供应③。

日本军队和侨民遣返回国的工作自 1945 年 11 月起运，至 1946 年 4 月 20 日，在华日本官兵共 124 万人，已遣返 78 万人；侨民 78 万人，已遣返 66 万人。官兵和侨民还余 58 万人等待遣返④。据中国

① 《中国陆军总司令部训令》，政字第 21 号(1945 年 9 月 30 日)，《中国战区中国陆军总司令部处理日本投降文件汇编》下卷，第 177—182 页。

② 《中国战区日本官兵与日侨遣送归国计划》(1945 年 10 月)，《中国战区中国陆军总司令部处理日本投降文件汇编》下卷，第 224—227、236—238 页。

③ *Marshall's Mission To China*, Vol. 1, p. 83.

④ 《中国战区中国陆军总司令部受降报告书》，附表 7。

战区美军总部的统计，越南北部的遣返于 4 月 21 日完成，台湾于 4 月 23 日完成，华南于 4 月 25 日完成，华中于 7 月 11 日完成，华北于 8 月 11 日完成。东北的遣返由于苏联因素，在由谁负责问题上经过一段不明确时期后，直到 4 月下旬才明确，除旅大地区外，仍由中国政府负责遣返，此后开始由美国负责自葫芦岛起运。到 1946 年底大规模遣返完成时，自中国遣返的日俘日侨总数达到近 300 万人，具体统计如下①：

地　区	军　人	平　民	总　计
华北华中华南	1,036,922	462,475	1,499,397
台　湾	154,634	318,682	473,316
东　北	41,688	969,149	1,010,837
总　计	1,233,244	1,750,306	2,983,550

对于日本在中国犯下战争罪行的罪犯，1945 年 11 月 6 日，由军政部、军令部、外交部、司法行政部等机关合组战争罪犯处理委员会，负责日本战犯处理工作，职权为决定审判战犯政策，调查、逮捕及引渡战犯，监督军事法庭的审判。后由国防部主持，部长兼主任委员（1947 年 1 月，改由次长秦德纯任主任委员）。次年 2 月，军事委员会审议通过了《战争罪犯审判办法》及其实施细则和《战争罪犯处理办法》，对日本战犯的检举、逮捕、审判、行刑作了详细的规定。由于同盟国在东京组织了对日本犯有重大战争罪行的甲级战犯的审判，中国对日本战犯的审判只限于在中国战场犯下罪行的乙、丙级战犯，而且由于大量日本战俘遣返工作需要进行，对日本战犯的审判迟至遣返基本完成后，1946 年 10 月才开始进行（此前各地已有部分审判在进行，但级

① *Marshall's Mission To China*, Vol. 1, p. 423. 另据报告，自越南北部遣返的有 30888 人。而自东北遣返的日本军人数字之所以如此之少，是因为有大批军人被送往苏联，还有不少军人或是害怕被处罚或是为了在遣返时带回更多的日元而改称平民（Ibid. pp. 92－93）。

别较低)。

因为蒋介石已有对日“以德报怨”政策,因此中国对日本战犯的处理亦较为宽大。1946年10月25日,战犯处理委员会举行对日战犯处理政策会议,决定“对日应高瞻远瞩,处理战犯宜从大处着眼,不必计较小节,并迅速结束战犯处理业务”。在此原则下,会议决定:1. 对日本普通战犯之处理,应以宽大迅速为主眼。已拘战犯,限于本年底审理,若无重大罪证者,予以不起诉处分,释放遣送返日;业经判刑之战犯,移交日本内地执行(后因盟军总部持异议,改在上海战犯监狱服刑);其余战犯案件审查应于1947年6月底结束;2. 日本战犯案件,送经联合国战罪审查委员会远东及太平洋分会审查通过者,应即行逮捕,其已回日本者,应与盟军总部接洽引渡之;3. 与南京及其他各地之大屠杀案有关之重要战犯应从严处理;4. 在远东国际军事法庭审判中之战犯,其与我国有关者暂不要求引渡;5. 对于此次受降,日军负责执行命令之尽职人员而有战罪者之处理,俟东京战犯审判告一段落后再行决定;6. 战争嫌疑犯中无罪证者,应尽速遣送回国①。根据这个政策,对日本战犯的检举于1947年10月15日停止,当年底审判基本结束,各地军事法庭撤销,1948年7月,战争罪犯处理委员会解散,1949年4月,国防部军事法庭结束。

日本战犯的拘押和审理,由国防部(国防部成立前,为陆军总部)在全国成立十处战犯拘留所及军事法庭进行,其中最重要者是设于南京的国防部审判战犯军事法庭(1946年2月15日成立),庭长石美瑜(兼上海审判战犯军事法庭庭长)。这些军事法庭审判日本战犯的基本情况如下表:

① 《战争罪犯处理委员会对日战犯处理政策会议》(1946年10月25日),《日本投降与我国对日态度及对俄交涉》,第458—459页。

各军事法庭日本战犯审理情况表(1947年12月25日)①

机关名称	原拘留人数	不受理	不起诉	无罪	有期徒刑	无期徒刑	死刑	小计	非战犯(已遣返)	未结案	备考
国防部	63		56	18	12	10	6	102		144	13名未列入
东北行辕	329	13	197	72	23	4	9	318	11		
武汉行辕	232	17	75	91	18	5	5	211		21	
广州行辕	961		101	39	37	10	38	225	694	9	33名未列入
陆总徐州总部	81		46	3	11	3	8	71	10		
上海军事法庭	316		20	12	12	3	4	51	68		1947.6.30撤销
第二绥区	137		40	8	5	1	9	63	74		
太原绥署	15			4	2	3	2	11		4	
保定绥署	180		57	23	20	2	28	130	10	40	
台湾警总	121		69	13	27		1	110	11		
总　计	2435	30	661	283	167	41	110	1292	878	218	

在日本战犯审判中，最引起国人关注的，是与南京大屠杀有关的日本战犯的审判。南京大屠杀的直接责任者、日军第六师团师团长谷寿夫，于1946年2月2日在东京被捕，同年8月被引渡回中国，在南京国防部军事法庭接受审判。在检察官的讯问中，谷寿夫矢口否认日军在南京大屠杀的事实，甚至说他根本未听说有屠杀的事发生，直到战争结束后，才在报纸上得知此事。然而谷寿夫的抵赖掩盖不了血的事实，在大量有力的人证物证面前，谷寿夫不得不承认南京大屠杀的存在，但是他又将责任推到其他部队身上，辩称"我师团于入城后未几，即行调转，

① 《日本投降与我国对日态度及对俄交涉》第469页。原表总数与分列数字不一，概照原文。已处徒刑战犯包括将官2名，校官6名，尉官9名，士兵92名，其他99名。已判死刑战犯包括将官6名，校官4名，尉官21名，士兵44名，其他35名。另据1949年1月27日上海《申报》报道，日本战犯被审共二千二百余件，其中被判死刑145人，被判徒刑四百余人，其余均无罪遣返。

故无任何关系”，并一再上书陈诚、白崇禧等人，要求“宽延公审”①。然而历史不容抹杀，身历亲睹南京大屠杀惨祸而得以幸存的中外人士数百人为审判提供了证词。1947年2月6日到8日，国防部军事法庭在南京励志社对谷寿夫进行公开审判，中外人士八十余人出庭作证，庭审长桌上放有刚刚掘出的被害人头颅，无声地控诉着当年日军的暴行。3月10日，军事法庭在判决书中指称谷寿夫以“残酷行为，加诸徒手民众与夫无辜妇孺，穷凶极恶，无与伦比，不仅为人类文明之重大污点，即揆其心术之险恶，手段之毒辣，贻害之惨烈，亦属无可矜全，应予科处极刑，以昭炯戒”；判决“谷寿夫在作战期间，共同纵兵屠杀俘虏及非战斗人员，并强奸、抢劫、破坏财产，处死刑”②。谷寿夫申请复审被驳回。4月26日上午，谷寿夫在南京被绑赴雨花台刑场，就在他当年指挥部下屠杀之地，被执行死刑。是日，南京市民万人空巷，争睹谷寿夫的最终下场。南京大屠杀期间，一次屠杀我同胞数百人的第六师团中队长田中军吉、以杀人比赛闻名的第十六师团小队长向井敏明、副官野田毅，亦于1947年11月自日本被引渡回中国受审。1948年1月28日，田中军吉、向井敏明、野田毅三人因“共同连续屠杀俘虏及非战斗人员”在南京雨花台被执行死刑。南京大屠杀期间的南京日军最高指挥官、华中派遣军司令松井石根，经东京同盟国军事法庭审判，认定他“既有义务也有权力统制他自己的军队，和保护南京的不幸市民。由于他怠忽这些义务的履行，不能不认为他负有犯罪责任”。1948年11月12日，松井石根被判处绞刑。据中国参加东京审判的梅汝璈法官回忆，“松井石根在两年多的受审过程中一直装出一副懊丧、忏悔的可怜相。在最后一庭，宣布对他判处绞死刑时，他吓得面无人色，魂不附体，两足瘫

① 胡菊蓉整理：《中外军事法庭对战犯松井石根、谷寿夫等审判概况》，《史料选辑》(南京文史资料侵华日军南京大屠杀史料专辑)，第63—64页。

② 《战犯谷寿夫判决书正本》，“南京大屠杀”史料编辑委员会：《侵华日军南京大屠杀史稿》，江苏古籍出版社1987年版，第225、233页。

软,不能自支,后由两名壮健宪兵用力挟持,始得迤步走出法庭”。其当年的不可一世荡然无存。12月22日,松井石根在东京被执行死刑①。杀人者终必覆灭,松井石根、谷寿夫等人的下场,体现了人类正义道德的胜利,终使我南京被害数十万同胞地下冤魂得以稍慰于万一。正如梅汝璈法官所言:“我不是复仇主义者。我无意于把日本帝国主义者欠下我们的血债写在日本人民的账上。但是,我相信,忘记过去的苦难可能招致未来的灾祸。”②

据不完全统计,被判死刑的日本战犯还有:前日本天津驻屯军参谋长、前任第二十三军司令官、攻占香港纵兵屠杀的指挥者酒井隆(1946年9月13日执行),后任第二十三军司令官、广东多次大屠杀的责任者田中久一(1947年3月27日执行),第一三〇师团师团长、广东多次大屠杀的责任者近藤新八(1947年11月21日执行);被判无期徒刑的有,前日本驻华武官高桥坦、前日本驻香港总督矶谷廉介以及若干名日军师团长。此外,前日本驻台湾总督安藤利吉于1946年4月19日在上海提篮桥监狱自杀身亡,第六方面军司令冈部直三郎于11月28日死于战犯医院。如果与其在中国犯下的战争罪行相比较,日本战犯判死刑者并不多,而且高层级者偏少,量刑也偏轻,军及军以上方面大员多未追究或判刑较轻,这与当时的整个国内外形势是分不开的③。

在多数日本战犯处理告一段落后,还剩下日本中国派遣军总司令

---

① 张效林译:《远东国际军事法庭判决书》,群众出版社1986年版,第589页;梅汝璈:《远东国际军事法庭》,法律出版社1988年版,第304页。南京大屠杀的其他责任者,如日本第十军司令官柳川平助和第十六师团师团长中岛今朝吾,因已死亡而未予审理。

② 梅汝璈:《远东国际军事法庭》,第315页。

③ 据冈村宁次回忆,广州军事法庭曾一次判处40人死刑,经联络班向国防部恳切要求,乃将被告全部移交上海军事法庭再审,结果全部无罪释放返国(《冈村宁次回忆录》,第137、139页)。被判死刑的田中久一等人,主要是因为在香港地区的屠杀行为和杀死被俘美军飞行员而遭美英当局追究,田中即为设在上海的美军法庭审判后押回广州执行(李汉冲:《广州受降接收纪实》,《广州文史资料》第4辑,第135页)。

冈村宁次的命运引人关注。冈村被认为是“中国战区天字第一号战犯，就是不要审问，也可以判处极刑”，“对中国，对中国人民，碎骨粉身不足以偿其罪”①。但由于他在接收中的合作态度，国民党自始就有对其网开一面的考虑。据冈村自记，何应钦、陈诚、汤恩伯等均向蒋介石建议，因为其“在战争结束后功绩显著，应予宽大处理，如此对将来中日关系亦属有利”。但蒋“要考虑政治方面的策略”，对他们的建议“默不作声”。由于既担心释放冈村带来的政治麻烦，又担心交付审判而无法从宽处理，因此国民党对他既不监禁亦不释放，而是令他住在南京，养尊处优，对外则称尚需其协助处理遣返未了事宜。国防部长白崇禧托人转告冈村，“根据国际情况，以暂不归国为安全。为了敷衍舆论，也可能移交军事法庭审理，但审判只是走走形式而已”②。迫于舆论的压力，1948 年 8 月 23 日，国防部军事法庭在上海开庭，对冈村宁次进行“走走形式”的审判。审判只进行了一次即以冈村患病为由休庭。1949 年 1 月 26 日，法庭重新开庭，认定冈村宁次于 1944 年 11 月 26 日出任日本中国派遣军总司令，因此日军在中国的历次大屠杀“均系发生于被告任期之前，原与被告无涉”；“迨日本政府正式宣告投降，该被告乃息戈就范，率百万大军，听命纳降。迹其所为，既无上述之屠杀强奸抢劫，或计划阴谋发动，或支持侵略战争等罪行，自不能仅因其身份系敌军总司令官，遽以战罪相绳”。因此，法庭判冈村“既无触犯战规，或其他违反国际公法之行为，依法应予谕知无罪，以期平允”③。1 月 30 日，冈村和上海战犯监狱全部在押战犯被送往日本④。

---

① 《大公报》1948 年 8 月 24 日。

② 《冈村宁次回忆录》，第 144—148 页。

③ 石美瑜：《审判战犯回忆录》，《传记文学》第 2 卷第 2 期，第 37—38 页。

④ 据冈村所述，“事后得知，李宗仁代总统为争取和平，已下令对我重新逮捕，而上海警备司令汤恩伯将军，将命令扣压不发，而令我乘船归国。此外，日后在东京，中国代表团团长商震亲口告我，李宗仁也曾命令商震将我逮捕归案，经与美军当局协商结果，予以拒绝”（《冈村宁次回忆录》，第 234 页）。

第二节 边疆问题

一 台湾的光复

台湾自甲午战争中国失败而割让给日本后,离开祖国怀抱五十年,由于抗战的胜利而重回祖国大家庭,可谓中国抗战胜利的一大盛事。

鉴于台湾已在日本统治下历五十年之久,情况特殊,还在 1944 年 4 月 17 日,国民党中央设计局成立了台湾调查委员会,由陈仪任主任委员,台籍知名人士黄朝琴、连震东、游弥坚等任委员,负责根据台湾的具体情况,拟定战后台湾接收计划。1945 年 3 月,该会拟出《台湾接管计划纲要》,该计划提出,接管后之省政府,应由中央政府以委托行使之方式赋予较大之权力,此即为日后台湾行政长官公署制度的来源。该计划并对台湾接收后内政、外交、军事、财政、金融等各方面应采取的措施作了原则规定①。应该说,国民党对台湾的接收准备工作,要比对其他地区的接收准备更为充分。

日本宣布投降后,接收台湾计划进入实施阶段。1945 年 8 月 29 日,国民政府特任陈仪为台湾省行政长官公署长官,其后又任命他兼任台湾警备总司令。9 月 4 日,国民政府公布《台湾省行政长官公署组织大纲》,规定:台湾省行政长官公署隶属于行政院,依据法令综理台湾全省政务;行政长官于其职权范围内,得发署令,并得制定台湾单行条例及规程;行政长官得受中央委托办理中央行政,对于在台湾之中央各机关有指挥监督之权②。这实际上意味着,台湾省行政长官的

① 《台湾接管计划纲要》(1945 年 3 月),陈鸣钟、陈兴唐主编:《台湾光复和光复后五年省情》上册,南京出版社 1989 年版,第 49—57 页。

② 《国民政府公报》1945 年 9 月 4 日。

权力要大于一般省主席，再加上陈仪还兼任台湾警备总司令，实际上台湾的军政权力高度集中于陈仪之手。这种对台湾的特殊化政策，虽然有助于台湾的顺利接收，然而在一般台湾人民的观感上，与日本总督制度无甚差别，而且埋下了陈仪在台湾独断，引起台湾人民不满的种因。

9月14日，空军第一路司令张廷孟先期抵台视察，10月5日，台湾行政长官公署秘书长葛敬恩率前进指挥所到达台北。自17日开始，国民政府第七十军和六十二军先后在台湾基隆和高雄等地登陆。25日，台湾日军投降仪式在台北市中山堂隆重举行。台湾行政长官公署长官兼台湾警备总司令陈仪、长官公署秘书长葛敬恩、警总参谋长柯远芬等出席仪式，陈仪接受了日本台湾总督兼第十方面军司令官安藤利吉的投降证书，然后宣布："从今天起，台湾及澎湖列岛已正式重入中国版图，所有一切土地、人民、政事皆已置于中华民国国民政府主权之下。"台湾，这块中国的神圣领土，历经日本五十年的殖民统治，受尽了屈辱与苦难之后，终于回到了祖国的怀抱。日本投降仪式举行当天，"台北四十余万市民，庆祝此具有重大历史意义之日，老幼俱易新装，家家遍悬灯彩，相逢道贺，如迎新岁，鞭炮锣鼓之声，响彻云霄，狮龙遍舞于全市，途为之塞"①。

陈仪甫抵台湾即表示：不是为做官，而是为做事；对台湾的建设抱有信心，决心修明政治，铲除贪污和一切弊政；要求台湾同胞合作，共同努力建设新台湾②。对于经济政策，陈仪要求，"首先须注意提高人民生活的欲望与水准，对农民实行耕者有其田"；公营事业，"除有特殊情

① 《台湾省警备总司令部接收总报告》(1946年4月)，《台湾光复和光复后五年省情》(上)，第162页。

② 杨鹏：《台湾受降与"二二八"事件》，全国政协、浙江省政协、福建省政协文史资料研究委员会编辑组编：《陈仪生平及被害内幕》，中国文史出版社1987年版，第90页。

形者外，须以商业化为原则”。政治方面，三年内完成县市自治①。具体作法是公地放租，发展公营事业（分类实行资源委员会经营、国省合营、省营），实行统制贸易，维持专卖制度，继续使用台币等。鉴于大陆当时的政治经济现实，陈仪有心在台湾作出成绩，使台湾成为一片“干净土”，成为“实行三民主义的实验室育种场”②。

陈仪认为，“要实行国父建国的理解，最重要的是计划经济”，因此“要以计划经济的方法建设新台湾”，具体作法则是在台湾实行以公营事业为主的经济体制③。这一体制将生产、贸易、金融、运输四位合为一体，工农商业囊括无遗，使台湾经济的90%处于长官公署的控制下。陈仪实行的经济政策中，最重要的当属专卖和贸易制度。专卖局“其特点在以生产销售置于政府统一机构之下”，专卖物品为樟脑、酒、烟草、火柴和度量衡器五种；贸易局“专办重要物资进出口及其配销业务，并兼理有关行政”；专卖制度和台湾公营事业的收入，占到台湾年预算收入的66%以上，其中仅专卖一项即占收入的三分之一，为台湾省政府的最大财源④。对于实行专卖与统制贸易，他认为有两个目的，一是要使台湾的重要进出口物资掌握在政府手中，避免奸商操纵，牟取暴利；二是要把贸易所获的盈余，全部投到经济建设上来⑤。然而这样的制度最为台湾人民所不满，“以工商企业之统制，使台湾拥有巨资之工商企业家不能获取发展余地；因贸易局之统制，使台湾一般商人均受极端

---

① 《台湾省行政长官公署通知》(1946年4月9日、7月10日、5月20日)，台湾省行政长官公署机要室编：《陈长官通知辑要》第1辑，台湾省印刷纸业股份有限公司1946年版，第20、26、34页。

② 《陈公洽与台湾》，南瀛出版社1947年版，第18页。

③ 《来台三月的观感》(1946年1月16日)，台湾省行政长官公署宣传委员会编：《陈长官治台一年来言论集》，1946年印本，第61—62页。

④ 《台湾省贸易局工作报告》、《台湾省专卖局工作报告》(1946年4月—12月)，《台湾光复和光复后五年省情》(下)，第524、532页。

⑤ 《陈公洽与台湾》，第17页；于百溪：《陈仪治台的经济措施》，《陈仪生平及被害内幕》，第119页。

之约束;因专卖局之统制,且使一般小本商人无法生存”①。大商人大企业家的不满,影响到当局的施政效用;而中小商贩的不满更容易得到社会各界的同情,影响到当局的社会形象。专卖制度终于成为“二二八”事件的导火索之一。

陈仪在台湾实行的经济政策,大体维持了台湾经济的正常运转,尤其重要的是没有出现大陆所有的恶性通货膨胀现象。台湾光复后,国民党原准备在台湾发行地方流通券,并规定了具体办法,但陈仪“到台后体察实际情形,深觉发行必须由台湾银行办理,方能适应机宜,控制物价,安定人心。要之,中央银行此刻决不宜来台设行发行,致与台湾银行发生竞争,使弟无法控制,以致通货膨胀,币制混乱,物价高涨,人心动摇,皆属必然。近日上海物价激涨可为殷鉴”②。他建议货币金融暂维现状,中央银行暂不入台,台湾货币由台湾银行继续发行,或由中央银行委托台湾银行发行,得到宋子文的首肯。陈仪公开表示,继续使用台币是因为“内地因为通货膨胀,物价飞涨,如果法币流入台湾,势将造成和内地同样的结果,为避免这种威胁起见,所以本省暂准台币继续流通,并以台湾银行续为金融机关的中心”③。这一措施对于避免台湾受到法币币值急剧下跌、从而出现恶性通货膨胀的后果还是起到一定作用的。由于陈仪的调控,台币对法币的汇率一直在缓慢上升,从1946年5月的1∶25涨到1947年5月的1∶44,上升了76%。然而在生产没有全面恢复的情况下,台湾光复初期的诸多花费,大多只能靠发行货币解决,台币发行在接收时为16.5亿元,到1947年3月已经达到67.5亿元,增加三倍以上,从而也导致通货膨胀。据1947年3月的数字,台北物价指数为战前的271倍,物价上涨幅度虽仍远逊于大陆,但

① 《杨亮功、何汉文关于台湾“二二八”事件调查报告及善后办法建议案》(1947年4月16日),《台湾光复和光复后五年省情》(下),第639页。

② 《台湾省行政长官公署请令中央银行暂不在台设行事致行政院秘书长蒋梦麟电》(1945年11月15日),《台湾光复和光复后五年省情》(下),第427—428页。

③ 唐贤龙:《台湾事变内幕记》,中国新闻社出版部1947年版,第48—49页。

相对于过去已经使台湾人民大为不满，尤其是台湾本为产米区，然米价居然一年之内暴涨二十倍以上，极大地影响了人民的基本生活①。

台湾长期处于日本统治下，陈仪到任后，认为"法令与人事，如果变动过甚，会引起不必要的纷乱"，因而宣布台湾过去的法令暂时继续有效，日本在台官吏暂时留用，以稳定台湾的形势②。然这与中国战胜日本的大环境不甚适合，尤其是在日本人大部遣返后，陈仪对起用台湾人士参政问题仍注意不够，从而与台湾回归祖国后，台湾人士亟愿摆脱过去的殖民地地位而参政议政的热情形成反差，使他们心怀不满。其实，对于任用当地人出任公职事，陈仪不是完全没有考虑。他曾发出通令，要求在两年内完成全省荐任委任人员的审查、训练工作，其中对于县市政府科长、中学校长、工厂厂长、公司协理等岗位，将法定名额的四分之一征选本省人才，但同时需培训半年，学习三民主义、国语国文及主管法令③。但在实际操作中，格于种种原因，本省人出任公职的情况仍不够理想。据 1946 年底的统计，台湾全省行政机关、公营事业机关和公立学校共有职员 54,617 人，其中本省人 39,711 人(72.7%)，外省人 13,972 人(25.6%)，外国人 934 人(1.7%)，但在这些人中，来自外省的国民党接收人员占据了荐任职以上的绝大部分重要岗位④，而且这些官吏中不少人"或行为不检、能力薄弱，或贪污渎职，尤以经建及公营事业更不乏藉权渔利之不良现象，予台胞以深切之反感"⑤。陈仪自己

① 《财政部档》，引自中国人民银行总行参事室编：《中华民国货币史资料》第 2 辑，上海人民出版社 1991 年版，第 720 页；《陈公洽与台湾》，第 70 页。

② 《台湾的施政方针》(1945 年 11 月 3 日)，《陈长官治台一年来言论集》，第 4 页。

③ 《台湾省行政长官公署通知》(1946 年 6 月 3、4 日)，《陈长官通知辑要》第 1 辑，第 4、6 页。

④ 《台湾省公务人员概况统计》(1946 年 12 月)，《台湾光复和光复后五年省情》(上)，第 265—268 页。

⑤ 《杨亮功、何汉文关于台湾"二二八"事件调查报告及善后办法建议案》(1947 年 4 月 16 日)，《台湾光复和光复后五年省情》(下)，第 640 页。

虽自奉廉洁，但不知约束下属，一样为人民不满。

陈仪主政台湾，有自己的理想，也不乏成功之处，然其以统制和垄断为主导的施政措施，使一般台湾人民感觉与日据时期变化不大，而军政当局借此体制与民争利，以至贪赃枉法之处，更增人民反感。以陈仪严峻固执的个性，又不能正视这些已经积累下的社会矛盾，台湾形势便日渐紧张。“二二八”事件发生当天，《文汇报》记者从台北发回报道称：“假使再不设法对台湾的整个行政设施作通盘的改变检讨，这种积压在台湾民众心里深沉的恨会像火山一样爆发，到那时会弄得整个局面难以收拾。”①国民党中央政府，当时忙于应付大陆一系列燃眉之急的问题，对于台湾也无暇顾及，种种主客观因素，终于导致“二二八”事件的发生。

“二二八”事件起因于缉私行动。台湾光复后，由于经济一时尚未完全恢复，失业率增高，不少失业人员以做点小商小贩的生意维持生活。他们走街串巷的贩卖举动与省当局的专卖政策不合，屡查屡犯，已经埋下了冲突的种子，“二二八”事件由缉私而起不是偶然的。1947 年 2 月 27 日晚，专卖局查缉员在台北南京西路查获女私贩林江迈的货物时，与之发生冲突，引起围观民众的不满与围攻，查缉员情急之下开枪示警，击中围观市民陈文溪（次日身亡），更激起民众义愤，群起追至警察局，要求惩办凶手，因未得满意答复，次日，台北全市罢工罢市，向长官公署请愿解决，结果又在公署外发生冲突，士兵开枪，打死数人。当天，警总宣布戒严，军警与民众发生大规模冲突，死伤人数大增②。至此，事态由一桩孤立事件而迅速扩大，由经济而政治，由自发而有组织，终至不可收拾之地步。

台北事件消息很快传到台湾全省，各地均出现对当局的抗议行动，

① 扬风：《台湾归来》，《文汇报》1947 年 3 月 4 日。

② 《鲍良傅等调查“二二八”缉私血案发生经过报告》，《民国档案》1991 年第 4 期，第 67—68 页。

各级政权机关几近于瘫痪，台中、嘉义、高雄等地且有民众武装与驻军发生激烈战斗，酿成较大伤亡。显然，此一波及全省事件的发生，不是出于个别人所为，而是有着广泛群众基础的行动，是台湾人民对于光复一年多以来政府施政措施不满的总爆发。

3 月 2 日，台北"二二八"事件处理委员会成立，其后，以台北处委会为中心，各地均成立处委会。处委会组织大纲声明，"以团结全省人民，改革政治，及处理'二二八'事件为宗旨"，成员由台湾国大代表、国民参政员、省市县参议员、人民团体和学校代表组成，下设常务委员会和各局组，俨然有政权机关的规模①。这样，一方面是台北局势渐趋平静，秩序得以恢复，另一方面是全省范围内处委会的成立，形成从上至下与官府对立的另外一套政治架构，从而孕育了发生进一步冲突的可能性。

3 月 5 日，台北处理委员会提出《政治根本改革草案》，主要内容为：1. 台湾行政长官公署秘书长及各处长，半数以本省人充任；2. 公营事业由本省人经营；3. 即刻实施各县市长民选；4. 撤销专卖制度；5. 取消贸易局及宣传委员会。此后，这样的要求内容不断增加，至 7 日已扩大为四十二条，主要内容仍集中在和平解决此次事件，取消政治经济上的统制措施，实行地方自治，保证人民自由②。台北处理委员会在 6 日发表的《告全国同胞书》中声明："我们的目标在肃清贪官污吏，争取本省政治的改革，不是要排斥外省同胞，我们欢迎外省同胞来参加这次改革本省政治的工作，以使台湾的政治明朗，早日达到目的，希望关心国家的各省同胞，踊跃参加，和我们握手，举着同样的步骤，争取这次斗争的胜利！"8 日，又对全省民众发表声明，认为"改革省政要求，已初步达成，本会今后任务，厥在恢复秩序，安定民生，愿我全省同胞速回原

---

① 黄存厚辑：《二二八事变始末记》，扫荡周报社 1947 年版，第 9—11 页。

② 唐贤龙：《台湾事变内幕记》，第 116、120—124 页。国民党认为，7 日的要求中有解除政府武装、撤销警备总司令部等要求，"不惟已逾政治改革要求之范围，且其叛国阴谋已昭然若揭矣"（《杨亮功、何汉文关于台湾"二二八"事件调查报告及善后办法建议案》，1947 年 4 月 16 日，《台湾光复和光复后五年省情》下，第 628 页）。

位，努力工作”①。任何一次大规模的群众运动都难免出现一些偏激的口号或行动，台湾事件也不例外，诸如某些对外省人的过分行为和对台湾自治地位的过分要求，这在当时情况下应该是可以理解的。然而，就实质而言，此次事件还是因为对国民党统治的无能和腐败的不满，对于台湾光复后省当局实行的高度统制政策不满而引起的。

由于新闻封锁，对于台湾“二二八”事件，大陆人民并不完全了解其真像，一般舆论都希望此事得到妥善的解决。《大公报》社评认为：“台胞这次剧烈举动，也不是绝对无可疵议的。……此次激发民变，责在政府，故在基本观点上，我们寄予同情。问题只是，感情的野马，应该勒回一点。看在同胞面上，也为了不使台湾地方糜烂，最好能回复正常理智，停止冲突，谋取和平解决的途径。”②在大陆的台胞亦要求废除行政长官制度及其特殊权力，允许台湾地方自治，实行省县长民选，取消专卖及统制贸易，惩办陈仪，抚恤伤亡等③。

“二二八”事件的发生，台湾最高负责长官陈仪当然有其责任，但他并不认为自己的政策有错误，而只认为是手下人没把事办好。面对各地民众上街的现实，仍固执认为是“完全由于少数乱徒希图谋叛，决不是民众要求改良政治与改变专卖贸易等经济制度的运动”，将之归因于“奸党、日本御用绅士、海南岛、南洋、东北各地遣回之台籍日兵、热中之野心家勾结流氓地痞及少数私立学校之学生合串之叛乱行为”④。当事件初起时，陈仪还企图以缓和方式解决，以免影响自己的地位，因此“无事不宽，有求必允”。3月1日，在台籍知名人士向其要求妥善处理事件时，陈仪同意：将有关查缉员交司法审判，死伤者予以抚恤，解除戒

① 唐贤龙：《台湾事变内幕记》，第117、146页。

② 《台湾官民要停止冲突》，《大公报》（上海）1947年3月11日。

③ 《台湾“二二八”惨案联合后援会为挽救台湾危局致于右任电》（1947年3月19日）《台湾光复和光复后五年省情》（下），第593页。

④ 《陈仪报告“二二八”事件情形致吴鼎昌等电》（1947年3月24日），《台湾光复和光复后五年省情》（下），第597页。

严，被捕者交保释放，由民意机构与长官公署合组处理委员会，处理整个事件。6 日又同意：长官公署向中央请示改为省政府，成员尽量登用本省人；县市长定期民选，未选前不称职者可免职，由当地民意机关选出候选人三人，由长官圈定一人；省市县政府改组调整后，决定有关行政改革事宜①。事发时台湾的正规军很少，总计不过特种部队四个营的兵力，显然不足以应付如此大规模事件，恐也是陈仪采取缓和态度的原因之一。他曾告友人："此次处理事变最感困难者，实缘兵力太薄，奸匪敢于暴发者，亦由于我之兵力太薄，稍缓时日，当能彻底肃清。"②

台湾"二二八"事件给国民党中央和蒋介石又出了一道难题。就当时的情况而言，如果国民党当局妥为因应，未始不可以和平解决，并为台湾的民主发展开辟一条新路径。但是台湾事件甫经发生，国民党中央在省方报告的影响下，很快认定其为"暴民暴动"，尤其是省方认为"当以共产党及其外围组织民主同盟分子为此次事件策动之要角"，"证之二十年来奸党之避重就轻，声东击西之阴谋，实无容疑义"，更使国民党中央神经紧张③。此时，上海金融风潮以及由此引发的经济危机已

① 《台湾省行政长官公署关于台湾"二二八"暴动事件报告》，《台湾光复和光复后五年省情》(下)，第 610—612 页。

② 《陈仪致徐学禹》，1947 年 3 月 8 日，《民国档案》1992 年第 1 期，第 56 页。

③ 《台湾省行政长官公署关于台湾"二二八"暴动事件报告》(1947 年 3 月 30 日)，《台湾光复和光复后五年省情》(下)，第 608、620 页。中共对于台湾人民反对国民党的行动当然是支持的，但台湾长期处于日本严酷统治之下，中共活动极为困难，光复后，中共在台组织与活动尚在恢复之中，远不能与其在大陆国统区的组织与活动相比。台中处委会委员谢雪红，台湾漳化人，1925 年加入中共，1928 年在上海参加建立台湾共产党，担任候补中委，同年赴台从事革命活动，后被捕长期系狱。事件期间成为台中主要领导人之一。但台共并非中共直接下属，谢是在事件被镇压、自己潜赴香港后才重新加入中共。因此，中共地下组织与台湾事件的关系，尚需深入研究，但以中共策动为事件主因显为过于夸张。如当时人所言，"台湾共党组织战前被日人消除殆尽毫无活动能力。胜利以后如有一部分由内地潜入，但数甚微，绝无力发动蔓延及全省之民变，但地方当局为减轻责任计自不得不加重共党活动之报告"。国民党事后派往台湾调查的监察院闽浙监察使杨亮功在其报告中也承认，"共党人数甚少，亦无

经引起社会震撼，国共关系正告彻底破裂，国民党军队又在山东战场失利，因此国民党不能容忍其后方再出现不稳。处理委员会提出的台湾改革方案，不过是国民党镇压的借口，"二二八"事件终于由于国民党的过度反应而出现了最后悲剧性的结局。

台湾事件发生后，蒋介石最初指示政治上尽量退让，但如"暴徒"干预军事，即以"军力平息叛乱"①，显示其基本处理方针是以军力维持台湾的稳定。3 月 7 日，台湾省党部主委李翼中飞抵南京，带来陈仪报告，强调"奸党"在事件中的作用，要求加派部队至台。陈仪并于当天电蒋，告以"如无强大武力镇压制裁，事变之演变，未可逆料"②。其时，处委会提出取消警总要求，触及国民党对台统治的根本，蒋即于次日电告陈仪，台湾局势"无时不念，李主委已晤见，现正研究处理方案，兹已派海军军舰两艘来基隆，约九十两日分期到达，二十一师两团定明日由沪出发，刘师长明日飞台面详一切"③。可知蒋已决定武力镇压方案。当日，国务会议决定对台湾事件的处理办法为：政府应派大员前往台省宣慰；台湾行政长官公署应依照省政府组织法改组为台湾省政府；改组时应尽量容纳当地优秀人士。9 日，蒋介石在中枢纪念周发表演讲，声称："希台省同胞深明大义，严守纪律，勿为奸党所利用，勿为日人所窃笑，冥行盲动，害国自害，切望明顺逆，辨利害，彻底觉悟，自动的取消非法组织，恢复地方秩序，俾台省同胞皆得早日安居乐业，以完成新台湾之建设。"④

3 月 9 日，第二十一师在基隆登陆，由于有军队为后盾，长官公署

控制全局之力量"。至于民盟与事件的关系更是无稽之谈(《"二二八"惨案台胞慰问团呈于右任关于处理台湾事变意见书》，1947 年 3 月 14 日，《杨亮功、何汉文关于台湾"二二八"事件调查报告及善后办法建议案》，1947 年 4 月 16 日，《台湾光复和光复后五年省情》下，第 591、636、644 页)。

① 二二八事件研究小组著：《二二八事件研究报告》，台北1994年版，第203页。

② 《二二八事件研究报告》，第 204—207 页。

③ 《总统蒋公大事长编初稿》卷 6(下)，第 400 页。二十一师于 9 日到达台湾，因此不可能如蒋电所称"明日"出发，实际离沪时间为 7 日。

④ 《总统蒋公大事长编初稿》卷 6(下)，第 400—401 页。

重新宣布戒严，次日下令解散各地处理委员会及一切“非法组织”，搜捕参加事件的重要人员。随着军队陆续到位，省府在全台“进行清查户口，办理连保，彻底肃奸”，局势重新得到控制①。虽然蒋介石有令“严禁军政人员施行报复，否则，以抗令论罪”，对参与事变人员从宽免究②。但是在实际行动时，由于种种原因，很难完全做到。国民党以镇压换得了台湾局势的暂时平静，但同时也给台湾社会留下了一时难以弥合的深重创伤③。

事件基本平息后，3 月 14 日，蒋介石致电陈仪，提出处理原则，并于 17 日以广播讲话形式公诸于众：一，地方政治常态应立即恢复，其办法要点如下：1. 台湾行政长官公署改为台湾省政府；2. 台湾警备总司令以不由省政府主席兼任为原则；3. 省府委员及厅局处长尽量任用本省人士；4. 台湾各县市长提前民选；5. 县市长民选前，省府依法任用，并尽量登用本省人士；6. 政府或事业机关职员，无论本省外省，待遇一律同等；7. 民生工业之公营范围，应尽量缩小；8. 台湾行政长官公署现行之政治经济制度及政策，其有与国民政府颁行之法令相抵触者，应予分别修正或废止。二，台省各级“二二八”事件处理委员会及临时类似之组织，应即自行宣告结束。三，地方政治常态应即恢复，其参与此次事变之有关人员除共党煽惑暴动者外，一律从宽免究④。3 月 17 日至 4 月 2 日，国防部部长白崇禧与冷欣、蒋经国等奉派赴台湾

---

① 《白部长宣慰台湾报告书》，《二二八台湾事变及其他处理台湾各案文件》，中国社会科学院近代史所存档抄件。

② 《总统蒋公大事长编初稿》卷 6(下)第 403 页。

③ 关于“二二八”事件的死伤人数，各家统计不一。官方统计一般偏低，在 2000 到 3000 人之间，民间统计则又偏高，在 1 万到 5 万之间，甚而有估计多至十余万人。由于当时的特殊情况，兼之时日的流逝，确切的统计数字也许已经难以得出(参侯坤宏：《“二二八事件”有关史料与研究之分析》，《国史馆馆刊》复刊第 16 期第 62—63 页；《二二八事件研究报告》，第 368、370 页)。

④ 《主席三月十四日寅寒府交代电》，《二・二八台湾事变及其他处理台湾各案文件》，中国社会科学院近代史所存档抄件。

宣慰。他们提出的处理意见为：1. 台湾改行省政府制度后，各厅处多设副职，多用台湾人士；2. 轻工业尽量开放台人民营，公地尽量放租，缩小专卖范围，撤销专卖局和贸易局；3. 各级政府官员尽先选用台省人士；4. 澄清吏制，杜绝贪污，专设监察使署①。从国民党提出的善后方案看，都在一定程度上容纳了台湾人民的要求，尤其是认为长官公署制度和统制经济制度有改变必要，可见国民党也已认识到台湾事件的起因与其对台政策失当相关。

3 月 22 日，国民党六届三中全会通过了刘文岛等五十五人提出的《请即将台湾省行政长官陈仪撤职查办并迅速实施善后办法案》。4 月 22 日，行政院会议决定撤销台湾省行政长官公署，改组为省政府，任命魏道明为省主席，陈仪成了国民党收拾台湾人心的替罪羊。魏道明上任后，台湾省政府十五名委员中，台籍占七人，在省政府内，台籍人士还担任了一位厅长，三位副厅长和二位处长。警备总司令部改为警备司令部，专卖局改为烟酒公卖局，贸易局改为物资调节委员会，撤销新闻电信图书检查。5 月 16 日，台湾解除戒严，表示“二二八”事件造成的非常时期暂告结束。

二 昆明事变

云南自北洋时代唐继尧当政时开始，便对中央政府形成半独立状态，国民党掌握中央政权后，虽然致力于统一全国，但对于地处偏远的云南暂时心有余而力不足，1927 年上台的龙云在省主席位置上一坐就是十八年，成了称雄一时的“云南王”。这种情况自抗战起开始发生变化。因为大量抗战物资自滇越路输入和中国参加同盟国阵营出兵缅甸，云南从后方变成了前线，国民党中央系部队源源不断开入云南，到 1945 年已有将近十个军驻在云南，远征军司令长官部和陆军总司令部

① 唐贤龙：《台湾事变内幕记》，第 163—164 页。

先后设于云南,这本身就为蒋介石解决云南半独立的问题准备了强有力的条件。随着中央系势力伸入云南,原本尚不明显的中央与地方的矛盾也在发展,而当龙云感到其自身统治地位受到威胁时,对于西南联大教职员和学生以及民盟在昆明的民主运动采取了某种放任态度,以此作为对国民党中央的抗衡力量,使昆明有了"民主堡垒"的声誉,更引起蒋的忌恨①。这种矛盾最后发展到蒋介石下决心以强力解决云南问题,抗战胜利后的局势为蒋的决断提供了一个最好的机会。

蒋介石处理云南问题,系其"个人独运匠心,外人鲜有知者",一切均是在极为秘密的准备中开始的②。1945 年 4 月,蒋召见昆明防守司令杜聿明,告诉他为了统一云南的政治经济和军事,拟调龙云为军事参议院院长闲职,但龙可能不服从命令,要他作好军事解决的准备,在调令下达同时,解除龙的全部武装。杜认为,龙云在昆明的部队不多,解决并不困难。蒋要他即刻准备,并再三叮嘱"要守秘密,要慎重"③。接着,蒋介石在 7 月间召见云南出身的李宗黄,谈及云南问题处理方案。他对李宗黄明确说:"志舟(龙云)行为特殊,连年阻挠抗战,我都念他的前功,曲予优容。可是长此以往,对他过于纵容,恐怕他自己也很难善始善终。所以现在决定请伯英兄(李宗黄)回滇,接任他的云南省政府主席和省党部主任委员两职,假如志舟能够听命,那就调他到中央来另界职位,否则就应该予他以相当的制裁。"④从蒋与杜、李两人的谈话可知,解决龙云的方案此时已在蒋的考虑之中。

---

① 据罗隆基回忆,龙云是民盟秘密盟员,龙经他和中共建立了联系,龙还指定缪云台代表他,罗代表民盟,加上中共在昆明的地下负责人,组成秘密委员会,讨论团结西南几省的实力派反蒋的问题(罗隆基:《从参加旧政协到参加南京和谈的一些回忆》,《文史资料选辑》第 20 辑,第 208 页)。龙云秘密参加民盟一事,也为其他一些民盟人士所证实(王昆仑、楚图南:《怀念龙云先生》,《人民日报》1984 年 11 月 19 日)。

② 唐纵:《在蒋介石身边八年》,第 545 页。

③ 杜聿明:《蒋介石解决龙云的经过》,《文史资料选辑》第 5 辑,第 37 页。

④ 《李宗黄回忆录》,引自《一二一运动》,第 419 页。据李宗黄回忆,1945 年内,蒋为了云南问题,曾经五次召见他,面授机宜,可见蒋对处理龙云颇费心机。

蒋介石解决龙云的想法为何应钦所知后，何认为最好能避免动武，以免不测之后果，如能劝龙自动辞职更好。他的看法也为杜聿明所同意，武力解决的事暂时拖了下来。然而，何和杜两人用尽了各种方法婉劝，龙云一概置之不理。抗战胜利后，蒋介石感觉此事不能再拖，否则将失去时机，因此武力解决方案正式开始运作。为此，蒋作了精心部署。先是以受降为名，令卢汉率第一方面军赴越南，带走了龙云的基本部队第六十军和九十三军，使龙云在昆明失去自己部队的支持。其后蒋再次召见杜聿明，要他从速准备。杜回昆明后，对武力解决龙云作了周密部署。为了缓和此举可能造成的反弹，分化云南内部力量，蒋决定由龙云的亲信部下卢汉出任云南省主席，行动前夕还由何应钦专程赴河内，安抚并监视卢汉所部①。虽然杜聿明在昆明的部署不可能不露出一点风声，但似乎并未引起龙云的警觉②。

10 月 2 日，国民政府发布命令，免去云南省政府主席龙云职务，调任军事参议院院长，任命卢汉为云南省政府主席，未到职前由民政厅厅长李宗黄代理。同日蒋介石下令撤销军事委员会委员长昆明行营，免去行营主任、陆军副总司令龙云职务，行营原属部队均归昆明防守司令部指挥。当天下午，空军长官王叔铭和李宗黄一行飞抵昆明，会同杜聿明秘密布置。杜聿明得令后，即召集部下开会，宣布蒋的处理方案，部署以驻昆明的第五军解除龙云部队及警察的武装，如有不从者即以武

① 在越军队中央系与滇系数量大致相当，驻地互为牵制，至昆明事件前，蒋介石又调第五十三军向越南推进，以加强对滇军的控制。卢汉地位居龙云部下之首，与龙的关系既密切又难免矛盾之处。蒋在解决龙云前，亲书致卢汉函，告以将调龙云到中央任职，并任其为省主席，“盼晓谕所属，以安众心”（范承枢：《卢汉任云南省主席的经过》，《文史资料选辑》第 86 辑，第 73 页）。

② 据时人回忆，9 月下旬，已有人要龙云提防蒋介石的阴谋，但龙云没有重视，他认为在战后的和平气氛中，蒋不至下手，即使有事，卢汉部队也会迅速回滇。事后龙云曾责卢汉和滇军其他将领没有“闻讯火速回军”，并要卢一旦国内和平局面破裂，即通电反蒋，打回云南（张增智：《龙云在解放战争时期》，《文史资料选辑》第 96 辑，第 22、28 页）。

力实施，控制昆明所有对外交通和通讯出口，将此次行动通告驻昆明美军①。3日凌晨，杜聿明部按计划行动，其间与龙云的部队发生冲突，但因杜部占据压倒优势，龙部很快便被制服，并被解除了武装②。龙云本人则于事起后，避入他在五华山的官邸，拒不外出，但因对外联系中断，无所作为，而杜聿明因为有蒋保证龙生命安全的命令，也不能进攻，双方形成僵持局面。

4日，李宗黄至龙云官邸，将蒋致龙函面交龙云，函称："当兹建国开始，重在中枢，故特调兄入长军事参议院，参赞戎机，辅导统一，甚望兄能树立楷模，为党国与共休戚也。"③然龙云仍迟迟不愿成行，或许他还寄希望于赴越南受降的云南部队回师救主。昆明事变的消息传到越南，确实引起了云南部队的震惊、不满和激愤。"有的要求卢汉下令打回去，有的要求连名发电，强求蒋收回成命，还有的说应忍辱负重，以待时机"。然卢汉权衡利害，认为云南部队正在越南受降，如有行动将影响中国的国际形象，而且其部队装备及战斗力也不如在滇中央军，事前又无准备，何况蒋令已发，木已成舟，"故力排众议，告诫部属，千万不可轻举妄动"④。龙云于无可奈何之下，又蒙蒋介石派何应钦和宋子文先后到昆明劝驾，给他面子，10月6日，终于由宋与何陪同离开昆明到达重庆。

龙云去职，是蒋介石实行全国统一计划的一次成功，被国民党认为，"消灭西南割据危机，苟不能适时处置，政府东迁，民主同盟与龙云

---

① 杜聿明：《蒋介石解决龙云的经过》，《文史资料选辑》第5辑，第41—44页。杜文所记时间为29日晚，疑有误，因龙云撤职命令为10月2日下达（杜文误为9月30日），故李宗黄回忆的10月2日在时间上更为合理。

② 据昆明防守司令部发言人对报界称，"此次中央部队奉命接收地方部队防务均持有中央命令，直接送交各部队，其中有少数不明大义者，未遵中央命令，不幸发生局部冲突"。在冲突中，中央部队死24人，伤71人，干训团伤54人，地方部队死48人，伤29人（《中华民国史史料长编》第67册，第206页）。

③ 朱汇森主编：《中华民国史事纪要》，1945年10月2日。

④ 张第东：《回忆六十军起义前后》，《抚顺文史资料选辑》第8辑，第106页。

勾结，藉云南之武力，行西南之割据，中央投鼠忌器处理唯艰。此事之解决，对于大局裨益匪浅”①。为了对外有所交代，蒋介石稍后以杜聿明“管束不严，防务处理颇多失当”为由，予以免职处分②，由关麟徵出任云南警备总司令。12月1日，卢汉就任云南省政府主席，昆明事件的余波至此得以平息。不过卢汉主政云南，仍然力图控制省政，不让中央插手，而蒋介石正被内战所牵制，也无力对云南施以重压，双方相安无事，云南仍维持着很大的独立性，蒋介石解决龙云的目的并未完全达到。

三　新疆三区问题的暂时解决

1944年9月1日，统治新疆十多年的盛世才调任农林部长，吴忠信出任新疆省政府主席。盛世才治新期间，实行政治高压政策，滥兴冤狱，苛税繁重，贪污腐败，积累下一系列尖锐的社会矛盾。吴上任伊始，采取了清理监狱，宣抚地方，敦睦邦交等政策，以缓和这些矛盾。然而问题不可能在短时间内得到解决，相反，由于吴的统治措施从高压一变而为宽松，使多年积累的民怨突然找到了一个宣泄口，新疆的局势反呈恶化之势。吴忠信是一个所谓“耆年硕德”的老官僚，对应付新疆复杂的局势显然缺乏准备，以至国民党中央对新疆事变的爆发颇感突然。新疆在地理、民族、经济上与苏联一直有密切的联系，苏联也把新疆视为后院，对国民党和英、美势力在新疆的拓展抱着怀疑态度，而对反对派势力则表同情与支持③。所有这些因素导致了新疆事变的发生与迟迟不得解决。

---

① 唐纵：《在蒋介石身边八年》，第547页。

② 《中央日报》(重庆)1945年10月16日。蒋对杜的处分不过是做姿态而已，杜旋被任为东北保安司令长官。

③ 不仅三区起事前的宣传组织工作得到苏联的支持，而且三区起事后苏联直接提供了人力、物力支持，并派兵参战。三区民族军第一任总指挥便是一个俄罗斯人(参朱培民：《新疆革命史》，新疆人民出版社1993年版)。

战后新疆问题源于伊宁事变的爆发。伊宁是新疆伊犁区的首府，设有专员公署、保安司令部及苏联领事馆，为新疆西北部政治经济文化中心。伊犁区辖十一个县和一个设治局，地形险要，农牧业发达，粮食产量占全疆的五分之一，一旦有变，势必影响全疆。1944 年 9 月，伊犁区巩哈县(今尼勒克县)哈族牧民首先起事。11月7日，伊宁城内发生事变，起事者围攻城内各政府机关，国民党政府军困守若干据点，坚持至次年1月30日被迫突围而遭全歼。与此同时，伊犁区除精河外，各县全告失守。

伊宁发生事变，省府迪化(今乌鲁木齐)震动。坐镇迪化的第八战区司令长官朱绍良紧急调兵增援，但因兵力有限，且缺乏塞外作战经验，兼之天寒地冻，未见成效。吴忠信则进一步实行政治安抚政策，组织宣抚委员会到各地，优遇各族头领，以图稳定局势。然而，伊犁方面的事态仍在发展。1945 年 4 月 8 日伊犁、塔城、阿山三区民族军成立，随后三路出击，北路进攻塔城、阿山，中路进攻精河、乌苏，南路进攻拜城、阿克苏。到 9 月，占领了北疆伊、塔、阿三区全部及乌苏、精河与拜城，并成立政府，通过施政纲领，与省政府对抗①。此时迪化人心浮动，已有人主张省府撤至哈密，朱绍良、吴忠信决定坚守迪化，同时连电重庆告急。蒋介石接电后，即令第五战区副司令长官郭寄峤入新，代理第八战区司令长官兼新疆警备总司令，并自青海调马呈祥骑五军入新，以稳定局势。

新疆事变的消息传到重庆，国民党中央感到了局势的严重，尤其是新疆问题牵涉到对苏关系，处理不当，极易为苏联利用，反过来又会影响国内政治。前此，在中苏条约谈判时，蒋介石已提出新疆对苏方针是，以新疆对苏经济合作为条件，换取苏联在新疆内部问题上对国民党的支持②。为此，在中苏条约附件中，苏联承诺“关于新疆最近事变，苏

---

① 11 月 7 日，“东土耳其斯坦共和国临时政府”在伊宁成立，艾力汗・吐烈任主席。有关情况请参《赛福鼎回忆录》、《新疆革命史》等著作。

② 《总统蒋公大事长编初稿》卷 5(下)，第 735 页。

联政府重申，如同盟友好条约第五条所云，无干涉中国内政之意”①。随着新疆局势的不断恶化，国民党尤其需要苏联的支持，蒋介石此时一心考虑如何对付中共，不希望被新疆问题牵扯过多力量。9月11日，蒋决定对新疆的方针是，“只可暂时忍受，不能立即作积极之抵抗”，外交对苏“只作应有与合理之表示，而不加以刺激，勿使其有所借口”、“对新疆政治与宗族之改革，则作积极之准备”②。恰好此时，原定到东北任职的张治中因为受熊式辉的排挤而无法前往，蒋介石有意让其到西北任职，遂先派他到新疆调查情况，提出解决方案。

9月13日，张治中衔命飞往新疆，与朱绍良、吴忠信等探讨解决新疆问题的方法，并与苏联驻新疆总领事会见。他在给蒋介石的电报中认为：此间情况万分紧急，除非伊宁军队停止前进，迪化殊无把握确保。目前只有通过外交一途从事和平解决，否则迪化一失，则局势全非，今后即能恢复，亦须费极大力量与极长时间。夜长梦多，变化难测，恐影响中央威信太大。应请当机立断，不要拘于外交常规……请苏联方面出来调停③。

国民党要求苏联调停的信息，很快便得到了苏联方面的回应。苏联驻华大使彼得洛夫向中国外交部发出照会，称新疆三区代表“希望俄国出面为中间人，担任调停彼等与中国当局所发生之冲突”，“苏联政府因关切其与新疆接壤地区之安宁和秩序，如中国政府愿意，则准备委派住伊宁领事，试对中国政府提供可能之协助，以便调整新疆已造成之局势”。外交部随即答复称：“苏联驻伊宁领事愿意协助，请即代为通知并令介绍彼等到迪化晋谒张部长，商洽进行和平解决办法。”④至此，国民党与三区方面谈判的渠道已经打通。

---

① 王铁崖编：《中外旧约章汇编》第3册，三联书店1962年版，第1329页。

② 《总统蒋公大事长编初稿》卷5(下)，第831页。

③ 《张治中回忆录》，第41—42页。

④ 《外交部新疆特派员公署新苏外交档》第15号，转引自张大军：《新疆风暴七十年》第12册，台北兰溪出版社有限公司1980年版，第6802—6803页。

张治中回到重庆后，向蒋介石汇报了新疆的情况，并综合与各方商谈的结果，建议：新疆人民历史上备受高压，当前应改变过去的作法，保证新疆人民的政治经济权利；新疆与内地路途遥远，增兵不易，补给困难，不能动武；新疆与苏联有历史渊源，关系密切，不能反苏；因此，只能用和平的方法解决问题。张的看法得到了蒋的首肯，蒋遂授权张全权处理新疆问题①。

1945 年 10 月，张治中以中央政府代表身份飞往迪化，随行的有国防最高委员会副秘书长梁寒操，国民党中央组织部副部长彭昭贤，政治部一厅厅长邓文仪，三青团秘书处长刘孟纯，陕西省建设厅长屈武等人。17 日，张治中与先期到达的三区代表阿合买提江、赖希木江首次会见，张在谈话中将双方关系形容为“兄弟手足”，表示：“本人这次代表中央到这里来，很希望弟兄间的感情很快的能够恢复，新省的问题很快的能够得到解决，使一切恢复正常状态。”②张的谈话为其后的谈判定下了基调，即在不损害国家主权、不违反三民主义、不违背中央法令的前提下，“充分予地方自治发展”。在张治中给三区方面的《中央对新疆局部事变的提示案》中提出：扶助新疆人民政治、经济、文化之平衡发展；尊重各族之宗教信仰；尊重各族固有文化风俗习惯；保障各族人民身体、财产、行动、居住、出版、集会、结社自由；减轻赋税，严禁摊派。在实施地方自治方面，提示案规定：三个月内进行乡镇保甲选举，六个月内进行县参议会选举；县参议会成立六个月后，可选出二人，由省府择一为县长；各区行政专员由省府保荐，中央任命，亦可任用地方人士。提示案要求变乱区域停止军事行动，限一个月内恢复事变前状态，取消不合法组织，参加人员资遣回籍或考核任用，免予追究③。张治中认

① 《张治中回忆录》，第 422 页。

② 新疆省政府秘书处编：《新伊和平谈判》会议卷第 1 号，转引自张大军：《新疆风暴七十年》第 12 册，第 6810 页。

③ 新疆省政府秘书处编：《新伊和平谈判》会议卷第 1 号，转引自张大军：《新疆风暴七十年》第 12 册，第 6813—6814 页。

为，此一提案对三区方面作了不少让步，尤其是关于地方自治的规定，内地尚未实行。三区代表当时未作答复，只表示须携回研究。

11 月 13 日，谈判重开。三区代表带来了对中央提示案的对案，认为中央提示案“未能满足吾人之要求”，故“要求真正的高度自治权”。该对案与张的提案最重要的分歧之处在于，它要求各级行政官吏由选举产生，并规定省府的组织形式，还要求组织民族军队。张治中先同意县级选举时间可提前三个月，三区部队可以团为单位编为保安部队，后又在省府组织形式上作了重大让步，同意将省府委员名额扩大一倍，其中地方可保荐十分之六，包括副主席一人及二位厅长，而三区方面可在其中保荐厅长一人，委员可占地方名额的十分之四。作为谈判中间人的苏联领事认为此案比原案“显示了极大的进步”，但三区代表表示还需要回伊宁研究。

12 月 25 日，三区代表第三次来到迪化。他们先提出了三项要求，最重要者为 1945 年内国民党新增军队于签约后全部撤回。张治中认为这是“节外生枝，没有商谈的余地，即席坚决拒绝”①。经过苏联领事的疏通，三区代表同意暂时不提这几条，双方的谈判回到上一次的两个分歧点上。关于军队问题，没能达成协议，双方同意以后再谈。关于省府组织，张同意增加一名三区副主席，三区同意主席由中央任命。

1946 年 1 月 2 日，《中央政府代表与新疆暴动区域人民代表之间以和平方式解决武装冲突之条款》在迪化签字。该协定共十一条，主要内容为：事变解决后三个月内选举县参议会，由参议会选举县长，副县长由县长委用；区专员由当地保荐，省府核定；县参议会选举省参议员；省府委员25人，中央直接派定10人，各区保荐15人，其中包括副主席两人，副秘书长两人，教育、建设厅长，民政、财政副厅长，及卫生处长、社会处副处长。附文(一)规定，三区可保荐省府委员六人，包括副主席、副秘书长、厅长、副厅长各一人，处长或副处长一人。关于成立民族军队问题，

① 《张治中回忆录》，第 437 页。

规定由三区部队进行改编，具体办法由附文(二)决定①。这个协定基本满足了三区方面的要求，当地舆论认为，“由于张氏诚挚开明态度之感动，与其负责精神及非常之忍耐心，使此一困难问题终于获得解决”②。

新疆签约的第二天，张治中飞回重庆参加国共谈判。在此期间，他在国民党六届二中全会上作了有关新疆谈判的报告，提出今后解决新疆问题的方针是：以三民主义力量保障新疆，以修明政治安定新疆，以充分经济力量建设新疆。同时，为了便利新疆问题的解决，国民党对西北人事作了调整。2月15日，调朱绍良为军委会副参谋总长兼办公厅主任，撤销第八战区。3月1日，吴忠信以述职为由离开迪化。同月29日，张治中被任命为西北行营主任兼新疆省政府主席，并于当天离开重庆，飞往新疆，主持西北政务。

张治中主政新疆，首先调整人事，调跟随自己多年的刘孟纯任省府秘书长，作风稳健的陶峙岳为新疆警备总司令，以保证自己的权力运作少受干扰，同时“对省府改组事宜，刻正积极着手办理”，“对施政方针将开始拟定具体草案……方针将本中央之一贯民主精神，配合地方情形树立宪政基础，予各宗族人民以合理之平等自由与人权之绝对保障”③。在这样的气氛下，他和三区方面继续就上次未能达成协议的有关军事条款进行商谈。三区方面要求，部队编为骑兵十个团，步兵三个团，住地除三区外，还要住在南疆喀什、阿克苏、库车与省府迪化，这与张治中的编二个团与三个保安大队且全住于三区的方案相差甚大。双方对此进行了反复的讨价还价，张只同意部队数字可以让到六个团，但坚决不同意住地扩大到三区之外。三区代表最后同意了张的方案，但张也允诺三区部队可设统一指挥官。6月6日，新疆和平协定的附文(二)《关于事变部队改编与住地的补充条款》签订，规定三区部队编为

① 《新疆日报》1946年1月3日。
② 《新疆日报》1946年1月3日。
③ 《新疆日报》1946年4月10日。

步、骑各三个团，人数以 1.2 万为限；指挥官兼省保安副司令；住地以三区为限。协定签订后，中央社在发自当地的报道中称，“商谈已逾八月，计正式商谈十八次，非正式商谈不下数十次，经历无数挫折，其间且曾有三度陷于僵局”的新疆和平谈判，终于“获得最后之协议”，“经历一年又八个月之伊宁事变问题，至此已告和平解决，新疆全省人民于殷切盼望欢欣鼓舞之下进入和平建设之时期”①。

7 月 1 日，改组后的新疆省政府宣誓就职。根据事先的协议，张治中仍任省主席，三区方面的阿合买提江任副主席，阿巴索夫任副秘书长，赛福鼎任教育厅长，赖希木江任民政厅副厅长，其余各区推荐的包尔汉任副主席，萨力士任副秘书长，伊敏任建设厅长，马廷骧任财政厅副厅长。中央派定的成员为，秘书长刘孟纯，民政厅长王曾善，财政厅长卢郁文。这可说是当时全国独一无二的联合省政府，成员既有政治上的革命派（三区），也有中间派（包尔汉等），还有保守派（伊敏等），而张治中则以中央大员身份操控省府的运作过程。

新疆联合政府成立之初，尚能保持合作局面。7 月 18 日，省府全体会议通过了《新疆省政府纲领》，提出政治上保证人民自由，各民族一律平等；经济上扶植自耕农，保护佃权；对外增进中苏亲善。各方对这个纲领颇有好评，然而因为种种原因，各方对这个纲领都可谓言大于行，最后只能束之高阁。不仅如此，因为联合政府成立而暂时被掩盖的矛盾也在随时间的推移而凸显。国民党与三区方面围绕三区地位及选举等一系列问题产生了矛盾。此时，国共内战已经爆发，三区方面与中共建立了联系，实际成为中共领导的反国民党阵营的一个组成部分②。而国民党也对三区形同独立的存在很不满意，11 月，宋希濂出任新疆

① 《新疆日报》1946 年 6 月 7 日。

② 1946 年 11 月，三区代表去南京参加制宪国大，阿巴索夫与董必武会见，要求中共接受三区的人民革命党为下属组织，请求中共派人指导人民革命党工作，中共同意与其建立友谊关系，派代表前往联络与观察，欢迎人民革命党领导人加入中共（《赛福鼎回忆录》，华夏出版社 1993 年版，第 381—383 页）。

警备总司令，力主对三区采取强硬态度，双方的冲突不可避免。

1947年2月20日起，迪化连续三天发生示威请愿，参加者向省府提出中央军队撤离新疆、重新举行选举、在南疆成立民族军等要求，有着明显的三区背景，因而引起国民党势力的强烈反弹。24日，迪化出现国民党势力操纵的拥护中央、要求取消地方特殊化的游行。次日，游行群众至省府请愿，与支持三区的群众发生冲突，互有死伤，一时迪化人心恐慌，当局宣布全市戒严。此时，张治中正在南京，他对省府主政者未能控制局面很为不满。3月16日，他回到迪化，25日发表告全省民众书，表示："我们的坚决的态度是，从积极方面说，我们誓以全力贯彻和平条款和施政纲领全部不折不扣实现；从消极方面说，我们誓以全力采取最严厉而有效的办法来制裁破坏和平条款和施政纲领的分子和挑拨者。"①"二二五"事件后的紧张局势得到暂时缓和。但是随后张治中为地方选举问题于5月去南疆巡视，受到群众围攻，他认为此事得到三区方面支持，使原本显得超然的张治中也开始对三区方面不满，他态度的变化，使本来表面上尚能一致的联合政府滑向了解体的边缘。

新疆联合政府的破裂，是从省政府改组开始的。为了实行地方自治，张治中推出维吾尔族人麦斯武德担任省主席，但麦氏是国民党内维吾尔族头面人物，政治立场与三区方面对立，因而遭到三区方面的强烈反对，决定"宁可不要和平条款，也要坚持我党的政治立场，绝不与大土耳其分子合作"②。5月28日，麦斯武德宣誓就职，三区方面省府成员拒绝出席，此后并拒绝出席麦氏主持的省府会议。张治中事后也认为，他"坚辞省主席保荐麦斯武德一举，终于演成与伊宁方面再度分裂的开端"③。麦氏就职的当天，民选产生的省参议会开幕，但也因为在省主席问题上分为两派，经过一个多月协商仍未能达成一致，结果一次大会

① 《新疆日报》1947年3月25日。

② 赛福鼎：《天山雄鹰》，第137页。

③ 《张治中回忆录》，第661页。

未开便宣告休会，联合政府的命运岌岌可危。

7月中旬，迪化以东的吐鲁番、鄯善、托克逊三县发生三区支持的武力袭击当地驻军的事件，这三个县位置重要，一旦为三区控制，既可以控制出疆通道，又可对迪化形成夹攻之势，还会影响南疆局势，张治中再三犹豫之后，觉得不能再让，遂告宋希濂，“坚决镇压，彻底肃清，交你全权处理”①。由于国民党军队兵力居优，不出几天，便平息了三县武装事变。

吐、鄯、托暴动迅速被国民党军队平息，使三区方面深感唇亡齿寒，决裂不可避免。8月12日，代表三区方面出任省府副主席的阿合买提江离开迪化回伊宁，随后三区方面成员陆续撤离，维持了一年多的新疆省联合政府最终破裂。此后，新疆局面处于不战不和的僵持状态中。

四　外蒙的独立

根据“雅尔塔协定”的规定，中苏条约谈判中，中国确认了外蒙古独立的现实。1945年8月24日，蒋介石在国防最高委员会和国民党中常会临时联席会上特别解释了外蒙独立的问题。他说：“外蒙自北京政府时代民国十一年起，事实上已完成其独立的体制，如今已届二十五年。当此世运一新之会，正重敦旧好之时，我们必须秉承国民革命的原则，和本党一贯的方针，用断然的决心，经和平的程序，承认外蒙之独立，建立友好的关系，使得这个问题能够完满的解决。否则将使中国与外蒙古之间，永无亲善之可言，其对于国内安定与世界和平，更将因此而发生重大的影响。”②中国随后为履行条约义务，敦促外蒙古进行公民投票，外蒙古政府于9月21日决定在10月10日至20日间进行公

① 《鹰犬将军——宋希濂自述》，中国文史出版社1986年版，第262页。

② 国际出版社编：《蒋主席最近言论》第1辑，国际出版社1945年版，第5—6页。

民投票，并同意中国政府派代表参观，“俾重向全世界表示蒙古人民独立之意志与愿望”①。10 月 18 日，内政部次长雷法章率领由蒙藏委员会、军政部和内政部官员组成的代表团，到达外蒙古首都库伦（即乌兰巴托），参观定于 20 日进行的投票过程。据蒙古独立中央委员会公布，1945 年 10 月 20 日，外蒙古举行决定是否独立的公民投票。凡年满十八岁的公民均有权参加，全境共设投票点 4251 个，投票采用公开记名签字的方法，决定对独立是“赞成”还是“反对”。据公布，在有资格参加投票的 494，960 人中，有 487，409 人参加投票，结果百分之百同意外蒙古独立②。其实谁都知道，公民投票不过是形式而已，外蒙古独立是雅尔塔协定早已决定的现实。

11 月 15 日，中国政府外交部部长王世杰收到蒙古人民共和国总理兼外交部长乔巴山的电文，内称：“谨将蒙古人民共和国代表会议主席团一九四五年十一月十二日之决议案，及蒙古人民共和国举行关于国家独立问题之公民投票之纪录，送达阁下，即认为中国政府承认蒙古独立之正式文件。”③12 月 10 日，国民党第十六次中常会决定承认外蒙古独立。1946 年 1 月 5 日，国民政府发表公告：“兹照国防最高委员会之审议，决定承认外蒙古之独立。除由行政院转饬内政部将此项决议正式通知外蒙古政府外，特此公告。”④2 月间，蒙古人民共和国政府

① 《傅秉常致外交部电》（1945 年 9 月 25 日），张大军：《外蒙古现代史》第 4 册，台北兰溪出版社有限公司 1983 年版，第 1525—1526 页。

② 兹拉特金：《蒙古人民共和国史纲》陈大维译，商务印书馆 1972 年版，第 374 页。

③ 张大军：《外蒙古现代史》第 4 册，第 1534—1535 页。

④ 《国民政府公报》，1946 年 1 月 6 日。陈立夫等人曾主张，中国对外蒙独立最好是保持沉默，不必以公开声明方式留下历史的记录。王世杰等则主张，承认外蒙独立不可延搁，以示我方之守约。陈立夫认为，蒋介石之所以决定承认外蒙独立，是因为他担心在这个问题上的犹豫，会影响到中苏条约的效力，从而对国民党不利（Chen Li - fu Materials，p. 70，*Chen Li - fu Collection*，Box 48.《王世杰日记》1945 年 12 月 2 日）。

副总理苏伦札布率代表团访问重庆，完成了中国承认外蒙独立的最后手续。双方并商定建立外交关系，互派公使。

对于外蒙古的独立，国民党内外都曾有强烈的批评声浪，尤其是在东北接收受挫之后，这种批评更为强烈。1947年3月21日，蒋介石不得不在国民党六届三中全会上对此作了专门解释，以消除党内外的批评。他称："外蒙古的问题完全是我个人的主张，不能怪外交或军事方面负责的人，这在历史上我个人负责任，与外交当局没有关系。这个政策是我决定的，但是我相信外蒙虽然离开了我们中国，而是自由独立，不是给予人家割据的，我相信我决定这个政策没有错误，而是根据外蒙古当时的情形，应该给他们独立。至于决定这个政策的目的，就是想以外蒙的独立，使得我们东北完全收回，至少以外蒙掉换东北是事实的话。外蒙古虽然独立，而东北没有完全收回来，旅顺大连也没有完全收回来，这不是我们政策的错误，如果说是错误，就是我个人的错误，不过这个政策一定成功，东北一定可以完全收回，而外蒙古一定可以独立。"①蒋的这个解释应该说是事实，当时他确实是企图以允许外蒙独立作为苏联将东北交给国民党的交换，并为此不顾党内的反对意见而作出了决断，而且外蒙已经长期脱离中国的实际管辖，其独立又是苏联所坚持，在当时的情况下，中国显然无力与苏联抗衡，蒋因此而弃名求实，谋取实利。至于后来的情况，则非蒋当初可料。

外蒙古独立以后，在新疆北部的北塔山与中国发生武装冲突，喧腾一时。北塔山海拔一千五百米左右，位于新疆东北阿勒泰地区，距奇台县城二百余公里。中苏条约谈判时，对于外蒙古疆界问题，双方争执不下，最后同意以现有疆界为准，但现有疆界究为何指，双方理解显然不同。外蒙古独立后，认为北塔山属其管辖，1947年6月2日，蒙古边防军派代表至北塔山，要求驻守该地的中国军队于四十八小时内撤离。驻军连长马希珍以守土有责予以拒绝，但答应向上级请示。因为交通

① 张大军：《外蒙古现代史》第4册，第1541页。

不便，层层转递，待新疆警备总司令部收到请示电报已是事发之后的事了①。

6月5日，外蒙古军队突然向北塔山中国驻军发起攻击，并有飞机、大炮助战②，守军予以还击，双方激战竟日，互有死伤，但中国军队守住了阵地。北塔山冲突消息传到迪化，新疆警备总司令宋希濂立即决定派一个团前往增援，另以一个团准备支援奇台。6日到8日，外蒙军队续向北塔山进攻，均为守军击退。双方共计死伤百余人。

北塔山武装冲突的消息传出，除了中国外交部在6月11日向外蒙提出强烈抗议外，国民党中央社大肆渲染所谓外蒙军队深入国境几百里及苏联支持蒙古进攻事，借此进行反苏宣传，意图以此向苏联施加压力，在对苏外交上争取主动。外交部情报司司长张沅长在记者招待会上声称：此事并非寻常边疆冲突事件，我政府极为重视，当地军事当局，已奉命坚守疆土，慎重处理，我政府并拟派大员赴新疆，指示地方当局③。外交部长王世杰电令驻苏大使傅秉常向苏联政府、并经外蒙驻苏使节向外蒙政府提出严重抗议，要求严惩有关负责人员，保证今

① 《鹰犬将军》，第246页。北塔山所在的阿山地区专员乌斯满原为三区领导人之一，后因与三区方面发生矛盾，退居阿山地区，并在三区武装的进攻下节节败退至北塔山附近。因此，张治中和宋希濂当时均认为，北塔山的冲突不仅仅是边境纠纷，外蒙还有与三区方面配合，消灭乌斯满势力的意图。宋希濂在回忆录中认为，"这个问题现在还不能作出任何结论，还不能彻底弄清楚外蒙古军队当时进攻北塔山驻军的真正动机"（《鹰犬将军》，第233、248页）。

② 据马希珍报告，有苏联飞机参战，但张治中认为，马系行伍出身，对苏、蒙军队标志分不太清楚，所谓苏联标志飞机参战并不可靠（《张治中回忆录》，第531—532页）。

③ 《中央日报》（上海）1947年6月12日。据宋希濂回忆，蒋介石当时想派白崇禧到新疆视察，但为张治中反对而未成行。张其后告宋，"白健生以反苏反共著称，现在北塔山事件又牵扯到苏联，他一来，必然引起苏方的严重不满，我们都知道阿合买提江等人所代表的伊犁势力，是有其背景的，现在我们和伊方，正处在紧张和微妙的阶段，白健生在这个时候到新疆来，不啻火上加油，会使局势更为不利"（《鹰犬将军》，第253页）。

后不再发生类似事件。但苏联坚决否认其与冲突有关，声称中国的抗议“不符事实，并系挑拨性之虚构”①。身处新疆第一线的张治中致电蒋介石和王世杰，认为中央社电讯夸大事实，北塔山不过是局部一时冲突，以目前情形论，不宜扩大事态，主张只向外蒙提抗议即可。陷于内战漩涡中的国民党，政治经济正处危机之中，不可能在如此遥远之地再受牵制，且对苏关系一向敏感，国民党中央政治委员会联席会议研究后认为：“最近外蒙军侵入新疆之事件，性质颇为复杂，事态亦相当严重，迥非偶然发生之边疆纠纷可比，亦非外蒙之独自行为，显有其背景。当此内乱外患交相剪逼之际，政府应付之策，自宜审慎考虑，轻率固属不可，畏葸亦为非计。”提出：1. 不使事态扩大；2. 尽力保守阵地；3. 恢复原有态势②。蒋介石亦无意扩大事态。他指示新疆当局：一面极力避免足以扩大事态之行为，一面固守防地，不许轻易退让，并将当地情形，逐日分电外交部，以便随时研议对策③。国民党中央宣传部针对传媒对北塔山事件的过火宣传，在对各宣传机构的指示中，要求对蒙苏此项举动作适当之批评，但措辞应采取就事论事态度，不宜激烈，尤不可予人以开始反苏运动之印象，对所传苏联在东北协助中共军队之行动暂不涉及④。中蒙双方在经过若干次互提外交抗议后，此事不了了之。北塔山续有一些冲突，但不至影响到中苏关系的大局。

因为北塔山冲突的发生，中国驻联合国代表遵照外交部命令，在联合国大会反对外蒙古加入联合国，理由为北塔山“在民四所定蒙新疆界

① 孙福坤：《苏联侵略北塔山的症结及经过》，《中华民国重要史料初编》第七编第一册，第776—778页。

② 《中央政治委员会内政外交军事三专门委员会联席会议关于外蒙军侵入新疆问题报告书》(1947年6月27日)，《中华民国重要史料初编》第七编第一册，第789页。

③ 《总统蒋公大事长编初稿》卷6(下)，第473页。

④ 《中宣部第五十次宣传通报》，二档，全宗一八，卷号987。

西，有档案地图可证，且历在新疆省治之下，又有中国军警驻扎”，而外蒙以正规军攻击北塔山，“非普通边界纠纷可比，纵有问题，不用和平方法解决，实不爱好和平，不应入会”。“在该国有确已改变其政策及确系爱好和平之证明前，我国仍将继续反对其加入联合国”。驻美大使顾维钧还要求美国“考虑这种新的情况，不要在安理会支持接纳外蒙古的想法，而要继续保持其反对的立场”①。在中国和其他一些国家的反对下，外蒙加入联合国一事被搁置。从此，中蒙间正常的外交关系未及建立即趋于冷淡。

第三节　战后财政经济

一　经济重建及其困难

经过八年战争的摧残，战后中国经济面对的是复兴重建的艰巨任务。有利一面是，中国的近邻与宿敌日本战败，退出东亚经济角逐场，战前压迫中国经济的重要因素日资不复存在，相当数量的日资产业转入国人之手，增加了经济实力。不利一面是，政治不稳定，交通恢复迟缓，基本生产资料缺乏，不利于吸引长期投资，东北工业基地因为苏联强拆装备而受到严重损失。比较起来，不利面的影响远大于有利面的影响，而国民党政策的不当，更造成经济重建的失败。其一，接收中的大量产业转为国家资本，但因效率低下而未能发挥应有的支柱作用；其二，恶性通货膨胀销蚀了所有尚存的经济活力，波动不已的币值，令任何现实的投资者望而生畏，投机心理如同癌症般弥漫于有产者心中；最重要的是，国民党没有抓住国内人民望治心切的历史契机，没能以求实

---

① 《蒋廷黻自纽约致外交部电》(1947 年 8 月 1 日)，二档，全宗一八(二)，卷号 160；张大军：《外蒙古现代史》第 4 册，第 1573 页；《顾维钧回忆录》第 6 分册，中华书局 1988 年版，第 116—117 页。

的态度实现国内和平。结果，内战不仅使国民党失去了人心，而且是经济重建极端困难的根本原因。在已经残破的经济基础上，进行又一场战争，不仅导致经济体系难以承受，从而使经济重建成为幻影，而且最终也摧毁了国民党赖以统治的经济基础。

1945年11月26日，国民政府设立最高经济委员会，作为负责全国经济工作的枢纽性机构，目的是，“实行民生主义，帮助人民使所有的力量，都放在今日的伟大和平建设及发展的工作上”；委员会的工作任务是，筹划交通、农业、工业、外贸、卫生和五年经济建设方案①。兼任该委员会委员长的宋子文在委员会成立致词时提出了政府战后经济政策的纲领，一是扶助民间事业，协调国营与民营事业的关系，使它们的配置轻重合理；二是平衡政府收支，协调政府各部门利益；三是与友邦进行经济合作，坦白互惠，毫无偏倚②。然而此三点纲领均在执行中成为泡影，政府经济政策不是扶助民营而是偏于国营，政府收支不仅不能平衡反而赤字愈增，友邦经济合作偏于美国一家而且名为互惠实受其害，引起社会各界以及国民党内部其他派系的普遍不满，成为导致宋子文下台的重要因素。

收复区尤其是沿海城市的经济活动，战后由于复员还乡对消费的刺激和人口与资金的流入，加上原有经济基础较好，首先得以恢复。1946年，上海新登记工厂1992家，1947年则达到9285家，创历史记录。如同战前一样，上海仍是中国最重要的工业基地，工厂、工人、产值数均要占到全国的一半以上。在各主要工业部门中，棉纺织工业，由于日资退出，复员所需，低价美棉大量进口(纱棉比价为战前的三倍)，及投机囤购因素，“是以凡能开工的纱厂，无不利润累累”。1947年，全国纱厂纱锭数达到438万锭，布机数5.4万台，恢复至战前总数的90%左右，如与战前华商(包括民营与国营)设备比较，纱锭超出59%，布机

① 《抗战胜利后重要文告》，第34—40页。

② 《大公报》(重庆)1945年11月27日。

超出一倍以上。但由于日资企业被接收后多转为国营，战后民营纺织业的地位较战前下降，纱锭数虽已恢复到战前水平，纱产量则只有战前的三分之二，申新、永安、裕大华三大企业集团的产量均未恢复到战前水平。面粉工业，虽然新开厂数仍有三十余家，简易小厂则新开二百余家，厂数和生产能力均超过战前，但由于原料缺乏，进口大增，产量逐年下降，1948 年只有 3600 万包，仅及战前华商厂产量的三分之一。火柴工业，战后新增 60 家工厂，大中华公司年产已恢复到 8 万箱。造纸工业，机器造纸业工厂与职工人数，均比战前翻了一番，产量增长三分之一以上。橡胶工业，上海一地即增设工厂 71 家，产量超过战前水平。酸碱工业，酸产量为战前的 1.5 倍，碱尚未恢复到战前水平。重工业中的水泥和煤炭工业，较战前衰落，水泥需求跌落，进口增加，致开工不足，产量只及设备能力的 28%；煤产量仅及战前的一半，导致燃料紧缺①。

收复区工业多少得以恢复的同时，战时在后方发展起来的工业，反因胜利而陷于危机与萧条之中。战后后方厂商急于清货复员，物价下降，资金紧缺，加之后方工业本身就是战时产物，缺乏坚固基础，设施简陋，战后需求减少，主管当局又倾注意力于沿海城市的接收，导致后方工业几一蹶不振。1945 年底，后方工业指数较 8 月间下降 20%以上，其中重工业下降一半。在后方工业中心四川，重庆工厂歇业数达到 95%，四川中小工厂联合会的 1200 家工厂，停工者达 80%，其他云南、贵州、陕西等后方各省情况亦莫不如此。曾经为抗战胜利作出了自己贡献的后方工业，"当年艰难辛苦而去，今日倾家荡产而回，尤以中小工业厂家受创最甚"；他们"由狂欢而彷徨，由彷徨而焦忧，今则已由焦忧而面临岌岌不可终日之危机"②。

---

① 本段资料均引自许涤新、吴承明主编：《中国资本主义发展史》第 3 卷，人民出版社 1993 年版，第 642—644、651—667 页。

② 狄超白主编：《中国经济年鉴》(1947)，香港太平洋经济研究社 1947 年版，第 9 页；陈真等编：《中国近代工业史资料》第 1 辑，三联书店 1957 年版，第 191、244 页。

战后中国经济的恢复程度，我们只能以现有统计作一估计①。从工厂和工人数看，1947 年全国工厂数为 11，862 家，工人 81 万人，比 1936 年分别增长了 59％和 33％。从实际生产量看，1947 年产煤 1949 万吨，铁 3.6 万吨，钢 6.3 万吨，电 37 亿度，水泥 73 万吨，棉纱 170 万件，棉布 4763 万匹，面粉 5565 万包，火柴 85 万箱。如与 1936 年华商（包括民营和国营）企业产量比较，这其中除了面粉下降近一半外，其他全都超过了 1936 年的水平，其中电力增长 3.8 倍，棉布增长 3.3 倍。但如果加上外资企业产量，则 1947 年与 1936 年产量的比较，火柴为 0.70，棉纱为 0.67，水泥为 0.65，煤为 0.52，面粉为 0.37，钢为 0.17，铁只有 0.05，只有电达到 1.21，棉布达到 1.28。如果再与 1942 至 1943 年的最高产量相比较，则煤为 0.33，钢为 0.07，铁不到 0.02，电力亦只有东北和华北的0.72②。由此可见，战后轻工业尚未完全恢复到战前水平，而重工业距最高水平尚有相当距离，这主要是因为重工业最为发达的东北遭到战争和人为的破坏。据今人研究，从整个经济发展水平看，除了新式交通运输业的指数上升了 22％以外，其他近代工业生产指数均在下降，因此战后中国的近代工业在全部工业中的比重也趋于下降。按不变价格计，战后农业指数为战前的 88％，近代工业指数为 79％，矿冶业指数为 42％，因此资本主义经济在工农业总产值中的比重由战前的 21.81％，下降到战后的 19.7％③。

在战后中国经济的重建中，也有两点略有积极意义的现象。其一是由于日资退出中国，在华外资尤其是外国直接投资有较为明显的下

① 中国经济一向缺乏系统的统计资料，由于战后整个形势的不稳，此种统计更为缺乏，各家统计不一，公布数字与实际情况又不一，更由于币值变动的频繁，许多数字已经失去了比较意义，因此本节各目引用的有关经济数字，只是就现有较为可信的研究选择若干统计，目的更多的是提供一种参照，以估计中国经济在战后的地位。

② 《中国资本主义发展史》第 3 卷，第 646—647 页；严中平等编：《中国近代经济史统计资料选辑》，科学出版社 1955 年版，第 123、130、142—143、146—147 页。

③ 《中国资本主义发展史》第 3 卷，第 743、793—796 页。

降，1948年，外资总额为1936年的0.81，其中直接投资为0.48。与此相对应，外国资本在中国经济中的地位亦明显下降。如按1936年币值计，在中国全部资本总值中，外国资本占8%（战前为36%），其中占产业资本的11%（战前为57%），商业资本的4%（战前为25%），金融资本的6%（战前为19%），这就为一直苦于外资挤压的华商腾出了一定发展空间，但由于外资腾出的空间多为国家资本占据，使民营资本的发展空间又打了折扣；其二是民营重工业有了明显增长，煤产量超过战前16%，铁产量超过39%，发电量则超过89%，尽管实际产量并不高，但这种增长对于一直以轻工业为主的民营工业而言，还是有一定意义的①。

战后经济的恢复重建，主要集中在1947年以前，但即便在这一时期，经济重建仍然面临重重困难，主要是经费短缺，进口冲击，通货膨胀，加上政府的政策不当。由于内战再起，政府军费剧增，能够用于经济重建的费用少得可怜。据估计，战后用于经济建设的政府投资和国外借款总数为28,200万美元，不及战时损失的十分之一，而政府用于经建的经费占军费支出的比例，最高为1946年的0.5%，最低为1949年的0.17%，在军费吞噬了所有政府开支的情况下，很难想象政府还会在经济建设上投入多少资金②。而本身实力有限的中国经济，一度又受到开放市场政策的强烈冲击，国产货难与大量价廉物美的进口货竞争。1944年中国外贸尚有出超100万美元，但1946年入超即猛增为47,430万美元③。除了棉纺织业得益于廉价美棉外，其他工业多受打击，面粉、卷烟、水泥等工业受影响尤大。日渐高涨的通货膨胀，更使有效的生产很难进行，企业虚盈实亏，被迫转向投机，所谓生产不如投

① 《中国资本主义发展史》第3卷，第600、646—647页。

② 秦孝仪主编：《中华民国经济发展史》第2册，台北近代中国出版社1983年版，第787、791页。

③ 《中国资本主义发展史》第3卷，第456、584页。

机，存钱不如存货①。至于政府的经济政策，则偏重国营，忽视以致压抑民营企业，但国营企业效率不高，使整个经济缺乏活力。及至 1947 年以后，随着国民党全盘政治经济军事形势的恶化，经济建设更陷于非常困难的境地，正常的生产已经很难进行，就整个经济的活力和发展而言，此时已经跌入民国以来的低谷。

中国农业经济因为其本质上的自然经济性质，受外部形势影响相对少一些，但是大规模战争对生产环境的破坏，军队征发对劳力的占用，田赋征实对农民生产物的低价以至无偿占有等，对于战后农业生产恢复和发展的不利影响仍然是相当大的，加之旧有农业生产关系甚少变化，农民生产积极性不高，农业生产只能在低水平上徘徊。1947 年全国稻、麦、高粱、小米、玉米、大豆六种主要粮食作物总产量为 22.5 亿市担，为 1936 年产量的 97%，但棉花产量下降较大，1946 年为 743 万担，只及 1936 年的 43%（以后也未能恢复到战前水平）②。

作为民生基本的粮食问题仍然是战后较为严重的问题之一。由于收复区的扩大，粮食消费不仅没有减少反而增加，各地粮价均在不断上涨，尤其是收复区各省，受抢购军粮和复员还乡的影响，粮价攀升更为剧烈。1946 年，全国粮食消费亏空为 446 万吨③。为了保证粮食尤其是军粮和主要城市粮食的供应，国民党仍然沿用了战时采用的征实征

---

① 知名工商业家刘鸿生曾经坦承："如果从生意人的角度说，那几年我确实是赚了一笔钱。但是从一个搞实业的人来说，我们企业在那几年中几乎全部停顿了。因为当时只要生产，必定赔钱。只有一条路，那就是投机。"（上海社会科学院经济研究所编：《刘鸿生企业史料》下册，上海人民出版社 1981 年版，第 466 页）因此在生产活动日渐萎缩的同时，商业和金融业显得十分活跃。上海棉布商业同业公会会员，从 1946 年 3 月的 813 家，增至 1948 年 4 月的 2115 家，为战前的三倍。百货批发商从战后初期的 244 户，增至 1946 年 5 月的 372 户，为战前的近四倍。全国商业银行数从 1936 年的 132 家，猛增八倍以上，达到 1947 年的 1210 家，还有超出此数两倍以上的银号和钱庄，可见投机风之盛（《中国资本主义发展史》第 3 卷，第 669—671 页）。

② 《中国近代经济史统计资料选辑》，第 360 页。

③ 行政院新闻局编：《全国粮食概况》，1947 年印本，第 15 页。

借征购政策，但因为政治经济形势的恶化以及其统治区面积的减少，实征数趋于下降。1945 到 1947 两个年度内，实征 7210 万石，占定额数的比例从 86%下降到 76%，而 1948 年度的实征数更是剧降为 2000 万石，预示着继货币制度的崩溃，实物征收制度也难以为继①。

农业经济复兴的关键仍然是土地问题。据 22 个省的统计，战后佃农占农户总数的 33%，半自耕农占 25%，两者合占 58%，较战前增长了四个百分点②。如何从解决土地权问题入手，提高农村人口大多数的生产积极性，是解决中国农村问题的关键所在。国民党内对此也不乏认识，“土地问题是解决国民经济的中心，土地问题合理解决，政治与军事便迎刃而解”。国民党六届二中全会提出：即刻规定耕者有其田之实施步骤及办法，由政府发行土地债券，收购大地主土地，分配于退伍士兵及贫农，并切实扶植自耕农，保护佃农。行政院亦于 1946 年 12 月修正通过《二五减租办法》，规定本年度豁免田赋省份一律减租四分之一，下年度豁免田赋省份亦照此实行③。但平均地权、减轻租赋是国民党当政二十余年始终未能解决的问题。它一方面要打出这面旗帜，以拉拢人心，另一方面又不能不在实践中迁就、照顾土地所有者的利益，维护自己的统治基础。地政部在答复国大代表的质询时承认，关于耕者有其田政策，拥有土地者多持反对态度，而省县参议会亦有请求暂缓实施者，今后全国土地改革之推进，政府固须努力，尤赖全国人民之策动，地主阶级之觉悟，以及人民团体之协助。因此，行政院对解决土地问题的答复，始终是“正在拟订实施办法”。终国民党统治之世，土地问题一直没能得到真正的解决，它的所有关于农村的政策，无论其理论上

① 杨荫溥：《民国财政史》，中国财政经济出版社 1985 年版，第 197 页。

② 《中国近代经济史统计资料选辑》，第 276 页。

③ 《中国国民党第六届中央执行委员会第二次全体会议记录》，第 104 页。国民党的扶植自耕农计划分甲乙两种，甲种为政府征收土地，放给农民耕种，乙种为贷款给无地农民，购地自耕。前者在七个省份试行，后者在十一个省份试行，但数量均极为有限。

多么完美多么有效，一到实行之时则如大海中之一滴水，很快便消失于无形。连国民党自己也承认其政策“执行之不力，或由执行之时发生曲解”①。

在国民党的战后农村政策中，比较特殊的一类是对所谓“收复区”或“绥靖区”（即原中共占领区）的政策。根据《绥靖区施政纲领》，“凡经奸匪盘据及流窜，经国军进剿收复及尚待进剿收复之区域，概划为绥靖区”，第一期暂以苏皖豫鲁冀五省为范围，第二期推及晋绥察热及东北各省②。由于这些地区或长或短处于中共治理之下，实行了一系列不同于国民党政权的经济政策，得到相当多数民众的拥护，因此国民党对这些地区的政策曾经想作出某些调整，主要是改革土地收益关系，给直接生产者以实利，同时也可以在政治上与中共的土地改革相抗衡，争取广大乡村民众的支持。全面内战爆发后，蒋介石决定收复区经济政策应着重下列各点：1. 解决土地问题，应一本国父平均地权之旨；2. 发行土地债券；3. 设立农村合作社；4. 创办农民银行③。这几条措施中，关键在平均地权，而蒋强调在所谓“收复区”实行，明显含有与中共争夺民众的意义。他训诫部下，我们“特别要注意土地的处理和分配，要比共匪处理土地的情形，还要表现更好的成绩出来，使一般民众皆能了解我们的土地政策是真正为民众解除痛苦，使农民得到利益。然后国际的观感，也可因而改变”④。

尽管国民党认识到与中共争夺农民支持的重要性，但国民党正式出台的政策仍然偏向于土地所有者。1946 年 10 月 31 日，国民政府公

① 《对于政治报告之决议案》（1946 年 3 月 15 日），《中国国民党第六届中央执行委员会第二次全体会议记录》，第 103—104 页；《国民大会代表询问案（地政部）之答复》，第 34—35 页；《中国经济年鉴》（1947）下编，第 40 页。

② 《绥靖政工手册》乙编，1946 年印本。

③ 《总统蒋公大事长编初稿》卷 6（上）第 221 页。

④ 《绥靖区之中心工作》（1946 年 11 月 18 日），《先总统蒋公全集》第 2 卷，第 1845 页。

布《绥靖区施政纲领》(1947 年 2 月 19 日修正公布),规定:绥靖区内之农地,其所有权人为自耕农者,得凭证收回自耕,其所有权人为非自耕农者,在政府未依法处理前,得凭证保持其所有权,但其农地应由现耕农民继续佃耕;绥靖区内之佃农,对地主纳租,其租额不得超过农产正产物三分之一,其约定以钱币交租者,不得超过农产正产物三分之一之折价,收复前佃农欠缴之佃租,一概不得追缴;绥靖区内之农地,经非法分配,地主失踪,或无从恢复原状者,应由县政府征收,其地价应依法估价折合农产物,由中国农民银行发行土地债券,给予合法所有人,分年偿付①。在此前后,行政院公布了《绥靖区土地处理办法》,绥靖区政务委员会通过了《绥靖区城市土地及建筑物处理办法》,以产权恢复原主为原则,将土地问题的处理具体化②。这些办法,一方面强调地归原主,对于已经通过中共的土地改革得到土地的广大乡村贫农而言,实为一次再剥夺;另一方面又不能不照顾到这些地区经过土改后的现状,对于现耕作者给予一定优惠。然而即便如此,其实施范围仍非常有限,当局只在江苏、安徽、山东、河北、察哈尔、陕西六个省划出十四个县为实验区,其中正式开始实行的不过五个县。更普遍存在的是,流亡在外的地主以还乡团名义跟随进攻的国民党政府军回到原住地,向得到土地的农民追回土地和其他财产。据国民党官员实地所见,“收复区最近发现两种怪现象,(一)查封奸匪家属全部财产并驱逐之。(二)本年地租地主不特不奉行二五减租办法,除强迫佃农对半分租外并追算历年未对半分租之旧账”。造成这种情况的原因是,“各地方官绅均为地主官绅,既与地主打成一片,故中央各种收揽民心安定社会秩序之法令相率阳奉阴违”;识者担心“佃农无钱无势,虽不服亦不敢诉讼。若长此以

① 《绥靖区施政纲领》(1946 年 10 月 31 日),行政院绥靖区政务委员会编:《绥靖区行政法令汇编》第 1 辑,1946 年印本,第 1 页。

② 绥靖区政务委员会为行政院下属机构,由行政院长兼主任,国防部长兼副主任,负责处理绥靖区之行政、经济、文教等问题,然实际作用不大。

往,实无异驱民为匪,自塞剿匪胜利之路”①。在苏北和山东,这种情况更为严重。徐州绥署曾制订了还乡团组织办法,规定还乡团受当地县长及党政军联席会报指挥监督,必要时得派军队掩护,这意味着土地所有者可以在武力支持下向农民追索失去的财产②。因此,国民党在仍然依靠地主作为农村统治支柱的情况下,不可能得到最广大农民的支持,而土地所有权这个最重要的问题不解决,农业经济的复兴和发展就只能是空中楼阁③。

为了战后经济重建和善后工作,国民政府于 1945 年 1 月 21 日成立了行政院善后救济总署(简称行总),由蒋廷黻出任第一任署长。该机构实际是联合国善后救济总署(简称联总)在中国的对应机构④,任务是“办理战后收复区善后救济事宜”,“善后救济工作办理完毕时,善后救济总署应即撤销”⑤。当年 11 月 14 日,行总与联总签署协定,规定联总以善后救济物资和服务供应中国,分配过程对联总公开,并须全部用于善后救济,联总可观察行总是否遵守协定,并派员视察救济工作⑥。根据善后救济要求,行总确定战后工作的重点是:输送难民回乡、各地难民救济、医药卫生工作、协助修复铁路河堤、房屋修复、协助农业复员、协助平抑物价等七大项,实际最主要的工作为分配联总援华物资。行总将全国划分为十五个救济区,设立分署,并在上海、天津、青

① 《关于“收复区”地主还乡清租倒算的情况》(1946 年 12 月 5 日),彭明主编:《中国现代史资料选辑》第 6 册,中国人民大学出版社 1989 年版,第 457 页。

② 《绥靖区难民还乡团组织办法》(1946 年 8 月 10 日),《绥靖政工手册》丁编 22 目。

③ 关于抗战胜利后的土地问题,参见本书第十二卷。

④ 1943 年 11 月 9 日,43 国代表在美国首都华盛顿签约成立了联合国善后救济总署,处理战争善后救济问题。该机构中央委员会由美英苏中四国代表组成,下属委员会之一的远东委员会主席由中国代表担任。联总在中国设有办事处。

⑤ 蒋廷黻:《善后救济总署》,1946 年印本,第 28—30 页。

⑥ 《中华民国国民政府、联合国救济善后总署基本协定》(1945 年 11 月 14 日),王铁崖编:《中外旧约章汇编》第 3 册,第 1343—1350 页。

岛等六处港口设立储运局，接收、存储、拨发、转运联总运到中国的救济物资。1945 年 10 月 23 日，联总救济物资正式运抵中国港口，至次年 1 月即运来物资 16.8 万吨，其中粮食即达 14 万吨，其他还有衣物、农业、工业和医药卫生器材。这些物资中的一部分，并未直接运到各地，而是由政府在市场出售，如 1946 年 1 月前在上海出售的有 1.8 万吨，占第一批到华物资的十分之一以上①。至于收入按规定应全部用于善后救济工作，但实际上并非完全如此，挪用于他项用途者有之，借机贪污，攫为私有者也不少(行总副署长李卓敏即因贪污被停职)。

中国向联总要求的善后救济援助额为 94,500 万美元，但联总只能援助 67,500 万美元(其中 11,250 万美元为运费)，据美国白皮书所言，联总对中国的援助，"是这一时期外国对华援助中最大的一笔，也是联总对所有国家援助中最大的一笔"，其总数达到了 65,840 万美元，其中美国承担的份额占到了 72%，即 47,400 万美元。"联总对中国的援助主要包括食品、衣物和对于中国工农业复兴至关重要的、种类广泛的生产资料和物资。此外，联总还派去了大量的技术与监督人员，以帮助中国分配这些消费物资"②。1947 年 12 月 31 日，联总和行总的工作结束，据行总署长霍宝树报告，联总运华物资总数达到 225 万吨，价值 6.6 亿美元，受惠人民 7600 余万③。

根据联总的章程，"一切形式之救济，应依各该区域中人民之相对需要而公平分配，不得因任何理由而对任何人有所歧视"，尤不得有"政治信仰之歧视"④。因此，联总对华援助应一视同仁，公平分配于政府统治区和中共领导下的解放区，解放区为此相应成立了由董必武任主

---

① 浦薛凤：《善后救济工作报告》，《中国国民党第六届二中全会辑要》，第 71—74 页。

② *The China White Paper*, Vol. 1, pp. 225 - 226.

③ 《中央日报》(上海)1947 年 12 月 27 日。

④ 成润等：《回忆解总沪办》，中国共产党代表团驻沪办事处纪念馆编：《上海周公馆——中共代表团在沪活动史料》，上海人民出版社 1994 年版，第 292 页。

任的中国解放区救济总会(简称解总)。1946 年 7 月,解总在上海设立办事处,并陆续在天津、开封、烟台、临沂、淮阴、菏泽等地设立联总、行总、解总三方联合办事处,处理联总对解放区分配物资问题。国共关系破裂后,解总驻沪、津、开封三地人员成为中共在国统区唯一的公开合法机构,直至 1947 年底,联总结束在华救济工作,解总人员才全部于 12 月间撤回解放区。据统计,在联总对华救济工作中,解放区共得到价值约 1000 亿元法币的物资,主要通过山东港口运入解放区的物资计八万多吨①。

二 国家资本的膨胀

战后中国经济的突出现象是国家(官僚)资本的急速膨胀,其直接原因,是接收敌伪产业庞大数量中的相当一部分以或自营,或转让,或标售等方式,转移到国家手中,使中国的国家资本发展到其最高峰。据估计,按 1936 年币值计,战后中国资本总值为 142 亿元,其中国家(官僚)资本占 54%(战前为 32%),民族资本占 38%(战前为 33%)。按分类计,产业资本总值为 65.5 亿元,其中国家(官僚)资本占 64%(战前为 22%),民族资本占 25%(战前为 21%);金融资本总值为 38.7 亿元,其中国家(官僚)资本占 89%(战前为 59%),民族资本占 5%(战前为 22%)。从 1936 年到 1947 年,无论是外国资本还是民族资本,数量均有下降,只有国家资本保持增长,产业资本年均增长 6.72%,占到工业总资本的 43%,交通运输总资本的 91%②。国家(官僚)资本已经占到中国经济总量的一半以上,反映出国民党历经二十余年的经营,已经建立了一整套由国家政权掌控的、集中在少数官僚经营下的国营经济

① 成润等:《回忆解总沪办》,《上海周公馆》,第 299 页。

② 《中国资本主义发展史》第 3 卷,第 722—723、727、731 页。所有统计均包括东北,外国资本比例已见前述。

体系①。

国民党政权控制下的国家资本,有多种实现形式。经济学家王亚南将其分为三种类型,其一是官僚所有资本,即由官僚自己参股或经营的企业;其二是官僚使用或运用资本,即名为国营企业但由官僚处置;其三是官僚支配资本,即既非自己经营,也非通过国营形式运用,但却因种种原因在多方面受官僚支配的私人资本②。在这三种形式中,第三种形式牵涉较广,概念有欠严密,姑可不论。第一种形式属于官僚个人资本,亦即纯粹意义上的官僚资本,如宋氏家族的孚中公司,孔氏家族的扬子公司等。而通常所说的国家资本大多以第二种形式出现,企业的运作基本处于政府控制之下,并打上了企业负责人即官僚个人的印记。

由于国家资本企业有种种特权,因此其战后发展也快于民营企业。1947 年,全国工业指数为 1945 年的 7.86 倍,其中国营工业为 21.37 倍,而民营工业只有 5.36 倍。但由于国家资本企业机构庞大、人浮于事、管理混乱,使得生产效率不如民营企业。以产值为例,国家资本占全部产业资本的 64%,但 1947 年,国营企业产值只占总产值的 42%。国家资本中经营情况最好的电力工业,设备容量占全国的 74%,但发电量只占 61%,水泥工业中的国家资本工厂生产能力占全国的 72%,产量则只占 57%③。

---

① 只有在商业资本领域,民族资本占 90%以上的压倒优势,原因一是因为中国商业以农产品和手工业品交易为主,故私人资本占据优势;二是国家资本中的商贸机构大户,如中央信托局、资源委员会等被列入了其他部门。

② 王亚南:《官僚资本之理论的分析》,《文汇报》1947 年 3 月 25 日。关于官僚资本与国家资本的关系问题,学术界仍有争论,一般而论,国家资本较接近于经济学的概念,而从中国特定经济史或政治史的角度而言,官僚资本的概念也具有重要意义。本书根据叙述时的不同情境,两个概念并用。至于两个概念本身的含义及相关争论,请参有关著作。

③ 《中华民国经济发展史》第 2 册,第 767—768 页;《中国资本主义发展史》第 3 卷,第 625、666 页。

战后国家资本的膨胀，一方面是原有单位规模的扩大，如四行二局、资源委员会等，另一方面是新建的若干垄断性公司，其中以中国纺织建设公司最为引人注意。战后接收敌伪产业以棉纺织业最成规模，当时民营呼声很高，然政府以“一时难以确定价格标准，无法标售，益以鉴于当时商人方面，对于原有之商营纱厂，尚难继续经营，自无余力再行承购”为理由，1945 年 12 月决定成立中纺公司，“暂由政府独资经营，以二年为期，今后当依原定期限或提前逐步售予民营”①。中纺公司董事长由经济部部长兼任，总经理由宋子文的亲信束云章担任，总公司设于上海，另在天津、青岛和东北有三处分公司。据 1947 年的统计，中纺公司下属 85 家企业，囊括了棉纺、毛纺、麻纺、绢纺、印染、针织、轧花、打包等几乎纺织业的所有部门，员工 7.5 万人，拥有纱锭 176 万锭，线锭 35 万锭，布机 3.6 万台，纱线锭占全国总数的 44%，布机占 55%，棉纱产量占全国总产量的 40%，棉布产量占 70%，居于垄断地位。中纺公司享有种种特权，如低息贷款、官价外汇、低价美棉和煤炭，还可利用其特殊地位，免受限额收购，垄断棉纺业进出口贸易，以低吸高抛方式谋利，对于民营纺织业具有特殊优势地位②。

战后发展最快的原有国家资本单位首推资源委员会。1946 年 5 月，资源委员会由原隶属于经济部改为直属行政院，规格提高为部级单位。由钱昌照任委员长，孙越琦任副委员长。根据资委会组织法，其任务是：创办开发及管理经营国营基本重工业，办理政府指定之其他国营

---

① 《国民大会代表询问案(经济部)之答复》，第 6 页；《中国国民党第六届二中全会决议案行政院办理情形报告表》，附件，第 22 页。代表民族资本的全国棉纺同业联合会对于中纺公司的成立“深表诧异与不满，认为不特违背国家既定之经济政策，且系与民争利”。有参政员提议，中国纺织建设公司“以国家资本为后盾，供少数人盘踞利用之”，“害国病民，此为尤甚”，要求停办中纺公司(黄逸峰等著：《旧中国民族资产阶级》，江苏古籍出版社 1990 年版，第 575 页；《国民参政会第四届第二次大会提案原文》下册审 4 第 47 号案)。

② 陆仰渊：《中纺公司的建立及其性质》，《近代史研究》1993 年第 2 期，第 228 页。

工矿事业。对于战时创办和战后接收的庞大产业，资委会决定，对于后方战时事业，纯为战时需要者停办，适应地方需要者转让地方，有价值者酌量紧缩，属于基本工业者继续维持；对于接收的敌伪产业，化零为整，集中力量全力经营，力求企业化。1947 年，资源委员会下属有重工业的电力、煤炭、石油、有色金属、钢铁、机械、电器、化学、水泥九个部门，轻工业的制糖、造纸两个部门，共 96 个单位，附属厂矿 291 个，职员 3.3 万人，工人 19 万人①。生产量占全国产量的百分比为，电力 50% 以上，煤炭 33%，石油 100%，钢铁 80%，有色金属的绝大部分，其他工业也占据相当大的比例，可以说基本上控制了中国的重工业生产②。产业分布于全国各地，重工业主要集中在东北、华北和京沪地区，轻工业主要集中在台湾。资源委员会 1946 年收入 2731 亿元，支出 2366 亿元，盈余 365 亿元；1947 年收入 51,497 亿元，支出 50,180 亿元，盈余 1317 亿元。盈余率(盈余占总收入的比例)由 1946 年的 13.4%急剧下降到 1947 年的 2.56%，显示经济效益在战乱影响下已无法得到保证③。有研究者分析认为，"抗战胜利后，国家垄断资本虽然因接收了巨额的敌伪产业和美国的援助而高度膨胀，但并没有发挥生产力的作用，而是处于瘫痪状态。它像一个充气的巨人，貌似强大，内部却是孱弱的"④。

战后国家资本的膨胀，有其主客观因素。客观上是接收的大量敌伪产业为国家资本的发展提供了物质条件，主观上是国民党企图以此为其统治建立有力的经济基础，而国家资本企业对于国民党政权确有其不可替代的作用。以中纺公司为例，1947 年账面纯利润 5932 亿元，

---

① 台北"国史馆"编:《资源委员会档案史料初编》上册，台北 1984 年版，第 82、131、142 页。

② 钱昌照:《国民党政府资源委员会始末》，全国政协文史资料研究委员会工商经济组编:《回忆国民党政府资源委员会》，中国文史出版社 1988 年版，第 8 页。

③ 《国民大会代表询问案(资源委员会)之答复》，第 4 页。

④ 《中国资本主义发展史》第 3 卷，第 603 页。

其中上缴国库 4087 亿元，每年无偿供应军用布匹 300 余万匹，价值超过 1000 亿元①。因此，国家资本对于国民党的意义不仅仅是个人或团体的利益（如宋子文、孔祥熙或 CC 系），它对于维系整个国民党统治的作用不可低估，这也是国民党在各界反对的情况下坚持国营的最重要原因之一。同时不可否认的是，确有一批官僚豪门，利用权势，以国家的经济资源为自己谋私利，从而成为社会众矢之的。在这样的情势之下，所有国家资本，无论其运作形式如何，有无官僚豪门的插手，均被社会舆论指为官僚资本，遭致社会各界的猛烈攻击。傅斯年认为，中国的国家资本"糟的很多，效能两字谈不到的更多。推其原因，各种恶势力支配着（自然不以孔宋为限），豪门把持着，于是乎大体上在紊乱着、荒唐着、僵冻着、腐败着。恶势力支配，便更滋养恶势力，豪门把持，便是发展豪门"②。曾有国民参政员提出议案，痛斥"官僚资本往往假借发达国家资本，提高民生福利等似是而非之理论为掩护，欺骗社会。社会虽加攻击，彼等似亦有恃无恐。盖官与资本家已结成既得利益集团，声势浩大，肆无忌惮也"。议案要求，公务员及公营事业人员，应宣誓不兼营工商业，如有兼营者应在两者间作一选择，否则任何人得告发之；如有利用职权经商图利者，应依法加重处罚；公营事业机关之收支，应受审计机关之审核③。

对于官僚资本问题，不仅是社会反应强烈，国民党党内因为内部矛盾，CC 系亦借此对当政的宋子文等发起攻击。CC 系文宣系统的核心《中央日报》多次发表社论，认为，"官僚资本操纵整个的经济命脉，且官僚资本更可利用其特殊权力，垄断一切，以妨碍新兴企业的进展。所以

---

① 陆仰渊：《中纺公司的建立及其性质》，《近代史研究》1993 年第 2 期，第 232 页。

② 傅斯年：《论豪门资本之必须铲除》，引自陈昭桐主编：《中国财政历史资料选编》第 12 辑（下），中国财政经济出版社 1990 年版，第 123 页。

③ 《国民参政会关于严厉清除官僚资本的建议》（1946 年 8 月 20 日），《中国现代史资料选辑》第 6 册，第 402 页。

代表官僚利益的官僚资本,如果不从此清算,非仅人民的利益,备受损害,抑且工业化的前途,也将受严重的影响"。社论提出,"我们应该查一查,党内的官僚资本家究竟有若干?他们的财产从何而来?是国难财的累积,还是胜利财的结晶?是化公为私的赃物,还是榨取于民间的民脂民膏?并且应该追究一下,这些年中间把节制资本平均地权的一切政策和方案搁在一旁的,究竟是谁?把财政经济弄到今日不可收拾的田地的又是谁?然后实行一次大扫荡的运动,从党里逐出官僚资本的渠魁,并没收其全部的财产,正式宣告官僚资本的死刑"①。

在1946年3月召开的国民党六届二中全会上,以CC系代表为主,对官僚资本大加抨击。萧铮认为,战后经济失败的原因是忽视民生主义,培养官僚资本,而对民营工业,则听其自生自灭,不加注意;赖琏认为,战后种种经济措施,均与民生主义背道而驰,要求官商分离,登记官吏资产;吴铸人认为,经济问题,最严重而最难解决者,为官僚资本,经济部应宣布官僚资本之姓名,列为革命之对象;吴铁城认为,经济事业官营者多失败,且有官僚资本之讥,何不将民生必须之工业,交由民营。吴绍澍、潘公展在发言中更是直指宋子文控制的中纺公司带头涨价,且有特殊待遇,要求行政院如无办法,应即辞职。二中全会《对于政治报告之决议案》提出,"肃清官僚主义、官僚资本,为修明吏治之前提",要求清查战时暴利者之财富,课以重税,并进行征借巨富之资财及外汇,并严格推行适度合理的累进所得税制②。上述言论固然不乏国民党党内斗争的因素,CC系因对宋子文把持权力不满,借此问题发难。但这一问题能够公开见之于国民党党报,并引起各界广泛共鸣,显

① 《中国国民党第六届二中全会辑要》,第114、123页。

② 《国民党二中全会面目》,第40—44页;《中国国民党第六届中央执行委员会第二次全体会议记录》第103—104页。对于征借巨富外汇的建议,行政院答称,财政部拟有征借人民外汇资产办法草案,并由外交部向英美政府商洽,但困难为英美政府在法律上并无强迫银行商号申报存户姓名数额之权,故此项建议似已无法进行(《中国国民党第六届二中全会决议案行政院办理情形报告表》附件,第3—4页)。

见又不单是国民党党内矛盾问题，它已成为国民党官方也无法讳言的不争事实。

三　财政状况与通货膨胀

通货膨胀是自抗战中后期开始困扰国民党政府的一大难题，抗战结束后，这一难题除了在最初一二个月内有所缓解外，仍然在继续发展，并日渐恶性化。

抗战的胜利，为人民带来了新希望，复员还乡的期待，使人们急于处理手中的物品，而且沦陷区的接收，使法币的使用范围陡然扩大，导致后方物价一度急剧下降。重庆物价指数（与战前相比）从 8 月的 1793 倍，下降至 10 月最低点的 1184 倍，下降了三分之一，黄金价格则从每两 25 万元陡降为 5 万元，只及高峰时的五分之一，同时美元兑换价亦跌为 1∶1040，下跌 40％以上。而在收复区，由于法币币值的高估，使得物价指数最初亦反映为下降。上海物价指数 9 月较 8 月下降了 36％，黄金从每两伪中储券 1400 万元，剧降至 230 万元，只及高峰时的六分之一。这是自抗战中后期物价日日高涨以后绝无仅有的现象①。

然而这种情况并没有维持多久，从 11 月起各地物价重又上涨，至 12 月，物价指数大致又恢复到 8 月的水平，而在收复区，由于高估法币币值，造成法币大量拥至收复区，物价上涨更为明显。上海物价指数（与战前相比）从 9 月的 345 倍，暴涨至 11 月的 993 倍，上涨 1.87 倍，米价从每石 3725 元涨至 10250 元，上涨 1.75 倍，上涨程度为抗战以来少有②。

物价的上涨从根本上说，是政府财政完全依赖发行造成的恶果。

---

①　中国科学院经济研究所、上海社会科学院经济研究所编：《上海解放前后物价资料汇编》，上海人民出版社 1958 年版，第 33、198 页。

②　《上海解放前后物价资料汇编》，第 121、168 页。

大量纸币充斥于市，又没有相应的硬通货或物资作后盾，当然造成物价日高，而物价的上涨又迫使政府发行更多的纸币，促使物价的进一步上涨，导致恶性循环。战后一度出现的物价下跌情况不是建立在通货收缩的基础上，而是市场对骤然到来的胜利的一种短期反应。随之而来的物价新一轮上涨表明涨价的内在动因并未消除，尤其是政治形势的不稳定，内战带来的军费大幅度增长，使赤字财政愈演愈烈，仅仅使物价保持一个还能忍受的涨幅都是一件非常困难的事，更不必说彻底稳定了。如何处理通货膨胀以及由此产生的社会政治经济动荡是国民党面临的最大难题之一。

宋子文以财政金融专家身份出任行政院长，对于如何解决这一难题一度颇具信心，原因是他手头确有若干砝码是他的前任所不具备的。战后政府掌握的若干亿美元黄金外汇储备和几千亿元的接收物资，为稳定物价提供了有力的物质基础。宋子文为此采取了一些相当大胆的措施以实现稳定物价的目标。他通过开放金融市场，钉住法币与美元比价，以稳定法币币值；通过刺激进出口贸易，以大量进口和出售接收物资缓解市场物资供应不足，压抑物价；以出售黄金回收泛滥于市的法币，减少市场通货。这些措施一度取得了相当成效，在1946年的前八个月，物价上涨势头尚未失控。然而宋子文知道，物价上涨的关键是政府收支的不平衡，导致纸币大量发行，只有使预算收支大体平衡，才能少发通货，对物价釜底抽薪。他认为："胜利以后，健全财政，实为首要，而必须求收支趋于平衡之途径，则通货膨胀，自可逐渐遏止，一切金融经济等问题，始可获得解决。"①因此宋子文经济政策的首要任务即"安定物价，平衡国家预算"。

对于如何解决收支不平衡，宋子文上台后动了不少脑筋。增收方面，首重积极整理税收，对作为政府财政收入支撑的四大税种关税、盐

① 《行政院向中央监察委员会提交的政治活动报告(财政金融经济部分)》(1946年10月)，引自吴景平：《宋子文评传》，福建人民出版社1992年版，第484页。

税、货物税和直接税特别关注，大幅度增加了货物税税率，提高进口货物税率，使这两种税有了较大增长。减支方面，宋子文认为政府支出最大的是军费，“在战争结束以后军费应积极减低”，“同时一切政费，凡于经济复员不是切实需要的，也必须在合理范围内极力撙节”①。然而在这方面，宋子文的成就非常有限，他看到了问题的症结所在，但却无力改变，因为国民党坚持以战争解决中共问题，军费便不可能减少。庞大的军费完全靠中央银行垫款解决，也就是靠无限制发行纸币解决，因此宋子文不能不声明：“事实上在预算外之支出，为数过巨，且多系临时支出，事前难以预计，收支相较，差距巨大，仍不能不赖于中央银行之垫借。此种超额之支出，则以军费为最巨。”②据统计，军费和特别支出（即以蒋介石命令开支的军费）在国民政府财政支出中的比例，1945 年为 71%，1946 年为 54%，1947 年为 60%③，这还不算其他名义下的军费支出和实物支出。军费成为一个无底洞，消耗了几乎所有可用的资源，最终也导致经济事业和政府财政的崩溃。

法币的发行战后呈加速趋势。1945 年 8 月，法币发行额为 5569 亿元，为 1937 年 6 月的 395 倍；次年 1 月即翻了一番，8 月再翻一番，到 1947 年 2 月黄金潮爆发时，法币发行额已经达到 48,378 亿元，为战前的 3430 倍。1946 年 3 月前，法币月增发 1000 多亿，3 月后月增发 2000 多亿，到 12 月剧增为 4000 多亿，1947 年 1 月陡增为 8000 亿，4 月以后，月增发额超过 1 万亿元④。同一时期物价上涨较法币发行的增加更快，1945 年底至 1946 年底，法币发行增加 2.6 倍，月增 11.3%，同期物价指数上涨 5.5 倍，月增 16.9%，大米、黄金、外汇价格上涨幅度也均超过法币发行额的增加。经过八年抗战，物价上涨倍数为法币

① 《宋子文政治报告》，《国民党二中全会面目》，第 70 页。

② 《行政院向中央监察委员会提交的政治活动报告（财政金融经济部分）》，1946 年 10 月，引自吴景平：《宋子文评传》，第 488 页。

③ 吴冈：《旧中国通货膨胀史料》，上海人民出版社 1958 年版，第 153 页。

④ 吴冈：《旧中国通货膨胀史料》，第 95 页。

发行倍数的22.5%，战后第一年即达到111.5%，而且这一差距还在继续增大，两者互相刺激，互为影响，使通货膨胀进入恶性加速阶段，这也是所有恶性通货膨胀的必然规律①。因此，尽管法币发行已达天文数字，但以往具有的支付功能日渐萎缩，几成废纸。更具有讽刺意味的是，“钞券产量有限，生产与支出不能配合，券料输送已到随到随罄之境地”。钞票在外国印刷，由飞机运送，钞票印刷、运输费用已经成为政府外汇第三大支出，1947年3月至9月，印刷钞票耗去外汇968万美元，占政府机关同期外汇支出的七分之一，仅次于购米和偿债支出②。

在恶性通货膨胀的情况下，正常的收支已经无法反映真实的收支状况，每年编制的政府预算也失去了意义，执行的结果总是超出许多，预算成了数字游戏。根据财政部长俞鸿钧对行宪国大的报告，1946年政府收入19,791亿元，支出55,672亿元，1947年收入138,300亿元，支出409,100亿元。张嘉璈提供的数字为，1946年收入28,770亿元，支出75,748亿元，1947年收入140,644亿元，支出433,939亿元。无论哪一说，赤字均高达60%以上③。可以肯定的是，政府实际开支和赤字比预算都只会高不会低，政府财政已完全成为赤字财政，靠印钞票过日子。而且物价上涨程度已经高出预算增长数字，与战前相比，1946年物价上涨倍数比预算增长倍数高出36%，1947年则高出215%，表明政府的实际开支处于萎缩之中④。由于钞票越来越不值钱，即便政府收支也不得不运用实物（如田赋征实）或美金（如美金公债）计算方法。以往财政收入的主要部分——税收，由于币值变动过于频繁而难以计算；填补亏空的重要手段公债，由于法币信用的低落难以发行；一般外国财团甚至政府也不敢轻易借给外债。1946年政府总收入只占

① 《上海解放前后物价资料汇编》，第50页。

② 姚崧龄：《张公权先生年谱初稿》下册，台北传记文学出版社1982年版，第896、898—899页；杨培新：《旧中国的通货膨胀》，三联书店1963年版，第65页。

③ 杨荫溥：《民国财政史》，第171页。

④ 《历年总预算数与物价增长倍数比较》，二档，全宗六，卷号2462。

支出数的38%，即便如此，税收在收入中也只占42.3%，非税收入(包括出售黄金外汇和接收产业)则占到57.6%，而公债只占万分之七(不包括外国借款)，到了可以忽略不计的地步。张嘉璈认为:“黄金、外汇储备的减少和处理敌产工作的困难都使非税收入下降。在间接税方面，其收入跟不上物价水平的上升;在直接税方面，由于通货膨胀的危机和国民经济处于半战时状态，是无法改进和扩展的。结果，政府收入越来越落后于物价水平的上升和政府支出的增加。”①在非税收入已经占据政府收入大宗的情况下，一旦此项收入枯竭(如停售黄金)，填补财政赤字的方法就只剩下印钞票一项，法币信用便失去了最后一道防波堤，其崩溃就不可避免了。国民政府经济顾问杨格在1946年5月14日给政府的意见书中认为:“从来未有通货膨胀像中国现在膨胀的情况，而能避免财政崩溃的”;“美国和联合国救济总署的协助，和运用中国的国外资源，只能推迟而不能避免崩溃”②。

恶性通货膨胀导致一般民众生活水准的急剧下降。法币购买力指数，从战争结束时的0.289，下降到1947年3月的0.0089，即下降到战争结束时的三十分之一。因此，尽管以货币数量计算的收入在增长，但实际收入水平仍在下降。虽然实行了根据生活指数发放薪金的方法，并按时调整生活指数，但仍赶不上物价的上涨。仅从物价指数与生活费指数的关系看，1945年9月，上海物价指数为战前的346倍，生活费指数为299倍，此后物价指数与生活费指数互有涨落，互有高低，而自1947年5月以后，直到1949年5月，物价指数始终高于生活费指数。在物价指数高于生活费指数的情况下，工薪阶层的收入绝对下降，而在物价指数低于生活费指数的情况下，因为指数编制的滞后效应(按季或按月进行)，以及编制时的操作(如按低价而不按基准价编制)，因此以

---

① 张公权:《中国通货膨胀史》，张志信译，文史资料出版社1986年版，第104—105页。

② 杨培新:《旧中国的通货膨胀》，第77—78页。

实物计算的收入仍在下降。另据统计,上海生活费指数与物价指数之比,如以 1937 年为 1,则 1945 年 8 月为 0.68,1947 年 12 月又降至 0.49,表明即使按指数计算,生活水平也至少下降一半以上。而这种下降在社会各阶层中的表现不一,受影响最大的是所谓公教人员,即各级政府公务员、事业单位职员和大中小学校教师。据统计,一个昆明大学教授,战前月工资为 350 元,到 1945 年下半年超过 11 万元,为战前的 300 倍以上,但同期生活费指数上涨 6039 倍,因此实际收入只及战前的二十分之一①。公教人员"以此可怜之薄薪,维持五口之家之生活,其清苦情形,可以想见。欲其工作情绪之提高,与为官操守之清廉,当非易事"②。所谓公教人员,是维持政府及社会正常运作的重要环节,他们生活水平的大幅度下降,必然导致其对自己服务的政权态度的变化,从而威胁到这个政权的统治基础。在收入水平大幅度降低的情况下,他们或者是洁身自好,清廉自守,但要忍受清贫的折磨;或者是得过且过,甚或贪污腐败,以至政风日下,民怨四起。国民党统治后期的吏治败坏,确乎不完全是官僚个人的好坏或良心发现的问题,而与经济状况尤其是恶性通货膨胀有密不可分的联系。经济牵动政治,政治又影响到经济,两者形成恶性循环,对国民党统治的衰落起着极其重要的作用。所以国民党统治下的通货膨胀,已经不仅仅是一个单纯的经济问题,而是关系整个统治体制的政治问题③。

---

① 贾士毅:《民国财政经济问题今昔观》,台北正中书局 1970 年版,第 11 页;《上海解放前后物价资料汇编》,第 84、168—170、335—337 页;杨培新:《中国通货膨胀论》,生活书店 1948 年版,第 53—54 页。通货膨胀甚至对于上层高官也不无影响。蒋介石的侍从室六组组长唐纵 1946 年每月工资收入十余万元,但开支需四十余万元,其妻每与他争吵,他也感无可奈何。以唐纵这样的高官尚且如此,遑论一般百姓(唐纵:《在蒋介石身边八年》,第 615 页)。

② 陈启天:《寄园回忆录》,台湾商务印书馆 1965 年版,第 238 页。

③ 对于恶性通货膨胀及其给国民党政权带来的严重后果,当时和现在、国民党内外、中外人士和研究者的看法有相当的一致性。国民党六届二中全会关于财政金融经济的决议中认为,"风气败坏,军纪废弛,行政效能低落,其最大原因,首为军警公

国民党对于通货膨胀导致民心涣散的严重性并非不知。宋子文在国民党六届二中全会上作政治报告，通篇所谈内容几乎不涉政治，而完全为经济问题，关键又是如何扼制恶性通货膨胀。他认为“目前的经济状况，可以说，人人都不满意，这是势所必然的”，并将其原因归结为抗战带来的收支不平衡。但对如何解决这一问题，他拿不出行之有效的办法，提出的方案无非增加收入，减少支出的老套。谁都知道，平衡预算的关键是减少军费支出，但战后政府军费支出不减反增，根本原因是内战支出成为预算无底洞。宋子文知道军费必须裁减，但又承认这“还需要相当时期，方能成就”①。实际上，终国民党在大陆的统治，军费始终是预算大头，军费降不下来，赤字问题便解决不了，恶性通货膨胀便难以遏止。如果说，通货膨胀之初对于缓和经济困难、支持战时经济还有某些作用的话，那么一旦其进入恶性膨胀阶段，首先摧毁的是当政者自身的经济基础和统治基础。所谓得不偿失，饮鸩止渴，先是经济停滞，后是民心不顺，成为最后导致国民党统治垮台的重要原因之一。

四 黄金风潮的爆发

宋子文的经济政策与前任相比，也有一点重大区别，就是他在战后采取金融开放政策，以买卖黄金外汇作为平衡通货、稳定价格与市场的重要手段，并在一个时期内显出其成效。但是这一政策的基础极不稳固，在内战不能停止的大环境下，很快失去效用，并直接导致了严重的

教人员，生活待遇之未尽合理”（《财政金融经济决议案》，1946 年 3 月 17 日，《中国国民党第六届二中全会辑要》，第 36 页）。美国学者认为：“层出不穷的事例说明，通货膨胀以及随之而来的民众普遍的对于政府应付日渐恶化的经济形势的能力丧失信心，是政府诱使人心归顺的企图失败的根本原因。”（Pepper，Suzanne. *Civil War in China——The Political Struggle，1945-1949*，p. 96. University of California Press，Berkeley，1978）

① 宋子文：《在二中全会的政治报告》（1946 年 3 月 8 日），《中国国民党第六届二中全会辑要》，第 17—18 页。

经济危机。

法币与美元的兑换率一直是固定的，自抗战后期起长期为 20∶1。这显然早已脱离实际情况，黑市兑换率大大超过此一比例，已经接近 2000∶1。宋子文上台后认为，这种情况导致法币与美元比价与市场脱节，使外贸停顿，不利于经济发展，因此他制订了开放金融的计划，将法币与美元兑换率改为随市场供给自由浮动，并由中央银行操控买卖市场，他以为这样“对外贸易便可畅通，各项物资尤可随人民的需要而增加，游资之流入投机市场，以助长物价之波动者，亦可纳入商业正轨，国外原料及机械，也可因对外贸易之恢复，源源进口，来配合国内工业之发展，足以使增加生产，并收平定物价的效果，所以开放对外贸易，在国内可以安定人心，在国外可以导引投资，予我国经济建设以重要的助力”①。这一政策的重要倡导者，是行政院的美国顾问杨格，他力主实行这一政策的目的之一，是有利于战后美国资本的对华扩张，也符合美国倡导的世界经济自由化潮流，而宋子文执著于西方经济理念，以西方理想套中国现实，最终导致自己的失败。

实行金融开放政策，需要有相应的金融市场作后盾。宋子文在开放外汇买卖的同时，决定以中央银行库存黄金为基础，以官价通过上海黄金市场买卖，借此回收大量发行的法币，吸取民间游资，稳定通货，并给金融开放政策以有力支撑。宋子文采取这样的政策，姑不论其是否有私心②，但确有以此平抑物价，稳定经济的意图，而在发行难以控制

---

①　宋子文：《在二中全会的政治报告》(1946 年 3 月 8 日)，《中国国民党第六届二中全会辑要》，第 21 页。

②　有批评者认为，宋氏此举无异以合法方式将国家财产转入私人腰包，证据是孔、宋家族控制的孚中公司和扬子公司从 1946 年 3 月开放外汇市场，直到 1947 年 2 月黄金风潮爆发，共计结汇 33,447 万美元，占同期售出外汇总数的 88%。这些以官价得到的外汇或用于进口原禁止进口的物品以赢利，或直接出售赚取差价。此事被《中央日报》透露后，在官方压力下，报纸其后发出更正，称小数点点错，使总数一下减少了 99%，成为 334 万美元(漆敬尧：《小数点的玄机化解一场政治风暴——独家采访宋孔家族利用特权结汇谋取暴利新闻的一段往事》，《传记文学》第 54 卷第 1 期

的情况下，以此作为回收通货的手段，也不失为一条可行途径。而宋子文之所以能够实行这个政策仰仗于三大法宝，即库存黄金、美元和战后接收物资。据统计，中央银行拥有的黄金外汇储备于 1945 年底达到最高峰，为 85，805 万美元，其中黄金为 568 万盎司，1946 年上海接收物资变卖收入为 6698 亿元①，这样空前的硬通货储备，为宋子文的金融开放政策提供了强大的物质基础，而国内一度的和平气氛，使宋自信其政策可以成功。这一政策实施初期收到了一定成效，在当时的国际背景下，也有它的合理性。然而它在本质上是自由经济与开放经济政策，适合的是和平时期，它能够顺利实行的前提是市场预期心理的稳定，要做到这一点，又需要政治的稳定。可是国民党坚持内战政策，战争要求的是紧缩经济和统制经济，在内战烽火四起的情况下，市场对未来前景的预期不确定，黄金外汇买卖价格便极易波动，引发投机，因此黄金外汇买卖价格不仅不能压抑物价，反而成为物价上涨的带头羊，导致两者之间互相刺激、互为影响的恶性循环，最终连累整个经济大局。加上国民党各级军政官员在市场上兴风作浪，以投机获取个人利益，更使宋子文的黄金外汇政策难以成功。事实证明，开放黄金外汇市场是宋子文施政期间最引起众人非议并最终彻底失败的一项政策，除了消耗大量黄金外汇储备由官控转为“民有”，并引发了一场空前的经济危机之外，这一政策不仅未能取得宋子文当初设想的成果，而且成了他下台的导火线。

第 67 页）。孔、宋家族通过官价与黑市价的差价套汇谋利当为事实，但孔、宋两家即便权势显赫，能否一举得到 88％的出售外汇，尚需更确切的资料证实。据财政部和经济部上蒋介石呈文，孚中公司结汇 153.8 万美元，扬子公司结汇 180.7 万美元。监察院和审计部的联合调查，则称孚中公司结汇 158.5 万美元，扬子公司结汇 182 万美元。然而，即便是 334 万美元，在当时也是一个相当大的数字了（《财政部档》，引自中国人民银行总行参事室编：《中华民国货币史资料》第 2 辑，上海人民出版社 1991 年版，第 835、842—843 页）。

① Strictly Confidential，Jan. 1 1946，*Arthur N. Young Papers*，Hoover Archives，Stanford University，California.《中央信托局苏浙皖区敌伪产业清理处现金收入总报表》（1947 年 2 月 28 日），《中华民国重要史料初编》第七编第一册，第 339 页。盎司与中国旧市制的两基本持平，即 1 盎司约等于 1 两。

1946年2月25日，国防最高委员会通过《开放外汇市场案》，将进口物品分为三类，一类为工业及民生需要物品，可自由进口，二类为烟草、汽油、汽车、纺织品等，可经许可进口，三类为奢侈品，禁止进口；中央银行指定若干银行买卖外汇，供一二类物品进口之用；废止官价外汇汇率，由中央银行根据供求情形，随时调节，对于外币现钞及黄金买卖，依同样原则办理；政府拨出美金5亿元，并由中央银行拨出一定数量外汇，作为基金，作随时平准市场之用，并指定专员负指挥运用之责。金融开放政策由此付诸实施①。2月26日，贝祖诒出任中央银行总裁，成为金融开放政策的实际指挥者。

3月4日，中央银行开放外汇市场，以法币2020元兑1美元的价格买卖美元。与此相配合，中央银行制订了《黄金买卖细则》，每天由各金号银楼向央行申购黄金，即明配，另外由央行委托几家指定金号随时抛售黄金，即暗售，通过这种方法，中央银行控制着市场黄金买卖的平衡②。8日，中央银行开始买卖黄金，每条(10两)售价165万元，起初2个月内，黄金买卖大体持平，4月卖出3674条，买进3000条。从5月开始，卖出大大超过买进，6月卖出19,982条，买进只有402条，净卖出19,580条，买卖已经完全失去平衡，表明市场对未来预期的悲观及对法币的不信任。同期美元买卖情况与黄金大体相当，4月买进1013万美元，卖出1850万美元，净卖出837万美元，此后逐月增加，6月净卖出2492万美元③。但因为当时中央银行手中掌握的黄金美元数量甚大，通过大量抛售，尚可维持黄金外汇价格的基本平稳。7月金价升至190余万，美元2500余元，上涨了20%左右，还在可以接受的范围

---

① 《国民政府公报》1946年2月26日。

② 暗售数量远远大于明配，1946年全年明配为42,100条，暗售则达231,600条(《中央银行档》，引自中国人民银行总行参事室编:《中华民国货币史资料》第2辑，上海人民出版社1991年版，第740页)。

③ C. Y. Pei(贝祖诒) to T. V. Soong(宋子文)，July 22，1947，*Arthur N. Young Papers*，Hoover Archives，Stanford University，California.

内。两者指数的上涨(与战前相比),分别为756倍和1663倍,远低于同期上海物价4072倍的涨幅①。也正因为如此,投资或投机于黄金外汇市场所得,实际是低进高出,利益远大于其他市场,而这又导致黄金外汇市场在巨大投机压力下的崩盘。

由于在实行开放市场政策时,高估了法币与美元比价②,导致外国商品大量进口,外贸入超严重(6月入超已超过千亿,还不算走私),外汇市场售汇压力日渐增加(8月美元净售出3262万元),法币的持续疲软,加上游资作祟③,造成市场抛出法币换取黄金美元之风日甚,迫使中央银行于8月19日宣布将法币与美元比价由2020∶1调高为3350∶1,法币贬值66%。表面上,改变外汇汇率的理由是鼓励出口,减少进口,激导侨汇,扶助生产④,然而实际上,此举是一个非常明确的信号,意味着原有自由买卖外汇政策已经难以为继。市场的反应非常灵敏,调整外汇汇率决定公布后,上海金价越过200万大关。由于中央银行供应能力的有限,一度消失的黑市卷土重来,与公开市场互相刺激,进一步加剧了金融形势的恶化。虽然中央银行严令取缔黑市,并规定美元价格不得超过官价的5%,但在经济规律作用下,无法遏止黑市现象的存在,美元黑市价已超过官价的三分之一。11月17日,政府又决定修正进出口贸易办法,实行输入许可与出口补贴,大幅度放宽出口限制,同时严格限制进口,除禁止进口物品外,所有其他物品进口亦需申领许可证,用行政手段压抑进口,缓和外汇供应压力,此举对减少外

① 杨培新:《旧中国的通货膨胀》,第75页。

② 按1946年2月公布的法币汇率,较战前贬值约585倍,而同期上海物价指数为战前的1759倍,汇率高估2倍,考虑到后方物价指数较上海为低,汇率高估也至少在一倍以上。

③ 据估计,战后上海一地的游资即达8000亿元之巨,按官定汇率合4亿美元,它们在市场上寻求高额利润,兴风作浪,对央行的外汇自由买卖政策是巨大的压力(《中国资本主义发展史》第3卷,第672页)。

④ 调整后的汇率为战前的971倍,但此时上海物价指数已达到4285倍,法币币值仍为高估,因此对减少进口作用不大,9、10两月外贸月入超已高达1800亿元。

汇供应确有成效①,但对整个经济环境的改善、对压抑黄金价格并无明显作用。在黄金外汇价格上涨幅度较为平稳时,一定数量的买卖有助于平抑市场物价的上涨。而一旦价格大幅度上涨,社会对平抑物价的信心就会动摇,黄金外汇价格反成为物价上涨的带头羊,并刺激市场万物齐涨,整个经济形势很快就到了无法收拾的地步。

黄金买卖运作由宋子文指示中央银行总裁贝祖诒,再由贝下令央行业务局局长林凤苞和副局长杨安仁执行,复由央行指定的同丰余等五家金号银楼作为市场代理人,每天的抛售数量和价格高度机密,知者不过三五人,也没有非常严格的手续规章。全部过程外人不得与闻,不要说财政部长俞鸿钧,即便蒋介石,对于黄金外汇买卖情况也是一知半解②。运作过程的机密性,固然使外界对央行的实力不明底里,但导致市场极易受流言影响,在各种势力尤其是权势机关、人物的介入下,市场日渐成为投机集散地,各军政机关收到现钞后,首先用于购买黄金美元,大量军饷发出后,原封不动地回到上海黄金市场,投入黄金投机买卖③。一般工厂企业在开工困难的情况下,也改走炒买黄金之路。同

---

① 此前出售外汇已经达到 38155 万美元,此后直到实施经济紧急措施时为止,出售外汇锐减为 2011 万美元(《财政部档》,引自《中华民国货币史资料》第 2 辑,第 835 页)。

② 据监察院调查,中央银行自开始买卖黄金,逐日均有详细英文报告一份呈宋子文,而自 1947 年 1 月起,每星期始向蒋介石及财政部报送统计(《监察委员何汉文等调查黄金风潮呈文》,二档,全宗二九三,卷号 69)。

③ 据监察委员的调查,各机关部队均以紧急支付命令提款,"间有军事机关人员以种种威胁方法胁迫提款",用以黄金炒作。仅 1947 年 1 月,一次提出 1 亿元以上之款项者即有 293 起,总数超过 1000 亿元。据上海市长吴国桢和亲历者回忆,载有军饷现钞的轮船未及出港即卸下钞票参与黄金投机,亦有各地军政长官嫌汇款太慢而包飞机运钞参与黄金投机者,"中央银行由南京往北运送钞票的运钞专车,有时竟出现行至半途即掉转车头原车南开的怪事"(《监察委员何汉文等调查黄金风潮呈文》,二档,全宗二九三,卷号 69;Wu Kuochen Memoirs,*Wu Kuochen Collection*,Rare Books and Manuscript Library of Columbia University,New York. 资耀华:《国民党政府法币的崩溃》,《法币、金圆券与黄金风潮》,文史资料出版社 1985 年版,第 48 页)。

时由于外地金价大大高于上海，导致游资向上海集中，抢购黄金保值。而且由于央行的抛售，金价上涨幅度还小于物价上涨幅度，使投机黄金买卖有利可图。就在各色人等几近疯狂的投机行为下，中央银行有限的黄金外汇储备无论如何也难以抵挡。

由于美元汇价的改变，美元投机稍有收敛，市场游资多集中于黄金，进一步加大了黄金价格上涨的压力。12 月 12 日，上海黄金价格突破 300 万大关，美元价格达到 5650∶1，黄金美元价格从此开始进入急速上扬阶段，几乎到了一日一涨以至一日数涨的地步。12 月 24 日，金价突破 400 万，中央银行两天抛出 16,000 条黄金，才使金价稍有下降。由于物价的上涨，1947 年 1 月 1 日，当局宣布实行花纱布管制，凡由政府供给外汇购棉之棉纺织厂，其生产之棉纱、棉布的半数由政府按成本加价 20%收购。加之中央银行于 16 日发行 500 元关金券，其与法币兑换比例为 1∶20，即合法币 1 万元，这更刺激了物价的狂涨。中央银行孤注一掷，1 月 30 日一天抛出黄金 19,000 条(19 万两，合六吨左右)，回收法币 750 亿元，“气魄”不可谓不大，但 2 月 4 日，上海金价仍无情地涨到 480 万，美元达到 8500∶1①。次日，国防最高委员会决定出口结汇由政府补贴 100%，进口货物从价征收 50%附加税，以图挽救法币的颓势，预示着黄金外汇政策已至强弩之末，市场反应则是更疯狂地投机。6 日，上海金价一日五涨，达到 550 万，美元兑法币比价突破 1 万，并引发各地投机抢购狂潮的出现，南京、广州、汉口、重庆金价均突破 600 万，天津暗盘达到 700 万。上海由于央行抛售，金价相对较低，引来各地游资聚集上海市场争购，央行已至无法招架之境。8 日，央行停止暗售黄金，10 日，停止对金号的配售(即明售)。由于在毫无通告的情况下突然停售黄金，使快速上涨的市场物价一下失去原有的制动阀，黄金、美元黑市价格暴涨，上海金价涨至 720 万，美元达到 16000∶

① 四联总处此时发出 650 亿元的生产贷款，名为恢复生产，实际早晨发出的贷款支票，下午已经出现在黄金市场上，对黄金价格可谓雪上加霜。

1，带动市场谣言四起，一片混乱，所有物价均大幅度上涨，引发了抗战胜利后最严重的经济危机。以上海物价指数为例，1946 年 3 月为战前的 2558 倍，12 月为 5713 倍，9 个月上涨了 123%，而 1947 年 2 月为 10665 倍，两个月即上涨了 86%①。

黄金价格的暴涨，引发经济危机，使国民党中央再也不能对此熟视无睹。2 月 11 日起，蒋介石连续召见宋子文并主持中央常会，讨论经济形势。此时，上海黄金官价 730 万，但有价无市，黑市高达 940 万，直逼千万大关(广州已达到 1100 万)。宋子文虽也意识到形势的严重，但仍图最后一搏，他要求蒋介石核减预算，节约开支，以对金价釜底抽薪。这是正孜孜于前方军事行动的蒋介石所不可能接受的，他要宋速筹对公教人员以实物代货币的紧急方案，以安定人心。然宋子文仍不甘心，2 月 13 日，他搬出美国顾问杨格见蒋，提出改变外汇汇率，继续抛售黄金，被蒋认为"决难持久"，"期期以为不可"②。蒋决定实行停售黄金、管制物价、禁用外币、取缔投机等一系列经济紧急措施。财政部长俞鸿钧过后在国民参政会解释实行紧急措施的原因是，"全国各地游资麇集上海，群以黄金为投机对象，央行如不大量抛售，则金价日高，刺激物价。如拟以全力与投机者相搏，则牺牲甚大，徒使牟利者益增利润。于是政府运用黄金政策，不得不改弦易辙"③。

2 月 15 日，中央银行公告停止抛售黄金。16 日，国防最高委员会通过《经济紧急措施方案》，主要内容为：1. 关于平衡预算，本年度政府支出，除非迫切需要者，均应缓发；严格征收税收，加辟新税源；加紧标售敌伪产业和剩余物资；国营事业除重工业及特殊者外，应公开出售民营。2. 关于取缔投机买卖安定金融市场，即日起禁止黄金买卖；禁止

① 《上海解放前后物价资料汇编》，第 168—169 页。

② 《总统蒋公大事长编初稿》卷 6(下)，第 385 页。

③ 《财政部长俞鸿钧在国民参政会报告》(1947 年 5 月 23 日)，《银行周报》第 31 卷第 24 期。

国外币券在境内流通;加强金融业务管制。3. 关于发展贸易,法币与美元比价调为 12000∶1;废除出口补助进口附加税办法;推广出口;修正进口许可制度。4. 关于物价工资,行政院指定若干地点,严格管制物价;一切日用必需品,按评议物价实施办法,严格议定价格;职工薪金,以 1 月指数为最高指数,粮、布、燃料亦按1月平均零售价,定量配给于职工;经济紧急措施时期内,禁止罢工怠工、投机垄断、囤积居奇。5. 关于民生日用必需物品供应,政府对日用必需品米、面、布、燃料、盐、糖、油以定价供应公教人员,先在京、沪两地试办,并在各重要地区分期推进。同时公布的有《取缔黄金投机买卖办法》、《禁止外币流通办法》、《加强金融业务管制办法》、《评议物价实施办法》等条例,对于有关金融物价事项作出了严格规定,如禁止黄金外币买卖、流通,持有者必须按公布价在指定行局兑换成法币,违者处五年以下徒刑;各行局应严控放款,5000万元以上放款必须经四联总处核定,多余款项一律存放中央银行,机关单位用款一律使用支票,商业行庄业务应照章办理;一律不准新设银行钱庄;在全国重要地点设立物价评议会,评议主要民生日用必需品售价,协助检举违反议价行为,等等①。在这些规定中,最重要者当属严格管制黄金外汇和物价,期以遏制投机风,稳定急剧恶化的经济形势。当局矫枉过正,甚至规定金银首饰店的首饰亦需登记,在三个月内出售,逾期未售出者,必须兑换为法币。可见黄金风潮影响所及,已经到了草木皆兵之境。然而且不论这些规定是否真正有效,过于严厉的规定本身就因为其没有可操作性而留下了反弹空间(有关首饰业的规定即明显例证)。不出两月,这些看似极为严厉的规定便有了程度不同的松动。

黄金风潮中损失的黄金美元数量,由于其机密性,当年从未公布过确切的统计数字。当监察院彻查风潮委员向贝祖诒询问时,他答以“事关机密,奉主席谕,对任何人不能公开”②。较为可靠的统计有两个。

---

① 《中央日报》(南京)1947年2月17日。

② 何汉文:《记上海黄金风潮案》,《法币、金圆券与黄金风潮》,第 143 页。

其一为现公布的财政部档案所载，自 1946 年 3 月至 1947 年 2 月，共售出黄金 353 万两，收回法币 9989 亿元，结存黄金 122 万盎司①。更详细的数字出于美国斯坦福大学所藏国民政府经济顾问杨格档案。根据中国政府当年致送杨格的密件可知，中央银行拥有的黄金外汇储备，1946 年 2 月已较上年底的峰值略有下降，为 83,359 万美元（其中黄金未变，仍为 568 万盎司），1947 年 2 月下降到 37,987 万美元，减少了 45,372 万美元，为上年 2 月的 46%，为峰值时的 44%，其中黄金为 237 万盎司，减少了 331 万盎司，为上年 2 月的 42%，即两者均在一年中减少了一半以上，黄金减少比例更大一些②。这两处档案所记黄金损失数量差别不大，前者比后者多近 7%，唯留存数有较大差别，前者只有后者的 51%。考虑到杨格档统计为逐月报告，且包括外汇统计，因此可能更为可靠。央行在一年的金融操作中，黄金外汇损失相当严重，但并非如外传消耗殆尽③，然而由于财政当局操作上的机密色彩，事发后又刻意封锁信息，使得黄金潮的影响被人为扩大了，加上国民党内复杂的派系矛盾，直接导致了国民党政权的政治经济危机。

上海黄金风潮爆发，引发全国社会动荡，舆论哗然，对国民党统治带来相当大的冲击，宋子文因此成为众矢之的。2 月 13 日，监察院由院长于右任主持会议讨论黄金风潮，决定派何汉文等四委员前往上海彻查。次日立法院会议则对宋子文发动猛烈攻击，要求“宋子文应辞职以谢国人”。傅斯年在《世纪评论》杂志连续发表《这个样子的宋子文非走开不可》和《宋子文的失败》两文，以极为尖锐的文辞痛责宋子文经济

---

① 《财政部档》，引自《中华民国货币史资料》第 2 辑，第 744—745 页。

② Strictly Confidential, Jan. 1, 1946, Feb. 28, 1947. *Arthur N. Young Papers*, Hoover Archives, Stanford University, California.

③ 自 1944 年 4 月到 1945 年 6 月，中央银行实行买卖黄金政策期间，共售出 335 万两，收回法币 838 亿元（《中国国民党第六届中央执监委员会第二次全体会议行政院工作报告》财政章，第 5 页）。此次黄金潮中消耗的黄金数尚不及前次之大。

政策的失败。文章开宗明义便说:“古今中外有一个公例,凡是一个朝代,一个政权,要垮台,并不由于革命的势力,而由于他自己的崩溃!”此语直指国民党统治的危机,而要挽救这个危机,“要做的事多极了,而第一件便是请走宋子文”。傅文以宋子文连带以孔祥熙作靶子,批判“孔宋两氏这样一贯的做法,简直是彻底毁坏中国经济,彻底扫荡中国工业,彻底使人失业,彻底使全国财富,集于私门,流于国外”。提出“彻底肃清孔宋两家侵蚀国家的势力,否则政府必然垮台”①。傅文一出轰动朝野,成为倒宋潮中的重磅炮弹。早就对宋子文不满的CC系和国民党内其他派系亦借机发起倒宋潮②。宋子文经济政策的失败是显而易见的事实,宋本人无论多么能言善辩,也抵挡不住舆论的攻击,黄金风潮使他遭到政治生涯中最大的一次打击。以他行政院长的身份却成为舆论公开攻击的对象,预示着他的政治地位也摇摇欲坠。

宋子文的经济政策不但导致经济的危机,而且引发对国民党政权的信任危机,蒋介石震怒之下决定换马。据宋的亲信贝祖诒告诉张嘉璈,29日下午,蒋介石约宋子文谈话,告诉他明天立法院会议将对其大加攻击,是否不必出席。宋答以如不出席,必须辞职。蒋名为关心其声誉,实际暗示宋自动辞职,但宋并不明确表示,谈话没有结果。当晚,蒋再约宋谈,告以不必出席为宜,宋谓只好辞职,蒋允之。由此观之,宋尚

① 《这个样子的宋子文非走开不可》、《宋子文的失败》,《世纪评论》第7期第5—8页,第8期第7页。

② 宋子文一意垄断战后接收产业和物资处理权,扶植与重用其所属部门和部下,早已引起国民党内其他派系尤其是CC系的不满,在一年前的国民党六届二中全会上,CC系便借东北问题发难,对宋发动过不指名的攻击,陈立夫并曾当面指责宋之经济政策的不当。孙科亦公开批评“主管当局对(经济)政策方面,颇有若干错误,以致发生了不良的恶果”(《中央日报》上海,1946年10月9日)。黄金风潮为所有对宋不满的派系和个人攻击宋子文提供了最好的机会。王世杰认为,导致宋下台的原因有三个,一则党内陈立夫等及黄埔同志等均对彼不满,二则党外之民主社会党一再声称如宋继续主持行政院则彼等决不参加,三则胡适之傅斯年等无党派人士均反对宋子文(《王世杰日记》1947年3月1日)。

有恋栈之心，他的下台实为蒋逼迫的结果①。3月1日，国防最高委员会决议，行政院长宋子文辞职照准，蒋介石兼任行政院长，张群任副院长；免去中央银行总裁贝祖诒职务，任命张嘉璈为中央银行总裁。对于下台，宋子文心中难免有对蒋介石不支持自己的怨气。当天，他未如蒋之要求，第一次也是最后一次前往立法院报告财政金融方针。他首先自夸了一番理财功绩，接着声称“政府对于收入极为有限，但为应付各方开支要求起见，不能不仰仗于增加发行。本人深悉此种途径，足以引起可能之严重局势，因此本人和同僚们，日夜为这个问题担心，但是各方面总以为本人是在一味拂逆他们的意志。如此忍受各方的责备，几乎只可认为命运所支配”。此种表示暗含了他对蒋不同意他削减开支也即军费主张的不满。宋不无伤感地承认，“本人已经好像是公众的仇敌，每遇物价暴涨，本人即被人唾骂”，但他表白：“本人自从担任行政院的职务以来，一切尽心力而为之，政策方面，可能有错误的地方，而在良心方面，离开行政院的时候，觉得绝对对得起国家民族。”然而立法委员不因宋的表白而罢休，宋讲完后立委群起质询，宋称“所有问题不加答复，以后问题自有新院长答复，关于黄金外汇之问题，俞部长及贝总裁均知道很清楚，辞职的人不应该讲话”。言毕扬长而去，既让准备打落水狗的立委们无奈，又将了蒋一军②。

---

① 姚崧龄：《张公权先生年谱初稿》，第801页。有研究者认为，宋子文下台的根本原因除了经济危机之外，还与宋恃才自傲、难以驾驭有关。宋较具西方经济理念，主张经济政策的规范，不能如蒋所愿任意动支。内战爆发后，蒋介石派陈诚多次向宋催索军费，遭到力图减少货币发行的宋子文的冷遇和拒绝，使蒋甚为不满。联系到1933年宋子文辞职即是因为不愿破坏财政收支程序滥发军费而起，这样的分析是有道理的(吴景平：《宋子文评传》，第506页)。

② 《行政院长易选》，《东方杂志》第43卷第6期，第82页；《中华民国史史料长编》第70册，第53页。蒋介石到台湾后，对宋子文擅作主张耗空国库资金仍耿耿于怀。他在国民党七大政治报告中说：“民国卅六年间，行政院宋院长擅自动用了中央银行改革币制的基金，打破了政府改革币制的基本政策，于是经济就在通货恶性膨胀的情势之下，游资走向投机垄断，正当的企业不能生存，中产阶级流于没落。社会

监察院调查黄金风潮案四立委于3月间对宋子文提出弹劾案，认为宋子文“接任行政院长以来，其误国失职多端，尤以此次黄金风潮，使社会骚动，影响国计民生至深且巨”。该案列举宋之误国失职事实为，财政金融政策失当，摧残生产事业使国民经济濒于破产，运用黄金政策失败贻误国家财政，浪费外汇促成金潮，独断孤行贻误全盘行政，因“依法提出弹劾，即请提付惩戒，以正纲纪”。但监察院的审查意见为：“本案所举弹劾宋子文之事实，均属政策运用问题，尚未举出有何犯罪情事。该宋子文于金钞风潮发生后，既经自请去职，应毋庸再付惩戒。”①在3月举行的国民党六届三中全会上，与会者对金潮案反应强烈，以黄宇人领衔，一百名中央委员临时动议，提出《惩治金钞风潮负责大员及彻查官办商行账目没收贪官污吏之财产以肃官方而平民愤案》，提出：“抛售黄金政策，原意固在收回法币，乃负责主持之人，不但运用失宜，抑且有勾串商人操纵图利之嫌，亟应一面再促政府依法提付惩戒，一面转咨中央监察委员会从速查明议处，以肃党纪。”蒋介石虽对宋子文不满意，但一损俱损，对宋的攻击过火，亦影响国民党的公众形象，因此蒋在三中全会上为宋辩称，宋院长“依法执行任务，不知何故加以谴责”；“宋子文在行政院长任内，并不贪污，如谓余见贪污而不知，则由余负责”。他告诫说，“这次三中全会通过之决议案，大部分属于破坏性”，“党内纷争，殊为扼腕”。查办宋的声浪就此停息②。而对金潮本身，国民党拿不出真正能够解决问题的办法来，只是寄希望于“迅速处理无须国家经营之企业，出售敌伪产业及剩余物资，并整理税收，以谋在短期内弥补财政

心理日趋浮动之中，经济崩溃的狂澜，就无法挽救，这是大陆经济总崩溃最重要的环节，亦是今后经济事业最重要的教训，不可不特别警惕。”（《总裁对第七次全国代表大会之政治报告》，1952年10月13日，秦孝仪主编：《革命文献》第77辑，台北1978年印本，第86页）

① 《监察院对宋子文黄金舞弊案的弹劾书及审查报告》，二档，全宗八，卷号1362。

② 《中国国民党第六届中央执行委员会第三次全体会议记录》，第49页；《中华民国史史料长编》第70册，第63—64页。

之不足，防止通货之膨胀”①。

3 月 13 日，与黄金风潮案有关的中央银行业务局局长林凤苞、副局长杨安仁和上海金业公会主席兼同丰余金号经理詹莲生三人被捕，贝祖诒亦被监察院提出弹劾（后予以申戒处分了事）②。林、杨两人受贝祖诒的指示，与詹莲生直接联系，通过詹进行全部明配与暗售业务。据监察委员调查指称，央行出售黄金价格由同丰余等行号与央行对讲电话报告为准，行号指定则由贝祖诒等三人“任意决定，漫无标准，已属不当，益以此五家均系由詹莲生一人介绍，则显然央行出售黄金事宜在市场方面故任詹莲生一人把持操纵，谓为官商勾结，实非过分”③。由于这个过程的高度机密性，林、杨等有无玩忽职守、贪赃枉法之处，恐怕法庭也很难得其详，但詹莲生获利之丰则是显而易见的事实。他在事先得知买卖数量和价格的情况下，可以通过时间差赚上一笔，更重要的是，黄金卖出前需要从金块改铸成市场所需的金条，每条有三分火耗，如按售出 35 万条黄金计算，仅此一项，詹即可得到十余万两黄金④。4 月 4 日，上海地方法院开庭审理配售黄金“舞弊嫌疑”案。林、杨两人均称“一切都是奉命办理”，詹莲生亦称买卖黄金的金号和价格都是由局

---

① 《经济改革方案》（1947 年 3 月 24 日），《中国国民党第六届中央执行委员会第三次全体会议记录》，第 91 页。

② 贝祖诒被弹劾后，张嘉璈特意找到行政院秘书长甘乃光，“请其与司法行政部谢部长冠生接洽，勿再重生枝节”。此事最终以贝受申戒了之（姚崧龄：《张公权先生年谱初稿》，第 837 页）。

③ 《监察委员何汉文等弹劾黄金风潮负责人员呈文》，二档，全宗二九三，卷号 69。

④ 据何汉文当时调查，五家指定金号资本不过 4610 万元，最高的同丰余不过区区 1500 万元，然而 1947 年头 2 个月配售量近 8 万条，其中同丰余一家超过 4 万条，如果以每条 400 万计，流通资金额为五家总资本的 6500 倍，为同丰余资本的 1 万倍以上，资本额与经营数极不成比例，内中必有奥妙（《监察委员何汉文等调查黄金风潮呈文》，二档，全宗二九三，卷号 69）。

长和总裁决定，“我丝毫不能参加意见”①。然而无论当事人怎么说，对这一震动全国的案件总要有所交代，最后，法院以判处林凤苞无罪，杨安仁有期徒刑八年，詹莲生有期徒刑四年而了结此案。其实严格说来，不仅是林、杨两人，即使贝祖诒亦不过奉命行事，黄金风潮引发的危机绝不是处理这样几个人物所可以解决的。

黄金风潮的爆发并引发经济危机，原因很复杂，但从“根本上讲，物价的病根在于通货，通货的病根在于内战。内战不停，生产不能进展，通货不能停发，物价便无法收拾。黄金政策，即使改弦更张圆滑的运用，还只能减杀物价的波动，并不能根本解决物价问题”②。解决的办法如同时论所言，“今天中国的经济财政病症，任何专家设计，任何医生开药方，其前提只有一个，就是停止内战，实现和平”③；倾向于国民党的著名金融家陈光甫认为，除非政府改变对中共的政策，否则经济注定无法长期维持，黄金政策的失败不在于中央银行的错误，而是错误的政治政策的结果④。黄金风潮的当事人贝祖诒在辞职答立法委员质询时直言不讳地认为，黄金政策一度取得的成功，“原因大部应归功政协会议之成功”，“主要由于国内和平，今年情势大变，此一政策能否继续施行，实有详细加以考察必要”⑤。国民党无意实行和平政策，因此其经济政策只能是头痛医头，脚痛医脚，找不出根本解决之道。

经济紧急措施方案的出台，暂时以行政手段抑制了市场动荡，然而并未能解决危机爆发的根本原因。时论认为，经济紧急措施方案“在目前或不失为一治标应急之策。但是国内经济上的积弊，政治上的积弊，币值稳定上的积弊，依然很明显的存在。一次风潮算是过去了，第二次

① 《中华民国史史料长编》第70册，第80—81页。

② 严仁赓：《检讨黄金政策》，《世纪评论》第8期第10页。

③ 《由上海市场看国家需要》，《大公报》(天津)，1947年2月7日。

④ Chen Kuang-pu Memo.，Feb. 13，1947，*Chen Kuang-pu Collection*，Box 8，Rare Books and Manuscript Library of Columbia University，New York.

⑤ 《行政院长易选》，《东方杂志》第43卷第6期，第83页。

的风潮又在酝酿着。如果不从根本上想办法,难道焦头烂额的人民生活,还经得起再受打击吗?”①这是当时社会各界和舆论的普遍看法与担心,即使国民党官员自己也承认这一点。张嘉璈上任后,认为能否平衡预算、获得外援及军事胜利,是稳定财政经济的三个条件,而在战争毫无希望的情况下,“法币增发,物资日趋缺乏,距离紧急措施之平衡预算与稳定物价两目标,相去日远”。如是,“则我之任务必告失败。思之几于寝食不安”②。他的不安完全被其后的事实所验证。他要求中央银行垫款应有限度,紧急支付命令宜经过审核再付,财政部长俞鸿钧首先反对,“谓军费支出,无法拒绝,何能规定中央银行垫款限度。主席亦以俞部长所言为然”③。在这种情况下,张嘉璈迟早要走上宋子文的老路。果然,在国民党拿不出治本之策的情况下,市场只维持了大约两个月的稳定,4 月中旬开始,因为法币万元大钞的发行,物价再度发生剧烈波动,从而成为 5 月反内战争民主运动的直接诱因。

第四节　战后外交

一　外交关系的拓展

抗战胜利前后,中国废除了百年来的不平等条约体系,跻身世界五强之列。联合国以及各个国际组织均有了中国的地位甚至是重要地位,国际形势尤其是大国之间的关系较之以往更多地影响到中国的政治经济发展,周边国家与中国的关系日渐重要,中国在海外的数千万侨民需要祖国的关心与保护,中国战后外交正是在这样有了很大变化的

① 《经济紧急措施方案》,《大公报》(上海),1947 年 2 月 17 日。
② 姚崧龄:《张公权先生年谱初稿》,第 805 页。
③ 姚崧龄:《张公权先生年谱初稿》,第 828 页。

大背景下进行的①。在国民党六届二中全会《对于外交报告之决议案》中，声明中国的外交政策指针是："我国为联合国安全理事会五常任理事国之一，所负责任特别重大。今后自应根据一贯政策，与美、苏、英、法诸大盟邦及其他爱好和平之国家密切合作，以加强联合国之组织，而求国际间各项问题之合理解决。"具体政策是，积极参加联合国及其他国际组织的活动，有所贡献；废除尚存的不平等条约；广订友好条约，以开展邦交；谈判通商条约，以树立新的商业关系②。

自美国和英国与中国签订平等新约之后，中国与其他订有不平等条约的国家也在逐一谈判废除中。抗战胜利前，已有中比（利时）、中挪（威）、中加（拿大）、中瑞（典）、中荷（兰）新约成立。战争结束时尚未签订平等新约的国家尚有法国、瑞士、丹麦、葡萄牙、西班牙、澳大利亚、南非等国，但法、瑞、丹、葡四国均已表示放弃特权，西班牙根据 1928 年中西商约条文规定自动放弃，澳、南两国因系英国属下的自治领，而英国已下令取消本国及自治领在华行使特权所依据的《中国敕令》，故此两国的领事特权实际已经停止。战后废除不平等条约的谈判未遇大的阻力，中法、中瑞（士）、中丹（麦）、中葡（萄牙）先后签订平等新约。至此，从鸦片战争开始，由于列强入侵而强加于中国的不平等条约体系被废除，中国人民历经百年的奋斗和抗争，终于在抗战胜利声中摆脱了列强加于自己的耻辱，为中华民族不畏强权的历史写下了新的一页。

与废除不平等条约相应的是中国国际地位的提高和外交关系的拓展。中国是战后最重要的国际组织联合国的创始成员国，并是联合国安全理事会具有否决权的五强之一，在联合国占有重要地位。联合国的附属机构，如经济及社会理事会和国际法院等，中国均有理事和法官

---

①　本节分目叙述了战后中国的一般外交及与主要大国的外交关系，中苏关系主要涉及东北问题，已在第四章叙述，本节不赘。

②　《中国国民党第六届中央执行委员会第二次全体会议记录》第 119 页；《中国国民党第六届中央执监委员会第二次全体会议行政院工作报告》外交章，第 1 页。

参加，并在上海主持召开了联合国远东经济委员会会议。至于其他国际组织，如国际货币基金组织、联合国粮食及农业组织、国际民用航空组织等，中国也都参与了其活动。抗战以前，中国与二十五个国家有外交关系，其中大使级八个，公使级十七个，数量很少，级别也不高，主要局限在几个大国。而到 1947 年，中国已与四十一个国家有外交关系，其中大使级二十四个（以欧洲最多），公使级十七个，还设有七十六个领事馆（以亚洲和美洲最多），三个驻外代表团。驻外外交使团数量和外交关系的级别都有了较大提高。外交范围有了新的拓展，尤其是与亚洲和美洲国家的关系发展较快。抗战胜利前后，中国和巴西、墨西哥、暹罗（泰国）、沙特、阿根廷、菲律宾等亚洲和拉美的十二个国家签订了友好条约①。

然而不平等条约的废除，并不意味着中国从此成为国际大家庭中的平等一员，旧的不平等消失了，新的不平等又产生了。中外之间不仅仍然存在着新的不平等条约，如战争结束之时签订的中苏条约，即使是中外签订的平等条约，往往在表面的平等下仍然隐藏着实际的不平等。如中美、中英关于互相给予驻军治外法权的专约（1943 年 5 月和 1945 年 7 月签订），表面上是平等的，然而实际上中国不可能驻军于美、英，因此只有美、英驻华军队可以享受如此特权，与此类似并引起更大反应的是中美商约②。其根本原因在于，中国仍然是一个弱国，无力为自己争得国际上应有的平等地位，而国家的分裂与内战，无疑影响到中国的国际地位。国民党的基本政策又是先国内后国外，在内战烽火连天的情况下，中国的国际地位不可能有根本的改变。《文汇报》在社评中写道："看政府当前外交政策的运用，我们认为，追随的实例太多，独立自主的表现太少；为迁就眼前内外情势而过分倒向美国的地方太多，真正

---

① 建交国数量见吴东之主编：《中国外交史》（中华民国时期），河南人民出版社 1990 年版，第 717 页。

② 关于中美商约问题，本节下目将专题叙述。中苏条约问题已在本书第十卷中叙述。

站在国家远大利害的考虑上利用国际矛盾来维护民族利益的作为太少”;“我们深知,外交是内政的延长,在目前内政情形之下,外交政策很少有改变的可能,所以我们一方面希望内政问题能够赶快圆满解决,同时也希望政府尽可能减少内政问题对外交政策的影响。”①如果说国民党对于大国的外交妥协尚可找到借口的话,对许多同样是弱国或小国的外交也无起色,则是很难使人理解的,在东南亚华侨保护问题上的软弱无力便是一个例证。

东南亚华侨在战争期间本已因战争影响,颠沛流离,遭受生命财产的重大损失,战后不仅未享受到胜利成果,反而受到所在国内部冲突(如法越、荷印冲突)以及排华风潮(如泰国)的影响,生命财产均遭受严重损失,流落在外者返乡困难,“华侨所望国家强盛,以解除过去痛苦者,竟成幻影”②。关于侨务政策,外交部长王世杰曾提出,“目前基本保侨工作,仍在与一切有华侨居留之国家订立友好条约,使华侨在条约上获得最惠国待遇”③。然而实行的结果,华侨待遇并未见明显改善。在越南,中法谈判时虽有关于华侨问题的默契,但法军虐待华侨、迫害华人的情况并未稍减。据第一方面军参议袁子健在西贡亲见后的报告:“西贡法军劫杀华侨案件,据领馆调查,已达两千件以上,现尚继续发生,仍未停止。究其原因由于军纪堕落,长官纵容,不加严厉处分之故。”④在泰国,中泰虽订有友好条约,但其国内仍时不时掀起排华风潮。其他如印度尼西亚、菲律宾等国的华侨同样处境困难。其实不仅是东南亚,世界各国的华侨受到不公平待遇者所在多有,各国均在中国

---

① 徐林仪编:《战后中国的两条路线》,山东新华书店 1946 年版,第 39—40 页。

② 《请政府贯彻护侨政策迅速厘定具体实施办法并选择贤能熟悉侨情人士负责执行以期实收效果案》,《国民参政会第四届第三次大会提案原文》,审一第 10 号。

③ 王世杰:《在国民参政会四届二次大会上的报告》(1947 年 5 月 22 日),引自吴东之主编:《中国外交史》,第 722 页。

④ 凌其翰:《在河内接受日本投降内幕》,世界知识出版社 1984 年版,第 82—83 页。

侨民入境、居留及其他问题上苛求不已，究其实质，仍是中国的软弱与政府保护不力。对此，国内各界和舆论有强烈反应。《大公报》社评说："南洋近千万华侨，现正遭遇着总攻击，孤军绝域，可能被各个击灭。这一严重的事实，不知道政府看到了没有？那一片哀切呼救碎心断肠的声音，不知道政府听见了没有？假定看见与听见了，不知道政府有无对策？有无救援的心思？看在千万侨胞面上，祖国呀，你该争气了！该把国家弄得像个样子，该让中国人抬头见人。"①

对于有关中国切身利益的华侨问题尚且解决不了，遑论其他。中国参加了战后几次重要的国际会议，如1945年9月的伦敦五国外长会议，1946年1月的伦敦联合国会议，7月的巴黎和会等，但多是以配角身份出现，并在有关主要问题的立场上追随美国的态度。1946年7月，巴黎美苏英法四国外长会议讨论召开欧洲和会和对意大利等五国签订和约等问题，苏联外长莫洛托夫竟坚决反对中国列为和会邀请国②。美英虽曾支持中国，但在苏联的反对下，美国务卿贝尔纳斯对中国代表表示，"中国为召集人系属颜面问题"，"希望中国政府平心静气，统筹全局"；英国外长贝文表示"因苏联坚决反对，未便坚持"，表现出国际政治游戏以实力为第一的原则。结果，中国只能接受现实，只是由外交部发表声明称："未来在巴黎举行之和会，应由外长会议全体会员国召集，并不仅限于英、美、法、苏四国，实至明显。不然，则中国政府将视为违反前述协定。"③1947年3月莫斯科美苏英法四国外长会议期间，苏联提议将中国问题列入会议议程，虽然未能实现，但已形象地说明了中国在列强中的地位，以所谓五强之一，其国内问题居然成为别国讨论

---

① 《为千万华侨呼吁》，《大公报》(上海)1947年2月4日。

② 苏联的理由是，非签字于投降条款之国家，不得参加对该国和约的讨论。1945年9月伦敦五国外长会议期间，英国提议五强可以参加和约讨论，曾得到苏联同意，可是苏联很快又出尔反尔，坚持原议。

③ 《驻法大使钱泰关于巴黎和会致外交部电》(1946年7月6、8、12日)，二档，全宗一八，卷号2336；《总统蒋公大事长编初稿》卷6(上)，第213页。

的对象，无论如何也和大国的形象不相符合。资深外交家顾维钧在其回忆录中写道：由于中国第一次有机会参加讨论和决定影响全世界的主要问题而未能取得成果，使我感到很遗憾。我尤其感到特别失望，因为我毕生的希望是，在世界大家庭里，应使中国享有适当的地位，并且中国应对维持和促进世界安全与福利做出应有的贡献。我国政府未能解决国内的政治问题实在是所有过失的根源，甚至在中国没有参加的国际会议上，把中国的国内局势作为议题，使我国在国际领域内蒙受耻辱①。

二　中美关系与中美商约

中美关系始终是国民党外交的重心所在，战后尤其如此。美国与中国除了因为马歇尔使华以及美国介入中国国内政治斗争而发生的密切的政治关系之外，经济关系也是战后中美关系的一个重要内容，其中尤以中美商约的谈判占据着战后中国对美外交的重要地位。

在旧有不平等条约体系下，外商在华经济活动受到一系列特殊的保护，与华商相比处于优势地位。1943 年中美、中英新约签订后，由不平等条约体系保护的旧有经济规范取消了，如何界定中外之间新的经济关系，成为一个亟待解决的问题，中美商约谈判就是在这样的大背景下展开的。它又是中国与外国间谈判的第一个新商业条约，因而不仅对于中美两国，而且对于中国与其他国家间的经济关系，都具有重要的影响。正因为如此，中美商约谈判引起了中美两国政府和工商企业家的广泛关注。

① 《顾维钧回忆录》第 5 分册，第 608—609 页。苏联外交部长莫洛托夫公开表示，中国连自己的问题都解决不了，怎么能有助于管好全世界的事呢。美国国务卿贝尔纳斯告诉中国驻美大使顾维钧，为了保持中国在国际事务中的地位，中国必须尽快解决国内问题，否则就将失去这种地位(同前第 6 分册，第 75 页)。

还在抗战结束之前，美国政府和工商界已经在为中美商约谈判进行准备。有四百家成员参加的美国中美工商业协进会（其中包括不少美国著名工商企业），代表美国工商界提出了对中美商约谈判的意见，主要目标是："帮助为两国间的贸易和美国在华投资建立一个健全的法律基础，并为双向贸易最大限度的发展提供一切实际的帮助。"①由于过去特权带来的好处，他们仍然希望在新条约中保持某种特权。在中美工商业协进会向国务院提交的意见中要求："战前美国在华实业因遵循美国法律、服从美国法庭而得到好处，人们合乎情理地相信，这种状况将继续下去，如果发生什么转变，将会规定一个过渡时期，其间将继续享受美国法律带来的好处。"②不仅是美国工商界要求中国市场的开放，甚至连美国军方亦认为，蒋介石为美国的政治经济支持应当付出的代价是，保证美国的特殊经济利益，将中国经济置于美国的完全指导之下③。美国国务院正是在这样的基础上草拟了条约草案，在新商约框架中，将旧有特权尽可能保持下来。

根据中美新约的规定，新商约的谈判将在战争结束六个月后开始。不等战争结束，1945 年 4 月 2 日，美国方面已将一个长达五十八页的商约草案交给中国外交部。外交部召集经济、财政、交通、内政、教育、司法行政等部和地政署及中央宣传部对美方草案进行了详尽研究，认为美方约文"范围之广，内容之详，为以往美国对外商约所未有"，而且此约"不但对于中美今后合作关系重大，且将为我国与其他各国商约之范本"，因此各部均提出了若干意见，其中最大的异议集中在美方要求

---

① *Directory of the China-America Council of Commerce and Industry-A Guide to Nearly 400 American Companies Interested in Developing Trade Between China and the U. S. A.* ,p. 6. The China-America Council of Commerce and Industry ed. ,New York. 1946.

② Julia F. Gosgrove,*United States Foreign Economic Policy Toward China, 1943 - 1946*,pp. 117 - 118,Ann Arbor,1983.

③ Report by JCS,Oct. 22,1945,Shaller,*The U. S. Crusade in China*,p. 279.

的给予缔约双方公司、社团以国民待遇与“无条件和无限制”的最惠国待遇问题上①。虽然这样的待遇是给予双方国民的，但是中美两国之间经济发展的巨大差异，使中国国民实际上无法享受此种待遇，而且美国是联邦制国家，各州都有保护自己利益的特别规定，外国国民在美国所能享受的国民待遇只限于联邦法律的范围内，这对于中国极为不利，最惠国待遇则有被他国援用之担忧，因此中国有关部门均反对不加限制地给予美国公司、社团以国民待遇与“无条件和无限制”的最惠国待遇。美方草案的另一个突出问题是，关于在华美国公司法律地位的规定与中国正在讨论中的新《公司法》不符。拟议中的新《公司法》规定，公司的法律地位采取属地原则，无论由谁经营，凡本部设在中国领土内的公司为中国公司，反之即为外国公司，这样许多在华营业多年的美资公司（如著名的上海电力公司等），由于他们的本部不在国外，不能算外国公司②。美国对此反应强烈，他们在商约草案中极力要求中方接受美国对于公司法律地位的解释，即公司的法律地位决定于其注册地，这样许多在华营业的美国公司，虽然本部设在中国，但因其在美国注册仍可算美国公司。

美方草案提出之后，在美方催促下，中美双方首先在美国进行了非正式会谈，主要是中方要求了解美方草案中若干规定和措辞的确切含义。日本投降后，美国实业家急于返回中国，中美工商业协进会及其下属公司发起了声势浩大的向战后中国市场进军的运动，协进会及美国各大工商业企业代表纷纷来华，准备在战后中国市场上大显身手。美国政府和企业家雄心勃勃地要把 19 世纪末美国提出门户开放政策时对中国市场的高度期望变成现实，把中国潜在的庞大市场变成能为美

① 《外交部上行政院呈文》，二档，全宗十八，卷号 3034。

② 新《公司法》对公司如此定义的原因，一是防止外商皮包公司在中国买空卖空，以及在其属国与经营国同时享受优惠待遇，二是防止国内资本抽逃国外，再以外资名目出现。

国实业家带来源源不断的丰厚利润的市场。因此,美方催促中方尽快开始正式谈判。美国商人提出,如果中国不同意开始谈判,则美国应停止对中国的贷款和援助①。马歇尔受命来华后,美国又将中美商约谈判与马氏的使命联系起来。1946 年 1 月 17 日,美国国务院将财政部的急电转致马歇尔,其中转述了由国务院、财政部和商务部等部门代表组成、负责协调美国对外经济政策、监管对外贷款的国际货币财政问题委员会的意见,将立即谈判商约作为美国给予中国贷款的条件之一,同时还要考虑中国在下列问题上的态度:1. 中国商业政策的非歧视性质;2. 并非旨在发展自给自足经济的合理的关税政策;3. 为外国在华公司创造与在其他商业国家相似的条件;4. 在最惠国待遇基础上使外国公司进入各种实业领域;5. 扩展私人贸易和私人企业经营的领域;6. 无损中外企业的经济发展计划,等等。上述种种条件多数与商约谈判有关,质言之,谈不成美国满意的商约,国民政府就很难得到贷款。这实际是在谈判中加入了新的因素,即国民政府从美国获得财政援助及马歇尔在调处中对国民政府的支持,依赖于谈判的进展,这对于已经因为经济发展不平衡而在谈判中处于弱势的国民政府又加一重新的压力,而且这样的压力,对于正在极力争取美国支持以削平对手统一中国的国民政府几乎是难以抗拒的。商约谈判的过程充分反映了双方的这种不平等性,美国政府与工商界一直密切合作,最大限度地保证美商利益,而国民政府因为担心外界对条约的负面反映,一直保持了谈判的秘密性,工商界不得与闻,只能在条约签订后,接受既成事实。

在美国的压力下,1946 年 2 月 5 日,关于中美商约的谈判在重庆开始举行,中方首席代表是外交部条约司司长王化成,美方首席代表是美国驻华参赞施麦斯。双方以美方提出的草案为基础,进行了艰难的谈判。中方首先声明:1. 为中美友好全面合作起见,“我们已对贵方所有建议均加以最优惠的考虑,并尽可能立即按原有形式接受美方条

① *United States Economic Foreign Policy Toward China*, pp. 182 - 183.

款";2. 中方不仅要考虑本约,而且还必须联系与其他国家的关系;3. 中国与美国经济发展水平不同,因而并非所有条款在实际运用上双方都有同样的好处;4. 中方的对案勿让第三方知道。美方强调,美方方案是谈判的基础,因为此方案注意到了最近国际经济关系的发展,"是作为一项统一的计划而设计的,因此它的有关内容须放在与这一整个计划的关系中考虑"①。

有关中美商约谈判的讨价还价实际集中在三个主要分歧点上。中国首先在公司法律地位问题上向美方作出了重大让步。3月中旬,国防最高委员会审议新《公司法》,专门委员会主任委员徐堪提出取消外国公司需在本国"营业"的规定,遭到委员们一致反对。但主管当局深知,"就两国经济相需情形而论,我所赖于美者急,而美所求于我者缓,故研议本约自应权衡国家整个需要,就全面之利害着想,庶不致因小失大"②。换句话说,中美双方在商约谈判中地位的不平等,是自始即由主客观条件所决定的。因此在主管当局坚持下,3月23日,立法院还是通过了修改后的《公司法》,在公司定义上接受了美国的要求,这在国民政府立法史上是没有先例的。著名经济学家马寅初指出:"外国人不应干涉我国的内政,更不应干涉我们的立法。中国的立法应当是为了中国人民的利益,可是我们的政府不重视人民的意见,而重视美国的利益,只知道如何便利美国,而不顾老百姓的利益,这不是中国的经济,而是美国的经济。"③

关于国民待遇问题,美方坚持如果没有该项规定,外商在华经济活动将受到中国地方法律的限制,但闭口不提美国联邦法与州法律的差

① 《中美商约谈判记录》,引自任东来:《试论一九四六年〈中美友好通商航海条约〉》,《中共党史研究》1989年第4期,第18页。

② 《经济部对"中美友好通商航海条约草案"意见书》,二档,全宗十八,卷号3034。

③ 周永林、张廷钰编:《马寅初抨击官僚资本》,重庆出版社1983年版,第152—153页。

别。美国要求美商在华享受国民待遇，而华商在美国只能享受他州待遇，这显然不公平，但在美方压力下，中方同意给予美国公司、社团国民待遇，并同意公司范围包括金融业（中方以前一直反对金融业享受国民待遇），但加上“除缔约彼方法律另有规定外”，同时接受了美国的“它州待遇”。关于“无条件和无限制”的最惠国待遇问题，双方于此费时最多，中方坚决反对“无条件和无限制”字样，因为这将开一个供他国援引的不利先例。由于中方表示“我国在事实上已采用无条件最惠国待遇，但为避免舆论反对及他国援例要求，故不愿列入条约，美方人员以我立场坚定，经请示国务院终于让步，同意将本款中无条件最惠国待遇一句删去”①。谈判从重庆到南京，历时半年，至 8 月底谈成了初稿。

11 月 4 日，中国外交部长王世杰、外交部条约司司长王化成和美国驻华大使司徒雷登、使馆参赞施麦斯在南京签订了《中美友好通商航海条约》。条约内容十分广泛，林林总总，计有三十条之多，各条中又有若干款，但其主要内容可以概括为两项：1. 缔约双方国民在下列各方面彼此享有国民待遇，即在彼方领土全境内居住、旅行，从事经商、制造、加工、金融、科学、教育、宗教及慈善事业，购置动产，进出口商品内地税的征收，商品的销售、分配，在彼此领土内所制造商品的出口关税；2. 缔约双方在下列各方面彼此享有最惠国待遇（即所谓“不低于任何第三国国民、法人及团体所享有之待遇”），即进口关税、采矿、内河及沿海行船与通商、购置不动产②。

中美商约是中国废除不平等条约体系之后，和外国签订的第一个商约。该条约的内容十分广泛，不仅限于条约名称所指的通商航海，还涉及政治、文化、教育、宗教乃至军事等各个方面。如同艾奇逊所称，它

---

① 《中美友好通商航海条约初步谈判报告书》，二档，全宗十八，卷号 3034。

② 王铁崖：《中外旧约章汇编》第 3 册，第 1429—1451 页。

“为美中两国的关系提供了一个全面的法律框架”①。与旧有不平等条约不同，这个条约的大多数条文规定对于双方都是平等的，互惠的②。考虑到中国近代订立的那么多单方面优惠的不平等条约，该约条文的平等互惠内容当然具有一定的意义。然而，在废除了旧的不平等条约的片面最惠国待遇和外侨特权之后，是否只要规定了互惠的最惠国待遇和国民待遇就是平等呢？其中的关键在于，美国是最发达的经济大国，而中国还是一个极不发达国家，互惠平等对于两个经济发展差别极大的国家的意义显然是不一样的，美国可以充分享受的优惠，中国由于经济发展程度所限，根本不可能享受，因此条约签订之后，中国各界反应最为强烈的，就是这种形式上的平等而实质上的不平等。中美商约公布之后，除了国民党的《中央日报》发文认为，“只要这个条约在原则上是平等的，便无非议的余地”外③，几乎没有得到中国社会各界和舆论的支持。知识界称其为单惠条约，沿海大城市工商界人士多数反对或不无疑问，而内地工商界则一致反对。《大公报》认为：“在实质上，我们觉得它几乎是一个新的不平等条约”；“中国当年的不平等条约中的最惠国条款，是片面的，现在则是双方的，自然是平等的了。但事实上中国的国力太差，于是所有的互惠都变成了单惠。……中国这样的大开门，是完全符合了美国的‘门户开放’政策。美国的高度工业品大量涌来，美国的高度生产力与高度生活力都大量拥来，试想想，我们的工

① Raymond Dennett and Robert Turner, eds., *Documents on American Foreign Relations*, Vol. 9, p. 577, New Haven, 1950.

② 该条约的有些规定文字上仍然不平等，如第 26 条第 4 款规定，美国给予古巴和菲律宾的贸易优惠不适用于该条约。更重要的是，美国坚持移民法规中涉及中国的条文仍然适用。1943 年，美国废除了《排华法》，这是一个历史性的进步。此后美国实行移民的国籍配额制度，以各国 1920 年在美人数的 1%的六分之一为基数，而 1920 年的美国已经实行排华法律三十多年，当时在美华人数比 1882 年还少近五万人。按照这个数字计算的华人移民配额与别国配额相差悬殊，因此这个配额对于中国仍然是歧视性的。

③ 《中央日报》(上海)1946 年 11 月 5 日。

业将如何建设？我们的经济将成何形状？我们人民的生活将处何境遇？我们是弱国穷国，我们不怪美国，只是惊异我们的政府为什么竟不为本国的工业、经济与人民生活谋一些保护？”①中共更是抨击中美商约“乃不平等条约废除后首度签订的最不平等条约”，谴责国民党借此约“不但将获得前次所谈五万万元借款，而且将获得更大更多的借款与投资，以便加强统治与扩大内战”②。

面对外界对中美商约的强烈批评，主持中美商约谈判的王世杰承认，“因中美经济状况不同，所谓互惠实际上仍易成为片面之惠，故对若干问题，中国不能不采取若干保留之态度。然为鼓励美国对华投资以助我工业发展起见，势不能不给予美国人民及公司以必要之保障”③。为了缓和这种批评，外交部条约司司长王化成于11月28日发表声明：“总观各界批评，最着重之点，佥以中美两国国力不同，我国不能根据条约而享受与美国同样之平等互惠利益，对于此点，我方于谈判中，无时不予以细密之注意。”他认为条约对于中国的实际情况亦给予了考虑，在九个方面中国作了保留。如国民待遇在“法律另有规定时，则不适用”；关于版权，中国人翻译美国著作不受任何限制；对关税自主和进出口的决定权毫无影响；关于船舶航行范围，“其权操之在己”，“我方对沿海贸易及内河航行权之必要保留，由本国国民享有一点，向所坚持”。他强调“所谓最惠国待遇，实即为与第三国之平等待遇，此为我国历年来在外交上所力争之原则。我既不愿在美华侨遭受低于其他国家国民所受之待遇，则我当亦不应对在华之美侨予以不平等待遇”④。

评价中美商约，不能仅仅从经济意义考量，它的谈判过程和政治背景也是不应忽视的重要一面。在条约谈判过程中，中美双方处于不平

① 《评中美商约》，《大公报》（上海）1946年11月6日。

② 《新华日报》1946年11月7日。

③ 《王世杰日记》1946年11月4日。

④ 《中央日报》（上海）1946年11月29日。

等的地位，中方始终承受着某种有形和无形的压力，有些是美方公开强加的，有些是中方可以感觉到的。而条约谈判的政治背景，加剧了双方的这种不平等性。战后中美关系的两个显著特点是：中国经济的恢复有赖于美国的援助，国民政府需要美国的支持对付其对手中共并确立其在国内的独尊地位。可以说，中美双方都充分认识到自己在谈判中的不利和有利、劣势与优势地位，唯其如此，美国才敢于对中国有关立法过程进行干预；国民党才不顾内外的强烈反对，不惜以损害国内工商业界利益为代价迁就美国，以换取美国的支持。为免节外生枝，条约签订后，11 月 6 日，国防最高委员会批准了条约，9 日立法院表决通过条约，这样在条约签订后的一周内，国民政府已经完成了全部批准手续。

颇具讽刺意味的是，就在中国各界对中美商约强烈反对之际，被中国人认为占了便宜的美国人对这个条约仍不满意，这其中除了两国经济文化环境带来的差别外，确实也存在对于国际经济规则的不同理解①。比如内河航运问题，在美国人看来，中国关于航运的规定，采取了相背于普遍国际惯例的极端民族主义立场，即所有外籍货轮均不得载货驶往非指定海口的中国口岸。这样就使外籍货轮不能进入上海以远的长江，而只能在上海卸货，再经转运至长江上游港口，如重要的商业中心汉口。结果，货物在中国水域内的转运费远高于其应花费数字，而且上海转运中的种种程序，使它成为阻碍中国内地极需货物的瓶颈②。再如知识产权问题，在国人看来似乎并不那么重要，而在极端重

① 如何建立新的、涉及全球发展的、基于自由贸易体制的国际经济秩序，是战后世界面临的新问题。美国所希望的，是建立以自己为主导的全球经济体系，以利于美国资本的扩张。中方在讨论商约草案时已经注意到了这个问题，经济部认为，美国“意旨在将其近年来所主张之自由思潮与经济政策施诸于商约条款，以为今后美国与他国商订商约之范形，藉为推行其世界政策之滥觞”(《经济部对〈中美友好通商航海条约草案〉意见书》，二档，全宗十八，卷号 3034)。此时这一国际经济秩序还处于形成过程中，如何理解并在实践中运用，作到真正有利于缔约双方的互惠利益，还需要经过相当长时间的磨合过程。

② *The China White Paper*, Vol. 1, p. 223.

视知识产权并以此作为出口创汇大宗产品之一的美国人眼中，条约对中国作了重要让步。美国人希望的是无条件和无限制的自由贸易以及国民待遇，因此，直到 1948 年 11 月，美国国会才批准了该条约，30 日，中美双方在南京交换了批准书。此时国民党政府已在内战中全面失利，条约对美国人的意义已经很小了。

在战后最初两年间，中美之间还签订了一系列条约和协定，如《关于美国驻华军事顾问团之协定》(1946 年 4 月 29 日)、《中美空中运输协定》(1946 年 12 月 20 日)、《关于美国武装部队驻扎中国领土之换文》(1947 年 9 月 3 日)、《关于美国救济援助中国人民之协定》(1947 年 10 月 27 日)、《中美在华教育基金协定》(又称《中美文化协定》，1947 年 11 月 10 日)等。通过这些条约、协定和换文，将美国与国民政府之间的特殊关系进一步固定下来，保障了美国在中国政治、经济、军事、文化等各方面的具有绝对优势的排他性的特殊地位。单就中美经贸关系而言，1936 年，中国自美进口及对美出口货值分别占中国进出口贸易的 19.6%和 26.4%；而到 1946 年，这两个数字为 57.2%和 38.7%①，仅此一项，即可见美国在中国对外关系中所占的特殊重要地位。

三 中英关系与香港问题

随着大英帝国的衰落，中英关系也不再具有以往所有的重要意义。战后中英关系除了在香港接收问题上有所交涉外，既非十分密切也无大的冲突。

在抗战期间中英进行新约谈判时，为了尽早达成此约，中国在香港问题上作出了让步，没有坚持战后收回香港的主张，但对于九龙租借地问题，因为中英新约的签订，其法理依据已不复存在，何况各国均已将

---

① Cheng Yui-kui, *Foreign Trade & Industrial Development in China*, pp. 180-182, The University Press of Washington, Washington D. C., 1956.

租借地交还中国，因此国民党尚有借抗战胜利而收回的想法。然而英国顽固地坚持其旧有殖民帝国的傲慢立场，拒绝讨论任何有关改变未来香港九龙地位的主张。直到抗战胜利，香港问题再次由于接收而提上国民政府的议事日程。8 月 24 日，蒋介石在国防最高委员会上解释了中国在这个问题上的立场。他称，我们中国决不借招降的机会，忽视国际合作和盟邦的主权，所以我们不愿借此派兵接收香港，引起盟邦间误会。关于香港的地位，从前是以中英两国条约为根据，今后亦当依中英两国友好的关系协商而变更，我们的外交方针和国际政策，主张尊重条约，根据法律以及时代要求与实际需要，求得合理的解决。现在全国各租借地均经次第收回，九龙的租借条约自非例外。但是我们亦必循两国外交谈判的途径，以期收回领土，行使主权①。当时政府内部有人建议，应在时机成熟之际，以精兵直袭港九，再与英国交涉，至少以收回九龙为限②。但蒋介石对任何与英国可能发生冲突的建议均态度谨慎，他不愿在战后国内问题优先的情况下，因此影响与英国尤其是与美国的关系，因此对这样的建议均未认真考虑。

日本宣布投降后，英国立即紧锣密鼓地开始接收香港的准备工作，英国首相艾德礼并致电杜鲁门，要他指示麦克阿瑟，命令香港日军向英军投降③。曾经在香港问题上支持中国的美国，此时出于其自身利益的考虑，竟然同意香港由英军受降。尽管蒋介石不主张在香港问题上与英国发生冲突，但他也反对英国军队重返香港并接受日军投降的举动，要求日军根据原计划向中国投降，他还向美国总统杜鲁门求援，强烈反对对波茨坦公告和盟军最高统帅已经发布的投降条款作任何改变。但杜鲁门告诉蒋介石：香港受降不过是个军事行动问题，而无关英

① 《蒋主席最近言论》第 1 辑，第 9—10 页。

② 外交部欧洲司：《收回香港问题》(1945 年 8 月)，引自吴东之主编：《中国外交史》第 636 页。

③ Truman, *Year of Decisions*, p. 379.

国的主权，中国应该与英国进行合作，“英国在香港的主权是没有疑问的，倘为投降仪式而发生麻烦，似乎将抵偿不了其恶劣影响”①。美国的态度使蒋大失所望。蒋只能再后退一步，8 月 23 日，蒋介石电告杜鲁门，提出香港由中国战区统帅委派英军代表进行受降，实际这只是挽回一点面子而已，并无多少实际意义。不料英国连这一点面子也不愿给。8 月 27 日，蒋介石会见英国大使，英方告以“英国必须在击败日本以后，恢复香港原有之地位，因此彼等甚歉彼等不能接受蒋委员长之建议，由英国军队之官长作为蒋委员长之代表，在此英国领土接受投降”。蒋当即表示“余委托英军官接收香港之主张，必须贯彻”。“如其不接受此委托而擅自受降，则破坏联合国协定之责任在英国，余决不能放弃应有之职权，且必反抗强权之行为”②。29 日，蒋介石发出命令，授权英国海军少将哈考脱接收香港及九龙日军投降。次日，蒋再次会见英大使，告知此项决定，表示：“除非联盟国不承认余为中国战区之统帅，华盛顿之盟约无效，或尔英国脱离联盟，宣告单独自由行动；否则余之指令决不能改变，余决不能破坏盟约，违反公约，屈服于强权也。余令既出，必贯彻到底，希望英国恪守信约，保持荣誉，如其最后仍加拒绝，则必宣布其恃强违约，公告世界，以著其罪恶而已。”9 月 1 日，英国表示同意中国的意见，由蒋介石委派英军将领接受香港日军投降，此一问题总算得到了解决。

8 月 30 日，英国舰队抵达香港，次日即成立军政府，重建对香港的殖民统治。9 月 16 日，香港日军投降仪式在原总督府举行，由英国第十一舰队司令哈考脱将军和日本香港军司令冈田梅吉、华南舰队司令藤田赖太郎分别在日军投降书上签字。中国代表潘华国将军参加了日军投降典礼。受降典礼之后，中方交给英方一份备忘录，称今日受降之

① Truman, *Year of Decisions*, p. 380.［日］古屋奎二：《蒋总统秘录》第 7 卷，台北“中央日报”社 1986 年版，第 3037 页。

② 《总统蒋公大事长编初稿》卷 5(下)，第 813—814 页。

事，并不包括九龙日军。此前，中国新一军第五十师先于英军大部队于9月8日进驻港、澳地区，待英军开到后，香港由英军进驻，新一军仍驻九龙，直到11月下旬奉命开赴东北时为止①。

香港问题虽因中国的让步而得到解决，但国内要求收回香港的呼声一直不绝，国民党也通过各种途径多次向英国提出此一问题②，原则均为和平解决，但以当时中国的国际地位，英国不会理睬中国的要求。直到1948年行宪国大期间，还有代表提出这个问题。外交部的答复是：我国外交政策，有一极显著之点，即我素来一贯尊重国际义务，信守国际条约。香港以及九龙之一部分，系我于1842年鸦片战争后，先后依照条约规定，割让与英国者。纵然我人对签订该项条约之当时环境与历史，深具遗憾与憎恶，但我人对已经签订之国际条约义务，在条约未失效前，只有忍痛遵守。我政府决循正当外交途径，以求港九问题之根本解决③。但直到国民党在大陆的统治告终，香港问题始终未能提上中英双方的外交议事日程。

四　中法关系与越南问题

中法关系在民国时期的对外关系中本不是重点，因为同盟国将北纬16度线以北的越南北部划入中国战区受降范围，而越南在战前是法国殖民地，才使中法关系一度成为战后中国对外关系的重点之一。

中国赴越受降之时，由胡志明领导的越南独立同盟已经宣布越南独立，成立越南民主共和国，反对法国殖民者重回越南。越南本与中国

---

① 尹骏：《胜利后国军率先光复香港记》，《传记文学》第46卷第3期，第19—20页。

② 1946年6月，蒋介石会见即将离任的英国驻华大使，告以香港问题务设法早日解决。王世杰称此一问题尽可觅得解决，而不影响双方之实际利益。王世杰还要顾维钧向英国外相当面提出香港问题（《王世杰日记》1946年6月13、14日）。

③ 《国民大会代表询问案（外交部）之答复》第52页。

有长期往来关系，越南独立运动领导人抗战时多在中国活动，而法国驻越当局和军队在中国抗战期间长期与日本合作，站在中国的对立面，因此中国当政者中有人对越南独立呼声颇表同情①。但是这与国民党最高当局当时的全盘方针不符。支持越南独立，势必与法国对立，可能还会与其他大国发生矛盾，对于急需在战后国内政争中得到大国支持的国民党自然是得不偿失②，何况蒋介石正设计将龙云赶下台，不会听任云南军队因待在越南而坐大或出现什么难以预料的情况，因此，国民党对赴越受降较为谨慎。行政院组织了越南顾问团，由外交部代表凌其翰，军政部代表邵百昌，财政部代表朱偰，以及经济、交通、粮食等部的代表组成，任务为拟定受降期间的行政命令，并与法方协调接收问题。根据行政院在顾问团出发前的十四条指示，受降时将邀请法国派员参加，并由法国组织代表团协助接收，顾问团应与法国代表团密切联系；对越境内一切交通工矿事业继续维持，听候商洽法方派人接收；对法越间一切关系严守中立态度，不加干预。显示中国无意长期待在越南，介入越法之争。这些规定在顾问团内被人认为是“过于消极，一切出发

① 越南独立同盟领导人胡志明、越南国民党领导人武鸿卿和革命同盟会领导人阮海臣等，战时均在中国从事越南独立活动，后两者还得到国民党的大力支持。主管受降的中国陆军总部和赴越第一方面军的高级将领，多主张支持越南独立。陆军总部最初拟定的赴越受降指令中，并未提及与法国的关系，没有考虑将越南交还法国的问题(陈修和:《抗战胜利后国民党军入越受降纪略》,《文史资料选辑》第7辑，第16—22页)。行政院驻越顾问团也多倾向于这种意见。

② 据外交部驻越代表凌其翰以后回忆，蒋介石曾在开罗会议上与罗斯福达成默契，战后越南不交还法国，而由国际托管并最终实现独立。但由于史迪威事件的发生导致美蒋矛盾的尖锐，蒋介石突于1944年10月10日接见戴高乐的法国政府驻华代表，表示“不论对于印度支那或者印度支那的领土，我们都没有任何企图”;“如果我们能够帮助贵国在该殖民地建立法国政权，我们是乐意的”(凌其翰:《在河内接受日本投降内幕》,第28、32页)。因此，国民党不准备介入战后越南问题的立场实际在战争结束前已经决定了。而在国际上，英国坚决支持法国，并允许法军在越南南部登陆，美、苏由于战争末期已与法国达成了默契，同意法国成为战后五强之一，因此也不再提越南独立问题，中国缺乏支持越南独立的国际环境。

点，皆以将越南交还法国为前提”，也被卢汉认为“不合实际情形”。但是他们无力改变国民党中央的受降方针①。然而即便如此，法国从越南原宗主国的立场出发，对于中国赴越接收充满了疑虑和敌意，中法之间便难免在越南问题上的矛盾。

9月28日，驻越南北部日军投降典礼在河内举行，中国第一方面军司令长官卢汉接受了日军司令土桥勇逸的投降，法国代表亚历山大因以官方身份出席的要求遭到拒绝而未出席典礼，受降仪式也未悬挂法国国旗②。卢汉发布的受降布告中称，“中国军队非为越南之征服者或压迫者，而为越南人民之友人及解放者”，未提越南以后的地位问题，只要求“各级行政机构，均一仍旧贯”，“现有行政人员，亦应各就岗位”，并强调了中国军队指挥官在接收期间的最高权力③。10月1日，陆军总司令何应钦赴越视察，除了对受降具体事项有所规定外，决定“对于越南现有临时政府之态度，必须审慎，但宜保持友好立场，不可有正式公文来往，交涉最好以备忘录（无头无尾）出之”④。先期回重庆请示的外交部代表凌其翰也于10月上旬携回重庆的指示为：对于越盟党政权，采取不管立场，惟我国驻军必须切实掌握铁路与港口；我军受降缴

① 朱偰：《越南受降日记》，商务印书馆1946年版，第2—4、10页。由于卢汉等人对法国重回越南持消极态度，9月19日，法国总理戴高乐对在巴黎访问的行政院院长宋子文抱怨，中国占领军的态度使情况复杂化了，但宋向其保证：“中国政府不以任何方式反对法国对印度支那所享有的权利。”（凌其翰：《在河内接受日军投降内幕》第38页）

② 原驻越法军一部在1945年3月日军接管越南后退入中国，驻在云南蒙自。日本投降后，他们向中国陆军总部提出：越南本属法国的远东殖民地，目前日本已经战败投降，维希政权瓦解，要求贵部协助我军重返越南，接受驻越日军之投降。陆总答以：四国波茨坦公告，并无法国代表参与其事，未闻法军可以受降，我总部无权擅自改变盟国共同的决议，碍难照办。因此法方代表只能以个人身份参加受降仪式（万金裕：《日本投降和中国陆军总部受降内幕》，《成都文史资料选辑》第17辑，第35页）。

③ 朱偰：《越南受降日记》，第21页。

④ 朱偰：《越南受降日记》，第31页。

械遣回日军工作完毕，即行撤回；对于越南民政机构，不必接管；对于东方汇理银行，不必接收。卢汉在得到这个指示后，进一步指示下属，对法越纠纷严守中立，越军进入我防区即须解除武装，对越党不干涉亦不警戒，对法人生命财产尽力保护①。

由于国民党的谨慎政策，中法双方在越南尚能做到相安无事，只在中国军队用费问题上发生了矛盾。入越受降部队15万人，其初期费用为国内携去之法币与关金券，折合越币大约在每月近亿元，入越时间既长，继续使用多有不便。10月间财政部代表朱偰回重庆请示，建议先由法国供应越币，以后再由两国政府结算，同时在当地由银行开办法币、关金与越币的兑换业务，但法方在谈判中拖延不予答复，最后行政院径行指示卢汉，请其与东方汇理银行交涉，暂行开办法币、关金与越币兑换业务，每月暂借越币4000万元，以后统由中法两国政府结算②。法国驻越代表对此仍极力拖延，经中国驻越军政当局以强力要求，方才应允。但11月20日兑换刚刚开始，法方突然宣布停用500元越币，导致市面紧张，金融混乱，关金价格下跌，越南人民也因此而不满，26日群众游行抗议，与法方发生冲突，东方汇理银行停业，此事只能暂停。中国驻越当局遂决定以强力手段解决，11月29日，财政部代表率员前往东方汇理银行，逮捕其副经理和河内分行经理，强制执行兑换，并加借军费至其已允之每月5500万元。12月4日，中法就此事达成协议，500元越币照常使用，每月兑换额由华侨、法人和越人按一定比例兑换，中国部队机关的兑换由第一方面军司令部审核后，开据证明兑换③。

法国对于战后重新确立在越南的殖民统治地位是孜孜以求的。

① 朱偰：《越南受降日记》，第35页；凌其翰：《在河内接受日本投降内幕》，第15页。

② 朱偰：《越南受降日记》，第49页。

③ 朱偰：《越南受降日记》，第74页。

1945 年 9 月,法国军队在英国支持下开入越南南部,而中国军队则成为他们开入越北的主要障碍。如同戴高乐所说:“中国军队占领着北部和中部以及老挝的一部分,却是最令人讨厌的事情。我们的政治和经济活动将长期受到阻碍。”①为了尽快消除法国人眼中的这种障碍,法国在对华关系上作出了若干姿态。1945 年 8 月 18 日,法国与中国签订了《交收广州湾租借地专约》,同意将广州湾租借地提前交还中国。在西方各大国中,法国因为战争缘故,是尚未与中国签订平等新约的国家。11 月,中法两国就此进行了初步谈判,在其他问题上,因有中美、中英新约成例可循,故谈判的重点集中在有关中国在越南的利益问题上。主要有:1. 华侨问题。越南是中国大量侨民的聚居地,他们在法国殖民时期受到种种歧视性待遇,中方在谈判中提出,在越华侨的历史传统和习惯性权利(如使用中文等)应予保持,在居住经营等方面应享受最惠国人民待遇,法方应取消向华侨收取的身份税,华侨应享受与法籍居民相同的法律待遇;2. 国际交通运输问题。因中国滇、桂两省对外联系不便,长期依靠通过越南的海运,法方提出,将海防港划出自由区,使中国过境物资运输可不经检查直接通过并免缴关税和过境税;3. 滇越铁路问题。中方提出,中国因日本侵略导致中越过境交通中断而遭受重大物质损失,法方表示可由中国提前赎回法国投资的滇越铁路云南段以为补偿,赎款由清算日本财产中补偿。对中方上述意见,法方并不反对,但其签约的前提是中国尽早在越南撤军交防,而中方表示撤军原则自无问题,但时机尚不成熟,因此中法正式谈判直到次年的 2 月才开始举行。1946 年 2 月 28 日,中法关于双边关系的谈判在重庆结束并签订新约,法国同意交还上海、天津、汉口和广州法租界,放弃在华治外法权以及其他特权,并确认了谈判中达成的关于华侨、海防港和滇

① 戴高乐:《战争回忆录》第 3 卷(上),世界知识出版社 1981 年版,第 245 页。

越路地位的各点意见①。对法国而言,放弃特权是大势所趋,"不因此而受损失",而中国军队撤出越南,对于法国重新确立其在越南的殖民地位却有重要意义,"至可满意"②。

法国既已在有关中国利益的问题上作出了让步,急于从越南脱身的国民党便同意从越南撤军。在中法新约签订的同时,双方以换文方式同意中国军队于3月1日至15日期间开始撤退,月底撤完,而法国每月向中国军队垫付越币6000万元③。3月4日,军令部指示驻越军司令部,法军可自海防登陆开始接防,至月底完成。当晚第一方面军与法方谈判接防日期,法方要求允许法军于6日在海防登陆。陆军总部代表陈修和以未接到重庆命令和法越谈判正在进行为由表示反对,而第一方面军因卢汉不在河内,不敢作出决定,谈判无结果。次日,顾问团得知后,认为法越谈判正在进行,如允许法军在海防登陆,越方必定抵抗,中国军队将处困难境地,反对法军立即登陆,参加谈判的第五十三军(军长周福成正在重庆)副军长赵镇藩也反对让步,刚好驻海防的即五十三军的第一三〇师,因此海防驻军决定在未接到正式命令前拒绝法军登陆④。

法国为了迅速恢复在越南的殖民统治,急于派遣军队入越,因此在中法双方意见不一的情况下,法方代表于3月5日向海防中国驻军提出,法军在海防登陆事已得重庆和河内中国当局的许可(事后调查此事纯属法方的欺骗),但海防驻军以未接到命令为由,拒绝法军登陆。6

① 《关于法国放弃在华治外法权及其有关特权条约》,《关于中越关系之协定》,1946年2月28日,王铁崖编:《中外旧约章汇编》第3册,第1362—1369页。

② 《尹凤藻致外交部电》(1946年3月4日),引自吴东之主编:《中国外交史》,第651页。

③ 《关于中国驻越北军队由法国军队接防之换文》、《关于法国供给中国驻越北军队越币之换文》(1946年2月28日),《中外旧约章汇编》第3册,第1371—1375页。

④ 陈修和:《抗战胜利后国民党军入越受降纪略》,《文史资料选辑》第7辑,第27—28页。

日晨，法军开炮轰击码头，守军还击，双方遂发生激烈战斗。法舰被击沉一艘，击伤二艘①。此事发生后，中法双方都采取了低调处理态度。法方表示，“双方利益在树立以后友好关系，应避免事态扩大，以中法友谊为重，地方误会宜解不宜结，不必过于追究”。中国外交部则电令卢汉，“海防事件移向外交途径处理，交防任务仍不变更”。18日，法军开入河内②。顾问团遂于3月底结束工作，4月上旬陆续撤离河内。第一方面军各部亦同时登轮径赴东北，6月上旬全部撤离越南。中国对越受降工作由此结束，中法关系亦因新约的签订而完成了重新定位的工作。

① 冲突发生后，中法双方战地指挥官签约，法方承认此次事件由法军负责，赔偿海防居民财产损失，今后不再偷袭海防，中方释放法军被俘人员（王理寰：《抗战胜利后海防痛击法军纪实》，《文史资料选辑》第12辑，第152—153页）。

② 《尹凤藻致外交部电》，1946年3月14日，引自吴东之主编：《中国外交史》第651页；朱偰：《越南受降日记》，第125页。此时顾问团仍建议，在海防事件未解决前，应以第五十三军留在越北，要求法方赔偿损失。结果行政院回电，“以事关军事，非本团职责，颇有斥责之意”。陆军总部驻越代表陈修和建议何应钦以三个军驻越，而“万不可以区区经济利益，尽忘前仇，弃友援敌，自拆藩篱”，电文由何转蒋后无下文。据卢汉致外交部电，海防冲突发生后，各种意见大略为：1. 不准法军登陆；2. 海防突变后应借此拒绝登陆，不予交防，以造成推翻协定之外交；3. 迟延交防，同时故意利用法军对华侨生命财产确有危害之事实，即借武力以解决其武装，就此使中法协定被破坏；4. 交防后，应将海防事件解决后方能撤兵，以便护侨。可见当时反对立即自越南撤军的呼声很高，但这均不合主政者的既定政策。王世杰曾数电卢汉，催其尽快交防撤退（朱偰：《越南受降日记》，第125页；陈修和：《抗战胜利后国民党军入越受降纪略》，《文史资料选辑》第7辑，第25页；凌其翰：《在河内接受日本投降内幕》，第100页）。

第四章　国内冲突的焦点——东北

第一节　东北局势的演进

一　国民党接收东北的企图

东北面积占全国的七分之一，人口占全国的十分之一，可耕地面积占全国的三分之一，铁路长度占全国的一半，可谓地域辽阔，物产丰富，交通便利，战略地位极其重要。尤其是东北工业，在中国并不发达的工业体系中占有重要地位。据1943年的统计，东北的钢铁产量占全国产量的90%左右，煤产量占一半，发电能力和水泥产量占三分之二以上，在全国举足轻重。自“九一八”事变后，东北被日本占领，国民党势力无法插足，而随着日本对东北统治的日趋严酷，中共在东北的活动也受到压制。尽管如此，东北在国共两党斗争中的重要性是双方都不会忽视的。

随着抗日战争的接近胜利，国共双方都开始考虑战后东北问题。蒋介石曾在一次秘密军事会议上说：“国民党命运在东北，盖东北之矿产、铁路、物产均甲冠全国，如东北为共产党所有，则华北亦不保。”①的确，国民党如据有东北，不仅可以占有东北的工农业资源，而且可以对中共的主要根据地华北构成合围之势，战略上将占据极大的优势，这也是国民党忍辱负重签订中苏条约的最重要原因之一。

---

①　刘武生主编：《从延安到北京——解放战争重大战役军事文献和研究文章专题选集》，中央文献出版社1993年版，第88页。

还在抗战后期,国民党已经开始了战后接收东北的准备工作。最早接触到这个问题的是政学系。当时,在熊式辉任局长的中央设计局下面成立了一个东北设计委员会,负责研究战后东北接收问题,由沈鸿烈主持。沈研究得出的结论是:改组后方东北各省政府,作好接收准备;训练接收干部;处理好对苏对共关系①。在此之前,张群、熊式辉、吴铁城等人在重庆多次讨论过东北问题。他们认为,美国为了对日作战的胜利,一定会要求苏联参战,而苏联进入东北必然对中共有利,为了国民党的利益,他们提出了五点意见:一、为了便于复员并考虑到东北的具体情况,将东北划为九省;二、以三民主义为东北总的施政方针,保障人民自由,成立地方民意机构,实行民选,限制私人资本,逐步实现耕者有其田;三、以一部分国军长住东北,作为军事基础,同时改编伪满军队,作为辅助;四、将日本在东北的公私企业收归国有,同时对东北进行有计划的开发,作为全国经济的基地;五、人事上避免一党专政色彩,争取中间派的合作②。这些建议实际上是以国民党东北施政方针的某种中立色彩换取苏联的支持,以确保国民党对东北的控制,但国民党战后在东北的施政并未能照这几项建议办理。

1945 年 6 月 9 日,蒋介石召见熊式辉,指示对上海、平津、东北接收工作早为准备,并提出由熊负责上海,张群负责东北。然而政学系的如意算盘是,张群在中央运作,操控政局,熊式辉出任东北职务。因此,熊向蒋坚辞去上海的使命,而蒋确也离不了张群在中枢的谋划。最后,蒋同意由熊负责战后东北政治,张治中负责东北军事。但政学系不愿东北这块肥肉落到别人手中,便四下活动,终使蒋同意由熊“专任东北,

---

①　《熊式辉日记》1945 年 6 月 5 日。

②　张潜华:《政学系在东北接收问题上的如意算盘》,《文史资料选辑》第 42 辑第 174 页。孙科也提出:苏联必在东方参战,东北将为苏军力所及,如我内政上无良好措施,如苏联兵力所及,可能将政治交与中共,中共将于其间大扩张武力,黄河以北全入掌握之后,大局可以推想而知(《黄炎培日记》1944 年 5 月 17 日,《中华民国史资料丛稿》增刊第 5 辑,第 49 页)。

文白任西北事”①。

日本宣布投降后，8 月 31 日，国民党六届中常会第九次会议暨国防最高委员会第一六九次常会通过了《收复东北各省处理办法纲要》并由国民政府公布，决定在长春设立军事委员会委员长东北行营，“处理东北各省收复事宜”，“综理一切”，并“得就近指挥监督东北各省区内行政机关”（1946 年 9 月 22 日改为国民政府主席东北行辕）；行营下设政治与经济二个委员会，“分别办理行营区域内政治经济事务”；在长春设立外交部东北特派员公署，“办理行营区域内交涉事宜”；同时决定东北行政区划改为九省：即辽宁、安东、辽北、吉林、松江、合江、黑龙江、嫩江、兴安省（9 月 19 日，立法院通过东北改划省区案，次年 6 月 6 日，正式公布各省行政区划）②。9 月 1 日，熊式辉被任命为东北行营主任。其后，熊又兼行营政治委员会主任委员（委员多为原东北知名人士和将领，以安抚东北人心），张嘉璈为经济委员会主任委员，蒋经国为外交特派员，何柱国为参谋长（后因何双眼失明，改任董英斌），组成了东北接收的一套班子。10 月 8 日，关麟徵被任命为东北保安司令长官，26 日，关与因昆明事变而为龙云所极不满的杜聿明对调，杜出任东北保安司令长官。

9 月 1 日，东北行营筹备处在重庆开始办公，主要是遴选行营工作人员，准备接收计划。在此前后，熊式辉与宋子文、陈诚、陈立夫就接收东北的有关经济、军事、党务问题交换过意见，但都未涉及苏联和中共对东北的态度问题，外交当局亦未对外交交涉作什么指示。由于中苏条约签订后，国民党对从苏联手中接收东北持乐观态度，他们似乎对具体接收方案并未下多少功夫。奉召自美国回来参加接收的张嘉璈，在重庆盘桓近月，只参加了行营政经两会的两次联席会议。当他得知中

① 《熊式辉日记》1945 年 8 月 23 日。

② 《国民政府公报》1945 年 9 月 4 日；参谢国富：《抗战胜利后国民政府划东北为九省述评》，《民国档案》1990 年第 4 期。

苏间对东北接收移交程序并无具体规定，而行营上下盲目乐观，不禁感慨万端。

蒋介石比他的部下们考虑得多一些。日本投降后蒋就不断接到密报，中共军队正进入东北。在蒋身边负责情报工作的唐纵判断：中共将“转移兵力于华北乘势进入东北，造成新割据局面”，建议迅速派兵去东北，同时力控华北，抑制中共北上企图①。美国也向国民党建议：如果此时共产党控制张家口、承德、山海关一线，并利用苏联掩护控制满洲，则英美将来在和平会议上对国共问题不能不采取折衷办法，如果中共此时没有实行此着，则中共问题不难解决②。这引起了蒋的重视，尤其是中共军队占领山海关的举动，使蒋认为东北“驻军之配备与运输，不能不从速筹备，以防万一”③。9 月 11 日与 13 日，蒋两次致电在华盛顿的宋子文，要他速向美方商洽运送军队去东北事，否则，如“让共党占领东北，此为最险之事也”，“今后接收东北必多纠葛，或因此无法接收，亦未可知也”④。但因调派军队需要时间，而且蒋此时更关心国民党政治经济中心东南沿海一带的接收，他最初还是将接收东北的希望寄托在苏联的协助上⑤。

9 月 18 日，蒋介石发表广播演说称：“由于盟邦苏联的军事援助之下，实现了开罗宣言及波茨坦公告，而我们东北同胞亦由此得到了解放，重返了祖国。最近将来，我们的行政人员及我国的军队就要来到东

① 唐纵：《在蒋介石身边八年》，第 541 页。

② 《中共中央致重庆代表团电》，1945 年 9 月 18 日。

③ 《总统蒋公大事长编初稿》卷 5(下)，第 828 页。

④ 《总统蒋公大事长编初稿》卷 5(下)，第 832、834 页。

⑤ 因为苏联在中苏条约谈判中承诺所有援助只给予国民政府，使国民党作出了苏联将支持国民党接收东北的错误判断。实际上，苏联对东北有其自己的考虑，其对中共的支持也没有违背条约承诺。美国情报机关向国务院的报告中明确指出，苏联在条约中没有做出任何特别的承诺，将中共排除在满洲之外(Manchurian Prognosis, Fall 1945, Levine, Steven I. *Anvil of Victory——The Communist Revolution in Manchuria, 1945 - 1948, p. 30. Columbia University Press, New York, 1987*)。

北，与我们隔绝了十四年之久的亲爱同胞握手言欢。”蒋表示今后建设东北的方针是：“第一，我们必须发挥自己的力量，以奠定建设的基础。第二，我们也要获得盟邦的援助，以完成建设的全功。”蒋特别表示：“至于希望盟邦协助的方面，包括经济上的援助和技术上的协力而言。尤其是对我盟邦苏联业已订立了三十年友好同盟条约，此后中苏两国唇齿相依，守望相助，东北同胞，首先蒙受利益，我东北同胞必须重视这个友谊，真诚相处，以增进两国的邦交，实现我们国父共同奋斗的遗教，完成我们建设的大业。”①这个演说对苏表示友好，从中可见当时国民党寄希望于苏联的心态。

10 月 1 日，苏联驻华大使彼得洛夫通知中国政府，苏军业已开始自东北部分撤离，主力将于当月下旬开始撤退，11 月底撤完，请中国接收人员在 10 日后到长春与苏军统帅接洽。同日，中国外交部通知苏方，中国军队将于 10 日自九龙由美国舰船运往大连登陆，办理接收。不料苏联于 5 日向中国驻苏大使傅秉常询问中国军队此次登陆目的何在，又于 6 日正式答复称：“大连为运输商品而非运输军队之港口，苏联政府坚决反对任何军队在大连登陆。”②虽然 9 日外长王世杰会见苏大使，表示“中国政府对条约所规定之义务，必完全履行”，但中国派兵到东北登陆，“决不能认为系违反中苏条约”③。但苏方并未接受王的解释。苏联为何拒绝国民党政府军在大连及在东北各港登陆，牵涉到美苏国共三国四方之间的复杂关系，根本原因是苏联一直将东北视为自己的势力范围，雅尔塔协定已经充分暴露了它对东北的企图，它对美国背景浓厚的国民党在美国支持下进入东北，进而导致美国插足东北，威

---

① 重庆《大公报》1945 年 9 月 19 日。

② 《傅秉常大使致外交部告苏联反对我军在大连登陆电》(1945 年 10 月 7 日)，《中华民国重要史料初编》第七编第一册，第 119 页。

③ 《外交部长王世杰接见苏联驻华大使彼得洛夫关于中国政府派兵由大连登陆至东北谈话纪要》(1945 年 10 月 9 日)，《中华民国重要史料初编》第七编第一册，第 121 页。

胁自身利益，持有相当的戒心。无论如何，苏联拒绝国民党政府军在大连登陆一事是一个明显的信号，预示着东北接收不会如国民党预期的顺利，但这仍未引起国民党足够的重视。

10月9日，东北行营副参谋长董彦平等先行到达长春，准备行营到后的工作事宜。12日，熊式辉、张嘉璈、蒋经国及东北宣慰使莫德惠一行飞抵长春。国民党接收东北的领导机构姗姗来迟，与中共争夺东北动作的迅捷恰成鲜明对比，此时中共东北局已在沈阳工作了近一个月，中共已有好几万部队在东北。具有讽刺意味的是，熊等由苏方指派的抗联人员担任警备工作，行营用款也因既无旧币亦无新币又不能向苏方借用而无法解决。张嘉璈因而感觉“不易自由行动”，“如同身在异国”，认为这是“中央有关各部尤其外交部对于此类接收失地之大政尚缺乏经验，不能于事前缜密准备”的结果①。一叶知秋，国民党接收东北的前途由此可知。果然，13日，熊式辉、张嘉璈、蒋经国等与东北苏军总司令马林诺夫斯基会见。马氏表示，苏军已遵约开始撤退，希望中国照约接收，但对熊等提出的部队登陆、协助运输、恢复交通、行政机关接收等几个关键问题，马氏均未作出使国民党满意的答复，而推之以“无权”，或须“请示”。在国民党最关心的部队登陆和运输问题上，马氏对登陆事不表反对，但请自便，对运输事，则称铁路正用于苏军撤离，并有几处发生鼠疫，因此不能相助。相反，马氏却提出东北反苏组织问题，要求国民党“注意并设法阻止，否则苏方将采取严厉处置”②。事后，张嘉璈和蒋经国对此次会谈最深刻的印象都是，“不愿我方有大批军队入东北”，“彼方不愿我军海运登陆”，结论是“苏军撤退以前，吾方

---

① 张嘉璈：《东北接收交涉日记》前言。

② 《军事委员会委员长东北行营主任熊式辉到长春后与苏方代表谈话经过之情形》，1945年10月12日（原文如此，应为13日），《中华民国重要史料初编》第七编第一册，第121—122页。

在政军方面不容有丝毫自由行动”①。

苏联对国民党政府军海运登陆、接收东北采取如此态度，完全出乎国民党意料，且因事先没有准备，使其措手不及，极为被动。国民党只好改变原定计划，“以交涉我军登陆及出关二事，作为中心工作”②。而国民党所可依据的只有中苏条约及其附件，但其中的有关条款较为模糊，并无接收程序的具体规定。虽然在有关附件中有国民政府可“在已收复领土内树立中国军队，包括正规军及非正规军”的规定，但又规定“有关作战一切事务之最高权力与责任”，“属于苏联军总司令”，且应“保证中国行政机构与苏联军总司令之积极合作，并依据苏联军总司令之需要及愿望，特予地方当局指示，俾得有此效果”③。这就决定了国民党在东北的一切行动必须得到苏联的同意。

经过与苏方的几次交涉，苏联坚拒国民党政府军在大连登陆的态度毫无松动。10 月下旬，熊式辉回重庆请示东北接收问题。18 日和 23 日，蒋介石两次会见苏联大使彼得洛夫，请其向斯大林报告，“根据中苏同盟关系之精神及感情，苏联即能予我帮助。我军在大连登陆，应该没有问题。至于谈到条约根据，大连为我国领土，主权属我，为条约所保障。如果我军不能在大连登陆，反为破坏条约。……我个人请他根据友谊关系，予我回答”④。但苏方未予置理，国民党不得不放弃大连登陆方案，25 日改提在营口、葫芦岛两港登陆的方案(国民党也曾提过安东港登陆的方案，但苏方答以安东属另一战区管辖而未同意)。对

① 张嘉璈:《东北接收交涉日记》(1945 年 10 月 13 日);《外交部驻东北特派员蒋经国呈蒋委员长告今日会谈最可注意事项函》(1945 年 10 月 13 日),《中华民国重要史料初编》第七编第一册,第 122—123 页。

② 《蒋经国特派员呈蒋委员长告与苏方交涉国军登陆与出关之经过电》(1945 年 10 月 31 日),《中华民国重要史料初编》第七编第一册,第 134 页。

③ 《关于中苏此次共同对日作战苏联军队进入中国东三省后苏联军总司令与中国行政当局关系之协定》,王铁崖编:《中外旧约章汇编》第 3 册,第 1339 页。

④ 《主席接见苏联大使彼得洛夫谈话纪要》(1945 年 10 月 23 日),《日本投降与我国对日态度及对俄交涉》,第 132 页。

苏联的态度,蒋似还抱希望。10 月 29 日,杜聿明到东北与苏军接洽登陆事,行前向蒋介石请示:“假如共军确已先入东北,苏军又不承担掩护国军接收的任务,下一步怎么办?”蒋只强调“根据条约规定,他们一定要对中国负掩护接收之责”①。他还针对苏联所提“反苏活动”事,指示熊式辉:“苏方顾虑两国合作之事与人,吾人应特别注意,竭力避免。”②希望以此示好于苏方,得到其协助。

然而,苏联并未因国民党示好而改变其态度。相反,自 10 月下旬起,“苏方态度,显有急激之变化”。25 日,苏军搜查了长春国民党党部,切断了行营电话,在蒋经国与马氏顾问巴佛洛夫斯基的谈话中,苏方甚至提出行营应对反苏活动负责,并询问“行营既为收复事而设,可否取消”③。11 月 5 日,马林诺夫斯基在与熊式辉的会谈中告诉熊:营口、葫芦岛已“被十八集团军所占,苏军已经退出”,故对国民党政府军登陆事“不能负责”;苏军已“由南向北撤退,至撤退后之地方情形,苏方概不负责,亦不干涉”;“至于十八集团军与中央军之纠纷,乃内政问题,不便干涉”。至此,熊式辉等与马氏会谈五次而一无所得,熊不能不对马氏表示:行营到东北后,“毫未展开工作”,军队不能登陆,“行政方面,不能着手编练团队,不能接收铁路邮电金融等机关,不能派员赴各地视察,致一切接收准备皆无从进行。以上事实,不符合中苏友好条约之精神,诚为遗憾,万一接收部队不能按时到达,而影响整个东北之接收,此

---

①　杜聿明:《蒋介石破坏和平进攻东北始末》,《文史资料选辑》第 42 辑,第 5—6 页。

②　《蒋介石致熊式辉、张嘉璈函》(1945 年 10 月 16 日),*Chang Kia-ngao Papers*,Box 10,Hoover Archives,Stanford University,California。当时国民党中央组织部派去东北的特派员齐世英发表反苏言论,遭到苏方抗议,蒋即令熊世辉约束东北党部活动,以免刺激苏方(张潜华:《政学系在东北接收问题上的如意算盘》,《文史资料选辑》第 42 辑,第 185 页)。

③　《熊式辉主任呈蒋委员长告苏方态度急激变化电》(1945 年 10 月 26 日),《中华民国重要史料初编》第七编第一册,第 126—127 页;《熊式辉日记》1945 年 10 月 28 日。

责任应由贵方负之"①。一位美国研究者这样评论:苏联对国民党军队登陆一事的阻挠,"为中共军队深入满洲并从苏军遗下的库存中得到日本武器提供了时间","这几个星期至关重要,它在控制满洲的较量中产生了极大的影响"②。

国民党本指望依靠苏联的帮助接收东北,尤其是指望军队一到,"一切可迎刃而解"。然而苏联表面上不反对国民党接收,却不提供任何实质性支持,熊式辉感到事态严重,已非他在东北交涉所能解决,因此在 5 日的会谈后,他将情况报告蒋介石,建议或由外交部与苏方交涉,"请苏方对于东北措施,重行考虑,加以改善",或由蒋介石致电斯大林,"告以东北现状,有不能贯彻中苏友好条约精神之顾虑,请其主持改善"③。在行营讨论接收对策时,熊式辉主张"共党力量犹未长成,我久放任,则其活动更易,力量滋长更速,应不必定待国军到达始往各地接收",但事实上做不到,也为张嘉璈和蒋经国所反对。事实上,熊式辉其人多谋而少断,是政客而非政治家,难以应付东北的复杂局面,把他放在这个岗位上,显出蒋介石所选非人。张嘉璈、蒋经国、杜聿明对熊都颇为不满,小蒋认为他"怕负责任,怕有责任,对大问题又皆无决断",甚至"以长春万一有变则将如何自处为念"④。

由于苏联的态度以及中共军队大举出关的现实,国民党原来设想的东北接收方案无法实行,必须对其东北决策作出调整,实际可能的抉

---

① 《蒋经国特派员呈蒋委员长告共军占据营口葫芦岛苏方藉口内政问题不予干涉电》、《熊式辉主任呈蒋委员长报告五日与苏军总司令马林诺夫斯基会谈详情函》(1945 年 11 月 5 日),《中华民国重要史料初编》第七编第一册,第 138、141—142 页。

② Feis, Herbert. *The China Tangle - American Effort in China from Pearl Harbor to the Marshall Mission*, p. 388. Princeton University Press, New Jersey, 1953.

③ 《熊式辉主任呈蒋委员长报告五日与苏军总司令马林诺夫斯基会谈详情函》(1945 年 11 月 5 日),《中华民国重要史料初编》第七编第一册,第 143 页。

④ 《熊式辉日记》1945 年 11 月 1 日;蒋经国:《五百零四小时》,《蒋经国自述》第 161、156 页。

择有四个：

一、继续外交交涉，以进一步妥协的姿态求得苏联的谅解与协助。张嘉璈等主张采用这个方案，作“忍耐为有限度之妥协”①。东北元老莫德惠认为，“必须先即速表示不再运送军队来，以安苏联之心，然后再由经济政治上求转机”②。但前一阶段中苏交涉的实际，使国民党对苏联的态度不再有当初那样的乐观。最关键的是，苏联对东北有它的利益要求，国民党如要顺利接收东北，就必须与苏联妥协，但如何在国家利益与党派利益之间寻求一个适当的平衡，妥协到什么程度可以解决问题而又不至于影响国民党的公众形象，国民党似乎心中无数。主持中央外交政策的宋子文与王世杰已经担心因中苏交涉而背上骂名，拒绝了对苏再作让步的可能。此一方案遂不行。

二、中断中苏交涉，将东北问题公诸国际，或由联合国解决。军令部部长徐永昌等人持此主张。他们认为此案“其害在失经济与人心，其利则不分关内兵力”③，即可集中兵力于关内，首先解决华北问题。但是在苏联大军占领东北的情况下，对苏决裂不仅使接收东北更遥遥无期，而且苏联一旦放手支持中共，“数月之内，东三省内将有以日本武装为装备之中共军数十万出现与我作战”，此种前景足以使国民党担忧不已。何况所谓公诸国际，说穿了只能是求助于美国，而美国是否会冒与苏联公开对抗的风险施以援手则大成疑问。因此从中央的宋子文、王世杰，到东北的熊式辉、张嘉璈、蒋经国都反对此案，而主张“为顾及接收东北之重要，非尽最后之努力，决不可轻易放弃”④。

三、立即以强力打进东北。东北前方军事将领主张此案。国民党

① 《张嘉璈主任委员呈蒋主席告苏联不容强力政权存在并扶植中共立足关外函》(1945 年 11 月 9 日)，《中华民国重要史料初编》第七编第一册，第 561—562 页。

② 《东北接收交涉日记》1945 年 11 月 14 日。

③ 《徐永昌日记》1945 年 11 月 19 日。

④ 《王世杰日记》1945 年 11 月 14 日；《总统蒋公大事长编初稿》卷 5(下)，第 877 页。

政府军虽在东北各港登陆一事上受挫，但在美国支持下，11月间改在秦皇岛登陆成功，控制了出关的前沿阵地。杜聿明力主乘中共军队立足未稳，先解决东北问题。此案与前案的分歧源于军事战略的不同考虑，即先关内还是先关外，但实行此案的困难在于，国民党在东北前线兵力不足，增援需时①，而在苏军未撤的情况下，增加兵力又必须得到苏联的谅解，这又回到了第一案的出发点，需要以外交妥协为代价。如此双重困难，使此案未被采纳。

既然上述方案都不可行，剩下的唯一选择，就是外交上作适当表示，但保持交涉渠道，同时进行军事进兵的准备。用王世杰的话说，就是"一面坚持条约的立场"，"一面继续交涉继续准备接收"②。国民党于无奈中选择了这一方案，尽管这一方案或许对国民党是一个最不利的选择。

从东北接收交涉不利的报告不断传来后，蒋介石似乎便无意作出进一步的外交努力，而开始将重心置于准备军事接收上。他一再要求东北行营"作陆运为主之准备……积极恢复北宁路为首要工作"，"第一要务还在使国军如何进入东北，故修复北宁路必须竭尽一切方法，期其完成也"③。10月29日，他在给蒋经国的信中谈到："万一我军不能在葫芦岛登陆，则决心在秦皇岛与天津登陆，由山海关入东北也"④。大约在11月上旬，蒋介石已觉得"东北登陆计划，今已尽我心力，不能再有其它道路可循"⑤，决定暂时搁置东北问题，撤回行营，先解决关内问

① 因为种种原因，直到次年3月，国民党在东北只有十三、五十二两个军的兵力。

② 《王世杰日记》1945年11月27日。

③ 《蒋介石致熊式辉等函》(1945年10月16、25日)，*Chang Kia-ngao Papers*，Box 10，Hoover Archives，Stanford University，California。

④ 《蒋委员长致蒋经国特派员告决心在秦皇岛天津登陆出关接防函》(1945年10月29日)，《中华民国重要史料初编》第七编第一册，第130页。

⑤ 《总统蒋公大事长编初稿》卷5(下)，第872页。

题，同时加速运兵至津、秦两地，循机由陆路进入东北。11月7日，蒋介石重订东北接收计划："今既于东北各海口不能登陆，只能由山海关陆路前进之一途，此后对东北只可如俗语所谓'死马当作活马医'而已，必须先收复关内与内蒙，而后再图东北也。"①次日，蒋介石召集宋子文、张群、王世杰、白崇禧、吴鼎昌、陈布雷等讨论东北局势，蒋提出了撤退东北行营的计划，众人未表异议。12日熊式辉应召到重庆汇报，13日和14日，在有陈诚、白崇禧、何应钦、王世杰、张群、熊式辉等参加的国民党高层决策会议上，蒋的决策经讨论被通过。14日，蒋介石致函在长春的蒋经国，告以："照目前局势以及根本之计，只有将东北行营迁移于山海关，决由山海关循铁道进入东北之一途，而对苏联仍与之继续周旋，不取决裂形势，不过明示其我政府在事实上已无法接收东北，行使主权，故不得不迁移行营地点，暗示其责任在彼而不在我也。"②蒋的考虑是以退为进，反守为攻，借助国际力量迫使苏联让步。

11月13日，王世杰约见苏联大使，告以中国将对东北接收问题重新考虑。15日，外交部照会苏联驻华大使馆，称："中国政府鉴于现在东三省尚有甚多日本投降之军队及伪满军警，需待处置，地方秩序，必须维持，拟于派员接收东三省时，随派军队若干前往。兹因运兵至东三省事，遭遇诸种阻碍……以至东北行营及其随行赴东北接收各项行政之人员，不能达成其任务，故中国政府决定：

一、东北行营职员及偕行营赴东北之军事、行政外交人员全体四百余人，迁移至山海关。

二、迁移时间决定为本月十七日至二十三日，每日将用运输飞机一架至六架往长春接运。

三、我政府依照中苏协定，并派定行营副参谋长董彦平中将为军事

① 《总统蒋公大事长编初稿》卷5(下)，第878页。

② 《蒋委员长致蒋经国特派员指示解决东北问题途径函》(1945年11月14日)，《中华民国重要史料初编》第七编第一册，第146页。

代表,带同助理人员数名派在马林诺夫斯基元帅之总司令部所在地,随同进止,以资联系。”①

至此,东北行营在长春一月,未能解决任何问题,不得不撤回关内。国民党企图依靠苏联协助接收东北的计划暂时告一段落。

二 中共进军东北的决策与行动

中共对东北问题的关注与重视丝毫不亚于国民党,而战略与战术则远胜于国民党,因此中共成功地在战后建立了稳固的东北根据地,并为其在全国范围的胜利打下了坚实的基础。

还在抗战中期,中共在战后国共继续合作的前提下,已经考虑到向东北发展的可能。毛泽东提出:“日本战败从中国撤退时,新四军及黄河以南部队须集中到华北去,甚或整个八路新四须集中到东三省去,方能取得国共继续合作的条件。”②在决定战后方针的中共“七大”上,毛泽东两次提到了东北问题。他说:“东北是一个极其重要的区域,将来有可能在我们的领导下。如果东北能在我们领导之下,那对中国革命有什么意义呢?我看可以这样说,我们的胜利就有了基础,也就是说确定了我们的胜利。”“东北是很重要的,从我们党,从中国革命的最近将来的前途看,东北是特别重要的。如果我们把现有的一切根据地都丢了,只要我们有了东北,那末中国革命就有了巩固的基础。”毛特别强调东北的工业对中共的重要意义,他认为,中共现有的基础还不巩固,“因为我们没有工业,没有重工业,没有机械化的军队。如果我们有了东北,大城市和根据地打成一片,那末,我们在全国的胜利,就有了巩固的

① 《外交部为迁移东北行营事致苏联驻华大使馆照会》(1945 年 11 月 15 日),《中华民国重要史料初编》第七编第一册,第 147 页。

② 《山东根据地实为战略转移的枢纽》(1942 年 7 月 9 日),《毛泽东军事文集》第 2 卷,第 681 页。

基础了”①。根据毛的结论所言，“七大”提出了“注意大城市，注意东北，注意工人运动”的问题，可见中共当时已经有了战后经略东北的设想。不过由于中共对苏联的动向无所知，其具体行动方案尚不明确②。

1945 年 8 月 8 日，苏联对日宣战，11 日，朱德以延安总部名义发出的第二号令，命令吕正操、张学诗、万毅、李运昌等部向察、热、辽、吉进军，揭开了战后中共经略东北的序幕，而最早进入东北的中共力量是抗联教导旅的部分人员。1940 年冬，抗联部队迫于日益严酷的环境，陆续进入苏联境内，后于 1942 年 8 月，成立了国际第八十八独立步兵教导旅，即抗联教导旅，并组成了中共东北委员会，由周保中、冯仲云、李兆麟等负责。苏联对日宣战后，周保中等决定，必须抢在国民党之前，控制东北大小城镇，迎接中共大部队出关。经与苏方商定，同意抗联人员以卫戍副司令身份随苏军进入东北五十七个城市。9 月上旬，抗联人员入住包括长春、沈阳、哈尔滨在内的东北五十七个城市，以黑龙江为最多，以长春为总的指挥中心，其中周保中在长春（对外称东北人民自治军总司令），冯仲云在沈阳，李兆麟在哈尔滨，同时原在苏联学习休养的刘亚楼和卢东生等也到了哈尔滨。他们的工作重点一是接收武器

---

① 《在中国共产党第七次全国代表大会上的结论》（1945 年 5 月 31 日）、《关于第七届候补中央委员选举问题》（1945 年 6 月 10 日），《毛泽东文集》第 3 卷，第 410—411、426 页。

② 据师哲回忆：“在苏军进入我国东北之前，我们并不知道苏军的动向，不管是苏联方面，还是在苏军中工作的我方人员——如刘亚楼、周保中等同志，都没有向我们透露过任何消息。”（师哲：《在历史巨人身边》，第 305 页）然而据参加中苏条约谈判的外交部次长胡世泽所记，斯大林告诉宋子文、孙科将莫斯科谈判的内容传给了延安，并称这是“非常糟”的事，必须停止（美国斯坦福大学胡佛档案馆藏胡世泽文件，1945 年 7 月 12 日谈判记录，引自 Westad，Odd Arne. *Cold War & Revolution：Soviet——American Rivalry and the Origins of the Chinese Civil War*，P. 43. Columbia University Press，New York，1993）。根据已经公布的材料，中共知道苏联动向的可能性不大，毛泽东在 8 月 23 日中共政治局会议上的讲话对中苏条约的内容尚是推测，因而胡的说法未必可信，而且不排除斯大林以此故意向国民党示好，以促进谈判的顺利进行。

装备和公安、邮电、广播、银行、铁路等要害部门,二是进行建党建军建政工作,而且由于他们的身份,起了别人代替不了的作用。中共东北局成立后,这批人员均归属于东北局领导。

8月13日,紧邻东北的中共冀热辽军区由司令员兼政委李运昌主持,在冀东丰润召开紧急会议,决定组织一万三千多人的军队及二千五百多名地方干部,分西、中、东三路向承德、赤峰、锦州进军。担任东路进军任务的是第十六军分区司令员曾克林率领的四千余人,他们于25日进行动员,29日即从山海关以北的九门口绕道越过长城,进入了东北。30日上午,该军与苏军在山海关以东二十余公里北宁路上的前所车站会合,并成功地说服了苏军帮助一起攻打尚被日军占据的山海关。当晚,山海关被攻占。这样,日本宣布投降不过半月,中共便卡住了陆路出关的咽喉要道,占据了进入东北的先机之利,迫使国民党其后为了循陆路出关不得不付出加倍的代价。

中共中央对曾克林部的行动虽有所知,但限于当时的条件,实际情况与指挥部署未必能够同步(曾部攻占山海关的消息,延安《解放日报》一周后才予报道)。9月4日曾部过锦州后,由于电台功率太小,已与李运昌失去了联系,而当时各种情况纷至沓来,中苏条约又于27日公布,中共一时尚不能确定苏联的立场,因此中共起初对进入东北采取了较为谨慎的态度。8月20日,中共决定从山东、冀鲁豫和冀中调四个团入东北。22日,中共中央在给各地党委的指示中认为,苏联为中苏条约所限制,目前不可能援助我们,因此我党方针着重于夺取小城市及广大乡村,未提及东北问题①。26日,毛泽东在去重庆谈判前起草的通知中,认为东北"我党是否能派军队进去活动,现在还不能断定"②。但29日中共中央在给晋察冀、山东、晋冀鲁豫、华中局的指示中,虽然

① 《中共中央、中央军委关于改变战略方针的指示》(1945年8月22日),《中共中央文件选集》第15册,第243页。

② 《毛泽东年谱》下卷,第15页。

仍认为“我党我军进入东三省后，红军必不肯和我们作正式接洽或给我们以帮助”，但同时又认为，“我党我军在东三省之各种活动，只要他不直接影响苏联在外交条约上之义务，苏联将会采取放任的态度并寄予伟大之同情。同时国民党在东三省与热、察又无基础，国民党派军队去尚有困难，现在道路还不通，红军将在三个月内全部撤退，这样我党还有很好的机会争取东三省和热、察”。这是对苏联动向和国共双方战略态势作出的较为准确的判断，以后的事实也证明了这一判断的基本正确。正是因为这样的估计，这个指示要求：“晋察冀和山东准备派到东三省的干部和部队，应迅速出发，部队可用东北军及义勇军等名义，只要红军不坚决反对，我们即可非正式的进入东三省。……山东干部与部队如能由海道进入东三省活动，则越快越好。”①胶东军区情报部的邹大鹏8月底率人员到达大连后，发回的情报称“我党我军目前在东北极好发展”，进一步坚定了中共进入东北的决心。9月10日，中共将出关部队增加十个团，并决定调集近万名干部组成干部团出关。次日中共中央指示山东分局，“决定从山东抽调四个师十二个团共两万五千至三万人，分散经海道进入东北活动，并派萧华前去统一指挥”②。

对中共确立争夺东北的战略方针具有重要意义的是两件事。其一是9月14日曾克林和苏军代表一起飞抵延安，使中共中央得以第一次从亲历者口中了解到东北的实情；其二是新四军领导人黄克诚等致电中共中央，提出了多派军队去东北的建议（此二事详情已见第一章第三节第二目）。据此，中共于19日决定了“向北发展，向南防御”的战略方针，由此而使进军东北不仅在理论上，而且在实际上成为中共战后全盘战略中最重要的一着棋。

① 《中央关于迅速进入东北控制广大乡村和中小城市的指示》（1945年8月29日），《中共中央文件选集》第15卷，第257—258页。

② 《中央关于调四个师去东北开辟工作给山东分局的指示》（1945年9月11日），《中共中央文件选集》第15册，第274页。

中共确立以东北为争夺重点的战略方针后，立即进行了一系列有关部署。9 月 15 日，中共中央决定由彭真、陈云、程子华、伍修权、林枫等组成东北局，彭真为书记。19 日决定原去山东的林彪改去冀热辽(10 月 17 日令其去东北)，罗荣桓去东北。其后，又派高岗、张闻天、李富春等去东北。最终到达东北的有四位中共中央政治局委员，二十位中央委员和候补中央委员，占中共七届中央委员会成员的近三分之一，可见中共对东北的重视。9 月 18 日，彭真、陈云等人到达沈阳，开始工作，并陆续组建了北满、南满、东满、西满分局和各地方党委。10 月 9 日，成立东北军区，以程子华为司令员。10 月 31 日，中共决定东北部队改称东北人民自治军①，林彪任总司令。这样，中共在东北的最高政治、军事领导机构便组建完成。

中共进入东北最初的两个月，主要的工作就是调兵出关和占领地盘。9 月 15 日，中共中央致电各中央局："现在最需要的是派遣大批军事干部到东北。华北、华中应派遣一百个团的干部迅速陆续起身前去。从班长、副班长、排、连、营、团长及事务人员、政治工作人员均配齐"，"其他炮兵、工兵、骑兵，化学、教育等技术人员亦应派去"，"其他到东北能作司令、市长、专员、经济、文教工作的干部，亦望尽可能派去。"②9 月中旬与 10 月中旬又决定分两批调至少十万部队到东北，并规定了部队去东北的行军路线与部署地点。至此，中共向东北调派十万部队与一百个团架子干部的大盘子已定。

中共出关部队的主力是山东军区的部队。山东半岛与辽东半岛一水之隔，海路交通比较方便，以往就是闯关东的一条捷径。抗战时期，

① 苏方曾对进入沈阳的曾克林建议，由于受中苏条约的限制，中共军队对外最好不叫八路军，改叫东北人民自治军，我们就可睁一只眼闭一只眼。曾接受了苏方建议后，苏方下令凡佩戴自治军符号的部队，可在东北各地活动，不加阻拦限制(曾克林:《戎马生涯的回忆》，第 218 页)。刘少奇也建议彭真，出关部队既要有正式名称，又要避免外交纠纷，"请考虑是否可用东北人民自治军"(《刘少奇年谱》上卷，第 499 页)。

② 《中共中央致各中央局电》，1945 年 9 月 15 日。

中共在山东的力量有了较大发展，到抗战胜利时，山东军区已编成主力与基干部队八个师、十一个警备旅和四个独立旅，共二十三万余人，为调兵它用准备了充分的条件。9 月 20 日，中共中央指示山东局："发展东北控制冀东、热河进而控制东北，除开各地派去之部队和干部外，中央是完全依靠你们及山东的部队和干部，原则上以山东全部力量去完成这个任务。""时机非常紧迫，望你们迅速动作，越快越好。"同时并指示东北局："目前对于你们最重要的工作，是迅速组织和接引山东部队和干部进入东北。"①山东部队主要由海路进入东北，在胶东由蓬莱和龙口出发，在辽东于孤山、庄河、貔子窝一带登陆。显然，在辽东登陆至少得到了苏军的默认②，而苏方又以此为借口拒绝了国民党政府军协助登陆的要求。到 11 月底 12 月初，山东部队约有 6 万人到达东北。

由陆路进入东北的中共部队，前期走山海关，后期由于国民党政府军向山海关进攻而改走热河绕道出关。这其中最主要者为黄克诚率领的新四军第三师三万余人，还有陕北、冀中、晋绥的部队，以及抗大总校和大批干部。到12月间，中共出关部队总数达到近十一万人，还有两万干部，原定调军计划基本完成。同时由于在东北"扩兵极容易，每一号召就有数百人，并有大批伪组织武装均待改编"，因此中共要求出关部队"必须分散摆开迅速发展扩大，收编改造伪军、伪警，高度分散发展之后，下一时期才会有大量部队集中作战"。在大规模扩兵之后，早期出关部队几乎是以成倍的速度增加，以至"一名排长去了一趟厕所，回来后已多了一个排的新兵，一时传为笑谈"③。曾克林部半月内从 4000 人

---

① 《中共中央致山东分局电》，1945 年 9 月 20 日；《中共中央致东北局电》，1945 年 9 月 20、24 日。

② 据载，罗荣桓在渡海途中，遇到苏军巡逻艇，苏军官登艇后表示，我们不阻止八路军的行动，船队可在旅顺、大连之外的任何港口登陆（《罗荣桓传》，当代中国出版社 1992 年版，第 388 页）。

③ 《中央通报》（1945 年 9 月 16 日）；曾克林：《戎马生涯的回忆》，第 246 页。此种扩军素质不高，中共亦有察觉。据林彪的报告，"在东北新成立之十多个旅，成分皆

扩到2万人，年底便达到7万人。当年年底，东北人民自治军已辖有十三个军区，三个纵队，五个师，十七个旅，共274,900人①，1946年1月14日，部队改称东北民主联军，林彪任总司令，彭真任第一政委，罗荣桓任第二政委。东北已一跃而成为与中共其他战略区平行的大区之一。

与中共部队大举出关的同时，中共在东北大力扩张地盘。根据9月28日中共中央军委给东北局的指示，“我军进入东北的部署，应将重心首先放在背靠苏联、朝鲜、外蒙、热河有依托的有重点的城市和乡村，建立持久斗争的基点，再进而争取与控制南满沿线各大城市”。10月2日，中共中央再度强调按前电部署执行，“以便立稳脚跟之后，再争取大城要道”②。东北局据此提出东北工作方针是，“放手发动群众，发展武装，收集资材，接收并改组政权，建立根据地，以便在长期斗争中达到全部控制东北或保持我党在东北能有政治上和军事上的优势为目的”③。但是由于中共初入东北时的特殊情况(各城镇尚无正式政权，苏方不仅不加限制，而且愿意中共协助其维持城市秩序，刚出关的部队需要城市作为补给、中转地)，加上东北工业发达，人口集中，广大乡村人烟稀少，需要中共在工作方式上有所变通，因此东北局的工作重心起初放在南满地区，对城市工作给予了较多的注意，而中共中央一度也曾有过力求

极坏，皆缺乏政治认识，流氓、土匪、宪兵、伪军甚多，真正的工农成分，亦被带坏”(《林彪致中央电》，1945年12月14日)。据萧劲光回忆，“后来，当国民党部队一进攻，这些部队整团整营的反水，杀害我们的干部，给我们造成很大损失”(《萧劲光回忆录》，解放军出版社1987年版，第328页)。据不完全统计，当年底到次年初，东北收编部队叛变的有近四万人(丁晓春、戈福禄、王世英编著:《东北解放战争大事记》，中共党史资料出版社1987年版，第29页)。因此，中共在东北后期的扩军作法有了改变，并对新编部队进行了大规模整顿。

① 中国人民解放军总政治部组织部:《中国共产党中国人民解放军组织史资料》第3卷，长征出版社1994年版，第552页。

② 《军委关于争夺东北的战略方针与具体部署的指示》(1945年9月28日)、《中央关于东北战略方针与部署给东北局的指示》(1945年10月2日)，《中共中央文件选集》第15册，第300、309页。

③ 《东北局关于建军方针问题向中央的报告》(1945年10月13日)，《中共中央东北局重要档案汇编》，第4页。

控制全东北的主张(见下节)。

曾克林部到达沈阳后,9 月 9 日便成立了临时人民政府,然后分兵五路接管了鞍山、本溪、抚顺以及原辽宁省的大部分城市。18 日彭真、陈云等到沈阳后,感觉“此间发展条件甚好”,因此在次日召开的东北局第一次扩大会议上,决定以组织部队占领城市,控制铁路交通沿线,以及营口、山海关等要点,迎接大部队出关为中心开展工作。据过来人回忆,当时的东北“到处是放手发动群众,收缴敌伪武器,扩大人民武装的轰轰烈烈的场面”①。然而这毕竟是特殊时期的特殊产物,随着国民党接收东北部署的逐渐到位,随着国共美苏四方关系的演变,这种情况也在发生变化,首先出现的就是不可避免的国共冲突。

三 山海关之战

国民党接收东北虽然暂时受挫,但其军队登陆一事在美国的帮助下,却有了重要进展。10 月中旬,国民党第十三军和五十二军由美军掩护在秦皇岛登陆完毕,建立了进军东北的前进基地。10 月底,杜聿明亲往东北与马林诺夫斯基交涉,马氏“同意”国民党政府军可在营口登陆,但 11 月初,杜聿明和美国第七舰队指挥官乘军舰到营口,准备指挥军队登陆时,发现苏军已经撤退,营口已被中共军队占领。杜认为国民党想依靠苏联协助派军接收东北已无可能,遂飞重庆向蒋介石建议:既不能和平接收,即不惜使用武力,迅速抽调十个军,以美舰掩护强行登陆,先肃清东北共军,再回师关内作战②。蒋此时对依靠苏联接收也

① 曾克林:《戎马生涯的回忆》,第 242 页。

② 杜聿明:《蒋介石破坏和平进攻东北始末》,《文史资料选辑》第 42 辑,第 8 页。杜聿明是当时国民党内主张在东北动武的主要人物之一,而且对前景较为乐观。他曾对人说,“如今我们拥有几百万装备精良的军队,再加上美国朋友的全力支持,整个形势都将对我们有利,只要认真、慎重地指挥作战,打败共军不是不可能的”(《我的戎马生涯——郑洞国回忆录》,第 399 页)。

不抱希望，但出于总体战略考虑及实际困难，尚无意在东北动用重兵，况且他对用兵也无十分把握，不过完全听任中共在东北发展，亦为蒋所不甘，所以他采取了折衷办法，令杜聿明先以两个军打下山海关再说。

国民党的动向立即引起了中共的警觉与注意。国民党军队陆续在秦皇岛登陆后，距离控制在中共手中的山海关只有咫尺之遥，中共认为其“向山海关、锦州进攻前进是必然的”①。此时正值中共向东北进军的关键时刻，已经到达东北的部队有了较大发展，控制了大片地区，苏联在东北又对国民党采取了不合作态度②，中共认为如能控制山海关和东北各港口，可能将国民党堵在东北大门外，由中共独占东北，因此，中共对东北工作的部署有了变化。10 月 16 日，中共中央指示彭真等人：“蒋军在东北登陆，及从任何方面进入东北之蒋军，须坚决全部消灭之。……此刻我军须集中作战，暂时不能分散。如能消灭蒋军前头部队，即可使蒋军后续部队有所畏惧，方可争取时间。”③19 日再度指示东北局：“我党方针是集中主力于锦州、营口、沈阳之线，次要力量于庄河、安东之线，坚决拒止蒋军登陆及歼灭其一切可能的进攻，首先保卫辽宁、安东，然后掌握全东北，改变过去分散的方针。”“守住东北的大

① 《中共中央主席毛泽东关于坚决阻蒋登陆给彭真的指示》(1945 年 10 月 16 日)，袁伟主编：《山海关之战》，军事科学出版社 1988 年版，第 189 页。

② 苏方与中共当时在拒绝国民党政府军登陆一事上似有默契。根据现在公布的材料，国民党军队准备在东北登陆前，苏方即已通告中共，并促“派兵阻击”。毛泽东要彭真告苏方，对国民党在东北各港登陆的试探，“请告辰、马诸兄(苏方代号——作者注)一律拒绝，至少拖延一个月至一个半月”(《中共中央主席毛泽东关于坚决拒蒋登陆给彭真的指示》，1945 年 10 月 16 日，袁伟主编：《山海关之战》，第 189 页)。苏方随后建议中共部队在安东、营口、葫芦岛三处设防，以阻止国民党军队登陆，而中共对苏方的态度“甚为欣慰”(《中央关于全力控制东北拒止蒋军登陆着陆给东北局的指示》，1945 年 10 月 28 日，《中共中央文件选集》第 15 册，第 388 页)。

③ 《中央关于阻止国民党军队入东北问题给彭真、陈云等的指示》(1945 年 10 月 16 日)，《中共中央文件选集》第 15 册，第 351 页。

门，争取时间，以便开展全东北的工作。”①10 月 28 日三度指示东北局：“东北方面一切问题的关键是在两个月内拒止蒋军登陆、着陆及接收政权……加强军队配备，即速派兵控制一切重要飞机场，接收各主要城市的政权、工厂、兵工厂及武器弹药。”②这几次指示改变了早先分散部署部队，首先创立根据地，与国民党长期争夺东北的方针，而要求“竭尽全力霸占东北，万一不成，亦造成对抗力量，以利将来谈判”③。为了达成这一目的，中共并请求苏联推延撤退时间并在此期间拒绝国民党军队登陆及接收政权，同时允许中共接收政权、民选地方政府及组织武装④。如此一来，东北国共双方之间的武装冲突不可避免。

11 月 7 日，蒋介石令杜聿明“应即占领山海关而确保之，相机向大凌河之线挺进”⑤。此时国共双方部队已有一段小规模接触，国民党军并未占到便宜，十三军军长石觉甚至建议杜重新考虑是否要立即进攻山海关。杜聿明到秦皇岛后，经过了解，判断山海关的中共军队“素质训练均极低劣，弹药尤为缺乏”，而自己指挥的第十三军和五十二军为美械部队，装备精良，兵力集中，数量上亦占优势，且背依铁路，补给方便，自信可以一战。14 日，他下达作战命令：“本部以迅速进入东北地区接收防务之目的，于 11 月 15 日晨，以主力自临榆、九门口强行出关，以有力之一部，由驻操营经无名口、永安堡向中前所、大石桥东南地区迂回，冲击匪之侧背，并与主力协力，将其包围于临榆、中前所间地区一带，向海滨压迫而歼灭之。尔后进出绥中南北之线。”他令十三军第四、八十九师对山海关进行正面攻击，十三军五十四师和五十二军二十五

① 《中央关于集中主力拒止蒋军登陆给东北局的指示》(1945 年 10 月 19 日)，《中共中央文件选集》第 15 册，第 364 页。

② 《中央关于全力控制东北拒止蒋军登陆着陆给东北局的指示》(1945 年 10 月 28 日)，《中共中央文件选集》第 15 册，第 388—389 页。

③ 《东北解放战争的头九个月》，《彭真文选》，人民出版社1991年版，第634页。

④ 《中共中央致东北局电》，1945 年 10 月 27 日。

⑤ 《国民革命军战役史第五部》第 2 册，第 474 页。

师由九门口和无名口迂回攻击，拊山海关之侧背，五十二军主力为预备兵团，“随攻势之进展，逐次向山海关推进，于攻击兵团攻势奏功而弹药缺乏时，应适应战机准备超越第一线扩张战果，穷追败退之匪”①。15日上午，十三军和五十二军各一部首先向山海关侧翼九门口和义院口攻击，当晚占领两地。次日又向山海关正面发起攻击，经一日激烈战斗，至晚中共军队撤离阵地。

林彪接受中共中央指示于10月下旬从冀东到达沈阳。11月上旬，他命令程子华、杨国夫、李运昌、吴克华、萧华为五方面前线司令员，分兵把守古北口、山海关、葫芦岛、营口、安东五处，算是落实了中共中央给东北局的指示。但是林彪对东北局势有他自己的看法，在兵力部署上主张“我之战术基本原则是将主力隐蔽、控制于前方的适当地点，寻找战机”②，因此他并未将主力全部放在山海关一线。当时中共在山海关的部队，先只有冀热辽的一个旅，后来山东第七师加入，总数一万余人，由师长杨国夫统一指挥，在人数与武器装备上显然远不如当面国民党军，而且冀热辽部队多系扩编，杨部又经长途跋涉，战斗力不强。15日国民党军队发起进攻后，守军感到强大压力，虽经顽强抵抗，然终不得不于次晚撤离。就军事角度而言，中共的失利并不意外。国民党投入了两个军七万人，全美械装备，而中共部队只有万余人，还包括新兵，平均两个人才有一支枪，且缺少纵深配备。

山海关发生冲突之初，中共对前景的估计较为乐观。毛泽东给东北局的指示认为：国民党“孤军深入，地理民情不熟，脱离群众，南方人怕冷，又多新兵，弱点甚多”，而我军正向东北开进，“只要坚持半个月，即有办法”③。他同时又令黄克诚、梁兴初部速赴山海关参战。至山海

---

① 《第五十二军赵公武部机密作战日记》，《抗日战争时期国民党军机密作战日记》下册，第2011—2012页。

② 曾克林：《戎马生涯的回忆》，第279页。

③ 《中央关于发动群众创造战场给东北局的指示》（1945年11月10日），《中共中央文件选集》第15册，第419页。

关失守前夕，毛泽东的看法有了改变，认为新出关部队同样存在“官兵疲劳，地形不熟”的问题，如“不得休整，势将处于被动”，因此要求“谨慎使用主力”。但他此时在给林彪的指示中，仍主张沿山海关、绥中之线节节抗击，待对手疲惫而自己休整后，由林彪“亲去指挥，举行反攻，分作几个战斗，每次歼灭其二三个师，最后全部歼灭三个军，即能从战略上解决问题”①。可见中共还没有完全放弃拒国民党军队于东北之外，而由自己独占东北的想法。11 月 12 日，东北局作出夺取沈阳、长春、哈尔滨三市的部署，得到了中共中央的同意，要求“准备坚决消灭蒋顽在沈、长、哈三处着陆部队，夺取三大城市，其中最有决定意义的是沈阳城”②。即便在山海关失守后，为了配合国民党撤退行营而引起的形势变化，中共中央仍指示东北局，“蒋介石困难甚多，即使苏方以重庆为移交东北对手，蒋亦无法接收，如我能迅速组织与巩固自己的力量并在锦州方向大量消灭蒋军，则我争取满洲仍有极大可能”③。

事实证明中共对形势的估计过于乐观。正是因为山海关被较为顺利地攻下，使杜聿明感到自己判断的正确，从而坚定了他进一步追击的决心。攻占山海关当晚，他便下令前线部队自次日起沿榆沈公路两侧向绥中进击，19 日绥中被杜军占领。当天，林彪受命到达前线，他观察形势后认为：部队已参加作战者皆极疲惫涣散，战斗力甚弱，新兵甚多，缺乏训练，武器弹药不足而未得补充，缺少用费，对地理形势常不了解，通讯联络至今混乱，地方群众则尚未发动。况且，出关部队来自各地各个山头，刚到东北不久的林彪当时还不能建立一个高效灵活的指挥系统，因此他建议：“目前我军应避免被敌各个击破，应避免仓皇应战，应

① 《从内线作战着眼分批歼灭国民党三个军》(1945 年 11 月 15 日)，《毛泽东军事文集》第 3 卷，第 143—144 页。

② 《中共中央致东北局电》(1945 年 11 月 15 日)，中共中央党史资料征集委员会、中国人民解放军辽沈战役纪念馆建馆委员会、《辽沈决战》编审小组编：《辽沈决战》下册，人民出版社 1988 年版，第 596 页。

③ 《中共中央致东北局电》，1945 年 11 月 23 日。

准备放弃锦州以及以北二、三百里，让敌拉长分散后，再选弱点突击”，“但亦不拟轻易投入战斗”①。此时正值国民党撤退东北行营，苏联顾忌国际影响而对其在华战略有所调整，中共也相应改变了自己的方针，准备退出大城市和中长铁路沿线，军事部署当然亦随之改变。23日中共军委复电同意林彪前电的“基本意见”，28日电告东北局：“近两个月来我在东北虽有极大发展，但我主力初到，且甚疲劳，不能进行决战，而国民党已乘虚突入，占领锦州，且将进占沈阳等地。又东北问题已引起中、美、苏严重的外交纠纷，苏联由于条约限制，长春铁路沿线各大城市将交蒋介石接收，我企图独占东北，无此可能，但应力争我在东北之一定地位……目前你们应以控制长春路以外之中小城市、次要铁路及广大乡村为工作重心。”②这表明中共此时已放弃了独占东北的计划。

国民党军占领绥中之后，蒋介石致电杜聿明，嘉奖其部下“忠勇奋战，迭克要隘，着即转谕锦州、葫芦岛一带，尚有匪军，仍希转励所部击灭之，向大凌河进展”③。杜聿明即下令攻击兵团沿锦榆公路和北宁铁路、一部自公路以北山地迂回，迅速向锦州推进，企图乘林彪部主力未到之前一鼓而下锦州。22日，国民党军占领兴城、锦西与葫芦岛，对锦州构成合围之势。林彪此时无意在锦州与国民党军队决战，率主力部队退往辽西阜新一带，26日国民党军占领锦州。

国民党军从攻占山海关到占领锦州，前后不过用了十天时间，而且未付出很大代价，可谓长驱直进，说明国民党用于东北的两个军具有相当的战斗力，而中共军队当时尚不具备与对手全面抗衡的实力。中共其后也认为，国民党军“几乎未遇严重抵抗”，表明出关部队“不经休整

---

① 《林彪致军委等电》，1945年11月21日。

② 《中央关于撤出大城市和主要铁路线后东北的发展方针给东北局的指示》(1945年11月28日)，《中共中央文件选集》第15册，第447页。

③ 《第五十二军赵公武部机密作战日记》，《抗日战争时期国民党军机密作战日记》(下)，第2024页。

准备，亦几乎不能作战”，“目前与顽军决战，我们一切条件都不够”①。然而国民党的弱点在于，它当时可用于东北作战的部队只有这两个军，本来蒋介石答应杜聿明，调天津的第九十四军出关，但军令部和北平行营都不同意，因为军令部自始即主张先解决关内问题，而北平行营李宗仁认为，“华北如生问题，影响及于全局”，所以何应钦曾令杜聿明先进攻热河，收复承德，杜自恃有蒋的指示而未予理睬。但东北地域辽阔，以两个军兵力出关确实力有不逮。第五十二军二师师长刘玉章进入锦西后就向杜抱怨：锦西太大，兵力不够，不是他不敢打，实在力量不够啊②。杜聿明也知道孤军深入的危险，但一路未吃到大苦头，还跃跃欲试，企望再进一步。然蒋介石一则对苏联的态度没有把握，惟恐出关部队“中途再受其胁制，陷于进退维谷之境”，为避免与苏冲突而主张“应特别慎重，不在急于接收也”③；二则他此时更多地关注华北局势，不愿多调兵力出关。因此他一面致电杜聿明表示慰勉，一面严令非有其手令不准继续前进。杜聿明虽不同意，但不敢抗命，只好命令部队停止前进。12 月上旬，蒋召杜到重庆，指示他对东北苏军占领区准备用外交接收，当前任务是打通锦承铁路，占领热河，保证侧翼安全，切断东北中共与华北的联系。杜遂将主要兵力转用于热河。

山海关和锦州的战斗规模并不大，但却表现了战后东北局势发展的一个显著特点，即如何解决政治与军事、战略与战术的矛盾关系，这种矛盾关系以后还将多次出现。国共双方的战地指挥官主要考虑的是军事战术的运用及是否有利于我的问题，并且都表现了与中央的某些分歧，这自无可厚非。但双方最高领导层的战略运用则体现了在对战后形势与自身优劣分析判断的基础上作出的全盘部署，而在这方面，中

① 《中央关于东北工作方针与任务给东北局的指示》(1945 年 12 月 7 日)，《中共中央文件选集》第 15 册，第 465—466 页。

② 杜聿明：《蒋介石破坏和平进攻东北始末》，《文史资料选辑》第 42 辑，第 23 页。

③ 《总统蒋公大事长编初稿》卷 5(下)，第 901 页。

共显然占了上风。中共部署在山海关等地作战的最主要目的，就是“使蒋方有所顾虑，先在关内集中兵力”，如此，“则将给我党以布置东北及热河全盘工作之时间”①。山海关作战失利后，中共认识到当时“我企图独占东北，无此可能，但应力争我在东北之一定地位”②，因而适时调整了战略部署，并有了后退一步的准备。以当时的实际（国共力量的对比，美苏之间的角力，苏联对国民党态度的某些缓和，甚至中共也有了这样的心理准备），国民党军队至少可推进到沈阳一线而无大碍，甚而再进一步也并非全无可能。杜聿明根据其亲身观察，一直力主集中重兵，先向北进，然后再回师关内。应该说，他的看法不是完全没有道理的③。然而，蒋介石出于种种实际的考虑，对东北问题暂时搁置，其原因固然是多方面的，但其耽误的时机却是以后很难挽回的。

第二节　东北的国共美苏四方关系

一　三国四方的纠葛

战后东北问题不仅仅是国共之争，而且是美苏两强解决战后世界问题的雅尔塔体系的重要组成部分，因此它和当时的国际形势以及美、苏两强的角力有着极为密切的关系。在一段时间内，东北成为国共、美、苏三国四方之间互为联系互相争夺的大舞台。

国共东北之争离不开美苏之争的大背景。雅尔塔会议时期的美苏

① 《坚决作战控制东西北满》（1945年11月2日），《毛泽东军事文集》第3卷，第117页；《中共中央致东北局电》，1945年10月27日。

② 《中央关于撤出大城市和主要铁路线后东北的发展方针给东北局的指示》（1945年11月28日），《中共中央文件选集》第15册，第447页。

③ 杜聿明根据自己的经验，认为中共部队的发展比国民党迅速，当时以两个军可以打到锦州，半年后以七个军却胶着于四平一个多月，可见国民党军队缓进东北对中共有利。

妥协气氛决定了有关东北的战后安排。自罗斯福逝世后，美国政界对其与苏妥协的政策颇有微词，美苏关系开始变冷。及至战后，两大国间的合作因为缺少了共同的敌人而失去了当初的动力，利益与意识形态的差别开始凸显出来，冷战的阴云在凝聚。无论是美苏妥协还是美苏冲突，对他国尤其是弱国的影响都非同寻常，国际政治的冷酷是毫不留情的。雅尔塔会议后，国民党利用美苏的妥协，争取了两强对自己的支持，而面对战后的美苏矛盾，国民党在拉住美国的同时必然失去苏联，由于苏联在东北举足轻重的作用，国民党接收东北的失败便在情理之中了。

中苏条约签订后，苏联起初对国民党表示了友善态度，表现之一是苏联对国共谈判的支持，国民党也因而对顺利接收东北持有信心。然而时间不长，情况便发生了变化。首先是美国独占日本，排斥苏联，使苏联很不满意。接着在9月美苏英法中五国外长伦敦会议上，美苏在管制日本的问题上发生争执，会议不欢而散。在此背景下，美军在中国沿海登陆，接着国民党提出由美舰运输军队在大连登陆的计划，自然使苏联猜疑美国是否企图插手东北，因而坚决反对。马林诺夫斯基在其后与熊式辉的会谈中也一再提及美军舰运输问题。国民党决策者很快体会到其中的奥妙，王世杰认为苏联的态度“半因中共问题，半因美苏既渐不睦，而我运军赴大连将用美舰也”①。张嘉璈认为这是苏联“对于我方借助美国力量运送军队入东北之不满，更显见苏联不愿见美国势力侵入东北”②。其后，王世杰便对苏联强调这是“因中国缺乏运输工具，故所用运输船舶及侦察飞机系借自盟邦美国。惟登陆军队则纯为中国军队”，请苏方不要“误会”③。王的话当为实情，当时国民党要

① 《王世杰日记》1945年10月9日。

② 《东北接收交涉日记》1945年10月29日。

③ 《王世杰部长与苏联驻华大使彼得洛夫谈话纪录》(1945年10月25日)，《中华民国重要史料初编》第七编第一册，第125页。

求美国帮助运送军队去东北,恐怕并没有与苏联为难之意,但是美苏矛盾最终使国民党的东北登陆计划成为泡影,所谓城门失火,殃及池鱼也。难怪王世杰以后感叹,“想不到国际局势变化如此快,美苏僵化如此快,美苏关系使得我们更增加许多困难,使我们交涉丝毫不能得第三者协助”①。

随着国民党在东北接收的失利,其党内对美苏矛盾影响及于中国的事实有了更深的认识。11 月 5 日、6 日、9 日,主持东北接收的熊式辉、蒋经国、张嘉璈三人先后致函蒋介石,报告情况,提出看法。三人均认为“东北局势之变化,系受美苏关系及中央与共党冲突之影响,苏方恐我国军队进入东三省后,将支持美国在东北之利益,甚至未来战争中,我军有被美国所用之可能,故不愿我国大军开入东北”。苏方之目的为:“1. 东北今后成立之政权,不能有与苏联不友好之意旨与行动。2. 阻止美国染指东北,断绝中国以夷制夷之观念。3. 使中央不能在关外有雄厚之武力,至少使八路军可在关外立足。”②这样的分析大体符合当时的实情,然而如果照这样的逻辑推理,国民党如要顺利接收东北,便要走联苏疏美甚而反美之路,这无异于要国民党脱离其执政二十年的基本轨道,在当时是完全不可能的。

国民党虽然认识到东北问题受到美苏矛盾的影响,但在处理上,则沿袭了以往的一贯作法,首先求助于美国,也就是苏联极其不满的“以夷制夷”。国民党这样做有历史与现实两方面的基础。就历史而言,美国对东北一直有着浓厚的兴趣,还在本世纪初,美国便极力想打入东北这块俄、日两国的传统领地。就现实而言,雅尔塔会议期间,为了让苏联参加对日作战,美国虽然在东北问题上对苏妥协,同意了苏联的一系列要求。然而这并不表明美国就此甘心让苏联独占东北。中苏条约谈

① 《外交部部长王世杰在重庆与苏联驻华大使彼得洛夫交涉接收东北报告》(1945 年 11 月 26 日),《中华民国重要史料初编》第七编第一册,第 214 页。

② 《总统蒋公大事长编初稿》卷 5(下),第 874、876、880 页。

判期间，美国密切关注着谈判的进程，并在东北问题上表明了自己的态度。战后，东北问题更成为美国考虑对苏关系中的一个重要因素。正是由于美国的帮助，国民党军队才得以在东北各港登陆无望时，以秦皇岛作为接收东北的前进基地。东北接收不利之后，国民党早先对苏的乐观估计不复存在，遂转而寻求美国的帮助。东北行营自长春撤退后，国民党首先通知了美国，11 月 17 日，蒋介石致电杜鲁门称：苏联"对于中苏协定之条文与精神，则故意蔑视，对于中国方面实现该协定之种种努力，在在予以阻挠"，"当前之东北局势不仅危及中国之领土完整与统一，实已构成东亚和平与秩序之重大威胁。窃意此种局势，需待中美双方之积极的与协调的动作，以防止其继续恶化"。22 日蒋又致函杜鲁门，告以"余之决心为立即撤退业已前往满洲之中央官员，并延缓进入该有争议之地区"，蒋在函中提出增运五个军赴华北，"紧急吁请贵国早日供给达成此重要任务所需之船只"①。蒋还要王世杰随时将中苏交涉情况报中国战区参谋长魏德迈，以便其贡献意见。其后，驻美大使魏道明又当面对杜鲁门表示："东北问题不能视为中国问题，乃系整个世界问题之一面，自伦敦会议后，形势急转，此显为苏联对于国际僵局之反应，亦实为角斗之开端……望美国尽量与吾人可能之协助。"②国民党的意图很明显，将东北问题适度国际化，利用战后美苏的矛盾，以美国的战略利益打动美国，然后拉美国下水，压苏联让步。

国民党的期望没有能够完全实现。美国确实对苏联在东北的作为不满，但战后美苏矛盾一时尚未发展到你死我活的程度，美国对国民党的支持就只能是有限的，尤其是在东北这样关系苏联切身利害的问题

---

① 《蒋主席致杜鲁门总统告苏联违反条约东北行营移至山海关已危及中国主权完整电》(1945 年 11 月 17 日)、《蒋主席致杜鲁门总统告苏联扶植中共阻挠接收遣俘工作并请拨船舰增运兵力往华北函》(1945 年 11 月 22 日)，《中华民国重要史料初编》第七编第一册，第 149、565 页。

② 《魏道明大使呈蒋委员长告与杜鲁门总统谈话要点电》(1945 年 11 月 27 日)，《中华民国重要史料初编》第七编第一册，第 156 页。

上，美国在当时情况下不可能为了国民党与苏联彻底翻脸。说到底，国民党只能是美国全球战略中的一个棋子，它不太可能使美国完全听从自己的调遣。美国对东北的政策是，保持对苏联的压力，支持国民党接收东北的行动，但不直接卷入，这也符合美国对战后中国的基本政策。因此，美国在得知国民党接收东北受挫之后，杜鲁门虽对“苏联此种态度，甚为失望”，对国民党的求援“频表同情”，并称将与其“密切合作，妥商办法”①，但除了派遣美国军舰运送国民党军队去东北一事外，并未见有对苏强硬的表示，对国民党而言，这多少有些口惠而实不至。

国民党接收东北受挫，而中共在东北最初的发展则得到了苏联的支持。中共部队初入东北之时，苏联方面并未认可②，为了照顾苏联的立场，中共指示所有进入东北的部队“不要声张，不要在报上发表消息”，“不要勉强与红军作正式的接洽与联络，亦不要请求红军给我帮助”③。但是这种状况很快发生了变化。9月中旬，苏军代表到延安，随后中共东北局在沈阳成立，延安、沈阳、莫斯科之间在东北问题上从此建立起密切的热线联系。

中共东北局到沈阳后，与苏军建立了经常联系，苏军由驻沈第六坦克集团军司令克拉夫钦科和该军军委委员杜曼宁出面，东北局则由彭真牵头，东北人民自治军第二参谋长伍修权参加。据伍修权回忆，他在沈阳“一开始就从事着大量紧张而复杂的外交活动，即与苏联红军驻沈阳指挥机关的联系”④。这种联系随着苏联全盘外交战

---

① 《魏道明大使呈蒋委员长告与杜鲁门总统谈话要点电》(1945年11月27日)，《中华民国重要史料初编》第七编第一册，第156页。魏德迈认为，由于苏联和中共的行动，此时国民党无法控制东北，建议国民党首先确保华北，而将东北提交国际讨论，由美英苏三国托管，直到国民政府强大到足以完全控制该地区为止(*The China White Paper*, Vol. 1, p. 132)。

② 曾克林部初到沈阳，苏军不让入城，经过三天交涉才予同意(曾克林:《戎马生涯的回忆》，第212—218页)。

③ 《中共中央给晋察冀分局等的指示》，1945年8月29日。

④ 伍修权:《往事沧桑》，第159页。

略的变化而时紧时松，时起时伏，总体而言对中共在东北的发展还是利大于弊。陈云在回顾中共在东北的发展时认为，中共夺取东北的胜利，第一个原因就是苏军出兵东北，“为我们的大部队能抢在国民党前面迅速进入这个地区，为改善我们的装备，创造了十分有利的条件。那时，苏联党对我们的力量估计不足，并有雅尔塔协定的约束，但他们还是尽力帮助我们的”①。这样的看法是符合当时历史发展的实际的。

苏联对中共初入东北的帮助体现在提供了部分武器装备，并让中共接收了若干省市的政权。据曾克林回忆，他的部队接收了大量工厂和军用仓库，包括全国闻名的沈阳兵工厂和关东军最大的苏家屯仓库，仅在苏家屯仓库，就用了三天时间，拉出了步枪 2 万支，机关枪 1000 挺，各种炮 150 门，其后还给山东送去了 500 万发弹药②。但据黄克诚回忆，他的部队到东北后，既未得到接收物资，也无后勤供应，“部队的给养相当困难”③。有一个统计称，仅长春一地，在三个月内，就接收了步枪 6 万支，机关枪 2800 挺，弹药 1200 万发④。比较权威的数字当来自中共中央方面，陈云和高岗在给中共中央的报告中提到“苏对我援助是秘密的，有限的（枪十万，炮三百）”，而毛泽东在中共政治局会议中提及“枪接收了十二万支，还有些炮”⑤。据国民党情报估计，苏联给中共

---

① 陈云：《对编写〈辽沈决战〉一书的意见》（1983 年 8 月 9 日），见《辽沈决战》（上），第 2 页。周恩来当时在给中共中央的报告中也提到：“在可能条件与许可情况之下，它（指苏联）没有不愿意援助中国人民和支持中共谈判的。只是这种援助必然是不公开的，这种支持必然是暗示式的，远方朋友（指苏联）曾为此向我们做过多次解释。”（《关于国共谈判》，1945 年 12 月 5 日，《周恩来一九四六年谈判文选》，第 6 页）

② 曾克林：《戎马生涯的回忆》，第 223 页。

③ 《黄克诚回忆录》，第 333 页。

④ 孟宪章、杨玉林、张宗海主编：《苏联出兵东北》，中国大百科全书出版社 1995 年版，第 213 页。

⑤ 《陈云和高岗给中央的报告》，1945 年 11 月 29 日；《抗战胜利三个月来的局势和今后若干工作方针》（1945 年 11 月 12 日），《毛泽东文集》第 4 卷，第 74 页。

的武器“以轻武器及少数火炮为主”，重武器则大部运回国内①。看来，十余万支枪的轻武器与实情还是大体相符的。在政权方面，由于苏联的默许，从9月到11月，中共先后成立了滨江、奉天、安东、辽北、黑龙江、合江、嫩江省政府和大连、哈尔滨市政府，控制了东北近一半的县份，并以各省市县政府作为公开的号召机关，同国民党争夺。在苏军占领下的城市，中共通过城市警察或保安部门实际控制着城市行政权。以中共东北局为领导中心，各省市县委员会为工作支柱，出关及新发展部队为武装手段，中共已在东北初步建立了自上而下一套相当完整的党政军体系，而此时国民党除了在长春有一个足不出都门的行营外，在东北疆域内尚无多少武力，更不要说行政架构了。

国民党按计划将东北行营撤至山海关并公告中外后，苏联感到了一定的压力，毕竟它还要顾忌条约的国际义务和苏美两强间的复杂关系。熊式辉曾对手下人说：这次总撤退，是委员长在外交上的一张王牌，是给苏联一种外交上的压力，以便于为今后接收开辟途径②。果然，苏联立即对国民党作出了一些缓和姿态。11月17日，苏联驻华大使照会外交部，称苏军“对于中国政府将予应有之协助”，对于中共部队“未曾予以任何帮助”，在空运部队等问题上也有松动，并表示如中方需要，苏军可延缓撤退一至二个月③。同日，长春苏军代表两次约见留在

① 《中华民国重要史料初编》第七编第一册，第597页。1952年，蒋廷黻在联合国大会上称苏联在东北交给中共枪30万支，炮2700门。1975年，苏联出版的著作称交给中共枪为70万支，炮4200门(《蒋廷黻在联合国大会上的声明》，引自刘馥：《中国现代军事史》，梅寅生译，台北东大图书股份有限公司1986年版，第257页；阿坚科等著：《苏联在中国人民解放斗争中所给予的军援》，引自台湾“中国大陆问题研究中心”编：《两次大战与中国前途》，台北1985年版，第65页)。这些统计显然大大夸大了实情，只能认为是政治考量的产物。

② 张潜华：《政学系在东北接收问题上的如意算盘》，《文史资料选辑》第42辑，第188—189页。

③ 《外交部为另订接收办法与延期撤兵事致苏联驻华大使馆照会》(1945年11月19日)，《中华民国重要史料初编》第七编第一册，第153页。

长春、负责与苏军联络工作的东北行营副参谋长董彦平，称苏军将协助中国政府建立政权，取缔反政府活动，禁止反政府宣传，长春可即行接收。其后，马林诺夫斯基又在长春向张嘉璈表示“苏方绝对遵守中苏条约”，政治情况“一定即能好转”①。国民党在随后提交的接收计划中，要求苏方保证长春和沈阳空运的安全，协助利用铁路和港口运兵，给予接收人员以物质协助等，苏方虽予同意，但对关键的运兵要求则表示“实无可能协助”②。与此同时，苏联也相应改变了对中共的策略，要求中共撤出中长、北宁铁路沿线及东北各大城市。国共双方争夺东北的斗争暂时从军事移到了政治。

东北行营撤退之后，对下一步怎么走，国民党内认识不一。蒋介石召集有关人员多次讨论，王世杰主张重订接收计划，部分军方将领主战，徐永昌仍主中止交涉，但“终无结果”。其实，国民党接收东北的关键在于苏联的态度，身处东北交涉第一线的张嘉璈与蒋经国看得最清楚。蒋经国在11月6日给他父亲的信中说：“苏方对我国如不能谅解，则东北不但今日，即今后亦不得安定。盖苏联对于所谓道义感情，并不重视，所要求者，乃现时之利益也。”③张嘉璈也认为，“苏方有一图样在其胸中”，既不会“负破坏中苏协定之恶名，亦决不因行营撤退而变更其原定计划”，因此“与苏方须得一精神上之谅解，否则种种交涉均是枝节”④。因为苏联不会容忍东北成为对其国家安全利益的威胁，雅尔塔协议已充分表明了苏联的意图，而国民党的历史及其美国背景，不能不

① 董彦平：《苏俄据东北——第二次世界大战结束时苏俄侵据东北折冲纪要》(见《近代中国史料丛刊续编》第865册，第43页)；张嘉璈《东北接收交涉日记》1945年11月23日。

② 《中国政府接收东北诸省办法要点》(1945年11月19日)、《苏联驻华大使彼得洛夫覆外交部部长王世杰照会译文》(1945年11月24日)，《中华民国重要史料初编》第七编第一册，第154、155页。

③ 《总统蒋公大事长编初稿》卷5(下)，第877页。

④ 《东北接收交涉日记》1945年11月15、11日。

使苏联心怀疑虑,对国民党接收东北有所阻挠便顺理成章。苏联的态度又直接决定了对国共两党何方更为有利。因此,当时如果要使东北局势出现对国民党有利的转圜可能性,在于前述国民党提出的解决方案中第一案与第三案的结合,即尽最大的努力以外交妥协求得苏联可能的谅解,同时以现有军队控制要点,继以增援作战略展开,不能说如此可操胜算,但至少不失主动性与进攻性。

然而,国民党处理东北问题的麻烦在于,如何寻求外交与内政间的平衡。它既要遏制中共的发展,又不能因为过分地对苏妥协而引起非议;内心里它倾向于党派利益,明面上又不能不维护国家主权。它始终未能在这两者间找到一个合适的平衡点。东北行营撤退前,蒋介石曾经对蒋经国交待四点,作为对苏让步的底牌:1. 国方只接收行政,不建立强大武力;2. 空运部队以维持治安为度;3. 东北可实行县自治,组织民选政府;4. 东北经济与苏联合作。这实际是使东北在某种程度上的中立化。然而蒋可能心有不甘,因此又交待说:“以上四项,实为不得已之所为,如当地情形以为尚可尝试,不妨为之。”这又表明蒋并无真正照此办理的决心①。所以,除了经济合作一事由张嘉璈与苏方谈判而无结果外,其他几点似未见向苏方正式提出。张嘉璈认为,这几条可“在军事政治经济三方面予苏方以定心丸,祛除其对于国府之猜疑,在此轮廓之中,吾外交当局如能灵活运用,未始不可有一转机”,再照此“开诚与苏方说明,或较撤退行营为更有效”,并为此事的不遂行而遗憾②。

① 《蒋委员长致蒋经国特派员指示解决东北问题途径函》(1945 年 11 月 14 日),《中华民国重要史料初编》第七编第一册,第 146 页。张嘉璈主张蒋经国访苏时将这几条面告斯大林,但未实现。熊式辉也曾向蒋提出东北政治“可以商量限度,一、只要不私拥武装,各级政府用人可不论党派;二、省县政府职权在开国民大会以前应依照中央法令规定,不能擅自改变;三、一切选举不许有暴力威胁;四、不私有武装之任何政党可以公开活动”。蒋“许可照办”,但未见下文(《熊式辉日记》1945 年 12 月 1 日)。

② 《东北接收交涉日记》1945 年 11 月 15 日。

蒋经国在交涉不利时向他父亲建议："除中央方面在外交、内政上设法转变局势外，对于接收以及进兵各事更应作积极之布置"，并认为"大问题之处理，既不可意气用事，亦不可专讲面子，而必须走一步是一步，争一点是一点也"①。但国民党既未在外交与内政的平衡上作出新努力，也未在两者之间作一取舍，其转圜的可能性也就在自己的无所作为中消失于无形。之所以如此，是因为蒋介石此时考虑首先解决华北中共问题。他对参加重庆复员整军会议的高级将领专门解释了他的想法。他认为："现在苏联不负责任，借口登陆的地点为共匪占领，给我们以种种的阻碍，因此我们军队入境，事实上非常困难。而且我们即令将这五个军开入了东北，仍不能确实掌握地方，东北的主权仍然不得完整，一切接收都不能进行，建设更无从谈起。在这种情形之下，我们宁可将东北问题暂时搁置，留待将来解决。我决定将东北行营移驻山海关，而以原来准备开入东北的五个军，加入华北方面，首先来肃清华北方面的土匪，先安关内，再图关外。这种由近及远的政策，我想一定不会错误的。否则，如果我们舍近而图远，不先除腹心之患，以求华北的安定，而孤军深入东北，则东北名存而实亡，同时华北方面土匪的力量，必将一天天的膨胀，清剿的时间就更须延长了。"②蒋介石的考虑自然有他的道理，但从以后形势的发展看，搁置东北问题的结果，不仅失去了争夺东北的有利时机，而且因为军事力量和舆论环境的因素，国民党在华北同样无大作为。

东北行营撤离长春后，国民党中央对东北问题态度消极，只有张嘉璈和蒋经国还在秉承蒋介石的意旨做着对苏外交的努力。12 月 5 日，张嘉璈与蒋经国返回长春后和马林诺夫斯基首次会谈，苏方对解除非

---

① 《总统蒋公大事长编初稿》卷 5(下)，第 876—877 页；《五百零四小时》，《蒋经国自述》，第 165 页。

② 《剿匪战术之研究与高级将领应有之认识》(1945 年 11 月 16 日)，《先总统蒋公全集》第 2 册，第 1787 页。

政府武装和非中央政权、组织地方团队及空运等事作出了承诺,“并声明其已得莫斯科训令,必须设法切实执行”①,但实际还是诺而不行。为了打开僵局,使国民党能够顺利接收,张嘉璈返长前,于11月30日在重庆会见董必武,要求中共退出铁路沿线,为此他表示可向国民党中央建议停战。中共对此表示了积极态度,告张可就国民党军队进驻长春、沈阳问题进行协商②。张又以此作为筹码,在长春请马林诺夫斯基劝中共退出铁路线。但如此一来无异于承认中共在东北的地位,是蒋介石此时无论如何不能同意的(蒋一直坚持东北只有主权问题而无中共问题)。何况张此举事先并未与蒋通气,在张是为国民党着想,体念蒋“关怀东北日夜焦思,故不惮出位之嫌”,在蒋却以为张“不识政治情形”,擅作主张,因此蒋得知此事后甚为恼怒。他不仅电告张“在东北尤其对苏方切不可再提董必武与共党有关事宜”,而且要熊式辉告张,“毋与董必武商谈共军事,尤不可向苏方言之。关于共党问题,中央有人负责与之谈判也”③。张嘉璈毕竟不是国民党的决策人物,在党内的影响有限,对国共政治关系更缺乏深入认识,不可能成为解决东北问题的恰当人选。此后,张嘉璈主要就中苏经济合作问题在长春与苏方谈判(见后述),而蒋经国则出任访苏并与斯大林直接交涉的艰难使命。

当初行营撤退前,熊式辉等都有请蒋介石与斯大林直接交涉的建议,苏方也向蒋发出过访苏邀请,蒋虽未接受,不过他有意让蒋经国赴苏一行,既代表自己与斯大林沟通,或许还不无锻炼小蒋之意。12月30日,蒋经国抵达莫斯科。在与斯大林的会谈中,蒋经国代表蒋介石

---

① 《蒋经国特派员呈蒋委员长报告与苏军总司令马林诺夫斯基会谈情形电》(1945年12月5日),《中华民国重要史料初编》第七编第一册,第158页。

② 《董必武年谱》,第232页。

③ 《张嘉璈主任委员呈蒋主席告促锦州共军通告移撤日期电》(1945年12月6日)、《蒋委员长致张嘉璈主任委员蒋经国特派员指示对苏交涉要领电》(1945年12月7日),《中华民国重要史料初编》第七编第一册,第567、167页;《熊式辉日记》1945年12月7日。

表示，中苏关系应该加强，如果双方彼此完全谅解，苏中关系就一定能够加强。他向斯大林重复了蒋介石一贯的主张，即中共军队和共区政权应服从中央统一指挥，在此基础上，中共可以参加政府，他还请斯大林劝告中共与国民党合作。斯大林则反复表示，苏联不干涉中国内政，支持国民政府，但中共并不听从苏联的指挥，他也不知道中共的情况如何，苏联不能为中共的行为负责，也不能把自己的意见强加给中共。双方还讨论了东北、新疆、中美关系和对日处理问题。斯大林坚持苏联有权获得东北的战利品，对国民党的反苏言论表示不满，蒋经国则向斯大林保证中国决不反苏。当蒋经国问斯大林，苏联可以为中国的统一作些什么时，斯大林回答，需要同中共谈判，了解他们有何要求，双方都应该作出让步，比如实行选举制度。可以说，除了重复支持国民政府的外交辞令以外，斯大林没有对国民党作出任何令其满意的切实的承诺，尤其是在中共问题上，按斯大林的说法，似乎苏联与中共已经毫无关系，令国民党想寻求苏联的支持亦不可得，蒋经国此行一无所获①。

国民党的外交努力未取得应有的成果，但它在两个方面与苏联达成了协议，其一是苏联同意延期撤军，其二是苏联同意国民政府行政接收东北若干城市与省份。

东北行营自长春撤退后，苏联为了不在外交上给国民党留下口实，主动提出延期撤军事，同时还企图借此尽可能掠夺东北资源、压国民党在东北经济合作问题上让步。国民党本来是反对苏军缓撤的，在熊式辉赴东北接收之前，曾提出“恐苏军撤退期届，而我尚无军队到东北接

① 《斯大林与蒋经国会谈记录》(1945 年 12 月至 1946 年 1 月)，《中共党史资料》第 61 辑，第 193—219 页。此会谈记录存俄罗斯联邦总统档案馆，1996 年由俄罗斯《近现代史》杂志公布。据蒋经国自己回忆，斯大林在会谈中不客气地告诉他：“你们决不能让美国有一个兵到中国来，只要美国有一个兵到中国来，东北问题就很难解决了。”“我的经济顾问最近会到长春去的，我要他和你见面，我并且告诉他，只要国民政府能保证今后美国不在东北得到利益，我们苏联一定可以作必要的让步(蒋经国：《访苏交涉记》，《中华民国重要史料初编》第七编第一册，第 112 页)。

防,致为共产党军队所乘,不如责苏军缓撤”。但王世杰认为,“苏军如有意扶植共军,则彼多留一日,结果将更坏一日”,蒋介石因而决定“在任何情形之下,不请其缓撤”①。然而此时国民党改变初衷,实因其以为有苏军在,苏联顾虑国际反映,总会对中共有所约束,可为自己增兵赢得时间,一旦苏军立即撤离,在当时情况下,东北势必完全落入中共手中。双方在这个问题上很快达成了协议,11 月底,决定苏军延期一个月撤离,12 月底,又将苏军撤离时间定为次年的 2 月 1 日。此事表面上对国民党有利,它因此在苏军保护下接收了东北若干城市,但实际上,苏联在东北的存在,首先束缚的是国民党的手脚。中共认为,“苏军延长住满时间,对我在满多有一些时间进行工作,是有利的”。这对国民党真具有讽刺意味,如果它知道自己的对手也希望苏联延期撤军,不知该作何感想②。

苏军在延期撤离的同时,同意国民政府接收东北若干城市与省份的行政权力。蒋介石以及国民党内许多人对无军队随行的行政接收并不热心,加上苏联此时提出经济合作问题,更使蒋认为“应一本行营撤退之方针进行,以免中途再受其胁制,陷于进退维谷之境”③。直到 12 月下旬,国民党才决定先行接收若干省市。因此,国民政府接收人员于 12 月 22 日接收长春,26 日接收沈阳,1946 年 1 月 1 日接收哈尔滨(12 日接收松江省),8 日接收辽北省和四平市,24 日接收嫩江省和齐齐哈尔市。此后因为中苏经济合作谈判的停滞,苏联为向国民党施加压力,行政接收再度停顿,原定接收的黑龙江和合江两省及若干城市未能如期接收。而在已接收省市中,因为只有若干保安部队随行,在中共部队已经控制了东北大部地区的情况下,国民党接收人员大都坐困省城,根

① 《王世杰日记》1945 年 10 月 11 日。

② 《中央关于东北的工作方针等给东北局的指示》(1945 年 11 月 19 日),《中共中央文件选集》第 15 册,第 429 页。实际上,还在 10 月底中共中央便已要求苏联延迟撤退时间至次年 1 月或 2 月。

③ 《总统蒋公大事长编初稿》卷 5(下),第 901 页。

本无法真正展开工作。辽北省总共任命了三个县长，“其他各县县长均无法到任”，“对于各项政务之推行均感棘手，处境之艰难当可想见”①。如张嘉璈所言，“因无充分武力，处处为八路军所阻碍”，“因此目下在各地接收政权，等于虚饰”②。此时苏联还同意国民党可空运部队至东北，但蒋介石因对苏联不放心，没有同意空运计划，以至马林诺夫斯基在长春对张嘉璈冷嘲热讽，称“贵方何以有二十余架飞机来长接撤退人员，而不将军队运来?”“吾人等待中国军甚久，不悉何故乃迟迟不来”③。然蒋介石坚持己见，即军队只能尾随苏军的撤退行动，不能超越苏军防线，因此国民党军除了在1946年1月中旬派二个师进驻沈阳附近的新民和铁西区外，其余部队始终控置于锦州一线不动。不过无论如何，由于苏联延期撤军并同意国民党接收东北若干省市，双方对外都算是有了交待。

就在国民党与苏联继续交涉东北接收问题的同时，中共也在积极进行争夺东北的预定计划。东北行营撤退的消息公开后，中共认为：这是“由于我党在满洲的发展，蒋军不能顺利进入满洲，国民党在满洲的接收工作不能顺利开展，美、蒋在满洲问题上已对苏联采取了外交攻势。……最近苏军态度变化，暂缓撤退，当亦为此种情况之反映。国民党现在是抓住中、苏条约，使苏联不能在满洲现在的情况之下脱身。这是一个严重的世界斗争”④。中共与国民党相比其高明之处在于，其一，中共对国际形势的估计较国民党准确，认为美苏两强之争，并不能完全决定各国内部政治的运行轨道，因而中共可以在东北独立发展而

① 刘翰东：《本省接收一年来之回顾与前瞻》，《四战四平》，第365页。

② 《东北接收交涉日记》1946年1月18日。

③ 《东北接收交涉日记》1945年11月23日；《张嘉璈与马林诺夫斯基会谈纪要》(1946年1月3日)，*Chang Kia-ngao Papers*，Box 10，Hoover Archives，Stanford University，California。

④ 《中央关于东北的工作方针等给东北局的指示》(1945年11月19日)，《中共中央文件选集》第15册，第429页。

不必顾虑美苏的干涉;其二,中共认为苏联是决定东北命运的关键力量,主要作苏联的工作,并扩大苏联与国民党的矛盾;其三,中共与苏联对形势的看法毕竟具有相当的一致性,苏联与中共之间虽也有矛盾,但如在国共之间作一抉择的话,苏联恐怕还是宁要共而拒国,何况中共非执政党,对许多问题的处理较国民党具有相对大的自由度。因此,在国共关于东北问题的角力中,11 月间东北形势的变化,对中共虽有不利的一面,但其活动空间仍然很大,并未从根本上影响中共在东北的发展。

东北行营撤退之前,中共已得到某种情报①,由于苏方要求中共撤出大城市和主要铁路沿线,情况似乎对中共并不有利。11 月 19 日,苏方通知彭真、林彪:长春路沿线及城市全部交蒋,有苏军之处不得与国民党军作战,并要求中共退出铁路沿线若干里之外,但"彭林未答应"。彭真要求苏方重新考虑其作法,并向上转达他的意见。苏军驻沈阳卫戍司令斯坦科维奇态度傲慢,他对彭真说:"要你们退出沈阳,这是上级的指示。如果你们不走,我就用坦克来赶你们走!"彭真回敬以:"一个共产党的军队,用坦克来打另一个共产党的军队,这倒是从来没有的事,能允许这样做吗?"据在场的伍修权回忆:"大家毫不客气地吵了一架,闹得不欢而散。"②当天中共中央给东北局的指示中,仍提出"应在顾及苏联国际信用的条件下力争大城市"③,但次日,中共中央便给东北局连发两电,一电指示:"彼方(指苏联——作者)既如此决定,我们只有服从,长春路沿线及大城市让给蒋军,我们应作秘密工作布置。"一电要求:除开竭力巩固一切可能的战略要点外,"你们应迅速在东满、北

① 11 月 13 日,中共中央已告东北局:友人方针已定,恐难改变,我们应服从总的利益,立即重新部署力量,适应新形势(《中共中央致东北局电》,1945 年 11 月 13 日)。

② 《刘少奇年谱》,第 531 页;伍修权:《往事沧桑》,第 162 页。

③ 《中央关于东北的工作方针等给东北局的指示》(1945 年 11 月 19 日),《中共中央文件选集》第 15 册,第 429 页。

满、西满建立巩固的基础，并加强热河、冀东的工作，应在洮南、赤峰去建立后方，作长久打算"，"只要我能争取广大农村及许多中小城市，紧靠着人民，我们就能争取胜利"①。此两电表明，中共在东北问题上已和苏联有过交涉，在不能继续占领大城市的情况下，退而沿用传统的根据地战略。但是中共为了在东北立下更牢固的根基，对苏联提出了若干条件，主要是为了让中共有时间布置撤退等一系列工作，请苏方"尽可能推延蒋军进入满洲及各大城市的时间"，并要求保有锦州、葫芦岛及北宁路之一段②。随着以后东北局势的发展，中共认为苏联与国民党在东北接收问题上并无协调，"苏方在东北态度已甚为明显，目前所取步骤，既便严拒美军入满，又便我方谈判和发展"③，因此中共与苏联之间可以说至少在对国民党的方针上存在着某种默契。

由于东北的情况在不断变化，中共中央和东北局之间以及东北局内部对东北未来形势的估计存在着不尽一致之处。前已述及，林彪主要是从军队状况出发，主张避免仓促作战，先行军队的整顿，再图发展。东北局则从未来工作方便考虑，较为关注尽可能多地保有东北地盘。中共中央力争东北的总方针是一定的，但具体如何执行，则又不断有所变化。因此中共在东北的发展战略在近一年的时间里不断表现出某些矛盾与摇摆。

锦州一战之后，林彪率部退往辽西阜新一带，进行整顿。东北局也在11月23日撤离沈阳进驻本溪。11月26日，东北局发出关于今后工作的指示，在说明根据情况需要退出城市的同时，要求："一切既不影响苏联外交，又可以在城市立足之干部，应坚决留在城内"，在已撤退的

① 《中央关于让出大城市及长春铁路线后开展东满北满工作给东北局的指示》、《中央关于东北撤出大城市后的中心任务给东北局的指示》(1945年11月20日)，《中共中央文件选集》第15册，第431、434页。

② 《中共中央致东北局电》，1945年11月20日。

③ 《中央关于再开谈判之门给董必武、王若飞的指示》(1945年12月1日)，《中共中央解放战争时期统一战线文件选编》，第33页。

城市，应“准备力量，以便在不久的将来里应外合，收复这些大城市”，总之，“目前的任务，是在尊重苏联外交政策照顾苏联国际信用的条件下，力争大城市。一切工作的部署，都为着这一伟大的斗争目标”①。在中共中央28日指示以中小城市、次要铁路及广大乡村为工作重心后，东北局也相应指示下属照此执行，但至少在一段时间内，中共在东北的工作重心保持了城市与农村并重的局面。

国民党接收东北若干城市，毕竟使中共的公开活动受到影响，对于如何实现最大限度的控制东北的战略战术，中共中央与东北局之间有着频繁的往复商讨。随着形势的发展，东北局内部多数人倾向于首先整顿军队，巩固后方。陈云、高岗、李富春、罗荣桓等均认为，“根据情况无独占满洲的可能”，“但力争优势仍有充分可能”，提出首先整训军队、建立根据地的建议。黄克诚认为出关部队有“七无”，即“无党（组织）、无群众（支持）、无政权、无粮食、无经费、无医药、无衣服鞋袜等。部队士气受到极大影响”，提议“作长期斗争之准备”。林彪则根据自己的观察，认为须肃清土匪，充实后勤，整训部队，“做长期打算与大规模打算”②。中共中央对东北形势的估计，也根据实情而逐渐趋于务实。12月初，东北局提出，“我们应积极准备夺取沈阳，以造成对于和战均有利之局面”，但中共中央回电强调，“第一由于目前的国际条件不够；第二由于我们在东北还有各种缺点，我们企图独占东北特别是独占东北一切大城市，已经是肯定的不可能”；“应以控制长春路两侧地区，建立根据地，利用冬季整训十五万野战军，建立二十万地方武装，以准备明年春季的大决战为目标来布置一切工作”；同时提出，东北的力量对比还待发展而定，“而苏联又要求满洲局势安定，因而达到一种妥协有一个

① 《东北局关于撤出大城市后工作任务的指示》（1945年11月26日），《中共中央文件选集》第15册，第435—436页。

② 《陈云、高岗给东北局及中央的报告》（1945年11月29日）；《李富春等给彭真等的报告》（1945年12月11日）；《黄克诚回忆录》，第334页；《林彪致东北局及中央电》，1945年12月11日。

时期的和平局面也是可能的”①。随后，东北局和东北人民自治军总部在阜新召开会议，研究战略部署，对东北工作以城市为主还是以农村为主进行了争论。会后，东北局在给各部的指示中提出，“为了争取我在东北之一定地位以至优势，主要力量应放在控制沿长春路两侧广大地区（包括中小城市及次要交通联结点），建设根据地，加紧肃清土匪，放手发动群众，组织地方武装，并使主力求得休整，与新军合编，以充实主力，巩固新军”。指示同时又提出，对个别大城市，“我们应不放过时机以适当兵力争取控制之”；对次要城市及工业动力基地，“亦应争取控制之”②。这又表明东北局并未完全放弃夺取城市的计划。

12 月 24 日，刘少奇致电彭真指出：“你们今天必须放弃争取东北大城市的任何企图。在东北今天的情况下，没有大城市即没有优势。但你们不要在自己立足未稳之前，去企图建立在东北的优势。你们今天的中心任务，是建立可靠的根据地，站稳脚跟。然后依情况的允许去逐渐争取在东北的优势，这应作为下一阶段的任务。”③28 日，毛泽东为中共中央起草了给东北局的指示，提出：“我党现时在东北的任务，是建立根据地，是在东满、北满、西满建立巩固的军事政治的根据地。”“建立巩固根据地的地区，是距离国民党占领中心较远的城市和广大乡村。”“在确定建立巩固根据地的地区和部署力量之后，又在我军数量上已有广大发展之后，我党在东北的工作重心是群众工作。”④这两次指示使中共在东北的工作重心由争取与巩固城市转入传统的以建立根据

---

① 《中央关于东北工作方针与任务给东北局的指示》（1945 年 12 月 7 日），《中共中央文件选集》第 15 册，第 465 页；《任弼时年谱》，第 503 页。

② 《东北局关于当前东北形势与准备作战的指示》（1945 年 12 月 15 日），《中共中央东北局重要档案汇编》，第 14 页。

③ 《以主要力量建立东、北、西满根据地》（1945 年 12 月 24 日的电报），《刘少奇选集》上卷，第 374 页。

④ 《建立巩固的东北根据地》（1945 年 12 月 28 日），《毛泽东选集》（合订本），第 1075—1076 页。

地为中心，这在当时被概括为“让开大路，占领两厢”①。随着形势的变化，中共中央的这一方针以后又有过相应变化，而在东北方面，直到次年3月的东北局抚顺会议，“尚无统一的认识和决定；在行动上，有些方面做得好一点，有的则做得差一点，还没有真正开展发动群众的运动。有的地方思想上还没有解决或没有完全解决问题，有的地方甚至还没有见到毛主席的十二月指示，传达和贯彻就更谈不到”②。

二 中苏经济合作交涉

在国共双方围绕东北问题进行政治军事较量的同时，国民党还在东北进行着另一场艰苦的外交谈判，这就是和苏联就东北经济合作问题进行的交涉，此事本为中苏国家关系中的问题，事关中国的国家利益，但又由于当时的特殊情况，而不可避免的与中美关系、国共关系等纠缠一体，呈现出较为复杂的图景。

在中苏条约谈判中，关于经济问题没有过多涉及。蒋介石在给宋子文的指示中要求：“关于东北原有各种工业及其机器，皆应归我国所有，以为倭寇对我偿还战债之一部分，此应与苏方切商或声明者也。”据宋称，苏方“对此事允予同情考虑”③。

熊式辉一行到达长春后，在和苏方的会谈中不可避免的涉及经济问题。10月17日，熊等在和马林诺夫斯基的会谈中，提出接收日本和伪满政府独营与满日合营之产业，但马氏居然称这些产业均应视为“苏军战利品”，应由苏方处理，并提出中长路须用煤，故抚顺煤矿应由中长

① 此语最早出自11月22日刘少奇为中共中央所拟致重庆代表团的电报，针对苏联要中共力量撤出东北各大城市的举动，中共中央指示东北局，“服从彼方决定，速从城市及铁路沿线退出，让开大路，占领两厢”(《刘少奇年谱》上卷，第531页)。

② 陈沂：《四平保卫战》，《辽沈决战》(上)，第220页。

③ 《蒋委员长致宋子文院长令与苏方切商东北工矿应归我所有电摘要》(1945年8月7日)，《中华民国重要史料初编》第七编第一册，第241页。

路当局经营。苏方此举无疑从一开始就否认了中方接收东北日伪产业的合法权利，而“欲籍战利品为名，攫取东北工业”，并为全面介入东北经济预留伏笔。张嘉璈马上感到这个问题的严重性，他在给蒋介石的报告中认为，如照苏方说法，则“东北所有工厂势必均归苏有”，“我方丧失经济自立”。他建议迅由外交部向苏方提出：1. 满洲繁荣有利于中苏经济，故已有工矿不可破坏；2. 满洲所有敌产，应以抵偿所欠人民债务，如有剩余，应以赔偿中国战争损失，故应归中国没收（因为满币及公债、储蓄等价值超过150亿元，而东北全部工矿资产不过100亿元）；3. 苏联若提出战费问题，则只能由中国政府付给，不宜合办工矿事业，否则影响主权；4. 东北矿产不能归入中长路；5. 苏方战利品以已拆卸之机器为限，未拆机器不得继续拆卸。否则，“东北军事政治因时势所迫，处于不利地位。若经济再落空虚，则真名存实亡矣”①。张嘉璈此时不仅主张将东北日产收归国有，而且反对苏联以经济合作为借口控制东北经济的企图。但是当时国民党正全力交涉东北接收，并寄希望于苏联的协助，无暇也无力在此问题上与苏联对抗，所以蒋介石接到张的报告后，只“令外交部切实研究后再定交涉步骤”②。苏联则企图以既成事实压国民党让步，并不急于解决这个问题，此事遂暂时未提上双方的商谈日程。

然而，中苏双方不谈东北经济问题的情况并未能持续多久。在苏联方面，它对东北经济的方针可分为两方面，一是对可以拆卸的动产尽量运回苏联，二是对无法拆卸的不动产要求中苏合办。对前者苏联根本不愿谈判，即使谈也是敷衍，以等待既成事实，榨取尽可能多的经济利益。对后者则想通过谈判获得合法权益，将东北经济命脉控制在自

---

① 《张嘉璈主任委员呈蒋主席报告苏方视东北工业设备为战利品函》(1945年10月20日)，《中华民国重要史料初编》第七编第一册，第371—372页。

② 《蒋介石致张嘉璈函》(1945年10月25日)，*Chang Kia-ngao Papers*，Box 10，Hoover Archives，Stanford University，California。

己手中。就法理而言，苏联的要求毫无道理，即便是索取战争赔偿，也应该由同盟国共同向日本提出，更不必说经济合作这样完全超出战争善后范围之外的问题。可叹的是，苏联自恃强权，完全无视中国也是同盟国和战胜国一员的事实，任意处置日本在东北掠夺中国资源而形成的大量产业，表现出一副贪婪面目。在拆卸了动产之后，苏联必然提出不动产的问题。在国民党方面，虽然对苏联的行为很是不满，本不愿涉及此问题，但形势的变化导致国民党态度的变化，由不愿谈而同意谈，尤其是主持东北经济接收的张嘉璈对这个问题的态度有了重要变化。他很快便认识到，苏联对国民党接收东北具有关键的作用，经济合作问题是苏联全盘战略的一部分，简单的拒绝不仅无济于事，反而有可能增加苏联对国民党的恶感和戒心，对国民党不利，因此他转而主张就东北经济问题与苏联谈判，并在可能情况下满足苏联的要求，以此换取苏联对国民党接收东北的支持。正所谓形势比人强，双方抱着不同的目的开始了经济问题的交涉。

10月27日，张嘉璈与苏军经济顾问斯拉特科夫斯基就东北经济问题进行首次接触。斯氏在整个会谈过程中很少表示自己的态度，而只询问中方对东北经济的基本政策。张表示，他“此来拟致力于中苏两国在满洲经济上之合作”，东北日本工业应赔偿中国抗战损失，“希望苏方开诚以意见相告”。这次接触“彼此语气均含有试探性质”，没有接触实质问题①。此前三天，斯氏已直接要求满洲重工业株式会社总裁高崎达之助和满洲电业株式会社理事长平岛敏夫，将满业和满电各项事业移交苏联，高崎质以“若交与苏联，将来中国方面必有异议，将何以应付”，斯氏答云，“对于中国方面之问题，由苏联负责解决”，并称将以此为基础，在东北成立中苏工业公社②。29日和30日，满业和满电与苏方达成移交协议，全部过程中方毫不知情，苏方所谓由它“负责解决”中

① 《东北接收交涉日记》1945年10月27日。

② 《东北接收交涉日记》1945年11月13日。

国方面之问题，无非是先造成既成事实，再压中方承认而已。11 月 7 日，马林诺夫斯基在十月革命节招待会上对张嘉璈说："此后第一幕工作为阁下之工作，阁下向在经济界负有声望，富有经验，阅名已久，且知阁下为有思想之人，必能解决一切，但望勿为金元(即美元)所左右。"张氏不明底里，"不知何以在其语气中如此注重我之工作"①。直到 13 日，他得到苏方与满业和满电签署的文件，"乃知苏方注意满洲工矿，必欲染指，为排斥美国势力之侵入，阻滞我方军队之运输之一重大原因。苏方设计以战利品名义先自日本手中攫取工矿之所有权，同时又恐计不得逞，再拆迁重要机件入掌握之中，故经济问题不得解决，即接收问题无法解决，又灼然可见"②。正是抱着这种认识，张嘉璈主张不能不与苏方谈判解决经济问题。

11 月 14 日，斯拉特科夫斯基向张嘉璈提出，苏联在东北的商业机构拟向中国政府立案，并拟以没收敌产作为苏方财产与中国合作。这是苏联第一次提出东北中苏经济合作问题。苏方在中苏东北接收交涉陷于僵局之时提出此要求，时机颇为耐人寻味。16 日，斯氏复催问张如何考虑此事，更使张感觉自己对苏判断的正确，但张已接到行营撤退的命令，对东北交涉如何进行心中无数，只能表示将等候政府的指示再行谈判。为了对以后的谈判预作铺垫，张提出"政治环境可妨碍此种经济合作之发展"，并在斯氏追问时明确"政治问题与经济问题须同时解决"③，将其以经济合作交换苏联支持国民党接收的想法传给了苏方。当然，张深知此事的难度，姑不论苏联的态度，即便是在国民党内和舆论界，对中国作为战胜国却被苏联视以战败国待之，是很难赞成的，所以，张对此事小心翼翼，必领命而行，而且他从未将其想法公之于众，以免引起更大的争议。

---

① 《东北接收交涉日记》1945 年 11 月 7 日。
② 《东北接收交涉日记》1945 年 11 月 13 日。
③ 《东北接收交涉日记》1945 年 11 月 15 日。

苏联的态度则颇为急迫。20日,斯拉特科夫斯基与张嘉璈见面,正式提出苏方关于经济合作的设想,即组织中苏合办之股份公司,经营满业和满电包括地上和地下的所有产业,股本双方各半,苏方以两会社日本资产的一半作为己方股本,中方人员担任总裁,苏方人员担任总经理。斯氏在谈话中大棒和胡萝卜并用,一方面声称"目前有迫切问题,亟待解决,因许多工厂全被破坏,无人管理,急须设法保护",在两国政府解决前,他将令苏联人员照管维持;另一方面又表示,"环境可藉丰满之工作克服之",暗示苏方将以此决定对国民党接收的态度①。张嘉璈不敢怠慢,当即急电重庆,向蒋介石请示方针。22日接熊式辉电,令其返渝汇报。

11月25日,张嘉璈回到重庆,他向蒋介石建议早定经济合作方案,以便接收顺利进行。蒋对经济合作问题本有考虑,但态度游移,28日他召集宋子文、王世杰、张嘉璈、蒋经国等讨论此事,张的方案遭到强烈反对。宋子文认为,东北日产作为苏联战利品再投资合办产业,超出中苏条约范围之外,"无论如何不能同意"。王世杰认为,在东北接收之前谈经济合作问题,无异屈服于苏方高压,"必引起人民反感,是以必须政治问题解决之后,方可谈到经济合作"②。会后,张与宋、王又分别讨论此事,两人仍表示"目前万不能谈"。宋、王两人是中苏条约谈判的主持者,东北接收受挫,两人因此而承受了国民党内外的极大压力,认为他们过于"懦弱",甚而被指为"祸国害民"。在这种情况下,宋、王虽不主张对苏决裂,但为顾及自身地位与名誉而反对对苏再做让步实为情理之中。宋、王态度如此,更不必说国民党内对苏强硬的主张了,他们的意见蒋介石不能不考虑。张也承认宋、王的主张"于法于理确是正当",但他又自信自己主张的正确,认为国民党"徒知主张原则而不知运用方法以贯彻原则",然而他无能也无力说动国民党内的多数人同意自己的主张。这样,一方面是国民党内多数人主张先接收而后谈经济,反

---

① 《东北接收交涉日记》1945年11月20日。

② 《东北接收交涉日记》1945年11月28日。

对对苏再作妥协,另一方面是苏联有意无意的将经济合作与接收相联系,先经济而后谈接收,国民党与苏联关于东北接收问题的僵局便无法真正打开,东北问题只能暂时拖下去。

因为国民党决策层无意对苏让步,张嘉璈的经济合作主张不能实行,他在会后根据讨论结果拟定了对苏答复的三项原则:1. 苏军未撤东北接收未完成前讨论此事将予外间不良之误会;2. 中国愿在东北接收完成后与苏方商讨经济合作办法;3. 中方将在所定经济建设方案的范围内尽力与苏方合作。其后他又与资源委员会副主任委员钱昌照拟定了中苏经济合作大纲,原则为:商务合作订立以货易货协定;技术合作尽量聘用苏籍专家;资金合作欢迎苏方投资;工业合作双方指定种类商议办法①。此大纲得到蒋介石、宋子文和王世杰的同意,但宋、王对其中最关键的工业合作问题提出须由双方政府协议并待东北接收后再谈,实际仍然坚持了自己的立场。

苏联不能等待国民党在经济合作问题上的拖延与犹豫。12 月 4 日,张嘉璈和蒋经国回到长春,次日在和马林诺夫斯基的会谈中,马氏在对接收诸事表示态度的同时,特别提出“东北经济合作问题,希即开始商讨,并有所结果”②。7 日,斯拉特科夫斯基约张谈话,催问中方关于经济合作的方案。因蒋有电要张按“面授方针进行”,张遂重申了已交马氏的经济合作大纲的内容。张还告诉对方,经济合作之所以暂时不能进行,是因为东北接收发生问题,而且苏方提议“无异日本帝国主义之故伎”。斯氏闻之甚为不满,“认为莫大侮辱”,他重复苏方一贯作法,一方面表示,“经济问题如能解决,政治问题亦随而解决”;一方面威胁,此事如不能解决,东北工业将“任使其尽数破坏”。斯氏反复要求中方提出具体方案,张称经济合作不能“在苏联武力高压下成立”。双方

① 《东北接收交涉日记》1945 年 11 月 28 日、12 月 1 日。

② 《蒋经国特派员呈蒋委员长报告与苏军总司令马林诺夫斯基会谈情形电》(1945 年 12 月 5 日),《中华民国重要史料初编》第七编第一册,第 158 页。

争论无结果[①]。9日，马林诺夫斯基又在与张、蒋的会谈中直接了当地要求，“东北经济合作问题希能采用简单与迅速之办法解决”。这两次会谈后，张嘉璈与蒋经国联名致电蒋介石汇报情况，称：“现适值紧要关头，迎拒之间，十分微妙。实不敢负此重任，务请中央早日定一原则，是否愿于经济上稍作让步，以求接收撤兵之顺利。”电中建议由翁文灏或钱昌照“来此主持交涉”，或“迅派大员来长主持，以免延时太久，恐生枝节”[②]。此时的张嘉璈，既感在国民党内得不到支持，又对同意苏联要求后东北能否顺利接收心怀疑虑（苏方在谈判中只作空洞承诺而不提实际问题），从而也不再过于坚持己见，关于东北经济合作的谈判因此而迟迟不得开始。

根据苏联代表斯拉特科夫斯基12月11日对张嘉璈所言，苏联希望列入合办事业的厂矿为原满业和满电的全部产业及关东军经营的产业，这些厂矿占东北总产量的比例为：煤炭18%，机械33%，有色金属（包括钢铁）81%，水泥37%，电力89%。两天后苏方提交的清单具体列出了合办单位细目，计八十一个单位，总价值38亿元。苏方要求组织十一个合资公司，其中钢铁等五家公司，苏方占51%的股份，董事长和总经理由苏方担任，其余公司苏方占49%的股份。就上述方案而言，苏联的胃口相当大，尤其是钢铁与电力两大基础工业，大半囊括其中，再考虑到合办企业几乎包括了东北工业的全部精华，则问题更为严重[③]。

① 《张嘉璈主任委员与苏军经济顾问斯拉特科夫斯基关于东北工矿合作问题谈话纪录》（1945年12月7日），《中华民国重要史料初编》第七编第一册，第387—394页。

② 《张嘉璈主任委员蒋经国特派员呈蒋委员长告与苏军经济顾问斯拉特科夫斯基商谈经济问题电》（1945年12月8日）、《张嘉璈主任委员蒋经国特派员为经济合作原则事呈蒋委员长请示电》（1945年12月9日），《中华民国重要史料初编》第七编第一册，第394—396页。

③ 苏联要求合办的企业有：本溪、阜新等煤矿，鞍山、本溪钢铁厂，主要的有色金属矿山，鞍山、本溪的化学工业，沈阳的机器制造业，丰满电厂等（《东北接收交涉日记》1945年12月11、13日）。

苏联的要求如果实现，意味着东北工业将由苏联所控制。张嘉璈在对苏方方案的分析意见中认为，化学、机械工业及本溪钢厂设备已为苏军掠去，不妨同意合作；鞍山钢厂设备虽被拆走，但宜保持；煤矿可以部分合作；有色金属应予保持；电力除鸭绿江电站外均应自办。但对这一既要政府同意又要顾及民众和舆论反应，不仅适用当时且可影响久远的重大问题，张嘉璈此时不能也不愿自作主张，而是静待蒋介石的决定。

12 月 19 日，蒋介石、王世杰和应召回渝的张嘉璈、蒋经国讨论东北对苏外交。决定：以延期撤兵费名义付给苏方东北流通券 10 亿元，苏方不再提战利品问题；合办事业分为若干单位，不搞成一个大公司；先由经济部派人至长春商谈，俟苏方撤兵后再正式谈判①。其时，蒋介石决定先接收东北沈阳、长春、哈尔滨三市，派蒋经国赴苏协商，开始新一轮外交努力，因此他同意就经济合作问题与苏方作初步商谈，不无以此向苏方示好，得其协助接收之意。

张嘉璈回长春后，于 24 日将中方意见通知苏方，随后中苏开始了经济合作问题的非正式交涉。但国民党内对此意见不一，反对声浪很高，经济部提出的交涉方案比原方案有所后退，不再提撤兵费一事，缩小合办事业的种类和规模，电力不能合办，矿业应避免合办，可合办者只有本溪钢铁厂及一部分机械厂，所有合办企业的董事长应为中国人，总经理保留中国人担任的机会，更关键的是，在苏军撤退前，只能由东北行营经济委员会预作初步谈话交换意见②。面对党内的反对意见，蒋介石的态度也在变化，主张“关于经济合作方针，此时只可缩紧，不宜太宽”③，并对经济部的方案又作了重要修改，只限于南满路以东的少数单位，中方股份占 50%以上，董事长和总经理由中方担任，而且必须

① 《东北接收交涉日记》1945 年 12 月 19 日。

② 《指示张主任委员对苏谈话要点》(1946 年 1 月 16 日)，*Chang Kia - ngao Papers*，Box 10，Hoover Archives，Stanford University，California。

③ 《蒋介石致张嘉璈函》(1946 年 1 月 16 日)，*Chang Kia - ao Papers*，Box 10，Hoover Archives，Stanford University，California。

等待苏联撤军之后才能签订协议。在此情况下，张嘉璈出任交涉使命，虽然他和蒋经国仍主张："先作让步表示诚意与坚决，能得一气呵成，反少受损失，以免重蹈以往对外交涉愈拖延愈吃亏之经验。"①，但因为国民党始终坚持苏联不撤军即不签约的态度，中苏经济合作交涉难有大的进展。

国民党关于经济合作的方案提交给苏方后，苏方极为不满。1946年1月26日，斯拉特科夫斯基在和张嘉璈会谈时声称：中方提案"无法使每一公司有发展之基础，实在不敢报告政府"。同时威胁说："此项讨论，拖延已久。若再拖延，势必影响军事政治一切问题。"斯氏还解释说：苏方所以如此，是因为"不愿见有第三国再卷入，并非苏方欲一手霸占利益"。对此，张表示："我政府方面已尽最大之努力。"②2月1日，张嘉璈会见马林诺夫斯基，马氏直言不讳地告张，中方对于经济合作问题，"如仍拖延不决，作赌牌式勾心斗角之种种举动，则工业停顿，且继续遭受破坏，东北秩序始终不能恢复"，"而华方所提对案，决不能使此问题获得解决"。他半开玩笑半是真实地对张嘉璈说，经济合作问题如能解决，他和苏军便可早日返国。张嘉璈认为，"此次谈话无异苏方之最后通牒"，决定回重庆请示③。中苏有关东北经济合作问题的谈判，未及正式开始，便已实际陷于僵局。

2月4日，张嘉璈回到重庆汇报谈判情况，并与蒋介石、宋子文、王世杰、翁文灏等商量对苏方针。此时在国民党内，除了孙科、邵力子等少数人主张妥协外，多数人反对对苏让步。据张嘉璈所记，国民党主其事者宋子文、王世杰、翁文灏三人，"宋、王二人因当签订中苏友好条约之冲，唯恐再受攻击，宋则取极端冷淡态度，王则取极端谨慎态度，翁则

---

① 《张嘉璈致翁文灏电》(1946年1月19日)，*Chang Kia-ngao Papers*，Box 10，Hoover Archives，Stanford University，California。

② 《东北接收交涉日记》1946年1月26日。

③ 《东北接收交涉日记》1946年2月1日；《总统蒋公大事长编初稿》卷6(上)第35页。

以宋、王态度为转移”，蒋介石则“为主权与法理两理论所拘束”，不愿让步，因此事无可为之处①。蒋介石向张表示，“如苏方不撤兵，吾方即不前进，亦不谈经济合作问题，任其搁置再说”②。

就在中苏经济合作谈判处境微妙之际，美国人的插手使事态更为复杂化了。马歇尔到中国后，不止一次对王世杰谈到，对苏联的经济合作要求“不必立予解决”，“不主张对苏让步”。这样的意见无疑是有分量的③。2 月 11 日，美国大使馆交给王世杰一份照会，转达美国政府之意见称：中苏关于东北经济合作的谈判，“将被认为违反门户开放之原则，明显的歧视美国企望获得参加满洲工业发展机会之人民，并可能对于树立未来满洲贸易关系上，置美国商业利益于显著的不利地位”。“在此时将日本在满洲之国外财产作最后之处置，或以‘战利品’之方式而迁移此项财产，或由中苏两国政府订立关于此项财产所有权的管理之协定，均将视为最不适宜。……对于中苏双方现已有或在计划中之商讨，以及或将采取关于处置或管理满洲工业组织之行动，美国政府深愿获悉，并欢迎一般问题之详尽的、坦率的商讨”④。美国此举，最重要的目的当然是从自身利益出发，防止苏联独占东北，并为美国资本进入东北打开方便之门，但它却使国民党内“主张对苏采强硬态度者，觉得吾可藉美国助力以抗苏联，使谈判益增困难”。就在美国照会送达的当天，雅尔塔密约全文正式公布，又使国内“一般人民睹此协定，必大起愤

① 《东北接收交涉日记》1946 年 1 月 18 日。

② 《东北接收交涉日记》1946 年 2 月 4 日。

③ 《王世杰日记》1946 年 1 月 29 日、2 月 8 日。

④ 《美国驻华大使馆参事施麦斯致外交部部长王世杰有关美国对东北经济合作态度之照会》(1946 年 2 月 11 日)，《中华民国重要史料初编》第七编第一册，第 453—454 页。美国此意见在 2 月 9 日转达给苏联。3 月 1 日，美国国务院发表声明，“不承认‘战利品’之解释为包括工业或其组织要素，如东北之日本工业与设备等在内”。5 日，美国国务院再次致文予苏联政府，重申：美国不同意战利品之说法，日本资产应由各战胜国共同处理，中苏如成立协定美国不能承认（同前，第 247—248 页）。英国政府亦表示反对苏联的作法，但苏联坚持己见。

溃无疑”①。这几件事使国民党决策者所处的内外环境发生重大变化，就连一直主张对苏让步的张嘉璈也认为，即使此时与苏方达成协议，东北接收也“非用武力不可”，如此，“不特主持交涉者将遭唾骂，即交涉协议亦势难实行”②。

张嘉璈到渝后，经其与王世杰、翁文灏商议，搞出一个方案，蒋介石本想以此“作为最后之尝试”。2 月 19 日，王世杰约见苏大使，告以中方提案已为最后方案，将由张嘉璈和蒋经国在长春与苏方谈判。然而就在当晚，张嘉璈正准备次日束装就道之时，接蒋介石电话，令其缓行。两天之后，国民党强硬派挑起全国范围的反苏游行，并继而在二中全会上指责对苏外交软弱，中苏关系气氛急剧恶化，中苏经济合作的前提条件已不复存在，关于东北经济合作的交涉实际中断③。

三 反苏游行与苏联撤军

中苏经济合作谈判的不顺利，苏联迟迟无撤军之意，激起了民众和社会舆论的不满与疑虑。国民党内的强硬派势力利用这一点，策动了

---

① 《东北接收交涉日记》1946 年 2 月 14、11 日。

② 《东北接收交涉日记》1946 年 2 月 20 日。

③ 中苏谈判中断之后，苏联仍未放弃达成协议的努力，并提出了新的方案，作了若干让步，不过国民党坚持苏方不撤兵接收未完成则不谈判的态度。4 月间，苏军自长春撤退前夕，张嘉璈“深以长春等地危险为虑”，蒋介石亦以“东北军事紧急……欲藉此消灭苏方之阻挠与操纵也”，准备重开经济合作谈判。但王世杰坚持“我决不可因军事上一时之需要”而予让步。4 日，王世杰会见苏联大使，表示中方决定与苏方谈判，但仍需等苏军撤离及完全接收东北之后才能成立正式协定(《王世杰日记》1946 年 4 月 4、13 日)。其后，随着长春为国民党军攻占，蒋介石态度再次变化，声称“哈尔滨收复以后，苏方外交可进行，此时尚无外交可谈也”(《蒋介石致张嘉璈函》，1947 年 6 月 17 日，*Chang Kia -ngao Papers*，Box 10，Hoover Archives，Stanford University，California)。再以后，东北成为国共交战的主要战场，经济问题事实无法提上日程，中苏关于东北经济合作的交涉最终不了了之。

一场反苏运动，一方面压苏联撤军，一方面借此对党内温和派施加压力，以否定他们认为对国民党不利的政协诸决议，结果这两个目的都达到了，但国民党并未因此而在国内政治斗争中占据优势。

苏联出兵东北，对中国抗日战争的最后胜利，确实功莫大焉，但是苏联毕竟有它自己的利益考虑。苏军进入东北后，对东北物产资源的掠夺，加以苏军士兵以占领军自居，在东北的种种劣行，也是不争的事实，并理所当然地引起中国人民的不满与反感。中共部队最先感受到了这一点，据曾克林所见，"在奉天之红军士兵生活甚苦，衣裳褴褛不堪，纪律甚坏，强奸事甚多，曾每日将红军士兵违犯纪律事实向红军政治部汇报……但仍无法维持"①。伍修权也回忆说："苏军进入我国东北的部队，有的纪律相当坏。据反映在他们的连队里，有部分士兵不是正规军人，而是一些刑事犯人……这些人原来不是正路人，来华后又以胜利者自居，不断酗酒滋事，甚至骚扰群众，在沈阳的大街上，时常见到醉酒的红军士兵……后来他们撤出东北回国时，又从工厂的机器设备到日伪人员的高级家具等等，都一一拆运带回苏联"②。甚至中共高级将领、松江军区司令员卢冬生也在制止苏军士兵抢劫时被这些士兵所杀害③。

国民党对苏联在东北的作为所知更多。熊式辉和张嘉璈初到东北，在给蒋介石的报告中都提到了苏军在东北的恶劣行为。熊报告：金融业，现钞均被提走，银行全部停业；交通业，满洲里至绥芬河铁路已改为宽轨，公、铁车辆"均为苏军征发运赴它处"；工业，"重要工厂机械已有多数撤去"；通讯业，电报电话完全停顿。熊认为："照上述情形，经济方面，前途十分棘手。"④张在报告中写道："工厂机器大宗均被拆迁，即

① 《中共中央致重庆代表团电》，1945年9月16日。

② 伍修权：《往事沧桑》，第163页。

③ 卢冬生被害日期诸说不一，有1945年11月15日、11月17日、12月14日等说法，但被害经过则大体相同。

④ 《熊式辉主任张嘉璈主任委员呈蒋委员长报告长春当地金融交通经济情形函摘要》（1945年10月13日），《中华民国重要史料初编》第七编第一册，第242页。

电厂电机亦已部分拆走，交通通讯工具多数拆运，甚至机关家具亦多搬走，都市成一空城。”①据事后统计，东北著名的丰满、抚顺、阜新电厂，鞍山、本溪钢厂及煤炭、机械、化学、水泥工业均受到严重破坏。东北以至全国最大的钢铁企业鞍山满洲制铁会社，全部设备的三分之二和七万余吨物资被苏联运走，其中包括全部炼钢、炼铁、轧钢、选矿设备，以及大半发电、锅炉、机械设备②。苏军还在东北发行军用票，用途超出原协议范围，扩展到民用领域，用以任意购置物资，助长了通货膨胀③。

由于当时的具体情况，苏联占领期间对东北工业生产力的破坏，一直没有确切的统计数字。后人对此问题的计算方法与结论也各有差别。1946 年 12 月 15 日，美国国务院发表了美国驻远东盟国赔偿委员会代表鲍莱于 1946 年中视察东北后提交的报告。该报告估计，苏联占领期间东北工业的直接损失为 85,800 万美元，其中电力 20,100 万美元，煤炭 1 亿美元，钢铁 14,100 万美元，铁路 13,700 万美元，金属业 15,000 万美元，如果加上间接损失，则高达 20 亿美元，各行业的生产力下降程度都在 50%以上，尤以钢铁、电力、机械等行业损失惨重。报告认为“东北工业大部分的破坏都是发生在苏军占领的期间，而且主要是由于苏联对各种设备的迁移”造成的。苏联还接收了伪满银行 5000 万元以上的现钞和价值 300 万美元的金条，并发行了约 10 亿元的军用票④。1947 年 2 月，东北工业会及东北日侨善后联络处发表了《苏军驻留期内东北工业损失调查报告书》，估计东北工业损失为 123,600 万

---

① 《东北接收交涉日记》1945 年 10 月 14 日。

② 张克良:《国民党接收鞍钢面面观》,《鞍山文史资料》第1辑，第158—159页。

③ 1945 年 12 月 11 日，中苏签订财政协定，规定苏军可在东北发行军用票，以供其支付开支所需，此票在苏军撤离后，由中国政府收回，并向日本提出偿还要求。此票发行数量，苏方从未通知中方，苏军撤离后，中央银行在东北收兑数即有六七亿元，实际发行数显大于此。由于国际形势的变化，中国对日索赔问题未能得到合理解决，此项损失实际是由中国承担了(董彦平:《苏俄据东北》，第 37、39 页)。

④ 《鲍莱调查东北工业报告》(1946 年 12 月 15 日)，《中华民国重要史料初编》第七编第一册，第 263—267 页。

美元，如加上无法确证者不下 20 亿美元，其中电力 21,954 万美元，钢铁 20,405 万美元，铁路 19,375 万美元，机械 15,887 万美元①。中共方面根据有关资料的不完全统计，东北“共损失各类机器 40,269 件，发电设备 1,537,046 千瓦等，共计折合美金 352,815,851 美元”。其中毁于战火或散失原因不详者，折合 135,129,331 美元，苏军拆走者约合 189,934,947 美元，国民党方面搬走的约合 899,800 美元，中共方面移出的共合 12,151,773 美元②。无论哪一种统计，东北工业的损失程度都是惊人的③。而且，“许多工业设备既已拆去，剩余部分，即无法运用。例如抚顺煤矿，电力设备因被迁拆四分之三，故电力不足，抽水机不能大量使用，煤矿被水淹没，全部不能工作；又如鞍山钢铁厂，因炼焦炉被毁，不能炼焦，既无焦炭，则所余之平炉、化铁炉即毫无可用之途；又如轧钢厂，虽一切设备未动，而精小之轧钢机则被苏军拆走，该轧钢厂犹如人之心脏被挖，丝毫不能生产；更如机器厂之皮带，苏军于临撤退时，皆斩为寸断，论其生产能力之损失，亦等于百分之百，故苏对我东北工矿业之抢劫与破坏，绝不能以区区之数字所能表示于万一也”④。在这方面，苏联的作为有违同盟国共同作战的初衷，也找不到任何条约和法理的依据，表现了大国强权主义行径。此种情形的逐渐披露，给本为苏联二战盟友并且沉浸在胜利喜悦中的中国民众泼了一瓢冷水。

---

① 《苏军驻留期内东北工业损失调查报告书》(1947 年 2 月)，《中华民国重要史料初编》第七编第一册，第 274—275 页。

② 《王首道回忆录》，解放军出版社 1988 年版，第 469 页。

③ 根据苏联官方在 1947 年 1 月 29 日公布的数字，东北“战利品”总值只有 9700 万美元，这个统计其后没有公开出版的文献资料支持。如果这个统计是这些“战利品”在运到新地点重新安装后的价值，而这种新价值由于种种损耗和其他因素，大约只有原价值的 10%至 20%，则苏联的统计应增加五至十倍，才可能接近于事实 (McLane, Charles. *Soviet Policy and the Chinese Communists 1931 - 1946*, p. 235. Columbia University Press, New York, 1958)。

④ 郭克悌：《东北的盘据与劫掠》，《中华民国重要史料初编》第七编第一册，第 263 页。

中国民众对苏联在东北所作所为的反应由于雅尔塔密约的公布而更形强烈。1946年2月11日，美、英、苏三国正式公布了雅尔塔密约。在此之前，中国民众认为苏联出兵东北是支援中国抗战，并由中苏条约界定了两国关系，但密约的公布，使人们得知在表面文章之下，还有大国之间的交易，而中国完全处于被动无援的地位，一切都是由大国强加给中国的，这激起了中国民众的强烈不满。由于东北处于苏军占领下，苏军不仅有种种伤害民众感情的举动，而且迟迟不撤兵，并在经济合作谈判中要挟中方，因此这种不满便主要针对苏联而发。从2月13日《大公报》发表《读雅尔达秘密协定有感》为开端，全国各报连续发文，抨击苏联的所作所为，尤其是知识界对此反应强烈。傅斯年、王云五等领衔发出《我们对于雅尔达秘密协定的抗议》，中央大学、西南联大等校教授签名发出关于东北问题的宣言，黄炎培、沈钧儒、张君劢等中间党派领导人发表对时局的主张，谴责雅尔塔秘密协定"实为近代外交史上最失道义的一个记录"，苏联的作为"完全违反对侵略的法西斯国家共同作战的目的，违反列宁先生与中山先生共同建设的中苏友爱的新基础，违反苏联多次的对外宣言，尤其是对华放弃帝俄时代不平等条约的宣言，违反大西洋宪章以来各重要文件的精神。……苏联乘人之难，提出这种要求，其异于帝俄对中国之行为者何在？这种行为，难免造成今后世界战祸的因素。为中国，为世界，我们不得不提出严厉的抗议"；大国"运用秘密外交，以处置第三国之领土与权益，实为旧日帝国主义之惯技"，要求："政府披露中苏签订条约以来，一切有关东北问题的谈判经过，并拒绝再作妨害主权的任何协商；政府与苏联均应忠实履行中苏协定，苏联应尽速撤退在我东北驻军，归还一切工厂设备与资源，不得有超出中苏条约范围以外之任何行动或措施。"①

中国人民历经艰辛、含辛茹苦，在同盟国共同作战中付出了重大的民族牺牲，然而少数大国为了一己私利，以牺牲中国国家主权作代价，

---

① 《中央日报》(重庆)1946年2月22日、23日。

私相授受，无异使中国仍处于二等地位，当然为中国人民和舆论所不满。这种不满和反感是完全正当的。然而这种对苏不满情绪给了国民党强硬派一个机会，他们借此挑起了全国范围的反苏反共游行活动，以实现他们改变国民党对苏对共政策的企图。美国则利用这个机会，极力鼓动中国排挤苏联。2月8日，王世杰征求马歇尔对苏联迟迟不撤兵一事的意见，马歇尔建议，不要向苏联作任何让步，无论是正式的还是非正式的。他认为时间对苏联人不利，如果他们不撤兵，他们就在全世界面前成为条约的破坏者。他还建议让同盟国记者进入满洲，对苏联发起心理战。王世杰告诉马歇尔，将公众注意力转向东北一事正在考虑中①。当然，这样做的后果，美国和国民党都没能完全预计到。

自2月中旬起，首先是东北旅渝人士在16日举行会议并游行请愿，接着重庆各校学生开始酝酿举行游行，反对苏军继续占据东北，要求苏军尽早撤离。一直对学生运动心怀警惕的国民党此次一反常态，在事先已得到情报的情况下，不仅没有阻止的举动，而且党部和三青团系统人员在学校频繁活动，力图将游行导向对其有利的轨道。20日和21日，国民党党政小组举行两次临时谈话会，分别由陈立夫和吴铁城主持，决议对学生游行不能劝止时应尽量避免发生意外，学校当局和教职员应参加游行，严防工人参加游行，游行后之宣传由吴国桢等负责，游行当日，党内负责人坐镇中央党部，“以便应付一切”②。会后，国民党中央执行委员会致电各省市政府与党部，称对学生行动“制止恐不可能，但本党只宜善为引导”，而“引导”方向为，“避免正面攻击苏联，”“东北问题，乃是共党阻挠国军接收问题”，“应痛加指责”，“予以驳斥”，并要求各省市“特加注意，妥为运用，并将该省市情况随时电报为要”。

---

① Marshall to Truman, Feb. 9, 1946, *FRUS*, 1946, Vol. IX, p. 426.

② 《重庆党政小组临时谈话会会议记录》(1946年2月20、21日)，《中华民国重要史料初编》第七编第一册，第639—642页。

吴铁城、陈立夫等还电告正在杭州的蒋介石：重庆学生酝酿游行，“观察现势，劝阻已不可能，因此次运动，为青年民族意识国家观念之自动自发，学校中反共空气之浓厚，出于自然，故只能使其减少反苏成分，及防止不生意外”①。由此清楚地说明，国民党支持游行可谓醉翁之意不在酒，党内强硬派企图将游行导向反共之途，以此加强自己的党内地位，并为在即将召开的二中全会上改变政协决议预作舆论准备。

2月22日，以中央大学为主体的大中学校学生及教职员工二万多人，举行“重庆市各校学生爱国运动游行大会”，发表《告全世界人士书》、《告全国同胞书》、《对苏联抗议书》、《质中共书》等文件，要求苏军立即撤出东北，苏联切实履行中苏条约，尊重中国领土主权的完整，并进而提出反对东北“特殊化”，反对“割据东北”，拥护政府接收东北等矛头指向中共的口号。在游行队伍经过民生路《新华日报》营业部时，有人煽动捣毁了该营业部。重庆游行当天，国民党中执会再次指示各省市党部，重申前电各点，并特意提出严防“异党分子”“转移运动之领导权”，“各地党团应即与军政各机关首长举行会议，密切联系，妥慎应付”，“各地有关此事之情况应随时以最迅速方法报告中央”②。其后重庆续有游行，全国各地也都发生了类似的游行示威及抗议活动，北平还发生了冲击军调部中共方面办公处的事件。国民党宣传工具乘机推波助澜，发表反苏反共言论，挑动民众情绪。

此次反苏反共游行，是国民党多年来第一次得以利用学生运动达

① 《中国国民党中央执行委员会对陪都学生为东北问题酝酿活动事致各省市当局指示处理方针电》(1946年2月20日)、《吴铁城陈立夫等上蒋总裁报告沙坪坝学生酝酿游行出于自动势难劝阻正设法疏导电》(1946年2月21日)《中华民国重要史料初编》第七编第一册，第638页、642—643页。

② 《中国国民党中央执行委员会为各地学生爱国游行事致各省市党团部指示应注意事项电》(1946年2月22日)，《中华民国重要史料初编》第七编第一册，第644页。

到自己的目的，实则是党内强硬派的目的。他们的目的之所以能够实现，还有一个原因。本来国民党认为苏联在东北的驻留对自己有利，所以才要求苏军延期撤退。但延期撤退的期限2月1日已过，苏军并无撤退之意，且称由于运输、接收及若干问题尚未解决，撤退将展缓至开春以后。国民党中央党政军联席会议秘书处经研究认为，“苏联目前拖延东北驻防军撤退时间，似确有利用此时间完全充实中共军之实力，滋长共党在东北蔓延之趋势。一俟将来苏军撤退，则共军装备亦已完成，根据地亦已巩固，即国军北进既难克尽收复之任务，且对装备优势之共军亦无可奈何”①。国民党因而一改过去的主张，要求苏军尽快撤退，以为自己能在东北放手动武准备条件，学生游行即为此提供了极好的机会。对要求苏军尽快撤退，国民党内本无异议，但党内温和派对强硬派采用如此激烈的公开动作颇为忧虑。王世杰事前曾邀集孙科、邵力子、王宠惠、张嘉璈等商议，均认为应和苏联继续商谈，不宜采取激烈行动。王世杰认为：“本党同志之反对政治协商会议者，亦颇思利用群众此种心理以打击中共并推翻党派之妥协。政局确走入极严重状态。”因此他致电在杭州的蒋介石，“谓情形严重，盼其急电党中同志，阻止扩大此种政潮”。游行发生后，王“十分忧虑”，认为“蒋先生在杭州似未十分明了近日陪都情形演变之严重性”，因而连电催其速“返渝主持”②。但蒋在杭州静观事态发展，不急于有所动作，正表示了他的态度。强硬派的行动实际得到蒋介石的支持，他内心未尝没有借此压苏联和中共让步的想法。24日，蒋才从杭州回重庆，王世杰告其重庆近日情形，请其作适当之公开表示，以安苏联之心。次日，蒋公开发表谈话称，“东北问题必能有合理的解决，切不可轻听外间

① 《中央党政军联席会议秘书处关于中共军与苏军勾结情形之研究》，《中华民国重要史料初编》第七编第一册，第584页。

② 《东北接收交涉日记》(1946年2月15日)；《王世杰日记》1946年2月19、21、22、24日。

无根据之传闻,而有激昂过分之言动”①。然而此一讲话明显不过是马后炮而已。

3月间,在国民党六届二中全会上,强硬派借政协决议和东北问题发难,掀起反苏反共浪潮。全会秘密通过了《对苏联提出抗议严重交涉限期撤退其东北驻军以保我领土主权行政完整而固国防案》、《限令中央对当前东北严重局势采取紧急有效措施以维国权而保领土案》和《本党结束训政前拟请政府迅采关于经济国防及东北问题之有效措施期使全国民生安定人心振奋案》,强硬派以此进一步向蒋介石和中央施加压力,而宋子文、王世杰等在强硬派指为“卖国”的猛烈攻击下,噤口不敢言,国民党整个东北政策的右转已经不可避免②。

国民党的举动使中苏关系气氛急剧恶化。2月26日,苏联大使向中国外交部提出抗议,认为反苏游行责任应由中国政府负责。3月6日,外交部照会苏大使,要求“转请贵国政府令饬现在仍驻中国东北诸省之苏军即行撤退”③。一周之后,苏军在不通知国民党的情况下,突然从沈阳撤退。对国民党而言,更严重的是,苏军的撤退完全不等国民党军的接防,无异为中共部队大开方便之门。3月17日,中共军队经过激烈战斗攻占辽北省省会四平,扼住了长春铁路往北的咽喉要道,使整个北满将要落入中共的控制之中。国民党感到形势的严重,21日,王世杰紧急约见苏联大使,表示“我预定担任接防之军事人员,遂感受重大困难”,要求苏方预先通知撤退日期,并“对中国接防军队予以便利

---

① 《中央日报》(重庆)1946年2月26日。

② 《中国国民党第六届二中全会决议案行政院办理情形报告表》,1946年印本,第19—20页,附件第74—75页。据张嘉璈所记,在全会讨论中,“对于中苏友好条约纷纷反对,有人主张应提交安全理事会,亦有谓应要求苏方修改”;“谷正纲谓应发动民众运动,萧铮谓应请求总裁罢免外交部长或劝告辞职”。宋子文“大受攻击,体无完肤,宋答复神态极窘”;“东北问题审查会决议指出,应撤换熊主任,取消政务、经济两委员会,停止地方交涉”(《东北接收交涉日记》1946年3月6日、8日、15日)。

③ 《外交部为东北苏军逾期未撤退事致苏联驻华大使馆照会》(1946年3月6日),《中华民国重要史料初编》第七编第一册,第187页。

与协助”。苏方对此未作表示，只于次日正式通知外交部，“苏军依照政府之决定，本年四月底将自满洲撤退完毕”①。而东北苏军总部的态度则更为直截了当。苏军参谋长特罗增科面告留驻长春的驻苏军军事代表团团长董彦平，“关于接防问题，如贵军在苏军预定撤退之日期以前到达，我军可采一切必要之步骤交防接防，如未到达，苏军亦不能改变预定计划”；苏军“仅知遵奉命令完成任务，不遑顾及其他，并声明苏军在长春以北所警备之区域，不能株待中国国军接防，而只能将防务交付地方现存之武力，如华军不及开到，则苏军不能因此停止撤退”。至于长春以南，苏军虽表示可以交付接收，但又称因鼠疫停止一切铁路客货运输，中国军队应在公主岭停留十天以接受检疫。马林诺夫斯基对董彦平称，苏军“因等待甚久，外间误会滋多，故不得不及早撤退”②。国民党不得不为自己的轻率举动付出代价。

4月14日，苏军自长春撤退，25日自哈尔滨撤退，国民政府驻苏军军事代表团和松江、嫩江省及哈尔滨市政府接收人员不得不随苏军撤入苏联境内③。5月23日，苏联大使照会中国外交部，宣布苏军已于5月3

① 《王世杰部长为先期通知我方撤军日期事致苏联驻华大使彼得洛夫照会》(1946年3月21日)、《苏联驻华大使彼得洛夫致外交部部长王世杰通知苏军于4月底撤退完毕照会译文》(1946年3月22日)，《中华民国重要史料初编》第七编第一册，第188—189页。由于苏军的突然撤退，不仅使国民党接收行动不及展开，而且使国民党已经派出的部分接收官员处境尴尬，熊式辉不得不部署紧急撤退计划，但为蒋介石所反对，而蒋固执的结果，不过使这些接收官员成为中共军队的俘虏而已。

② 《董彦平致张嘉璈电》(1946年3月27日、4月6日)，*Chang Kia-ngao Papers*，Box 10，Hoover Archives，Stanford University，California。董彦平：《苏俄据东北》，第180页。亲身经历这段过程的黄克诚这样评价：“国民党当局本来以为苏联红军撤出东北会对他们有利，却未料到会由此促成我军得以进占大城市的局面(指中共占领长春、哈尔滨等城市——作者注)。我军进占大城市后，装备得到很大改善，给养也不成问题了，给了部队以非常有利的修整、补充时机。”(《黄克诚回忆录》，第344页)

③ 撤入苏境的行政人员，于5月19日自海参崴回国，军事代表团成员则暂驻伯力，处理善后问题，6月15日启程回国。

日自东北撤退完毕。至此,困扰国民党的东北苏军问题暂告一段落①,然而,对国民党而言,东北接收的军事行动即将开始,难题还在后头。

第三节 东北的战火

一 东北军调的失败

日本投降以后,东北虽是国共争夺的重点之一,但在一段时间里,东北问题并没有端上国共双方的谈判桌。在国民党方面,是根本不愿提,而将其定位为接收国家主权问题,目的是不承认中共在东北的地位,以独占东北。在中共方面,是有意不提,以尽量争取在东北的有利地位,从实力出发迫使国民党作出让步。而在苏军未撤的情况下,国民党按兵不动,中共则致力于建立巩固的东北根据地,双方暂时还能做到相安无事,与全国其他地区尤其是华北的冲突比较,东北还不算国共冲突的热点地区。随着苏军逐步撤离东北,原先隔离国共武装不使之发生直接冲突的缓冲力量不复存在,东北国共冲突的可能性骤然上升,而国民党内政治情势的变化,使这一冲突很快便不可避免。

如前所述,以CC系为代表的国民党内强硬派和主战军人集团结合,不满于政协决议对国民党一党独大地位的限制,在国民党六届二中全会上,以检讨战后政策得失为名,在国共关系、中苏关系、东北问题上发难,对宋子文、王世杰、熊式辉等人发动了猛烈攻击,并导致国民党战后政策走向的重大改变。国民党内政治动向的这一变化,得到了蒋介石的默许、纵容与支持,在这种情况下,党内温和派不敢或不便再作主张,

① 苏军撤退后,国民政府在东北与苏联的外交接触主要是关于大连接收问题。此事苏联一度表示可以进行,并同意国民政府派出视察团在1947年年中去大连视察。但大连行政此时实际已在中共控制下,国民政府格于实际,无法接收,也不能动武。此后,随着国民党政府军在东北军事的失利,国民政府不得不放弃了接收大连的企图。

从而使国民党在东北问题上失去了应有的弹性,动武大气候已成。而苏军的撤离,更使国民党不再有过去的担心,东北问题的焦点开始从国民党与苏联的矛盾向国共矛盾转化。

蒋介石决定对东北的政策时,从未真正放弃过收复东北的想法,但他一方面顾虑苏联的反应,所谓投鼠忌器也,另一方面当时国民党军队力量不足,因此他迟迟未下令军队进入东北。随着苏军从东北撤离的最后期限的到来,虽然苏军还在找借口拖延,但蒋判断苏军撤离不过是迟早问题,而国民党军队在美国协助下正源源不断开入东北,蒋对东北接收的态度逐渐趋于积极。1946 年 1 月 19 日,蒋要求熊式辉和杜聿明:“凡我军已入东北部队,无论其兵力大小,亦无论行军驻宿,皆须随时完成作战之准备,千万勿忽。”2 月 13 日,再次下令,要点有苏军者力予交涉接收,要点无苏军者可能占领则占领之,以防东北成为“第二华北”①。这表明一向迷信武力的蒋介石已准备军事解决东北问题。与此同时,全副美械装备的国民党精锐主力新一军、新六军、七十一军和云南系统的六十军、九十三军等部由美国军舰陆续运抵东北,使国民党在东北的部队总数将近 25 万人,军事实力大大增强。1 月发布的停战令,由于国民党的坚持,规定“国民政府军队为恢复中国主权而开入东北九省,或在东北九省境内调动,并不影响”②。这一条规定虽只涉及军队调动问题,但含义并不明确,何谓“恢复主权”,范围如何确定,军队如何调动,国共双方各有不同解释。实际上,国民党如此坚持这条规定,已透露出其改变东北政策的信息。停战令生效前后的国共营口争夺战,凸显了东北问题的严重性③,在全国局势的相对平静中,东北成

① 《总统蒋公大事长编初稿》卷 6(上),第 20—21 页;《熊式辉日记》1946 年 2 月 13 日。

② 《中央日报》1946 年 1 月 11 日。

③ 杜聿明为在东北占据一个海口城市以利以后作战,命五十二军于 1 月 10 日占领营口,随后又为接收沈阳,令其北上,在营口留置一个加强营守备,中共部队于 13 日对营口发起攻击,次晨占领之。

为各方关注的焦点。

政协会议之后，中共也开始关注如何解决东北问题。随着停战令的颁布，政协会议的召开，整军协议的签订，全国范围的国共军事冲突暂时得以平息，而东北局势的不确定，蕴含着发生冲突的极大可能。随着苏军的即将撤离，中共势将直接面对国民党的军事压力，如果能在此时，为东北问题确立一个解决框架，无疑对巩固中共的地位，完成中共预定的战略任务，是非常有利的。何况，经过半年来的积极行动，中共已经基本完成了在东北的战略部署，并建立了较为巩固的根据地，地位较之过去已不可同日而语，中共自信可以在政协决议的框架下，与国民党讨论解决东北问题，争取中共在东北的合法地位。1946 年 1 月 21 日，中共中央指示驻重庆代表团，“我们现在似须主动提出东北问题与国方谈判，要向他声明如不先谈好，在东北不可避免的要发生冲突，并必然影响全国的和平”。谈判的方针为：1. 改组东北行营，容纳各党各派参加；2. 承认中共军队在东北的地位；3. 实行民选，并承认现已存在的民选政府的合法地位；4. 国民党军进入东北须有数量限制①。

由于东北在中共战略中的特殊地位，东北局彭真、林彪等负责人对国内形势有自己的看法。他们认为，国民党可利用停战稳定关内，同时自关内调兵出关，与中共争夺东北，这样对中共不利，因此他们建议应以各种手段“逼蒋迅速与我谈判东北问题，承认我在东北之地位”②。此时中共中央对国内和平前景的估计较为乐观，认为“整个国际国内形势不能允许东北单独长期进行内战”，因此中共“对东北的方针，应该是力求和平解决，力求国民党承认我党在东北一定合法地位的条件下与国民党合作”。为此，中共中央在给东北局的指示中提出：“企图独占东

① 《中央关于解决东北问题的方针给中共驻重庆谈判代表团的指示》(1946 年 1 月 21 日)，《中共中央文件选集》第 16 册，第 55—56 页。

② 《彭真致中共中央电》，1946 年 1 月 14 日；《林彪致中共中央电》，1946 年 1 月 15 日。

北，拒绝与国民党合作的思想，是不正确的，行不通的，必须在党内加以肃清。”“我们完全不应怀疑东北问题有和平解决与国民党实行和平合作的可能”。指示东北局，军事上避免与国民党军冲突，退出长春路及沿线若干大城市，在军事上采取完全防御的姿态，对国民党接收人员表示合作协助的诚意①。2 月 12 日，中共中央书记处讨论决定了力求和平解决，力求与国民党在东北合作的基本方针。次日，中共关于东北问题的主张，以中共中央发言人答新华社记者问的方式公诸于世。与此同时，周恩来在重庆整军谈判中向张治中不断提出东北问题，表示“东北问题长此拖延下去，恐不是办法”②。整军协议签订当天，周恩来会见马歇尔，提出停战和整军应将东北包括在内，“因这是一严重问题。在上次的停战协议中，此点规定得尚不够明确，致你的提议未能在东北实现。现在整军和停战的协议都有了，以后就要赶紧把冲突停止”③。但中共和平解决东北问题的建议并未能得到国民党的应有回应。国民党坚持东北接收是关系国家主权的问题，而且有条约依据，不能受任何限制，同时不承认中共在东北的地位。中共公布解决东北问题的建议后，国民党舆论群起而攻之，东北问题解决的关键显然在于国民党的态度。

① 《中央关于目前东北工作的方针问题给东北局的指示》(1946 年 1 月 26 日)，《中共中央文件选集》第 16 册，第 57—60 页。其后中共中央还决定原拟调往东北的山东叶飞纵队、晋察冀杨得志纵队不再去东北，以免“给国民党以借口”，“结果不仅拖延东北战争局势于我不利，破坏停战协定责任人民一时也不易了解，反而给战争挑拨者以利用”(《中共中央致林彪等电》，1946 年 3 月 4 日)。

② 张治中在向蒋介石的请示中认为：“揆其前后再三向职提及东北问题，其用意似希望政府与其商谈者然。但此问题关系甚大，职自未便作任何表示”，并建议蒋，“现在东北问题日趋复杂，政府似有郑重考虑决策之必要”(《三人会议政府代表张治中上蒋主席报告与中共代表周恩来商谈东北问题情形函》，1946 年 2 月 19 日，《中华民国重要史料初编》第七编第三册，第 78 页)。

③ 《停战和整军都应把东北包括在内》(1946 年 2 月 25 日)，《周恩来一九四六年谈判文选》，第 120 页。

在苏联即将从东北撤军之时,东北问题纠葛中的另一位主角美国登场,从后台走到了前台。马歇尔使华的最主要目的之一,便是解决东北问题,维护美国的利益。他来华不过两个月,就在停战与整军两事上取得了引人瞩目的成功,但东北问题的悬而未决,不仅存在着发生军事冲突的极大可能,而且必然影响全国和平,使马的成功付之东流。如同马歇尔给杜鲁门的电报中所说:"过去一个月在中国已经成就的一切能否持久,很大程度上依赖于及早处理满洲正在恶化的局势。"①马氏深知其中利害,因此在停战与整军问题上达成协议后,便着手解决东北问题。

还在1月24日,马歇尔便提议派出军调小组前往营口,并建议以后遇有同样事件时照此行事。这实际是将军事调处的范围扩大到东北,但这个建议遭到了国民党的拒绝。2月20日,马歇尔重提向东北派遣军调小组的建议,又为国民党拒绝。这使马氏认识到,"国民政府似乎决心不使它在满洲的行动自由受到任何限制,并且倾向于以军事完全占领满洲全境,如遇到中国共产党军队的阻挠,则消灭中共军队"。马氏的观察是正确的,但他同时也认为国民党此时在东北并没有足够的力量有把握消灭中共,相反,轻率动武的结果,可能反而对国民党不利②。问题在于,马歇尔对国民党在东北行动的后果估计不足,因此他当时尚无意压国民党让步。而美国帮助国民党大规模运送军队到东北,并发表对于中苏经济合作谈判的反对意见的声明,使国民党寄希望于在未来的东北冲突中得到美国的支持,马氏的建议便更可能被国民党理解成一种姿态,而非强力。这反映了美国在东北问题上目的与手段之间的矛盾,它既要伸展美国在东北的势力,对抗苏联的利益企图,

---

① Marshall to Truman, Feb. 9 1946, *FRUS*, 1946, Vol. IX, p. 428. 其实不仅是马歇尔,有关各方都认识到东北问题将是能否实现政协决议的关键因素之一。

② *The China White Paper*, Vol. 1, p. 146. *Marshall′s Misson To China*, Vol. 1, p. 56.

就不能不支持国民党接收东北，从而也就不能不导致国共军事冲突，而东北冲突的结果，必然影响关内，促发全国内战，最终使马歇尔调停失败，并损害美国在华的长远利益。

蒋介石对马歇尔解决东北问题的建议置之不理，反映了国民党此时解决东北问题的基本态度，即不承认中共的地位，要求由国民党独占东北。在国民党六届二中全会前后的大环境下，这个态度很难再有松动的可能。3 月 9 日，蒋介石对马歇尔表示同意向东北派出军调小组，但提出五项条件，即执行小组只管军事不管政治；小组随政府军行动；小组有权去双方冲突的一切地点；政府军有权接收中长路及两侧 30 公里内的全部地区；中共军撤出矿区和铁路；凡国民党军队接收时，中共军队不得阻拦并应撤退。当马氏将此转达给周恩来时，周反问他，如此岂不等于中共军队将从全东北撤退？因此当然为中共所拒绝①。在马歇尔回国前，周恩来与他连续会谈，解释中共对东北的要求是先停战，再谈其他；外交与内政分开，内政要协商；军事与政治问题同时解决，国民党在东北只保留五个军，实行政治民主，地方自治。周恳切地对马氏转达了延安的表示：你能否把东北问题解决了再走，这样对中国人民有极大好处，而且改组政府事也可决定了，全国的局面就都安定了，这对你回美后要解决各种问题也可有极大便利。由于马氏前一阶段大体公平的调处，使中共对他压迫国民党解决东北问题寄予希望，然而马氏在东北问题上代表美国利益，显与中共立场有较大距离，他更希望看到的是由国民党接收东北，以排除苏联插手，确保美国战略利益。针对马氏“对中共与苏联在东北的关系还未释然”，周恩来特意解释说，“中共和苏联在思想意识上有其共同点，但两者绝然是两个国家”；“至于外交方面，现正由政府和苏联直接办理，我们并未参加意见。因此在解决东北的问题上，我们力避接触到外交问题，而在东北的内政问题上，我们欢

---

① 《代表团关于东北问题的对策》(1946 年 3 月 10 日)，《周恩来一九四六年谈判文选》，第 132 页。

迎美国来帮助解决”①。但 3 月 11 日马歇尔离华当天，根据蒋介石的五点意见拟出的东北军调命令草案，因在铁路沿线接收问题上国共意见不一而无法达成妥协，这也表明马氏此时尚不急于解决东北问题，或许他还想观察一下形势的发展。马歇尔没有想到的是，等他一个月后回到中国时，东北已经战火纷飞，并且最终牵动整个大局，使他辛辛苦苦达成的一系列协议全部成了废纸，他本人的公正性和由此而来的声名也因此受到了极大的损害。事实证明，马歇尔在东北调处问题上的大意或是故意，是美国人调处中国内战的工作由盛而衰的转折点，而东北问题未得合理解决引发的战火，则是全面内战最终爆发的导火线和时局由和而战转换的关键因素之一。

本来，中共从国内外大势出发，准备在东北与国民党达成妥协。但是东北与关内的不同之处在于，关内是现地停战，中共并不损失实际利益，而东北停战后势必要让出中共已占领的若干地方给国民党接收，因此东北的中共领导人对此有不同意见。中共中央认为“他们雄心很大。不了解为什么要让出许多地方给国民党，东北全党全军都是这种心理”，并且承认，在这个问题上“最难说服同志，而可能造成党内纠纷”。正因为如此，中共一方面准备对国民党作出一定让步，另一方面认为“此种让步须有交换条件”，即中共前所提之四点。为了达到这个目的，中共需要东北方面“采取比较强硬的政策”，作为逼蒋谈判的筹码。因此，中共中央最初要求东北方面退出长春路沿线城市，其后又同意了东北局意见，“在沈阳以南我军留驻长春路沿线，不自动撤退，作为与国民党谈判条件”。同时中共在与国民党的谈判中，也会提出一些或高或低的条件。无论是作为实际要价，还是谈判策略，作为对抗的一方，中共这样做都是合情合理的。但是直到 3 月中旬，中共“内心的盘子，长春

---

① 《关于东北问题的说明》(1946 年 3 月 10 日)、《东北问题必须军事与政治一道解决》(1946 年 3 月 11 日)，《周恩来一九四六年谈判文选》，第 125、135 页。

路的主要部分……是要让给国民党的”①。问题在于，中共对于东北问题的缓和主张，以及中共心中“最难”的让步，并没有得到国民党应有的回应，东北的军事形势日渐紧张，国民党六届二中全会更有对共强硬的表示。国共双方长期的对立与斗争，使双方内心的互相猜忌与疑虑很难一下子消失，国民党的举动，使中共不能不怀疑对方的真实企图，从而相应改变自己的政策。

3 月 13 日，苏军撤出沈阳，国民党政府军立即进驻，随即以沈阳为中心，向外围作扇形攻势，先后占领辽阳、抚顺、铁岭等地，并有北上长春的意图。与此同时，关于东北军调的谈判在美国调停下正在紧张进行。中共认为，在此情况下，“必须打几个胜仗，弄得蒋军在东北处于困难的情况下，蒋军才会在我们所能接受的条件下和我妥协”②。3 月 16 日，中共中央两电周恩来，东北“若无政治上、军事上、地盘上之交换条件并同时解决，我决不能让出地方”。如国民党“不愿如此作，则内战责任在彼方，不管彼方如何死硬，如何高压，甚至以全面破裂、大打内战相威胁，我们亦绝对不屈服”③。表明中共决定在东北问题上采取强硬态度。3 月 17 日，中共中央电告东北局，“沈阳以北长春路沿线之苏军撤退区同意你们派兵进驻，以为将来谈判之条件，时间愈快愈好”④。同日，东北民主联军攻下四平。24 日，中共中央指示东北局：“我党方针是用全力控制长哈两市及中东全线，不惜任何牺牲，反对蒋军进占长哈及中东路，而以南满、西满为辅助方向”；为此须：1. 坚决控制四平街地区，决不让国民党军向长春前进；2. 南满主力就现地歼灭向辽阳、抚顺等处进攻之国民党军，牵制其不得北进；3. 如国民党军北进时，南满主

① 《刘少奇年谱》下卷，第 14 页；《辽沈决战》(下)，第 603 页；《中央关于东北问题的谈判方针给东北局和中共赴渝谈判代表团的指示》(1946 年 3 月 13 日)，《中共中央文件选集》第 16 册，第 89—90 页。

② 《四战四平》，第 3 页。

③ 《毛泽东年谱》下卷，第 62 页；《刘少奇年谱》下卷，第 28 页。

④ 《辽沈决战》(下)，第 606 页。

力应转移至四平街地区，为保卫北满而战。随后，又在25日、27日连电东北局和林彪、彭真等领导人，强调“尽一切可能不惜重大牺牲”，“必须使用主要力量，并须迅赴事机”，据此“部署力量，指导工作”①。这表明中共对东北方针的重大变化，即由和为主、承认国民党的接收权转为先战后和、在可能时最大限度地占领东北实地，以在未来的谈判中可以照关内现地停战的先例，从实力地位出发和国民党讨价还价。在此前后，由于苏联和国民党的关系恶化，因此苏联对国民党态度也转为强硬，支持中共接收东北各大城市与交通干线，并一再询问中共：为什么对美国如此客气？为什么允许国民党派五个军来东北？强调：凡苏军撤退之地，包括沈阳、四平街，中共都可放手大打，并希望大打，而长春以北如哈尔滨等地，则应坚决控制，不应让出②。中共力争东北的方针因得到苏联的支持更增强了把握。

马歇尔回国述职后，东北停战谈判仍在进行，周恩来和张治中以及马氏代表吉伦进行了反复谈判。争论的焦点是，国民党要求接收苏军撤退的地区，而中共认为如此则含义模糊，使国民党“可指任何一苏军到过的地方都是撤退区，都要进驻，毫无限制，将使我陷于彻底被动。彼方即不承认我军驻地，甚至连维持现状的话都不愿规定，我方当然不能承认彼方此种无限制的要求”③。因此，中共坚持接收只能限于苏军现时撤退的地区，同时国民党应承认停战，解决东北驻军配置及政治问题。3月16日，张治中同意接受中共要求，国方只接收苏军现时撤退地区，而如进驻中共军队驻地应经过商定，结果遭到蒋介石的否决。直到27日，国共美三方才就向东北派出军调小组一事达成协议，规定：1.

① 《中央关于控制长春、哈尔滨及中东路保卫北满给东北局的指示》(1946年3月24日)、《中央关于东北停战前坚决保卫战略要地给林彪、彭真等的指示》(1946年3月25日)、《中央关于目前东北工作方针给东北局及林彪的指示》，(1946年3月27日)，《中共中央文件选集》第16册，第100—105页。

② 《失去的机会》，第253页。

③ 《刘少奇年谱》下卷，第28页。

小组任务仅限于军事调处工作；2. 小组应在政府军及中共军队地区工作，避免进入苏军驻留之地区；3. 小组应前往冲突地点作公平之调处。东北军事问题由三人会议继续商谈，政治问题另行商谈①。这个协议抹去了国共分歧的关键点，即国民党的接收要求和中共的政治要求，因而没能解决东北的实际问题，实际上更鼓动了交战双方抢占实地，使执行小组成了观战小组。根据协议，东北成立四个执行小组，其中第二十七小组驻沈阳，为中心小组。3 月 29 日，美方白鲁德飞抵沈阳，与熊式辉讨论派出小组问题，遭到熊的强硬拒绝。因为熊有蒋介石的指示："凡我军工作有妨碍之处，如执行组有前往视察之要求，亦可暂为婉谢。"因此熊有恃无恐。尽管白鲁德向熊表白：小组作用"可使国军顺利接收"，"可暴露苏、共勾结情形于世界"，但熊并不领情，回以"不便与小组会议"②。4 月 2 日，参加军调小组的中共代表在飞抵沈阳机场时被扣留了三个小时，导致原定派出的执行小组大多未能到达战地，说明东北军调根本无法进行，东北和平的前景日渐黯淡③。

4 月 1 日，军政部部长陈诚接替去新疆的张治中出任三人小组国方代表。陈诚是主战派，他甫上任便对美方代表吉伦说：中共与英美等国的政党不同，它是有国际背景的集团。他们一贯不守信义，只知不断争取利益。因此他主张中共必须严格执行军队整编统编事项，不然用不着再谈。他还表示，尽管他个人与周恩来关系尚好，但主义不同，友谊关系不可靠④。陈与张对国共关系的不同看法，使谈判更不可能有进展。对于整军和东北局势，陈诚在召集部下讨论后决定谈判方针为：东北按停战协定调军不受限制，以此向美方说明并再运一二个军去东

---

① 《中央日报》1946 年 3 月 28 日。

② 《总统蒋公大事长编初稿》卷 6(上)，第 82、88 页。

③ 据原定去四平的第 28 小组中共代表耿飚回忆，他们到达铁岭之后，既不能向前进，又不能与北平联系，实属被软禁于驻地。及至四平被国民党军队攻占后，小组才到达该地，但已无事可作(《耿飚回忆录》，第 390—391 页)。

④ 《郭汝瑰回忆录》，第 200 页。

北；所谓东北国方的五个军为整编后之数字；中共规定在东北只驻一个军，然而现在超出远甚，希望停止秘密运兵并速整编；只要迅速按基本方案规定国共双方部队驻地，并且中共不在东北接收苏军退出之城镇，冲突自可停止；全国问题须整个解决，不可因东北局部情况而陷整军于停顿，希中共速按整编方案整军并规定驻地①。由于陈诚缺乏解决东北问题的诚意，军事三人小组会议多次讨论东北问题而无结果。4月8日，蒋介石致函美方代表转马歇尔：对于国军接收苏军撤退地带一事，事关恢复我国主权，必须办到。今共军非法占领沿铁路线各据点，造成冲突，中共应负其责。因此，余要求中共军队立即沿铁路线各点撤开，俾国军可以通过，达成上项任务。至于中共对于东北军事有何其他意见，尽可提出，由三人会议讨论，以谋合理解决②。同日，在三人小组会议上，陈诚指责“发生冲突之根本原因是中共阻止政府军接收主权，或攻击已接收之地区，故必须明确规定中共让政府军接收苏军撤退的地区，并限制中共军队不准攻击政府接收人员，只能如此，方能避免两方冲突”。美方代表吉伦附合陈的意见，他提出中共军队不得再事调动，撤出铁路两侧一日行程。周恩来则坚持，“必须先将冲突停止下来，再定如何接防。现在政府推翻原协议而不执行，即或再得协议，也可能被推翻，这样，谈来谈去有何作用？”③会谈不欢而散，陈诚于会后干脆借口去上海治病，不再出席三人小组会议，军事三人小组会议从此无形中断，表明国民党决心在东北武力接收。

由于中共军队攻占四平，切断了中长路，整个北满实际已在中共控制下。3月30日，周恩来会见张嘉璈，表示中共“闻国军大量北上，不能不为防卫之策，因此北上之国军已受阻于铁岭，恐再受阻于四平，目前解决之道唯有迅速在政治军事方面同时谋解决”，明确地将信息传给

① 《郭汝瑰日记》1946年4月6日；《郭汝瑰回忆录》，第201页。

② 《郭汝瑰日记》1946年4月8日。

③ 《郭汝瑰回忆录》，第206页。

了国民党①。然而两天之后，和平解决的希望便破灭了。4 月 1 日，蒋介石在国民参政会四届二次会议上演讲，坚持“东北问题在本质上，是一个外交问题”，“东北九省主权的接收没有完成以前，没有什么内政问题可言”，对中共军队和政权“决不能承认”，“军事冲突的调处，只有在不影响政府接收主权行使国家权力的前提之下进行”②。这无异于宣战声明。13 日，周恩来在记者招待会上回应了蒋的演讲，他表示：如果国民党不停止进攻，则中共也将不停止抵抗，假如国民党有权从那里进攻，则中共也有权在那里自卫，假如国民党用武力进攻，则中共也将用武力反击③。难怪张嘉璈感叹，东北问题“除国共两方武力决斗之外，别无解决之道”④。

二　空前激烈的四平战役

东北军事调处的努力失败后，国共双方尽遣精锐，在四平、本溪一北一南两条战线作实力较量，双方一攻一守，战斗的规模与激烈程度，在全面内战爆发前的国共军事较量中可称空前。战斗的结局，不仅影响东北，而且及于全国；不仅影响军事，更及于政治，以及国共关系和国内形势的全局。四平战役可称为战后中国政治军事发展中的标志性事件之一。

国民党在东北的军事行动自上年攻占锦州后暂时停止，但国民党军队自进入东北后，虽和中共军队交过几次手，然并未真正吃过苦头，前线将领多持主战态度。杜聿明在给蒋介石的电报中力主“一面接防，一面肃清，在共军根基未固之前，一举铲除”⑤。1945 年 12 月下旬，东

① 《东北接收交涉日记》1946 年 3 月 30 日。
② 《中央日报》1946 年 4 月 4 日。
③ 《解放日报》1946 年 4 月16日。
④ 《东北接收交涉日记》1946年4月15日。
⑤ 《总统蒋公大事长编初稿》卷 6(上)，第 4 页。

北国民党军以锦州、锦西为出发地，开始在北宁路锦州、沈阳段西侧发起进攻，先后攻占北镇、黑山、义县，12 月 30 日，进占阜新。1946 年 1 月上旬，又对热河发起进攻，先后占领了北票、朝阳、叶柏寿、建平、凌源等地，因停战令发布而停止于赤峰、承德近郊。中旬，沿北宁路推进至沈阳近郊的新民和市内铁西区待命。2 月上中旬，杜聿明又以二个师发动了对北宁路锦沈段两侧的扫荡战，先后占领了路南的辽中、盘山和路北的法库，其间在法库南之秀水河子和盘山东之沙岭子与东北民主联军发生激战，结果一失一得，打成平手。

2 月底，杜聿明因病离职赴北平就医，由郑洞国代理其职务。3 月 4 日，熊式辉奉蒋介石令，“着坐镇锦州，直接指挥军事”。他随即下令开始在辽南进攻，并与前线将领商定“一致拒绝三人小组干与东北接防事”，并在三人小组到东北前，尽可能抢占实地，控制铁路沿线及重要城市，造成既成事实，以便日后谈判。29 日，他致电蒋介石，认为“苏军将撤，共军自危”，建议“对苏对共，应取强硬态度”，“中央对东北军事，似无重订新协定之必要”。其后，他又向蒋提出，“此后青纱帐起，继以雨期，故此时间性之重要，甚为明显”①。这些主张对蒋的决策无疑是有重要影响的，尤其是在蒋本人也倾向于动武的情况下，前方将领的态度，使蒋更可以之压服党内不同意见。

3 月 13 日国民党军进驻沈阳，15 日即发出进攻命令。此时正值中共军队调整部署，准备大战，而不求保守城市，因此国民党军的攻势取得了较大进展。在南线，3 月 21 日，占领辽阳、抚顺，4 月 2 日，又占领了鞍山、海城和营口三城。在北线，沿中长路北进，3 月 23 日，占领铁岭，30 日，占领开原，4 月 4 日，占领昌图，复经过激烈战斗，中旬进至四平外围。

4 月 6 日，蒋介石指示熊式辉，“如我军决心向北挺进，则对南除收

① 《熊式辉日记》1946 年 3 月 4 日；《总统蒋公大事长编初稿》卷 6(上)，第 89—90、110 页。

复本溪湖以外，不必再求发展，应暂取守势，而用全力向长春挺进……目前共军主力全在沈北，应抽调新六军及其他有力部队向北推进，集中全力击破其四平街以南之一股而消灭之，则大局定矣”①。13日，又严令熊式辉于20日前攻下四平。由此表明蒋决心在东北动武，预示着更大规模的战斗即将展开。

国民党在东北的军事行动分为南北两条战线。北线进攻由孙立人的新一军和陈明仁的七十一军担任，从重要性而言，国民党更看重北线，因为东北未接收地区集中在北满，何况长春是东北首府，具有重要的象征意义；南线进攻由廖耀湘的新六军和赵公武的五十二军担任，由于南线对其后方威胁较大，而且“化冰后，辽南平原河川横梗，进军不易”，因此熊式辉对南线较为重视。由于杜聿明此时因病离职住院，北线由代理东北保安司令长官郑洞国指挥，南线由东北行营熊式辉直接指挥。从兵力部署而言，国民党军摆出了一个平分兵力、齐头并进的阵势。

在国民党军即将发起大规模进攻之时，中共东北部队也在进行着部署的调整。在上年底中共中央建立巩固的东北根据地的指示下达后，中共东北部队分散进行整顿、剿匪、发动群众与建立根据地的工作，现在根据中共中央“必须集中绝对优势兵力”的指示，3月26日，东北局向中共中央报告了新的作战部署，认为完成中共中央指示的关键，“在于集中全东北一切可能调用之兵力，在沈阳与长春之间铁路沿线上进行反复的争夺战，大量消灭敌人，力争阻止敌人于四平以南地区”，为此要求“各军区应不顾惜暂时可能失掉某些地区(例如被匪占据)。将守备兵力减到必要限度，而抽最大限度的兵力参加此次有关东北全局的大会战”②。东北局决定由西满部队承担四平作战任务，阻止国民党

① 《总统蒋公大事长编初稿》卷6(上)，第100—101页。

② 《迅速占领长哈齐，确保北满于我手中》(1946年3月26日的电报)，《彭真文选》第124—125页。

军队北进；南满部队承担本溪作战任务，掩护东北局机关转移并牵制国民党北进部队；东满部队承担攻击长春任务；北满部队承担攻击哈尔滨的任务。此后，西满与南满部队开始分别向四平和本溪集中，对其他各城未作坚决防守的部署。而在北满，中共集中二万余部队，自 4 月 14 日苏军撤退当天开始进攻长春，18 日占领长春；24 日，占领齐齐哈尔；28 日，未经战斗进驻哈尔滨。至此，全部北满落入中共手中。

东北战事爆发后，4 月上旬，国民党军首先在进攻本溪的作战中遭到挫折。防守本溪的是东北民主联军萧华、程世才指挥的南满军区第三、第四纵队，由于国民党军在辽南占据了若干城市，需要分兵把守，而且前一阶段进攻的顺利，使它有些轻敌，因此最初进攻本溪的部队只有五十二军第二十五师和新六军第十四师。4 月 2 日，国民党军的第一次进攻受挫。7 日，五十二军军长赵公武率部再度发起攻击，由于兵力不集中，被萧华部反击，损失了一个团，于 10 日被迫退回出发地。

四平方面，国民党军队从 4 月 17 日开始发起全面攻势。由新一军担任正面主攻，分为左路新三十八师、中路新三十师、右路第五十师，以四平南中长路上之虻牛哨为基地，向四平三路同时进攻。另以七十一军两个师由四平西面之大洼、八面城向四平作大迂回进攻。东北民主联军以两个团守四平城，另以陆续调来之十四个师（旅）在四平正面构成蜿蜒百里的防线，林彪率前线指挥部在四平西北的梨树坐镇指挥，并要求“每一个前线指挥员必须有战斗到最后一人的决心，有与阵地共存亡的决心，皆无权离开岗位”①。从 17 日到 27 日，新一军对四平连续发起猛烈攻势，并出动空军和装甲部队助战，双方反复争夺，战况空前激烈，双方均伤亡惨重。由于是阵地战，便于国民党军队发挥优势火力装备的作用，但中共部队在劣势装备下，完全凭高昂的士气与精神，抵挡了国民党军队的进攻，使对手在十天时间中不能越防线一步。国民党军虽一度攻入城内，但未及立足即被迫退出，而七十一军由于在 15

---

① 《四战四平》，第 467 页。

日的大洼作战中遭受严重损失，心有余悸，迂回作战不很有力，直到25日方攻下八面城。

因为攻势顿挫，国民党在东北的军事行动引发了一场新的争论。熊式辉和杜聿明虽都主张动武，但两人也都认为东北兵力不足，杜提出东北应有十个军，而熊更要求东北部署十二至十五个军。四平作战时，国民党在东北已有七个军，但实际可用于前线的不过四个军，就军力而言，装备优于中共部队，而人数并不占多少优势，但中共军队抵抗之顽强，大大出乎国民党的预料。熊式辉先前的主战态度有了变化，主张只有等待援军开到，才能继续进攻，尤其是北线，不可过于深入。国民党统帅部方面，何应钦主张"后防不可少忽，主要兵力不宜远出"①。军令部方面则一直主张，东北不宜孤军深入。4 月 21 日，蒋介石召集军事幕僚讨论东北战局，军令部部长徐永昌认为，"国军既受运输限制(无问军队，粮弹尤然)，更防苏联破脸的助共，我孤军深入，今已为甚，奈何开进。……既进入矣，以为政治尽可前进，军事力量只能以锦州为主，沈阳左近为最大限……今日诚不可再进一步矣"②。他们的意见不是没有道理的。实际上，除了兵力的增加之外，国民党在东北的军事地位与半年前相比并无明显改观，而中共经过几个月的经营，根基大为稳固，国民党已经失去了东北军事行动的最佳时机。

尽管东北作战不利，但一则此时国民党内的政治气氛有利于主战派；二则收复东北是国民党公之于众的抗战基本目标之一，事关其政治地位与公众形象；三则 4 月 18 日中共军队攻占长春，随后又占领哈尔滨的行动，使国民党感到大丢脸面，主战的喧嚣掩盖了作战的不利。蒋介石于恼怒中确立了必须拿下长春再及其他的决心。21 日，蒋指示熊式辉，"四平街会战，国军应彻底集中兵力，一举击破共军之主力"。23 日，又召见东北保安司令部参谋长赵家骧，指示作战方略，要求：彻底使

---

①　《熊式辉日记》1946 年 4 月 12 日。

②　《徐永昌日记》1946 年 4 月 21 日。

用空军助战，设法抽调新六军活用，坚定各军官兵信心，并答应增调援军①。由于蒋的作战决心，国民党在东北的军事行动不可能停止。

中共方面对四平作战的得失也不是没有异议的。东北局和林彪最初主张乘苏军撤退之机，尽可能控制东北广大地盘，以实力与国民党讨价还价，他们的想法影响到中共中央的决策，并与中共中央夺取中长路沿线大城市的命令相合拍。但随着国民党军队大举北进，一贯作战谨慎的林彪审时度势，反对集中兵力与国民党军队对抗，而主张作长期打算，以运动战为主。4 月 11 日，他致电中共中央，认为：根据目前东北形势及蒋介石继续增兵东北的情况，我固守四平和夺取长春，迅速实现东北和平的可能性均不大。因此我军方针似应以消灭敌人为主，而不以保卫城市为主，以免既不能保卫城市又损失了力量，造成以后虽遇有利条件亦不能消灭敌人的结果。故我意目前方针，似应脱离被迫作战，取主动进攻，对难夺取与巩固之城市，不必过分勉强去争取。建议我军以便于消灭敌人有生力量为主作为当前行动的基本方针②。他的主导思想是"且战且退"，延缓对手的进攻，以争取时间。东北其他中共领导人陈云、高岗、黄克诚等也都认为，在优势兵力的国民党军进攻下，不宜采取固守城市的战略。

中共中央的考虑与林彪等人的建议显然不同。尽管毛泽东也曾同意林彪意见，"以集中力量歼灭敌人为主，不以固守城市为主，并须统筹全局，作长期打算"③，但就毛泽东和中共中央在四平战役前后的大量指示而言，其主导面是指示东北方面，"党内如有动摇情绪，那怕是微小的，均须坚决克服"，要求"必须集中绝对优势兵力（例如六个旅或更

① 《熊式辉日记》1946 年 4 月 25 日。

② 《毛泽东军事文集》第 3 卷，第 164 页。

③ 《东北作战须统筹全局作长期打算》（1946 年 4 月 12 日），《毛泽东军事文集》第 3 卷，第 163 页。

多);必须作充分的精神准备与军事准备",从一开始就表示了打大战的决心①。这其中有多方面的原因。东北战事开始前,中共"估计在东北的内战不可能长期继续,在我党采取明确和平方针下,国民党终将被迫和我谈判停战";"蒋方对东北问题大吹大擂,高声恐吓,其实是想达不战而得大部地方之目的。不论他的兵力、士气与民心,也不论国际国内环境,都无在东北大打久打与反苏反共到底之可能"。战事开始后,中共认为国内舆论和民主党派都在要求停战,而美国也不会听任东北战火蔓延影响全局,只要能够坚守四平,便可在停战时"确保以长、哈为中心的北满全部在我手中",这样,"一方面坚决作战,四平街保卫战支持的时间愈长愈有利;另方面是我对外谈判人员应强调停战与争取停战"②。四平作战期间,中共中央给东北方面的有关指示,多是围绕停战问题而部署工作。战事开始前,4 月 13 日,毛泽东为中共中央拟电致林彪:"马(歇尔)到华后东北可能停战,国方必于数日内尽力攻夺四平、本溪。望注意在可能条件下击退其进攻,守住四平、本溪以利谈判。"长春、哈尔滨先后被中共部队攻下后,守住四平,便意味着北满可能掌握在中共手中,因此中共中央要求四平坚守的决心更为坚定。26 日,毛泽东再电林彪:"马歇尔已提出停战方案,有停战之可能。望加强四平守备兵力,鼓励坚守,挫敌锐气,争取时间。"5 月 1 日,毛泽东三电林彪:"东北战争,中外瞩目……我们必须在四平本溪两处坚持奋战,将两处顽军打得精疲力尽,消耗其兵力,挫折其锐气……便可能求得有利于我之和平。"电文并告林:"前线一切军事政治指挥,统属

---

① 《争取四平本溪两个胜仗是当前关键》(1946 年 4 月 6 日)、《对东北作战问题的补充指示》(1946 年 4 月 8 日),《毛泽东军事文集》第 3 卷,第 159、161 页。

② 《中央关于在东北与国民党停战谈判问题给东北局的指示》(1946 年 2 月 18 日),《中共中央解放战争时期统一战线文件选编》,第 82 页;《中央关于东北问题的谈判方针给东北局和中共赴渝谈判代表团的指示》(1946 年 3 月 13 日),《中共中央文件选集》第 16 册,第 91 页;《四战四平》,第 464 页;《中央关于时局及对策的指示》(1946 年 5 月 15 日),《中共中央文件选集》第 16 册,第 162 页。

于你不应分散。”①他还不断指示四平前线的兵力部署与战略战术，总之，守住四平，以利谈判②。

在此期间，中共驻重庆代表团和美国以及国民党交涉的结果对中共在东北的作战决心和部署有着重要影响。周恩来在给中共中央的电报中，根据谈判的情况，数次建议，不能消极防御和等待，应“打得顽痛，以利谈判”；“美企图助蒋接收长春路。若如此，非打不足以杀其锋”；并建议“抢先开兵入长”，对国民党军“在四平街及其东西翼宜给以重击”。周恩来认为，蒋介石视东北为检验国民党军战力的战场，只有痛加打击，“如东北冲突能停，和平有望，则关内问题有法解决，否则很难孤立解决”。当马歇尔调停暂时中断后，周恩来又建议：“请东北以最大之力守住四平、公主岭，大举破路，夺取铁路一二城市，以保长春，而促停战成功。”③中共中央坚守四平的决策很大程度上是根据重庆代表团对于形势的判断。

正是由于这诸多原因，中共中央强调集中兵力，打大战，打硬战，“化四平街为马德里”，视四平战斗为国内和平能否实现的关键一战。四平作战，一反中共传统的运动战战法，以阵地战与国民党军对抗，主要反映了中共中央的政治意图。从战争的过程看，中共对国民党作战的决心和美国调停作用的估计不无失当之处，而且即便守住四平可以

① 《守住四平本溪以利谈判》(1946 年 4 月 13 日)，《毛泽东军事文集》第 3 卷，第 165 页；《毛泽东年谱》下卷，第 73 页；《毛泽东关于东北前线指挥及在四平、本溪歼敌问题给林彪的指示》(1946 年 5 月 1 日)，《中共中央文件选集》第 16 册，第 149 页。

② 四平前线的中共将领多不知坚守四平是毛泽东的决定，当时极力反对守四平的黄克诚，直到 1959 年中共庐山会议时才知道这是毛泽东的决定，而此时毛也并不认为守四平是错了，只说“那就让历史和后人去评说吧”(《黄克诚回忆录》，第 348 页)。

③ 《东北应以消灭顽军为主守城为次》(1946 年 4 月 2 日)、《美企图助蒋接收长春路，非打不足以杀其锋》(1946 年 4 月 8 日)、《对陈诚忽然改口赞成停战维持现状的分析和我们的对策》(1946年4月11日)、《马歇尔扬言停止调解要我接受蒋介石的意见》(1946年4月30日)，《周恩来一九四六年谈判文选》，第 189、230、241、282 页。

促成和平，但中共部队在东北当时尚不具备与国民党军进行全面阵地战的能力。这样，中共的政治目标与实现这一目标的手段之间不协调，是导致中共四平作战未达预期目的的重要原因之一。

东北作战由于国共双方各有企图，不仅没有在全国舆论的停战呼吁中歇手，而且规模越来越大，从某种意义上说，双方都有了决战的心理准备和相应部署。国民党方面，如蒋介石所言："此次东北作战如果一地略遭挫失，则全局皆危，国脉将断。"中共方面，如东北局在动员令中所言："此次作战为决定我党在东北地位之最后一战，望空前动员全党全军以最大的决心，不惜任何牺牲，争取这次作战的决定胜利。"①战争机器一旦开动，轻易不会停止运转。

4月中旬，杜聿明出院回到沈阳，接过东北军事指挥权。他在国民党将领中属于较为有胆有识而且长于实干者，事前蒋介石有电给他："望速指挥部队收复东北领土主权，有厚望也。"②因为前一阶段的作战他未参加，他对东北打成这个局面很不以为然，认为这是重在争城夺地的失误，应该集中兵力消灭对手的主力和有生力量，才能改变战局。他经过研究，认为四平和本溪两条战线中，在四平的中共军队实力强于本溪，而且是中共的作战重点；而国民党方面，四平战线兵力不足，损失较大，本溪战线的两个军只动用了两个师，且对本溪成包围态势，攻击较易，如能先解决本溪方面，既可确保沈阳安全，还可抽出兵力增援四平，因此他决定"以集中主力，各个击灭共匪之目的，决先将本溪之匪包围而歼灭之"，得手后再图四平③。他的主张得到本溪方面新六军军长廖耀湘和五十二军军长赵公武的支持，廖而且夸口，发起攻击后，四天之内拿下本溪。但杜的方案不符合蒋介石先解决四平的意图，也与熊式

① 《总统蒋公大事长编初稿》卷6(上)，第101页；《迅速占领长哈齐，确保北满于我手中》(1946年3月26日)，《彭真文选》，第126页。

② 杜聿明：《蒋介石破坏和平进攻东北始末》，《文史资料选辑》第42辑，第35页。

③ 《国民革命军战役史第五部》第2册，第528页。

辉四平与本溪并重的意见相左。不过杜自信他的部署符合实际，一旦进攻有了进展，蒋介石与熊式辉都不会再说什么。在部署上，杜将到东北不久的六十军接替鞍山、抚顺等城的防务，以新六军和七十一军八十八师为右兵团，沿太子河两岸向北进击；五十二军为左兵团，抑留当面中共部队，待右兵团取得进展后，向南压迫，最后两路会合攻占本溪。杜要求部队在强大火力掩护下，迅猛行动，不使对手有各个击破之机。

4月29日，新六军及七十一军八十八师三路并列攻击本溪，位于中央的新二十二师于次日逼近本溪城下，五十二军则进展稍缓。此时，中共在本溪地区的部队，三纵二个旅已调往四平助战，本溪只有四个旅的兵力，攻守之势悬殊。萧华等认为，本溪在这种情况下难以守卫，但中共中央要求“死守不退”。经过数日激战，5月2日晚，五十二军首先突破防线，攻入城内。次日，中共部队在寡不敌众的形势下，撤离本溪。

国民党军队攻下本溪后，杜聿明认为对手遭此打击，短期内战力不易恢复，遂大胆转用兵力于四平方面。5月10日，他下令以新六军附七十一军八十八师为右路，自开原向四平东攻击，继以公主岭、梅河口、长春、永吉为目标；以新一军为中路，自现地向四平正面攻击，继以德惠、农安及松花江北之双城子为目标；以七十一军为左路，自现地向四平西攻击，继以三江口、郑家屯为目标；三路中以右路为攻击重点，取大弧形包围态势，“同时发动攻势，吸引匪于新四平街附近，包围而歼灭之”，并规定了四平中共部队固守或撤退时的作战预案①。

5月14日，沉寂了近二十天的四平战线战火重燃，战况之激烈，为开战以来所未有。国民党军队的炮火以每分钟二十发以上的密度，连续二小时以上的时间，炮击守军阵地，为内战、抗战多年所仅见，空军连日助战，也发挥了很大作用。由于中共部队的顽强阻击，中路与左路国民党军队的进展仍然甚为缓慢，而右翼指挥官廖耀湘由于本溪一战的成功，颇为自负，行动较为迅速。他将部队分为二个纵队，以宽正面跃

① 《国民革命军战役史第五部》第2册，第570页。

进方式行动，这样既可互相掩护，使对手顾此失彼；又可避免对手的纠缠，确保行动的迅速。14 日，新二十二师在威远堡门与担任阻击的中共南满军区三纵遭遇，三纵于抵抗后因实力不足主动撤退，廖耀湘判断，对手兵力不足而且实力有限，遂下令各部迅速向各自目标迈进，遇有抵抗应断然攻击。廖部利用其机械化优势，行动甚速，18 日已进到四平外围，并占领了四平防守的要地塔子山。林彪事后也说："我们对全部美械装备的敌人还是估计不足，三纵的防线被新六军迅速突破，影响保卫战的全局，这是最大的教训。"①

塔子山扼四平东南之要冲，国民党军队占领之后，不仅可以据此威胁四平城，而且可以从此迂回，截断四平守军之退路，完成对四平的包围。此时，中共在四平的部队，外有大军压境，内部伤亡、减员较大，处于非常困难的处境。林彪审时度势，认为不能再守下去，否则"就完全处于被动，且有被歼之危险"②。18 日夜，林彪决定撤出四平，次日，中共中央电告林："如果你觉得继续死守四平已不可能时，便应主动的放弃四平，以一部在正面迟滞敌人，主力撤至两翼休整，准备由阵地战转变为运动战。"③因为情况紧急，此时林彪所部已在撤出四平的途中。

5 月 19 日，国民党军进入四平。恰在此时，蒋介石因四平久攻不下，特派副参谋总长白崇禧飞东北视察，于 17 日到达沈阳。在讨论下一步行动方案时，杜聿明和蒋、白之间发生了分歧。杜主张继续向长春进军，白则向杜转达了蒋的意见，如果长春再打成四平式的胶着，不如适可而止。白的看法与蒋一致，他对杜说，四平打下，国民党已有了面子，不如暂停整理，再行大举进攻。但杜不同意，他认为：1. 攻击四平

① 陈沂：《四平保卫战》，《辽沈决战》（上），第 228 页。

② 陈沂：《四平保卫战》，《辽沈决战》（上），第 227 页。

③ 《中央关于主动放弃四平准备由阵地战转为运动战给林彪的指示》，（1946 年 5 月 19 日），《中共中央文件选集》第 16 册，第 166 页。

的目的就是为了长春、永吉，如不乘胜追击，必将前功尽弃；2. 共军整补比国军迅速，这有去年打下锦州后暂停前进的先例可证；3. 命令已下，中途改变部署困难，反有为对手所乘之危险；4. 长春为东北首府，永吉之小丰满电站为东北最重要的动力来源，政治经济意义重大。对于蒋、白能否顺利拿下长春的怀疑，杜保证绝对有把握，坚持不拿下长春不停止前进。最后，白崇禧同意了杜聿明的计划，回南京向蒋介石汇报①。

根据杜聿明的命令，国民党军按原方案仍分左中右三路向长春、永吉攻击。杜聿明得报攻击途中未遇中共部队大的抵抗，又从已向七十一军投降的林彪总部作战科长王继芳处得知，中共部队减员过半，遂判断中共部队已无力作决战性防御，命令所部"应不失时机，编组机动纵队，实施猛烈果敢之超越追击，寻求匪之主力而歼灭之"②。

四平撤守后，中共中央本来要求林彪坚守公主岭，如公主岭不守，则坚守长春，继续以实力换和平的战略，以在谈判中交换有利条件。但国民党军队行动甚速，而林彪所部经四平苦战，已极度疲劳，在仓促后撤中来不及调整部署及防线，而且四平以北铁路沿线地势平坦，无险可守，只能于 21 日撤出公主岭。随后，林彪、彭真、罗荣桓等东北党政军

① 杜聿明：《蒋介石破坏和平进攻东北始末》，《文史资料选集》第 42 辑，第 47—48 页。蒋不主张立即进长春，主要是顾虑苏联的反应。22 日，蒋命令杜聿明：暂就原地停止候命，如共军已退出长春，则可派少数军队入城维持秩序（《总统蒋公大事长编初稿》卷 6 上，第 147 页）。但据白崇禧回忆，蒋令杜停止追击，他要杜继续前进，并表示责任由他承担。白并向蒋面陈："战胜则当进，或追出国境，或予以歼灭，盖匪已仓皇撤退，全无斗志矣！"蒋未置可否，直到杜军进入长春，蒋才因"前方军事进展顺利，极为愉快"（《白崇禧先生访问纪录》上册，第 458 页）。可见蒋介石对进长春较为慎重当属事实，但白和杜两人谁坚主进入长春，两人说法不一，揆诸情理，白是代表蒋来督战，更应领受蒋的意旨，而杜作为战地指挥官，在军事胜利的形势下，主张进长春更为合理。

② 《国民革命军战役史第五部》第 2 册，第 579 页。

最高负责人经过讨论，决定放弃长春作战计划，命令部队向松花江北撤退①。

由于中共军队主动撤退，新六军于 23 日占领长春，28 日占领永吉，新一军于 29 日占领德惠，进至松花江南岸，与中共军队隔江对峙②。在此前后，中共南满部队乘国民党军队在辽南部署分散之机发动进攻，5 月 25 日占领鞍山，30 日驻海城的云南部队六十军一八四师师长潘朔端宣布起义，迫使杜聿明自四平前线调新一军南援。6 月 7 日停战令发布后，历时两个月、规模与激烈程度均属空前的四平战役暂告一段落。

四平战役，国共双方均动员了东北战场的大半精锐。国民党方面为在东北的七个军二十一个师中的十个师，且全为美国装备的机械化部队；中共方面为东北主力三十九个团中的二十个团。双方伤亡情况大体相当，都在近万人左右，但中共部队转移过程中减员不少。就此战的纯军事意义而言，国共各有得失。中共因四平阻击国民党军队北上而得以夺得北满哈尔滨等重要城市，对以后东北根据地的建设和巩固具有重要意义，但因为战线过长，防御纵深过浅，更主要的是因为实力的差距，未能达成战前预期的目的，因此毛泽东在战后为中共中央起草的致各战略区的指示电中说："东北四平街之所以能久守，主要是因敌未料我军有防线，故逐次增兵，便于为我各个击破，使敌遭受我军重大打击。故四平防御战为一时特殊条件所致，不能成为我一般的作战方针。"③

---

①　1947 年 5 月 8 日，陈云在给高岗的信中曾经说：造成东北胜利形势的原因有两件事是必须提及并计算在内的，即一是锦州不决战，二是四平撤退的指挥是很成功的。如果在这两件事上当时有错误的话，那么东北就难有以后的好情况了（《辽沈决战》下册，第 631 页）。

②　新一军已以一部渡松花江，中共也已有了撤出哈尔滨的准备，旋因停战令下而各守原防，新一军只在江北保有唯一一个据点陶赖昭，驻有一个团。

③　《四平防御战不能成为一般作战方针》（1946 年 5 月 27 日），《毛泽东军事文集》第 3 卷，第 236 页。

国民党军在四平战役前后虽然占领了包括长春在内的东北十几座城市，表面很是风光，但相对于东北的辽阔地区而言，仍然局限于点线，尤其是采取广正面推进战术，并未达到消灭中共军队主力的企图。国民党以后对此的检讨是：中共部队“对任何战略要点，判断已无力继续据守，类皆能相机及时撤离，虽有时不免招致损失，但决不至遭受全歼”。而己方“只要求各部队应占领某城某地，并继续加以确保，而且特别提示，应向长春急进，……此种只重视接收空间目标——城镇，忽略对敌有生力量之击灭，乃国军最普遍最常见之错误”。具体就四平战役而言，国民党方面认为其失误在于：四平未下前，兵力分配平均，未能形成绝对的优势；作战正面过广，不能发挥突击功效；进攻目标不明，不能紧密配合；没有对四平形成包围圈；四平既下后，行广正面追击，不能收歼灭对手有生力量之效①。

然而，四平战役的意义绝不仅仅是军事的，实际上其政治意义远远大于军事意义，这一点并没有随着战事的结束而结束，它还不断在谈判桌上，在全国的其他战场表现出来。

三 东北的停战

与四平激战同时，国、共、美三方在谈判桌上就东北以及全国政治军事问题也在进行着反复的讨价还价，其中谈得最多的当然是东北停战问题。

中共在东北作战的目的，还是为了迫使国民党坐下来谈判，一揽子解决东北问题，但国民党根本无意商谈，美国方面在马歇尔走后实际也处于观望之中。周恩来在4月5日给中共中央的电报中谈到：“东北情况在张治中走后便是拖，陈诚故意不积极，沈阳小组派不出，白鲁德颇有困难，说接收不在渝商定三人去沈无益。吉伦亦改口强调国方接收

① 《国民革命军战役史第五部》第2册，第591—594页。

被破坏，只好打进长、哈，扫清南满。”①实际上，各方都在等候东北作战的结果，谈判暂时无法取得进展。

自东北战事发生后，中共比较期望美国能够压国民党让步，解决东北问题，之所以如此，是因为美国在前一阶段的调处中保持着较为公正的形象，也在停止内战方面取得了较大进展，中共估计美国可能和苏联有默契，保持双方在中国的中立立场。然而，在东北问题上国民党的态度极为顽固，因为国民党的态度，美国权衡利弊，调处的天平开始向国民党方面倾斜。马歇尔离华回美之后，美国的态度更为明显地偏向国民党方面。3 月 27 日东北停战协议达成，但即将派往东北的军调小组美方代表接到密令，小组应通知政府军有权执行：1. 占领所有村镇、城市及交通线上之要点；2. 政府军单独管理所有公路、铁路、水上、空运交通，包括上述交通设备两侧三十公里之地区；3. 政府军得占领并管理所有工厂、煤矿、电厂及其他设备之地区②。这实际是由美方出面保证国民党的顺利接收，无奈国民党自信其军事实力，对美国人的好意不领情，小组未能派出。4 月 8 日，三人小组就东北问题开会，吉伦提出美方方案，要求中共军队不得再有调动，并从长春路和苏军占领城市中撤出，由国民党军队接收，而闭口不谈中共关心的政治军事问题，周恩来当即表态说：“这是承认政府无条件接收，中共纵然被打也得撤。这样不能解决问题。这个办法不能停止冲突。这是二十天来我方不能接受的方案。”③中共认为这是美国企图助蒋的表现，但此时中共还希望马歇尔回来后，能在东北问题上有所作为，因此还未放弃努力。

马歇尔回美国后，一直关注着中国局势尤其是东北局势的发展。

---

① 《东北问题切勿幻想国民党能让步》(1946 年 4 月 5 日)，《周恩来一九四六年谈判文选》，第 223—224 页。

② 《军调部致东北执行小组美方代表密令》(1946 年 3 月)，《中华民国重要史料初编》第七编第三册，第 94 页。

③ 《三月二十七日协定不能推翻》(1946 年 4 月 8 日)，《周恩来一九四六年谈判文选》，第 227 页。

然而他离开中国时间不长，战争却急剧升级，已经到了十分危险的地步。4 月 6 日，罗伯逊急电马歇尔，告以“形势极为严重，而且还在迅速恶化，为防止你的使命遭到严重危害，务请立即返回中国”①。18 日，中共军队攻占长春的当天，马歇尔匆匆回到中国，而此时中国的局势与他离开时的情况已是今非昔比。马氏对东北战火的蔓延极为不安，认为如此打下去，势必影响关内，导致整个和平局面的破裂，而且他担心政府军战线过长，军事上未必有利。但他对中共军队攻占长春也很不以为然，无论是从美国的战略利益考虑，还是从国民党的需要出发，他都不能拒绝国民党接收长春的要求②。这种在东北和战问题上的两难自始即困扰着马歇尔，不偏不倚是马氏可以做但不能做的，他采取的立场是交替压国共双方让步，在他看来这仍是不偏不倚，然而在对立双方心目中，他的做法是吃力不讨好，最终没有成功。

马歇尔返华后，国共双方都在争取他的支持。4 月 19 日，蒋介石接见马氏，“直告以非先改变其对共党之态度与方针，决不能达成调解之目的；唯有美国坚持积极协助我政府之政策，方能达成其消极容共之目的。若采取过去对共党怀柔与妥协之方法，则将贻误大计，必根本失败而后已”③。中共中央则指示周恩来，“不要准备对国美两方同时弄僵”，要他与马歇尔“尽可能保持友好关系，使国民党无隙可乘”，以利谈判的进行④。22 日，周恩来与马氏会见，周介绍了马氏离华期间的情况，强调国民党既要进攻，“我们便要抵抗，于是战争一直在继续。尽管如此，我们仍然是愿意停战的”。周表示：“我对你此次重来中国抱了很

---

① Robertson to Marshall, April 6, 1946, *FRUS*, 1946, Vol. 9, pp. 735 - 736.

② 周恩来以后曾经对马歇尔说：“我们攻下长春以后，这是给你一个难题”，但强调这“是不得已的行动，是被迫的”（《美国的两重政策很难使中国内战停止》，1946 年 6 月 3 日，《周恩来一九四六年谈判文选》，第 390 页）。

③ 《总统蒋公大事长编初稿》卷 6(上)，第 111—112 页。

④ 《中央关于谈判重点及对国民党与美国的态度问题给周恩来的指示》(1946 年 4 月 20 日)，《中共中央文件选集》第 16 册，第 136 页。

大的期待”,“我相信公正的办法是自可找出的”①。马氏对双方的回答是在 23 日搞出了一个调停方案。这个方案的主要内容是:双方停战,根据整军协议确定双方军队的位置,国民党政府军对东北的接收根据军调部的指令进行,政治问题暂时维持现状。蒋介石对马的方案很不满意,认为“在在予我政府以多方面之限制,且有承认共党伪地方政权之无理拟议”,并指责“美方协助我对东北之海运不力,且自下月起将减少运输舰至十四艘,使我后方联络线有随时断绝之虑,因之我东北军心不安,士气低落”②。结果马氏同意为国民党运足九个军到东北,而他的这种作法只能鼓励国民党继续打下去。果然,蒋介石在第二天拿出了他自己的方案,内容为:在东北实行 1 月 10 日的停战协定,东北军队调动根据整军方案规定,长春路两侧 30 公里内之地区由政府军接收中共不得阻挠,中共军队所驻地区之政治事宜由国共协议解决。蒋之所以重提 1 月停战协定,伏笔是坚持国民党对东北的接收权,而周恩来在和马歇尔会谈时则认为,“现在的环境造成了新的问题,这是现况所造成的,是四个月来因为不停战造成的结果……现在局势既已如此,而苏军又走了,便已无接收的问题,那么便应该先停下来再说”③。马氏也知道蒋的要求中共不可能同意,因此他迟迟未将其转达给中共。

4 月 28 日,马歇尔与蒋介石在重庆进行了五个小时的会谈,蒋在会谈中对马氏“说明美国以往对共党之调处政策,虽采取消极与怀柔方法,因当时共党尚在华北,未与俄国打成一片,故美国尚可以声威制之。今后共党在东北已与俄国联成一气,对美国既无所顾忌,亦无所企求。若美国不改变已往之消极政策,积极支助我国政府,则必不能贯彻其协

---

① 《当前的政治情形和东北问题》(1946 年 4 月 22 日),《周恩来一九四六年谈判文选》,第 261—264 页。

② *FRUS*,1946,Vol. IX,pp. 792 - 793;《总统蒋公大事长编初稿》卷 6(上),第 116 页。

③ *FRUS*,1946,Vol. IX,pp. 795 - 796;《主要的环子是停战》(1946 年 4 月 27 日),《周恩来一九四六年谈判文选》,第 270—273 页。

助我收复东北主权与和平统一之政策，而且美国在东亚之声望，亦将因此丧失殆尽，无法挽回”。蒋在会谈中除了重提他的要求之外，强硬地表示：“必须俟军事上收复长春，然后有和平之可言，届时政府始可考虑接受中共所提之其他若干要求。”①马歇尔对蒋的态度虽有不满，但他同样不满中共占据长春，因此他在29日与周恩来的会谈中，将蒋介石24日的方案和关于长春的要求转达给周，表示他已尽其所能，筋疲力尽，但他看不出在目前的调解中还能做什么，他的立场因中共在满洲的行动受到了严重的损害，他只能退出调停，由国共直接商谈。周恩来强调苏军已从东北撤退，因此不再有接收问题，如果蒋坚持打下长春再谈，如同赌博，很危险。马氏与周的会谈历三小时，言谈之间，周感到“马情绪不高，数月来第一次看到他这样颓丧”②。

马歇尔对周恩来的表示只说对了一半，他的“颓丧”是发自内心的，因为东北的战火将使他几个月的辛劳付诸东流，但他说已尽其所能则又未必如此。他手中还有牌而且是可以使国民党让步的王牌。这张牌不仅他知道，周恩来也明告他了。5月3日，周恩来给马歇尔发去备忘录说：“你今天手边实尚有其他的资本，可使得你对政府所说的话增加许多分量。因为今天政府之能在东北发动这样大的武装冲突，如果没有美国海空军对其军队所给予的运输便利，几是不可想象的。就这方面而言，美海空军在运输上的协助对目前东北的严重局势实起决定作用。为此，延安要我正式地向你做这样适时的建议，即美国海空军应立即停止帮助政府军运兵及军火去东北。”③问题在于，马歇尔不愿轻易

① 《总统蒋公大事长编初稿》卷6(上)，第124页；丁晓春等：《东北解放战争大事记》，第54页。

② *Marshall's Mission To China*, Vol. 1, pp. 106 - 107.《先打下长春再谈判的想法行不通》(1946年4月29日)、《马歇尔扬言停止调解要我接受蒋介石的意见》(1946年4月30日)，《周恩来一九四六年谈判文选》，第277—280、281—282页。

③ 《美国海空军应立即停止运送政府军及军火去东北》(1946年5月3日)，《周恩来一九四六年谈判文选》，第288页。

动用这张牌，这和他当初得到的授权有关系，也和他本人的想法有关，他此时也希望国民党军队能够拿下长春，压一压中共。如周恩来所说："美马对苏联及中共却具大疑惧，其本身亦急欲插足东北，故对蒋之接收长春主权虽不公开主张，但亦不反对，而且助其运兵。"①然而，事情并非如此简单，战争的机器并不是任由某个人调遣的，马歇尔不久便明白了这一点，这张牌他最终还是打了出来，不过到那时，国共双方都不再领他的情了。

5月10日，马歇尔应国民党的要求起草了一份备忘录，分析了国民党在东北的地位和弱点，及应该采取的措施。这份备忘录指出：政府军在东北的部署应根据中共未来行动之不可预测和苏联可能的反应，以及后勤和运输状况而定，因此他建议政府军应集中于东北南部尤其是沈阳附近；而在未来的谈判中将中共军队置于哈尔滨以西至满洲里之间，在长春设立军调部前方指挥所，至于东北的政治问题也与中共军队的分布相关，中共可能在北部诸省占据一定位置。他提醒蒋介石，政府军如从长春北进，不仅将妨碍谈判，而且也无力消灭中共军队，反将使自身遭受打击。他的结论是，国民党在东北军事上有严重的弱点，中共则占据着战略上的优势，而且时间对中共有利，因此国民党必须迅速作某种妥协，否则将陷于军事、财政和经济上的混乱状况②。马氏已经认识到国民党不可能完全控制东北，他为国民党设计的方案是军事上确保南满，政治上力争北满，这与美国当初的立场比是一种双重后退。它既承认了国民党控制南满的事实，在中共看来是从美国自诩公正立场的后退；它也承认了国民党不可能完全控制东北，是从美国力图通过国民党控制全东北立场的后退。但在马氏看来，这总比陷入未来深不可测的战争泥潭好得多。

---

① 《蒋介石的两面作法和我们的方针》(1946年5月13日)，《周恩来一九四六年谈判文选》，第323页。

② *FRUS*，1946，Vol. IX，pp. 824-828。

由于马歇尔对东北战事暂时袖手旁观，并且美国向东北运输国民党军队的行动照常进行，无疑鼓励了国民党在东北的军事行动。马氏在长春设立军调部指挥所以换取中共撤出长春的建议没有得到国民党的积极响应。5 月 13 日，马歇尔与周恩来会见，重申除非中共撤出长春，他无法再向蒋介石进言，并指责中共过分重视武力，使军调小组美方代表无法工作。周恩来在会见后给中共中央的电报中认为，“在东北问题上，马蒋之距离已不相远，而关内问题，美我关系亦日趋对立，尤小组中为甚。因此，很难希望马既认识苏在东北助我而他仍会去要蒋无条件停战。故我方利用美马的可能性已日益狭窄，而欲麻痹之则更难”①。而毛泽东仍认为：“马歇尔在关内主维持和平，此点马、蒋不甚一致；在东北主收复长春，此点马、蒋一致；但在调整东北政治、军事、经济等项问题上，马较蒋要开明一点。”②因此，毛此时还有让出长春、有条件妥协的意图。5 月 22 日，毛泽东为中共中央起草致周恩来电，提出“在目前条件下我应决心让出长春，请你根据此项决心负责进行谈判”，电文提出让出长春的三个方案，力争双方不驻兵、由中间派任市长的方案③。

但是，形势的变化使各方调停终未成功。国民党政府军于 5 月 18 日攻下四平，23 日进入中外瞩目的长春，以长春作筹码的种种调停方案失去了意义。不过由于国民党已经实现了它事先声称的目标，马歇尔的调停活动再度趋于积极。他极力向蒋介石兜售他的设想，即确保

① 《美蒋在东北问题上的距离已不相远》(1946 年 5 月 13 日)，《周恩来一九四六年谈判文选》，第 328 页。

② 《美蒋对东北问题的态度及我方的对策》(1946 年 5 月 15 日)，《毛泽东军事文集》第 3 卷，第 218 页。

③ 《毛泽东年谱》下卷，第85页。双方不驻兵的方案最早由民盟在4月间提出，即国共军队均不进长春，由警察负责市内治安，另组东北政务委员会主持政务，人选由各方协商产生。中共表示可以考虑，但马氏其时对国民党军队进攻长春表示默认，未将这个方案转给蒋介石。5月22日，民盟向国共双方重提这一方案。

南满，再图北满。23日，马氏与蒋会谈，提出立即停止军事行动，发布停战令，军调部派人进驻长春。然而蒋氏夫妇当天飞赴东北视察，并且由于国民党军队攻下了长春，使蒋颇为自负，故提高了他的要价。24日，宋美龄给马歇尔连发了二封信，开出了蒋的要价：中共不得阻碍政府接收东北主权，不得阻碍政府修复铁路，履行停战、整军与恢复交通协议，并在国共对执行以上协议有分歧时，赋予美方代表最后决定权。信中还提出整编后之中共军队在东北只能驻在新黑龙江省或合江省，东北政治问题留待军事问题解决后再谈。蒋介石亦同时有函给宋子文，要他向马歇尔解释，这样做是因为中共“故意刁难，无论大小问题皆未能解决一件，徒使政局动摇，人心不安，以致国家危殆”；“故此时不得不提最低限度之办法，并对共党作最后之试验也”，如果中共不提要求，马氏可以暂不与中共谈判①。

蒋介石的态度引起了马歇尔的极大不满。他之所以放任国民党军队在东北的进攻，是因为他原本相信蒋的解决长春问题便可停战的诺言，但蒋现在不愿罢手，使马氏处境尴尬，“信用人格，亦已大为动摇”。周恩来在和马歇尔的会谈中几次明确表示，如果按照蒋的要求去办，“仗便会从东北打到关内，全面破裂，一切推翻”②。马歇尔最担心的就是战事扩大到华北，他不能不重视周恩来的警告，因此也不得不从原先袒护国民党的立场后退，对国民党施以压力。26日，他给蒋回函，要求立即停止军事进攻，并由军调小组进驻长春。29日，马氏要求宋子文转达蒋介石：由于政府军在东北不断向前推进，使他的调停工作遭遇极大困难，如此他将退出调停。马氏并频频与国民党要员接触，告诫他们中共军队主力并未被击垮，国民党军队如再向前进，后方将受威胁，不

① 《蒋夫人致马歇尔特使申述蒋主席对于停止冲突与恢复和平统一之意见函》，《蒋主席致宋子文院长指示面交蒋夫人函予马歇尔特使时相机补充说明要旨函》(1946年5月24日)，《中华民国重要史料初编》第七编第三册，第127—130页。

② 《政府军占领长春后是停战的时候了》(1946年5月30日)，《周恩来一九四六年谈判文选》，第372页。

如适可而止，在有利条件下寻求解决办法。马歇尔的态度和蒋介石的要价甚至引起了国民党内部温和派的不安。宋子文和王世杰均认为蒋的要求过于“硬性”，“并以军事再进之转多可虑”，向蒋建议，不妨同意马氏要求，因为马氏对国民党军队开入东北“出力不少，我方似应顾虑马受共党在美国攻击，而助长东北战事”①。蒋仍未改变其态度，28日他提出东北苏军撤退地区应由国民党接收，赋予美方以修复铁路恢复交通问题的决定权，整军协定先在东北实行，如作到了这些，则可停止军事行动，军调小组人员可进驻长春②。

马歇尔在压国民党让步的同时，也在寻求中共可能的让步，由于对停战、恢复交通和整军问题中共原则上均不反对，因此马氏对美方决定权的问题很感兴趣，觉得这是一个解决问题的办法。但周恩来5月30日明告马氏，不同意美方决定权，理由是美方“在调处冲突上，不能完满地公正地照顾政府与中共双方面的意见，客观上对政府方面有所袒护”。而且周恩来在和马氏的谈话中，虽然还对马氏的处境表示理解，但也坦率地批评美国“在中国采取积极帮助国民党的政策”，“这样，美国的政策即变成二重的了，使中国的内战很难真正制止”。这是中共对马歇尔和美国态度变化的预兆③。处于两难之中的马氏，面对蒋介石的顽固和中共的坚决，只好使出最后一招，先逼国民党让步再说。6月3日，蒋介石回到南京，次日与马歇尔会见，马氏表示，在东北停战问题解决之前，美方不再安排为国民党运输军队和补给到东北，以此迫使蒋接受自己的计划。

蒋介石对东北问题的态度经常处于矛盾之中。在国民党的全盘战

① 《徐永昌日记》1946年5月29日；《宋子文院长呈蒋主席转述马歇尔备忘录电》(1946年5月29日)，《中华民国重要史料初编》第七编第三册，第140页。

② 《总统蒋公大事长编初稿》卷6(上)，第158—159页。

③ 《美方代表调处不公正，不能有最后决定权》，1946年5月30日；《美国的二重政策很难使中国内战停止》(1946年6月3日)，《周恩来一九四六年谈判文选》，第377、386—387页。

略中，东北处于相当重要的地位。然而当抗战胜利之初，蒋企图借苏美之力收复东北的计划失败后，他将注意力转移于关内，尤其是华北。停战协定签订后，由于关内不便大打，蒋又重新关注于东北，导致东北战火的扩大。长春打下后，蒋再次面临抉择，是继续北进还是另作考虑。他在国民党军队进入长春的当天飞赴东北，不无就此实地考察之意。最初，他受国民党军事胜利的影响，有意北进，认为："东北共军主力既经击溃，应速定收复东北全境之方针，令杜聿明长官部向哈尔滨兼程挺进，必先占领该战略据点，东北军事方得告一段落，然后再策定第二期计划。至于调处执行部自以不来东北对我为有利，以免共军借其掩护，获得喘息之机会。"在当时，这一计划军事上并无问题，中共已有了退出哈尔滨的计划。但是，北进不仅仅是纯军事问题，蒋介石对美苏的反应都不能无动于衷，因此他同时考虑："东北与对美对俄外交，皆有微妙之关系，稍一不慎，将受重大影响，故当马歇尔未谅解以前，不能不委屈以求和平解决也。"①马歇尔果然没有"谅解"，蒋也因而不得不改变他的原订方案。

6月4日，蒋介石和马歇尔会谈，在马氏的压力下，蒋表示可考虑停战半个月。马歇尔则不容蒋犹豫，次日再次见蒋，终于使蒋同意东北停战。6日，蒋介石正式宣布："余刻已对我东北各军下令，自六月七日正午起，停止追击、前进及攻击，其期限为十五日。此举在使中共再获得一机会，使能确实履行其以前所签订之协定，政府采取此一措施，绝不影响其根据中苏条约有恢复东北主权之权利。"②打了将近半年的东北战场总算暂时平静了下来。

东北停战的实现，对国共双方各有利弊。蒋介石之所以同意东北停战，除了美国的压力外，还有他自己的考虑。一则是他已准备关内作战，东北不宜牵制过多兵力；二则是东北国民党军队自四平战后

---

① 《总统蒋公大事长编初稿》卷6(上)，第151—152页。

② 《中央日报》(南京)1946年6月7日。

急速冒进，战线太长，兵力不足，需要巩固后方。但如此一来，国民党军队在没有消灭中共军队主力的情况下停止进攻，又分兵把守各个城市，反而暴露了其后防弱点，并且丧失了再向松花江北进军的唯一机会。过后，蒋介石为他的这一决定后悔不已，认为是“东北最后失败之惟一关键”，“若不停止追击，直占中东铁路战略中心之哈尔滨，则北满的散匪，自不难次第肃清，而东北全境亦可拱手而定。若此共匪既不能在北满立足，而其苏俄亦无法对共匪补充，则东北问题自可根本解决，共匪在东北亦无死灰复燃之可能”①。但问题在于，即使蒋下决心北进，他能对苏联可能的反应无动于衷吗？他能不考虑美国的态度吗？问题又回到它的起点，东北问题首先需要苏联的合作，需要美国的支持，这又需要国民党付出代价，这于国民党始终是一个两难抉择。

中共需要停战作为休整之机。经过四平一战，中共部队“打得相当苦，有的甚至丧失了元气”，“从长春撤退到哈尔滨时思想很混乱，全军无所措手足”。据黄克诚反映，“有些部队元气受到损伤，不经整训已难作战”；“有些战士撤退时走不动，干部因长期支持作战亦极倦怠”；“干部中一般情绪不高，特别是营以下干部一般有很大怨战情绪……这些现象是抗战八年所未有”②。因此中共部队亟须休整，以利再战。6 月 3 日，中共中央指示东北局，“作长期打算，为在中小城市及广大乡村建立根据地而斗争。……目前军队应争取休整，恢复疲劳，提高士气”③。16 日，东北局与东北民主联军领导班子根据中共中央的指示进行了调整，由林彪任东北局书记、东北民主联军总司令兼政委，彭真、罗荣桓、

① 蒋介石：《苏俄在中国》，《先总统蒋公全集》第 1 册，第 336 页。

② 韩先楚：《东北战场与辽沈决战》，罗荣桓：《在四野高干会议上的讲话》，《辽沈决战》(上)，第 88、38 页；《黄克诚回忆录》，第 349—350 页。

③ 《中央关于同意放弃哈尔滨采取运动战、游击战方针给东北局及林彪的指示》(1946 年 6 月 3 日)，《中共中央文件选集》第 16 册，第 185 页。

高岗、陈云任东北局副书记兼东北民主联军副政委①。在休整期间，东北局动员了1.2万名干部下乡，野战军抽出了三分之一的兵力分散剿匪，其余部队迅速进行了整顿补充。到东北再度开战之时，东北民主联军下辖东满、西满、南满三个军区，五个野战纵队，及一批地方部队和二线兵团，总兵力达到36万人。

东北停战实现后，军调部在长春设立分部，并增设四个执行小组(6月17日派出)，原有小组的任务也作了调整。军调部长春分部国民党代表为蔡宗濂(后为邓为仁)，中共代表饶漱石(后为伍修权)，美国代表白鲁德(后为田博门)。不过，这些停战小组的作用与关内一样，没有战争时用不着他们，有了战争时他们也管不了。

东北停战并不意味着国共双方就此罢战言和。四平一役对国共双方的战略部署都产生了重大影响，这并不随着战事的暂停而停止发生作用，相反，国共双方都在利用这个机会调整部署，准备下一轮大战的来临。和平的空气已经越来越稀薄了。

四 国共战略的调整

东北的停战，被马歇尔认为是自己努力的成功，他认识到整个形势已经到了非常危险的边缘，如果不能借此机会使国共双方达成妥协，他的使命也就彻底失败了，因此他在休战期内使出了浑身解数，企图达成一个国共双方都能接受的协议。

然而，四平战后的国共关系与战前有了根本的不同。因为四平战役，国共双方都在重新估计自己的战略战术。四平未下前，国民党党内

① 据伍修权回忆："林彪来到东北以后，一直极力贬低和排斥原东北局第一书记彭真同志，因此在东北局内部发生了严重的不团结现象，中央只得调开了彭真同志，并派叶剑英同志来调查和处理此事，以求解决分歧，团结斗争。"(伍修权：《我的历程》，解放军出版社1984年版，第181页)

对东北以至全国作战的前景都不乐观，据长期在蒋身边的唐纵所记："此次东北问题，是我们对于情况判断的错误。当初以为东北之共军不堪一击，故不接受调处。现因苏军援助共军之故，共军实力增强，欲调处而不可得，政府感觉苦闷万状。"①四平作战胶着之时，国民党高级官员观察到蒋介石的心境是，"忧心如捣"，"焦虑万分"②。然而四平为国民党军队攻下后，国民党内的气氛发生了明显的变化，国民党上下都迷信"军事之影响有决定性之作用"，不仅主战派兴高采烈，即便是温和派，也开始动摇不定，蒋介石更是得意洋洋③。5 月 20 日，蒋介石召集党政最高小组会议，"决定对中共采取严厉态度"④。5 月 23 日，国民党军队进入长春的当天，蒋介石以胜利者的姿态飞抵沈阳视察。在他25 日给宋子文的信中写道："此地实际情势，与吾人在南京所想像者，完全不同……只要东北之共军主力溃败，则关内之军事必易处理，不必顾虑共方之刁难与叛乱也。……只要东北共军之主力消灭，则关内关外之事，皆易为力，已作慎密之处置，请勿过虑。"宋子文在与马歇尔的谈话中也大谈"共军除一部分外，本属乌合之众，经此次打击，势必瓦解

---

① 唐纵：《在蒋介石身边八年》，第 608—609 页。

② 《东北接收交涉日记》1946 年 4 月 14 日；《熊式辉日记》1946 年 4 月 22 日。

③ 据邵力子告诉罗隆基，"主战派不止抬头，且特别抬头，时局极为严重"（《罗隆基日记》1946 年 6 月 5 日，《中华民国史资料丛稿》增刊第 6 辑第 100 页）。据顾维钧回忆，邵力子告诉他，国民党内部几乎所有的军事将领都赞同摊牌，其中包括白崇禧、何应钦和陈诚。可是，大多数文职领袖都不赞同使用武力，因为在过去中共力量较小的情况下，都未能将其摧毁，现在就更难办到了。但是，委员长内心是赞同使用武力的。孙科也告诉顾维钧，除文官以外的所有军职人员，都主张使用武力。国民党内部大多数赞同武力解决，他们认为不这样做，国民党就会垮台。6 月 13 日，蒋介石接见即将出任驻美大使的顾维钧，要他做好对美宣传工作，使美国人相信是中共不遵守协议，因此政府不能只采用政治手段（《顾维钧回忆录》第 5 分册，第 708—709、725—726 页）。

④ 唐纵：《在蒋介石身边八年》，第 619 页。

无疑"①。军令部长徐永昌则向蒋建议,"如其胜任,应即向共逐渐进攻"。"今日不办,仅就断交通扼我经济一事,即倒政府而有余"②。因为国民党的这种认识,必然导致其战略向战争方面倾斜,也因此而使停战令下达后的全国局势仍然处于紧张之中。

中共方面,对四平战役的结果同样有自己的估计。长春失守的次日,毛泽东为中共中央起草致南京中共代表团电,指出:"退出长春后,无论政治上、军事上我方已获自由,并非不利。"③这里所说的"自由",实际是指四平之战解除了中共原先在和与战问题上的某些顾虑和约束。中共对于东北问题的态度是:"我方让步至长春双方不驻兵为止,此外一概不能再让,美蒋要打由他们打去,要占地由他们占去,我方绝不承认他们的打与占为合法。"④更重要的是,四平战役直接导致中共对全国形势估计的变化。直到四平失守前,中共一直认为国民党"对我军实力、国际舆论及国内人心有所顾虑,故尚不敢立即发动全国内战",但四平战后,国民党趾高气扬,使中共认为"内战已临全面化边缘","恐难有挽救可能",并因此而布置作战准备工作⑤。从根本上说,国共双方在抗战胜利后建立起来的互相信任是非常脆弱与不稳固的,国民党二中全会前后,这种互信已经受到了强烈的冲击,四平之战则使这种互信荡然无存。周恩来就对马歇尔说,现在的中心问题是"双方没有互

---

① 《蒋主席致宋子文院长嘱告马歇尔特使国军进入长春无碍于和平统一函》(1946年5月25日),《中华民国重要史料初编》第七编第三册,第129—131页。

② 《徐永昌日记》1946年6月12、19日。

③ 《毛泽东年谱》下卷,第85页。

④ 《东北主力应不怕丧失地方准备长期斗争》(1946年5月27日),《毛泽东军事文集》第3卷,第234页。

⑤ 《中央关于时局及对策的指示》(1946年5月15日),《中共中央文件选集》第16册,第161页;《周恩来关于内战已临全面化边缘及我之方针致中共中央电》(1946年5月28日),《中共中央南京局》,第58页。

信，在一切问题上彼此的信心都破坏了”①。很难想象这种互信会在半个月的停战期内再次建立起来。

实际上，四平战斗刚刚结束，中共中央已通报在重庆的周恩来，“我在大局上仍忍耐，惟须取局部报复手段”②。这种“报复”即是将战争引向关内，以减轻东北的压力。中共中央指示陈毅在山东攻击津浦路上泰安、兖州地区的吴化文部、德州王继祥部和胶济路上张店、周村地区的张景月部，理由是：“一则时局发展是逐渐的，不是突然的，我宜从小的打起显得有理，不宜从大的打起，显得无理；二则消灭上述三部后看顽方如何动作，然后决定我主力使用方向，方不陷于被动；三则……我可于运动中消灭增援之敌。”③6 月 7 日开始，中共山东部队以讨逆自卫作战名义发起进攻，历时 1 周，攻占德州、张店、周村和枣庄等地，几乎占领了山东全境。中共的行动使蒋介石感到华东地区中共部队的威胁，更加强了他准备在关内动武的决心，他在 6 月停战谈判中重点强调苏北和胶济路问题，实际上已是在为不可避免的战争准备借口。

尽管国共双方都在准备战争，但在马歇尔的调停下，停战谈判仍在继续进行，三人小组会议也在东北停战后恢复举行，国民党代表换成了原军令部部长徐永昌。蒋介石在停战声明中提出，在十五天停战期中，应商定停止东北冲突、恢复国内交通及实施整军协议之办法。蒋原本并不感兴趣的整军协议现在成了他强调的重点，因为他急于通过对军队的整编框住中共的手脚，同时通过解决交通问题，使国民党军队的调

---

① 《国民党积极准备大打，希望马歇尔继续居间努力争取和平》(1946 年 6 月 10 日)，《周恩来一九四六年谈判文选》，第 409 页。

② 《对顽军进攻取局部报复手段》(1946 年 5 月 19 日)，《毛泽东军事文集》第 3 卷，第 228 页。

③ 《山东军区以首先消灭吴化文等部为有利》(1946 年 5 月 30 日)，《毛泽东军事文集》第 3 卷，第 242 页。黄克诚曾向中共中央建议：“东北已不可能停战，应在全国打起来，以牵制国民党军向东北调动”；“目前关内不打，关外单独坚持消耗的局势感觉绝(对)不利。”(《黄克诚回忆录》，第 347 页)山东则已于 5 月初作好内战一旦爆发时进攻枣庄等地的准备，故中共首先令山东施以报复行动。

动可以运用自如。因此蒋指示“对以上三事之协定，必须同时签字，不可再有先后之分，以免共党继续拖延也”①。6 月停战期的谈判，在恢复交通、军调部工作和停止东北冲突等问题上，国共双方较快达成了协议，这就是 6 月 24 日国共美三方草签的《恢复华北华中交通线指令》、《解决执行小组交通小组北平军调部及长春军调分部中某些争执之条款》和《终止东北冲突之训令》。关于交通的协议规定：华北华中一切交通线立即恢复，铁路修复立即进行，拆除碉堡时，铁路沿线重要车站、隧道、桥梁一千米以内之碉堡可以不拆，郑州以西以南之碉堡不拆，陇海路徐郑段缓拆（中共原要求一律限期拆除）；中共区域铁路员工由交通小组考核决定任用（中共原要求一律任用）；各路均限定修复期限，最短者同蒲路仅三十天，最长者津浦路也只九十天（原交通协议无限期规定）。关于军调的协议规定：当小组内意见不能一致时，美方代表可直接向上单独提出报告，请求指示，决定何时何处进行调查，命令停战及实行隔离部队；当执行部内意见不能一致时，美方代表可单独提出报告，请求指示，指导命令或指示之执行；此项规定是中共在“最后决定权”问题上作出的一定让步，在调处中酌量增加了美方代表之职权。关于东北的协议规定：在东北完全停战，15 日内交出部队清册，中共因此而承认了 1 月停战令以后国方军队进入东北的事实②。从这三个协议的条文看，中共均作了重要让步，显示出谈和的诚意，应该说，如果能够将这些协议真正付诸实施，和平还有某种希望。但国民党代表徐永昌因为蒋介石的指示，坚持只有在修订后的整军方案达成协议后，才能在这些协议上正式签字。换句话说，如果中共不同意国民党的整军方案，这些协议则无异废纸。而军队整编方案的修订，尤其是军队驻地的划定，由于国民党的过高要求而非常困难，何况蒋要求在半个月的时间里解决半年都没有解决的问题，这就使他的要求具有了类似最后通牒的性质，

① 《总统蒋公大事长编初稿》卷 6(上)，第 189 页。

② 《政治协商会议纪实》下卷，第 1341—1347 页。

不排除蒋的内心正是用这种方法或逼中共就范或由中共承担战争责任。

中共对国民党的要求并未正面回绝，但周恩来表示，在目前情况下，只能先从一个个具体问题做起，中共的目的是“竭力争和平，哪怕短时期也好”；“既要避免破裂，又要不大让步”①。国民党却无意于此，在谈判中采取了步步紧逼，以求彻底解决的方针。6月17日，蒋介石提出东北中共驻军方案，中共军队三个师分驻于兴安、黑龙江和嫩江省，或驻兴安、黑龙江和延吉地区，哈尔滨至满洲里铁路沿线由中央护路宪警进驻，如中共同意该方案，其军队必须撤出热河、察哈尔两省及山东烟台和威海卫两地，双方在山东恢复6月7日的军事位置②。在18日徐永昌、俞大维和周恩来的会谈中，国民党又提出，中共军队在关内的五个军应集中在陕北、山西上党、河北大名、山东临沂、察北五个地区，这意味着中共还应退出苏北。这是一个极其苛刻的方案，不仅中共在东北的军队被限制于北满狭小偏僻的地区，而且中共在华北的地位还将受到重大削弱，军队将被挤出城市和铁路沿线，而被分割部署在若干偏僻孤立、互不联系的地区。周恩来在见到这个方案的当天致电中共中央，称蒋的方案“混蛋之至，战意已大明……蒋有可能将东北问题再拖数日，而先在苏北、山东开刀并及热河”。他建议“中央令各地，尤其是苏北、山东、东北、热河速作各种准备，迎接蒋方进攻”③。在和马歇尔的谈判中，周恩来表示，蒋的方案“完全出乎意料，而且感到愤慨”，政府“是在出难题，使问题不能解决”。他明确告诉马氏，中共要求东北驻军增加为五个师，驻安东、牡丹江、齐齐哈尔、洮安、哈尔滨；关内军队驻地应另行商谈，且应规定双方驻地；至于退出所占城镇，原则上双方应

---

① 《准备国民党不愿和平时能够进行有力作战》(1946年6月12日)，《毛泽东军事文集》第3卷，第267页；《周恩来年谱》，第673页。

② 《总统蒋公大事长编初稿》卷6(上)，第181页。

③ 《蒋介石战意已大明》(1946年6月17日)，《周恩来一九四六年谈判文选》，第442—443页。实际上，即便是国民党的谈判代表徐永昌和俞大维也感觉蒋的要求过于苛刻，主张在东北将中东路以北让给中共，但为蒋否决。

退出 1 月 13 日后所占之地①。周恩来坦白地对马歇尔说，蒋介石就是要“先把此事弄成合乎他的愿望。如一切都照他的希望实现，他放心了，而我们就不能放心了，因为一切都无保证了”②。当时谈判的实情如此，一方放心，另一方必然不放心，而这又是因为东北开战之后一系列冲突造成的连锁反应。

作为调停一方的美国，关键的要求是国共双方停战。司徒雷登告诉马歇尔，“主要是使蒋停战，然后才好续谈。中共愿和，愿解决问题，但必须双方让步，不能单要一方屈服”③。但马歇尔以为，他已经压蒋介石同意停战，现在该中共作出必要的让步了。因此他在这一阶段的谈判中，一方面企图说服蒋介石不要要价太高，另一方面又企图让中共让步，尤其是在华北问题上，马氏主张中共接受蒋的条件。马歇尔的处境仍然处于两难之中，他既要保证国民党的优势地位，又要限制国民党的行动在不引发全面内战的范围之内，这本身就是矛盾的。由于东北战事的发生，马氏在中共眼中已经失去了他一度有过的公正形象，而他在停战谈判期内的表现，更使中共确信，美国已经站在了国民党一边，对马氏的调停不再抱什么希望。周恩来在给中共中央的报告中认为：马歇尔“在第一时期对停战、政协、恢复交通、复员、整军的意见和办法是公正的。第二时期对东北问题就偏了，只要我们让，不要国民党让，而且让了还不停战”。蒋介石在“第一时期还听马建议，但不愿其成功，

① 《蒋介石的方案是无意解决问题》(1946 年 6 月 18 日)、《对政府关于整军问题有关文件的意见》(1946 年 6 月 19 日)，《周恩来一九四六年谈判文选》，第 445、455—456 页。据周恩来给中共中央的电报，中共要求关内驻军地点为华北的绥德、集宁、张家口、承德、赤峰、闻喜、长治、邯郸、曹州、德州、青州、滕县，华中的宿迁、淮安、东台，此与国民党的提议距离甚大(《我方提出整军方案的原则和实施步骤》，1946 年 6 月 24 日，《周恩来军事文选》第 3 卷，第 137 页)。

② 《中国现在又到了一个最严重的关头》(1946 年 6 月 21 日)，《周恩来一九四六年谈判文选》，第 466 页。

③ 《南京空气紧张》(1946 年 6 月 20 日)，《周恩来一九四六年谈判文选》，第 457 页。

放纵和指使部下违约反对。到第二时期便准备大打，借口主权、交通使内战全面化”①。国民党则因为马歇尔的态度受到鼓舞，美国国内因为冷战而逐渐升高的反共声浪更使马歇尔失去了回旋余地。由于马氏所代表的国家利益所限，他只能偏向于国民党一方。

6月16日，蒋介石在黄埔军校成立纪念日演讲，次日又在国府纪念周演讲，声称：共产党过去在日本掩护下，得以发展割据一方，今日人投降，共产党再无幸存之理。本党对中共如此让步，欲以政治方法，给中共以合法存在之机会。有人以为中共问题军事不足以解决，此乃大谬不然，过去军事不能解决的原因，由于日本掩护中共捣乱，今日人已经投降，军事解决为极容易之事；又有人以为中央经济困难，不能用兵，殊不知中央财政之准备，足以维持二年有余。出席听讲者都认为蒋的讲话“充满剿匪意味，并坚定大家之信心”，可见蒋已无意再言和②。但是为了进一步拉住马歇尔，20日蒋介石同意延长停战期至月底，但同时又提出中共军队必须在此期间撤出胶济路两侧30公里之外。蒋明知中共不可能接受这样的条件，而他还如此提出，主要是为了争取马歇尔和舆论的支持，把战争责任推到中共头上，为动武作准备。中共对此已有清醒的认识。6月25日，中共中央在给东北林彪的电报中明确谈及中共的方针是：“（一）国民党一切布置是打，暂时无和平希望。（二）谈判破裂，全国大打，不限于东北。（三）全靠自力更生。（四）半年至一年内如我打胜，和平有望。（五）友邦在将来可能在外交上给以援助。

① 《周恩来年谱》，第669页。

② 唐纵：《在蒋介石身边八年》，第623页。徐永昌当日日记亦有同样记载。在此前后，蒋介石在军队中作了一系列演讲，与政协前后要求大家“容忍”的态度完全不同，此时的蒋毫无妥协地表示，国民党与中共“势不两立”，国民党“最后的敌人是谁？大家都知道，就是中国共产党”，“这一次剿匪的成败，就是本党革命生死的关头”，实际是为战争进行动员（《特种兵的任务和努力的方向》（1946年6月7日）、《政工人员对于时局应有之认识与努力》（1946年8月8日），《先总统蒋公思想言论总集》卷21，第323、385页；《如何消灭我们最后的敌人》，1946年7月16日，《先总统蒋公全集》第2卷，第1831页）。

(六)我党在南京谈判中,当尽最后努力,付出最大让步,以求妥协。但你们不要幻想。”①中共确实不能抱什么幻想。26 日,蒋介石决定全盘战略方针为:“此时对东北军事应暂取守势,不可亟求进展,因原定政策本以收复长春及其以南之南满与北宁二铁路干线为军事目标,其他地区则用政治方法以求解决,一则使俄国不致正面出而干涉,一则使我兵力运用容易,不致过于分散而为俄共所乘也。故关内共军未戡定以前,对东北之军事决心维持现有形势为要旨,此不能不慎重出之也。”②于此表明蒋的战略重心转向关内,就在这一天,中原战事爆发,全面内战已经无可避免。

马歇尔还在做着徒劳无用的努力。从停战开始,马歇尔搞出了一个又一个方案,但没有一个行得通,问题的焦点是国民党的要价一次比一次高,条件一次比一次苛刻,而中共又决不可能屈服于国民党的压力。以至马歇尔也认为:“在休战期的谈判中,很清楚的是中共更愿达成停止冲突的协议,而政府方面如此苛刻的条件使共产党不可能接受。同样清楚的是,部分国民党文武领袖以其力量和权威倾向于武力解决,他们的信念是,全面战争比目前伴随着经济和政治停滞的不战不和状态更好。”③28 日,蒋介石向马歇尔又提出新的条件,即国共军队的总比例不变,军队驻地问题应整个解决,进入防区的时间不得超过三个月,达成协议后十天内,中共军队在山东、山西 6 月 7 日后攻占地区及胶济路、临(城)枣(庄)支路和临(城)徐(州)路沿线撤出,三十天内从承德、古北口和苏北撤出。29 日,周恩来在和马歇尔会谈时愤愤地说:

---

① 《暂无和平希望准备全国大打》(1946 年 6 月 25 日),《毛泽东军事文集》第 3 卷第 295 页。同日,中共中央致南京代表团电称:“我党方针是争取长期全面和平;如不可能则争取再延长休战时间;又不可能则请考虑恩来托故回延,准备召开人民代表会议,并带必要人员回来,而留董老及其他同志坚持代表团工作,以待时局之变化。”(《毛泽东年谱》下卷,第 97 页)

② 《总统蒋公大事长编初稿》卷 6(上),第 191 页。

③ *Marshall's Mission To China*, Vol. 1. p. 176.

“蒋介石是要绞死我们。我用一切力量让,而我让一步他即迫一步!”① 即便如此,为了争取时间,获得政治上的主动,中共同意可有条件让步,东北的松江省和哈尔滨可由政府派军驻扎,但行政机构改组为联合政府;中共军队撤出国民党所要求的若干地区,如苏北淮安以南、皖东北、胶济路沿线、承德和张家口以南地区,条件是“政府军队决不开入这些地区,而这些地区的地方政府及其保安部队仍应当于原地维持治安,实施行政”。结果国民党仍坚持中共应交出地方政权②。中共对此绝不能接受,因为“与其不战而失如此广大地方,将来不能收复,不如战而失地,将来还可收复。况且战的结果,除若干城市要道还可能失去外,我亦有粉碎蒋军进攻收回许多失地之极大可能”③。此时的谈判对双方都不再有实质性意义,而成了一种准备战争和动员舆论的手段。

6 月 28 日和 29 日,蒋介石连续召集部下开会,商讨对共战略。主战呼声占了上风,只有王世杰等少数人仍主张“成立协定,即令协定不能完全解决问题,亦可避免局势之恶化”,但他们的主张得不到蒋的支持。不过格于政治环境,蒋亦不能公开宣战,因此决定方针是,在军事“进剿”同时,宣布“和平之门不闭,唯待共党之回头”④。30 日,停战令到期之日,国民党中央宣传部部长彭学沛发表声明,声称:“中国共产

---

① 《力求和平,但不允许国民党武装接收》(1946 年 6 月 29 日),《周恩来一九四六年谈判文选》,第 503 页;《总统蒋公大事长编初稿》卷 6(上),第 199 页。

② 《整军期间政府军不得开入中共部队退出的地区》(1946 年 6 月 28 日),《周恩来一九四六年谈判文选》,第 492—493 页。地方政权问题,政协曾有协议留待改组后的政府解决,因此中共的要求是有协议根据的。6 月 28 日,第三方面代表在与国民党代表会商时,黄炎培建议,“中共在军事方面既多让步些,则政府在政治方面应多开放些,以此为交换条件”。但因国民党坚持中共交出地方政权,导致谈判最终破裂(《黄炎培日记》1946 年 6 月 28 日,《中华民国史资料丛稿》增刊第 5 辑)。

③ 《对东北局关于东北形势及任务决议的修改意见》(1946 年 7 月 11 日),《毛泽东军事文集》第 3 卷,第 333 页。

④ 《王世杰日记》1946 年 6 月 29 日;《徐永昌日记》1946 年 6 月 29、30 日。

党，必须停止其军事进攻与破坏交通之行动，以证明其诚意，并开诚切商整军实施方案与指定驻军地区之协定，限期成立，则政府仍当曲予容忍。……今停战命令虽已期满，政府对于和平统一之方针决不变更，除非共党进攻国军……则国军不仅为自卫计，且为保卫人民生命财产和维持地方安定秩序，职责所在，不能不加以抵抗和驱除。此外中央军队不对中共军队采取军事行动，以静候各项未决问题之解决。”①周恩来亦在当天举行记者招待会，称国民党的声明“不能算有期限的休战，更不算是长期停战”。对于国民党的停战条件，周恩来指出：“政府认为苏北威胁南京，承德、张家口威胁北平，铁路沿线中共部队威胁交通，应该撤退，实在毫无道理。因为整编统编之后，大家都是国家军队，不能说谁威胁谁。反过来如果我们也说南京威胁苏北，北平威胁承德、张家口，铁道线驻军威胁附近各县村庄，那么问题便无法解决了，这样的提法并不是从国家观点出发的。政府要求虽然如此不合理，但我们还是让了步，答应在某些地区不驻兵。然而政府还不满足，一定要这些地方的党、政、军、民众团体一律撤出，实在太不合理了，而且超出整军的范围，是我们不能接受也不能考虑的。”②

6 月 30 日，蒋介石会见马歇尔，马氏告以中共不会接受国民党的提案，蒋询问如国民党暂不提承德问题，中共能否同意，马氏认为仍无此可能，因为交出地方政权为最大困难。马氏坦诚告蒋：政府的条件颇为苛刻，中央有人将国军武力估计过高，如果酿成全面内战，甚不值得，并批评国民党官员经常发表非武力不能解决的言论，影响谈判。蒋也似乎推心置腹地对马氏说：本党党员皆有言论自由，他们的言论不会左右自己的意见。他举圣经为例，称其中有言饶恕罪人应饶恕七十个七次，而余所受已达过此限，惟余系为国家忍受一切。在蒋问马歇尔是否

① 《中央日报》1946 年 7 月 1 日。

② 《中国巨大变化的一年》，第 20—21 页。

要为以后的谈判规定一个期限时，马答以不定期为好，可见马氏也对自己的使命能否完成产生了怀疑①。

7月2日，蒋介石几个月以来首次会见周恩来。周提出，在全面停战的同时，一面谈判军事问题，一面恢复政协综合小组会，谈判政治问题。蒋则根本对此不感兴趣，而仍要求中共退出国民党前所要求之各地，否则，“政治问题实无法商谈”。蒋强调如中共占据苏北，“政府实已无安全可言”，而“政府如要保卫北平，则必须保有热河”。“此为政府与中共和平谈判之基础，倘此点不能实现，则一切无法再谈”②。这次会谈没有解决任何问题，而这也是国共双方最高层次之间最后一次实质性会谈了。

从7月2日到10日，国民党代表陈诚、王世杰、邵力子和中共代表周恩来、董必武进行了四轮会谈，继续讨论未决问题，双方的立场始终无法接近。国民党代表反复要求中共退出蒋所提出的几个地区，表示只要退出了其他就好办了，希望中共了解政府的困难。他们承认在地方政权问题上他们改变了政协的程序，但理由是政府已在东北问题上对中共作了让步，承认了中共在黑龙江、兴安和嫩江省的地位。周恩来只同意可考虑苏北减少驻军，但坚持不交出地方行政是中共的基本立场。他对国民党态度的判断是，如我方同意他们的要求，便不放弃谈判；如我方不同意或不满足他们的要求，军事动作便会扩大③。就在谈判期间，国民政府4日宣布将于11月12日召开国大，用周恩来的话说

① 《总统蒋公大事长编初稿》卷6(上)，第199—203页。

② 《总统蒋公大事长编初稿》卷6(上)，第207—208页。据周恩来告马歇尔，蒋在会谈中反复强调“苏北太威胁京沪，你们的军队在这里，人家觉得你们是什么意思呢？所以苏北你们要退(即退到陇海路以北)，由政府接收”。而且说苏北地方小，中共让出不能算吃亏(《政府已在各地扩大军事动作》，1946年7月3日，《周恩来一九四六年谈判文选》，第509—511页)。

③ 《政府已在各地扩大军事动作》(1946年7月3日)，《周恩来一九四六年谈判文选》，第511页。

是，“这等于政府又投下一颗炸弹”。蒋介石的目的是以此显示改革和民主，拉住美国（马歇尔听到这个消息确也表示“感动”），但国大问题一直是国共谈判中双方争执的一个重点，中共坚决反对国民党单方面宣布召开国大，表示此事“完全违反协商精神，敝方坚决反对”，“关于国大诸问题，在未得协议以前，敝方不受贵方任何片面决定之拘束”①。这一插曲使双方会谈气氛更为恶化。在10日的最后一次会谈中，国民党代表提出在国方进入中共撤出地区时，对中共党部给以照顾，周恩来表示，“那些地方可考虑少驻兵，但非撤退，不是行政权就不要了”。国民党代表王世杰在当天的会谈结束时感慨地说：即使行政问题达不成协议，照6月30日那样也可以签字了，如果我不是国民党，我一定签字了②。然而他个人的感慨终究代替不了国民党决策层的决定，此次会谈之后，国共高层代表接触暂告终止。

7月7日，中共中央发表《纪念“七七”九周年宣言》，宣言回顾了战后中国政治的发展过程，批判国民党“公开号召全国的内战，而禁止人民反对内战，公开要求夺取解放区更多的地方，并要求推翻整军方案，以便扩大内战和保存军阀制度”。宣言引人注目地公开谴责“美国反动派的军事干涉”，提出“没有美国反动派的所谓‘援华’，我们就早已得到民主，而内战也根本不可能发生与继续”。中共中央对下属解释发表这个宣言的目的是，“美国和中国反动派均利用人民对他们的丑恶行为认识模糊，欺压人民，从中取利，我们应当尖锐揭穿，方能使彼辈在人民面前孤立起来，方能打退其进攻”③。这个宣言无疑表明中共战后政策的改变已经公开化，基本放弃了战后一度采取的中立美国的政策，而将美

① 《中共代表为抗议国民党单独决定召开国民大会致国民党代表函》（1946年7月7日），《中共中央南京局》，第97页。

② 《政府军应停止追击被迫突围的我中原部队》（1946年7月11日），《周恩来一九四六年谈判文选》，第543—544页。

③ 《解放日报》1946年7月7日；《中央关于发表纪念“七七”宣言后对美国及国民党斗争问题的指示》（1946年7月6日），《中共中央文件选集》第16册，第231页。

国视为国民党的支持者，以反美、即民族独立的口号作为动员群众的手段。中共的这种政策转变，一方面向外界表明了坚决抵抗国民党军事进攻的决心，另一方面也预示着美国调处的接近收场。中共此时的策略是："对马歇尔不要公开说他好，也不要公开说他不好，在谈判中仍须经过他来缓和局面；对各地美军，仍应避免冲突；对国民党军队，则看彼方态度，彼打我亦打，彼停我亦停；对谈判，我党已有所让步，但国民党贪得无厌，提出很多无理要求，应予拒绝。"①

国民党方面已经作好了战争准备。7 月 11 日，蒋介石会见马歇尔，"劝其暂作静观态度，并告以三十年来处事之经验，凡事至无能为力时，只有暂时搁置，听其自然，但终有解决之一日，非至时机成熟，则徒劳无益也。至于政府现所采取有限度之军事自卫行动，实有助于彼之调解工作，而决无任何妨碍"②。蒋介石的态度已经预示着谈判这一幕就要收场了，一切只能通过战争来解决。7 月 14 日，蒋氏夫妇以避暑为名赴庐山，就在前一日，苏北战火点燃，全面内战终于无可挽回地爆发了。

---

① 《中央关于发表纪念"七七"宣言后对美国及国民党斗争问题的指示》(1946 年 7 月 6 日)，《中共中央文件选集》第 16 册，第 230 页。

② 《总统蒋公大事长编初稿》卷 6(上)，第 217 页。

第五章　全面内战的爆发与国共关系的破裂

第一节　全面内战的爆发

一　战前基本形势与国共双方的军事对比

全面内战爆发前，在军事力量的对比上，国民党军队大大超过中共军队。据中共方面统计，国民党陆军有 86 个军（师），248 个师（旅），200 万人，非正规部队 74 万人，特种兵 36 万人，海、空军 19 万人（各型舰艇 129 艘，各种飞机 443 架），后勤、后方机关和军事院校 101 万人，总兵力 430 万人①。

据国民党方面的资料，国民党军一线兵力主要部署在东北（7 个军），华北（13 个军 7 个师），华东（5 个军 9 个师），中原（16 个师）四个地区。二线兵力主要部署在华南（1 个军 3 个师），西北（4 个军 7 个师），西南（6 个师）三个地区，总兵力为 78 个军（师），但这不包括国防部和各绥署直辖部队及台湾驻军，如第五军、整编第十一、七十四师等，因此，国民党陆军部队总数不会少于80个军（师），其中部署在第一线

① 国民党军总数统计缺乏国民党方面的资料，此处据中共在全面内战爆发前的统计，见军事科学院军事历史研究部编著：《中国人民解放军全国解放战争史》第 2 卷，军事科学出版社 1996 年版，第 1—2 页。

的占全部兵力的四分之三左右①。

中共部队总数为127万人，其中野战部队61万人，地方部队66万人，共有野战部队24个纵队(师)、11个旅(师)，分为陕甘宁晋绥联防军(3万人)、晋绥军区(5万人)、晋冀鲁豫军区(27万人)、新四军兼山东军区(42万人)、东北民主联军(30万人)、晋察冀军区(20万人)、中原军区(5万人)等七大战略区，没有海、空军②。

国民党不仅军队数量对中共具有绝对优势，装备也大大超过中共部队。以国民党军主力整编第十一师和中共部队中装备最强的东北第一纵队相比较，前者拥有各种枪11,520支(其中冲锋枪2370支)，各种炮440门(其中105榴弹炮8门)，汽车360辆；后者拥有各种枪13,991支(其中冲锋枪92支)，各种炮46门(其中75山炮12门)，没有汽车。由此可知，国民党军装备的步兵武器大体与中共部队持平，但自动武器占据绝对优势，重火力接近于中共部队的十倍，机动性更远胜于中共部队③。

---

① 关于国民党军的部署，各说不一，此处采用《国民革命军战役史第五部》第1册第256—257页的统计。据国防部的统计，在全面内战爆发前后，国民党共有步兵36个军、150个师(内整编师54个、独立旅3个)，骑兵10个旅，3个独立团，炮兵12个团(内美式榴弹炮5个团)，工兵18个团，辎汽兵24个团，11个营，通信兵8个团，11个营，战车兵3个团，铁道兵3个团(《国防部政绩报告》，二档，全宗七八三，卷号797)。

② 中共部队的人数和编制各说不一，此处根据《中国人民解放军全国解放战争史》第1卷第338页的数字。因为各区人数不断变动，故总数与各区数有5万人之差。

③ 《中国人民解放军全国解放战争史》第2卷，第6页。国民党军拥有的重装备是否能在实际作战中发挥效用，还是一个值得探讨的问题，因为中共部队的运动战战法，往往使重装备失去作用。国民党军由美国提供装备的39个师，虽然装备程度为中国军队前所未有，但在实战中经常受到补给问题的影响，装备不能发挥效用，尤其是在美国一度禁运军火的情况下，这些装备的效用大减。据第十三军军长石觉回忆，该军初入东北时，还是用的训练时发下的弹药，直到打下锦州才得到补给，"总的说来，军品补给断断续续"(《石觉先生访问纪录》，台北中研院近代史研究所1986版，第238页)。陈毅根据其作战经验亦认为，"美械使火力增强，但火器复杂，干部无法掌握，不能灵活机动，消耗弹药甚多，缺少运输工具，供给不上。野战能力很弱。美械化害多利少，最多不过利害相等"(陈毅:《一年自卫战争总结》，1947年12月31日，中央档案馆卷89，第1号)。

国民党的战争部署从停战令下达后就没有停止。1946 年 1 月 14 日，副参谋总长白崇禧召集各部门主官开会，提出："1. 陆军方面以整训名义，迅速整编，充实粮弹，赶运各师武器，并多制游动铁丝网，俾适于北地作战；2. 空军方面，应多储油弹于各重要基地；3. 海军方面，第一舰队已在渤海口游弋，继续阻绝奸匪海运；4. 安抚伪军，在未整编完成以前，一律按实有人数发给主副食费，已整编完成者，则由一月起按军政部规定给与发给薪饷，免因粮饷告绝，而投匪军；以上各项系密为准备，如中共听命，则国军各师固应趁此时机，充实整训，如其背信抗命，则我有充分准备，宁未雨以绸缪，亦可毋临渴掘井也。"①军队整编方案的实施，为国民党提供了一个有利的机会，调整其战争部署（虽然该方案也有对国民党不利的一面），蒋介石要求各部队在整编期内特别注重攻击、防御、清乡侦察、组训民众方面的训练。军方有关部门在 2 月拟出了一个名为复员行动计划，而"实一作战计划"，蒋介石于 3 月 4 日"批交军政、军令、军训三部秘密研究准备"。该计划将国民党的军事行动分为三步，第一步拟攻占热河之赤峰、承德及察省之多伦、张家口，同时以数军由海道输连云港登陆，以拊苏北鲁南共军之背而歼灭之；第二步则打通津浦线；第三步则再击灭冀南、豫北共军。对于延安则认为在政治全面破裂之时，应一举而攻略之②。虽然国民党其后的军事行动没有完全按照这个计划进行，但其大的轮廓此时实际已确定了，即着重于控制华北与华东战略要点，打通主要交通线。

对于打一场全面内战，蒋介石和国民党军事将领曾经有过充分的自信。蒋认为"比较敌我的实力，无论就那一方面而言，我们都占有绝对的优势，军队的装备、作战的技术和经验，匪军不如我们，尤其是空军、战车以及后方交通运输工具，如火车、轮船、汽车等，更完全是我们

---

① 《副参谋总长白崇禧呈蒋委员长关于停战令颁布后国军应有充分准备电》（1946 年 1 月 15 日），《中华民国重要史料初编》第五编第四册，第 387 页。

② 《郭汝瑰日记》1946 年 3 月 9 日。

国军所独有，一切军需补给，如粮秣弹药等，我们也比匪军丰富十倍，重要的交通据点，大都市和工矿的资源，也完全控制在我们的手中”。所谓“一切可能之条件，皆操之在我，我欲如何，即可如何”①。

然而军事力量上的优势并不必然能够转换为战场上的优势，古往今来，无数以弱胜强、以少胜多的战例都说明了这一点。国民党军事战略战术的一系列致命的失误，使其没有能将最初的优势转化为胜势，从而最终输掉了这场战争。

蒋介石对于如何打这一场战争，有他自己的一套逻辑和想法。他曾经解释说，“现代作战最紧要的莫过于交通，而要控制交通就先要能控制都市，因为都市不仅是经济政治文化的中心，一切人才物资集中之所，而且在地理形势上，他一定是水陆交通的要点。我们占领重要都市之后，四面延伸，就可以控制所有的交通线，交通线如果在我们控制之下，则匪军即使有广大的正面，也要为我所分割，所截断，使其军队运动的范围缩小，联络断绝，后勤补给都要感到困难，终至处处陷于被动挨打的地位”。因此，蒋的战略是，“第一步必须把匪军所占领的重要都市和交通据点一一收复，使共匪不能保有任何根据地。第二步要根据这些据点，纵横延展，进而控制全部的交通线”；“我们作战的纲领，可以说是先占领据点，掌握交通，由点来控制线，由线来控制面，使匪军没有立足的余地”②。蒋还从中国古代战史中为其主张找来根据，他认为中国历来的“流寇”如要生存无非两种办法，一种是“流窜”，居无定所，一种是“负隅”，凭险顽抗。而在现代条件下，由于交通的发达，“不能流窜”；只要国民党军能够攻占中共的根据地，使其“不能负隅，那他就不能持久”，则“剿匪”即可大

---

① 《国军将领的耻辱和自反》(1947 年 6 月 1 日)，《先总统蒋公思想言论总集》卷 22，第 135 页。

② 《匪情之分析与剿匪作战纲要》(1947 年 5 月 15 日)，《先总统蒋公思想言论总集》卷 22，第 112—113 页。

功告成①。蒋这一套逻辑，听起来不无道理，可惜一经实战，则完全显其一厢情愿。首先是中共从不采用固守一处被动挨打的战法，蒋的攻其“负隅”便成了无的放矢；其次是国民党军的能力还达不到以交通线封锁中共灵活性的程度，蒋的阻其“流窜”又成了空谈。

为了达成国民党的军事战略目的，蒋介石主张打速决战，这对国民党来说是必须的，因为其所处的经济政治环境未必能够支持一场长期的战争。蒋介石认为国民党军速决的条件有三个：1. 我以优势之兵力与装备，自然有主动迫敌决战之自由；再则为避免三次世界大战之发生，我亦有迅速安定国内实行建设国防之必要；2. 我军装备优良，除国械日械之外，并有美械装备，且有飞机坦克，具备发挥优势装备与素质，实行迅速决战之条件；3. 我战争准备完善，足够以雷霆万钧之力，一举实行歼灭速决之条件，亦唯有速决歼灭乃最经济之战争②。然而，国民党军四处出击的战略，与其速战速决的预期背道而驰，最终不仅没有能速战速决，反而在消耗战中拖垮了自己。

蒋介石虽然对战争有自己的设想，但他并未能据此制定一个明确的战略方针以及与这个方针相适应的军事部署，国民党军的初期作战指导基本是随机而无序的。全国如此，具体战区亦然③。全面内战爆发前夕，6 月 13 日，国防部举行作战会报，陈诚提出国民党的战略方针是：1. 剿共方针，东北应军事、政治、经济、外交平衡发展，长江以北应以军事为主，政治经济为辅，长江以南则以政治为主，但仍配合军事要求；2. 共军利持久，国军利速决，以国军之优攻共军之劣，防国军之劣

① 《对于最近社会经济军事情势之分析》(1947 年 2 月 17 日)、《匪情之分析与剿匪作战纲要》(1947 年 5 月 15 日)，《先总统蒋公思想言论总集》卷 22，第 20、112—113 页；《剿匪战役之检讨与我军今后之改进》(1947 年 2 月 19 日)，军事图书馆藏档。

② 《剿匪战事之检讨》，第 6 页。

③ 国民党方面的战史认为：“国军军事战略构想，迄无完整原始资料可资依据”；“绥靖作战期间之史料，均未载明对绥靖作战之全般战略构想”(《国民革命军战役史第五部》第 1 册，第 306、308 页)。

取共军之优为制胜要诀;准备时间要长,作战时间要短,战前准备极端重要,兵员粮弹补充愈快愈好,要统一战术思想,节约兵力,集结机动使用。参谋次长刘斐具体解说了作战计划是:"今后作战方针,应关内重于关外。关内首先打通津浦、胶济两铁路,肃清山东半岛,控制沿海口岸。"①按此设想,国民党政府军进攻初期的战略重点应是在华东和华北的部分地区,尤其是从苏北到山东一线,但为了全面摧毁中共的抵抗能力,国民党总是倾向于将进攻面铺开,也就是采取全面进攻的方法。可是由于政治考虑和军事动员的实际情况②,国民党军队在战争之初又未能全面行动,而成逐次用兵之势,导致全面进攻难称全面,重点进攻亦无重点,主要作战方向不断在东北、华北、苏北之间徘徊。国民党资深将领程潜曾经抱怨说:"不知蒋先生对这个仗是如何打法?最高的战略如何策定?重点摆在哪里?是关内?抑或关外?是由内往外打?还是由外往内打?由南往北打?或者由北往南打?实在令人无法揣测。"③根据中共方面的统计,全面内战爆发之时,国民党一线攻击部队为26个师72个旅,占其总兵力的比重为30%,到10月的最高峰也不过为43个师117个旅,占总兵力的50%④,这个数字与中共部队相比并不占绝对优势,其不能取得预期的战果也就理所当然了。

在具体作战战术上,国民党军亦存在重大的缺陷。其一为攻击力

① 《国防部作战会报记录》(1946年6月13日),军事图书馆藏档。

② 在政治上,全面内战爆发时,国民党由于要应付国内外各种压力,还维持着国共关系和表面上的谈判不能破裂,因而迟迟不能完全动员,进入全面战争状态,而是在所谓"自卫"、"恢复交通"、"难民还乡"等口号掩护下进行,这多少也影响了它的战略部署。在军事上,由于在抗战胜利后的接收中,国民党急于维持其全国优势地位,导致兵力部署分散,及至战争开始,兵力调配尚未全部完成,只能就现有部署行动。

③ 王禹廷:《胡琏评传》,台北传记文学出版社1985年版,第57页。

④ 《中国人民解放战争第一年战绩公报》,《中国人民解放战争军事文集》第2册,第544—545页。

低下，缺乏顽强坚持精神，作战主动性不够，尤惧夜战、近战和白刃战①，对战术的理解近于教条与机械，因此每逢运动战，国民党军总占不到多少便宜。国民党战史认为这是因为：1. 部队对后勤之依赖过重，故不敢过度远离补给线；2. 装备钝重，机动不容易；3. 在对手所经营之地区，运动亦易遭敌攻击；4. 抗战时常采守势，惯用防御，一时不能摆脱积习；5. 部队行军力之训练过差，缺乏机动之先决条件；6. 接收为先，束手束脚，不能放胆行动②。

其二为协同不好，各战场之间各战场内部以至军师之间，很少有协同配合的成功范例。进攻时如此，撤退时更是如此，往往是部队与部队守望相助，却终不得助，这种情况的多次出现，导致国民党军队作战中的恶性循环，守者对援者没有信心，不敢坚持；援者认为守者不会坚守，救援缓慢，原定的决战设想便总是落空。蒋介石不得不承认，“我们一般赴援部队因为在未出发的时候不先加研究，更没有切实的准备作积极的行动，而只怕在中途被匪军伏击或包围，这样一开始便没有信心，就存着不能达成任务的心理。同时被围的部队因援军不能及时达到，又不相信援军能达成其增援目的，因而不敢持久固守，宁可冒险突围，以致全部覆灭。”③国民党军复杂的派系渊源更加剧了这种情况，尤其是1946年上半年的整编，因为排斥异己而影响到军队作战士气，又因为编制缩小而影响到军队作战部署。

其三为指挥和情报能力低下。不少战区主官仍为长期没有实战历练的老朽无能之辈占据，其中明显的例子是所谓“福将”刘峙。更糟的

① 蒋介石曾经抱怨说：“我们只有白天能打仗，匪则日夜皆能打仗，因此在一天之内，匪军有二十四小时可以利用，我军最多只有十二小时可利用，匪军在半天可以做到的，我军则需二天或三天才能做到，这样下去我们怎么不失败呢？”（《剿匪战事之意义与重要原理之综述》，1947年4月27日，《先总统蒋公思想言论总集》卷22，第98页）

② 《国民革命军战役史第五部》第2册，第150—151页。

③ 《剿匪战略战术的总检讨》（1947年4月20日），军事图书馆藏档。

是，国民党军的指挥系统叠床架屋，自统帅部至行营（或绥署、绥靖区）至兵团至军，至少有四五级之多，越级指挥，下不服上成了常事，大大削弱了部队战斗力。而且由于派系、个人等种种原因，不仅战区一级，往往是军师一级的指挥，也要靠统帅部和蒋介石的直接命令，姑不论蒋的指挥是否正确，即就战场瞬息万变的形势发展而言，蒋的指挥也经常有隔靴搔痒之感。在情报方面，国民党几乎没有获取过中共统帅部和战区一级有价值的重要情报。蒋介石承认，“共匪最大的长处，即在于他们情报工作的确实和灵活。他们不但可以多方面搜集我们的情报，刺探我们的消息，而且他们得到了关于我们的情报之后，立刻就能作适当的布置，实行欺骗诱惑，来打击我们国军。他们情报人员不仅布置在我们的周围，甚至打入我们的司令部里面，担任很重要的位置”。徐永昌称国民党军队的行动为，“通信不能密，截电不能译，敌测国军如指掌，国军对敌在敷衍”①。更令国民党其后耿耿于怀的是，国防部负责作战的三厅厅长郭汝瑰秘密为中共传递情报，导致国民党统帅部的决策几无秘密可言②。不仅如此，由于国民党军队与民众的疏离，其战场情报工作也往往是一无所获。

国民党军队在抗战胜利后的接收中，上下交索，捞取实利，贪图享

① 《一年来剿匪军事之经过与高级将领应注意之事项》(1947 年 10 月 6 日)，《总统蒋公思想言论总集》卷 22，第 268 页；《徐永昌日记》1947 年 1 月 6 日。

② 郭汝瑰自述曾于 1927 年加入中共，后失去联系。抗战胜利后，他又与中共建立了联系，并和董必武几次会见，要求到延安去。董必武通过他的联系人告诉他，“你要求恢复党籍，原则上可以，但要经过一番考验。我们同志要想打入国民党机要岗位很不容易，你去延安作用不大，你留在这边可以为党作更多的工作，更有助于你组织问题的解决。希望你能为我党提供一些有价值的情报。”此后郭即为中共秘密传送军事情报。他的联系人与他单线联系，经常往返于上海、南京之间。有一次他送交的情报传到民革王葆真处，而王因暴露一度被捕，此前，王将文件烧毁，使郭未因此而暴露。因为郭与其联系人始终是单线联系，而他的联系人在任何情况下都不留下郭的姓名，因此郭一直为中共传递情报而未暴露(《郭汝瑰回忆录》，第 385—389 页)。此外，还有不少中共地下工作人员在国民党内部工作，获取情报。

受,缺乏经受又一场艰苦战争的心理准备。其兵员补充仍多依靠强迫性征补,也即所谓抓夫,越到后来越难以适应战争的要求。1946 年全国征兵 69 万人,实际分配至部队 59 万人,估计超过 18—25 岁适龄男性青年数的 2%①。在刚刚经过八年抗战的大规模征补之后,继续维持这样高强度的征补率,极易引起社会的不满与骚动。这些抓来的壮丁,生活水平低下,不明白为什么要打这场战争②。结果就是,国民党军队的熟练士兵在战争中或逃跑或投向中共方面,而国民党又依靠强迫征补的新兵补充军队,这些新兵经过训练投入战争后,又不断或逃跑或投向中共方面,使国民党难以维持一支稳定的有战斗力的军队。

因为国民党的执政党地位,它不能不以恢复地盘作为作战重点,作战目标是在广阔的进攻面下以占领点、线为主,一方面没能在野战中削弱或消灭中共军队有生力量,另一方面又使自己背上了守备的沉重包袱,分散了自己的力量,导致占地越多,则被牵制的兵力就越多,机动兵力越来越少,既给对手造成打击目标,自己也疲于应付,无力作运动战。

---

① 《国防部兵役总局关于兵源补充等问题的说明》,1947,二档,全宗七八三,卷号 860。国民党军队征补的困难,根本上是其不能给被征者以实际利益,在当时情况下,就是不进行土地改革,使兵源最广大来源的农民没有利益驱动的积极性,也使征补来的士兵缺乏战斗积极性,极易逃跑或投向中共方面。胶东兵团司令范汉杰以亲身经历上书行政院,认为:共军在山东号召青年参军,往往超出征兵人数的一二倍,而国军靠保甲长拘捕的办法,很难补充足额,即使抓来,也不会心甘情愿地为国民政府卖命。这是战争胜负的关键,非迅速改革征兵制度不可(尚传道:《四进长春》,《长春文史资料》第 8 辑,第 65 页)。

② 根据国防部下发的《陆海空军日给养定量》,陆军士兵日给养定量大米 1.5 斤,蔬菜豆类 0.75 斤,肉则 1 两都不到(《第一期军事小组讨论大纲及参考资料》,附表)。姑不论这样的定量能否兑现,即使可以兑现也很难适应战场艰苦生活的需要。蒋介石承认:"我们的军队,除内容空虚,名实不副之外,还有一个最大的缺点,就是待遇太低,生活太苦。现在一般下级官兵的生活,真是到了水准线以下,大多数的士兵吃不饱穿不暖,以致面黄肌瘦。"(《整军的目的与高级将领的责任》,1946 年 4 月 3 日,《先总统蒋公全集》第 2 卷,第 1807 页)以如此生活水准,加之没有思想动员,没有家庭经济利益的驱动(如分配土地),很难指望部队能有高昂的士气和战斗力。

所谓旁观者清，中共当时即看出了国民党的致命弱点，“除了政治上经济上的基本矛盾，蒋介石无法克服，为我必胜蒋必败的基本原因之外，在军事上，蒋军战线太广与其兵力不足之间，业已发生了尖锐的矛盾。此种矛盾，必然要成为我胜蒋败的直接原因”。国民党军“能任野战者不过半数多一点。而这些任野战的兵力进到一定地区，又不可避免地要以一部至大部改任守备。敌人的野战军，一方面，不断地被我歼灭，另方面，大量地担任守备，因此，它就必定越打越少”①。事实的发展充分证明了中共的判断。

至于战争的目的，国民党企求实现的是确保其一党统治地位，并在此基础上统一全中国。然而战争是一个包含了政治、军事、经济、外交等各方面目标的综合行为，国民党在准备战争之时，对政治的分裂、经济的混乱、外交的牵制未及深思熟虑，只企图以军事解决问题，本身就陷入了惟军事论的误区，仅仅倚仗军力的优势是不能打赢一场全面战争的。正如一位美国研究者所言，蒋介石“从未能成功地为他的统治创造一个广泛的社会基础和一个牢固结合的、对抗共产党的反共力量的共同战线。他可以操纵个别的政治家，但中共却驾驭着民众支持的浪潮。他只能依靠军事力量镇压民众革命”②。

国民党的短处恰恰是中共的长处。中共虽然在军事力量上与国民党相比处于劣势，但这种弱者地位迫使中共不敢大意，而是兢兢业业，作战略和战术上的精心算度，将总体劣势转化为局部的优势，又由局部的优势积累为均势而最终超过对手，变为全面优势。

自内战不可避免之后，中共就在作着一系列的战争准备。首先是思想动员，这是中共最为擅长的。政协会议之后，由于一度的和平气氛，中共各地区也就难免缺乏战争的准备。东北战事发生后，中共开始

---

① 《三个月总结》，《毛泽东选集》(合订本)，第1102页。

② Tsou, Tang. *America's Failure in China, 1941 - 1950*, pp. 437 - 438. The University of Chicago Press, Chicago, 1963.

强调战争的可能。5月1日，中共中央对各地发出指示，提出："我党必须有充分准备，能够于国民党发动内战时坚决彻底粉碎之。"为此，"各地必须抓紧练兵工作"，"将此看成决定胜负的关键之一"，"军事上练三大技术，练守城，练夜战，政治上提高战胜顽军保卫解放区之决心与信心"①。东北战事迟迟不得停止，表明国民党的大打意图，5月29日，中共中央军委为此又对各军区发出指示，"我应有对敌作战之充分准备"，"各战略区应于电到半月至一月内完成侦察敌情、配备兵力、配备武器弹药（例如黄色炸药）及预拟作战计划等项准备工作，不得有误，对于防御方面之准备工作也是如此"②。这个指示对战争时间的估计相当精确，从这个意义上说，中共应该是有备无患。6月19日，中共中央致电各主要军事负责人，电文说："观察近日形势，蒋介石准备大打，恐难挽回；大打后，估计六个月内外时间如我军大胜，必可议和；如胜负相当，亦可能议和；如蒋军大胜，则不能议和。因此，我军必须战胜蒋军进攻，争取和平前途。"全面内战爆发后，7月20日，毛泽东为中共中央起草党内指示《以自卫战争粉碎蒋介石的进攻》，提出："蒋介石虽有美国援助，但是人心不顺，士气不高，经济困难。我们虽无外国援助，但是人心归向，士气高涨，经济亦有办法。因此，我们是能够战胜蒋介石的。全党对此应当有充分的信心。"指示要求"必须争取一切可能争取的人"，"应对整个地主阶级改取缓和态度"，"注意团结一切中间分子，孤立反动派"③。至此，中共已经将战争的准备传达给了各地区。

与思想动员的同时，中共着重军事战略战术上的部署和动员。中共强调打运动战，集中优势兵力，各个歼灭敌人，不以保有城市为目的。

---

① 《中央关于练兵的指示》（1946年5月1日），《中共中央文件选集》第16册，第146页。

② 《军委关于充分准备对付国民党大举进攻的指示》（1946年5月29日），《中共中央文件选集》第16册，第180页。

③ 《中央关于大打后我军部署的指示》，（1946年6月19日），《中共中央文件选集》第16册，第196页；《毛泽东选集》（合订本），第1083—1084页。

对于放弃若干城市和地方,“应使全党和全解放区人民都能明白,都有精神准备”,而在作战上则要求“每次集中大力打敌一部,其比例应为三对一,最好是四对一,以求必胜”。“蒋军经过整编,其战斗力一般加强,我军对其作战时,必须取集中优势分割歼灭方针,其比例为三对一或四对一,否则不易解决战斗,欲速不达”①。9 月 16 日,毛泽东为中共中央军委起草对党内的指示,提出:“集中优势兵力、各个歼灭敌人的作战方法,不但必须应用于战役的部署方面,而且必须应用于战术的部署方面。”在战役方面,必须集中至少三倍于敌的兵力,选择敌军中较弱的,或者是较少援助的,或者是其驻地的地形和民情对我最为有利而对敌不利的一路歼灭之。在战术方面,当我军集中优势兵力包围敌军后,不应平分兵力,处处攻击,而应集中优势兵力,选择敌较弱的一点,猛烈攻击之,务期必克。这个指示认为,“这种战法的效果是:一能全歼;二能速决”。全歼,方能最有效地打击敌军,最充分地补充自己;在敌则士气沮丧,人心不振;在我则士气高涨,人心振奋。速决,使我军有可能各个歼灭敌军的增援队,也使我军有可能避开敌军的增援队。在战术和战役上的速决,是战略上持久的必要条件②。在作战时机上,强调应时而变,应地而变,不恪守成规,给予地方相当的自主权,这些方针为中共部队确立了作战的战略战术原则,而且经过实践检验,证明是中共军事胜利的重要因素之一。国民党方面失败后也承认中共军事战略战术的高明。

至于作战部署,中共特别强调各大区间和大区内部各地区间的配

---

① 《以自卫战争粉碎蒋介石的进攻》,《毛泽东选集》(合订本),第 1083 页;《学习陈赓部集中主力各个歼敌的作战方法》(1946 年 7 月 16 日)、《集中优势兵力分割歼灭敌人》(1946 年 7 月 28 日),《毛泽东军事文集》第 3 卷,第 348、368 页。

② 《毛泽东选集》(合订本),第 1093—1094 页。毛泽东的这种“集中优势兵力,各个歼灭敌人”,“不打无准备之战,不打无把握之战”的军事思想以后被总结为著名的十大军事原则,见《目前形势和我们的任务》(1947 年 12 月 25 日),《毛泽东选集》(合订本),第 1143—1144 页。

合，并随着战争的进程而不断改变自己的部署。战争爆发前，中共以中原部队原地坚持，吸引国民党军，便利其他各区的准备。战争爆发后，中共在要求各地区打击当面国民党军的同时，最初设想出击外线，太行(晋冀鲁豫)主力以豫东地区为主要作战方向，出击陇海路徐(州)开(封)段；山东主力以徐州地区为主要作战方向，出击津浦路徐(州)蚌(埠)段；华中主力出击津浦路蚌(埠)浦(口段)，配合徐州方向作战；再视情形由太行和山东主力渡淮河出击大别山，“这一计划的精神着重向南，与蒋介石的精神着重向北相反”，这样可以避开国民党军进攻的重点，依靠老根据地，“逐步向南，稳扎稳打”，将战争引向国统区，“从国民党区域征用人力物力，使我老区不受破坏”①。东北、西北则争取时间，准备作战。此时中共的战略重点是跳到外线打几个大仗，以此迫使国民党坐下来谈判。

7 月间，中共中央根据国民党军队全面进攻的情况，认为“先在内线打几个胜仗再转至外线，在政治上更为有利”②，并将整个作战进程分为内线与外线作战两个阶段。由于内线作战取得很大胜利，至 10 月间中共又“估计关内蒋军攻势还可能有两个月至三个月”，“我军……明春即可开始反攻，大量收复失地”，将外线作战时间推至次年春。次年 3 月，中共中央明确指示，“考虑行动应以便利歼敌为标准。不论什么地方，只要能大量歼敌，即是对于敌人之威胁与对于友军之配合，不必顾虑距离之远近。转入外线之时间现亦不必顾虑”③。这说明中共根据形势的变化在不断调整战略，着重发挥内线作

① 《中央关于全面破裂后作战方案给刘伯承等的指示》(1946 年 6 月 22 日)，《中共中央文件选集》第 16 册，第 210—211 页。

② 《先在内线打几个胜仗再转至外线》(1946 年 7 月 4 日)，《毛泽东军事文集》第 3 卷，第 320 页。

③ 《华中等战略区战况及对蒋军攻势的估计》(1946 年 10 月 28 日)、《考虑作战行动应以便利歼敌为标准》(1947 年 3 月 6 日)，《毛泽东军事文集》第 3 卷第 530 页、第 4 卷第 1 页。

战的优势。实际上，中共部队转入外线作战是在全面内战开始的一年之后。

中共强调的是歼灭对手的有生力量，而不在乎一城一地的得失。自战争开始，中共就算计了国民党军用于进攻的总数，将应该歼灭的数字分给各个战略区。最初中共定下的数字是，“在六个月至八个月内歼灭第一线全部进犯军三分之一即一六二个旅中五四个旅”，后来这个数字被定为每年消灭国民党军一百个旅左右①。中共的征补机制也远较国民党有效。中共部队分为野战（一线）、地方（二线）、民兵（三线）三类，可以逐级迅速递补②。尤其是中共特别注重对国民党军队俘虏的教育争取工作，发展出了一系列卓有成效的方针政策，以此“瓦解敌军”、“壮大我军”，最后达到了“即俘、即补、即战”，使国民党军队几乎成了中共军队的补给队。以华东野战军为例，莱芜战役后，有的部队解放战士（国民党军俘虏参加解放军后的称呼）占50%以上，有的已经达到70%，技术兵种的人员基本是解放战士。在整个解放战争中，华野伤亡47万人，但人数却从成军时的27万人发展到1949年6月的63.5万人，其中解放战士除伤亡外尚有29.5万人，占总人数的46%③。此外，中共对战争之算计，情报之准确，舆论动员之得力，都是国民党所无法相比的。

虽然如此，中共在国共对抗中毕竟处于弱势的一方，准备尚不充分，下定决裂的决心也并非易事。这其中的关键还是能否在军事上

---

① 《周恩来年谱》，第691页。

② 中共征补机制的活力建立在土地改革基础上，使千百万农民可以为保卫自身利益而主动参军，并为中共部队的后勤供应和战场情报提供了不可替代的支持（有关中共土改的情况，见本书第十二卷）。

③ 陈士榘：《天翻地覆三年间——解放战争回忆录》，中共中央党校出版社1995年版，第157页；《钟期光回忆录》，解放军出版社1995年版，第285页。国民党军的装备同样不断落入中共部队手中，参谋次长郭忏自嘲自己是“国共合作”，因为国民党军的补充每落入中共部队之手，“岂非与之合作”（《徐永昌日记》1947年11月29日）。

顶住国民党的军事进攻，不仅一般群众和舆论存有疑虑，即便在中共高级干部中，对于未来的前景也存在着一些担心，因此中共当时并不希望内战的发生。在中共给各地的指示中提出，中共的对策是，"使全国性内战爆发的时间尽可能推迟，方对我有利。如不能推迟半年，即推迟三个月两个月以至一个月的时间爆发，亦将使我之准备比较充分。因此，我在目前对时局的基本方针，是避免挑衅，拖延时间，积极准备"①。据胡乔木回忆，他在毛泽东身边工作二十多年，有两件事是毛很难下决心的，其中一件就是1946年与国民党的彻底决裂，毛"反复思考了很长时间才下了决心"。但一旦下了决心，毛泽东就有坚持到底的决心与气魄。他在给东北李富春和黄克诚对和战前途的请示电的复示中写道："对美蒋的压力与要求，我们应当有所让步；但主要的政策不是让步而是斗争，如果我党既有相当的让步，而对其无理压迫和无理要求又能出以坚决的斗争，则其结果比较付出更多更大的让步反而要好些；如无坚决斗争精神，则结果将极坏。"②对于共产党外人士和一般群众的思想疑虑，毛泽东则提出了一个著名的论断："一切反动派都是纸老虎。看起来，反动派的样子是可怕的，但是实际上并没有什么了不起的力量。从长远的观点看问题，真正强大的力量不是属于反动派，而是属于人民。"③可以说，到全面内战爆发前，中共也已基本完成了战争的思想动员和实际准备工作，最后的胜负只能留待战场决定了。

---

① 《中央关于目前时局及我之基本方针的指示》(1946年5月21日)，《中共中央文件选集》第16册，第168页。

② 《毛泽东对李富春、黄克诚关于时局的意见的复示》(1946年7月6日)，《中共中央解放战争时期统一战线文件选编》，第110页。

③ 《和美国记者安娜·路易斯·斯特朗的谈话》(1946年8月)，《毛泽东选集》(合订本)，第1091页。

二 中原战事的爆发

关内首先全面打响的是中原地区。中原地区的中共部队是抗战胜利后数支部队汇合而成，主体是新四军第五师李先念部，其后又加入了南下的河南军区王树声部和自湘粤赣边北撤的八路军三五九旅南下支队王震部。1945 年 10 月底，成立中原局（郑位三任书记）和中原军区（李先念任司令员，王树声、王震任副司令员），下辖二个纵队、三个军区，共六万余人，集中在中原鄂北和豫南地区。中原地区原属中共在重庆谈判中提议让出的八个地区之一，但其后中共根据形势的发展，为了牵制国民党的军事力量，并在未来的战争中以中原地区配合内线作战，不再提让出一事。10 月 22 日，中共中央致电郑位三和李先念，“你们须准备至少六个月内在豫鄂活动”；11 月 28 日，又指示中原局，“只要你们在现地区坚持，蒋军就不能集中兵力北上”，因此应在现地“回旋坚持至一年的时间，不作大的转移的打算”。同时中共中央在 11 月 3 日致电重庆代表团，要求：“关于放弃鄂豫解放区及其军队北移问题，请不要再提。”①然而，中共在中原地区能够牢固掌握的根据地面积狭小（不过一百余万人），陡然增加众多部队，获取给养非常困难。经中共中央同意，12 月底，中原部队越过平汉路，向苏皖地区转移。因停战令发布，他们停止在鄂东北、豫东南以宣化店（位于礼山县，今属大梧县）为中心的一块狭小地区内集结待命。

停战令发布后，中共部队虽停止了前进，但与尾追的国民党军之间仍不断有摩擦发生。1946 年 1 月 19 日，军调部成立第九小组，负责中原地区的调处工作。21 日，第九小组到达汉口，随后召集国共对峙双

① 《集中力量在桐柏山区创造战场》（1945 年 10 月 22 日），《毛泽东军事文集》第 3 卷，第 69 页；《中央关于中原我军行动方针给中原局的指示》（1945 年 11 月 28 日），《中共中央文件选集》第 15 册，第 453—454 页；《毛泽东年谱》下卷，第 45 页。

方前线军事将领会谈，23日，国共双方在河南罗山达成本地区停战协议，规定双方部队“均停止于现在地区，不得向对方前进”；中共军队“得在其所驻地区之间运输给养”，国民党方面“绝不阻挠干涉此种运输行动”①。至此，中原的战事才算基本停止了下来。

在中共的全盘战略考虑中，最初有意要中原部队在原地坚持，意图增强中共在谈判中的地位，并在鄂、豫、皖三省未来的政治安排中打进一个楔子。但中原地区情况特殊，一是位于国民党层层设防的中心地区，四周至少有三个军(师)以上的国民党军队；二是孤悬于外，与中共其他部队均无联系；三是地区狭窄，纵横不过百余华里，且无可靠之根据地，回旋余地甚小，尤其是粮食供应极度困难，接近于无米之炊的程度。自停战令发布后，中原部队就要求尽快转移至安全地带，并准备合法不行则“非法”行动②。鉴于中原部队的实际情况，中共中央改变了原定方针，同意他们的转移要求。2月18日，中共中央指示郑位三和李先念，中原部队的“行动方针是力求合法北移，但估计国民党可能故意为难不让你们北移，因此你们应积极进行自动非法向皖东或向华北行动的一切准备。但在非法行动前，必须先得中央允许，不可冒然行动”③。3月初，军事三人小组巡视各地到达汉口时，周恩来和李先念

① 《新华日报》1946年1月28日。

② 据郑位三2月14日给中共中央的电报称：我焦急万分，事情真如火急，连日检查，3月1日全军无粮，即使有钱买，也要在25公里至50公里以外运输。3月13日，中原局致电中共中央称：部队有1.6万人已全部无粮吃，其他数万人至多只能维持一星期到九天(李少瑜等编著：《中原突围纪事》，解放军出版社1992年版，第37、41页)。国民党方面则加紧对该地区的封锁，即使有罗山协议，中共部队也仍无法外出购粮运输。因此中共部队内部也有人认为无法坚持，“个别负责同志曾散布失败情绪，说什么‘内无粮草，外无救兵，打也打不赢，走也走不了’”(李先念：《要正确评价中原突围》，中共河南省委党史工作委员会编：《中原突围前后》，河南人民出版社1988年版，第22页)。

③ 《中央关于中原军行动方针给郑位三、李先念的指示》(1946年2月18日)，《中共中央文件选集》第16册第80页。

提出中原中共部队全军调往安徽五河，张治中表示可在回渝后讨论。但周恩来在回渝后提出这个问题时，张治中又表示，只要能够解决粮食供应问题，撤离即无此必要，实际拒绝了中共的要求。郑州绥署主任刘峙曾经说，共军要求移驻苏北，“苏北毗连鲁南，鲁南为窜扰东北之基地，是乃显欲将此共军部队置于开往东北跳板之上，蓄有其最大之阴谋也，当局所以拒绝其请”①。虽然处在停战期中，国民党军队仍云集中原地区，加紧修筑碉堡，包围蚕食，将中共部队挤压到一个尽可能小的空间中，以便在动武时能够尽快解决。中原地区因而成为当时除东北之外的国内第二个可能爆发冲突的热点地区，数量远小于四周国民党军队的中共部队处境确实非常危险。

虽然中原的战事迫在眉睫，但中共还在争取延迟国民党的军事进攻，争取突围的准备时间。5月1日，周恩来会见徐永昌，建议国共美三方代表同赴宣化店，实地监督停战的实施情形。5日，军事三人小组徐永昌、周恩来和马歇尔的代表白鲁德飞抵汉口。8日，周、白和徐永昌的代表王天鸣到宣化店实地调查，次日回到汉口。10日，三方达成关于中原停战的汉口协议，规定：立即停止本地区之战斗和冲突；立即停止部队调动，停战令中允许之调动应通知执行小组；停止碉堡和工事的建造；确定对峙部队之界线；同意中共部队运出伤病兵及有关人员1160人至安阳；保证中共军队复员还乡人员之安全②。由于该协定的签订，暂时缓解了中原的紧张局势，但在全国局势的影响下，这个协议并不能解决根本问题。实际上，周恩来不辞辛劳亲赴宣化店的主要目的，是传达中共中央关于中原部队实行战略转移的决定，并就突围的有关问题进行周密部署。而国民党方面同样也没有放弃围歼中共部队的企图，陈诚对俞大维说：中共李先念部突围，政府不能同意放一条路让其去延安，李部逃得脱，算伊本领好，政府不能打，算政府

---

① 李少瑜等编著：《中原突围纪事》，第115页。

② 《新华日报》1946年5月11日。

不行①。

东北停战之后，国民党准备关内的大规模军事进攻，中原成为行动的首选地区，因为此时国民党军队已完成了对中共部队的包围，行动把握较大。但在讨论对中原地区的进攻战略时，武汉行辕主张先解决平汉路西，郑州绥署则力主先解决平汉路东之中共部队，后者的意见得到国民党统帅部的认可。6 月 18 日，蒋介石电令由郑州绥署刘峙“统一指挥五、六两绥署之部队围歼李先念部”。20 日，刘峙下达作战计划，以防剿部队“堵匪流窜”，“肃清收复区潜伏残匪”；以进剿部队“依急攻猛打、穿插分割，先将匪截成数段……分别包围而歼灭之”；以机动部队“准备适时截击企图逃逸之匪”。兵力部署以定远店、泼陂河、宣化店为三个攻击中心，采“四面对进，将匪分割为三部分，同时击灭”的行动方案，其中整四十一师、整四十七师在北面之罗山、光山；整四十八师在东面之商城；整七十二师在南面之黄安、经扶（今新县）；整六十六师、整十五师在西面之武胜关、广水；整七十五师为机动部队，位于应城；整三师为总预备队，位于信阳；总兵力十八万余人（在其后的“追剿”阶段，又增加了六个整编师，总兵力达三十余万人）。绥署驻驻马店指挥，要求“各部队应于 6 月 25 日前，进抵指定地区，完成攻击准备，待命开始进剿。预定进剿时间为 6 月底”②。21 日，蒋介石再次电令刘峙，“应按既定计划先速歼鄂中李先念部，便尔后主力作战之利”，“担任攻击各部队统于巳月养日（即 6 月 22 日——作者注）前秘密完成包围形势及攻击准

---

① 《郭汝瑰日记》1946 年 7 月 9 日。美国调处代表马歇尔的助手吉伦曾经要求蒋介石与中共就中原部队的问题达成妥协，蒋勃然大怒，宣称他不会让中共部队逃走的（Pogue, Forrest C. *George C. Marshall - States Man*, p. 109. Viking Penguin Inc. New York, 1987）。

② 《武汉行营关于围攻鄂西汉川、刁汉湖一带中原部队战斗详报》（1946 年 6 月 26 日至 7 月 2 日），《中国现代政治史资料汇编》第 4 辑，第 15 册；《国民革命军战役史第五部》第 3 册，第 395—398 页。

备,待令实施攻击。各部应于攻击开始之日起,对敌一举包围歼灭之”①。在国民党作出上述部署后,其进攻部队开始向指定地区运动,形势异常紧张。

国民党军队的部署、调动情况为中共侦悉后,中原局立即报告中共中央,“现在我区局势确已发展到必须迅速主动突围的地步”,“如果等顽军已经完全部署完毕,正式向我全面进攻时再突围,则我不仅在战略上即在战术上亦处于被动地位”。6 月 23 日,中共中央同意中原部队“立即突围,愈快愈好,不要有任何顾虑,生存第一,胜利第一”②。至此中共部队的突围行动如箭在弦上,不得不发。

中共中原部队所在地区处于国民党军队的四面包围之中,在突围方向选择上,中原局认为:向南突围有长江之隔;向东突围则因国民党在津浦铁路上控制有强大兵力,难以达到目的;由界首附近北渡黄河则由于不能徒涉的河川很多,危险极大;因此决定向西,从国民党军队部署的薄弱处突出,再转向豫、陕、鄂交界处的广大山区活动。具体计划是,由皮定均率一纵一旅向东,吸引国民党军队的注意,然后自行突围;李先念、郑位三、王震等率军区机关和二纵,自西北方广水、信阳间过平汉路后向豫西、陕南运动;王树声率一纵自西面孝感、花园间过平汉路后向鄂西北运动;另以三个独立旅原地游击,掩护突围。在整个行动部署上,中共保持了高度的机密性。

根据部署,6 月 24 日,中共部队开始秘密集结。26 日,国共双方军队在前线已有交火,当晚,李先念等率所部开始向平汉路运动。29 日,李部乘国民党整十五师在平汉路之部署尚未到位之机,在信阳南之柳林车站附近突过平汉路。7 月 1 日,王树声部在花园北之王家店越过平汉路,皮定均部也利用国民党军两部之间 5 公里的空隙突

① 李少瑜等编著:《中原突围纪事》,第 66 页。

② 《同意中原军区部队立即突围》(1946 年 6 月 23 日),《毛泽东军事文集》第 3 卷,第 288—289 页。

出包围，向东疾进。中原军区宣化店留守代表29日在军调第32执行小组会上宣布，中原军区部队已经突围。至此，国民党原定围歼计划落空①。

由于中共部队以迅速动作突破国民党军队的包围，6月30日，刘峙下令"各部队即以现态势，以主力分途堵击，各以一部兵力，按原计划清剿匪之老巢"②。在西线，整四十一师行超越拦截，整四十七师向南阳前进堵截，整十五师向高城攻击，整三师在四望山堵击，但因各部行动不够迅速，李先念部于7月3日、8日两次乘隙越出包围。此后，第一战区胡宗南派整九十师自洛阳南下至荆紫关要隘一线加入堵截，而李先念和王震则分率所部，且战且走，于月底到达陕西南部之商南和商县。王树声部在国民党整六十六师追击、整七十五师堵击下，月底到达鄂西北地区。在东线，国民党追击部队只有一个旅，皮定均部脱离其追击后，于7月20日越过津浦路，进入淮南根据地。国民党军队此后由"追剿"转入"清剿"。

中原战事，国民党虽先后集中了十四个整编师三十余万人，五倍于中共部队，占据了兵力上的绝对优势，但由于中共部队行动迅速而灵活，使国民党临时改变军事部署，由围歼转为围堵，兵力调度迟缓，目标不明确，战术配合不完善，没有完成其全部围歼的预定计划。至于中共方面，中原部队在突围过程中减员近三万人，"根据地受到的损失比较大"，但就全局而言，"曾经钳制了蒋介石正规军三十个旅以上，使我华北、华中主力渡过蒋介石进攻的最困

---

① 据王首道所记："我军军事行动保持了高度机密，一切行动与平日一样，坚持生产、练兵。行动前三小时，我们以野外演习为名下达了出发命令。"因为"我军的突围时间和突围地段均出于敌人意料之外，因此，鸡公山和黄袍山上的工事，敌人大多没有占领，只派了不到一个连的兵力担任警戒，也没有配置重火器"。中原部队突过铁路线没有遇到太大阻力（王首道：《忆南征》，人民出版社1981年版，第192、194页）。

② 《国民革命军战役史第五部》第3册，第417页。

难时期,起了极大的战略作用"①。

中原战事爆发后,6月28日,周恩来与马歇尔会谈,告他国民党已开始进攻中原中共部队,"迫我起而自卫,形势很严重"。周强调,"如蒋愿和平处理,应即电豫、鄂政府军停止进攻",否则,"闹起来事便大了","这里的冲突也会使别的地方(如济南)的战事扩大的"②。但国民党对此不予理睬。直到7月27日,军调部第九小组和三十二小组才在湖北老河口达成《中原临时休战协议》,要求自8月2日起到20日止,双方停战,各自现地后撤20英里,并在西安继续谈判有关事宜。显然这一协定在当时情况下根本无法执行,西安的谈判毫无进展,8月24日,国民党代表宣称老河口协议无效,并退出调处,谈判中断③。中原战事打破了停战协定生效后关内较为平静的局面,意味着内战的战火从关外烧向关内,导致内战的最终爆发。

三 华东战场的激战

中原战事尚未了结,华东战场便开始了大规模战斗,这是全面内战初期国共双方倾注全力的战场,对全国战局的发展具有极其重要的影响。

国民党在华东的军事进攻准备早在1946年的春天便开始了。第一绥靖区司令汤恩伯在5月初提出了进攻苏北的计划,但此时蒋介石正专注于东北战场,对汤的计划,"初已允许,继因全面冲突多处无把

① 李先念:《要正确评价中原突围》,《中原突围前后》,第21—22页;任质斌:《关于中原突围》,鄂豫边区革命史编辑部编:《中原突围》,第2辑,湖北人民出版社1984年版,第3—4页;《中原军起了极大的战略作用》(1947年5月28日),《毛泽东军事文集》第4卷,第87页。

② 《政府军已开始攻我中原部队形势极为严重》(1946年6月28日),《周恩来一九四六年谈判文选》,第489页。

③ 据俞大维告郭汝瑰,蒋介石不同意对李先念部调处,郭感觉,"李先念部调处与否,均不过如此一回事,李要逃出重围,政府军则图加以消灭,此观念未从根本改正,调处与否都是打仗"(《郭汝瑰日记》1946年8月3日)。

握，其议遂寝”①。东北战事告一段落后，因为种种压力，蒋同意东北停战，预备在关内动武，苏北形势顿显紧张。

华东战场包括江苏（苏中和苏北）、安徽（淮南和淮北）、山东三省，河南的部分地区有时也包括在华东的作战行动中。国民党方面由徐州绥靖公署（主任薛岳）负责指挥华东战事，下辖第一（无锡）、第二（济南）、第三（徐州）、第八（蚌埠）四个绥靖区。但由于华东战场的特殊性，国民党参谋本部和陆军总司令部经常插手华东战场的指挥。国民党初期军事进攻的重点是，“以徐、蚌地区国军，极力向东、西发展，在第一绥区及第五军北进支援下，合力规复苏北、皖东，彻底歼灭地区之匪军。同时打通胶济路，并准备继续向鲁境进出，寻求华东陈匪主力，实施决战”。徐州绥署计划将华东作战分为三期进行：第一期，徐蚌方面扩展周边空间，江北方面进至天长、盱眙、如皋、海安线；第二期，徐蚌方面西侧贯通陇海路，东侧进至运河线，江北方面进至东台、高邮线，山东方面打通胶济路西段；第三期，徐州方面廓清鲁西，进出两淮，肃清苏北；山东方面打通胶济路全线。作战指导为：“稳扎稳打，步步为营，逐次完成碉堡线，防匪反扑，确保既得成果。”②

中共方面华东战场部署分南北两线。南线为粟裕指挥的华中野战军，北线为陈毅指挥的山东野战军，两线由新四军及山东军区陈毅负责统一指挥，晋冀鲁豫野战军刘伯承邓小平部策应华东作战。战事开始前，中共中央指示陈毅部“全力担负占领徐蚌间铁路线及调动徐敌出击而歼灭之”；粟裕部“主力占领蚌浦间铁路线”，“策应北面作战”；而以刘伯承部出击陇海路及豫东为策应③。战事开始后，随着形势的变化，中共也在不断调整作战部署，最突出的变化就是粟裕部改变原定方针而

① 《郭汝瑰日记》1946 年 5 月 10 日。

② 《国民革命军战役史第五部》第 3 册，第 37—39 页。

③ 《对南线作战的补充指示》（1946 年 6 月 24 日），《毛泽东军事文集》第 3 卷，第 292 页。

进行内线作战。

1. 苏中作战

华东战场最先打响的是苏中地区。自抗战中后期起,苏北就是中共重点经营的地区,抗战胜利后,苏北大部为中共所占,尤其是苏北沿江的苏中地区,除了南通、扬州、泰州等几个孤立城市外,全部控制在中共手中。一江之隔的南京、上海和沪宁路沿线是国民政府所在地及国民党统治的中心地区,现在处于中共部队的直接威胁下,“使南京政府感到极不安全,面子上很不好看,所以,下决心要攻占苏中、苏北”①。

7月4日,徐州绥署发出第二号作命,“以确保京沪津浦长江之交通,而达到确实拱卫首都安全之目的,应先肃清长江以北东台兴化高邮盱眙以南地区,及津浦路南段铁道两侧地区之匪,以利尔后之进剿”②。担任此方向作战的主要是第一绥靖区所辖的整编第二十五、四十九、六十五、八十三师,及整二十一、六十九师各一个旅和二个交警总队,共12万人。第一绥靖区司令李默庵刚刚于6月间接替汤恩伯的职务,甫上任便受命进攻苏北。他决定先集中兵力攻占伸入国民党军队防线的如皋、海安等地,解除对北进的后方威胁,再行北进攻击盐城等地,然而就在他部署完毕,准备于15日开始进攻时,出乎其意料的是,他的进攻计划已为中共所获知,由于马歇尔对蒋介石的压力,迫使蒋下令暂缓行动,更使他被动的是,“由于我部的作战计划泄密,导致我部不能按计划行动。粟裕的部队首先向我部发起了进攻,造成我部被动挨打的局面”③。

---

① 《世纪之履——李默庵回忆录》,中国文史出版社1995年版,第255页。

② 谢声溢编:《徐州绥靖概要》,1946年印本,第2页。

③ 《世纪之履——李默庵回忆录》,第258页。事隔五十年后,李默庵在其回忆录中写道:“当时华中野战军对我部作战计划的掌握是很准确的。然而,至于我部的作战计划是怎样泄露的,事后我始终也没有查清楚。那个时期,抗战胜利不久,各部队指挥机关保密观念很淡薄,泄密事件的发生,并不奇怪。”(同上)粟裕在其回忆录中则写道:“我主动进攻敌人的出发地,可以打乱其部署,寻歼其一路,造成有利于我机动之局面。”“主动进攻敌人的出发地,是否在政治上处于被动?否!……衅自彼开。‘来而不往非礼也’,我们给予敌人以反击是顺理成章的。”(《粟裕战争回忆录》,解放军出版社1988年版,第367页)

在苏北的中共部队是粟裕指挥的华中野战军(1945 年 11 月成立),下辖二个师、三个纵队,五万余人。全面内战爆发前,中共中央部署外线作战计划,赋予华中方面的任务是,“以一部在苏中吸引并牵制”国民党军,主力(不少于十五个团)出淮南,“一举占领蚌浦间铁路线,彻底破坏铁路,歼灭该地之敌……并准备打大仗,歼灭由浦口北进之敌”。限于 7 月 10 日前“完成一切攻击准备”①。中共中央的意图是以此配合刘邓和陈毅出击外线的行动,争取将战争引向国统区。华东局据此于 6 月 27 日命令粟裕部留一个纵队在苏中牵制,主力集中西移天长整训,准备行动。

粟裕受命后,经过仔细研究,提出了不同意见。他认为:第一,如集中兵力在淮南地区作战,“则所需粮、夫必超过当地负担,不仅影响当地,且影响战斗更大”;第二,如主力出击,苏中被国民党军占领可能性极大,“如不在苏中打仗即西移,不仅对群众很难说服,即对部队亦难说服”,政治、军事、经济影响均不利;第三,淮南国民党军实力较强,不如苏北好打,对初战获胜不利。因此,他建议“在苏中先打一仗再西移”②。他的看法得到了华中分局负责人的支持,29 日他们联名致电中共中央,强调“如苏中失陷,淮南战局万一不能速胜,则我将处于进退两难”,建议仍在苏中作战③。中共中央根据新的形势变化,在 7 月连续发电给刘伯承、邓小平和陈毅并华中局,提出:“我苏中、苏北各部先在内线打起来,最好先打几个胜仗,看出敌人弱点,然后我鲁南、豫北主

① 《华中野战军应准备出蚌浦线作战》(1946 年 6 月 26 日),《毛泽东军事文集》第 3 卷,第 301 页。

② 《一九四六年六月二十七日报山东野战军、军委、华中军区电》,《粟裕军事文集》编写组编:《粟裕军事文集》,解放军出版社 1991 年版,第 244 页。

③ 《张鼎丞、邓子恢、粟裕、谭震林建议一、六师仍在苏中作战致中共中央并陈毅、舒同电》(1946 年 6 月 29 日),《苏中七战七捷》编写组编:《苏中七战七捷》,江苏人民出版社 1986 年版,第 78 页。

力加入战斗，最为有利。”①苏北首先进行内线作战的方针至此确定。

虽然国民党军占据着数量和装备的优势，但粟裕没有采用中共部队通常采用的诱敌深入战法，而是选择在苏中前部主动出击，利用对手的骄傲轻敌，一战获胜，既可鼓舞士气，又可掩护作战准备，还可收战略侦察之效。他选择的初战对手是宣家堡、泰兴一线的国民党整八十三师孤立、分散部署的二个团，以一个师打一个团，形成 6∶1 的绝对优势。7 月 13 日，华中第一师遵令发起对宣家堡，第六师发起对泰兴的攻击，李默庵接到报告，事出意外，不知中共主力何在，没有及时派出增援，结果战至 15 日，宣家堡的一个团全军覆没，泰兴的一个团基本被歼。

苏中战斗打响，国民党统帅部急令徐州绥署各部按原计划发动进攻。16 日，李默庵命整四十九师自南通的白蒲进攻如皋，整六十五师和九十九旅由靖江增援泰兴并攻击黄桥，整八十三师自泰县向东策应。他采用分进合击的战术，自认“信心很大，决心很硬，严令各部要不惜代价，一举突破”②。

粟裕部初战获胜，内线连续作战的设想得到中共中央的肯定。粟裕得知国民党军队的行动部署后，再次作出一个出乎对手意料的决定，将部队迅速由西转东，二天急行军一百多里，奔袭四十九师。17 日，四十九师已到如皋附近，当晚，华中第一、六师和第七纵队发起突然攻击，整四十九师仓促由攻转守，损失甚大，至 19 日晚，右路第二十六旅被歼，师长王铁汉率师直突围而出。此时，整四十九师一〇五旅北上增援，整六十五师于 18 日占领黄桥，随后向如皋进逼，整八十三师于 19 日占领姜堰，粟裕部在国民党援军进迫下，被迫于 22 日放弃对进攻如皋的七十九旅的攻击，随后，又在 23 日放弃如皋，向北撤退，未能完成

① 《苏中苏北各部先在内线打几个胜仗》(1946 年 7 月 13 日)，《毛泽东军事文集》第 3 卷，第 320 页。

② 《世纪之履——李默庵回忆录》，第 261 页。

预想的作战目的。粟裕认为这是由于国民党军“有日美各种装备，弹药充实，有飞机配合。我军技术、战术均差，且兵团配合亦不协同，不能如愿圆满完成战役计划”①。

国民党军占领如皋后，继续向北进攻，目标指向苏中交通枢纽和战略要地海安，因为拿下海安，便可使国民党军在苏中的防线取直，巩固长江沿岸的苏中占领区，确保长江通道的安全。李默庵以整六十五师附整二十一师新七旅由如皋北、整八十三师附二十五师一四八旅由姜堰东，两路向海安进攻，整四十九师一〇五旅向李堡进攻，30 日开始行动。面对兵力居优的对手，粟裕决定实行运动防御，华中七纵于 8 月 3 日放弃海安。

占领海安，使国民党军实现了进攻苏中的战略目的，李默庵认为自己“打了胜仗”，而对手“大势已去”，“一时不会有大的行动”，遂命令部队抓紧时机，建立自泰州、海安直到海边的防线。而此时，中共华中部队主力就在海安东北休整，近者离海安不过十几里地，国民党却一无所知。正是由于对手的轻敌，使中共部队又抓住了一次机会。8 月 10 日，驻海安的国民党整二十一师新七旅和驻李堡的整四十九师一〇五旅换防，粟裕即令华中第一师和第六师十六旅攻击一〇五旅，第七纵队和第六师十八旅求歼新七旅。当晚，国民党军在李堡交接当中突遭攻击，新七旅和一〇五旅各损失一个团。次日，新七旅另一个团又在开赴李堡途中被歼。

就在李默庵决定暂停进攻，调整部署之时，粟裕看准国民党军防线的薄弱处，率部南下对手的侧后，21 日以第一师攻丁堰，第六师攻林梓，守军交通警察第七和第十一总队缺乏正规作战经验，除了一个大队突围而出外，余皆被歼。就在这同时，李默庵接令以驻扬州的整二十五师在西线北上攻击运河要地邵伯、乔墅、丁沟一线，策应国民党军对淮

① 《华中野战军关于苏中十天战况及建议乘胜收兵休整待机致华中军区、山东野战军、中共中央军委电》(1946 年 7 月 21 日)，《苏中七战七捷》，第 124 页。

阴的进攻，粟裕则指挥所部西进如（皋）黄（桥）公路，攻黄（桥）救邵（伯）。25日，粟裕部在如黄路上遭遇自黄桥增援如皋的整六十九师九十九旅和自如皋开出接应的整六十五师一八七旅，粟裕当即决定以第六师攻九十九旅，以第一师和第二师第五旅攻一八七旅，并根据情况及时调整部署，战至27日，全歼这两个旅和如皋出援的一个团，获得苏中开战以来最大的一次胜利。31日，乘胜攻占黄桥。在西线，华中第十纵队顽强抗击国民党军的进攻，虽丁沟、乔墅相继失守，但邵伯阵地仍能保持，而国民党方面因东线失利，影响军心，26日李默庵下令撤攻后退，“以主要精力巩固如皋、海安等地的防区，设置障碍，构筑堡垒，休整和补充部队”①。苏中战斗暂告一段落。

国共两军苏中作战，国民党重在收复失地，解除中共军队对京沪一线的威胁；中共重在发挥内线优势，消灭对方的有生力量，因此，双方对作战结果的看法也不一致。战役历时一个半月，中共方面以损失1.6万余人的代价，歼灭国民党六个旅和二个交警总队，共5.4万余人（国民党方面统计为五个旅4万余人）。国民党战役指挥官李默庵认为："我部虽然受到较重的损失，但是，实现了第一期作战计划。”②中共则称苏中作战为七战七捷，给予高度评价。毛泽东为中共中央军委起草的指示中称：华中部队“每战集中绝对优势兵力打敌一部……故战无不胜，士气甚高；缴获甚多，故装备优良；凭借解放区作战，故补充便利；加上指挥正确，既灵活，又勇敢，故能取得伟大胜利。这一经验是很好的经验，希望各区仿照办理，并望转知所属一体注意”③。对于中共而言，苏中作战带有战争初期战略侦察的性质，其成功的战略战术运用，对中共确立内线作战和集中优势兵力各个歼灭敌人的方针起了重要作用。

---

① 《世纪之履——李默庵回忆录》，第271页。

② 《世纪之履——李默庵回忆录》，第271页。

③ 《延安总部发言人谈苏中自卫胜利战果》，《苏中七战七捷》，第236页；《华中野战军的作战经验》（1946年8月28日），《毛泽东军事文集》第3卷，第438页。

客观地分析，苏中作战，在双方力量对比悬殊的情况下，粟裕能够抓住战机，连续作战，以较小的代价换取较大的胜利，在战略上占据了主动，胜面确实大于国民党方面。而且，在全面内战爆发初期国民党军事进攻势头正盛之时，中共在苏中战役中的胜利，对于坚定并鼓舞各战区与国民党作战的决心起了重要作用。

2. 皖北作战

与苏中相比，国民党在皖北的军事行动进展较为顺利。皖北战场分淮南和淮北两部分，部署在淮南的国民党军是其精锐主力第五军和整编七十四师五十八旅，作战目的是"确保津浦南段交通及首都安全"①。第五军军长邱清泉以四十五师为右翼，由六合攻天长；以九十六师为左翼，由来安攻盱眙；五十八旅为预备队，随右翼北进。7 月 16 日，第五军开始北进。中共在淮南的部队是华中第二师，兵力装备上显然不及对手，地处孤立，又未能集中兵力实行运动战，而是采取了分兵防御的战术，使本已不足的兵力更形分散，在占据优势的国民党军压迫下，步步后退，处于被动，遭受严重损失。26 日，四十五师攻入天长，29 日九十六师占领盱眙，中共部队背靠洪泽湖，已无可退处，被迫向东转移至苏北淮安一带。

国民党在淮北战场的军事进攻由徐州绥署直接指挥，部署是：南路第七军由固镇向东面之灵璧、泗县、五河进攻；中路整五十八师由宿县、蒙城向北面之濉溪口进攻；整六十九师由宿县北之夹沟向东面之朝阳集进攻；北路整二十八师向徐州东陇海路两侧进攻；总的目标是从西、北两面进迫华中解放区首府淮阴，便于随后在南面苏中、淮南国民党军策应下，三面合围淮阴。在淮北的中共部队是由陈毅指挥的山东野战军第七、八师和第二纵队，以及华中第九纵队，共五万余人。其作战计划是按原部署出击，在淮北寻机歼灭国民党军队一部，巩固苏北。

7 月 18 日，国民党在淮北的军事进攻开始。在南路，第七军于 22

① 国防部编：《绥靖第一年重要战役提要》，1948 年印本，第 7 页。

日占灵璧，28日占泗县，30日占五河。在中路，整五十八师于20日进占濉溪口，整六十九师于25日进占朝阳集。在北路，整二十八师于21日进至曹八集。陈毅抓住对手中路较为突出孤立的弱点，集中十三个团于27日攻击朝阳集，歼灭整六十九师九十二旅。此时苏中连战皆捷，陈毅认为："现华中全境，苏中敌势已颓，淮南、淮北敌势正旺，"因此"决心在淮北打一二好仗，即可改变局势"①。这种急于求成的想法，为其后作战不利埋下了种因。

朝阳集战斗之后，因北路国民党军队密集，"只能击溃，不能歼灭"，陈毅"决心以主力向灵璧、泗城找桂顽求战"。中共中央军委得知后，于8月3日指示陈毅："凡只能击溃不能歼灭之战不要打，只要主力在手总有机会歼敌，过于急躁之意见并不恰当。"②华中方面和山野内部也对先打泗县有不同意见，但陈毅决心已定，他以第八师主攻泗县城，第九和第二纵队分攻泗县东、西关，第七师位于泗县南阻援。这个部署使用兵力分散，攻城兵力不足。7日晚，陈毅部发起攻击，次日晨第八师攻入泗县城内，但守城的第七军一七二师为桂系主力，作战顽强，拼死抵抗，并借助优势火力反击，致八师伤亡严重，无力扩张战果，攻守双方形成对峙。与此同时，九纵和二纵对泗县东、西关的攻击均未能取得预期成效，因正值雨季，"火炮、辎重因雨水影响未及跟上，打援兵团又为河水所阻，无法投入攻城作战"③，而第七军一七一师增援部队已突破阻击线逼近泗县，陈毅于9日决定后撤休整待机。

泗县战斗是淮北战场初期的关键一战。中共部队攻城未克，主力部队伤亡近二千五百人，这不仅影响了部队的战斗力，而且对部队的作战心态也产生了严重影响。国民党军借中共部队调整部署之机，迅速

① 《中国人民解放军全国解放战争史》第2卷，第72页。

② 《第三野战军征战日志》，第81页；《不要打只能击溃不能歼灭之战》(1946年8月3日)，《毛泽东军事文集》第3卷，第375页。

③ 《第三野战军征战日志》，第83页。

行动，导致中共部队在淮北、苏北均处于非常困难的境地。

3. 两淮作战

8月10日，中共晋冀鲁豫野战军刘伯承邓小平部，为配合华东作战，以三个纵队出击陇海路豫东段，半月内占城五座，破路三百余里，威胁到徐州侧翼安全。徐州绥署在策定第二期作战计划时，不得不考虑这一情况，将作战重点置于以徐州为中心的陇海路东西两侧，以期改善徐州当面态势。徐西方面，以刚调来的精锐主力第五军和整十一师为左右两翼，分由宿县和黄口向砀山、夏邑进击；徐东方面，陇海路南侧由第八绥区夏威指挥整六十九师、整七十四师和第七军向宿迁进攻，陇海路北侧由第三绥区刘汝明指挥整二十八师向碾庄进攻，整五十九和七十七师向台儿庄进攻。

徐西方面，8月13日，整十一师自黄口向西攻击前进，19日再占砀山，21日第五军占夏邑，中共部队主动撤退。其后徐州绥署又命该两部配合郑州绥署的攻势，向鲁西南进攻。（有关鲁西南作战情况，详见下目）徐东方面，陇海路南整六十九和七十四师自西向东，第七军自南向北，21日发起进攻，直指宿迁、睢宁。整七十四师为刚投入战场的生力军，自恃兵精械优，一味冒进，与南路第七军很快形成对宿迁的夹击之势。陈毅部自泗县战后甚为疲劳，兼之对手又是重兵推进，遂决定暂避其锋，未作坚守之打算。8月27日，整六十九师占睢宁，29日占宿迁。陇海路北，整二十八师于22日占碾庄，整五十九师于9月2日占台儿庄，10月8日，又占峄县、枣庄。

自9月起，徐州绥署开始实施其第三期作战计划，重点是攻击中共苏北地区的政治经济中心淮阴和淮安，以求尽早结束苏北战事，将中共部队压至陇海路北，再行山东作战计划。由于第一绥区作战不利，此期作战主要由淮北方面担负。其部署是：第七军由洋河向泗阳推进，占领泗阳后掩护整七十四师侧后安全，策应作战；整七十四师正面攻击两淮；整二十八师推进至洋河，为预备队；整六十九师守备宿迁。作战行动由徐州绥署副主任李延年统一指挥。

经过前一阶段的作战，山东野战军转移至泗阳以东休整，华中野战军则在休整的同时准备攻击海安。面对国民党新的军事进攻，山野和华野之间在作战部署上出现不同意见。陈毅倾向于北移沭阳，而粟裕认为这样将使两淮空虚，一旦两淮失守，苏中与山东的联系将大受威胁，势将处于被动，建议山野在泗阳地区作战。这种不同意见，实际反映了自华东作战开始后，陈毅和粟裕在作战重点置于何处问题上的不同看法。陈毅强调淮北和山东的重要性，要求华中主力尽早北上作战。粟裕则更着重在苏中作战，认为如苏中"不断向坏的方向发展，于我不利，且部队拖来拖去亦徒增疲劳，着实不合算"①。因此他不仅主张陈毅所部作战方向尽可能靠近苏中，而且认为"淮北如山东主力不南下，很难支持……对将来整个战局不利。建议山东主力迅速南下"②。虽然陈毅受命统一指挥山东和华中部队，但他需要统筹各方关系，兵力的调动洵非易事，何况在战争初期，华中毕竟有很大的独立性，在兵力向什么方向集中的问题上，经过了反复的讨论③。

对于华东战场的兵力使用，中共中央是在尊重战区指挥员建议的基础上作出决定的。最初，中共中央支持了粟裕的意见，指示华中野战军"利用苏中各种有利条件继续在那里作战。如你们能在今后一个月内再打二三个胜仗，继续歼敌二三个旅，对整个局势助益极大"④。粟

① 《粟裕关于再在苏中打一仗尔后西移致中共中央并陈毅、张鼎丞、邓子恢电》(1946年8月8日)，《苏中七战七捷》，第174页。

② 《粟裕等致陈毅等电》(1946年7月17日)，《第三野战军征战日志》第76页。

③ 自山东主力调东北，新四军主力入鲁后，粟裕便建议华中应留下一定兵力，以坚持华中现有阵地。战争初期，山东和华中都强调保卫地方的重要，都愿意留下更多的主力部队在当地作战。陈毅需要协调两大区(山东和华中)、四方面(山东军区和山东野战军，华中军区和华中野战军)的关系，"为寻求大家都可接受的方案，相互间电报往返上百份，方案提出三四个，今天提出，明天推翻，后天再提，反复次数之多，简直难以数计"(王德:《华东战场参谋笔记》，上海文艺出版社1996年版，第17页)。

④ 《利用各种有利条件继续在苏中歼敌》(1946年8月15日)，《毛泽东军事文集》第3卷，第410页。

裕遂按照这个精神，部署攻击海安。然国民党军逼近两淮的现实，使苏北根据地处于危境，中共中央改变了方针，于9月9日指示粟裕，“目前各方敌情正在改变，无论将来向何方作战，似宜放弃海安，及时休整”。11日又致电粟裕等：“两淮危急，粟率苏中主力（一、六师）立即开两淮。”①这表明中共在苏北作战方针的一大变化，华中主力北上作战的方针得以确定。

就在中共华中主力转移北上途中，山东野战军对国民党军的动向判断失误，将主力由泗阳北调，采取由北转西的作战方针，准备求歼由宿迁出动之整七十四师或攻睢宁，但整七十四师并未经宿迁出动，而是自运河西岸南下洋河，会同第七军从10日起进攻泗阳。山野不及调整部署，第七军于12日攻进泗阳。次日，整七十四师超越第七军，向淮阴发起猛烈攻击，守军虽是地方部队，但仍顽强抵抗。整七十四师借助优势火力，并由空军连日出动轰炸，17日进至淮阴城郊，复经二日激战，19日终于攻下淮阴。22日，整七十四师又占领了淮安。此时，山野和华野的主力部队均未能及时赶到战地，陈毅虽“五内如焚，力图挽救”，但终不能挽回两淮之失。

中共苏皖根据地首府淮阴失守，使国民党在苏北战场的军事进攻暂告一段落。此一阶段，国民党军将中共苏皖根据地压迫为自南向北沿运河以东的一条狭长地带，并对其形成了半弧形包围，迫使中共不得不作放弃苏北，向山东转移的计划。中共部队在作战中受到一些挫折，尤其是两淮失守，“由于事先缺乏思想准备，撤退非常混乱，损失不小，惊恐、埋怨情绪，一时相当严重”②。至于失利原因，既有华野和山野兵力一直分散使用不能集中，也有对对手的进攻意图估计不确，还与陈毅在指挥中的失误不无关系。陈毅坦承：山野三月来未打好，“主要是我这个统帅犯两个错误：一个是先打强，即不应打泗县；一个是不坚决守

① 《粟裕战争回忆录》，第400、402页。

② 王德：《华东战场参谋笔记》，第13页。

淮阴。……我应以统帅身份担负一切，向指战员承认这个错误”①。但在整个苏皖作战过程中，国民党军注重的只是扩大占领区，故平均使用兵力，多点进攻，而未求歼中共部队的有生力量，虽然解除了中共部队对国民党统治中心区的直接威胁，但并未能在战略上获得优势。

4. 胶济路作战

全面内战爆发之时，国民党在山东只控制了济南、青岛和潍坊三座城市，大约占全省面积4％的地区。国民党在山东共有五个军，经略全省显然实力不够，因此，国民党在山东的初期作战目标主要为打通胶济路，建立济南、青岛两大城市间之联系，同时从徐州以一部进出鲁南，控制进攻基地，等待苏皖战事结束后，再会攻山东。

1946年6月，第二绥区制订了山东作战计划，以“贯通胶济路西段为目的。以一部确保济、青基地，而以主力编成东、西兵团，分由济南、昌乐，沿胶济路对进”②。兵力部署为：东兵团为第八军，西兵团为七十三、九十六军，第十二军固守济南，第五十四军扫荡胶东，策应东兵团。6月25日，东、西兵团发起攻势，中共山东军区各部进行节节抵抗，但因实力不济，7月6日，国民党东、西兵团在张店西会合，打通了胶济路西段。继之，第八军于9日占淄川，七十三军于11日占博山，胶济路西段作战结束。

胶东方面，第五十四军自6月23日起由青岛北之城阳对即墨发动进攻，中共胶东军区部队进行阻击作战。城阳距即墨不过15公里，然因中共部队的坚强阻击，五十四军耗时10天，直至7月2日才攻下即墨。随后，五十四军以全部主力西进，10日占蓝村车站，12日占领胶县。此后转入休整。

---

① 《陈毅同志给第八师领导同志的信》（1946年10月4日），《人民日报》1981年12月16日。

② 《国民革命军战役史第五部》第3册，第158页。

9月底，第二绥区开始胶济路第二期作战行动，以“贯通胶济全线之目的”，“打通胶县至坊子间交通，并索匪主力而歼灭之”①。部署是，以第八军为西路，五十四军为东路，分自坊子和胶县东西对进。10月1日，第八军占昌邑，9日，五十四军攻占高密，次日与第八军会合，胶济路全线打通。

5. 苏北作战

苏北战场经过短暂的平静之后，10月间大战又起。南线国民党第一绥靖区部队经过休整，于10月初开始自苏中向北进攻，由于中共华中野战军北调，战斗并不十分激烈，西线整二十五师于10月8日攻占高邮，控制了运河一线。东线整八十三师自海安北攻东台，26日占领东台，30日又占兴化。至此，中共在苏中的据点尽失，部队被挤压至苏北以盐城为中心的一个狭窄地域，处境不利。

在运河一线作战的同时，攻下两淮的国民党整七十四师自10月中起倾全力向东攻击涟水。涟水位于中共苏北尚存地区的中心，如涟水失守，不仅苏北无法立足，而且盐城北撤的后路将被切断，因此粟裕认为“必须彻底歼灭该敌，才能巩固涟水，保障苏中坚持之后路有所依托”②。他部署在涟水进行坚决抵抗，华野第一、六师和九、十、十一纵均参加了涟水守备及外围运动作战。19日起，整七十四师分三路猛攻涟水，并以飞机大炮提供强大的火力支持，与华中野战军发生激烈战斗。23日，整七十四师一部突入城内，双方以白刃战相拼，战况惨烈。经过反复争夺，华野终迫使整七十四师后退，至27日暂停进攻。此役中共部队付出伤亡六千余人的代价，其中包括十纵司令员谢祥军于10月24日战死城下，成为内战期间战死于战场的唯一一位中共野战部队

---

① 《国民革命军战役史第五部》第3册，第171页。

② 《张鼎丞邓子恢粟裕关于计划在涟南打击七十四师向陈毅的报告》（1946年10月7日），中共涟水县委党史办公室编：《涟水保卫战》，江苏人民出版社1989年版，第44页。

纵队一级指挥官。

就在战场激战之时,中共华东部队内部有关作战战略战术的争论也在继续进行。由于前此分散作战的不利之处,华中野战军北上之后,粟裕等建议集中两个野战军"攻下宿迁,得手后再向西扩张战果",得到了陈毅的赞成,陈毅还建议将两个指挥部合而为一,"军事上多由粟下决心"。中共中央于9月22日复电,"同意集中两个野战军统一指挥,向淮海行动打开战局,望即按此方针坚决执行",并指示集中行动后,由陈毅担任司令员,粟裕担任副司令员①。

对集中兵力作战的方针,华野和山野均无异议,但集中在哪一个方向,双方的考虑不尽相同。起初,陈、粟共同决定了一个首先在宿迁作战,然后西渡运河、恢复淮北的方案。然而此时,国民党在苏北发动军事攻势,在山东则占领峄县、枣庄,威胁山东解放区中心城市临沂。为此,陈毅认为:如临沂不保,全军供应困难,山东破碎,华中也难恢复,主张山野回鲁或全军回师入鲁作战。粟裕则认为,"两淮失陷后,华中局势即已严重……华中如不能坚持,则将使我大军局促于鲁中地区更为不利,造成山东莫大困难",主张继续在苏北作战,然后出击两淮②。这种分歧意见实际上是华东战事爆发后,华野与山野在主要作战方向置

① 《粟裕战争回忆录》,第404—405页。12月23日,陈毅、粟裕等进一步提出,"必须将山东、华中政治上、经济上、财经上均统一指挥、统一收支始能维持战局",建议"华中军区与山东军区合并,山野与华野合并,成立统一的华东司令部。粟(裕)、谭(震林)主持前(方),陈往来前后指挥"(《第三野战军征战日志》,第105页)。此一方案直到1947年2月才最终实现。

② 陈廉:《决战的历程》,安徽人民出版社1991年版,第283页;《一九四六年十月十一日酉时报中央并陈毅、张鼎丞、邓子恢、谭震林电》,《粟裕军事文集》,第284页。

于何处上一直未能完全解决的问题①。

对于华东战场应以何方为作战重点的不同看法，中共中央审时度势，支持了粟裕的意见，指示陈、粟等人："在淮海地区打几个大仗，开展局面，对淮海本身，对鲁南，对苏中，对配合刘邓均好"；"蒋方计划，引我去山东，我久不去，乃决心与我在淮北决战。此种情况于我有利。望你们集中山野、华野全力（决不可分散）歼灭东进之敌"。中共中央特别要求：华东各负责同志"团结协和极为必要。在陈领导下，大政方针共同决定……战役指挥交粟负责"②。但实际上，这个问题仍未完全解决。涟水战后，华野留原地整补，陈毅率山野司令部和八师回鲁南，并致电中共中央军委："整个华东局势，计胶济线、淮北、鲁南、苏中四个战场，目前不集中山野、华野全力彻底解决一面，战局难以改变。仍主张全力解决鲁南、鲁中之敌为主。"中共中央军委电示，"敌既不打通津浦，又不切断陇海，而进攻临沂，其目的是欲调动我苏北主力北援（调虎离山），

① 陈、粟之间的不同意见还受到一些非常微妙因素的影响，当时山东有"华中的部队不要到我们山东来"的言论，华中也有"不到山东当流亡政府"的言论。山野几次作战不利也影响到陈毅的威信，泗县作战失利后，"'陈毅不会打仗'的澜言就在临沂城传开了"。两淮失守后，"华中分局的几位负责同志就把责任推到陈毅身上。他们召开了'七人批陈会议'，批评陈毅'不执行毛主席集中兵力打歼灭战的指示'"。这一分歧又因为华东局内部饶漱石与陈毅之间的矛盾而更为复杂化了。饶在两淮失守后，向中共中央提出"以粟代陈"的建议，并当面对粟裕说：现在还是陈毅负责，将来你要负主要责任。他还找山野一纵司令员叶飞谈所谓陈毅"反对毛主席"的问题。此举无异于在领导层内制造矛盾。这些对中共华东战场作战不是没有一点影响的（王昊：《一个老兵心目中的陈毅元帅》，上海文艺出版社 1996 年版，第 326、328、347 页；王德：《华东战场参谋笔记》，第 13、18 页）。9 月间，中共中央一度也有派徐向前到山东负责鲁南作战的动议，有人认为这是"对陈毅在淮北仗没打好，也有些不满"（《陈毅传》编写组编著：《陈毅传》，当代中国出版社 1991 年版，第 344 页；王德：《华东战场参谋笔记》，第 14 页）。

② 《在淮海地区打几个大仗以开展局面》（1946 年 10 月 13 日）、《集中山野华野全力在淮北歼灭东进之敌》（1946 年 10 月 15 日），《毛泽东军事文集》第 3 卷，第 522、525 页。因为出淮北作战是陈毅曾经同意的方案，对他又提出回鲁的主张，中共中央担心他与华中"诸同志间关系是否将生影响"，故有此"团结协和"之要求。

以便先解决苏北，然后以苏北、苏中主力（十二个旅以上）进攻山东，我们切不可上当”①。这样，自 9 月两淮失守，到 12 月宿北战前，中共部队一直在苏北还是鲁南作战之间徘徊，“部队南调北移数次，虽也组织过一些战斗，但均未获得大量歼灭敌人的战果。部队打得很艰苦，也有不少损失，思想波动很大”②。直到国民党军队在苏北继续向前推进，客观形势不得不要求中共部队集中兵力迎战，此一问题才得以最终解决。

国民党在苏北的军事行动于 12 月再度大规模展开，此时正值制宪国大进行期间，国民党急需战场上的胜利为自己打气。12 月 7 日，徐州绥署发出第七号作命：“以迅速击溃共匪陈毅部主力于陇东以南地区，再向鲁南追歼其残余之目的，决先攻占阜宁……涟水沭阳……各要点，以利尔后之进剿。”③具体部署为：徐州绥署副主任吴奇伟指挥整十一、六十九师自宿迁进攻沭阳；徐州绥署副主任李延年指挥整七十四、二十八师和第七军进攻涟水；第一绥区李默庵指挥整六十五、八十三、二十五师进攻盐城；第三绥区冯治安指挥整二十八、五十一、五十九、七十七师在鲁南威胁临沂。

国民党的军事行动仍以占领实地为目标。整七十四师自 12 月 3 日起再攻涟水，这一次他们避开涟水正面，改由侧翼突击，以伤亡四千余人的代价，于 16 日攻占涟水。与此同时，整八十三师于 18 日攻占盐城，整二十五师于 27 日攻占阜宁。

国民党军虽然在占领实地上得了便宜，但在宿北野战中却遭到重大损失。担任宿迁一线进攻的国民党军右翼为整十一师，自宿迁进攻沭阳；左翼为整六十九师，自宿迁进攻新安镇。这一路被认为对中共威胁最大，因为“惟有歼灭该敌方能保持沭阳在我手中。如沭阳失守，华

---

① 《毛泽东年谱》下卷，第 144—145 页。

② 陈士榘：《天翻地覆三年间——解放战争回忆录》，第 32 页。

③ 谢声溢编：《徐州绥靖概要》，第 41 页。

野主力即难在苏北继续作战，有被迫转至鲁南可能”①。而整六十九师是由三个原建制不同的单位组成，战斗力及协同作战能力均较差，因此陈毅和粟裕在提出多个方案反复考虑之后，决定先打整六十九师。作战部署是，由谭震林统一指挥涟水、盐城方向的华中部队，尽可能牵制当面国民党军，粟裕则指挥山野第一、二纵队、第七、八师和华野九纵共三倍于整六十九师的兵力，秘密行动，隐蔽开进，在对手尚未发现自己的意图时，于 15 日晚突然出击，切断了整六十九师与整十一师之间的联系，将整六十九师分割包围于宿迁北人和圩一带。整六十九师师长戴之奇言大而夸，“平时侈谈战略战术滔滔不绝”，然缺少实战历炼，“遭此不意袭击，张皇失措，无法对付，部队陷于混乱”②。近在咫尺的整十一师非但未能解救戴之奇，反因其在整六十九师右翼的二个团弃守阵地时未通知整六十九师，而使整六十九师师部所在地人和圩更陷于重围之中。战至 19 日晨，整六十九师三个旅二万余人被全歼，师长戴之奇自杀，徐州绥署副主任吴奇伟也因而丢了官。

宿北战役首开内战以来中共部队一次歼灭国民党军三个整旅的记录，这是中共在华东战场一大胜利。这也是中共华中与山东野战军统一行动后的第一次大规模作战，上下都极为关注。中共中央严令“只许打胜，不许打败”③，这对于一贯重视下属主观能动性的中共来说，并不多见，可见中共对此役的重视。此役之胜，对中共华中与山东两大部队此后顺利协同作战、积累大规模歼灭战的经验、提高民心士气都具有重要意义。粟裕认为：此前，中共在苏北处于被动状态，“这次战役将决定我们能否经过主观能力的活跃，将战役的主动权夺取到手中”。因此宿北战役“可以说是华东战区第一个转折的开端……是胜利实现这一转

① 《歼灭进攻沭阳之敌极为重要》(1946 年 12 月 13 日)，《毛泽东军事文集》第 3 卷，第 575 页。

② 《杨伯涛回忆录》，第 126—127 页。

③ 《粟裕战争回忆录》，第 427 页。

折的标志"①。此战之后,华东战场中共最高军事指挥官陈毅"长期抑郁的心情为之一扫",他在给中共中央的报告中写道:"由于要尽量保持华中盐阜地区,我未能贯彻集中大兵力的主张,数月来,用于钳制的兵力太大,今后当可多用兵去突击(由于华中城镇沦陷,包袱放下)。""过去的问题是山东部队常不安心南下作战,华中部队亦不肯入鲁作战。数月来的矛盾,由于战局演变,现已解决,今后可集中从鲁南向南打。部队编制、番号均须统一。一面作战,一面正商讨整编办法。"②虽然中共部队在国民党军队的压力下,最终被迫自苏北撤向山东,但在这一转战过程中,中共不仅没有在有生力量上受到大的损失,而且保持了部队的高昂士气与战斗力,这在战略防御的一方并不是容易做到的。

国民党军队苏中、苏皖、两淮、苏北作战的结果,于损兵折将的同时,基本完成了其最初的作战计划,最大的收获是占领了苏北全部县以上城镇,将中共主力部队压过了陇海路,既解除了中共对长江南岸南京、上海一带的直接威胁,又为下一步山东决战准备了条件。李默庵认为:"由于双方作战目的不一样,各自评价也不一样。我当时奉命作战目的主要在于收复地盘,以占领城市,驱走解放军,维护占领区的安全。所以,尽管损失了一些部队,但最终收复了盐城以南的大部分地区,保障了浦口至南京的铁路以及长江下游的交通,解除了解放军对南京政府的威胁。从这点上看,我部达到了作战目的。由于我指挥的部队较多,损失一些,也算正常,南京政府从来没有怪罪我什么。"③然而他也认为,虽然国民党军队采取的是分进合击,稳扎稳打的正规战法,但是因为各部队之间的战斗力不整齐,战力强的部队容易受战力弱的部队拖累,加之指挥官麻痹大意,骄傲自信,又不能集中兵力,优势变成了劣势,战斗中吃亏甚多。

---

① 《粟裕战争回忆录》,第425—427页。

② 《陈毅军事文选》,第359页。

③ 《世纪之履——李默庵回忆录》,第275页。

尽管如此，苏中、苏北作战对国民党军队确立对中共的战略优势地位并无多大裨益，其中关键在于，国民党军队的进攻目标大多局限在占领实地，各个部队为了确保自己任务的完成，只求占领上级规定的要地，而对当面中共部队则都乐于推至其他部队的作战地域，这种战术使中共部队有生力量未受大的损失，而国民党军队每占一地必分兵守卫，反赋予中共部队灵活运用、任意打击国民党军队驻守各点的机会。国民党军队在苏北战场投入兵力虽数倍于中共，但主攻方向不明，缺乏协同与策应，“兵力虽较优势，但均胶着于据点，致决战方面，兵力反较敌为劣”①。然而当时国民党仍然陶醉于苏北的军事进展之中，其军队继续向北推进，华东主战场即将转入山东境内。

四　华北战场的风云

华北战场是国共争夺的重点之一，自抗战结束之后，华北战场便一直冲突不断。停战协定签订后，华北战场暂时得以平静，及至全面内战爆发，华北的战火再度燃起。不同的是，中共在华北战场一度占据着军事主动地位。

1. 北线作战

华北北线国民党军分为第二（山西）、第十一（河北）、第十二（绥远、察哈尔、热河）三个战区。全面内战爆发之初，国民党在华北除了晋南和豫北有攻势外，其他地区暂取守势。中共方面，赋予华北部队的基本任务是“保卫地方与夺取三路四城”。即首先集中晋察冀四个纵队主力出击平汉路北平石门（石家庄）段，相机占领保定与石门两城；然后以晋察冀主力入晋，会合晋绥部队夺取正太、同蒲两路，相机夺取太原与大同两城；这样将使中共华北各根据地基本连成一片，并可西接陕甘宁，东接东北，确立中共在华北的战略优势。因此，中共中央强调此一计划

① 《一年来剿匪重要战役之检讨》，第9页。

“须准备六个月或较多时间，但是必须完成此任务”①。就国共在华北的军事实力对比而言，中共夺取“三路四城”的作战计划显然脱离了实际，同时高估了己方力量，低估了对手的实力和决心。

根据当时的情况，中共晋察冀军区聂荣臻和晋绥军区贺龙等负责人认为，如果同时出击三路四城，则兵力不易集中，建议先打大同，再战平汉路，末战正太路。大同位于国民党华北三个战区的结合部，其兵力调动不易迅捷，而且经过前一阶段的晋北作战，大同已陷于孤立，如攻下大同，则晋绥到晋察冀的交通得以畅通，并对北平形成包围之势，因此这一计划得到了中共中央的首肯。

大同为著名煤都，三面环山，筑有四郊、外廓和内城三道防线，易守难攻。守军为第八集团军副总司令楚溪春指挥的三个师及零散部队两万余人。楚溪春判断中共部队为有备而来，而大同至太原铁路已断，增援不能北上，东西援军则分属另两个战区，能否及时赶到难以预料，因此作了困守的准备，事先即储存了大量粮弹。大同城池设防坚固，阎锡山部队接收后，增挖深 12 米、宽 16 米外壕一道，并以暗道通入城内，同时筑有侧防工事，控制壕内。城外要点均以碉堡和壕沟构成防线②。防守部署考虑到“若将兵力分散，有被敌各个击破之虑”，因此要求“选择要点而占领之”，主动放弃了若干城外据点，收缩至城郊，依托核心据点和坚固工事，划定责任区据守③。尽管大同守军成分复杂，建制混乱（两万人的部队，单位则有七八个之多），但在一定的协调准备之下，表现出较强的战斗力。

作为大同攻击战的序战，7 月 20 日，中共晋察冀部队开始攻击应

---

① 《国民党大打后晋察冀军区的基本任务》(1946 年 6 月 28 日)，《毛泽东军事文集》第 3 卷，第 305—306 页。

② 行定远：《日寇投降后阎锡山对大同的控制》，《大同文史资料》第 15 辑，第 36—37 页。

③ 《暂三十八师战斗详报》(1946 年 8 月 3 日至 9 月 20 日)，《中国现代政治史资料汇编》第 4 辑，第 18 册。

县,但历时20天攻击四次未克(后来直至大同战役结束也未能攻下),此一情况引起了毛泽东的注意。8月1日,他致电聂荣臻、贺龙等人,提出:“应县久攻不下,你们对攻大同把握如何……如大同久攻不下,其结果将如何,此种可能性应估计到。”同时,他还请自北平回晋察冀的罗瑞卿向聂、贺等人转达了他的先打平汉路的意见①。然而毛泽东的提醒和意见未能引起前线将领应有的注意。8月2日,聂荣臻在阳高主持晋察冀和晋绥军区联席会议,会上多数人认为大同已成孤城,守军战斗力不强,估计一个月内可以解决战斗。会后调集了晋察冀五个旅和晋绥四个旅的兵力,以四个旅攻城,五个旅打援,战役前线指挥部由晋绥野战军副司令员张宗逊和晋察冀军区副政委罗瑞卿分任司令员和政委。实际上这九个旅并非全建制参战,尤其是攻城部队总人数不到两万人,与大同守军人数相比并不占优势。而且由于整个作战准备时间不够充分,又是两个方面联合作战,联络不能得心应手,为失利埋下了伏笔。

8月初大同攻击战打响。中共部队经一周作战,基本攻克了外围据点,守军收缩至城郊。14日,中共部队以十三个团的兵力对大同近郊和城关据点发起攻击,由于守军“依托坚固工事、充足的弹药和复杂交错的碉堡群进行抵抗”,而中共部队“由于没有攻坚经验,火力不强,仅用手榴弹和梯子攻敌人的碉堡,效果不大”。大同矿区虽然有充足的炸药,但“没有利用爆破进攻。近郊作战打得非常艰苦,每前进一步都要付出很大代价,许多据点得而复失,形成拉锯”②。直到9月4日,才攻至城垣。

大同被围后,因为阎锡山困守太原,自顾不暇,8月9日,蒋介石致电傅作义,告以“大同部队应归兄指挥,如此则调配补给皆易生效,如兄以为可,则中即电阎长官照办,此乃有益大局之事,兄自无须推辞

① 黄瑶、张明哲著:《罗瑞卿传》,第179页。

② 《张宗逊回忆录》,第299页。

也。……至如何空运交警部队及武器增援，请兄主持定夺，概可照办”。次日蒋电阎锡山称：“大同情势日急，该处作战似由绥远方面负责指挥为便，……中意大同方面之指挥，就近暂归第十二战区之战斗序列为宜。”①此在蒋为一举两得，既可促傅速援，解大同之围，又可在傅、阎间打入一个楔子，便于居间运用。此着果然生效。傅作义因大同划归自己指挥，增援颇为积极，而阎锡山因大同危在旦夕，对这块肥肉落入他人之口也不便表示什么。8月底，傅作义在先派出一个交警大队空运大同后，下达了增援大同的作战计划，“以夺取集宁，威胁张垣，并解大同之围之目的，即以战区主力，分途向集宁攻击，并相机捕捉匪军主力于丰镇附近，予以歼灭之”。具体部署为，中路以暂三军攻击平绥路之卓资山，北路以暂骑第十二、十四纵队攻击集宁，南路以三十五军攻击归绥丰镇公路上之香火地，俟后会合攻击丰镇，解大同之围②。

9月1日，傅作义各部开始自归绥向东攻击前进。中共事先未估计傅部会全力援大同，打援准备不足，部队猝不及防，5日傅部暂三军占领卓资山，由于其他各部距离尚远，傅改令暂三军攻击集宁。面对傅部积极东援的态势，中共大同前线指挥部决定对大同暂取围困之势，集中七个旅四万部队打击傅军。7日，暂三军绕道进抵集宁城下，发起攻击，而中共部队因联络不畅，8日晚才得知此信息，随后各部陆续到达集宁四周，自10日起双方在集宁城郊展开激战。傅部一面抵抗，一面攻城，各据点有反复争夺至五六次者，由于中共部队占据了兵力优势，战况渐对傅军不利。9日，傅部主力三十五军到达卓资山集结，然因情况不明，未能及时向集宁前进，暂三军陷于苦撑之境，由于空军的支持，也由于中共部队没有组织连续进攻，使其得以稳住阵脚。

12日，傅部三十五军一〇一师开始东进增援，暂三军一部攻入集宁城内，此时中共部队如能集中兵力一鼓而下集宁暂三军，则形势有

① 《总统蒋公大事长编初稿》卷6(上)，第231—233页。

② 《国民革命军战役史第五部》第2册，第200—201页。

利，但此时前指决定调兵打击三十五军，结果导致兵力分散，而且因为是临时决定，部署、协同、联络等问题均不能及时解决，甚至连对手的位置也不十分清楚，结果打援计划未能实现，集宁战场也陷于胶着。这是中共部队此役关键的一次失误，傅作义其后总结时认为："按当时的情形，我们是相当的危险，很有失败的可能，最后能得到胜利，我认为一个是侥幸。"①在腹背受敌的情况下，13 日中共前指决定撤出集宁。聂荣臻认为"我如仍以重兵屯驻于大同坚墙之下，已属不利"，因而"决心撤除围攻大同之部队，以便迅速休整，准备执行新任务"②。大同遂于 16 日撤围。

大同、集宁作战，中共未能达到预期目的，其最主要的原因是未能集中兵力并确定作战重点。中共在大同战场的兵力本居一定优势，但由于重在攻城，且对国民党军队守城决心与攻击坚固设防城市的困难估计不足，攻城战术有误，导致久攻不克。在集宁作战中，又未能集中兵力一鼓而下，轻率分兵，导致战场形势胶着，不得不撤出战斗。聂荣臻这样评价大同战役："从实践的结果来看，发起大同战役，有考虑不当之处。因为大同敌人的兵力虽不雄厚，而城防设施是颇为坚固的。当时，我军既没有重武器配备，又缺乏攻坚战经验，哪里有把握攻下大同？在当时装备很差的条件下，只能先打弱的，后打强的。如果一开始我们就在攻城的同时，把重点放在打援上，集中优势兵力，争取在运动中歼灭前来救援大同的敌人，那后果就会大不相同了。起初虽然我们部署了五个旅准备对付傅作义的增援，但重点是攻城还是打援这一点是不明确的。再加上后来集宁方面战场指挥的错误，就导致了这次战役的失利。"③当时作战的指挥者之一罗瑞卿认为："大同战役，实际上是一次败仗……这是起了战略性的影响的。主要的还不是影响了张家口的

① 第十二战区长官部编：《傅长官讲话》，1947 年印本，第 49 页。

② 《聂荣臻、萧克给各纵队的指示》，1946 年 9 月 15 日。

③ 《聂荣臻回忆录》(下)，第 629—630 页。

过早失守，主要的是影响了冀察晋地区在大半年时间内，在对敌作战中，都处于被动地位。这是一次战役方针不对，在执行战役时又无明确计划（如究竟重点是攻城还是打援？是没有明确的预见的，先着重打城，而后又被迫打援），以及轻敌，不慎重初战，不集中兵力等完全违反主席军事思想的一相当典型的战例！”①

中共大同作战失利，立即导致中共华北区中心城市张家口处于危境之中。9月中旬，北平行辕制订张垣（张家口）会战计划，“以收复张垣，打通平绥路，巩固华北，截断共匪国际通路之目的，以十一、十二两战区主力，分沿平绥路及其两侧地区，东西并进，向张垣攻击，以东北兵团之一部，分别进出赤峰、围场及独石口各附近，策应张垣攻势，并遮断匪北窜退路，将匪包围而歼灭之”②。根据此一计划，东线由第三十四集团军总司令李文指挥，第十六军由南口、五十三军由怀柔进攻张家口，九十四军集结于沙河，准备出击怀来南侧，对张家口形成包围之势。十六军率先出动，于9月29日起，从南口、青龙桥向怀来方向攻击前进。

自大同作战失利后，中共即已估计国民党军将向张家口发起进攻，面对对手的东西夹击战略，兼之己方部队因大同之战伤亡较大，甚为疲劳，聂荣臻等晋察冀军区领导人本“拟在敌人进攻时只进行掩护战斗，不作坚守”。然而，由于华北方面初战不利，中共中央指示“依南口至张家口之地形及群众条件，我事前进行充分准备，各个歼敌，打破此次进攻之可能性是存在的”。“若预先即决定不打，则将丧失可打之机，对于军心士气亦很不利”③。遵此，晋察冀军区以主力二个纵队置于东线，以一个纵队置于西线，另以一个纵队出击平汉路，准备以防御作战结合

① 黄瑶、张明哲著：《罗瑞卿传》，第182—183页。

② 《绥靖第一年重要战役提要》，第84页。

③ 《以歼灭敌人有生力量为主不以保守个别地方为主》（1946年9月18日），《毛泽东军事文集》第3卷，第487—488页。

运动作战，打击进攻的国民党军队。

9 月 30 日，国民党第十六军进占平绥路要点康庄，并经整顿后于 10 月 3 日开始猛攻怀来，中共部队一面节节抵抗，一面发起运动反击，致十六军苦战一周而仍无进展。此时，五十三军经激战于 11 日占领延庆，九十四军之四十三师进至怀来南之长城线。就在东线激战之时，西线傅作义部却坐山观虎斗，按兵不动。傅作义曾于 9 月 24 日飞大同视察后致电蒋介石，称："大同守军经四十余日之苦战，均已疲惫不堪，且该部素乏攻击训练，势难再赋予第二任务。"①傅明知蒋已令其攻击张家口而如此说，一面是对他增援大同期间第十一战区不予配合行动表示不满，一面也是借机向蒋提高要价，而蒋也只有重施故伎，将张家口划入第十二战区管辖，诱使傅积极行动。

傅作义在自己的要求得到满足后，积极部署进攻张家口的行动，企图乘中共主力"与第十一战区部队在怀来方面作战，而张垣西侧防务空虚之顷，尽速秘密移师东进，夺取张垣"②。他采取声东击西战法，一方面令部下在大同扩大番号，采办军需，造成将由大同沿平绥路正面东援的假象，而以董其武指挥三十五军的二个师和暂三军一个师及骑兵集团秘密集结于集宁地区进行演练准备，并以三十五军和暂三军各一个师为二梯队在大同随时准备增援。傅充分发挥骑兵在塞外的作用，令董部绕由长城外荒芜之地向张家口以北疾进，保证了行动的迅捷与出人意外。由于中共事先估计傅部出动将在怀来攻下之后，援军将走平绥路，而且援军数量不会很大，因此西线部队大部位于平绥路待命，不料傅部避开铁路，由北面直扑而来，9 月 27 日袭占兴和，10 月 6 日占尚义，8 日傅部骑兵直下张北，中共守城部队只有一个连，不得不退出。张北位于张家口以北不过百余里，此处一失牵动张家口形势顿趋紧张。东西线中共部队临时调动已缓不济急，10 日傅部进至长城要隘狼窝

① 《总统蒋公大事长编初稿》卷 6(上)，第 258 页。

② 《国民革命军战役史第五部》第 2 册，第 261 页。

沟，张家口完全处于其威胁之下，当晚中共晋察冀各机关仓促撤离，次日，傅部进入张家口。

张家口既失，平绥路阻击战也失去意义，中共部队主动撤退，国民党西线部队于12日占宣化，东线部队于13日占怀来，14日在宣化东会师，打通了平绥路。随后继续向南北扩展，至11月初，北线先后攻占了商都、新明、康保、宝昌等地，使热、察、绥三地交通得以贯通；南线则占领了蔚县、广灵、阳原等地，使大同周边态势得以改善。

张家口作战实际是大同、集宁作战的延续，对国民党而言，打下张家口是其既定目标，在整个作战过程中，傅作义的第十二战区发挥了至关重要的作用。由于大同和张家口先后划归第十二战区管辖，调动了早就想向华北中心腹地发展的傅作义的积极性，傅则运用了适当的战略战术，并充分发挥了奇兵的作用①。因为傅作义的部队多年跟随他，彼此熟悉，指挥运用得当，协同能力明显好于所谓中央军②。几仗打下来，傅作义颇为自负，他在部队长会议上声称："无论如何今天和共产党作战，比过去和日本人打仗，容易的太多了。"③他还特意让其新闻处副处长阎又文捉刀起草了一份《致毛泽东的公开电》，自吹自擂："被包围、被击溃、被消灭的不是国军，而是你们自夸的所谓参加'二万五千里长

---

① 为了保密，傅作义不用国民党军共用密码，自己另搞一套，而且通过电台测向得知中共在张北兵力空虚。比较之下，中共对蒋系部队较为重视，对傅作义则重视不够，这可能是因为傅部长期地处偏僻，而又未和中共部队交过手。国民党军进攻张家口的行动，中共通过情报事先即得知，而傅进攻张北的行动则保持了高度机密，使中共情报部门对此一直耿耿于怀。

② 傅作义较为强调团队合作精神，自抗战结束傅部东进之初，即指示各部："为期密切协同作战胜利，兹规定凡各部队奉有作战任务，在战场上或战场外遇到友军受敌攻击，或战斗激烈时如闻枪炮声，应即自动速往增援，参加战斗，如此不但绝对易获战果，更足实现密切协同之真精神，或因支助而受到损失亦情有可原。"(《三十五军阵中日记》，1945年9月，二档，全宗廿五，卷号6312)

③ 《傅长官讲话》，第48页。

征’的贺龙所部、聂荣臻所部……”①

对中共而言，张家口是中共所占的有数的大城市之一，虽然有了撤离的准备，但在东线阻击成功的情况下，为傅作义部所乘，导致张家口的过早丢失，确有失误之处。内战开始，华北几仗中共部队打得都不理想，“有些同志震惊于张家口之失，议论纷纭”，“由此产生的埋怨情绪，甚至对战胜蒋介石缺乏信心”②。事后总结，罗瑞卿的意见可为代表：失利原因，“一个是远的，叫和平幻想，备战不足，和的工作作得太多了，备战工作太少了，复员过多直接影响到战争，练兵工作我们没有抓紧，军工建设也没有大力进行，当时张家口那样好的环境，我们连手榴弹迫击炮弹也没有多准备些”；“近的原因，主要是在军事指导上，初战没打好，因为当时有轻敌思想，对集中优势兵力各个歼灭敌人的思想，在战役指导上和战术指挥上均存在问题”③。

国民党军队攻占张家口，以及在此前后占领安东等城，使当月国民党军队占领中共控制区城市数达到 63 座，可称其进攻的顶点。10 月 17 日，陈诚在北平举行记者招待会，对国民党军事行动作了乐观的展望。他认为，张家口收复后，冀察热绥以及晋北均可联系起来，对战略有很大的影响。当有记者问及内战前景时，陈诚自负地说，如果迫不得已而作战，我想也许三个月至多五个月便能解决。对于交通，任何一线均可于二周内打通④。但张家口之战的影响不仅是军事上的，更重要的是政治上的。中共以国民党军是否停止攻击张家口作为能否继续维持国共关系的条件之一，而国民党军攻下张家口的当天，蒋介石得意之

---

① 《罗瑞卿传》第 182 页。10 月 18 日，陈诚召集各战场主官在北平会商军事，傅作义甚为得意地介绍了其部的作战经验。

② 《聂荣臻回忆录》(下)，第 638—639 页。

③ 《中国人民解放军全国解放战争史》第 2 卷，第 121 页。毛泽东曾告聂荣臻等：你们长时间没有打开局面，其中必有原故，应虚心检讨得出教训以利作战(《军委致聂荣臻、萧克电》，1947 年 3 月 12 日)。

④ 《中央日报》(上海)1946 年 10 月 18 日。

余，宣布如期召开国大，导致国共关系急转直下，从此再无挽回的余地。从这个意义上说，张家口之战是全面内战爆发初期的标志性战役之一。

大同、张家口作战是华北战场北线的西路，华北战场北线的东路是热河作战，不过热河位于华北与东北的结合部，国共双方在此的作战都由东北方面负责，而又与华北密切相关。

承德是国民党军队在华北的攻击重点之一，还在上年底，承德即发生激烈战斗，只是由于停战令的颁布，才使国民党军队不得不停止前进，为此，东北国民党军指挥官杜聿明一直心有不甘。关内打响之后，国民党在东北方面暂时维持了和局，而将东北部分兵力转用于热河，企图拿下承德，截断中共华北与东北两大区之间的联系，并保证东北的侧翼安全。

东北保安司令长官部为热河的行动调动了第十三军和九十三军，又加上了第十一战区的第五十三军，共三个军的兵力，而中共部队则只有冀热辽地方部队七个旅，就军事实力而言，显然不及对手，因此中共也没有准备在承德地区与国民党军队硬拼。8 月下旬，第十三军担任主攻，由凌源沿锦承路进攻承德，五十三军和九十三军策应，分由绥中进攻都山（今青龙）、由锦西进攻凌南（今建昌）。28 日，十三军占领热河省会承德。随后，第十三军负责热河守备，五十三军和九十三军转向冀东卢龙、迁安方面进攻，第十一战区出动第十六、九十二军由平北之怀柔、密云向平谷、遵化进攻，九十四军由唐山向丰润、玉田进攻，整六十二师由滦县向乐亭进攻，企图全面解决冀东中共部队，安定东北后方和平津侧翼。至 9 月底，国民党军在冀东占领了十余座县城。张家口作战期间，东北保安司令长官部又以第十三军和九十三军出动配合作战。10 月 7 日，十三军攻占围场，然后转向西进，12 日占领多伦，17 日占领沽源，与察境之国民党军打通联系，同时九十三军于 10 日占领了热河中心城市与交通枢纽之赤峰。然而就全盘战局而言，热南冀东的作战并不是国共双方关注的重点。

2. 南线作战

华北战场南线主要指以豫东、豫北、鲁西南为中心，包括晋南部分地区的作战地域。国民党方面以郑州绥署刘峙所辖兵力为主，并得到徐州绥署薛岳部和第二战区阎锡山部的支持，中共方面则以晋冀鲁豫野战军刘伯承、邓小平部承担该线作战任务。由于该区域地理位置处于华北北线、华东和中原诸战场的结合部，在全面内战爆发初期，国共双方在此线的作战，除了攻与防之外，还有牵制、配合其他战场作战的目的。

全面内战爆发前，中共根据其全盘部署，赋予晋冀鲁豫刘邓部的任务是，“以豫东地区为主要作战方向”，“开（封）徐（州）间陇海线之占领及豫东、淮北各城之占领全归刘邓薄（一波）负担”①。此一计划的目的是通过出击陇海路，切断国民党徐州和郑州两大军事集团间的联系，分散国民党军兵力，沟通中共晋冀鲁豫和华东两大区的联系，从而配合华东以至全国战场的作战。根据这个指示，刘邓率晋冀鲁豫野战军主力三个纵队首先出击豫东。

国民党在豫东的兵力部署极为单薄，只有战斗力不强的前西北军刘汝明部整五十五和六十八师及一些地方部队，分布在陇海路开封至黄口段及豫东广大地区。“惟因正面过广，处处形成空隙；且地当徐、郑两绥署之结合部……仓促应变，难期发挥统合战力”②。8 月 10 日夜，刘邓以三个纵队分左、右两路向陇海路沿线突然出击，当夜左路攻占砀山，右路攻占兰封，控制了百余公里铁路沿线地区。随后继续南下豫东，半月内连占杞县、虞城、通许等地。迫使国民党调华东战场的第五军、整编第十一师和在豫西的三个整编师分从东西两面驰援。在国民党东西对进的军事压力下，加之“作战半月，伤亡五千余，已感疲惫，亟

① 《全局破裂后太行和山东两区的战略计划》(1946 年 6 月 22 日)、《对南线作战的补充指示》(1946 年 6 月 24 日)，《毛泽东军事文集》第 3 卷，第 283、292 页。

② 《国民革命军战役史第五部》第 3 册，第 450 页。

待休整"①,刘邓部队遂撤回陇海路北,结束了此次作战行动。

陇海路两侧战事虽告一段落,但蒋介石判断"刘伯承部经各部反击,伤亡惨重,开始向北溃退",因此于8月底下令徐州、郑州两绥署发起对中共冀鲁豫区的攻势②。国民党军队摆出钳形攻击态势,东线以徐州绥署所属之第三十二集团军总司令王敬久率第五军、整十一师及新二十一旅,自虞城、砀山一线向北出动;西线以郑州绥署所属第五绥区孙震部整三、四十七师为左翼兵团,第四绥区刘汝明部整五十五师和六十八师的一一九旅为右翼兵团,自考城、兰封一线向北出动,另以整四十一师自长垣东进,掩护北侧安全,各部进攻的中心目标是中共冀鲁豫区的中心城市菏泽和定陶。为了显示进攻决心,刘峙将郑州绥署前进指挥所设于攻击出发地考城,将第四、五绥区司令部由许昌和驻马店前移至兰封和开封,就近督导攻势。8月底9月初,东西两线部队开始攻击前进。

面对国民党优势兵力的进攻,中共中央指示刘邓以整三师为打击重点。因为西线国民党军队实力不及东线(两个师不过1.7万余人),整三师又是其中唯一的嫡系部队,如能利用国民党军队内部的矛盾聚而歼之,估计其余各部将知难而退。为此,刘伯承、邓小平调回原在豫北的一个纵队,集中全部主力四个纵队,预备在鲁西南歼灭整三师。恰于此时,刘峙犯了一个致命的错误。或许是因为攻击途中并未遭到大的抵抗,他令原为齐头并进、会攻定陶的整三师和整四十七师分别攻击菏泽和定陶,使两部之间的距离拉大到二十余公里,与其他部队相距至少也在三十公里开外。事为中共部队侦知后,刘邓立即决定改变原定作战时间与地区,提前开始围歼整三师的行动。

---

① 《定陶战役作战经过和主要经验》(1946年9月),《刘伯承军事文选》,解放军出版社1992年版,第345页。

② 李达:《回顾定陶战役》,《李达军事文选》编辑组编:《李达军事文选》,解放军出版社1993年版,第248页。

9月3日，晋冀鲁豫野战军诱使整三师进入定陶西南天爷庙预设地区，以第二、六纵队为右集团，第三、七纵队为左集团，实施向心攻击。刘峙得知整三师被围，急令各部迅速增援，但为晋冀鲁豫阻击部队所阻，整四十七师离整三师不到十里，仍未能会合。整三师方面，战至6日晨，大部被歼，师长赵锡田见增援无望，于当日午后率余部突围，结果于混乱中全军覆没，赵本人被俘①。随后晋冀鲁豫野战军乘胜追击，又歼灭退却中之整四十一、四十七师各一个旅。至9月8日，国民党军退回进攻出发地。定陶战役，国民党损失一个整编师及二个旅，共1.7万余人，被中共誉为"是继中原我军突围胜利与苏中大捷之后又一次大胜利。对于整个解放区的南方战线起了扭转局面的重要作用。蒋军必败，我军必胜的局面是定下来了"②。此役之败，国民党指挥无能、协调不周、将无斗志、兵无士气的诸多弊病暴露无遗。刘峙轻率下令改变攻击目标，导致战线出现漏洞，而在一部被围的情况下，增援部队又迟迟不能到位(最近者不过相距五公里)，导致了最后的失败结局。国民党统帅部恼怒于刘峙的指挥无能，于9月14日下令免去他的郑州绥署主任职务，改由陆军总司令顾祝同兼任郑州绥署主任。

由于中共的攻击重点在西线，东线国民党军的行动较为顺利，9月初起先后进占单县、城武、鱼台、金乡，12日攻占定陶，20日攻占菏泽，完成了预定作战目的。接着，第五军和整十一师北、南两路，沿菏泽、济宁公路自西向东行动，作战目标进一步指向巨野、嘉祥。由于整十一师

---

① 据第五绥区副司令胡临聪回忆，赵为黄埔一期毕业(实为二期)，又是顾祝同的外甥，本来就骄横跋扈，对绥区抱若有若无态度，私人之间亦少接触，彼此存有隔阂，他接到刘峙的命令后，不向绥区司令孙震请示即径往前线，意欲一战成名而取代孙的位置，使孙对他甚为不满，当赵部被围请求增援时，孙有意使赵栽跟斗，以报赵目中无人并企图取而代之之恨，没有令在东明的整四十一师积极增援。于此可见国民党军队内部矛盾对于其战斗力的影响(胡临聪:《蒋军进犯晋冀鲁豫解放区和整三师赵锡田部的被歼》,《文史资料选辑》第28辑，第58页)。

② 《蒋军必败》,《解放日报》1946年9月12日。

态势稍为突出，部署较分散，晋冀鲁豫野战军决定以一个纵队牵制第五军，集中三个纵队寻歼整十一师。9月29日，第五军首先与阻击部队接战，晋冀鲁豫二纵以龙堌集为核心，顽强抵抗十天，第五军前进不过十余里。与此同时，晋冀鲁豫三、六、七纵从10月3日开始攻击整十一师，因整十一师几次变更部署，攻击扑空。6日，晋冀鲁豫三、七纵猛攻张凤集，与守军1团展开逐屋争夺，双方战线犬牙交错，均有惨重损失。奉令解救的第五军激战竟日，终未有大的进展。整十一师师长胡琏对第五军进展缓慢甚为不满，如果不是整十一师战斗力较强，必定重演定陶战役之一幕。结果整十一师还是靠自己的力量，于次晚以两个团接应张凤集守军余部突围而出，全师集中一处，方免被歼之命运。此后，国民党统帅部感到鲁西南作战地域分属两个绥署在指挥上的不便，将其全部划归郑州绥署指挥。郑州绥署于10月下旬集中八个整编师兵力，继续在鲁西南追踪刘邓部队，晋冀鲁豫野战军在甄城以南歼其一个旅后，主力避其锋芒，主动撤过黄河，至濮阳一带休整。

在晋南战场，郑州绥署所属的第一战区胡宗南派出四个师，北渡黄河自运城沿同蒲路北进，期与介休南下的第二战区阎锡山部会合，打通同蒲路南段；中共则以晋冀鲁豫野战军第四纵队陈赓部在晋南作战，任务是夺取同蒲路南段若干县城，沟通与晋绥区的联系①。7月上旬，胡宗南部进入山西，连续占领同蒲路上之闻喜、侯马、曲沃等地。陈赓部首先于7月中旬歼其一个旅，接着于8月下半月在同蒲路南段临汾以北地区，连续攻克洪洞、赵城、霍县、灵石、汾西五城，控制了同蒲路南段，又于9月24日在临汾、浮山公路全歼了号称“天下第一旅”的胡宗南部整一师第一旅五千余人。不出3月，陈赓部三战三捷，受到中共中央的嘉奖，陈赓因而和粟裕一道被誉为中共新起的军事家。

豫北战场，郑州绥署为巩固平汉、陇海两路安全，策应鲁西南作战，

① 陈赓部虽属于晋冀鲁豫野战军编制，但受中共中央直接指导，作战行动具有战略单位的独立性。

由整二十六军军长王仲廉指挥四个师，先于9月底占领了平汉路东的道口、浚县等地，再于10月中旬占领平汉路西的焦作、博爱、沁阳等县城，下旬占领鹤壁，结束了豫北作战。

华北南线以鲁西南为中心的作战，国民党军队占领县城二十五座，并将中共晋冀鲁豫野战军暂时抑制在黄河以北，但国民党军队为此被牵制诸多兵力，战略上也未达成其预期目的。其战史承认："国军两绥署投入之兵力达三十余万，以优势战力居外线之有利态势……惜因缺乏统一之指挥、齐一之行动，虽屡有斩获，但亦损兵折将。"①

第二节　内战调处与和平运动

一　三方均不满意的调处

内战全面爆发之后，中国的政治局势是"边打边谈以打为主"，打是为了获得与己有利的谈，谈是为了掩盖打。蒋介石虽然还在公开场合谈论和平，但在内心里，他已承认其通过和谈拘束中共战略的失败，对中共采取了誓不两立的态度。7月18日，蒋在青年军复员工作检讨会上讲话，称国民党真正的敌人是中共，"要彻底消灭共党，必须从政治、经济、文化、教育、社会各方面对共党发动全面的斗争"②。在此前后蒋作类似的演说不止一次，其通过军事手段消灭中共的方针已经无可更改。在这种方针下，国民党干脆回避谈判一事。中共方面还在作谈判的努力，然而照马歇尔对叶剑英所言：这并不是为谈判而谈判，而是为宣传而谈判。周恩来坦承："这句话有一半道理，但责任并不在我，因为对方不愿解决问题，我们就告诉人民是他不愿解决，用以教育人民。从

---

① 《国民革命军战役史第五部》第3册，第479页。

② 《总统蒋公大事长编初稿》卷6(上)，第221页。

七月到我回来以前就是这样一个方针。”①

7月15日，司徒雷登出任美国驻华大使②。司徒雷登长期在华活动，可谓中国通，他出任大使出于马歇尔的极力推荐，因为马氏认为，“中国局势的恶化和围绕着委员长周围的反动的政治军事集团的决定性影响力使我确信，我需要在调解努力中，获得一位有着无可争议的品行和诚实，并在中国有长期经验的美国人的帮助”。“司徒雷登博士对于中国及其人民心理的了解，对于中国语言的熟练掌握，以及国共两党对其共有的尊敬，使他成为参加调解努力的极好人选。他的参加将可抵消对于我缺乏对中国事物了解的批评”③。司徒雷登的任命确实为美国调停带来了新的动力，无奈其时运不济，没能挽救美国调停的命运。

自7月中旬起，蒋介石避居庐山，等待战况的发展。此时国共谈判已经中止，只有美国人还在作着徒劳无益的努力。对于美国的调处，蒋的方针是“使马歇尔氏明了欲完成其调解之使命，不在单独使国共两党妥协之一途，而应另觅途径，即先协助政府用军事解决，然后再收抚之，此乃剿抚兼施之道也”④。马歇尔不顾盛夏酷暑，仆仆风尘，自7月18日至9月15日，八上庐山，奔走于南京庐山之间，虽然还想努力挽救危局，但实际上也不过是随着蒋的方针转而已。

8月1日，司徒雷登向蒋介石建议，成立一个由国共双方各二人组成的非正式小组，加上他本人，以达成打破僵局的协议。5日，蒋介石

---

① 《一年来的谈判及前途》(1946年12月18日)，《周恩来选集》上卷，第259页。

② 美国曾有派魏德迈出任驻华大使的动议，此事为国民党所欢迎，但因美国国内因素未能实现。据王世杰所记，蒋介石对司徒雷登“颇不喜其人，以其人无定见徒趋时尚也。惟彼既经正式提出，我照国际习惯亦殊难拒绝”。但司徒上任后，王世杰觉其“态度甚为确定，且可随时纠正马歇尔之性急与狭隘之见，殊出予之意外”(《王世杰日记》1946年7月8日、9月20日)。

③ *Marshall's Mission To China*, Vol. 1, p. 186.

④ 《总统蒋公大事长编初稿》卷6(上)，第217页。

在庐山会见马歇尔和司徒雷登，蒋同意司徒的建议，但重提6月所提诸条件，并称这是“最后之条件”，“为政府最大限度让步。如共方有一不能同意，则应断然中止谈判，不可再予以拖延之机会也”①。次日，司徒雷登在南京向周恩来转达了蒋的意见。周恩来回答司徒：蒋的要求绝对不能接受，一条也不行；蒋要求无厌，故内战责任应由蒋负之；美既为调解人，应主持公正，判明内战责任在蒋，不能形式上不管，实际上驻兵助械借款，仍是参加内战，不能卸脱责任。会见后周恩来电告中共中央：“蒋为大打，必先多方要求，而美亦有可能放手让蒋大打一阵再谈。如此，我必须一面在准备全面大打的基础上，打两三月再谈，也可能谈不成，而全面大打下去。”中共中央回电同意周的判断与答复②。美国调处者在中国特色政治面前不能不感到自己影响的有限。

对于谈判的僵局，美国人很不满意。杜鲁门认为，蒋介石的行动与美国在华所要达成的目标背道而驰，因此他在8月10日将一封给蒋介石的亲笔信交给中国驻美大使顾维钧，请其转蒋，信中称：“本人自向阁下派遣马歇尔将军作为本人特使以来，曾密切注意中国之局势。深以为憾者，本人不得不断言，马歇尔特使之努力似属徒劳无益。”“除非短期内能见明证，使人确信中国内部问题之和平解决已有真正进展，否则欲期美国舆论继续对贵国持优容态度已不可能。进而本人必须重新确定美国立场并向美国人民加以说明。切盼不日可闻阁下之积极表示，

① Stuart to the Secretary of State, August 7, 1946, Rea, Kenneth W. and Brewer, John C. edited, *The Forgotten Ambassador: The Reports of John Leighton Sturat*, 1946, p. 7. Westview Press Inc., Boulder, Colorado, 1981.《总统蒋公大事长编初稿》卷6(上)，第230页。此前，周恩来通过马歇尔向蒋转达解决时局的办法是，立即无条件停战，军事问题与政治问题一道解决。蒋介石的条件可谓对中共的答复。

② 《蒋介石的五条要求绝对不能接受》(1946年8月6日)，《周恩来一九四六年谈判文选》，第583—585页；《中共中央关于蒋介石的五条绝对不能接受致周恩来电》，1946年8月8日，中共江苏省委党史工作委员会、中共南京美国调处者在中国特色政治面前不能不感到自己影响力的有限。市委党史资料征集编研委员会、中共代表团梅园新村纪念馆编：《中共中央南京局》，中共党史出版社1990年版，第116页。

冀其有助于实现贵我双方共同宣布之目的。"①当天，马歇尔与司徒雷登发表联合声明，称为了结束目前中国日渐滋长之冲突已用尽全力，但冲突仍在天天扩大，蔓延全国，有演至不可收拾之势。国共双方尚有若干需要立即解决的问题无法获得协议，以至不能发布完全停止全国冲突的命令②。马歇尔在与国民党高级官员包括蒋介石本人的多次谈话中曾强调，美国不会担保中国的内战，美国的目标是一个统一和新生的中国，而不是如委员长的某些顾问所想象的，是使共产党就范。马歇尔告诫国民党，政府遵循的策略是压制共产主义的发展，然而这种努力反为共产主义制度创造了有利的条件。他以财政和经济状况为例，认为军事行动的继续将使情况更为严重，因此内战和随之而来的经济混乱将为共产主义提供迅速滋生的土壤，提供颠覆政府的极好机会，导致共产党控制全中国③。18 日，杜鲁门以行政命令禁止对华输出军火，以此作为促使国民党"作出某些合理妥协的唯一手段"，同时亦符合"给予国民政府以有条件的支持"的原定政策①。

---

①　Truman, *Years of Trial and Hope——1946-1953*, p. 86.《顾维钧回忆录》第 6 分册，第 17—18 页。顾维钧认为：这封信意味深长，它表明总统对中国目前局势极为失望，措辞严峻，甚至唐突。他立即将全函译成中文转呈蒋介石。顾维钧其后又告蒋，美国国务院远东司长曾对其谈及美政府对中国局势的看法，主要内容为：国军虽暂占优势，但难以武力统一，政府方面或望以军事胜利逼共方就范，但此着亦不能得根本解决；中国分裂局面的存在，使美国无法援助，若军事行动继续，徒耗政府实力，益使中国转弱；若政治统一告成，军事停止，美国将立即进行各种助华计划，此计划必有利于政府；如军事扩大范围，美国或须撤退，以免卷入漩涡；国民党乃中国多数大党，与他党合组政府，可无顾虑，只要实行改革，增强民众对政府信仰，对共党问题为釜底抽薪，凡允许共党参加政府者，其共党势力反深减削。顾维钧认为，这种意见与马歇尔回美时与其所谈意见"大致相同"，表明美国不愿中国局势"激成危局。并认为实际情势，惟采此婉转和缓方法，始能扶助我国"（《驻美大使顾维钧呈蒋主席谓美方盼我下令停战如战事扩大美或自中国撤退电》，1946 年 9 月 10 日，《中华民国重要史料初编》第 7 编第 3 册，第 217 页）。

②　*The China White Paper*, Vol. 2, pp. 648-649.

③　*The China White Paper*, Vol. 1, pp. 173-174, 176.

面对美国人的压力，国民党内的反应不一。正在巴黎开会的外长王世杰连续致电蒋介石，认为“倘我不采若干步骤，致使马歇尔陷于完全失败状况，美国政府将必采取若干不利于我之措施与声明……基于此种考虑，认为钧座对于中共问题，至少尚需更作六个月之忍耐，拟请责成俞部长大维等，与马歇尔及中共，就业经商有成议之约定整军等事先行成立协议，六个月内，如该协议不能实行，政府自可自由行动”。蒋介石以此令陈布雷研究意见，陈认为，王“对美国舆论非常顾虑，常恐因坚持中共撤退苏北，而影响马歇尔之使命与美国对我之观感”，对王不无揶揄之处。他提出，如蒋认为“马帅态度尚不如其声明之焦急，拟请钧座将最近与马商谈情形电告雪艇（即王世杰——作者注），以安其心”；如蒋“亦认为美国当局对谈判停顿畏怯太深，而有另发声明之可能，则似宜对当前僵持之局，有以缓和之”②。在这种情况下，蒋既未接受王之意见，但又不能不对美国人的表示略予敷衍。8月14日，蒋介石在纪念抗战胜利周年文告中，提出召开国大、遵守政协决议、改组政

① 此次禁运最大的影响是，美国拒绝为1.3万发7.92毫米子弹核发对华出口许可（《顾维钧回忆录》第6分册，第19、21页）。该禁令于1947年5月撤销。国民党对该禁令极为不满，并称这严重影响了其军队的作战能力。但据马歇尔1948年2月20日在美国众院外交委员会作证时所言，发布禁令的目的是为了阻止战争蔓延至整个华北，并显示美国在调处中国内战时的中立立场，实际上中国政府当时有足够的弹药供应军队，政府军的失败不能归因于缺乏武器。同时，美国供给中国军用物资和在华基地剩余物资的转让与出售实际并未停止。就在8月30日，中美签订协定，将价值大约为9亿美元的战时过剩物资折价为17500万美元售与中国，其中便包括了不少海空军设备和交通工具等军用物资，结果导致了中共的强烈抗议（*The China White Paper*, Vol. 1, pp. 355 - 356）。

② 《王世杰部长呈蒋主席告我如不停战使马歇尔陷于失败则美国舆论逆转于我不利电》（1946年8月14日）、《陈布雷主任对王世杰部长寒电研究之意见》（1946年8月17日），《中华民国重要史料初编》第七编第三册，第210—211页。其后，美国国务卿贝尔纳斯在巴黎告王世杰，马歇尔认为他继续留在中国已无意义，对蒋未能压制主战派表示不满。贝氏并要求王转请蒋介石，设法使局势好转。王因而认为，“在对美未有充分谅解，对苏未有应付之准备以前，我政府统筹全局，似仍须力持忍耐，如改组政府，似尤宜尽量容纳党外人士”（《王世杰部长呈蒋主席告与美国务卿贝尔纳斯面谈马歇尔续留华合作及对华政策问题并建议力持忍耐电》，1946年8月23日，《中华民国重要史料初编》第七编第三册，第214页）。

府、停止冲突等主张，19 日，蒋函复杜鲁门，解释国民党和他本人的政策，指责中共不能合作，称将“竭尽所能，排除万难，与马将军取得合作”；继表白“政府方面，亦不免有少数分子曾有错误之行动，但比较共产党之公然破坏协定，其程度相去甚远。政府方面，如再发见类似错误，则将予以严厉之处治”；表示“切盼共党方面能接受余之意见，政府方面必将尽一切可能使此等达到和平民主之步骤，迅速成为事实”。但是，蒋并未提出具体主张，而私下在日记里仍表示“坚持我一贯之政策，决不为任何环境压迫而有所动摇”①。说明蒋介石此时仍寄希望于靠军事解决问题，无意真正言和。

马司联合声明发表之后，调处和谈判实际处于停顿。中共认为“今后将有一个相当时期是大打大闹时期，而主要是靠打得好，消灭蒋力量来解决问题”，此时谈判的目的则在于“揭露蒋及逼美表明态度”②。延安《解放日报》在社论中指出，马歇尔在 3 月回美国前，“声望是很高的，因为他当时的行为一般是公正的。他对于和平民主的原则是坚持的，他对于顽固分子是曾予以斥责的”；接着批评马氏，“并不为已成的协议之实现去奋斗，却不顾已成的协议，而来重新‘调处’，这样，就使国民党反动派越来越肆无忌惮，美国反动派也越来越肆无忌惮，马歇尔自己的地位就越来越低”③。这表明马氏已经失去中共曾有的信任，已被中共

---

① 《蒋主席复杜鲁门总统说明马歇尔调处经过及共党破坏协定攻击国军情形并重申合作态度函》(1946 年 8 月 19 日)，《中华民国重要史料初编》第七编第三册，第 213 页；《总统蒋公大事长编初稿》卷 6(上)，第 239 页。杜鲁门接蒋函后，于 9 月 5 日复函称：“本人切望政治解决方法，早日完满达成，俾武力纠纷，得以停止，而阁下与贵国人民得从事于重大紧急之建设工作。抑更有进者，本人仍愿贵国政治统一之早日完成，迅速消灭内战蔓延之威胁，能依美国于去年十二月十五日宣布政策末段所含意义，推进协助中国农业与工业经济复兴计划。”(《驻美大使顾维钧译呈杜鲁门总统复蒋主席函》，1946 年 9 月 10 日，《中华民国重要史料初编》第七编第三册，第 216 页)

② 《中央关于马歇尔、司徒雷登发表公报后我党对策问题给周恩来的指示》(1946年8月12日)，《中共中央文件选集》第16册，第272页；《周恩来年谱》，第689页。

③ 《七个月总结——评马司联合声明》，《解放日报》1946 年 8 月 14 日。

视为国民党的支持者，他的中立调处者地位很难继续维持。中共的谈判策略此时也有了重要变化。9 月 6 日，中共中央致电周恩来，认为“无条件停战可使蒋军获得休整以利再战，而我则不能恢复失地，因此必须开始考虑改变此要求”。条件是国民党军退出被侵占的解放区，并从江北撤退二分之一的兵力到江南，“方能保证停战之后不再打”①。此后，这个方针被概括为恢复 1 月 13 日的“地区和军队原状”，“这一问题不解决，其他一切皆不能谈”②。

周恩来在南京与马歇尔和司徒雷登的谈判中，坚持进一步的谈判必须在停战条件下进行，并询问马、司两氏，如果改组政府谈成了，蒋介石是否可放弃自己的条件，立即停战并根据政协决议成立国府委员会。马、司两氏均表示不能保证。周告以如此谈判不过利于国民党拖延时间。在美方坚持下，8 月 29 日，中共同意成立非正式五人小组，由国民党代表吴铁城、张厉生，中共代表周恩来、董必武和美国代表司徒雷登组成。在国共代表的非正式接触中，国方代表表示只谈改组政府，不谈军事和停战问题，中共表示如此则改组政府无从谈起，何况国民党坚持不同意中共和民盟在国府委员中拥有否决权，不同意放弃蒋介石的各项条件，因此非正式五人小组会议一直无法正式进行。蒋介石并坚持重开军事三人小组会议和停战的条件是中共接受国民党的恢复交通与整军方案，并提交国府委员和国大代表名单，双方的立场各兜了一圈又回到了原地。9 月 13 日，马歇尔第八次去庐山与蒋商谈无结果。16 日，周恩来自南京飞抵上海，行前他以备忘录致马歇尔，提出：“六月休战以来，一切迂回曲折之办法均已试验失败，无补时艰，且徒使好战者拖延时日，蒙蔽舆论，扩大战局，祸害人民。因是，我现以中国共产党全权代表之地位，特向阁下，三人会议主席马歇尔将军提出直截了当开门见山之办法，请阁下立即召开三人会议，商谈停战问题。”并对马氏请其

① 《毛泽东年谱》下卷，第 130 页。
② 《毛泽东年谱》下卷，第 139 页。

回京续谈的来信,表示不愿再进行无意义之磋商,除非重开军事三人会议,否则自己将不返南京①。中共对于美国和马歇尔调处的态度,在毛泽东9月底会见美国记者的谈话中有明白无误的表示。他说:“我很怀疑美国政府的政策是所谓调解。根据美国大量援助蒋介石使得他能够举行空前大规模内战的事实看来,美国政府的政策是在借所谓‘调解’作掩护,以便从各方面加强蒋介石,并经过蒋介石的屠杀政策,压迫中国民主力量,使中国在实际上变为美国的殖民地。这一政策继续实行下去,必将激起全中国一切爱国人民起来作坚决的反抗。”②

9月底,国民党军队在解大同之围后继续进攻张家口,引起了中共的强烈反应。张家口是中共当时在华北占有的最大的也是唯一一个省会城市,国民党在以前的谈判中对张家口的地位一直未表示异议,因此中共中央于9月29日指示周恩来,如果国民党政府军攻占张家口,“即是表示最后决裂,一切后果由彼方负之”。次日,董必武向马歇尔转交了周恩来以中共代表团名义给蒋介石和马歇尔的备忘录,声明:“如果政府不立即停止对张家口及其周围的一切军事行动,中共不能不认为政府业已公然宣告全面破裂,并已最后放弃政治解决的方针,其因此造成的一切严重后果,当然全部责任均应由政府方面负之。”③然而此时国民党军事进攻连连得手,蒋介石判断中共急切要求停战是无力再战,因此坚持攻下张家口后,再考虑停战,以在军事压力下“促使共党参加国民大会”,“如共党再不接受,亦可使美国了然于共党之悖乱也”④。对于与国民党有二十年对抗史的中共而言,这种以战迫和的手法很难

---

① 《内战严重发展请立即召开三人会议商讨停战》(1946年9月13日)、《如政府对停战要求确有事实回答我自可回京商谈》(1946年9月27日),《周恩来一九四六年谈判文选》,第643、651页。

② 《美国“调解”真相和中国内战前途——和美国记者斯蒂尔的谈话》(1946年9月29日),《毛泽东选集》(合订本),第1098页。

③ 《解放日报》1946年10月12日。

④ 《总统蒋公大事长编初稿》卷6(上),第255页。

取得成功。

9月底10月初，马歇尔为美国的调处作了最后的努力。他一方面要求国民党立即停战，一方面要求中共参加和谈，企图军事与政治双管齐下，解决自己面临的尴尬局面。10月1日，马歇尔向蒋介石提交备忘录，内称："政府现显然采取以武力解决基本争执之政策，此即以全面攻势强制其遵照政府之条件及要求，余实难同意。……现余仅欲表明者，即对于停止冲突之协议，应即获得协议之基础，而不再彼此提出条件及反条件，而致拖延谈判之进行，否则余拟向杜鲁门总统建议，请其将余召回，并终止美国之调处工作。"他还在与蒋的会谈中表示，"本人代表美国政府，若因本人之处置与地位，使美国政府在国际上担负道义上之责任，则诚非本人所愿者，故战事不停，则本人只有请求回国之一途"①。但蒋介石对马氏的努力反应冷淡，他在2日给马氏备忘录的回复中仍坚持中共先提交国府委员和国大代表名单（蒋在国府委员名额问题上故作让步，提出中共与民盟委员十二名外，中共可推荐一名无党派人士），规定中共军队驻地并限期进驻后，再行停战。他并对马歇尔当面表示，国民党必待收复张家口之后才能考虑停战②。但为了给马歇尔一点面子，6日蒋在与他的会谈中提出，如果中共接受他在2日给马备忘录中的两项条件，政府军可以对张家口休战十天。对蒋的建议，就连马歇尔也认为中共"必将拒绝"，而且表示对所有问题是否可在

---

① 《总统蒋公大事长编初稿》卷6（上），第265、273页。司徒雷登亦认为，目前情况有碍于马歇尔和美国政府的公正立场，马歇尔的退出是他能够体面采取的唯一途径（Stuart to the Secretary of State, Oct. 7, 1946, *The Forgotten Ambassador*, p. 20）。

② 《总统蒋公大事长编初稿》卷6（上），第272页。宋子文曾在10月1日向司徒雷登提交非正式备忘录，建议首先召开五人小组会议，讨论改组国府问题，然后召开三人小组会议，决定整编问题，当中共接受军队驻地及移驻日期时即下令停战，这实际仍是以停战为手段逼中共就范，自然得不到中共的回应（《宋子文院长向司徒雷登大使提出之非正式建议备忘录》，1946年10月1日，《中华民国重要史料初编》第7编第3册，第219页）。

休战期内解决“实无把握”,“对于短期休战办法之成功性,颇为怀疑”。他不无悲哀地感觉:在政府继续使用武力并拒不停止对张家口进攻的情况下,如果美国继续调停而这场战役却进行到底,我本人和我所代表的美国的公正立场已经成为疑问①。

10月上旬,中共中央书记处连续开会,讨论对国民党提议和美国调处的应对方案。认为国民党正进攻张家口,表明其无意真和,中共应采取强硬立场,国民党如不同意停攻张家口,不同意恢复1月13日的军事位置,则应表示一切不谈,对美国调处亦不必表示挽留②。9日马歇尔亲到上海,促周恩来回南京谈判。周告马氏,蒋介石的要求“是迫我屈服的哀的美敦书,使我不能不坚决拒绝这一提议”。周恩来向马歇尔重申了中共的要求:只要国民党政府军停攻张家口,则中共愿意参加军事三人小组和非正式五人小组会议;在军事方面,双方军队在关内恢复1月13日的位置,在东北恢复6月7日的位置,规定双方军队驻地;在政治方面,国府委员中共与民盟合占14席,行政院与国府同时改组,依据政协原则制订的宪草提交国大并保证通过,国大召开日期和代表名额分配由政协综合小组决定,各党派向改组后的政府提交国大代表名单,地方政权维持现状待政府改组后实行地方自治③。马氏的努力再遭失败,而且与中共的关系也到了非常僵的地步④。10月10日,中

① 《总统蒋公大事长编初稿》卷6(上),第276—277页;*Marshall's Mission To China*, Vol. 1, p. 309。

② 《任弼时年谱》,第528—529页。

③ 《周恩来致马歇尔备忘录》(1946年10月9日),《中共中央文件选集》,第16册第304页。

④ 马歇尔和司徒雷登在关于蒋介石对张家口休战十天的条件的用词表达上,在10月6日马氏致司徒的备忘录上,说是蒋的条件将被“实行”,而在8日马、司两氏的对外声明中又改口说是可以“考虑”蒋的条件。这使周恩来极为不满,因为如果“实行”蒋的条件,“就等于一纸迫降书”,而对外说“考虑”显见有敷衍中共之意。此事使马歇尔更失去了中共的信任(《蒋介石的两条要求是迫我投降的最后通牒》,1946年10月9日,《周恩来一九四六年谈判文选》,第666页)。

共中央指示周恩来、董必武、叶剑英,“现时一切所为均在为分裂时责在彼而不在我”,“目前谈判与军事无联系,不发生配合问题。你们只把握教育群众,表明分裂责不在我一点便好,对美蒋欺骗取坚决揭露方针,对马司退出调停之表示不要表示挽留之意,再过一时期我即应考虑退出执行部”①。此时的调处对于国共美三方面来说都失去了意义。

10 月 16 日,蒋介石发表声明,提出处理时局的八点办法,主要内容为实施 6 月达成的有关恢复交通、军调部调处办法和东北军队驻地方案等三项协议,华北华中国共军队暂驻现地以待三人小组商决,五人小组成立之协议交政协综合小组处理,关内地方政权问题由改组后之国府解决,宪草委员会商定宪法草案后交国大讨论,在中共同意以上各点后下令停战,同时中共交出国大代表名单②。中共认为,蒋介石在国民党军队占领张家口后,即宣布开国大,此时又提出此一声明,表明其“方针是政治大攻,军事大打,现在他骄气正盛”,中共决不能在这种情况下屈服③。18 日,中共中央发表声明,提出:“今日一切会谈如欲有其真实结果,必须承认停战、政协两协定的神圣效力,即承认恢复一月十三日国共双方军事位置为一切军事商谈的准则,承认实行政协一切决议为一切政治商谈的准则。”④蒋的声明遭到中共的拒绝,此后的政局转入围绕国大召开问题各方之间的纵横捭阖,第三方面登场,美国调处反退居二线。

---

① 《关于目前战局及谈判问题》(1946 年 10 月 10 日),《毛泽东军事文集》第 3 卷,第 517—518 页。周恩来早于 8 月底给中共中央的电报中已经提出:“估计前途,美国可能撤兵而仍暗中助蒋内战,而蒋仍大打,起码要作本年准备,大打中开国大与否,须看情况如何,如此马司调处及执行部已无作用,我应主动提出撤退以准备下一步。”(《美蒋在三个问题上已得到一致意见》,1946 年 8 月 31 日,《周恩来一九四六年谈判文选》,第 635—636 页)

② 《中央日报》(南京)1946 年 10 月 17 日。

③ 中国军事博物馆、中央文献研究室朱德研究组编,袁伟、吴殿尧主编:《朱德军事活动纪事》,解放军出版社 1996 年版,第 682 页。

④ 《解放日报》1946 年 10 月 18 日。

二　反战运动与反美运动

自东北战争爆发之后，国共商谈没有进展，6月停战令到期前后，国内笼罩着一片战争气氛。反对内战，要求和平，是广大民众和社会各界人士的强烈呼声。在这样的呼声下，国内一度出现了颇具声势的反战活动。

6月8日，以马叙伦领衔，上海各界知名人士陶行知、马寅初、茅盾、巴金、许广平、周建人等164人联名上书蒋介石，内称："国内人情，莫不深厌战祸，盖中国既为世界政局未来之枢轴，而战焰复燃，足以外召凌侮，内致崩离，公论皆谓抗战已终，一切皆属内政问题，自宜偃息干戈。"①6月23日，由上海人民团体联合会为主②，推出马叙伦、蒉延芳、盛丕华、阎宝航、雷洁琼等十一名代表，组成上海人民和平请愿团，赴南京向各方请愿停止内战。车至镇江，即有自称为苏北难民代表的人上车纠缠，车到南京下关车站后，代表们受到名为苏北难民代表实为国民党组织人员的围攻。据马叙伦日记所记，由于请愿代表不听这些人的鼓噪，车站内"打声四作，候车室窗户皆为挤开，往窗飞跃而入者，先击浦熙修等，洁琼亦被持其发，痛殴，受伤极多而甚。余首被殴者四处，皆起大包，眼鼻亦伤，腹受踢，遂以痛坐地"③。民盟在向国民党的抗议中指称："在场军警时多时少，时远时近，始终不为有效之制止，以致自晚七时拖延至夜深十二时，前后历时五小时余，以首都重地，军警如林，而不能维持秩序，保障人民生命身体之自由，窃不能不怀疑吾人为有政府抑为无政府。此断非可以防范疏忽等论调推卸责任者。"④请愿团在南

① 《新华日报》1946年6月12日。

② 上海人民团体联合会由民主促进会发起，于当年5月5日成立，参加者有各界社会团体53个(后发展到91个)，自成立后便一直呼吁和平，反对内战。

③ 《人民政协报》1986年7月8日。

④ 《民盟代表团致函国民党代表对南京血案提三项意见》(1946年6月25日)，《民主同盟文献》，第115页。

京会见蒋介石时，向蒋请愿不要再打内战。蒋介石告诉他们，“放心，和平很有希望。即使他们（指共产党）打过来，我也不打过去”①。然不及一月，全面内战已经爆发，更严重的事件接踵而来。

7月中旬，在全面内战的低压气氛中，云南省会昆明连续发生两起震惊全国的政治谋杀案，引起国内各党派、一般民众和舆论界的震惊和广泛关注。11日晚，战前以“七君子”之一闻名于世的民主人士李公朴偕夫人外出访友并看电影，散场后在回家途中遇刺身亡。四天之后，15日下午，刚在李公朴追悼会上悼念亡友并痛斥杀人者的著名教授闻一多，也在回家途中遭暗杀而逝。出事前，有人劝闻一多暂避，但他表示“事已至此，我不出则诸事停顿，何以慰死者？”临出门前，他又说：“今天跨出大门，就不准备再跨进大门。”②结果，闻一多以身殉言，终于倒在暗杀者的枪口之下。案发后，昆明形势空前紧张，民盟在滇负责人潘光旦、费孝通、张奚若、楚图南等不得不至美国领事馆暂避，民盟刊物《民主周刊》等则被查禁。

这两次暗杀发生在昆明不是偶然的，昆明长期是地方实力派龙云的地盘，龙为了与蒋抗衡，对民盟的活动采取了默认和赞助态度，兼之因抗战而迁至昆明的西南联大汇聚了一大批自由主义知识分子，使昆明成为民主派活动的基地，久为国民党所不满。抗战胜利后，蒋介石利用赴越接收迫龙云下台，西南联大准备复员，学生陆续离开昆明，民主派活动失去奥援，又值国内形势紧张之际，云南国民党当局遂有此举。从5月份起，昆明各种五花八门的组织和刊物即不断传出对民盟以至李、闻二人不利的谣言，诸如民盟成员是共产党员，民盟要组织暴动，闻一多正组织暗杀团，李公朴携款到滇等等，且越传越甚，情节已至离奇程度。迫使民盟云南支部不得不于6月底连续举行记者招待会，申明

---

①　雷洁琼：《血溅金陵忆当年——一九四六年“下关事件”亲历记》，《文史资料选辑》（北京）第16辑，第34页。

②　中国民主同盟总部编：《李闻案调查报告书》，1946年印本，第20—21页。

民盟所持为“和平建国，民主团结”的宗旨，以和平方式争取民主，并非暴力革命团体①。然此种表示并未使云南的主政者有所收敛，各种谣言、威胁仍不断出现。案发地点附近，军警机关密布，但却无人出而过问，刺闻更是发生在光天化日之下，事后凶手从容登车而去，可见这决非一般凶案。

李闻案发之时，正值国共和谈停顿，国内政治空气空前紧张，全面内战已经爆发。李闻案又有明显的国民党方面背景，此一行动显然具有强烈的政治意义，当政的国民党难辞其咎。李闻案一出，即引起舆论强烈反应。《大公报》在社评中写道：“李公朴这个人，本如鸿毛之轻，而遭如此凶死，其意义却有如泰山之重。假使李氏之死，是有政治背景，则前方兵争，后方暗杀，那岂不是国家大乱的象征？”“如此杀人，对中国民主前途，威胁至大。”②当事主角民盟由其政协代表致函国民党政协代表并转蒋介石，声明此两案“是直以恐怖手段对付在野党派，实可骇异。且本同盟始终坚持以和平方式争取民主，自身从未利用武力，并坚持各政党均应放弃其武力，今乃以暴力残杀无武力之在野党派如同盟者，则尤可异讶，因是不能不向政府当局提出严重质问与抗议”③。民盟主席张澜致电蒋介石，直接批评其“惟凶手特务，敢于横行无忌，如此发纵指使，必有背景，主席于事先，似不应完全不知，知之而不早为纠正防范，而奉令缉凶者，又仅于事后巧事推卸敷衍，必不得已，则执一二不相干之人以塞责，则天下人对主席保障人权之诺言，讵敢相信！如谓此

① 《李闻案调查报告书》，第 11 页。

② 《李公朴案感言》、《闻一多案的判决》，《大公报》（上海）1946 年 7 月 16 日、8 月 27 日。《大公报》在战后对国民党的政治、经济措施屡有公开批评，以至蒋介石恨之为：“《大公报》言论，几全为共党宣传，已丧失其昔日之公正立场，至为惋惜。”（《总统蒋公大事长编初稿》卷 6 上，第 228 页）

③ 《为李闻案向政府提出严重抗议》（1946 年 7 月 22 日），《民主同盟文献》，第 123 页。

类暴行，并无背后指使，则特务行动，自由如斯，所谓纪律者又安在?”① 不仅如此，这两次暗杀事件，原因出于国民党“恨民盟是共产党尾巴”，蓄意“破坏民盟，打击民盟”②，从而不能不导致民盟为自身利益向中共进一步靠拢，开始对国民党采取公开批评的态度。在7月15日民盟政协代表举行的记者招待会上，民盟代表批评国民党拒绝再开政协会议为最重要的错误，要求立即恢复政协会议，实行政协决议，尽快成立联合政府，从而与中共在国内政治问题上的立场相一致。其后，民盟又批评蒋介石8月14日的文告，认为政协决议之所以未能实行，执政党比在野党之责任为大，文告所提方针完全违反政协决议，并举李闻案为例，“在此事存在之下，有武力政党如何敢放下其武力”。当有人问民盟为什么不批评中共时，梁漱溟称，在此一致争取和平之时，目标一致，不能批评③。可以说，在这样的敏感时期，国民党方面策划李、闻案，本想打击反对派，但就政治影响而言，此事对国民党可谓因小失大，非但没有得到什么利益，相反却导致其政治形象的下降。

社会各界及国内外舆论对李、闻案的强烈反应，使国民党当局处于一个十分尴尬的境地。内心里，它无疑支持至少默认这样的举动，而表面上，它又不能不应付各界要求严惩凶手的呼声，以至蒋介石出面对美国大使司徒雷登表示，“政府必切实查究，并重申负责保护人民之生命与自由”。面对社会各界的指责和抗议，国民党不得不作出

① 《中国民主同盟主席张澜电责蒋介石》(1946年7月18日)，《中国民主同盟历史文献》，第198—199页。

② 《中国民主同盟主席张澜就国民党当局破坏民盟发表谈话》(1946年7月21日)，《中国民主同盟历史文献》，第201页。在此两案前后，民盟还遭到国民党一系列打击。5月3日，民盟中常委、西北支部主委杜斌丞担任发行人的西安《秦风工商日报》被迫停刊，该报顾问、民盟盟员王任竟在4月13日被诬以“烟犯”名而遭枪决。民盟成员、著名教育家李敷仁4月30日遭国民党特务绑架枪杀，幸未死而辗转逃至延安。8月18日，民盟主席张澜又在成都参加李闻追悼会后遭特务袭击。

③ 《民盟发言人为蒋主席八月十四日文告发表谈话》，《梁漱溟先生说明民盟对中共态度》，《民主同盟文献》，第126、146页。

一系列姿态。陆军总司令顾祝同、宪兵司令张镇和警察总署署长唐纵先后抵昆明查办此事。8月25日，云南警备总司令霍揆彰被下令革职看管，由何绍周接任，警总特务营三连连长汤时亮和该连排长李文山，以闻案凶手罪名被处死刑，此一震惊全国的大案暂告一段落①。

反对内战的和平运动的进行，无论参加者的主观愿望如何，实际不能不有利于中共，而不利于国民党，也正因为如此，国民党对此持反对态度，而中共则持支持态度，许多反战活动本身就是在中共地下组织的领导下进行的。如上海人民和平请愿团的请愿活动，就是由中共上海工委书记华岗向周恩来建议，得到同意后，由中共上海地下党组织实施的。从请愿代表的产生、请愿口号的选定，到请愿的具体方式、欢送队伍的组织等等，都是由中共上海地下党具体操办的②。国民党对反战和平运动当时还不便公开镇压，只好采取暗中活动或特务活动方式进行破坏，而这又与民众要求和社会舆论的呼声站在了对立面，从而使自己在争取民众的工作中失了重要一分。如当时舆论所言，国民党的行为无异“为渊驱鱼，为丛驱雀”，处境实在尴尬。

1946年底反美运动的爆发，更使刚刚召开国大通过宪法的国民党处于左右为难的境地。12月24日晚，北京大学先修班文法组学生沈崇，在北京城中心的东长安街东单操场附近，被美军士兵强奸。

---

① 据时驻大理的滇西警备司令王凌云回忆，闻案真凶为云南警总二处(稽查处)处长王子民等人，事发后由顾祝同令他派人秘密押至滇西大理看管，他调走时又移交警总(王凌云:《国民党处理闻一多被刺案凶犯内幕》,《文史资料选辑》第50辑，第175—176页)。1950年4月，参与闻案的蓝鹏、崔宝山等三人在昆明被处死刑。1951年1月10日，王子民在成都被处死刑。1958年4月26日，最后一名涉案人员、原预备二师谍报队组长蔡云祈在江苏盐城被处死刑(李晓奇:《“杀人者终必覆灭”——暗杀李闻两先生的漏网特务归案记》,《中国青年报》1997年2月14日)。

② 中共上海市委负责人刘晓、刘长胜、张承宗和中共中央青委书记冯文彬等，在上海和平请愿团出发当天，均亲临上海北站秘密指挥行动。参刘晓:《关于“六·二三”上海人民和平请愿运动的一些回顾》,《上海党史资料通讯》1987年第6期。

自美国军队在中国登陆后，美军士兵恃强凌弱、行为不检之举所在多有，引起中国人民的强烈不满。此时又正值中美商约刚刚签订不久，舆论对商约确立的美国对华经济优势多有批评，使社会上形成对美不利印象。恰恰“沈崇案”发，又因为“这件事发生在文化首都的北平，最高学府的北大的一个名门闺秀的年青女学生身上”①，立即引起北京大学学生的抗议，并进而扩散到社会。使社会的对美不满情绪找到一个发泄点，经过传媒的广为传布，很快在全国形成了一次反美运动。

北京大学学生得知“沈崇案”后，立即召开了抗议美军暴行大会，会上发表《告全国同胞书》，控诉“我们中国的国民在自己的国土上都得不到平等的法律保障，犯罪的美军们一直逍遥法外，受迫害者却无从申诉，这表明了不但中国人的民族尊严已被糟蹋无余，而且连生杀大权也完全操在外国人的手里了”。告同胞书提出应严惩凶手并由美军最高当局公开道歉，同时要求美军立即撤出中国②。这样的要求为此次运动定下了强烈的政治性质。北大学生的行动，很快得到了北平以及全国大中学校的支持。12 月 30 日，以北大、清华、燕京为主导的北平各大学学生万余人，举行示威游行，并向北平行辕请愿，强烈抗议美军暴行。南京、上海、天津、杭州、武汉、重庆、广州等大城市的大中学生也都先后举行了支持北平学生、抗议美军暴行的示威游行。

反美学潮得到各校教授和社会各界的支持。北大名教授沈从文、周炳琳、钱端升、朱光潜、向达等 48 人得知“沈案”之后，致书美国驻华大使司徒雷登称，“先生以教育家出任驻华大使，对此事之观感，当与吾

① 周扬：《在爱国主义民族大团结的旗帜下胜利前进》，《晋察冀日报》1947 年 1 月 20 日。沈之曾祖父沈葆桢，为清朝两江总督，其父时任交通部处长。

② 《国立北京大学全体同学抗议美军暴行大会告全国同胞书》，中共北京市委党史研究室编：《抗议美军驻华暴行运动资料汇编》，北京大学出版社 1989 年版，第 137—138 页。

等相同”;“望保证此后绝不再有类似事件在中国任何地方发生,事关吾国国民身体自由,及人格完整之保障,处置略欠允当,并足影响中美两国人民间之敦睦”①。清华大学教授绝大多数赞成罢课和游行,朱自清主张彻底解决美军驻华问题,吴晗并望同学与外界社会各阶层联络行动②。他们对此事的反感与抗议,不能不牵涉到执政的国民党当局,从而演变为要求美军撤出中国,要求和平,反对内战的政治诉求。向达认为,国大闭幕宪法制完就应该也算民主了,宪法的兑现程度如何,就要进行考验了。张奚若表示,事情不能孤立看,这是一连串事实的继续,非彻底解决不成,彻底解决,非美军撤出中国不可。民盟在公开表态中认为,美军一日不离中国,此种暴行一日不会中止。美军在华无必要,应即退出中国③。全国各报亦对学生行动发表了大量正面报道,起到了推波助澜的作用。

对于反美学潮,国民党出于公众反应既不能公开镇压,考虑到对其极为重要的对美关系又不能听之任之,处境颇为尴尬。蒋介石对于学潮的处理原则是:1. 对共党扰乱我后方社会,应指明其叛国害民之罪恶;2. 中美国交与关系,不能以美兵个人罪行,而妨碍破坏;3. 统一我内部之言论行动④。这种力图将此事限制在法律范畴内的处理原则,不能化解公众激烈的情绪,负责具体处理的国民党官员又奉命惟谨,不善以技巧性操作应付公众情绪,反而刺激了运动的扩大。北平市政府虽于27日对美方提出严重抗议,要求严惩凶手,严肃纪律,但为了避免刺激美方,当局在公开表态中,一再强调“此案系一纯法律问题,酒后失检,各国均所难免”,这种态度极易引起公众的反感,尤其是在中国这样一个讲究传统道德的国度⑤。国民党在北大的代表人物、北大训导长

① 《新民报》1946年12月31日。

② 《益世报》1946年12月30日。

③ 《益世报》1946年12月30日;《新华日报》1947年1月1日。

④ 《总统蒋公大事长编初稿》卷6(下),第353页。

⑤ 《华北日报》1946年12月29日。

陈雪屏出语荒唐，先训斥学生说，“该女生不一定是北大学生，同学何必如此铺张”；后来为了“威信”又予否认，但又说什么，“该女生亦有不是处，为什么女人晚上要上大街，而且还是一个人”。各校且有此事为中共“阴谋”的传单出现。此种言论当即引起学生与社会舆论的愤慨①，可以说，国民党当局的应对无方，是学潮得以发生的重要因素。

处在风暴漩涡中心的北平各大学当局，显然不能完全按国民党的解释行事。刚刚开完国大、在学生游行当天才回到北平的北大校长胡适，态度较为温和，他称“这是一个法律问题，希望能够早日得到合理合法解决”；“这是东方特殊的道德问题，国人当然同具愤慨。学生间的开会游行，亦属理之常情，但不可罢课”②。北大秘书长郑天挺表示，“北大四五十年一贯作风，向无干涉学生运动之成例”。清华校长梅贻琦和燕京代校长陆志韦，对学生行动均表示同情。梅贻琦在北平学生游行当天上午，主持召开北大、清华、燕京三校联席会议，决定对学生游行不加阻止，并联络各有关机关，请求保护。由于学校当局的态度，北平游行得以顺利进行③。直到反美游行高潮过后，1947年1月4日，行政院院长宋子文才对各地发出通令：此事为该犯事美兵之私人行为，犯事者自应受法律裁判，至中美两国间之友谊，自不应因此而受损害，任何人亦不应以此种私人行为为借口，而有损侮我

① 《华北学生运动小史》第1分册，1948年印本，第13页。陈雪屏一言既出，北大学生即贴出斗大告示，上书：“如果是你的妈，你管不管？”北大教授钱端升说：学校里出了一个情报网，说是被奸同学是从延安派来的女同志，逗引美兵制造事件。这是造谣的低下手段，超出了言论自由的范围（《文汇报》1947年1月5日；《益世报》1946年12月30日）。

② 《大公报》（天津）1946年12月31日。

③ 《益世报》1946年12月30、31日；《世界日报》1946年12月31日。

友邦或友邦人民之行动①。

反美学潮得到中共的支持和领导。“沈崇案”发后，北平各大学中的中共地下党认为，时机非常有利，应当放手发动群众，作出反应，给美蒋以打击。他们因此进行了发动学生、组织反美抗议运动的工作②。中共中央得知北平反美学潮的情况后，立即指示国统区组织，在各大城市尽量发动游行示威，“造成最广泛的阵容，并利用国民党所宣布的元旦起实行宪法人权条文，采取理直气壮的攻势，使国民党不敢压迫，并达到暴露国民党之媚外卖国及其国大制宪全系欺骗之目的”。更重要的是，全面内战爆发及制宪国大召开之后，中共亟须以群众运动扰乱国民党后方，打破国民党合法与正统的外部形象，反美学潮即为中共发动国统区的群众运动找到了一个极好的突破口③。连马歇尔都告诫国民党官员，反美示威虽然无疑有共产党的参加和鼓动，但有迹象表明，示威也是间接反对国民政府的，而且是普遍的反国民党情绪的一个信号，在不久的将来，这种情绪将转到直接反政府一面④。反美学潮过后，1

① 《世界日报》1947 年 1 月 5 日。根据中美新约，美国在华领事裁判权已经废除，但因战时同盟国关系需要，根据 1943 年 10 月 1 日公布的《处理在华美军人员刑事案件条例》，在华美军所犯刑事案件，除非美军当局愿意移交中国者，均归美军军事法庭及军事当局裁判，中方可以要求美军将处理经过及进行程度随时通知中方。该条例本应于战争结束后六个月废止，但中方因美军在华任务未完成，1946 年 3 月 3 日又予延长一年，至 1947 年 3 月期满。故沈案仍由美方审判（《国民党政府政治制度档案史料选编》上册，第 612 页）。1947 年 1 月 17 日，驻华美国海军陆战队军事法庭开庭审理沈崇案被告皮尔逊，22 日法庭判被告强奸罪名成立，3 月 3 日，驻华美国海军陆战队司令部宣布，皮尔逊被开除军籍，处以 15 年劳役。但皮尔逊被押送回国后，8 月 11 日，美国海军部宣布，原判证据不足，应予撤销，皮尔逊宣告无罪并恢复职务。

② 关于这方面的情况，可参《北平学委抗暴运动总结》，载北京市档案馆编：《解放战争时期北平学生运动》，光明日报出版社 1991 年版。

③ 据中共北平学委对反美学潮的总结，此次学潮“使群众运动由防御转入进攻”；“是亲美的传统思想转为反美的运动，是有划时代意义的转变”（《北平学委抗暴运动总结》，《解放战争时期北平学生运动》，第 69 页）。

④ *Marshall's Mission To China*, Vol. 1, p. 419 - 420.

月28日，成立了平津学生抗暴联合会，3月8日，进而成立了全国学生抗暴联合总会，两会的宣言中都提出，“立即停止内战，实行政协决议，成立联合政府”的要求①。将反美学潮的政治诉求又推进了一步，为五二〇学生反饥饿反内战运动准备了条件。

第三节　制宪国大的召开

一　围绕国大的纵横捭阖

制宪国大是战后中国政治斗争的中心问题之一。对于国民党而言，当政近二十年尚未确立一部宪法，使国家政治体制处于悬空状态，无论如何说不过去，而且随着时代的发展，其训政体制已经越来越难以得到社会认同，由此孕育着社会的不安定因素。因此，自抗战中后期起，国民党便一直酝酿召开因抗战而搁置已久的制宪国大，企图以“训政”向“宪政”的过渡而为自己的统治找寻更能为社会接受的法理依据，并以此完成社会整合。然而问题在于，中国政治的发展已经超越了国民党可以一手遮天的阶段，国大的首要议题制订宪法便引来了众说纷纭，中共和民盟对制宪有其自己的主张，并成为事实上的盟友，任何一部宪法得不到他们的认可，便不具有统一全国人心的代表性。抗战后期，此事已成为困扰国民党的一大政治难题。政协会议期间，制宪原则问题几经争论，终于得到了各方都可接受的结果。本来按预定计划，国大应该在5月5日开幕，但是政协会议之后的和解气氛很快便被破坏了。对召开国大至关重要的宪草修改问题悬而未决，先改组政府再开国大的程序无法实行，因此国大能否如期召开再次成为各方关注的焦

① 《平津学生团体抗议美军驻华暴行联合会宣言》(1947年1月30日)，中共北京市委党史研究室编:《抗议美军驻华暴行运动资料汇编》，北京大学出版社1989年版，第369页。

点。在中共的反对下,4 月 24 日,国民党同意国大延期召开,后又于 7 月 4 日宣布改至 11 月 12 日召开。

就在国共双方战场斯杀的同时,政治上的斗争也没有停止,其中的中心环节就是国大问题。国民党急于通过召开国大,制定宪法,使国内外认同其统治合法性,并使中共陷于孤立;中共坚决反对在其他问题未能完满解决前召开国大,实际是以此作为手段,不使国民党建立统治合法性的既成事实;中间党派既愿意通过召开国大使中国走向民主化,又不愿意因为国大问题而使国共彻底破裂,因此极力调和国共,希望找出一个圆满的解决办法。随着国民大会预定召开日期的临近,各种政治势力围绕这个问题,纵横捭阖,演出了中国政坛的一幕幕悲喜剧。

国民党在国大开会日期问题上一延再延,自感有失尊严,因此国大已成了国民党的心病,开不成国大,就标志着国民党的失败。内心里实际上并不想放弃一党专政地位及其利益的国民党当局,表面上却成了实行多党民主制的热心鼓吹者和捍卫者,“制宪”和“还政于民”一时间成了国民党最有力的宣传口号。为了达到开成国大的目的,国民党一面极力拉拢民盟,一面在战场上向中共施加压力,以战迫和。

中共对国民党开国大的用意一目了然。中共的战略就是让国民党开不成各党派共同参加的国大,不让国民党打出合法的旗帜。即便国大开成了,只要中共和民盟不参加,国大就是一个残缺不全的国大,国民党就不能以此作为号召各界的借口。对于国民党的政治、军事攻势,中共在政治上争取民盟,军事上坚决抵抗,以不妥协的姿态与国民党对抗。

10 月 11 日,国民党政府军攻占张家口,当天下午,蒋介石即宣布国大如期在 11 月 12 日召开。此时国民党上下都为胜利冲昏头脑,判断“共党主力已被击溃”,“如能再将冀鲁平原收复,则共党无可为矣”,因此匆忙宣布召开国大①,企图一鼓作气,以军事胜利压迫中共在政治

① 唐纵:《在蒋介石身边八年》,第 652 页。

上屈服,如中共拒绝,则以国大号令各党派和舆论,完成社会整合工作。这是国民党一大政治失策。当时舆论评论为:“这从政府方面看,是一个军事胜利紧接着一个政治僵局,这是很欠斟酌的。”“在军事上,政府占了优势,要解决问题,还得靠政治。”①民盟也认为,“国民党以一个‘战胜者’的姿态来召开国大,是威胁!是利诱!我们民盟不能放弃自己的意见和立场,不怕一切威胁利诱,绝不参加”②。

国民党召集国大的命令发表后,原本积极调处中国内战的美国人感到事已无可为,遂推出以民盟为代表的第三方面再作努力。第三方面因为国民党极力拉其参加国大,感到在表明其态度之前,先有调停国共之必要。而且国共之间在国大问题上僵持不下,使民盟以为自己可以有所作为。照梁漱溟的说法,“国民大会大家都不来是国民党在政治上的大失败;反之,各党派如果参加国大而共产党不参加,共产党顿形孤立”③。国共两党都在争取第三方面在国大问题上的支持,国民党不想因为国大背上分裂的名声,中共则希望以此教育第三方面认清国民党的不可信,因此给了第三方面一次表现的机会。自6月以后一度沉寂的第三方面调停再度趋于活跃。

10月17日,国民党代表吴铁城、邵力子和雷震到上海,与各党派代表交换意见,并力邀周恩来回南京谈判,以此发起和平攻势。周恩来此前即估计,国民党将“争取第三方面参加‘国大’,争取舆论同情而孤立我们”;因此“中心的环节是争取第三方面,揭穿蒋的和平攻势,虽不能争取到全部不参加‘国大’,如能争取民盟大部不参加就是胜利”。中共中央同意他的判断,指示他“给第三者面子,参加三人会商与政协综合小组,不参加非正式五人小组”;“对于美蒋背信弃义,破坏和平,作历

① 《为国民大会设想》,《大公报》(上海)1946年10月14日。

② 《中国民主同盟主席张澜对时局发表谈话》,《中国民主同盟历史文献》,第241—242页。

③ 梁漱溟:《忆往谈旧录》,第210页。

史性解释”。所以中共在明知谈判很难成功，周恩来且已准备只待国大开幕即回延安的情况下，在第三方面出于种种原因劝说周恩来回宁时，周恩来同意回南京继续谈判①。

此时谈判表面上的主角是第三方面，尤以民盟为中心，参加者有民盟的黄炎培、梁漱溟、罗隆基、章伯钧、张君劢，青年党的李璜、左舜生、陈启天、余家菊，无党派人士莫德惠、缪云台，可称知名的中间派人士几乎全体出动。作为第三方面而言，其内部立场并不完全一致，青年党更接近于国民党方面，民盟更接近于中共方面。但就总体而言，第三方面希望国大能够顺利召开，以获得自己合法参政的机会，而不愿在国共分裂的情况下召开国大，那样国大就缺少了名正言顺的号召力，而且一个没有中共参加的国大，只能是国民党主宰的民意工具而已。因此第三方面此时调解国共之心还是非常迫切的。

然而全国形势的发展，使第三方面的调解一开始就显露败象。不给第三方面面子的首先是蒋介石。10 月 21 日，周恩来和第三方面代表一行到达南京，然次日蒋介石在与他们匆匆见面之后，未谈正事便启程飞往台湾视察，此举表明蒋根本无意谈和，所谓重开谈判不过是敷衍美国人和国内外舆论而已。23 日，第三方面与国民党代表首次聚会，第三方面转达中共提出的国府委员名额、行政院改组、宪草、国大日期、国大代表名单、地方政权、停战及驻军地区等问题的解决办法，王世杰的答复完全以蒋介石 16 日声明所提八项条件为依归，几乎没有透露出国民党方面任何妥协的可能性，已经预示了调停的结局②。尤其是 25 日国民党政府军又在东北占领安东，使周恩来极为愤怒，经第三方面的极力挽留才同意暂时留在南京，但和平前景更为黯淡。

---

① 《对国民党正在发动和平攻势的斗争策略》(1946 年 10 月 14 日)，《周恩来一九四六年谈判文选》，第 677 页；《朱德军事活动纪事》，第 682 页。

② 蒋匀田：《中国近代史转捩点》，第 107—108 页。

此次第三方面调停采取的方法是，由第三方面与国共分别商谈，听取意见，然后再转达彼此的意见。国共双方，一个是八条，一个是二条（中共18日声明）。第三方面原以为既是要价，总有还价的余地，岂知国共都坚持自己的立场，第三方面代表"愈跑愈觉得这个中间派难做，总找不着双方要价还价的眉目来"，经过几天奔波，毫无进展①。第三方面感到这样下去终无尽期，不少代表已厌倦思归，而国大开幕在即，时间不容再拖，便在28日搞出一个自己的方案，内容为：全国军队一律就地停战，依整军方案整编进驻；地方政权依据政协决议由改组后之国府解决；依据政协决议及程序，商定改组政府、国大、宪草问题，一致参加政府和国大。但是梁漱溟在讨论时认为应吸取过去失败的教训，还应该将方案的规定具体化，如东北军队驻地应事先规定，以免到时再起争执，出席者遂推举黄炎培、梁漱溟和莫德惠三人进行研究。三人提出东北中共军队驻齐齐哈尔、北安和佳木斯三地，莫德惠又提出长春路沿线各县政权除中共已接收者外，由国民党派县长和警察接收。这个方案得到了第三方面参加调停者的一致赞成，他们认为现在再恢复1月13日的位置"非事实所可能"，需要国共双方"衡情酌理，互相让步"②，而且第三方面调停者迫切希望早有成果，心浮气躁，在未事先征求各方意见的情况下，便贸然将这一方案送交国、共、美三方。然而事实全不如他们的一厢情愿。且不说就地停战方案明显有利于国民党，与中共提出的和谈条件相距甚远，他们自作主张提出的东北中共军队驻地和国民党接收长春路沿线政权方案，也是中共决不可能接受的。周恩来见到这个方案后极为震怒，痛斥第三方面不守信义，落井下石，蒋介石要把我们打倒在地下，你们还要踩上

① 罗隆基：《从参加旧政协到参加南京和谈的一些回忆》，《文史资料选辑》第20辑，第265页。

② 梁漱溟：《忆往谈旧录》，第215页。梁漱溟认为，国民党的八条，不包括解决东北的军事政治问题，而第三方面提案提出关内外同等对待，即为照顾到中共利益，何况整军之后，军队统一编组驻扎，所谓恢复某日位置即无作用。

一只脚①！接下来便出现了第三方面调解过程中戏剧性的一幕。他们见中共坚决反对这一方案，自知难以成功，又不愿让国民党用作借口，便由黄炎培、罗隆基、李璜、莫德惠四人去孙科处，告以这个方案还漏抄了一条，需要补上，将其从孙科处要回。经此一幕，第三方面的调解已很难进行下去。

10月29日，蒋介石会见民盟黄炎培，民社党徐傅霖，青年党曾琦、李璜、陈启天，以及无党派人士莫德惠、胡霖、缪云台等人，诱以第三方面如能先提交国大代表名单，虽中共不交，则政府亦可下令停战。蒋还对莫德惠、胡霖说，现在看你们社会贤达，是为国家还是为中共？胡霖建议找个办法将国大延期，并说这于政府威信也不妨碍，当场遭到蒋的训斥②。但是由于中共对民盟所作的工作，也由于国民党战后诸项施政措施大失人心，第三方面对国民党的拉拢反应冷淡。

第三方面提出的调停方案，未及正式提出即遭否定，第三方面的调停也失去了最初的动力。29日和30日，国民党政协代表与第三方面代表会谈，第三方面要求国民党再作让步，首先改组行政院，并表示最好由国民党与中共直接会谈，并有多人表示将陆续回沪。其间原因，李璜说了实话："此乃有如连环，不能打开，即政府要先提国大名单，而中共要先改组国府及行政院。政府所要求者，中共做不到；中共所要求者，政府不许可。"会后孙科认为，此次会谈"简直是第三方面代表中共说话，为中共而向政府办交涉，完全丧失其公正立场矣"③。然而国民

---

① 李维汉：《回忆与研究》(下)，第648页。因为民盟事先曾对中共表示，将加强同中共的合作，如有重要主张和行动，必先同中共协商，并征得同意，所以周恩来才如此愤怒。

② 李维汉：《回忆与研究》(下)，第650页。胡霖对于蒋的态度甚为不满，他曾在第三方面集议时表示，"在蒋统治下，绝对无民主可言。假如不是为人民的安全想，我一定主张革命"(蒋匀田：《中国近代史转捩点》，第146—147页)。然而在蒋的软硬兼施下，他最终还是参加了国大。

③ 《陈布雷主任上蒋主席续报告十月三十日政府代表与第三方面人士会谈情形文》，1946年10月31日，《中华民国重要史料初编》第七编第三册，第237页。

党方面也感到问题的严重，孙科、吴铁城、张厉生、邵力子、陈布雷、王世杰在事后联名给蒋介石的报告中认为，“目前形势，希望中共提出国大代表名单，固不可能，第三方面单独提出名单，在势亦有不能，因此对于十一月十二日即将开幕之国民大会，不得不作郑重之考虑”。他们建议，“此次国民大会原为制宪，而宪法为百年根本大法，自不宜在战争尚未停止之局势下开会议制，为此拟建议将大会日期再行延缓，一俟大局好转，再行召集”①。但蒋介石决心已定，他知道如果接受这样的建议，意味着国大将永无开会之日，除非国民党准备接受中共的条件，而这是蒋无论如何不能接受的。自全面内战爆发之后，蒋就准备在军事胜利的基础上召开国大，而现在他感觉时机已到，他不准备再作让步。

11月8日，蒋介石下令自11日起“全国军队一律停止战斗，各守原防”。蒋介石同时声称，国民党在一系列问题上之所以不能按政协决议的程序行事是因为，“自政协会议闭会以来，此半年间，一般情势已大有变迁，关外东北严重之战事发生，旋又蔓延及于华北，而中共军队之整编，迄未照协议之方案而开始实行。在此种状况之下，政治协议遂未能获得结果”。他声明“现国民大会依法选出之代表，均已如期报到，国民大会实不能再予延期，以增加政治、军事之不安，而加深人民之痛苦，且召开国民大会，为政府还政于民唯一合法的步骤，亦不能再有稽延，因此政府已决定国民大会于十一月十二日如期开会”②。这就封死了国民党再作任何让步的可能，因此虽然蒋在声明中表示军事、政治诸问题仍可协商解决，在明眼人看来不过是敷衍舆论的手段，而不再有任何实际意义，不仅中共决不会接受蒋的条件，民盟等党派也表示拒绝。在这种情况下，停战完全是为国大开幕营造一些虚假的和平气氛而已，各战场从未真正停止战斗。

---

① 《政府代表孙科等六人上蒋主席告第三方面人士态度突变建议邀集中共面商函》(1946年10月31日)，《中华民国重要史料初编》第七编第三册，第240页。

② 《中央日报》(南京)1946年11月9日。

自国民党宣布国大如期召开到其开幕的短短一个月中，各方面进行了频繁的接触。第三方面调停失败后，经过他们的建议，由国、共和第三方面组成非正式综合小组，开会讨论政治问题，同时由国、共、美三方非正式三人小组讨论军事问题。直到国大开幕前，非正式综合小组和周恩来、陈诚和马歇尔参加的非正式三人会议仍在断续进行。在国民党，是显示其尊重社会舆论，对第三方面进行拉拢；在中共，“目前谈判中心工作在向第三方面解释一切系蒋美骗局”，以争取第三方面对抵制国大的支持①。国共双方实际对一切早有定规。11 月 10 日，周恩来对马歇尔表示：现在争执的焦点，或者是政府取消国大，召开政协综合小组解决全部争端；或者是政府置中共及其他党派意见于不顾召开国大，在这种情况下，举行任何一种会议讨论政治争端的基础就荡然无存②。而国民党根本无意停开国大。双方之所以还在谈判，目的都是为了争取第三方面的支持。只有第三方面内心尚存一丝调停成功之念，因为他们明白，国共的分裂也就意味着第三方面的分裂。但此时国民党坚持蒋介石的八条，中共则坚持自己的两条，即一切照政协决议办事，同时恢复1月13日军事位置。在国共各执己见之下，第三方面日日聚议，但仍找不出可以使国共那怕是稍为接近的方案。于理，第三方面较倾向于中共，因为政协决议也是他们立身所在；然而于实际，第三方面无力改变国民党的立场。在现实的考虑下，第三方面内部也在分化。

第三方面调停失败后，各方关注的焦点转向他们是否参加国大。国民党仍极力企图将第三方面代表拉入国大，以充实民主的门面。据民盟人士言：“近日政府拼命拉第三方面，真是无孔不入，笔难尽述，证明了政府主要只在拉拢第三方面，交出国大名单，就算达到目的。”国民党向第三方面表示：“最好各方先提名单，即不然，只要第三方面提供保

---

① 《周恩来关于目前谈判中心为向第三方面解释致中共中央电》(1946 年 10 月 21 日)，《中共中央南京局》，第 174 页。

② 《周恩来年谱》，第 703 页。

证，交一部分国大名单，那怕三五个人都成，政府便可对十二日的开会，予以延期。”①11 月 11 日张君劢遂提出，由第三方面致函政府，说明如果国大延期至 12 月 1 日举行，在此期间解决各项问题，各党派可以参加，签字者即作为提送的提名名单。张君劢此举，为民社党、为民社党同仁、甚至是为自己与国民党的关系考虑兼而有之，不意却成为第三方面最终分裂的导火线之一。

张君劢提议以签名信解决交出国大代表名单与国大开幕在即之间的矛盾，民盟诸代表出于情面或其他考虑，在这封信上签了名。当天，蒋介石宣布国大延期三天举行，以示尊重民意。但在张申府、章伯钧和沈钧儒三人将此告知周恩来后，周立即向第三方面表示：二十多天追随诸位先生之后，一切都是为了实现政协决议及停战协定。政协召开决定于双十会谈，有国共谈判才产生政协，有政协才有第三方面。现在国民党要我们交名单，就是要分化中共与第三方面。事情牵涉全体，变成中间人避着我们去跳火坑，违背了政协决议。我们愿意谅解各位的苦衷，但我们必须坚持政协决议。国民党的用心很清楚，请大家进国大，为的是在脸上搽粉，而把中共踢开。我们有武装，可以同国民党周旋，而诸位将难免受压迫，希望有一天仍能在一起为和平民主奋斗②。结果除张君劢之外的民盟代表均退出签名。张君劢对此很不满意，表面上是表示独立行动，实际上是为民社党最终参加国大寻找理由。他表示“此后民社党不得不自由活动了”。青年党诸领导人亦借机表示对民

① 《范朴斋致鲜特生、张澜》(1946 年 11 月 7、16 日)，《中华民国史资料丛稿》增刊第 6 辑，第 114、121 页。国民党拉拢第三方面代表参加国大不自此时始，还在全面内战开始之后，国民党即开始有意识地拉拢第三方面人士集体或单独参加国大，以壮大国大的门面。陈立夫专门作了黄炎培的工作，希望他单独参加国大，然黄回以：“1. 我不能同意于不统一、不团结之下，通过宪法；2. 此路不能通，我不能助朋友走不通之路；3. 欲我离同盟，我不能自毁人格。”国大开幕后，杜月笙、钱新之、陶希圣还力劝黄参加，雷震则从南京一直追到上海劝说，为黄坚辞(《黄炎培日记》1946 年 7 月 27 日、11 月 21、23 日，《中华民国史资料丛稿》增刊第 5 辑，第 113、130 页)。

② 李维汉：《回忆与研究》(下)，第 651 页。

盟向中共靠拢的不满,同时准备参加国大①。第三方面在国大开幕前,终因为内部态度不一而面临分裂。

二 制宪国大的开幕

11月15日,制宪国民大会在南京国民大会堂开幕。截至当日,国民政府公布代表名单为1580人,已报到代表1420人,到会代表1355人,占应到代表总数2050人的三分之二②。蒋介石在开幕式演说中称,"宪法是全国共循的法典,一方面必须有远大的理想,一方面又必须顾及国家现实的情况,我们的理想就是国父遗留的三民主义和五权宪法,我们国家的现实,就是国家社会自抗战以来经过长期间的演变和进步,惟有理想与现实兼顾的宪法,才是适合国情而完善可行的宪法",其间含义不言自明③。

对于国民党不待各方一致同意坚持召开制宪国大,其他各党派均表明了自己的态度。11月10日和13日,马歇尔在国大召开前夕与周恩来进行了最后两次会谈,周表示,"政府单独召开国大,政治方面必然产生决裂,而军事方面亦将不无影响";"如国大将不延缓召开,则是明白表示政府正走向政治决裂之路"。马歇尔对此无话可说,他明白任何调解此时都是多余的了④。11月16日,周恩来举行记者招待会,发表了中共坚决反对及不承认一党包办国大的书面声明,并对记者表示:

---

① 《范朴斋致鲜特生、张澜》(1946年11月16日),《中华民国史资料丛稿》增刊第6辑,第123页;李维汉:《回忆与研究》(下),第650页。

② 因为国大开幕当日,民社党代表及若干其他代表尚未报到,故代表人数非最后人数。此次国大最终公布代表数为1745人,出席代表为1701人。

③ 《国民政府主席蒋中正致词》(1946年11月15日),《国民大会特辑》,东方出版社1947年版,第3页。

④ 《马歇尔特使与中共代表周恩来谈话记录内容摘要》(1946年11月10日)、《马歇尔特使与中共代表周恩来就延缓召开制宪国大问题谈话摘要》(1946年11月13日),《中华民国重要史料初编》第七编第三册,第243、250页。

"自国民党召开所谓一党国大后，已经把政协决议破坏无疑，政协以来和谈之门已被最后关闭。"①国共关系实际已经因为国大的召开而破裂。19日周恩来回到延安，他在对一年来的国共谈判总结时得出这样的结论："斗争的双方，在斗争的基本方针上是绝不会让步和变动的。基本方针，对蒋来说，是要用各种迂回方法消灭中共；对中共来说，是要用各种方法来实现民主，将反动阵营压下去。"②

第三方面调解国共的努力终因国共在国大以及其他各个问题上互不相让而无结果。国大开幕之日，第三方面也不得不表明自己的立场。国民党对民盟的态度以及民盟的现实处境，终于使民盟决定与中共共始终。11月14日，民盟总部秘书处发表紧急通告，声明民盟留京中委于11日决定：民盟历次宣言维护政协决议，一切行动以此为唯一依据，同人当竭尽最后一切努力，以求政协决议关于国大开会以前各项手续之完成。完成以后，即一致参加国大，未完成前，暂不参加③。其后民盟公开声明："民盟拒绝参加十一月十五日举行的国民大会，理由很简单，这次召集的国大违背了政协决议的整个精神，破坏了政协决议的程序，并且这次国大不是全国团结统一的制宪会议，这是举世共同承认的事实。"民盟今后的方针是"恢复和谈，停止内战"④。

作为第三方面成员的青年党和民社党则与民盟表示了不同的立场。青年党原就靠拢国民党⑤，在调停失败后，青年党声明："吾人为促

---

① 《新华日报》1946年11月17日。

② 《一年来的谈判及前途》(1946年12月18日)，《周恩来选集》上卷，第260页。

③ 《中国民主同盟总部秘书处紧急通告》(1946年11月14日)，《中国民主同盟历史文献》，第246页。

④ 《新华日报》1946年11月26日。

⑤ 在国大开幕前夕第三方面最后的调停中，青年党的李璜也强调遵守政协，决不单独提交名单，被认为"表现得很好，各方面都甚称赞他"(《范朴斋致鲜特生》，1946年11月2日，《中华民国史资料丛稿》增刊第6辑，第112页)。但青年党内主张参加者居多，尤以曾琦态度更接近于国民党，李璜最后也不能不随了大流，但他本人实际并未出席国大会议。

成民主宪政之实施，并与若干社会贤达表示一致之行动，更不愿引起全国日益水深火热之人民发生过度失望之感，始将本党代表名单，毅然提出。”①国大开幕当天，青年党代表向国大报到。社会贤达代表多数也参加了国大。此后，各方关注的焦点集中在民社党参加与否，如果形象较青年党为中立的民社党不参加国大，对国民党将是一大打击。

民社党内部对是否参加国大意见不一。张东荪、叶笃义等反对参加，张东荪且有言称，“民社党参加国大之日，即弟退出民社党之时”②，蒋匀田等主张参加③，但最后参加与否，关键在于主席张君劢的态度。张主张实行西方式民主制度，政协会议前后一度与中共和民盟联系较为密切，被民盟中人认为“态度非常之好”，“站得稳，拿得住”。即使此前因为签名信问题而对中共不满，但他仍向民盟内人士表示：“我作人有个格，党有个立场，分裂的国大，我们不会参加的。”④国大开幕前，他成为国共两党争取的重点对象。

11 月 1 日，张嘉璈接蒋介石电自东北飞南京，据其自记：蒋“此次

---

① 《中央日报》(南京)1946 年 11 月 16 日。青年党的陈启天私下曾对黄炎培说：青年党陷于十六字中，即内外夹攻，左右为难，进退维谷，啼笑皆非(《黄炎培日记》，1946 年 11 月 12 日，《中华民国史资料丛稿》增刊第 5 辑，第 128 页)。可见青年党在参加国大时的矛盾心理。

② 《中国党派》，第 45 页。后由于民社党内的斡旋，张等未退出民社党，但在次年 1 月的民盟二中全会上，张东荪当选民盟秘书主任，叶笃义当选宣传委员会副主任委员，民社党以两人违反党纪，决议停止其党籍，实际等于变相开除。

③ 此据范朴斋致张澜函中所言。然据蒋匀田言，民社党参加国大，“乃参加组成民社党的海外民宪党所促成。他们缘于渴望中国变成立宪政府多年，所以不愿放弃此一机会，因此敦促君劢先生同意参加。此一历史性的真情，逼得君劢先生无可如何，乃允予在求得保证通过政协宪草条件下参加”(《范朴斋致张澜》，1946 年 11 月 20 日，《中华民国史资料丛稿》增刊第 6 辑，第 126 页；蒋匀田：《中国近代史转捩点》，第 130 页)。

④ 《范朴斋致鲜特生、张澜》(1946 年 11 月 7、9、16 日)，《中华民国史资料丛稿》增刊第 6 辑，第 114、117、123 页。

要我返宁，专为希望我劝君劢家兄采取独立立场，勿受共方影响”，并嘱其“多多与君劢接洽”①。张嘉璈遂奔波于沪宁间，将蒋意传达给张君劢。私下接触外人难以度之，然张君劢的态度自此有了变化当属事实②。11月16日，张君劢决定向国民党提出参加国大条件，20日，张君劢公开致函蒋介石，强调在彻底实行停战命令和政协决议之前提下，“倘宪草能一本政协之决议，而同时政府能迎之于机先，早日自动表示结束党治，一面彻底执行停战命令，一面彻底实现政协决议之精神，则民主社会党同人虽深以各党不克共聚一堂为缺憾，然在此还政于民之日，自当出席以赞大法之完成”。此函既发，显见民社党是在为出席国大及避免外界批评寻找借口，蒋介石立即顺水推舟，次日即复函表示“函中指示各点，或为政府所已办，或为政府方在实施，要皆真知灼见，与政府不谋而合。……总之，函中列举诸端，俱为政府所当为，亦即中正个人所愿竭全力以求实现者。……故此国民大会，甚盼贵党人士出席，共同参加制宪工作，俾宪政早日实施，则先生所有政治主张，一切皆可迎刃而解。务希贵党与各党人士及社会贤达，一本抗战初起时精诚团结共赴国难之精神，与本党通力合作，以促进建国大业之完成，国家前途实利赖之”。经此一番公开对答，双方都找到台阶可下，民社党也就堂而皇之地参加了国大。23日，张君劢发表谈话称：“此次民主社会党与国民党交换之文件，纯粹以国家人民之需要为出发点，承蒋主席之答复，实为施行宪法前之重大表示。本党同人本此精神参加国大，以赞

① 姚崧龄：《张公权先生年谱初稿》，第760—761页。

② 民社党内有人认为，对于参加国大与入阁等问题，“君劢先生似举棋不定，俯仰随人，其实不然，君劢先生早已拿定主义，一步一步进去，但不肯坦白说出，不曾开诚布公，与各常委磋商，遂至闹出无限纠纷”（卢毅安：《中国民主社会党分裂之经过》，《中华民国史资料丛稿》增刊第6辑，第141—142页）。民社党革新派其后称，“参加国大的前夕，张氏还口口声声主张不参加，而中常会讨论的时候，九个常委除了蒋匀田外，也都不主张参加，但他突然来了个相反的决定，提出国大代表名单”（《中国民主社会党革新委员会告全国同仁书》，1947年8月，《中国民主社会党》，第415页）。

大法之完成。”①至此，民社党向国大提交 40 名代表名单。

民社党虽已决定参加国大，但张君劢本人仍表示不参加，使需要借助张君劢声望充实国大门面的蒋介石仍不罢休，派出多人劝驾。张既主张民主，对国民党的一党统治自不无反对，何况其对政协宪草出力甚多，出席分裂的国大脸面上有点下不来，因此他只能声明：“至君劢个人，向来好致力于政治思想与学术研究工作，所以自重庆各方讨论提出国大名单时，即一再声明不愿担任任何名义，至于讨论宪草时，无论任何方面，如需要君劢说明或参加意见，无不乐从。”②应该承认，张君劢对国大的态度是矛盾的。据张嘉璈的观察，张君劢在参加国大与否的问题上“有无限痛苦，认为中共问题不解决，即开国大会议，亦无补于国家统一与政治安定。但彼一生迷信立宪政治，总觉有法胜于无法，以致矛盾环绕于胸中”③。而且他长期受国民党的政治迫害，对蒋介石的“民主”承诺总抱着怀疑的态度④。但张君劢不仅对中共也对与中共接近的民盟抱有疑虑⑤，与国民党有着比较密切的人事往来，其弟张嘉璈

① 《张君劢关于参加“国大”问题与蒋介石往来函》(1946 年 11 月)，《中国民主社会党》，第 336—339 页。王世杰认为，“实际上彼等之参加恐不能有何贡献，唯国民党则可以宣布此次之国大并非一党之国大矣”(《王世杰日记》，1946 年 11 月 17 日)。

② 《张君劢关于参加“国大”的谈话》(1946 年 11 月 23 日)，《中国民主社会党》，第 339 页。张君劢事前与张群、王世杰等有数次商谈，告他个人将不参加国大，“以留彼与中共及民盟分子接触之余地”。结果蒋介石“答以既然如此，不必再勉强”(《王世杰日记》，1946 年 11 月 22 日；姚崧龄：《张公权先生年谱初稿》，第 770 页)。

③ 姚崧龄：《张公权先生年谱初稿》，第 769 页。

④ 据雷震回忆：张君劢对他说，“‘蒋中正是过河拆桥的人，有求于你的时候，可以满口应允，等到不需要你的时候，就一脚踢开，完全无视对方的人格’。所以他就不愿意参加国民大会来共同制宪，他对蒋中正守法的精神则是十分怀疑的”(雷震：《制宪述要》，台北桂冠图书股份有限公司 1989 年版，第 37 页)。

⑤ 因为签名信的问题，张君劢认为民盟与中共过于接近，因此对罗隆基说：“开除也好，退出也好，民盟跟着共产党走，我本来不想再搞了。”(罗隆基：《从参加旧政协到参加南京和谈的一些回忆》，《文史资料选辑》第 20 辑，第 282 页)

又是国民党高官，对于国民党的拉拢也不能过于拒绝，加之党内有要求参加以脱离在野地位而从政的呼声，因此他最终决定全党参加，但其本人不参加，以两面都留有余地①。

民社党既已决定参加国大，12 月 24 日，民盟秘书处致函张君劢称：民盟中央常务会第十一次会议议决，民社党参加国大，“与本盟的政治主张显有出入。兹经本盟决议，认为民主社会党已碍难在本盟内继续合作……应予退盟”②。次日，民社党发表声明称：此次参加国大，所以完成宪法，所以期望以宪政代替训政，较之于停滞在专政阶段，自进一步。本党既无武力，又无地盘，对于接近民主之路，岂能舍而不顾？本党自有主义，自有政纲，与夫因牵挂而起纠纷，自不如各自独立之为得计③。中国战后中间党派的代表力量民盟就此再度分裂。国大开幕之日，不仅是国共分裂之时，也是中间力量分裂之时，中国政治经过战后短暂的多元化时期后，再度呈现出两极分离的传统特色。民盟自己也承认，“在内战中的中国人民根本不能超然中立”，“今后只有民主与反民主之分，第三方面这一名词应成过去”④。

国民大会开幕时，决定保留中共和民盟代表名额。但在这样一个所谓决定国家根本大计的会议中，除了中共而外，国民党终于未能拉进最

① 张君劢决定参加国大之后，对罗隆基说过一段心里话：“这一伙人跟着我这许多年，好不容易等到了今天，抗战胜利了，国民大会要开了，联合政府就要成立了，我还能够要他们老饿着肚皮跟着我吗？国民党是国库养党。我有什么法子养这批党员？让他们去搞吧，我是不参加的。”（罗隆基：《从参加旧政协到参加南京和谈的一些回忆》，《文史资料选辑》第 20 辑，第 282 页）因为张君劢的态度，中共当时对他也留有余地。周恩来在离开南京前给郭沫若夫妇的信中写道：“青年党混入混出，劢老动摇，均在意中，惟性质略有不同，故对劢老可暂持保留态度。”（《东望沪滨　不胜依依——致郭沫若、于立群》，1946 年 11 月 17 日，《周恩来书信选集》，中央文献出版社 1988 年版，第 356 页）

② 《中国民主同盟历史文献》，第 255 页。

③ 《中国各党派史略与批判》，第 119 页。

④ 《文汇报》1946 年 12 月 24 日。

大及最有影响的中间党派民盟，使国大失去了所谓广泛的代表性，被当时的社会舆论评为，“在全体代表的成分中，虽有极少数的小党派及几个无党派的分子参加，然而无论如何，不是圆满而毫无缺憾的”①。国民党本想以国大为其一党统治打上民意与合法的印记，然而就理念而言，一个不能做到所有代表参加的国大，不仅不能为国民党提供广泛的社会整合基础，反而只能加深中国社会阶级阶层的分裂，给国民党的反对派提供攻击的口实；就实际而言，第三方面的多数代表未参加国大，对国民党争取民意支持是一大打击；尤为关键的是，一个没有中共参加的国大，根本不可能解决中国的任何实际问题，这不是国民党的主观愿望所可决定的。然而国民党迷信于武力可以解决中共问题，执著于维护自己统治的既得利益，坚持召开一个分裂的国大，使得国民党若干年来所谓通过制宪而“还政于民”的政治宣传，不仅没有取得应有的成效，反而成为其无法摆脱的政治包袱。

三　《中华民国宪法》的制定

此次国民大会按其组织法的规定为制定宪法并决定宪法施行日期，因而也被称为制宪国大。国民党提交国大讨论的宪法草案是张君劢草拟、曾经政协宪草审议会讨论而未得到各方一致认可的方案，此草案于开会前由王宠惠、吴经熊等作文字之整理校正，复经孙科、王宠惠、吴铁城等就校正稿加以研究，基本维持原案。国大开幕后，孙科邀请政协宪草审议委员会成员（中共与民盟未参加）再度审议后，经国民党中常会“原则通过”，11 月 22 日立法院决议“照案通过”，国民党遂以政治协商会议商订之宪法草案修正案的名义于 28 日提交大会②。由于政协被认为是全国一致的政治协商，因此蒋介石在向大会提出该草案时

① 《国民大会开幕　特致两点希望》，《大公报》（上海）1946 年 11 月 15 日。

② 秦孝仪主编：《实施宪政》，台北中国国民党中央委员会党史委员会 1978 年版，第 275 页。

仍然强调，这个草案是“根据政协的修改原则，再加审订整理和补充，成为完整的草案……中国共产党虽没有参加，而当时参加政协的大多数党派是经过同意的”①。大会分八个审查委员会审议宪草各章内容，另由综合委员会负责审查各组争论不决事项、各组审查结果与宪草原则有变更者、综合各组意见及宪草章节文字整理。

提交国大的宪法草案虽然作了若干于国民党有利的修改，如无形国大改为有形国大，取消立法院的不信任权，降低省的自治地位等，但因为当时的情况，国民党尚需以民主的门面号召全国，因此不能不留有政协宪草原则的痕迹。在立法与行政的关系上，保留了立法对行政的制约权，尤其是国大组织形式，虽为有形，但只限于选举罢免总统副总统和复议宪法等极少事项，使出席国大的国民党代表很不满意。大体而言，“制宪国大中有一部分国民党籍代表以遗教及五五宪草为依据，希望尽量修改宪法草案。而非国民党籍代表则认为宪法草案系各党派意见调和折衷的结果，内容比较合于民主，宜尽量予以维持”②。

在大会讨论过程中，国民党代表对这个草案的不同意见，集中在国大权力过小，立法院权力过大上。他们主张国大为国家最高政权机关，应为常设机关，每年开会一次，代表全国人民行使选举罢免创制复决四权。他们的理由当然是冠冕堂皇的，一是搬出孙中山的建国大纲，强调不能违反国父遗教；二是立法权大，易形成议会专制，且行政受牵制，不能顺利运转；三是所谓中国地域辽阔，人民程度不高，以数百人的立法院由人民选举产生，必不易运作。总之，如照国民党代表的意见，现行宪草是人民无权，政府无能；扩大国大的职权，加强行政权力，则是人民有权，政府有能。

国民党代表的言论，引起舆论和部分代表的反弹。《大公报》连发数文，批评国民党代表一党独大的心态与做法，其言辞相当尖锐。该报

---

① 《蒋主席演说》(1946 年 11 月 28 日)，《国民大会特辑》，第 21 页。

② 陈启天：《寄园回忆录》，台湾商务印书馆 1965 年版，第 210 页。

社评《一个可怕的观念》,针对国民党立委讨论宪草时所说“相信我们的主义,才能做我们的国民”的谬论批道:“这话严重极了,这话就代表着一个很为可怕的观念。由此观念出发并发展,那就注定了一党力图独裁,而国家终于破裂。……那些不相信‘我们’的主义不能做‘我们’的国民的那大群‘他们’怎么样呢?岂不就被拒于‘我们’一群的国家之外,而势所必至,使那大群‘他们’而另成一个或数个国家了吗?……这就是说,与‘我们’思想不同的人,就是自外生成,就应摈出于国家之外。这在主观上,是无比的凶暴;在客观上,是迫使国家碎裂,迫使天下大乱。”①该报评论指出:“国民大会,会期间隔长,集会时间短,名为有形,实同虚设”;照此办理,“一个权力极大的总统,下面直属一个不受任何限制的行政院,旁边有一个徒拥虚名的有形国民大会。如此总统既高踞五院之上,有权支配国民大会,再加上总统手中握有无限制的紧急命令权。这是一个怎样的制度?”②这就点出了国民党之所以独钟情于国大制度的用心。国民党代表坚持民主只能通过国大体现,然外人难免疑问,数百人的立法院尚且不易运作,以一个两千人以上的国民大会,又如何能够体现人民权力?再者何以立法院是代议制而遭否定,而国大就不是代议制?何以国大可以代表民意,而同样是民选的立法院就不能代表民意?说到底,国民党如此坚持国大的权力,无非是以国大大而无当的形式,又不经常开会,更便于执政党操纵而已。参加国大的青年党代表亦反对国民党的主张,认为“一个万能的政府,如果没有一个常设的人民代议机关从旁时时监督,谁能保证总统常是贤明,官吏常是尽责?如果不贤不能,人民有什么办法去纠正他?照五五宪草的规定,国民大会每三年仅召集一次,会期不过一月至二月,是三年之中有二年零十个月政府可以为所欲为,无人掣肘……以两千人左右的国民大会,

---

① 《一个可怕的观念》,《大公报》(上海)1946 年 11 月 20 日。

② 戴文葆:《国民大会、直接民权与五权分立》,《大公报》(上海)1946 年 12 月 15、16 日。

断无法长期集会，行使监督政府的职权”①。其实这也正说明，国民党制宪的真正目的并不在于民主，而在于通过制宪为其统治找出法理依据。当年制宪国大的副秘书长雷震以后亦承认：“如以国民大会为代表人民的机关，立法院为纯粹立法技术的机关，那么，顾名思义，国民大会仍属于代议的制度。可是代议制度之下，经由立法程序来控制行政权活动的手段，国民大会几乎完全没有，故此种民主政治，实际上连代议制度都不如了。”②

国大关于宪草的争论，迫使蒋介石不得不表态，他在各种场合反复告诫国民党代表，“如果大家意见纷纭，议论庞杂，往复辩难，各逞己见，那不仅在二十天内不能制定宪法，即使讨论一年，也不会获得结果！这次国民大会如果失败，就等于是共产党胜利，所以要特别注意！”蒋的意图非常清楚，即以国大和宪法堵住外界对国民党一党专政的批评。为了平息党内的反对意见，蒋推心置腹地告诉他们：“任何宪法都有修改的规定的，这次宪法草案通过之后，如果将来发现有不妥的地方，我们在下届国民大会，仍旧可以提出修改，使之符合我们的理想。”③蒋之所以急于通过宪法的另一个重要原因是美国人的压力。马歇尔明白表示，考虑到美国的关心，如果通过偏离接近于政协认可的基本原则的宪法，对国民政府将是致命的④。结果在蒋介石召集国民党高层人士讨论宪法问题时，经过长时间的辩论，原草案的有关内容终得以维持⑤。

在宪法草案的讨论中，也有事先没有料到的热点问题，即首都应设在何处。提交大会的草案将首都定为南京，但颇有代表反对。有人主

① 常乃悳：《宪法问题的我见》，《中华时报》1946 年 12 月 13 日。

② 雷震：《制宪述要》，第 16 页。

③ 《本党对国民大会和宪法问题应有的态度》(1946 年 11 月 25 日)、《最近国际形势之分析与国民大会应注意之点》(1946 年 12 月 20 日)，《先总统蒋公思想言论总集》卷 21，第 459—461、484—485 页。

④ *Marshall's Mission To China*, Vol. 1, pp. 427 - 428.

⑤ 《王世杰日记》1946 年 12 月 4 日。

张定都武汉，理由是位置居中，便于指挥国政；有人主张多设陪都，广为疏散。比较集中的争论是定都南京，还是定都北平。主张前者的认为，定都南京有其革命历史的背景，孙中山领导建国，抗战胜利还都，南京乃留以不可磨灭的光荣历史，是以南京之为国都，实系全民热血铸成，更为举世周知之事实。主张后者的认为，东北西北为国防首要，北平能控制东北和西北，有利国防，远胜于南京；北方多产煤铁，可促进重工业发展；北平为数百年古都，规模宏大，形势雄壮，气候适宜，交通便利；甚至说，凡建都于北纬 25 度以北的国家或民族，无论大小国家或民族，没有一个不是强国；如果中国北伐成功时即定都北平，"九一八"及卢沟桥事变或不会发生。为了缓和两派的争论，也有不少代表提出"国都为政治之中心，不能不配合当时之国策，为顾全事实及解除目前种种之困难计，宪法中似可不必作此硬性之规定"①。结果在第一审查委员会第一次表决时，全部 192 人中，主张首都定为北平者 117 人，主张宪法对首都不加规定者 67 人，还有其他若干意见，主张首都定在南京者竟至无一人（有若干人主张南京为首都之一）。第二次表决时，主张维持南京为首都者亦只有 63 人。北平为首都一案遂提交综合委员会。

12 月 21 日，国大第十三次大会提出宪法草案审查报告书。各审查委员会提出对草案的修改意见后，经综合审查委员会综合各方意见予以定案。蒋介石特意让陈诚主持综合委员会，直接秉承己意，既保证自己的意图得以贯彻，又可以以军方力量控制 CC 系的嚣张。在几个争论较多的问题上：1. 关于国大职权，草案规定为选举罢免总统副总统，宪法修改之创议，复决立法院所提宪法修正案，关于创制复决两权之行使，俟全国有半数之县市曾经行使创制复决两权时，由国大制定办法并行使之；第二审查委员会建议改为，国大职权为选举和罢免总统、

① 国民大会秘书处编：《国民大会代表对于中华民国宪法草案意见汇编》，1946 年印本，第 10、31、98 页。国都问题自抗战胜利后便有议论，1946 年 4 月 1 日，国民参政会四届一次会议曾通过议案，要求定都北平。

副总统、立法、司法、监察、考试四院院长副院长及立法、监察委员(行政院长由立法院选举,但可由国大罢免),创制和复决法律,修改宪法,宪法所赋予其他职权;参加该委员会的青年党、民社党和部分代表声明保留;综合委员会决定基本维持原草案。2. 关于总统与行政院的关系,草案规定总统依法公布法律发布命令,须经行政院长或有关部会首长副署;第三审查委员会争论未决,最后以出席73人中之43票通过并送综合委员会;综合委员会决定维持原草案。3. 关于总统紧急命令权,草案规定于天然灾害或财政经济重大变故时,总统于立法院休会期间,得经行政院会议决议,依紧急命令法发布紧急命令,但须于一个月内提交立法院追认,如立法院不同意,该紧急命令立即失效;第三审查委员会建议在天然灾害和财政经济重大变故外,增加紧急事变一项;综合委员会决定维持原草案①。4. 关于行政院与立法院的关系,草案规定,行政院对于立法院不赞同其重要政策之决议,或立法院通过之议案但认为窒碍难行时,得经总统之核可移请立法院复议,如经出席立法委员三分之二维持原决议或原案,行政院长应予接受或辞职;第三审查委员会将立法院复议通过人数改为全体立法委员的三分之二;综合委员会决定基本维持原草案②。

由宪草一读对原草案的修改可以看出,审查委员会的修改倾向于维护五五宪草原案,即扩大国大权力,加强行政权力,但综合委员会的最后修正倾向于在一定程度上维护政协宪草的名义,也就是维护未来宪法的社会认同,这也是国民党在国大设立综合委员会,意图对过分偏

① "紧急事变"字样为五五宪草所有,在非国民党籍代表坚持下,综合小组审查时认为,"此四字意义过于广泛,不宜增加"(陈启天:《寄园回忆录》,第212页)。

② 非国民党籍代表认为,"若将出席两字改为全体,则复议难于成立,行政院对立法院负责的规定亦不易实现"。孙科也认为,如照审查委员会的决议,只要行政院能控制四分之一的立法委员,复议程序便无从进行,凡行政院所不愿执行的法案,都可以用这个方法置之高阁,必将给行政院控制立法院开方便之门(陈启天:《寄园回忆录》第213页;孙科:《新宪法与五五宪草》,《国民大会特辑》,第184页)。

激作法有所纠正的目的所在。值得注意的是,在地方政制方面,草案意见为省于不抵触国家法律内得制定单行法规;省得召集省民代表大会,依据省县自治通则制定省自治法,但不得与宪法抵触;省自治法制订后,须即送司法院,如司法院认为有违宪之处,应将违宪条文宣布无效。第五审查委员会的意见和综合委员会的意见于此完全一致,可证国民党对于地方政制的敏感,在事关国民党统治根本的方面,审查委员会和综合委员会是高度统一的。关于首都,草案原定为南京,第一审查委员会建议改为北平,综合委员会亦通过。与提交大会的草案相比,宪法一读经综合委员会定案后,除了删去立法与监察委员为国大当然代表,及首都改为北平外,没有什么实质性改动①。

为了保证宪法的顺利通过,蒋介石在20日对国民党国大代表的演讲中要求:凡综合审查委员会提出的意见,除中央另有指示者外,应依照通过;除临时指定必要者外,其他代表不必发言②。在这样的严令下,从21日到24日,宪草一读修正案经二读逐条通过,惟删去了关于首都的一条③。12月25日,制宪国大第二十次会议三读通过《中华民国宪法》,并决定于1947年12月25日实施。

《中华民国宪法》分为十四章,共一百七十五条,基本内容如下:

第一章总纲,中华民国基于三民主义,为民有民治民享之民主共和国;中华民国之主权属于国民全体;中华民国各民族一律平等。

第二章人民之权利义务,人民无分男女、宗教、种族、阶级、党派,在法律上一律平等;人民身体之自由应予保障,非经司法或警察机关依法

---

① 国民大会秘书处编:《国民大会会议纪录》下册,1946年印本,第25、27、28、31、36、44、47页。

② 《最近国际形势之分析与国民大会应注意之点》(1946年12月20日),《先总统蒋公思想言论总集》卷21,第489页。

③ 首都问题虽经综合审查委员会改为北平,但24日蒋介石代表主席团提出,宪草内可不必规定首都地点,最后通过的宪法因而删去首都一条,使国民党免去了因宪法通过而不得不行迁都一举。

定法序，不得逮捕拘禁；非由法院依法定程序，不得审问处罚；人民享有居住及迁徙、言论讲学著作及出版、秘密通讯、信仰宗教、集会及结社自由；人民有生存、工作及财产权，请愿、诉愿及诉讼权，选举、罢免、创制及复决权；人民其他自由权利，不妨害社会秩序公共利益者，均受宪法保障；以上自由权利，除为防止妨碍他人自由，避免紧急危难，维持社会秩序，或增进公共利益所必要者外，不得以法律限制之。

第三章国民大会，国民大会依本宪法之规定，代表全国国民行使政权；国大代表由区域、民族、侨民、职业、妇女代表选举组成；国大职权为选举、罢免总统副总统，修改宪法，复决立法院所提之宪法修正案；国大代表六年改选一次，于总统任满前九十日由总统召集开会，并得在补选或弹劾总统副总统时、或修正宪法时、或五分之二以上代表请求时，召开临时会议。

第四章总统，总统为国家元首；统率全国军队；依法公布法律发布命令，须经行政院长或有关部会首长副署；依法宣布戒严，但须经立法院通过或追认，立法院认为必要时，得决议移请解严；依法任免文武官员；国家遇有天然灾害、疠疫或国家财政经济上有重大变故，须为急速处分时，总统于立法院休会期间，得经行政院会议决议，依紧急命令法，发布紧急命令，但须于一个月内提交立法院追认，如立法院不同意时，该紧急命令立即失效；总统任期六年，连选得连任一次。

第五章行政，行政院为国家最高行政机关；院长由总统提名，经立法院同意任命，副院长、各部会首长及政务委员，由院长提请总统任命；行政院对立法院负责，行政院有向立法院提出施政方针及施政报告之责，立法委员在开会时有向行政院质询之权；行政院对于立法院不赞同其重要政策的决议，或对于立法院议案认为窒碍难行时，得经总统核可，移请立法院覆议，如经出席立法委员三分之二维持原决议或原案，行政院长应即接受或辞职。

第六章立法，立法院为国家最高立法机关，由人民选举之立法委员组织；立法院有议决法律、预算、戒严、大赦、宣战、媾和、条约等议案及国家其他重要事项之权；立法委员任期三年，连选得连任，院长副院长由委员互选①。

第七章司法，司法院为国家最高司法机关，掌理民事、刑事、行政诉讼之审判及公务员之惩戒；解释宪法并有统一解释法律及命令之权；院长副院长及大法官由总统提名，经监察院同意任命；法官须超出党派之外，依据法律独立审判，不受任何干涉。

第八章考试，考试院为国家最高考试机关，掌理考试、任用、铨叙、考绩、级俸、升迁、保障、褒奖、抚恤、退休、养老等事项；院长副院长及考试委员由总统提名，经监察院同意任命；公务人员选拔，应实行公开竞争之考试制度，非经考试及格者不得任用；考试委员须超出党派之外，依据法律独立行使职权。

第九章监察，监察院为国家最高监察机关，行使同意、弹劾、纠察及审计权；监察委员由各省市议会、蒙古西藏地方议会及华侨团体选举；委员任期六年，连选得连任，院长副院长由委员互选；监察院对于总统副总统之弹劾案，须有全体委员四分之一以上提议，全体委员过半数之审查及决议，向国民大会提出之。

第十章中央与地方之权限，中央立法并执行者为，外交、国防、全国性法律、司法制度、全国性交通、中央财政、国营经济、币制及国家银行等；中央立法并执行或交由省县执行者为，省县自治通则、行政区划、森林工矿及商业、教育制度、银行及交易所制度、土地法、劳动法及其他社会立法、警察制度等；省于不抵触国家法律内，得制定单行法规。

第十一章地方制度，省得召集省民代表大会，依据省县自治通则，制定省自治法，但不得与宪法抵触；省自治法制定后，须即送司法院，司

---

① 王世杰认为，“依照宪法草案之规定，立法院或将经常集会，能不断的干涉行政。此一机关之人数如超过四百人，将使行政与立法频频陷于争执纷扰之状态而不易平息。但依此次审查会通过之条文，则立法院之名额可达六七百人。故予深虑此项规定为使民主在我国再度失败之一大因素”。从“行宪”后的立法院工作看，王的担心不无事实根据（《王世杰日记》1946 年 12 月 21 日）。

法院如认为有违宪之处，应将违宪条文宣布无效；省自治法施行中，如因其中某条发生重大障碍，由五院院长组织委员会提出方案解决；省法规与国家法律抵触者无效；县实行县自治，依据省县自治通则，制定县自治法；县民关于县自治事项，依法律行使创制之权，对于县长及其他县自治人员，依法律行使选举罢免之权；县议会议员及县长由县民选举。

第十二章选举罢免创制复决，各种选举以普通、平等、直接及无记名投票方法行之；国民年满二十岁者有依法选举之权，年满二十三岁者有依法被选举之权；各种选举之候选人，一律公开竞选；创制复决两权之行使，以法律定之。

第十三章基本国策，国防以保卫国家安全维护世界和平为目的，军队须超出个人、地域及党派关系以外，任何政党及个人不得以武力为政争之工具，现役军人不得兼任文官；外交应本独立自主之精神，平等互惠之原则，敦睦邦交，尊重条约及联合国宪章；国民经济应以民生主义为基本原则，实施平均地权，节制资本。

第十四章宪法之施行及修改，宪法之解释，由司法院为之；宪法之修改，或由国民大会代表总额五分之一提议，三分之二出席，出席代表四分之三决议，得修改之；或由立法委员四分之一提议，四分之三出席，出席委员四分之三决议，拟定宪法修正案，提请国民大会复决①。

制宪国大通过的宪法，就其条文而言，表现了一定的民主性和进步性。以人民自由权利而论，“五五宪草”对于每项自由权利均附有“非依法律不得限制之”的条文，名为自由实为限制大开门径。在代表的反对下，此项条文被取消，而另列一条规定，除了几项条件外，不得以法律限制人民自由，对于人民自由的保障更为明确。在行政与立法关系方面，既非总统制，亦非完全的责任内阁制，而是折衷了立法与行政、总统与行政院的权限，但基本保证了立法的控制地位，对于总统权力亦作了较

① 《国民大会特辑》，第165—177页。

多限制，如发布命令必须行政首长副署，实际是有限度的责任内阁制。然而宪法毕竟是理论，要想将其真正运用于实际中，并非其条文显示的完美。还以人民自由为例，宪法于 1947 年 12 月 25 日实施后，国民政府即公布《戡乱时期危害国家紧急治罪条例》，其后又在全国普遍设立特种刑事法庭，以所谓“戡乱时期”为借口，以严酷手段处置所谓“谋叛案”，宪法中的各项人民自由条款几成空文。另以总统权力为例，蒋介石在将宪法草案提交国大时称，“五权宪法的中央制度，可以说是一种总统制，行使政权的人民如果没有掌握政权的能力，对于治权不能有适当控制，则总统权力过分集中必至形成极权政治，这种政治不合于现在时代，而且有害于中国有害于中华民族的”。照蒋的讲话，他也是反对总统制的，然而妙就妙在他话锋一转，称“我相信假如我自己来行使五权宪法，我一定能以国父之心为心，以治权来保护政权，培育政权，使民权充分发展”①。换句话说，别人实行总统制会搞独裁，我实行总统制则是民主，这表明了蒋的真心还在总统制，然而又要在形式上表现出民主。蒋的亲信左右对他的这种想法可谓了然于心②，果然，就在蒋介石在国大上声称“总统的紧急处分权，我以为也可以删去，以避免外人的误会”之后，在次年的行宪国大上，国民党代表领会蒋意，又搞出一个《动员戡乱时期临时条款》，既不违宪法“民主”之名，又保证总统权力扩张到了极限，实际上一切大权仍操总统之手③。

即使是这样一部远远谈不上完善的宪法，因为在议会民主制方面有所突破，对国民党一党专政多少有些限制，因而引起其党内相当多数人的不满，以至宪法通过后，孙科、王宠惠、彭学沛等国民党高级官员不

---

①　《蒋主席演说》(1946 年 11 月 28 日)，《国民大会特辑》，第 22 页。

②　蒋的笔杆子陈布雷曾对左右说：“现在要实施宪政，未免过早。委座性格，负责太过，只看事实，不问形式。我恐怕宪法颁布以后，人家会以法令条文来拘束委座，委座受不了。”(杨玉清：《我所知道的陈布雷》，《文史资料选辑》第 81 辑，第 167 页)

③　关于宪法临时条款，见本书第十二卷有关章节。

得不撰文解释订立这样一部宪法的理由，以缓和党内的反对声浪①。一般舆论则认为，这部宪法“较五五宪草为进步，但从时代性格与立法技术上看，尚非理想的佳构”，“思想上有矛盾，因之在制度上欠和谐，而条文尤其粗陋草率”，“最大缺点还不在它的本身，而是这次的制宪国大缺少了一个和平团结的规模。一个主要的党派未参加，而半个中国还在打内战，因此大大减损了这部宪法的尊严性”②。美国人则从他们的立场对这部宪法予以肯定。马歇尔认为，这部宪法可称为一部民主宪法，其主要部分符合政协决定之原则；司徒雷登认为，提交大会的宪法草案比十年前的草案要民主得多，如果不是委员长的决心，它本不会被大会通过③。然而这部宪法有其名而无其实，美国人也心知肚明。

12 月 25 日，制宪国大闭幕，扰攘经年的国大与宪法问题总算暂时

---

① 参王宠惠、孙科、彭学沛文，《国民大会特辑》，第 180—185 页。

② 《评中华民国宪法草案修正案》（上、下）、《国民大会闭幕了》，《大公报》（上海）1946 年 11 月 23、24 日，12 月 26 日。《大公报》在会议期间多次发文鼓吹政协宪草，并批评宪法以三民主义为国家基础，认为“中国现状是多党并存，贫富悬殊，人民的利害及意见纷歧不一。如此现状，以一党主义冠诸国体，是不切实的。强制人民接受这个国体，不仅欺人自欺，或且将贻纷扰于无穷”。结果遭到国民党舆论群起而攻为“开倒车，实为一种反动企图”（《关于宪草第一条》，《大公报》（上海）1946 年 12 月 18 日；叶青：《驳大公报“关于宪草第一条”》，《和平日报》（上海）1946 年 12 月 21 日）。

③ *The China White Paper*, Vol. 2, p. 688; Stuart, *Fifty Years in China*, p. 171. 据国民党搜集的国外舆论反应，“国民大会召开时，各国舆论初期对我之批评，颇多不利，嗣后因青年党、民社党，暨社会贤达踊跃参加，复以会场内充分表现民主精神，国际遂以另眼相看。更益以主席恳切之演讲，及保证宪法通过之坚决，尤得国际舆论之赞扬。新宪法通过后，因大部原则系依据政协决议，除极少数之左倾报纸继续吹毛求疵，攻讦本党及政府外，其他各报咸一致称赞，尤以美国霍华德及赫斯特两系报纸，更多推崇之辞”（《谷正鼎秘书长上蒋总裁有关国际对我新宪法之评论呈》，1947 年 1 月 9 日，《中华民国重要史料初编》第七编第二册，第 739 页）。然这不过是国民党的一厢情愿，随着宪法通过后国民党继续垄断权力，国外舆论的批评也日渐增强。

落下了帷幕。虽然蒋介石宣称“这一部宪法的精神，是荟萃全国各方面的意见，是根据政治协商会议所定的原则”；“宪法的内容，兼顾到理想和现实，对于国内各民族，汉满蒙回藏及国内其他各民族的一律平等，各政党在法律上一律平等，以及人民权利自由的积极保障，都有确切的规定”①。然而国民党原来希望达到的目的远远没有实现，最关键的是中共与民盟对国大和国大通过的宪法持反对与不承认态度。中共中央机关报《解放日报》在社论中辛辣地写道：“蒋介石打出了最大的一张牌，但是他既不能满足人民，又不能压倒对方，却只把曾弄假成真的国大再弄真成假。一切历史家都会看出，这乃是蒋介石一生中最大的政治失败。”②民盟声明认为此次国大“是违背了政治协商会议的决议程序与精神而召集的一种制宪会议”，“此次宪法所依据的宪草乃国民党片面提出的草案，在法律上与事实上均非政协宪草”；批评国民党“显系假借制宪行宪之名，为长期内战永久分裂作准备，此实政府决心放弃和平与团结之预谋”；表示“政府此种措施，与本同盟之主张根本违背，更与全国人民之利益根本冲突，本同盟愿唤起全国人民共起坚决反对”③。这样的结局，还在国大开会时，已有代表认识到了。因为“政治协商会议，由政府重要人员与各党重要人员组织之。……此各党皆为会议中主体。必须主体完全存在，始终遵守，由此会议产生之宪法，方能有效。今共产党及民盟，皆不来参加制宪，是政治协商会议之主体，已不完全存在，由此产生之宪法，安能期其有效”④。

① 《中华民国史史料长编》第70册，第3页。

② 《弄真成假——评蒋介石“国大”的闭幕》，《解放日报》1946年12月28日。

③ 《中国民主同盟对于片面宪法发表声明》(1946年12月31日)，《中国民主同盟历史文献》，第259页。与民盟靠近的党派，如民建、民进、九三学社等亦声明反对制宪国大通过的宪法。

④ 《国民大会代表对于中华民国宪法草案意见汇编》，第76—77页。

第四节　第二次国共合作的终结

一　马歇尔回国与军调部的终结

国共内战规模日益扩大，马歇尔待在中国已无事可干。他一方面认为国民党仅凭武力无法统一中国，但又不能对国民党施以强硬压力；另一方面他对中共也不满意，但更无力施以影响。二战英雄马歇尔面对中国的复杂局面，不能不承认自己的无能，从而萌生退意。

还在马歇尔未能使国民党政府军停止攻击张家口时，他已感到自己对国民党决策影响力的有限。10月5日，他致电华盛顿，表示他感觉他已不可能继续作为调处者，并应将此通告委员长①。11月13日，马歇尔在与周恩来的会谈中表示，"苟余公正不偏之诚恳努力，不受信任，则余之力求调处，势必无用。……故余希望阁下愿正式自延安适当之权力处决定彼辈是否希望余个人继续目前之工作？余之兴趣，全在以调处方法尽绵薄之力。余知如延安对余失去信任，余即无法做此工作。"②至此，马歇尔对国共双方都表示了他将退出调处之意。

国大开幕后，马歇尔还希望"利用我的影响力，以通过一部符合政协原则的民主宪法，在中国组织一个能够支持好政府的真正自由派集团，实现政府的改组，以有利于恢复和谈并使共产党重入政治活动"③。但马氏此种表示并未体现在美国的政策上。在此期间，他与蒋介石有多次会见，他认为国民党仅靠军事不足以言胜，当务之急是由国大通过一部符合政协精神的宪法，然后成立有中共和民盟参加的国民政府委

---

① *The China White Paper*, Vol. 1, p. 192.

② 《马歇尔特使与中共代表周恩来就延缓召开制宪国大问题谈话摘要》(1946年11月13日)，《中华民国重要史料初编》第七编第三册，第252页。

③ *Marshall's Mission To China*, Vol. 1, p. 422.

员会,并对行政院实行真正的改组。蒋介石则强调共产党受苏联的影响,目的是瓦解政府,因此必须摧毁共产党的军事力量,如果做到这一点,共产党问题就不难解决。他自信可以在八到十个月内消灭共产党军队①。

12 月 18 日,美国总统杜鲁门发表声明,对一年来的美国对华政策作出了总结。声明回顾了一年来中国形势的发展,认为中国一直未能用和平方法达成团结目的实为一大遗憾。声明表示:中国是一个主权国家,我们承认这个事实,也承认中国的国民政府。我们仍然希望该政府找到和平解决的路径。我们无意干涉中国的内部事务。我们的立场是明确的。我们将维持我们帮助中国人民在其国家内争取和平与经济复兴的政策,同时避免卷入他们的内部冲突②。这个声明在国大召开期间发表,主要谈及美国一年来的活动和成就,为美国调处政策辩护。这个声明与上年的声明相比,声调较为低沉,虽表示继续支持国民党,但显示了美国对马歇尔调处失败的失望,对国民党的支持并未完全如其所愿。不过,蒋介石却有理由作另外的理解,他认为杜氏的声明不提中共参加改组后的政府但提及东北问题,将和平破裂责任归于中共,表示无论中国是否有战乱美国都将给予援助等等,较之上年声明"可判断美国对华政策变动的迹象,而且对于我们是有利的"③。以后的事实证明,蒋这样的乐观多少有些一厢情愿。

至此,马歇尔再留在中国已经没有实际意义。蒋介石为了拉住美国人,提出聘请马歇尔为总顾问,马歇尔告诉司徒雷登,对这个建议最好的回答是:不。他认为,自己作为一个美国政府全力支持的调解人尚且不能影响中国政府,就更别指望作为政府顾问能在这个政府内促成

---

① *Marshall's Mission To China*, Vol. 1, pp. 405 - 407.

② *The China White Paper*, Vol. 2, p. 694.

③ 《最近国际形势之分析与国民大会应注意之点》(1946 年 12 月 20 日),《先总统蒋公思想言论总集》卷 21,第 485—486 页。

什么有益的回应了①。在随后的会见中，马歇尔干脆地拒绝了蒋的邀请。马歇尔在和蒋介石及国民党官员的会谈中，一再告诫国民党，期望美国为政府军事领袖决心以武力解决问题而造成的经济空洞注入金钱是不现实的，同时，期望美国为执著于垄断政府权力的反动派系所控制的政府注入金钱也是不现实的。共产党的军事和政治力量已经到了不可忽视的地步，不可能靠军事力量去消灭。抵御共产党的最好办法，就是中国现在的政府实行改革，以获取人民的支持②。为安马氏之心，王世杰告诉他，国民党将改组政府以容纳党外分子，对于中共问题，政府决不关闭谈判之门，但对于恢复交通、收复失地、及行宪工作，则决不再因中共之拒绝妥协而延搁，希望继续获得美国的经济援助。马氏对此未表示具体意见③。

1947 年 1 月 7 日，马歇尔奉召回国担任美国国务卿，他行前发表声明称：和平的最大障碍是中共和国民党彼此间完全的、几乎是压倒一切的猜疑心，政府领袖深信，中共愿意参加政协所规定之政府完全出于破坏性的目的；中共则感觉政府并无实行政协决议、组织新政府的诚意。因此，双方对各自的立场，对每一项建议和可能性，都心存偏见和戒心。马歇尔在声明中对国共双方均有批评。他认为：最近谈判破裂的最重要原因在于，国民政府亦即国民党方面，有一居于优势地位的反动集团，反对我促成真正联合政府的一切努力，他们公开坦率地声称，与中共在政府中合作是不可想象的事，只有实力政策才能解决问题，这个集团包括军事和政治领袖。中共方面，也有极端分子，他们完全不信任国民党领袖，确信政府的每一项举措都是为了摧毁中共。马歇尔认为，如欲挽救此种形势，将依靠政府与小党派中的自由派取得领导地位，他们目前仍缺乏政治力量去发挥其具支配性的影

① *Marshall's Mission To China*, Vol. 1, p. 412.

② *The China White Paper*, Vol. 1, pp. 210 - 213.

③ 《王世杰日记》1947 年 1 月 7 日。

响力①。这个声明将其调处中国内战的失败归于国共双方的“极端分子”,表现出马氏在中国政治特质面前的无奈,也为其调处的失败自寻托辞。马氏将中国的未来寄于所谓“自由派”当政,但他自己也承认他们缺乏真正的“影响力”。这个声明名为对国共双方不偏不倚,但国共对此均不满意。蒋介石对美国记者谈话时,表示马氏声明只能“视作对杜鲁门总统对华声明之补充”,“仅就马氏之声明而论,似有若干漏略”。周恩来认为马氏承认国民党内有反动集团的观察是说得对的,“但遗憾的是他并未指出蒋介石就是这个反动集团的最高领袖”,马氏想以实行宪法改组政府为蒋找出路,“结果只会使它更加失信,绝对得不到人民拥护”②。由于国民党视美国为其最大的支持者,而中共对美国无所求,马歇尔的声明虽对双方都有批评,但在实际效果上,国民党更可以感觉到其影响③。

1月8日,马歇尔在反美浪潮遍及中国的难堪境遇下,自南京黯然登机回美,这与一年前他来华时,中国各界和舆论对他的热诚欢迎形成鲜明对照。作为第二次世界大战名闻遐迩的英雄,虽然马氏以国务卿的身份离华,多少挽回了他个人的面子,但他在回国时的心情很难称得

---

① *The China White Paper*, Vol. 2, pp. 686—688. 虽然马氏在这个声明中对国民党有所批评,但美国对国民党政策的基点并未变化。马氏离开中国前,与司徒雷登讨论未来美国对华政策,司徒建议可以有三种选择,即积极支持国民政府并促其改革,不作有力行动一切等着看,完全退出中国内部事务。司徒建议采取第一种方法,马歇尔原则同意,这实际是马氏来华之前就已确定了的(Stuart, *Fifty Years in China*, pp. 178-179)。

② 《总统蒋公大事长编初稿》卷6(下),第363页;《评马歇尔离华声明》(1947年1月10日),《周恩来一九四六年谈判文选》,第721—723页。

③ 据对美国人有深切认识的顾维钧分析,蒋介石和马歇尔曾多次争论,有时甚至不欢而散,原因是两人都个性极强,如果他们能够合作,那倒真是奇迹了。但马氏在杜鲁门心目中公正、可靠而忠实,他在中国调处的失败,将会影响到他本人、杜鲁门以及美国对中国问题的看法。因此蒋介石担心马氏出任国务卿后,美国对华政策可能对国民党不利(《顾维钧回忆录》第6分册,第39—40页)。

上是愉快的，无论从什么角度观察，他的中国使命也只能说是一段失败的经历。这不仅是他个人的失败，也是美国对华政策的失败，说明了任何其他国家在介入中国内部事务时影响力的有限，而且多少也反映出美国对华影响力逐渐式微的趋势。

马歇尔离华，表示美国退出调处，作为调处重要机构的军事调处执行部也走到了其尽头。全面内战爆发后，军调部早已失去其最初的动力，成了观察战争的机构，对制止战争束手无策。美方曾经提出由国共双方高级指挥官进行直接会谈和在双方冲突地点建立中立区的建议，但均被中共认为单方面对国民党有利，未能实现①。“执行部所派出的各个小组，这期间工作已完全陷于停顿状态，执行部内部的谈判与工作也是一筹莫展。除美方故作忙碌状态，硬拉着讨论无关轻重的积案以外，实际上对下面冲突与纠纷的调处已陷入无能为力的状态。……这时争论的中心已不是停战、调处、恢复交通诸问题，而主要是执行人员安全自由问题和连续发生的几个困难的案子”②。这其中包括 1946 年 5 月 20 日高密小组共方代表辛冠五失踪被害案，5 月 30 日枣庄小组共方代表甘重斗及译员被殴致重伤案，6 月 10 日晏城小组国方代表雷奋强中弹身亡案，19 日新乡小组国方译员郭子祺中弹身亡案③。7 月 23 日，执行部国方委员郑介民竟然发出密令：“如中共方面组员与非法密

① 美方在 7 月间提出山东王耀武和陈毅、山西阎锡山和贺龙、热河石觉和李运昌、中原程潜和李先念、东北杜聿明和林彪进行直接会谈，但对会议具体内容无所规定，中共因而认为此举只有宣传意义，甚而有诱禁共方高级将领之意图，因而除山西阎、贺代表进行会谈但无结果外，其他会谈均未举行。至于在冲突地点建立中立区，显然对正在向前推进的国方军队有利，因而中共坚持应恢复 1 月 13 日之位置。

② 《执行部谈判总结》，第 62 页。

③ 辛冠五由高密乘火车返回解放区途中，被暂编第十二师赵保原部绑架遇害，后因赵在胶东作战中身亡，国方借口调查无法进行，此案遂告悬置。雷奋强自晏城至济南途中不幸中弹身亡，郭子祺因未经通知即赴修武调查中弹身亡，中共认为此两案皆属“偶然”及“误会”，国民党则利用来大作文章，并在新乡扣押了第十小组共方代表黄镇。直到 10 月底，双方达成协议，共方同意支付郭家属抚恤费二千万元并向执行部书面致歉，国方同意将黄镇送回。雷奋强案亦以共方支付抚恤费方式解决，国方承认此为偶然事件。

探人员有关，而证据充足时，则当地之最高军事机关将以间谍罪审理之。”8 月 21 日，执行部国方参谋长蔡文治在给美方的备忘录中又称：“凡有执行小组之中共方面人员被发现为密探时，则即失去代表资格，且受法律制裁。”这样一来，执行部及小组共方人员的安全毫无保障可言，因此引起中共方面的强烈反应。周恩来专函致马歇尔，要求“敦促政府采取有效办法，以保障执行部中共人员在政府区之安全与自由”。在中共坚持下，军调部于 9 月 10 日发令，重申保障各方人员之安全，如有间谍行为，只能提交执行部三委员处理，此前所有人员工作不受限制①。

1946 年 7 月 29 日，安平事件的发生，更使作为调处中立一方的美国直接牵入冲突之中。驻北宁路沿线的美国海军陆战队与中共治下的冀东解放区近在咫尺，全面内战爆发前后，美军在进入冀东解放区活动时，已经迭有冲突发生。7 月 13 日，美军自北戴河进入冀东解放区时，因事先未得同意而被俘七人，后经交涉获释，预示着未来冲突的不可避免。29 日晨，中共驻安平镇（位于北平东之平津公路 70 公里处）部队得到情报，当日将有载运军火之运输车队经过，因此布置伏击。至午，果有无标识之二十余辆车组成之车队经过，伏击部队开火，双方交战历三小时，后中共部队主动撤离。事后得知，该车队所载为驻津美军六十余人，在冲突中美方伤亡十五人（亡三人，伤十二人），国美两方随后派军增援，占领了安平。此事之发生，立即轰传中外，国民党视为天赐良机，大肆鼓噪，企图就此拉美下水，使美国在调处和内战中完全站在国方一边。蒋介石致电北平行辕主任李宗仁，令其“根究彻究，从速处理”，“一面派员协同美军洽商处理善后办

① 《执行部谈判总结》，第 64—65 页；《执行部和小组之中中共人员在政府区安全与自由应该得到保证》（1946 年 8 月 27 日），《周恩来一九四六年谈判文选》，第 626—627 页。

法详报为要”①。而中共方面态度沉稳，提议派遣小组进行调查，在查明真相的基础上再作解决。周恩来告诉马歇尔：美军“如说要巡察，何必到解放区去！有了美军，又有国民党军，这只能说明国民党一些人想利用美军在北宁路制造事件，把美国牵扯进来，并使北宁路周围成为国民党占领区”②。8月2日，执行部决定派第二十五小组调查有关安平事件的前后情况，询问证人，向执行部提交报告。经过若干时日的争执，三方在调查程序、轮流担任主席等问题上取得一致，17日开始调查工作。然三方各自提出的证人各说各话，无法得到一致，更因当时大环境的影响，最终安平事件的处理不了了之。

在全面内战爆发的大环境下，国共美三方都失去了继续进行战地调处的耐心。9月27日，执行部三委员签署协议，关内除保留太原、沁县、临汾、邯郸、新乡、泊头六个小组外，其余小组均撤回北平，随后，东北亦由八个小组缩减为三个③。11月21日，东北小组全部撤离，1947年1月，关内各小组全部撤退完毕。此时的军调部名存实亡，只有北平总部和长春分部还维持着一定的工作和人员，最后结束军调部的工作不过是个时间问题了。

制宪国大召开后，一方面是国共关系实际破裂，另一方面是战争在更大范围内进行，执行部无所事事，但因为考虑到宣传和责任，国共双方均不愿主动提出撤销问题。国民党用种种办法，企图逼中共撤离，但中共则坚持对方不宣布解散则不走的方针。军事调处执行

---

① 《蒋主席令李宗仁主任从速处理美军在平津道上被共军袭击事件电》(1946年7月31日)，《中华民国重要史料初编》第七编第三册，第201页。李宗仁回电称，前“经迭次派员洽商，如后在国军警卫区以外行动，请事先通知我方，以便协助。但美军当局不肯照办，以致保护难期周密”(《李宗仁主任呈蒋主席报告调查美军被共军袭击经过及善后处置电》，1946年8月1日，同前，第202页)。

② 《安平事件应该进行调查》(1946年8月1日)，《周恩来一九四六年谈判文选》，第575页。

③ 《执行部谈判总结》，第67页。

部的存废问题还只能由始作俑者美国人来解决。1947 年 1 月 29 日,美国驻华大使馆发表声明称,美国政府现已决定结束其与三人会议及北平军事调处执行部之关系,这是马歇尔回国、美国调处失败的逻辑结果。30 日,国民政府宣布,因美国退出调处而解散军事三人小组和北平军调部。与美国退出调处的同时,美国大使馆宣布,美方将负责送返军调部国共双方人员至各自地区,以 3 月 5 日为最后期限,"以后仍留驻现地者,应由其自身负责,美方将不予过问"①。随后军调部中共方面人员于 2 月内陆续撤离北平,长春分部人员则撤往哈尔滨。2 月 21 日,军调部中共委员叶剑英率最后一批中共人员离开北平回到延安。

二 国共关系的最终破裂

虽然国共关系因为制宪国大的召开而实际破裂,战争已在大规模进行,但为了配合国大通过的宪法,显示和平民主的姿态,以政治解决中共问题的表示争取国内外的支持,国民党发起了新一波和平攻势。1946 年 12 月 12 日,蒋介石在和司徒雷登的谈话中,表示考虑派人直接赴延安谈判②。1947 年 1 月 1 日,蒋介石在元旦文告中声称,"政府对中共问题的处理,仍然要一秉以政治方法解决政治问题的方针,如果有任何机会,政府的政治解决能够实现,政府决不放弃那种机会"。其后,孙科、张群、吴铁城、彭学沛等人均放出言和风声,孙科主张"大家放弃成见与主观,重视国内与国际之客观现实,一本和衷共济的团结精

① 《司徒雷登大使为遣送各方人员事呈蒋主席备忘录译文》(1947 年 2 月 6 日),《中华民国重要史料初编》第七编第三册,第 272 页。

② 蒋介石的表示不过是争取美国人和舆论而已,因为在 12 月 1 日,蒋会见马歇尔和司徒雷登时,蒋坚信中共的军事力量将在 9 到 10 个月的时间里被粉碎。一周之后,蒋将军事解决的时间提前到了 6 个月(Stuart to the Secretary of State, Dec. 2, 21, 1946, *The Forgotten Ambassador*, pp. 46-47, 53)。

神”，召开各党派圆桌会议解决问题①。15 日，蒋介石召集出席政协会议的国民党代表商谈，决定派张治中去延安恢复国共谈判。次日，国民党通过美国大使司徒雷登将恢复和谈的四项条件转达中共：1. 政府愿意派员赴延安，或请中共派员来京，继续进行商谈，或举行圆桌会议，邀请各党派及社会贤达参加；2. 政府与中共双方立即下令就现地停战，并协议关于停战之有效办法；3. 整编军队及恢复交通，政府仍愿根据三人会议过去协议之原则，继续商谈军队驻地、整编程序以及恢复交通之实施办法；4. 在宪法实施以前，对于有争执区域之地方政权，政府愿意与中共商定公平合理之解决办法。20 日，国民党中宣部发表声明，将国民党恢复和谈的条件公诸于世，并称“深盼中共体谅政府相忍为国，力求政治解决之苦心，捐除成见，继续协商。政府仍愿以最大之忍让，竭诚相与，虚怀接纳”②。

对国民党发动的和平攻势，中共反应冷淡。1946 年 12 月 3 日，周恩来致函马歇尔称：“一党包办之国大既开，政协决议遂被蒋主席破坏无疑，国共两党谈判之基础亦不存在。唯我方为适应全国人民之和平民主要求，认为只要国方能立即解散正在开会之非法国大，恢复一月十三日停战令下时之驻军位置，则双方谈判仍可重新开始。”③这是中共恢复和谈的基本条件，而国民党显然不可能接受。得知国民党发动和平攻势的信息后，1947 年 1 月 16 日，中共中央致电董必武，认为“根据目前形势，恢复和谈，只利于蒋方重整军队再度进攻，并利于三月莫斯

① 《中华民国史史料长编》第 70 册，第 5 页。此前，民社党已经提出类似建议，“即日恢复国共两党的和议，政府当局应派员前往延安或邀请中共首脑来京，商讨一切”；“由国共谈判中求得基础后，扩大为全国党派会议，各民主有力团体，亦应邀其参加，共商一切政治问题，以奠定法治基础”（《中国民主社会党对目前时局意见》，1946 年 12 月 31 日，《中国民主社会党》，第 296 页）。

② 《中央日报》（南京）1947 年 1 月 21 日。

③ 《解散非法国大　谈判仍可重开——致乔治·卡特利特·马歇尔》（1946 年 12 月 3 日），《周恩来书信选集》，第 363 页。

科会议，美方好作交代，粉饰太平。故我们对美蒋所谓恢复和谈认为全是欺骗，绝不信任。我们方针，应使这种有利于美蒋的完全欺骗性的和谈恢复不成”①。因此，中共坚持恢复上年1月13日军事位置和取消国大通过的宪法两条为恢复和谈的基本条件。次日，王炳南将中共意见告诉了司徒雷登。24日，中共中央又指示董必武和王炳南：“（一）目前情况下董暂在上海工作，不要回宁；（二）王亦不要去看美蒋两方的人，对他们表示冷淡；（三）如美蒋两方再来人催询四条回答，可告他们根本拒绝此四条，非完全接受我方两条（最低限度）不能开谈。”②在国民党将和谈条件公开后，26日，中共宣传部长陆定一发表声明，认为国民党的方案“完全是欺骗”，并逐条批驳之③。由于国共双方的和谈条件距离相差太远，国民党的所谓和平攻势也就成了镜花水月。

中共之所以拒绝国民党的和谈提议，是因为这时中共对于形势的判断已经有了重要变化。国民党召开制宪国大，并未能团结全国各党派，其军事进攻在占城掠地的同时，丧失了相当的有生力量，因此在国民党上下尚沉浸在所谓胜利的欢欣中时，中共已经敏感地预计到形势将起变化，从而改变自己的战略战术。从1946年底到1947年初，中共在几次高层会议中，对以往的国共谈判作了回顾，对未来的形势发展作了分析，决定了中共将要采取的战略方针。1946年11月21日，毛泽东、刘少奇和两天前刚刚回到延安的周恩来在枣园开会，回顾了一年多以来国共斗争的情况，并就未来的部署交换了意见。毛泽东说：“前一段时间，在中国人民中间以及在我们党内都存在着内战打不打得起来的问题，人们都希望国共不打仗，现在这个问题已经解决了……剩下的

① 《中央关于对美蒋恢复和谈阴谋所采方针给董必武的指示》(1947年1月16日)，《中共中央文件选集》第16册，第388页。

② 《毛泽东年谱》下卷，第163页。

③ 《解放日报》1947年1月26日。

便是我们能不能胜利的问题了。……因此，揭破蒋介石发动内战的阴谋，清除和平幻想，现在已经降为第二位的问题了。第一位的问题是要宣传我们有条件取得胜利，建立坚定的胜利的信心”；“我们的统一战线是宽广的。我们只要熬过明年一年，后年就会好转”；“蒋介石的进攻是可以打破的，经过半年到一年消灭他七八十个旅，停止他的进攻，我们开始反攻，把他在美国援助下七八年积蓄的力量一年内打破，使国共两党的力量达到平衡。达到了平衡就很容易超过它。那时我们就可以打出去，首先是安徽、河南、湖北、甘肃，然后就可以再向长江以南发展，这大约要用三年到五年的时间”；“现在是否要提出打倒蒋介石？我们做这个工作而不提这个口号”；“总的说，斗争是长期的，中间还会有许多曲折”。周恩来说：经过谈判，中共的和平民主方针与蒋介石的独裁内战方针为群众所认识，蒋集团中除极少数外都缺乏对前途的信心，我们的方针是坚定不移的，和平、民主、团结、统一，而以武装斗争为根本。刘少奇最后说：在一二月间是糊涂了一下，国际上也是糊涂了一下，但现在证明和平是不可能了。和虽不可能，谈是必须的，为了教育人民。几个问题可以确定，打的方针是定了，但不提打倒蒋介石的口号，从国际国内分析，胜利是可能的，但要经过较长的困难时期，要提倡克服困难①。当晚，中共中央举行全体扩大会议，决定了“打”的方针，即蒋要灭共，我必倒蒋，但现在尚不公开提“打倒蒋介石”的口号。与会者认为，共产党能够战胜蒋介石集团，预计用三年到五年，也可能十年到十五年②。此时此刻，毛泽东第一次提出打倒蒋介石的问题，并由中共中央会议认可，表明中共认为国民党出牌已尽，自己已经没有必要再与国民党谈判合作建国的问题了，而是准备另起炉灶，为中共的建国理想而

---

① 《要胜利就要搞好统一战线》(1946 年 11 月 21 日)，《毛泽东文集》第 4 卷，第 196—200 页；《谈判使党赢得了人心》(1946 年 11 月 21 日)，《周恩来一九四六年谈判文选》，第 695—699 页；《刘少奇年谱》下卷，第 56 页。

② 《任弼时年谱》，第 533 页。

奋斗。这在当时还不为社会以至中共党内许多人所知，但是不久，国民党就会感觉到中共方针的变化。

1946 年 12 月 4 日，在中共中央书记处会议上，刘少奇认为，半年到一年要有大革命，要准备在半年到一年内作出成绩来。确定大革命前夜的形势很重要，有预见才能有领导。全国的形势是进攻不是退却，党内目前的主要倾向仍是对形势估计不足，不敢放手①。1947 年 2 月 1 日，毛泽东主持召开中共中央政治局会议，通过了他起草的关于时局和任务的指示。指示提出："目前各方面情况显示，中国时局将要发展到一个新的阶段。这个新的阶段，即是全国范围的反帝反封建斗争发展到新的人民大革命的阶段。现在是它的前夜。我党的任务是为争取这一高潮的到来及其胜利而斗争。"②中共中央主要领导人在会上的发言均肯定了形势的变化及革命高潮的即将到来。毛泽东说："和国民党打的结果，解放区的区域有打得大、中、小三种可能，现在看来，打小的可能性是很小了，打大的可能性是很大了"；"党的六次大会的决议提出两个基本矛盾没有解决（指民族矛盾与阶级矛盾——作者注），现在仍未解决，因此革命高潮不可避免地要到来。……指出革命高潮一定要到来这一点，使全党了解并从思想上、工作上、组织上预作准备，那么在这次高潮中我们就可能取得胜利"；"我们现在的口号还不是打倒美蒋，但实际上是要打倒他们"。刘少奇认为，最近我们在军事上取得许多胜利，全局即将变化，在政治上国内外形势也有利，蒋的国大宪法、和平攻势均未达到目的，蒋区群众运动大发展，这些都表明中国大革命高潮要来。周恩来分析了蒋管区的人民运动，指出这是第二战场，认为从现在看，蒋介石是可以打倒的，但在宣传上要有保留，关键是自卫战争的胜利。朱德认为，现在到了快打出去的时候了，准备工作要做好。我们内

① 《刘少奇年谱》下卷，第 57 页。

② 《迎接中国革命的新高潮》（1947 年 2 月 1 日），《毛泽东选集》（合订本），第 1107 页。

无后顾之忧，外有发展之途①。这两次会议表明中共高层对形势的估计又进了一步，在中共党内许多人对革命“高潮”尚有疑虑之时，就提出了迎接革命高潮的问题，并决定了相应的战略战术，确表现出了中共领导层的棋高一着之处。很显然，在这样的形势估计之下，中共不可能再去理会国民党的和谈提议。

也就在中共政治局会议举行当天，中共中央发表公开声明：“对于一九四六年一月十日以后，由国民党政府单独成立的一切对外借款，一切丧权辱国条约及一切其他上述的协定谅解，与今后未经政治协商会议通过或未经征得本党和其他参加政治协商会议各党派同意的一切同类外交谈判，本党在现在和将来均不承认，并决不担负任何义务。”②这个声明的发表，无异于公开否认国民党政权的合法性，国共之间的最终分裂也就成为自全面内战爆发之后政治形势发展的逻辑结果③。

马歇尔走了，军调部结束了，国民党的和平攻势没有得到预期的反应，山东战场战斗正酣，国民党军队并准备进攻延安，一切都预示着勉强维持的国共关系即将走到尽头。在这种情况下，国民党对维持表面上的国共联系也不再有兴趣，它已不能容忍中共在其统治核心地区保留办事机构，作为宣传鼓动的阵地。军调部结束时，美方表示以 3 月 5 日为期负责送返中共人员的承诺，也给了国民党一个实际的借口，因为中共人员的撤离显然需要美方的协助。而中共之所以保留南京等地的机构不撤，主要也是最大限度地利用这些阵地，“在蒋管区进行宣传组织与联络工作，促进蒋区民主运动”，并保持这些地方与延安的空中交

① 《对中国革命新高潮的说明》(1947 年 2 月 1 日)，《毛泽东文集》第 4 卷，第 220—221 页；《刘少奇年谱》下卷，第 64—65 页；《周恩来年谱》第 718 页；《朱德年谱》，第 292—293 页。

② 《解放日报》1947 年 2 月 4 日。

③ 王世杰认为，中共此一声明“使蒋先生痛矣”，因此“不欲允其留人在京沪”(《王世杰日记》1947 年 2 月 8 日)。

通，因此中共指示各地办事机构，坚持“非赶不走”原则，并逼国民党“负最后破裂之责”①。

最后的破裂举动只能由国民党出之。1947 年 2 月 28 日，南京首都卫戍司令部致送中共代表团公函称：“自贵党拒绝和谈，关闭和平之门，贵党军队在各地公开叛乱，处处攻击国军，而贵党人员又在各处散播谣言，鼓动变乱。本部为维持地方治安，应请贵处将居留本京人员，于本年三月五日前全部撤退。”②淞沪警备司令宣铁吾和重庆警备司令孙元良也在当天和前一天分别致函中共驻上海办事处和驻重庆代表吴玉章，以同样理由要求中共人员于 3 月 5 日前全部撤退。周恩来于接到中共代表团被逼撤退的报告后致电蒋介石，提醒他：限令中共人员撤退的举动，“不识为贵方地方当局之主张，抑出于阁下之命令。如属前者，则地方当局之任意妄为应请阁下予以制止；如属后者，则阁下业已决心内战到底，不惜以最后破裂，关死一切谈判之门”③。但蒋介石未作答复。

3 月 7 日，中共代表董必武一行离开南京飞返延安。行前，董必武发表书面谈话称：“必武等今日被迫离此，感慨莫名。十年来从未断绝之国共联系，今已为国民党好战分子一手割断矣！”他在谈话中指出：“内战显将继续，人民之灾祸必将更大更深。然而，此种以千百万人性命为赌注之极大冒险，因其违反全体爱好和平人民之愿望，终

---

① 《周恩来年谱》，第 709 页；《中共中央关于京沪渝联络机关坚持非赶不走方针给董必武等指示》（1947 年 2 月 26 日）、《中共中央关于国民党迫我撤离之对策给董必武等指示》（1947 年 2 月 28 日），中国共产党代表团驻沪办事处纪念馆编：《上海周公馆——中共代表团在沪活动史料》，上海人民出版社 1994 年版，第 89—90 页。

② 《中央日报》（南京）1947 年 3 月 1 日。由于技术方面的原因，最终撤退日期推迟了两天。

③ 《大公报》（上海）1947 年 3 月 3 日。

必失败无疑。”①董必武登机前，自信地对送别者说：再见之期，当不在远。至此，以抗战为开端，维持了十年的第二次国共合作，终因抗战的结束使双方失去了合作基础而最终结束，中国的未来只能由战场胜负决定了。

① 《撤离南京时的书面讲话》(1947 年 3 月 7 日)，《董必武选集》，人民出版社 1985 年版，第 124 页。中共人员自京沪渝三地撤退之后，唯一还留在国统区的中共公开人员是办理战后救济工作的解放区救济总会人员，分驻上海、天津和开封三地。1947 年 11 月，联合国善后救济总署宣布停止在华工作，所有中共人员于 12 月撤离国统区。

第六章　国民党的重点进攻与统治危机

第一节　国民党军的重点进攻

一　从苏北到山东

华东地区一直是国民党军事进攻的重点所在。到 1946 年底，国民党军将华东中共军队主力从苏皖压到了山东，国民党因此认为中共部队实力受到重大损失，因此企图在山东与中共部队决战，华东主战场因此而由苏皖转入山东。

国民党军队虽在宿北战役中遭到严重损失，但在苏北战场仍居有兵力优势，同时在鲁南的四个师则直接威胁中共山东根据地的中心临沂。中共方面对于下一步作战行动，陈毅、粟裕等提出了三个作战方案，一是在苏北沭阳打整七十四师，但不易割歼；二是出击淮北，创造运动歼敌之机，但须有时间准备；三是回师鲁南，此地国民党军系统不一①，间隙较大，有利割歼，但须将我主力长途北调山东。虽然中共部队在苏北尚有一定的回旋余地，但毕竟国民党军队已占据苏北大半地盘，而山东为中共长期根据地，后方条件较好，有利内线作战，因而此时的主客观形势都要求中共部队转入山东，陈毅等提出的第三方案得到中共中央的同意。毛泽东在为中共军委代拟的电文中指示："鲁南战役

---

①　在鲁南的整二十六师为中央系，整五十九、七十七师为原西北军，整五十一师为原东北军，彼此互有矛盾，打一部他部不会全力增援。

关系全局，此战胜利即使苏北各城全失亦有办法恢复。……第一仗似以打二十六师三个旅为适宜，因该师系鲁南主力，该师被歼，全局好转。”①

国民党军在鲁南的四个师自1946年12月中奉命向前推进，其中整二十六师推进最快，已进至向城一带，离临沂不过几十里路程，“惟以前进位置过于突出，兵力极感薄弱，形势极为孤立”。师长马励武曾建议后撤一步，但徐州绥署只令其就地固守而不同意后撤，使其“孤军久暴，既不进又不退，前后左右皆空，此诚军语所谓挂形也”②。陈毅等抓住这一机会，决定集中山东野战军一纵和第八、九、十师，华中野战军第一师，共27个团的兵力，围歼整二十六师，同时苏北部队适时北撤，集中山东。中共部队作战部署的这一改变，并未引起其对手的警惕，从而相应改变其部署。

1947年1月2日晚，山东野战军突然出现于向城、傅山口、卞庄地区，包围了整二十六师和第一快速纵队。整二十六师师长马励武事先毫无察觉，元旦那天正在峄县后方欣赏京剧《风波亭》。结果风波来时，前方部队群龙无首，又无增援，只能决定于4日突围。但突围之日“天忽大雨，道路泥滑，人马车辆均陷泥淖，行动倍增困难”③。快速纵队的战车在泥泞中无法发挥作用，两部于突围当日下午被全歼。蒋介石在得知整二十六师和快速纵队失利的消息后，认为“此乃徐州绥署指挥错误，对战车重炮皆置于最前方突出部分，且其时甚久，此无异以精械贻敌”④。

整二十六师被歼后，山野原计划打冯治安部整五十九和七十七

① 《鲁南首战以歼敌二十六师为宜》(1946年12月25日)，《毛泽东军事文集》第3卷，第591页。

② 《马励武致友人信》、《马励武日记》，枣庄市出版办公室编：《鲁南战役资料选》，山东人民出版社1982年版，第152—153页。

③ 《马励武日记》，《鲁南战役资料选》，第152页。

④ 《总统蒋公大事长编初稿》卷6(下)，第354页。

师。冯部原已奉令增援整二十六师，但为保存实力，进展极为迟缓，此时更迅速收缩至运河南岸固守。山野遂改变计划，于9日起分头攻击国民党军据守的孤立据点峄县、枣庄，11日占领峄县，俘整二十六师师长马励武，20日占领枣庄，歼整五十一师全部，俘师长周毓英。至此鲁南战役结束，国民党两个整编师和一个快速纵队共五万余人被歼。在近二十天的战斗过程中，徐州绥署没有作出有力反应，尤其是陇海路南的十几万部队停留原地不动，令人莫明所以。

国民党军虽在鲁南又遭损失，但其统帅部判明中共部队主力已经移至山东，符合其原先作战设想，因此策划发起鲁南会战。蒋介石判断，“关内土匪计有四大股，为贺龙、聂荣臻、刘伯承、陈毅等，现贺聂已无大能为，如陈刘两股能一举击灭，则中原大局可早安定”。他指示陆军总司令顾祝同：“此次陇海东段与鲁南之决战，实为堵遏共军成败之唯一关键，万不可以一隅之得失，而置根本计划于不顾……必须先集中我主力对付陈毅一股以后，再肃清刘伯承股，此为既定不易之方针。”①参谋总长陈诚认为，经过上年的作战，政府军已获“莫大之成功”，华东中共部队“大势已去，不得不作困兽之斗”，而鲁南“为主要战场所在地，同时更为匪我决战所关”②，为此，他亲临济南，策划鲁南会战。他命令将攻击部队编为南北两个兵团。南兵团为主攻兵团，由整编第十九军军长欧震指挥整编第十一、二十五、五十九、六十四、七十四、七十七、八十三师和第七军，由陇海路沿沂河、沭河分三路直指中共华东区的中心所在地临沂；北兵团为助攻兵团，由第二绥靖区副司令李仙洲指挥第十二、七十三军和整四十六师，由胶济路出莱芜、新泰，断中共部队后路。整个战役部署是南北对进，企图以优势兵力在沂蒙山区夹击中共部队

---

① 《郑州绥署鲁豫边区作战经过概要》，《中国现代政治史资料汇编》第4辑，第18册；《总统蒋公大事长编初稿》卷6(下)，第362页。

② 陈诚：《告剿匪各部队官兵书》，转引自《大众日报》1947年3月10日。

而歼之①。1 月 30 日，国防部决定鲁南会战计划，2 月初，蒋介石亲至徐州、郑州部署，“责令前方将领乘此有利形势，把握战机，督率所部继续前进”②。此时徐州绥署下辖四个绥靖区，24 个整编师，7 个军（20 个师）及特种部队，总兵力达八十余万人，实为国民党军最大的一个战略集团。

1 月中旬，中共部队放弃在苏北的最后一座县城沭阳，原在苏北的部队大部撤至山东，酝酿已久的中共华中与山东两支部队的合并在 2 月初最后完成。2 月 3 日，中共华东野战部队正式合编为华东野战军，陈毅任司令员兼政治委员，粟裕任副司令员，谭震林任副政委，陈士榘任参谋长，所辖部队编为十一个纵队（野司直接指挥九个纵队）及一个特种兵纵队，总兵力达到 30 万人，实现了完全意义上的统一指挥，部队数量和战斗力有了较大增长，具备了打大仗的条件。中共中央在整二十六师被歼后即指示陈毅和粟裕：不要轻动，而要休整部队，充分准备，创造战场，吸引对手北上到适当地区，然后歼灭最为有利，“总之，一切以打大歼灭战为目标”③。因此国共两军可谓都有了在山东打大仗的心理与物质准备。

1月28日，徐州绥署发出作命第十号，各部开始行动。或许是吸取了几次失利的教训，南线十余万兵力在宽不过几十里的战线上，以密集平推方式缓慢推进，而且稍遇阻击便停止不前，七天才走了不到七十里，且各部互相观望，都不愿过于突出，行动非常谨慎。绥署的作命特别规

---

①　国民党政府军的指挥每逢重要战役必定层次重叠，即以鲁南作战为例，南线的指挥层次为：蒋介石——陈诚——薛岳——欧震——各军师长，很难想象在这样重叠的指挥系统下，各部队能有多少主动性的发挥。兼之上级对下级干涉过多，不仅影响下级的独立自主能力，而且上级的指挥也无法适应战场情况的瞬息万变。这与中共强调在统一指挥下充分发挥下属主观能动性的作战指导方针恰成鲜明对比。

②　《总统蒋公大事长编初稿》卷 6（下），第 380 页。

③　《一切以打大歼灭战为目标》（1947 年 1 月 5 日），《毛泽东军事文集》第 3 卷，第 603—604 页。

定:“如匪集中全力向我某一纵队猛犯时,则其他纵队除以一部向原任务迈进外,应以主力策应该纵队之作战。”①而北线国民党军未遭败绩,表现冒进,2 月 1 日开始行动,4 日便到达莱芜,8 日,整四十六师已前出至新泰,三个军(师)的兵力沿莱芜、新泰公路摆成了一字长蛇阵,且脱离了胶济路后方。按国民党统帅部原计划,北线为助攻,但在南线主攻部队迟疑不进的情况下,北线助攻部队过于突出,已经处于不利地位。

对于国民党军的进攻,中共已经有了准备②。根据情报,1 月底中共中央指示华野:“我军方针似宜诱敌深入,不但不先打陇海路,即敌至郯马地区是否就打亦值得考虑,似宜待其进至郯马以北发起全力歼击,可连续打数个大歼灭战,使自己处于完全主动地位,丝毫不陷于被动(如打得太早即有打成胶着陷于被动可能)。”③华野最初的设想是在南线诱敌深入,争取歼其一路,为此采取了种种手段逼其突出一路。但因欧震所部行动谨慎,没有暴露明显弱点,2 月 4 日,陈毅和粟裕报告中共中央,南线各路“进攻之敌前进甚为稳重”,“如目前我军进行出击,只能击溃,很难达成歼灭”④。他们提出三个作战方案,重点放在转兵北线、先打弱敌,得到了中共中央的同意。据此,2 月 10 日,合并后的华东野战军指挥部发布命令:南线“尚未获歼敌良机,局部战斗虽能获胜,亦难获得彻底解决整个战局问题,经我们研究后目前战局,以先解决李仙洲所部然后肃清胶济线之王耀武部,再全力南下歼灭南线之敌较为有利”⑤。根据这个命令,华野集中在山东的全部主力投入此次作战,

---

① 谢声溢编:《徐州绥靖概要》,第 71 页。

② 国民党鲁南会战计划于 1 月 30 日下午 5 时由国防部作战会报讨论,5 时半即已为中共通过秘密渠道得知。

③ 《宜在鲁南诱敌深入打大歼灭战》(1947 年 1 月 31 日),《毛泽东军事文集》第 3 卷,第 649 页。

④ 《第三野战军征战日志》,第 118 页。

⑤ 《华东野战军莱芜战役命令》(1947 年 2 月 10 日),中共莱芜县委宣传部编:《莱芜战役资料选》,山东人民出版社 1982 年版,第 72—73 页。

其中一、四、六、七纵自临沂北上围歼李仙洲部(另加由胶济路南下的八、九、十纵),二、三纵由参谋长陈士榘指挥,在南线担任牵制任务。2月10日,参战部队秘密撤离临沂,以急行军速度北上①。由于华野严格保密,并部署了一系列佯动(临沂外围伪装主力节节抗击,在运河上架桥,筹集渡船等),国民党方面一时难以判断华野的真实企图,作战部署难免失误。

2月9日,徐州绥署发出第十二号作命,令南线各部于10日起"向临沂及其以西地区攻击前进,诱致匪主力于当面一举歼灭之"②。由于华野主力已转兵北上,南线部队佯作抵抗后即行撤离,国民党南线部队于15日占领临沂。蒋介石对此颇为得意,认为"陈毅已失其老巢,就再不能发生过去一样大的作用了";"国军占领临沂以后,如果我们计划周密,部队努力,则鲁南、胶东不难收复,以后的问题,都在黄河以北了"。对于外传中共是主动撤退的说法,蒋不屑一顾,声称"他们退出老巢,放弃军事重镇,便证明他们是受了严重的打击,不能不出此穷途末路的一着了"③。然而南线部队未经大战便占领临沂的情形,使第二绥区司令

---

① 中共部队当时还缺乏机械化能力,完全靠徒步行军,为了保密只能昼伏夜行,能在不到一周的时间里转进几百里山路,行动是相当迅捷的。

② 谢声溢:《徐州绥靖概要》,第85页。

③ 蒋介石:《剿匪战役之检讨与我军今后之改进》(1947年2月19日),军事图书馆藏档;《对于最近社会经济军事情势之分析》(1947年2月17日),《先总统蒋公思想言论总集》卷22,第21页。国民党军事将领对攻占临沂亦极为乐观。陈诚称"中共之损失极大,现正向鲁西溃退";"中共此次集合号称二三十万人之众,败后残余渡河者当不过十万人"。空军司令周至柔报告,临沂一战,共军因空军轰炸伤亡七八千人,毁汽车千余辆,陈毅主力被迫向泗水方向退却(《王世杰日记》1947年2月17、20日;《郭汝瑰日记》1947年2月15日)。实则中共部队是主动转移,而当时中共部队还很少有汽车,所谓千余辆汽车明显是夸大其辞。这种虚报战果的情况,在很多情况下影响到国民党的作战决策。以至蒋介石其后训诫部下,"过去我们的作战计划往往凭借空军的侦察报告而下判断来决定的,但照这次莱芜战役的经验,空军的侦察并不能作为唯一可靠的根据,以后还是要你们靠陆军本身在前方实地的侦察来决定,前方将领在必要时,就可以依照你们自己所得的实际情况,决定计划,独断专行,向敌人进攻"(《国军剿匪必胜的原因与剿匪战术的改进》,1947年4月15日,《蒋总统集》第2册,第1578页)。

王耀武起了疑心，他得到中共部队正在北移的情报，遂判断“由南向北急进之匪军，应为其主力之转用，显有打击北路兵团之企图”①，因此急令李仙洲部收缩。然而国民党统帅部的判断与王耀武正相反，他们以为中共部队是“无力与我军主力作战，有北渡黄河避战的企图”，因此命令王耀武执行原南北夹击之作战方案，“勿使其继续北窜”，并派飞机向李部空投命令，严令其回防，否则以抗命论处②。本来李仙洲在接到王耀武的命令后已于16日开始将整四十六师自新泰后撤颜庄，七十三军自颜庄后撤莱芜，十二军自莱芜后撤胶济路，次日又因徐州绥署和南京统帅部的严令，各部重回原地。部队来回运动，疲于奔命。及至19日，中共大部队已出现在李部四周，王耀武不等批准命李部火速后撤。但就是这两天的动摇与延误，注定了李仙洲部的覆灭命运。

华野主力北上后，虽然其对手的行动反复变化，华野部署也随之变化，但歼灭李仙洲部的决心不为所动。2月20日，华野首先以八、九纵在莱芜北设伏，歼灭了由博山南下莱芜归建的七十三军七十七师；又以六纵攻吐丝口，封闭李部向北退路；以十纵阻击莱芜西北可能来的增援。此时整四十六师自新泰北撤，且战且走，21日到达莱芜南，而莱芜城外各要点多已为华野占领。南线欧震兵团自占领临沂后，因对华野动向判断不明，迟迟未有行动，距李部尚有相当距离。王耀武认为，李部孤守莱芜，粮弹缺乏，援军无望，因此下令李部突围，先至吐丝口与新三十六师会合。莱芜至吐丝口不过二十余里路程，王耀武认为“以如此强大力量，在空军掩护下作短距离之战斗前进，绝未料

① 《国民革命军战役史第五部》第3册，第214页。王耀武自始即对李部南下计划态度消极，认为南进孤军深入，补给困难，且使胶济线兵力空虚。李仙洲南进后亦电告王：鲁南未有决战征候，鲁中为中共根据地，共军决不会轻易放弃。但陈诚认为共军是已败之师，无足顾虑，要王耀武在事关国共存败之时具有决心，顾全大局(《莱芜战役前后敌情综合介绍》，军事图书馆藏档)。

② 王耀武：《莱芜蒋军被歼记》，《文史资料选辑》第8辑，第121页。

其失败”①。但李仙洲属下的两个军(师)互有矛盾，李本人既非军事长才，又无与中共作战的经验，突围不过无奈之举，注定很难成功。还有一个很长时间不为人所知的情况使得李部注定难逃覆灭命运。整四十六师师长韩练成与周恩来早有联系，上年11月调往山东前，韩在南京曾受董必武交待与华野联系的办法。战役开始前，韩与华野建立了联系，并透露了己方的行动部署。战役开始后，整四十六师因韩之拖延而行动迟缓，及至李仙洲接令突围，韩坚持准备不及而要求将突围时间自22日延至23日，使李部进一步陷于不利境地②。

23日晨，李仙洲部开始突围行动。临行前，韩练成不知去向，此时李仙洲尚不知韩已在中共安排下离队出走，他以七十三军和整四十六师并列行动，因突围心切，出莱芜城后即径行向北，未派有力部队占领突围路线外侧山地要点掩护，也未派一部留守莱芜以为支持，而华野已派一、七纵在左，四、八纵在右，六纵在北既定阵地设伏。李部后尾刚刚脱离莱芜，华野便占领莱芜城，断李部回城之路，预伏各部发起有力攻

① 《国民党第二绥靖区司令官王耀武莱芜战斗详报》，山东省政协、莱芜县政协文史资料研究委员会合编:《莱芜战役纪实》，中国文史出版社1995年版，第287页。国民党方面战后总结则认为，“第二绥区未能恪遵本部迭次指示，使新泰莱芜我军坚守待援，反饬令其退却，致于半途遭优势匪军截击，蒙受重大损失”(《一年来剿匪重要战役之检讨》，第39页)。

② 周士观:《回忆我所参加的军事策反工作》，《文史资料选辑》增刊第1辑，第28—29页。韩后来以突围而出的身份回到南京，蒋介石不明底里，居然大夸其“从莱芜带了一百余人，在敌人的后方横行五六百里，历时十余日，最后安抵青岛，……如果共匪真的厉害，韩师长又何能以这样薄弱的兵力横行于这样广大的匪区?”(《国军剿匪必胜的原因与剿匪战术的改进》，1947年4月15日，《先总统蒋公思想言论总集》卷22，第64页)实在令人啼笑皆非。国民党最高统帅尚且如此不知彼不知己，何论其下属。其后，蒋一度安排韩为侍从室武官。一年后，由于其与中共的关系暴露，张治中将正在西北任职的韩送往上海，后潜赴香港。

击，李部全军陷入重围①。因北撤队列位于一狭长地段，正面宽不过几公里，机动空间有限，无法展开，李部被迫向内收缩，互相拥挤，队形大乱，已无法实施有效指挥。整四十六师因韩练成离队，全军失去指挥，在中共部队打击下，迅速崩溃解体，并直接影响了七十三军的队形与士气。四万人的部队，不过四个小时即遭全歼，李仙洲和七十三军军长韩浚及多名高级将领被俘②。当晚，驻守吐丝口的十二军新三十六师弃城而走，又遭华野九纵伏击，大部被歼。华野乘胜占领博山、张店等地，再次切断胶济路。

奇怪的是，就在国民党统帅部严令北线各部不得后退之时，南线欧震兵团在占领临沂后，却在原地停止不动，徘徊近十日之久。既然判断华野主力向北"溃退"，正应令欧兵团从速北上，以实现南北夹击之原定计划，而且也不至于使北线李仙洲部其后处于孤立无援之境③。16日，蒋介石电令陈诚与薛岳，望吸取以往之教训，"务希激励所部积极扫荡，以为一劳永逸之计"④，但直到23日，李仙洲部被歼当天，徐州绥署才发出第十三号作命，以一部"监视临沂以北山地之匪"，主力向临沂西

---

① 据王耀武回忆，在他下令撤退前，曾派人飞南京向蒋介石报告，蒋认为：敌前撤退不利，既已下令北撤，应特别注意后尾及两侧的安全。而李仙洲在撤退时将此完全置之不顾，使蒋事后大为恼怒（王耀武：《莱芜蒋军被歼记》，《文史资料选辑》第8辑，第124—125页）。

② 李仙洲：《莱芜战役蒋军被歼始末》，《文史资料选辑》第28辑，第91—94页；刘贯一：《关于争取国民党第四十六军军长韩练成的工作情况报告》（1948年1月3日），《莱芜战役纪实》，第104页。

③ 粟裕在战后总结中认为，进占临沂的国民党军离华野预定在北线发起攻击的时间（最早为18日）不过四天距离，如其继续前进，"则在我打响第二天即可赶上与北线之敌会师"（粟裕：《莱芜战役初步总结》，1947年3月8日，《粟裕军事文集》，第298页）。国民党方面在战后总结中也认为，徐州绥署未能"使欧震兵团适时迅速放胆跟踪追击，进出蒙阴新泰，致匪得以充裕时间，集中全部兵力，围攻我新泰莱芜。至廿四日，徐州绥署始转用十一师六十四师由临城北进，已不及挽救战局"（《一年来剿匪重要战役之检讨》，第39页）。

④ 《总统蒋公大事长编初稿》卷6（上），第392页。

北费县、曲阜、汶上、东平“进剿，会师兖泰，将匪压迫于黄河右岸而歼灭之”。所谓差之毫厘，失之千里，国民党之想当然于此可见①。

莱芜战役，国民党军在四天内损失七个师(旅)，五万余人，开其大兵团被歼之例，为内战开始以来之空前失败，王耀武自认为“不仅损失重大，使党国蒙忧，而本部一年来在鲁省艰苦奋斗所开创之新局面亦悉告破产，每一回忆实有无限之沉痛与惭愧”②。此次战役，连同先前之鲁南(峄枣)战役，使国民党军在鲁南的攻势顿挫，被国民党战史称为“其对双方战力与士气之消长，影响尔后作战者甚巨，所以此次作战，实为双方在主战场上胜败之转捩点所在”③。在战后总结中，陈诚认为：“匪以轻装，我以重装，面大线长，消极防守，未有不败。”王耀武认为：“此次南进兵团之失败，为战场上诸种错误之总和。本部在奉令向新泰进出之前，已深感态势不利，既进出新泰之后，尤觉兵力分散过于突出，随时有被敌各个击破之虞，共军放弃临沂后，本部即已判断共军必打击我南进兵团，以挽回其颓势，故一再要求机动作战，但层峰因有整个计划，始终未能采纳。”结果，国民党军“旋进旋退，轻进轻退，举棋不定，措置乖方，涣散了军心，打乱了步骤，以致造成了不可收拾之局”④。

莱芜之败，使蒋介石极为恼火，他在日记中写道：“莱芜所造成之最

---

① 谢声溢编:《徐州绥靖概要》,第94页。国民党自己也承认,“我方情报每欠确实,易受匪方宣传所惑,且传递迟缓,多失时效,致影响上级指挥官之判断”。这其中原因很多,但国民党军脱离群众当为重要原因之一。国防部甚至在作战总结中提出,“我部初至一地时应避免人民之一切招待,并与人民断绝往来为原则,盖匪常假装民众,乘机暴动,使我措手不及”(《绥靖第一年重要战役提要》,第39、43页)。

② 《国民党第二绥靖区司令官王耀武莱芜战斗详报》,《莱芜战役纪实》,第287页。

③ 《国民革命军战役史第五部》第3册,第218页。

④ 《陈诚对鲁南战役的检讨》,军事图书馆藏档;《国民党第二绥靖区司令官王耀武莱芜战斗详报》,韩浚:《国民党第七十三军和整编第四十六师莱芜就歼纪实》,《莱芜战役纪实》,第287、162页。

大损失，实为国军无上之耻辱……本月下旬，实为军事最危急之时期也。”①2 月 24 日，他亲飞济南部署善后。他将失败的原因总结为“全在于李仙洲司令官指挥部署之错误及其怕敌心理所造成”，并训斥王耀武说：莱芜既已被围，你为什么又要撤退，遭到这样大的损失，你是不能辞其咎的。这次你选派的将领也不适当，李仙洲的指挥能力差，你不知道吗？撤退时他连后尾也不派，这是什么部署？你为什么派他去指挥？如派个能力好的人指挥，还不致失败②。在追究失利责任时，徐州绥署主任薛岳成了替罪羊。3 月 3 日，国民党统帅部下令撤销徐州与郑州两个绥署，设立陆军总部徐州司令部和郑州指挥所（主任范汉杰），由陆军总司令顾祝同坐阵徐州，统一指挥华东战事。此举实际是将陆军总部搬到了徐州，由此也可见国民党对华东战场的重视。然而顾祝同其人并非大将之才，守成有余，进取不够，即在国民党内亦被评为“太无军事天才”，“军事上之庸才耳”③，很难期望他能够改变华东战局。中共得知国民党换将的消息后，评论为：“薛岳用兵尚机敏果断，而顾祝同则历来是我军手下的败将，这无异以庸才代替干才。在高级军事指挥人员的更迭上，正象征着国民党的日暮途穷，最后必然会走向崩溃。”④果不其然，不出三个月，国民党军便在山东遭受了又一次惨重的失败。

二　重点进攻的展开

战争进行到 1947 年初，国民党军在各战场的进攻已由盛而衰。在

① 《总统蒋公大事长编初稿》卷 6(上)，第 395—396 页。

② 《总统蒋公大事长编初稿》卷 6(上)，第 394 页；王耀武：《莱芜蒋军被歼记》，《文史资料选辑》第 8 辑，第 129 页。

③ 《郭汝瑰日记》1947 年 5 月 27、30 日。某次，郭汝瑰至徐州总部与顾研讨作战计划，当要写下来时，顾“噜苏半天，于大处全得不着要领”，可见其在一般军事将领心目中的印象（《郭汝瑰日记》1947 年 5 月 28 日）。

④ 粟裕：《莱芜战役初步总结》(1947 年 3 月 8 日)，《粟裕军事文集》，第 304 页。

晋冀鲁豫战场，1946年12月，国民党以王仲廉的整二十六军和王敬久的整二十七军发起冀南攻势，1947年1月初占领大名和临漳，逼近邯郸。晋冀鲁豫野战军转而出击鲁西南，发起巨金鱼战役，20天内收复县城九座，迫使国民党军自冀南回援。此后，晋冀鲁豫野战军发动局部反攻，先以五个纵队出击豫皖边陇海路两侧地区，接着又于3月下旬到5月下旬在豫北发动攻势，收复了豫北大片地区。晋冀鲁豫野战军四纵陈赓部，从1946年11月到1947年5月也在晋南地区先后发起多次攻势。国民党军在豫北和晋南被迫收缩到安阳、新乡、临汾、运城等少数孤立据点。

在华北战场，国民党军于攻占张家口之后，自1946年11月到1947年2月4次南进攻击易县，企图占领中共整个晋察冀区，但遇到了中共晋察冀部队的有力反击，进攻受挫。5月，中共晋察冀部队重组野战军，杨得志为司令员，罗瑞卿为政委，下辖三个纵队。在此前后，晋察冀野战军连续发起正太、青沧、保北战役，攻占了冀晋两省交界处的要点娘子关，控制了正太路大半；占领沧县、徐水，切断津浦路天津至济南段和平汉路北平至保定段。

经过大半年的作战，国民党军虽然占领了若干中共根据地，但远未达成其战略构想，机动兵力不足的弱点也在逐渐显现，高层已有这样的议论，“败固败，胜亦不胜，盖每发动一攻势，胜后即将能机动之部队悉供于驻守，则尔后即无再主动能力”①。因此，国民党军的全面进攻已是心有余而力不足，不得不对未来的进攻计划重作检讨。1946年11月15日，陈诚在国防部作战会议上已经提出：“为争取主动计，我应采取战略攻势，战术守势，分区扫荡原则。先肃清苏北、鲁南地区，再准备解决刘伯承匪部主力，进一步再准备对刘伯承、聂荣臻两股匪军联合之作战。”18日到19日，陈诚在北平召开秘密军事会议，出席者有华东的顾祝同、王耀武，华北的李宗仁、孙连仲、傅作义，东北的熊式辉等。与

① 《徐永昌日记》1946年12月3日。

会者多提到集中兵力、打击中共主力的问题，陈诚总结为四点：兵力转用免化众为寡，与空军密切协同，发挥特种兵效用，各战区协力①。1947年初，国防部在作战检讨中认为："国军因受政略影响及局部状况之诱惑，致将主力逐渐分散于各战场，遂使主战场之陇海方面，无法集注绝对优势及精锐之部队，以致进展迟缓"；"各战场之兵力，均非绝对优势。以各个战场比较优势之兵力，发动攻势，固不能获致重大之战果。同时，散布各战场之兵力，因种种关系，抽调转用，多不自由，以致每每发现良机，而不能捕捉"②。在军官训练团的讨论中，国民党高级将领总结军事失利的原因时也认为，政府军"无计划，无准备，处于被动，常犯逐次使用不充分兵力之过失"；"多行全面攻击，兵力分散，攻防均无重点，建制常被分割，指挥系统重复而紊乱"；"任务赋予不明确，多以城镇为作战目标，故使匪主力得以逃走"；建议今后"确实控制战略要点，控置战略机动部队，迅速以围歼匪之主力不计其他点线得失"，"要点要线应施以据点工事，以节约兵力而固守，得以彻底集中兵力，以机动歼灭敌人"③。即便蒋介石也不能不承认："我军不知采取运动战，不知主动攻击敌人，只知以稳扎稳打为保存实力、观望不前之掩饰口号。或株守一地，或阵布长蛇，首尾不能相应，予匪以运动集中、各个击破我军之机会。致匪越战越强，我则兵力日减，士气日以萎靡不振。"④这些情况说明，国民党统帅部此时也认识到全面进攻在兵力调度上的困难和战略上的不利，而考虑对作战战略作出一定调整。

1947年3月，国民党军在全国范围的进攻已呈疲态，蒋介石决定

---

① 《熊式辉日记》1946年11月18、19日。

② 国防部第三厅第二处：《绥靖作战检讨》(二)，第75—78页，引自《中国人民解放军全国解放战争史》第2卷，第263页。

③ 《军官训练团第二期第一次战术小组讨论一般战法综合汇编》，《第二期军事小组讨论结论汇集》。

④ 蒋介石：《对匪军战斗手册之研究及对策》，引自《中国人民解放军全国解放战争史》第2卷，第262页。

改行重点进攻计划。他的设想是：中共在关内有三个重要根据地，即以延安为政治根据地，以沂蒙山区为军事根据地，以胶东为交通供应根据地，因此“凡是匪军的老巢，尤其是他的制弹厂和粮秣、弹药的集中地，及其发号施令的首脑部的所在地，必须犁庭扫穴，切实攻占”；“最要注意的是分清主战场与支战场。我们在全国各剿匪区域中，应先划定匪军主力所在的区域为主战场，集中我们部队的力量，首先加以清剿，然后再及其余战场。同时在这个主战场中，又要先寻找匪军兵力最强大的纵队进攻，予以彻底的歼灭”。根据这个设想，蒋将作战重点置于山东和陕北两地。前者是企图捕捉中共主力进行决战，或者至少将中共部队压过黄河再行歼灭；后者是企图摧毁中共首脑机关所在地，使中共陷于群龙无首之境。而在这两个战场中，蒋更注重山东战场。他认为，“照现在的战局来观察，匪军的主力集中在山东，同时山东地当冲要，交通便利，有海口运输，我们如能消灭山东境内匪的主力，则其他战场的匪部就容易肃清了。所以目前山东是匪我两军的主战场，而其他皆是支战场。在主战场决战的时期，其他支战场惟有忍痛一时，缩小防区，集中兵力，以期固守”①。

国民党军重点进攻的基本计划是：

一、西北第一战区及徐州绥署同为本反击作战之主攻，分别于西安、徐州地区，向北发起攻势。

（一）第一战区为西翼主攻，首先反击延安，摧毁中共党政军神经中枢，动摇其军心，瓦解其战志，削弱其对外声势，然后荡平陕北，东渡黄河，连系第二、第十二战区，续向北平亘石门之线进击，会合徐州绥署部队，协同郑州绥署，捕歼刘伯承部于晋、冀、豫、鲁边区地带。

（二）徐州绥署为东翼主攻，首先摧毁沂蒙山区陈毅根据地，消灭陈毅主力，控领山东，截断共军来自东北之外援。尔后再北渡黄河，除以

① 《匪情之分析与剿匪作战纲要》（1947 年 5 月 15 日），《先总统蒋公思想言论总集》卷 22，第 114、117 页。

主力继续进出天津及其以北地区外，另以一部左旋，于石门附近地区会合第一战区部队，协同郑州绥署，捕歼刘伯承部，肃清关内共军。

二、郑州绥署应与华东、西北战场切取联系，以有限攻势，拘束刘伯承部，并准备于后期作战中，协同友军，围歼共军于晋、冀、豫、鲁边区。

三、第十一战区（北平）确保冀境要点、要线，对当面聂荣臻部，相机发起攻势，策应主攻作战。

四、第十二战区（归绥）及第二战区（太原）准备协同第一战区在晋、冀之作战。

五、东北保安司令部暂采战略持久，以待国军主力移师关外后，随同转移攻势，彻底歼灭共军，规复东北①。

国民党军队的重点进攻自 1947 年 3 月开始，以山东和陕北为中心战场，尤以山东战场投入兵力最多，战斗规模最大。蒋介石一直重视山东在战略上的地位，在军事部署上强调将国民党军队的主力集中在山

---

① 《国民革命军战役史第五部》第 1 册，第 334—335 页。据国民党方面的说法，所谓重点进攻计划并未发现己方的原始资料，而系根据中共方面之资料判断其存在（同前，第 335 页）。但据时任国防部三厅厅长、主管作战的郭汝瑰的回忆，国民党军攻占延安之后，蒋介石即令国防部三厅研究陕北战事结束后的兵力转用计划，三厅提出的方案是：1. 局部各个击破案，即以主力监视中共主力，然后选择局部目标，集四五倍于敌的兵力加以歼灭；2. 主力决战案，可选三个主攻方向，山东、豫北或陕北。结果蒋选择了山东。郭认为“这便是以后山东重点进攻的由来”。“进攻山东，是他主观以为进攻延安后，就可抽调主力在山东寻求决战，是进攻延安后的临时决策而不是预定计划”。“蒋介石进攻陕甘宁边区蓄谋已久。他之所以选定这个时候发动进攻，是想为国民党召开的三中全会撑持门面，借此以证明解放军不能‘负隅’，他进攻陕甘宁边区很有把握罢了。但他不懂得开辟新战场，实际是分散兵力，有碍重点形成的道理。蒋介石本人在战略上就根本还未着眼到重点进攻，更未想到钳形攻势。他进攻陕甘宁边区，初意也只是想压迫解放军东渡黄河进入山西，以便转用兵力，但兵力转用何处也并无定见。至于重点进攻山东，那是以后才决定的。即使到那时，他也未着眼到钳形攻势。同时，陕北和山东相去甚远，也不可能发挥钳形攻势的作用。由此可见，蒋介石配合协调各战区的本领很差，很不高明”（《郭汝瑰回忆录》，第 243—244、420—421 页）。如据郭的说法，则所谓重点进攻更可能是蒋介石本人根据战场情况的适时决策，而非事前精心计划的结果。

东，因为山东地当要冲，交通便利，便于国民党军队与中共军队的决战。他认为只要消灭了山东境内中共军队的主力，则其他战场的中共部队也就容易肃清了。蒋此时虽仍强调作战目标为收复据点，控制交通线，但在方法上则提出集中兵力，增加部队机动性的问题。山东战场的大规模战斗因此而展开。

莱芜之败，负责国民党政府军全盘作战指挥的陈诚实不甘心，对于山东攻势，他下了绝大的赌注，集中了原徐州、郑州两个绥署的绝大部分机动兵力，将其编组为三个兵团。第一兵团司令汤恩伯指挥整编第二十五、二十八、五十七、六十五、七十四、八十三师，以临沂为中心，加强据点工事，准备尔后向北推进；第二兵团司令王敬久指挥第五军及整编第七十、七十二、七十五、八十五师，以主力自宁阳、汶上东进，逐次攻击大汶口、泰安等要地；第三兵团司令欧震指挥第七军及整编第十一、四十八、六十四师，自兖州进出曲阜、邹县地区，并续向新泰、蒙阴地区攻击；三路互相协力，构成一个半月形攻击态势；第二绥区司令王耀武指挥第八、十二、五十四、七十三、九十六军，第三绥区司令冯治安指挥整编第五十九、七十七师，徐兖绥区司令李玉堂指挥整编第二十师，担任守备、牵制任务，整编第九师为总预备队，全部兵力达到 24 个军(师)45 万人。作战基本目标是“迫匪于蒙山与沂山地区，与我决战，抑或迫匪放弃沂蒙山区老巢，向胶济路以北、东北地区退缩，以利我尔后之围剿”①。由于以往作战经常由于缺乏协同而被各个击破，此次攻击部队编组为兵团，强调统一指挥和行动，基本战法则改为加强纵深，密集靠拢，稳扎稳打，逐步推进，强调纵深配备与兵力密度，最重要的变化是，此次战役目标强调的是寻找中共主力决战，而不再如以往着重于点的占领。

4 月 1 日，国民党军各部全面行动，当天占领泰安，随后打通了津

---

① 《陆总徐州司令部鲁中会战经过概要》，《中国现代政治史资料汇编》第 4 辑第 17 册；《国民革命军战役史第五部》第 3 册，第 250 页。

浦路济南至兖州段和临沂兖州公路。不久，徐州司令部发现中共华野部队由鲁中向南运动，遂调整部署，令第一兵团向临沂收缩，调第三兵团第七军和整四十八师东援，加强第一兵团，同时以第二、三兵团东进威胁华野侧后方。此举虽使华野打击第一兵团的计划未能实现，但同时却使泰安陷于孤立。华野遂拟订泰蒙战役计划，集中了三个纵队，十纵于22日围攻泰安，一、三纵预备打援，希望以此调动国民党驻大汶口的两个师北上而歼之。对于前方将领的谨慎，蒋介石颇不以为然，他训斥顾祝同、汤恩伯等：敌人退了你不知，自己又无计划，不知打什么仗，令其尽速行动①。在蒋的命令下，顾祝同决定置泰安于不顾，各部按原计划行动。26日泰安被华野攻占，整七十二师被歼，但向华野正面进攻的汤恩伯、王敬久兵团仍无大的进展，只有欧震兵团经过激战，于28日攻占蒙阴，30日占领新泰。

自国民党发起在山东的重点进攻后，华东野战军一直在寻找机会，以打破此次进攻。但此次对手表现非常谨慎，大军麇集一团，稳扎稳打，不以一地之失而变更计划，而华野"耐心持重不够，战役企图过大，兵力不够集中，因而几次决心都未能实现"②。陈毅、粟裕在给中共中央军委的报告中称："蒋、陈以进攻山东为其战略重点，企图依靠黄河封锁，迫我东撤海滨，同时集中使用兵力，不轻易分散，自然增加我方许多困难。"③在这种情况下，中共中央军委多次指示华野："敌军密集不好打，忍耐待机，处置甚妥。只要有耐心，总有歼敌机会。……惟(一)要有极大忍耐心；(二)要掌握最大兵力；(三)不要过早惊动敌人后方。""让敌放心前进，又使敌完全不知我主力所在，当此时机，好打则打之，

---

① 《郭汝瑰日记》1947年4月18日。

② 粟裕：《孟良崮战役总结》(1947年5月20日)，中共山东省委党史资料征集研究委员会、中共临沂地委党史资料征集委员会编：《孟良崮战役》，山东人民出版社1987年版，第212页。

③ 《放弃歼敌十一师的计划拟一部南下鲁南华中》(1947年5月3日陈粟给军委的报告)，《孟良崮战役》，第31页。

不好打则以主力转入敌后，局势必起变化。”①华野遂将部队集结待机，同时采取各种行动，调动、迷惑对手，等待并创造作战时机，这样的时机终于来了。

国民党军在经过一段巩固调整后，得到情报称华野“损失甚重，刻已北窜”。5月3日，蒋介石飞徐州、济南，部署新的攻势，令汤恩伯兵团自正面北进，欧震兵团和王敬久兵团自西向东推进。顾祝同于10日下令各部开始行动，重点放在汤恩伯第一兵团，令其进至莒县、沂水、坦埠一线②。第一兵团自此次进攻开始后，行动较他部更为谨慎③，此时汤恩伯也认为当面中共主力部队已北撤，遂令所部于11日自临蒙公路上的垛庄，经孟良崮北进，“先行攻略坦埠，尔后，与友军协同，求匪主力而歼灭之”④。攻击部队以整七十四师为中心，其左翼为整二十五、六十五师，右翼为整八十三、四十八师及第七军，整个部署成一弧形。行动开始后，由于整七十四师比其他部队速度稍快，12日已进至坦埠南，独立展开攻击，处于弧顶的位置，而且与两翼拉开了一段距离。

国民党军队的动向立即为中共抓住。陈毅、粟裕原准备先打右翼桂系第七军，情况变化后，他们认为整七十四师态势突出，又正处华野

---

① 《只要有耐心总有歼敌机会》(1947年5月4日)、《不性急不分兵诱敌深入相机歼击》(1947年5月6日)，《毛泽东军事文集》第4卷，第52、59页。

② 据战后国民党军战俘云，顾祝同认为当面情况不明朗，北进有风险，但陈诚以整七十四师战斗力强，可以造成有利战术形势为辞，力主即行北进(《孟良崮战役》，第249页)。

③ 蒋介石曾令汤恩伯“先发制人”，“惟第一步行动，必须快速，最好改变我军向来重装迟钝、日行夜防之旧习，而转为轻装远探、夜行晓击之新作风”(《总统蒋公大事长编初稿》卷6(下)，第425页)。但前线指挥官的普遍心态是避免决战，企图以其兵力优势压迫中共部队北撤，或等中共部队疲惫后再行出击，可以自保兼邀功。此一战略上的速决和战术上的犹豫不决构成了很大的矛盾，为中共创造了作战机会。

④ 《国民党一兵团孟良崮战役战斗详报》，《孟良崮战役》，第418页。国民党通过情报得知坦埠为华野指挥部所在地，企图一举摧毁华野指挥中心，但华野指挥部此时已移至坦埠东北的西王庄。

主力当面，便于分割歼灭。虽然该部战斗力较强，且四周国民党大军云集，一旦形成胶着于华野极不利，但陈、粟仍定下了打整七十四师的决心。陈毅豪迈地说：打整七十四师就是要在百万军中取上将首级。5月12日，中共中央军委致电陈毅和粟裕，指示根据情况选其一路打之，“究打何路最好，由你们当机决策，立付施行，我们不遥制”①。此战的关键，一是将整七十四师从国民党进攻部队中割裂出来并迅速歼灭之，使国民党其他部队不及增援；二是在国民党大军环伺下，能否阻止其增援。陈、粟为此作了周密部署，以一、八纵自左右插入，割裂整七十四师与他部的联系，六纵封闭其退路，四、九纵正面进攻，二、三、七、十纵负责阻击、牵制国民党援军。华野以五个纵队对付整七十四师，兵力上居于优势。何况自内战爆发后，整七十四师占两淮，攻涟水，与华野几次交手都占了便宜，华野上下“久已抱有同第七十四师决一死战的夙愿，可以说是完全达到同仇敌忾，万众一心，灭此朝食的气概”②。此役华野一改先打弱敌的传统战法，舍弱取强，充分表明了中共部队能够根据主客观形势而适时改变战法，出其不意，攻其不备，造成强弱易势。粟裕在战后总结中认为：“我们几次定下决心和变更决心，而最后决心集中全部兵力捕歼位于敌军密集队形中央的‘王牌’第七十四师于孟良崮地区，是很不容易的。充分体现了歼敌决心的坚定性和战术的灵活性。”③

5月13日，华野第一、八纵队分向整七十四师左右两翼运动，但国民党此时尚未判明华野的真实意图。参谋本部方面判断，在汤兵团进至沂水后，中共部队有攻其右翼可能，但并未料到中共部队会强行楔入汤兵团的当面中心④。因此，蒋介石于当日决定在山东发起全面攻势，

① 《须不失时机歼击一路好打之敌》(1947年5月12日)，《毛泽东军事文集》第4卷，第70页。

② 粟裕：《孟良崮战役总结》，《孟良崮战役》，第213页。

③ 粟裕：《孟良崮战役总结》，《孟良崮战役》，第216页。

④ 《郭汝瑰日记》1947年5月14日。

令汤恩伯部占莒县、沂水，欧震部占南麻，王敬久部占淄川、博山，“达成包围歼灭淄博山地共匪之目的”①。汤恩伯即令整七十四师于14日攻占坦埠。但实际情况完全不似国民党的判断。次日，整七十四师师长张灵甫发现华野部队续向己部两翼运动，有封闭己部退路的征兆，而左翼整二十五师一〇八旅和右翼整八十三师十九旅已在华野打击下放弃界牌、桃花山要点后撤②，己部已陷于孤立。正面华野部队又发起猛烈攻击，张灵甫“乃确信解放军有积极企图，已成包围我师之态势，乃决心撤退”，立即向后收缩③。但又一次出乎张灵甫的意料，华野在鲁南埋下的伏兵六纵昼夜兼程，两天走了二百余里赶到战场，15日拂晓攻占整七十四师后退必经之地垛庄，断其退路。张灵甫遂决定全师退踞孟良崮固守待援，他以为如此可以居高临下，态势有利，然而以后的事实证明这是他犯的一个致命错误。

整七十四师被围后，起初张灵甫“以为左右友军，在毗接相靠，决不会有意外问题”，又以“顾虑战责及上级指定勿退”，因此指挥所部顽强抵抗。“战斗空前激烈，官兵伤亡重大，骡马、非战斗人员多漫山遍野，通讯机构时断时续，已成混乱状态；且因石地无法构筑工事，伤亡特大，而伤兵又无法护运，呻吟不绝，士气影响很大”④。此役再次暴露了国民党军队缺乏灵活死守教条的错误。据其作战详报载，张灵甫为集中兵力，将全军挤在一处，又盲目相信高地的优势，然而“退守山地之后，饮料断绝，渴不可支，体力渐弱，各种火炮以俯角全失，效力降低，且阵地毫无遮蔽，全受共方火制。而山地概系岩石，匪方射击威力倍增，人马损害更大，尤以我军骡马及杂役兵夫，受敌炮击惊扰奔窜，引起部队混乱，致使掌握困难，匪军因得自

① 《总统蒋公大事长编初稿》卷6(下)，第449页。

② 第十九旅一个团撤至张部附近，后奉令掩护张部右翼，于战中被歼。

③ 《战俘供述：对孟良崮战役的检讨》，《孟良崮战役》，第252页。

④ 《战俘供述：对孟良崮战役的检讨》，《孟良崮战役》，第251—253页。

各方渗入"①。经15日一天战斗,整七十四师阵地"人马纷杂,混乱不堪",大部已失去抵抗能力。

整七十四师被围,国民党统帅部认为是决战之机,企图以整七十四师吸引华野,调各部援军对华野实行反包围,与华野决战。汤恩伯致电张灵甫,称此"实难得之歼匪良机……贵师为全局之枢纽,务希激励全体将士,坚强沉毅,固守孟良崮,并以一部占领垛庄,协同友军予匪痛击,以收预期之伟大战绩"②。他令驻桃墟的整二十五师,驻青驼寺的整八十三师,驻汤头的第七军和整四十八师,驻蒙阴的整六十五师,同时王敬久令驻新泰的整十一师向孟良崮增援。这些部队多数离孟良崮只有一两天路程,它们如能及时赶到战场,华野将承受相当大的压力。在孟良崮外围还有第五军和整六十四、二十、九师接令向孟良崮运动。然而事实证明了国民党军指挥系统不一,缺乏协同精神,行动迟缓,不能互救的顽疾。身为兵团司令的汤恩伯,一方面在15日晚给张灵甫去电,为其打气:"目前战局,贵师处境最苦,而关系最重,本日空军全力来助,黄(百韬)、李(天霞)两师并王凌云师即向东出击,只要贵军站稳,则可收极大之战果,亦即贵师极大之功,希必转告全体将士,一致坚毅奋斗,以达成此伟大任务。"③另一方面,他在16日电令各部增援时已近于恳求:"我张灵甫师连日固守孟良崮孤军苦战,处境艰危,我奉令应援各部队,务须以果敢之行动,不顾一切,星夜进击,破匪军之包围,救袍泽于危困,以发扬我革命军亲爱精诚之无上武德与光荣,岂有徘徊不

---

① 《国民党一兵团孟良崮战役战斗详报》,《孟良崮战役》,第432—433页。关于这一点,粟裕在莱芜战后总结中已有精辟的说明:"敌人在指挥上犯了一个错误,就是怕分散为我各个歼灭,随时将兵力集中。加上部队素质差,因此抓得更紧,靠得更拢,四五万人挤在东西六七里、南北仅三四里的狭小区域内,无法展开,在我炮火杀伤后迅速为我歼灭。这从反面说明了兵不在多,而在于谁能首先展开兵力火力,并高度发挥其作用,谁就能胜利。"(粟裕:《莱芜战役初步总结》,1947年3月8日,《粟裕军事文集》,第308页)孟良崮战役的结果再次证明了这一看法的正确。

② 《国民党一兵团孟良崮战役战斗详报》,《孟良崮战役》,第421页。

③ 《国民党一兵团孟良崮战役战斗详报》,《孟良崮战役》,第423页。

前、见危不救者，绝非我同胞所忍，亦恩伯所不忍言也。”①然而两天时间里，各部多则前进十余公里，少不过三五公里，及至整七十四师被消灭，离孟良崮最近的整二十五师仍在十里开外的界牌。从而也印证了张灵甫在战役开始前给蒋介石的电文中所言：“以国军表现于战场者，勇者任其自进，怯者听其裹足，牺牲者牺牲而已，机巧者自为得志，赏难尽明，罚每欠当，彼此多存观望，难得合作，各自为谋，同床异梦，匪能进退飘忽，来去自如，我则一进一退，俱多牵制，匪诚无可畏，可畏者我将领意志之不能统一耳。”②

5 月 16 日，华野对孟良崮发起总攻，至下午 5 时，全歼整七十四师三个旅 3.2 万余人，击毙师长张灵甫、副师长蔡仁杰以下高级军官多人，自己损失 1.2 万余人③。此时蒋介石尚存决战之念，16 日手令各部：“此为我军歼灭共匪完成革命之惟一良机。凡我全体将士，应竭尽全力，把握此一战机，万众一心，共同一致，密切联系，协力迈进，各向当面之匪猛攻……如有萎靡犹豫，逡巡不前，或赴援不力，中途(停顿)以致友军危亡，致使匪军漏网逃脱者，定以畏匪避战，纵匪害国，贻误战局，严究论罪不贷。”顾祝同因此命令“集中主力围歼匪军于蒙阴以东汶河畔”④。除了第一兵团继续向北进攻外，顾还令欧震进驻新泰指挥整十一、九师向东进攻，与一兵团会师孟良崮。但华野部队面对国民党援军的逼近，改变原定继续打整二十五师的计划，迅速脱离战场，使蒋的决战计划又落了空。

5 月 19 日，整八十三师终于进至孟良崮，但华野部队已经撤退，空

---

① 《国民党一兵团孟良崮战役战斗详报》，《孟良崮战役》，第 427 页。

② 《总统蒋公大事长编初稿》卷 6(下)，第 446 页。

③ 国民党方面一直称张灵甫等为自杀，此处据陈毅、粟裕等给中共中央的报告：“据最后调查证实，七十四师师长张灵甫、副师长蔡仁杰、五十八旅旅长卢醒，确于 16 日下午 2 时解决战斗时，被我六纵特(务)团副团长何凤山当场所击毙。”(刘树发主编：《陈毅年谱》上卷，人民出版社 1995 年版，第 494 页)

④ 《国民党一兵团孟良崮战役战斗详报》，《孟良崮战役》，第 428—429 页。

余昔日激战的战场供其凭吊。经此一役，国民党亟须调整作战部署，当日蒋介石飞徐州，与陈诚、顾祝同商讨山东军事，决定“各部暂驻原防，实施全面整训，改正战术，期作最后决战之准备”①。次日，陈诚与顾祝同赴临沂处理善后，国民党军在山东的攻势暂告一段落。

孟良崮战役，整七十四师被全歼，对国民党军在山东的重点进攻和全国战场的作战都是一次沉重打击，蒋介石称之为“悲哀痛愤”，“尤增愤激”，痛责“高级军官已成了军阀，腐败堕落，自保实力，不能缓急相救”；“官兵生活脱节，军心涣散”②。5 月 29 日，蒋介石为此役发出通令称：“以我绝对优势之革命武力，竟每为乌合之众所陷害，此中原因，或以谍报不确，地形不明，或以研究不足，部署错误，驯至精神不振，行动萎靡，士气低落，影响作战力量，虽亦为其重要因素；然究其最大缺点，厥为各级指挥官每存苟且自保之妄念，既乏敌忾同仇之认识，更无协同一致之精神，坐是为敌所制，以至各个击破者，实为我军各将领取辱召祸最大之原因。”为此，他下令对作战不力的整八十三师师长李天霞“革职拿办，交军法审判”，其他“与作战应援有关者，迅即查明责任，依法严处，以昭炯戒”③。

对于孟良崮战役之失败，即使在国民党内，亦有不少人感觉不可理解。郭汝瑰在其日记中写道：余以纯军事立场甚觉此失败十分怪异。整七十四师左右翼友军均相距五六公里之遥，何以竟三日之久不能增加。各部队如此不协同，战斗力如此之差，舍失败而外，当无

① 《总统蒋公大事长编初稿》卷 6(下)，第 456 页。

② 《总统蒋公大事长编初稿》卷 6(下)，第 467 页。

③ 《总统蒋公大事长编初稿》卷 6(下)，第 462—463 页。此役李天霞的整八十三师和黄百韬的整二十五师离张灵甫最近，但两部先则后退，致整七十四师被围，后又未积极救援。蒋介石严令李天霞 17 日到达孟良崮，但李部直至 19 日才到。李天霞打仗惯于保存实力，自诩为打巧仗，不打硬仗。上年苏北作战已受过撤职留任处分，此次战后李天霞被撤职查办，但最后仍不了了之，1948 年复出担任徐州“剿总”下辖的第一绥靖区副司令。黄百韬则受到告诫处分，因他非黄埔出身，自感后台不硬，此后作战较为积极。汤恩伯也于战后被撤职，由范汉杰接任。

二条路。他认为:山东已集中全国兵力,如仍失败,则政府军前途堪虞之至①。为了检讨此役的得失,国民党在山东的将领大半被召到南京接受训练,以“对整个军队之战术、精神、纪律,作一番彻底检讨,彻底改革”。国民党军在山东的攻势也因而停止了一个多月。但是效果如何,连蒋介石自己也没有把握,他在日记中写道:“余对前方将领之教训勖勉,心力已尽,未知果有效验否?”②更妙的是,蒋介石不承认他和国防部的作战指导有什么错误,而是指责汤恩伯错在部署失当、下令整七十四师孤军仓促行动,张灵甫错在修路暴露目标(因张部行动必须借助道路)、而后退时又不留意地形、不肯放弃地点,甚而指责重装备部队不该使用于山地。他忘了正是他自己下令汤部速进,下令张部坚守,并且很以国民党军队的重装备而得意的。蒋认为以后作战,“并进不如重叠,分进不如合进”,并且独出心裁地提出,“可采逊清打长毛所用梅花阵办法”③。他倒没有具体说明,在现代战争条件下如何摆梅花阵法,可见蒋介石自己对如何与中共作战也失了方寸。

孟良崮战役对中共而言,“付出代价较多,但意义极大,证明在现地区作战,只要不性急,不分兵,是能够用各个歼灭方法打破敌人进攻,取得决定胜利。而在现地区作战,是于我最为有利,于敌最为不利。现在全国各战场除山东外均已采取攻势,但这一切攻势的意义,均是帮助主要战场山东打破敌人进攻”④。此时,东北民主联军已在东北战场发动大规模攻势,给国民党以极大的震撼,战局即将进入一个转折点。

---

① 《郭汝瑰日记》1947年5月17、1日。

② 《总统蒋公大事长编初稿》卷6(下),第471页。

③ 《主席对孟良崮战役之讲评》,《一年来剿匪重要战役之检讨》,第55—57页

④ 《军委关于歼灭第七十四师的意义及下一步行动方针给陈毅等的指示》(1947年5月22日),《中共中央文件选集》第16册,第452页。

三 陕北作战暂时得手

国民党军重点进攻的另外一个战场是陕北。全面内战爆发前，负责镇守陕西的第一战区司令长官胡宗南便于 1946 年 5 月令部下拟订了进攻陕北的作战计划，但因陕北是中共中央总部所在地，此时国民党尚未与中共最后决裂，此一计划“因碍于政治因素，未蒙批准”。10 月间胡托空军副总司令王叔铭再向南京建议攻延，王告他“暂缓，将来如何，尚不一定”。胡为此进京“力言进攻延安之时机，逾此，天候限制、地形限制、补给限制，不可为矣”。然蒋介石仍以为时机不至，要他出兵晋南，打通同蒲路①。直到 1947 年初，国民党重开和谈的建议遭到中共拒绝，2 月底蒋介石下令驱逐中共驻南京等地的谈判代表团，国共关系最后破裂，进攻陕北的计划才得以付诸实施，目的是“摧毁共匪叛乱之神经中枢，瓦解匪军意志，并打击其在国际上之虚妄宣传”②。

1947 年 2 月 28 日，胡宗南应召到南京，与蒋介石商讨陕北作战方案。因国民党军刚在山东莱芜失利，蒋对陕北作战亦不放心，连问胡两次“陕北作战有把握否”？胡“列举匪我兵力以对，并称极有把握”，蒋因此决定实施进攻延安方案③。胡回西安后，立即下令各部按计划进行。战役目标为，“彻底集中优势兵力，由宜、洛间地区直捣延安，以有力一部突入敌后而奇袭之”；战术指导为，“第一线兵团应以步工兵编组多数攻击群，于空军及炮兵掩护之下，突破敌之阵地并继续贯穿其纵深，遇匪之顽抗，则由第二线兵团迅速前进作翼之延伸包围而歼灭之”；具体部署为，以整二十九军军长刘戡指挥整十七、三十六师及整十五师一三五旅为左兵团，自洛川北攻甘泉、延安；整一军军长董钊指挥整一、二十

① 於凭远、罗冷梅等编：《民国胡上将宗南年谱》，第 177 页。
② 《总统蒋公大事长编初稿》卷 6(下)，第 408 页。
③ 《民国胡上将宗南年谱》，第 186 页。

七、九十师为右兵团，自宜川北攻临镇、延安；整三十六师副师长顾锡九指挥整七十六师新一旅及六个团为陇东兵团，自合水向东作扰乱性攻击；整七十六师为预备队；进攻总兵力达到15万人①。3月12日，胡宗南率前线指挥所到达攻击出发地洛川，次日，国民党军开始全线进攻。

延安虽为中共中央驻地，但与其他地区相比，西北恰恰为中共军事力量最为薄弱的一个地区。战前，陕北部队尚无野战指挥机关。2月14日，为了应付国民党军即将开始的进攻，陕北部队编为陕甘宁野战集团军，司令员张宗逊。随后，面对国民党大军压境之势，中共中央决定调晋绥军区王震部至陕北，3月20日将陕北部队编为西北野战兵团，由彭德怀任司令员兼政委，但所辖只有两个纵队六个旅，两万余人（有的部队每支枪只有十发子弹），与进攻的国民党军相比处于绝对劣势。因此，中共自始就没有固守延安之意。其部署为，以晋冀鲁豫陈赓纵队出击晋南，刘伯承、邓小平部出击豫北，牵制国民党军；陕北部队则在内线构筑三道防线，迟滞国民党军的进攻，掩护中共中央机关的转移。放弃延安后，继续吸引国民党军，“以边区地域之广，地形之险，人民之好，有把握钳制胡军并逐渐削弱之，保持广大地区于我手，以利它区作战取得胜利”②。陕北成为中共全盘战略部署中的一个重要棋子，以后的战局发展，基本是按中共的设想进行的。

3月13日，国民党军发起对延安的进攻，中共部队以三个团兵力，

① 《西安绥署延安会战经过概要》，《中国现代政治史资料汇编》第4辑第19册。国民党政府军进攻延安的全部部署当时就由胡宗南的机要秘书、中共地下党员熊向晖传给了延安。熊自1939年起即在胡身边工作，国民党1943年6月进攻延安的计划，1946年5月进攻中原的计划，都是由熊传给中共。此次进攻延安情报的传递堪称中共在抗战胜利后一次成功的情报杰作（参熊向晖：《地下十二年与周恩来》，中共中央党校出版社1991年版）。

② 《军委关于陕甘宁边区战局形势的通报》（1947年3月18日），《中共中央文件选集》第16册，第426页。

作宽正面纵深阻击。16 日,毛泽东发布保卫延安命令,要求“在防御战斗中,疲劳与消耗敌人之后,即可集五个旅以上打运动战,各个歼灭敌人,彻底粉碎敌人进攻”①。中共部队遵此在延安近郊对国民党军进行了一周激烈的阻击作战。3 月 18 日傍晚,毛泽东、周恩来等中共中央领导人离开居住了十余年的延安,19 日上午中共部队放弃延安。

国民党军占领延安,21 日蒋介石电致胡宗南称:“延安如期收复,为党为国雪二十一年之耻辱,得以略慰矣,吾弟苦心努力,赤诚忠勇,天自有以报之也,时阅捷报,无任欣慰。”24 日,胡宗南率指挥部进驻延安。陈诚认为陕北战事不久将可结束,已令部下拟订胡部兵力转用计划,并准备撤销郑州指挥所,由胡担任郑州绥署主任,负责平汉路战事并策应山东方面②。因此,胡宗南更为志得意满,急于实现其战役计划,一举将中共部队歼灭或赶过黄河,这种轻敌浪战、急于求成的指挥,为自己的失败准备了条件。他判断中共部队已向安塞“北窜”,遂令向安塞攻击,同时以整二十七师三十一旅向安塞东南的青化砭进发,以掩护大队侧翼。24 日,整一军占领安塞,但并未发现中共主力,不等胡宗南判明实情,次日,西北野战兵团利用青化砭的有利地形,预先设伏,歼灭了三十一旅。胡宗南此时才发现中共主力在东面,改令所属转向东进,“以主力由延川、清涧地区先切断黄河各渡口,尔后向左旋回包围匪军于瓦窑堡附近而歼灭之”③。26 日胡部占延长,29 日占延川,30 日占清涧,4 月 3 日西转占瓦窑堡,但都未能找到中共部队决战。

---

① 《中央革命军事委员会主席毛泽东关于保卫延安的命令》(1947 年 3 月 16 日),《中共中央文件选集》第 16 册,第 423 页。

② 《民国胡上将宗南年谱》,第 190 页;《郭汝瑰日记》1947 年 3 月 21、22 日。但国民党内也有不少人认为,“延安为一空城,攻延安无非关闭和谈之门,且可使世界知政府有力攻占延安而已,军事上无何价值可言也”(《郭汝瑰日记》1947 年 3 月 14 日)。

③ 《瓦窑堡会战经过概要》,《中国现代政治史资料汇编》第 4 辑第 19 册。

3月29日晚，毛泽东在清涧北枣林子沟主持中共中央会议，决定：毛泽东、周恩来、任弼时率中央机关和人民解放军总部留在陕北，主持中央工作；刘少奇、朱德、董必武组成中央工作委员会，以刘少奇为书记，前往晋西北或其他适当地点，进行中央委托的工作①。这是一个重要决定，充分表明了中共对于战争前途的自信，并以此在战略上吸引胡军在陕北，以减轻其他战场的压力。毛泽东在这次会上幽默地说："我不能走，党中央最好也不走，我走了，党中央走了，蒋介石就会把胡宗南投到其他战场，其他战场就要增加压力。我留在陕北，拖住胡宗南，别的地方就能好好地打胜仗。"②4月9日，中共中央对全党发出通知，通报了这个决定：一、必须用坚决战斗精神保卫和发展陕甘宁边区和西北解放区，而此项目的是完全能够实现的。二、我党中央和人民解放军总部必须继续留在陕甘宁边区。此区地形险要，群众条件好，回旋地区大，安全方面完全有保障。三、同时，为着工作上的便利，组织中央工作委员会，前往晋西北或其他适当地点进行中央委托之工作③。

青化砭战后，为了避免再受中共部队的伏击，胡宗南部行动"异常谨慎"，采取所谓"方形战术"，各部排成数十里方阵，"不走大道平

---

① 《毛泽东年谱》下卷，第178页。中央工委后进驻河北平山县西柏坡。4月11日，中共中央又决定，中央和军委机关大部分工作人员暂时留驻晋西北临县地区，组成以叶剑英为书记、杨尚昆为后方支队司令员的中央后方委员会，统筹后方工作（同前，第181页）。

② 《毛泽东军事年谱》，第563—564页。中共中央留在陕北，恰恰印证了国民党内对占领延安不以为然者的担心。徐永昌认为，延安被占后，"陕北共党若折回扰胡宗南之后，则可征其有力，如被迫仅至扰晋，则无能为矣（吾将以此测中共前途）"（《徐永昌日记》1947年4月11日）。事实证明了徐之担心。胡乔木认为，"毛主席力排众议，坚持要把党中央留在陕北，确是一个伟大的战略部署，也是他在书写自己一生历史的辉煌篇章中的'得意之笔'"（《胡乔木回忆毛泽东》，第481页）。

③ 《中共中央关于暂时放弃延安和保卫陕甘宁边区的两个文件》（1947年4月9日的通知），《毛泽东选集》（合订本），第1117页。

川，专走小路爬高山；不就房屋设营，多露宿营；不单独一路前进，数路并列间隔很小”①。一时在陕北的山梁上，胡军的行进队列浩浩荡荡，蔚为壮观，被中共讽之为“武装大游行”。中共则利用有利的地形与群众条件，不断调动对手，使其始终无法确切得知中共首脑机关和主力之所在②。胡军来回扑空，疲于奔命，补给困难，士气大受影响③，而中共部队则选择时机，予以打击。毛泽东在给西北野战兵团彭德怀等负责人的电报中称之为“我军此种办法是最后战胜敌人必经之路。如不使敌十分疲劳和完全饿饭，是不能最后获胜的。这种办法叫‘蘑菇’战术，将敌磨得精疲力竭，然后消灭之”④。国民党战史也不得不承认，“陕北追剿作战，因无全程之指导，加以情报失灵，不仅使追剿作战捕风捉影，往返奔驰，徒劳无功，全

① 《关于陕北青化砭、羊马河、蟠龙战役的九个电报》(1947 年 4 月 2 日给中央军委的电报)，彭德怀传记编写组编：《彭德怀军事文选》，第 220 页，解放军出版社 1988 年版。

② 毛泽东等中共中央领导人的确切行动去向，国民党始终未能真正搞清。6 月 8 日，胡军刘戡部曾进至离毛泽东等在靖边县王家湾的驻处只隔一个山头处，当晚，中共中央紧急转移，次日脱险。以中共中央机关几百人的队伍，和国民党十余万大军周旋一年而安然无恙，亦可谓战争奇观。

③ 胡宗南年谱称：“我则全待后方补给，车运艰难，虽有延咸、榆延、延洛、清绥诸公路，时遭阻截，以至前方士兵，既须裹粮而战。部队则须易地取粮。溯自延安作战之前，联勤总部仅补给干粮十五万份，以后即无补充，陕西省府军粮支应，尤乏热忱，后勤如此，每致影响战机，如四月三日我整一、整九十师会克瓦窑堡，次日即以粮尽，回至永平；十六日整一军再克瓦窑堡李家岔，十八日须南下补充；五月七日整二十九军到林家畔高家河，整一军到刘子坊坪，皆以粮尽空投补给。”(《民国胡上将宗南年谱》，第 207 页)

④ 《关于西北战场的作战方针》，1947 年 4 月 15 日，《毛泽东选集》(合订本)，第 1118—1119 页。据熊向晖回忆，胡宗南进入延安后，仔细看了中共中央领导人的住宅，在枣园毛泽东住处，发现一张纸条，上写：“胡宗南到延安，势成骑虎。进又不能进，退又退不得。奈何！奈何！”(熊向晖：《地下十二年与周恩来》，第 80 页)胡军在陕北的行动恰成此写照。

陷被动”①。

胡军在陕北多日求战不得之后，主力南下蟠龙整补，4 月 13 日，再向蟠龙西北进出，并令驻守瓦窑堡的整十五师一三五旅南下策应。西北野战兵团抓住战机，集中四个旅于 14 日在羊马河设伏，全歼一三五旅。其后，蒋介石、胡宗南据空军侦察发现在绥德附近黄河渡口出现渡船，判断中共部队将东渡黄河入晋。26 日胡宗南下令以所部为南兵团，由蟠龙北进绥德，另以榆林守军三个旅组成北兵团，南下米脂镇川堡，企图南北夹击中共部队。西北野战兵团得知后，决定避其锋芒，以一部伪装主力诱胡部北上，主力四个旅则大胆南下，攻击胡部后方唯一的补给基地蟠龙，这样既可补充自己，又可使胡部后方动摇。

5 月 2 日，整一军占领绥德，出乎胡宗南意料的是，非但没有发现中共主力，自家的后方基地蟠龙已在当晚受到西北野战兵团的猛烈攻击。此时，胡部后方空虚，在绥德的部队一时难以调回，胡宗南只能急令驻延安的整二十七师派出一个旅前往救援，但已缓不济急，蟠龙守军整一师一六七旅在抵抗了两天之后，于 4 日被歼灭，大量物资为中共部队缴获。9 日，胡部主力放弃绥德，撤回延安、蟠龙地区休整。曾经对胡攻占延安大为嘉许的蒋介石，发现陕北战况并不如前之预期，面对各战场均兵力不足的窘境，此时已有自陕北调兵他用之意。5 月 25 日，蒋在召见胡时直截了当地问他：“陕北军事何时可以结束?”胡为了己部的利益，称“今日对陕北作战，必须更积极行动”。蒋因而同意陕北兵力

① 《国民革命军战役史第五部》第 3 册，第 782 页。胡军在陕北作战期间，基本没有实地情报，只靠空军侦察和电台测向，所知极为有限。加以陕北人烟稀少，地处荒凉，后勤供应大成问题。整一师师长罗列向胡宗南报告：“竟日行军，每于拂晓出发，黄昏入暮始克到达。夜则露营，构工戒备，毫无休息。是以人则疲劳，马则困顿。伤落倒毙日渐增多，战力消耗极剧。人马时致枵腹，故不特军纪日衰，且士气已远非昔比。临履实境，时切心痛。”(第一野战军战史编审委员会编：《中国人民解放军第一野战军战史》，解放军出版社 1995 年版，第 62 页)

暂不南调,令其在两个月内肃清陕北①。然而,胡宗南部已陷入陕北作战僵局难以自拔,所谓两个月肃清陕北也成了遥遥无期之事。

国民党军攻占延安,除了在政治上可以借此鼓吹一番之外,在军事上几乎没有得到利益,反而被牵制了大量兵力。中共部队三次作战,虽然战斗规模并不大,但基本度过了延安被占后的困难局面。就战场作战而言,胡宗南部虽占了绝对优势,但战斗力和战斗意志都不高,并未表现出过人之处。整编七十六师师长廖昂被俘后认为:胡宗南指挥无能,孤军深入,下了一着死棋,摆开了挨打架式②。国民党战史认为这是因为“各级干部缺乏战场磨练,一般官兵临战慌张,战况稍显不利,即莫知所措,以一个旅万人之众,仅经一个多小时战斗,即全军覆没。其战斗力之脆弱,深值检讨”③。蒋介石以胡部作为战略预备队,长期控置于西北,一朝投入战场又无所表现,显示其无知人之明。周恩来为新华社改写的评论《志大才疏阴险虚伪的胡宗南》,对胡作了辛辣的讽刺:“蒋介石最后的一张牌——胡宗南,现在在陕北卡着了,进又进不得,退又退不得,胡宗南现在是骑上了老虎背。”“胡宗南‘西北王’的幻梦必将破灭在西北,命运注定这位野心十足、志大才疏、阴险虚伪的常败将军,其一生恶迹必在这次的军事冒险中得到清算。”④

四　东北战场攻守易势

东北战场自 1946 年 6 月停战后,因为国民党的政治军事调整而维持了四个月的平静局面。进入 10 月,东北战场战火重燃,战场主要在南满。

---

① 《民国胡上将宗南年谱》,第 196 页。

② 《贺龙年谱》,第 440 页。

③ 《国民革命军战役史第五部》第 3 册,第 783 页。

④ 《志大才疏阴险虚伪的胡宗南》(1947 年 5 月 9 日),《新华社评论集》(1945—1950),第 155—158 页。

杜聿明对东北的停战始终耿耿于怀，因此他并未放弃在东北动武的准备①。蒋介石当然也不甘心让中共在东北生根，不过出于政治和外交上的考虑，与关内相比，他对东北军事行动的态度略为谨慎一些，尤其对苏联可能的反应，他不能无动于衷。这是东北战场与关内的不同之处，也是东北战事暂时主要局限在南满的最主要原因。而在军事上，国民党在东北的兵力有限，既要占领点线，可使用的兵力便更少，兵力不足与东北地域的辽阔恰成矛盾，使国民党也无力在东北发动全面进攻，因此杜聿明经与下属反复研究，“制定了一个‘南攻北守，先南后北’的作战方针。其基本思想是，先集中足够兵力进攻南满，消灭兵力相对弱小的南满解放军，解除后顾之忧，再全力向北满进攻”。要旨为：辽西方面，控制热河，确保北宁路安全；辽南方面，将中共部队压至貔子窝、普兰店之线以南，封锁旅大与内地的交通；辽北、辽东方面，将中共部队压至松花江、长白山以北；待上述任务完成后，再进攻北满②。

10月中旬，国民党军在华北东线热河的攻势已近结束，西线已占张家口，蒋介石自感无后顾之忧，遂令杜聿明“对安东方面迭次进犯之匪，应集结主力而痛击之，并尽可能予以彻底歼灭之”③。此时正值中共部队为牵制国民党军即将发动的进攻而攻占西丰，杜判断中共南满部队主力集结于沈阳至梅河口铁路（沈吉路南段）以北，因此以打通沈吉路，捕捉中共军队为第一步进攻目标。他以新一军新二十二师为左路，自长春路上之开原出发，五十二军一九五师为右路，自沈吉路上之营盘出发，攻击沈吉路两侧，新一军新三十师出梅河口策应，行动统由新六军军长廖耀湘指挥。10月6日开始进攻，至中旬先后占领西丰、

① 东北国民党将领对停战多不以为然，认为“军事不宜久停，若再拖延半载，则匪势坐大，不堪收拾”（《熊式辉日记》1946年8月22日）。

② 《我的戎马生涯——郑洞国回忆录》，团结出版社1992年版，第439页。杜此一计划9月间已拟好，因国民党正集中注意力于张家口战役而暂缓进行。

③ 《国民革命军战役史第五部》第2册，第621页。宋子文因担心进攻安东可能引起马歇尔的不满，曾面请蒋停止进攻，但为蒋所拒。

清原、柳河、新宾、辉南等地，打通了沈吉路全线。

10 月 17 日，杜聿明发布对中共南满根据地的攻击作战命令。他以新六军十四师、新二十二师及六十军一八四师为右兵团，自海城进攻普兰店、庄河一线，担任迂回任务；五十二军为中央兵团，其中二、二十五师由本溪沿沈安路两侧正面进攻安东，一九五师自新宾进攻桓仁、通化，牵制安东方面；新一军新三十师及六十军一八二师为左兵团（七十一军九十一师稍后加入），自柳河向南进攻当面中共部队，并相机协助占领通化。

10 月 20 日，各路国民党军开始攻击行动。南满中共部队是由萧华指挥的第三、四两个纵队，实力对比处于劣势，林彪等人电示萧华：我军如勉强进行保卫安东的战斗，则不仅仍然达不到保卫安东的目的，且反加上碰坏了部队；此次你们应一心一意集中兵力打运动战①。因此南满中共部队并未作固守安东的准备，在进行了几天阻击后，10 月 25 日退出安东。此时，新六军已进至普兰店、庄河一线，一九五师逼近通化，杜聿明据情报判断中共军队已被“击溃”，遂越过五十二军军部，径令二十五师向东攻击宽甸，企图夹击中共部队于通化、桓仁地区。30 日，二十五师进至宽甸西北，为南满军区四纵包围，经三日激战，11 月 2 日全师在新开岭被歼。当天国民党军占领通化、桓仁、宽甸，达到其在东北攻势的顶点，但二十五师被歼事实预示着国民党军在东北战场兵力不足与地域辽阔之间的矛盾将日趋严重。

国民党军占领安东后，中共在南满所占地区已缩小为沿鸭绿江中朝边境的狭窄地带（最少时只有四个县 23 万人口及部队 3.6 万人），内部对是否继续坚持南满地区有不同意见。东北局经过讨论，认为坚持南满“意义甚大，使我们仍能保有广大土地与人口，使敌不能全力向北

---

① 《林彪彭真陈云致萧华等电》（1946 年 10 月 20 日），陈廉：《决战的历程》，第 273 页。

摧毁北面的根据地，使我南北互相依存”①，因此决定东北工作方针为坚持南满，巩固北满，南打北拉，互相配合，改变东北局面。中共中央也指示东北局：“在目前情况下暂取守势，力求拖延敌对北满之进攻，并准备迎击敌之进攻部署甚妥。南满方面应集中主力各个歼敌，收复失地，于拖延敌对北满进攻必有帮助。”②为此东北局加强了南满的领导，派东北局副书记陈云兼辽东（南满）分局书记，东北民主联军副司令员萧劲光兼辽东军区司令员，陈云到任后，12 月中旬在分局七道江会议上确定了坚持南满的方针。

安东作战告一段落后，杜聿明已感兵力不足，需要调整部署，进行整补。11 月他去南京向蒋介石面陈增援要求，未得批准，相反国防部认为应一鼓作气，收复南满还在中共掌握之中的临江地区，确保国民党在南满的优势地位。熊式辉则认为，南满临江地区山林丛密，军事意义不大，而北满“地形平阔，攻取自易”，主张“不如收复哈市齐齐哈尔较为有利也”③。但蒋介石顾虑苏联的反应，对进攻北满始终持慎重态度。因此从 12 月中旬到 1947 年 4 月上旬，东北国民党军先后以五到六个师的兵力，四次进攻南满临江地区。辽东（南满）军区以内外线结合、防御和出击并用战法，扰乱、打击对手的进攻。此时正值东北的冬季，气候严寒，临江地区地形复杂，国民党军的进攻没有达到预期目的，非但始终未能攻占临江，而且还丢失了已占的桓仁、柳河、辉南等地。在此期间，东北民主联军北满部队三次渡过松花江南下作战，使国民党军往来调动，疲于奔命，也消耗了其有生力量。

自最后一次进攻临江地区失败后，东北国共之间攻守易势，国民党军在东北已无力发动攻势，被迫转取守势。国民党在东北军事上面临

---

① 《辽沈决战》（下），第 623 页。

② 《南满集中主力歼敌拖延敌对北满进攻》（1946 年 12 月 13 日），《毛泽东军事文集》第 3 卷，第 577 页。

③ 《熊式辉致蒋介石函》，1946 年 11 月 21 日，*Hsiung Shih-hui Collection*，Rare Books and Manuscript Library，Columbia University，New York.

的最大问题，就是地域广阔与兵力不足之间的矛盾①，大量城镇只能以团、营为单位守备，极易被各个击破。杜聿明因为担心中共即将发起的进攻，5 月上旬特意派其副司令长官郑洞国去南京向蒋介石要求增援。蒋强调各个战场的兵力都不够用，因此无兵可派，指示东北“采取‘收缩兵力，重点防御，维持现状’的方针，将来再待机出动”②。杜聿明无奈，只得将作战方针改为：“为保持战力，及确保战略要点要线，依工事及火力之加强，逐次消耗匪军战力之目的，分别集结兵力，固守永吉、长春、四平、沈阳、葫芦岛诸要点，期待关内增援部队之到达，相机转移攻势，捕捉匪之主力而歼灭之。”具体部署为，新一军、六十军、七十一军、五十二军、二〇七师、九十三军各以长春、永吉、四平、本溪、抚顺、锦州为中心，“确保战略要点及机场之安全，并逐次以保安部队，扩张外围据点；如遇匪之主力，即依机动战法，退返守备据点，同时注意埋伏及袭击之实施”。以新六军位于沈阳附近为机动兵团，利用铁路线往来支援各点③。但还未等杜聿明完全部署完毕，中共部队便发起了大规模的夏季攻势。

中共部队在东北顶住了国民党军的进攻之后，部队数量与战斗力都有了迅速的增长。到 1947 年 4 月，东北民主联军总兵力已达 45 万余人，其中野战部队 20 万人，虽然数量与国民党在东北的部队基本持平，装备仍不如国民党军，但可以主动出击，攻其不备，而且北满在经过剿匪与初步的土改之后，中共地位较前更为稳固，具备了转守为攻的条

---

① 国民党在东北（包括热河）当时有 7 个军（21 个师）约 20 万人，特种部队 5 万人，地方部队 15 万人，总共 40 万人。还在东北大规模战斗爆发之前，林彪便分析了国民党的弱点：“顽在东北的最大困难，为彼如兵力集中，则广大地区落在我手，且无法寻求我决战；彼如分散，则被我各个击破。其进攻时，如兵力在一师以下，则有被我消灭的最大可能；若分兵守碉，则一营以下即有被我消灭的危险。”（《林彪致中共中央电》，1946 年 3 月 23 日）

② 《我的戎马生涯——郑洞国回忆录》，第 446 页。

③ 《国民革命军战役史第五部》第 1 册，第 341 页。

件。国民党军对临江最后一次进攻失败后，4 月 7 日林彪致电中共中央军委，表示根据东北局的讨论，"决将我军战略主攻方向与主要力量使用于南满"，"进行大规模作战，使东北局势发生根本变化"。23 日林对东北全军发布指示，要求"全军高度集中兵力，坚决放手打击敌人，实行连续攻势作战和规模日益扩大的歼灭战，以根本改变东北战局"①。5 月 5 日，东北局作出《关于东北目前形势与任务》的决议，提出"积极组织力量，全力准备大反攻，大量歼灭敌人，大量收复失地，巩固和扩大解放区"②。中共中央不仅同意了东北局的意见，而且要求晋察冀部队配合行动"钳制关内敌军，不使东调，使东北取得胜利"③。

5 月 8 日，东北民主联军北满第一、二纵队及两个独立师共八个师，东满六纵及三个独立师共六个师分别自扶余和榆树渡松花江南下。13 日，东北民主联军在五条战线同时向国民党军发动大规模进攻，夏季攻势由此拉开战幕。北满部队首攻长春西之怀德，东满部队攻击吉林周边地区，同时南满第三、四纵队出击沈吉路，西满辽吉纵队出击四平西北地区，刚刚划归东北民主联军指挥的冀察热辽部队则出击热河西部与河北东部，配合东北作战。由于东北民主联军同时在广大战场全面出击，迫使东北国民党军往来救援，疲于奔命，他们不得不大量放弃中小城镇，同时也放弃了一些位置较偏的中等城市，开始向中心城市收缩。至 6 月初，东北民主联军北满部队占领了中长路上的公主岭、开原、昌图，南满部队重占通化与安东，攻占沈吉路重镇梅河口，西满部队占领通辽、郑家屯，东满部队收复沈吉路东大片地区，打通了东、南、北满之间的联系，冀察热辽部队占领热河的围场、赤峰，冀东的昌黎、抚宁，共计二十余座城镇。

---

① 陈廉：《决战的历程》，第 396 页；《萧劲光回忆录》，第 363 页。

② 《东北局关于东北目前形势和任务的决议》(1947 年 5 月 5 日)，《中共中央东北局重要档案汇编》，藏中央档案馆，第 77 页。

③ 《钳制关内敌军配合东北作战》(1947 年 5 月 8 日)，《毛泽东军事文集》第 4 卷，第 66 页。

中共部队在东北的大规模攻势,使本已兵力不足的东北国民党军捉襟见肘,难以应付。此前,杜聿明旧病复发,难以指挥战事,临时代理的熊式辉更形慌张,5 月 20 日匆匆飞往南京求援。蒋介石无兵可派,只能指示其"速将南满各地之正规部队完全集中于四平街附近,而以地方团队接替其防务,除沈阳外围……各据点必须固守外,其他至不得已时,皆可放弃,须立下决心,切勿犹豫,至于长春与永吉,应严令死守核心,待援勿失";同时又教训熊式辉:"身处危急之际,凡事须尽其在己,而尤须以顾全大局为第一要着。"①30 日,蒋介石亲临东北,视察战局,观察到的形势完全不容他乐观。他在日记中写道:"沈阳内部复杂,天翼(熊式辉)威信已失,光亭(杜聿明)卧病在床,军国大事,推诿延宕,几误全局。"但蒋并无制胜之方,只是手书各将领(包括四平陈明仁、长春孙立人、永吉曾泽生、朝阳孙渡等人),望"淬励所部,沉着固守"而已。由于杜聿明身体欠佳,他令熊式辉全权处理东北军政事宜,不得有误②。

经过一个月的作战,东北民主联军取得重大胜利,随后将作战矛头指向中长路沈阳、长春间的孤立据点四平。如果攻下四平,则可切断中长路沈阳与长春两大城市间的联系,孤立长春、吉林,威胁沈阳。为此,东北民主联军以一纵、辽吉纵队和六纵十七师,共七个师的兵力攻击四平;以八个师位于四平东南之西丰地区,三个师位于中长路四平南之昌图地区,一个独立师位于开原南,阻击沈阳援军;以五个独立师位于四平北,阻击长春援军。攻击发起前,林彪要求攻城部队"发扬高度攻坚精神、小部队硬打死打精神","力求乘胜猛烈扩张战果,须准备数天解决战斗之精神","充分准备,务期必胜"③。

---

① 《总统蒋公大事长编初稿》卷 6(下),第 457 页。

② 《总统蒋公大事长编初稿》卷 6(下),第 464—467 页。

③ 中共中央党史资料征集委员会、中国人民解放军档案馆编:《阵中日记》上册,中共党史资料出版社 1987 年版,第 277 页。

四平守军是七十一军军长陈明仁指挥的七十一军八十七、八十八师和十三军五十四师，以及保安团队，共三万人。东北民主联军发起夏季攻势后，七十一军在5月中旬救援怀德时遭到重大损失，八十八师几乎被全歼①。退回四平后，周边据点尽失，态势孤立，势将成为中共部队攻击的下一个目标。陈明仁毕业于黄埔一期，身经百战，自认“平生以打胜仗著名”，“到东北后却无特殊表现，仅仅解德惠之围有点成绩，但怀德一役又失败了，希望能够特别出一次风头”；而且他“估计当时凡属国民党的部队，守了一个地方，如能坚守下去还比较有把握，如守到中途而要撤退，则绝对会被击溃、被消灭的”，因此他作好了“置之死地”、“全力死守”的准备②。事前，蒋介石曾亲书于陈，告他“此时为弟成功成仁之机会，切不可因一时之小胜小负而自馁”，并表示“必集中陆空军尽速增援”③。这与陈想出风头的想法正相吻合，作为战场最高指挥官，陈明仁的决心对四平防守确实起了相当作用④。

陈明仁为守四平制订了完整严密的守卫计划。其指导要领为：“依都市防守要领及要塞配备方式，依核心内外复廓之细胞组线构筑坚强工事，大量储积粮弹而死守之。”在具体部署上，他将全城划为核心守备区及一、二、三、四守备区，各守备区“除在指定之地区构成复廓及核心工事外，并在内外复廓及核心工事间，构成据点严密之纵深工事。使相

① 郑洞国认为，当时如果中共部队立即向四平攻击，四平可能守不住，但因为中共部队在四平外围“忙于分兵略地”，使陈明仁“得到将近一个月的准备时间，整顿部队，安定人心，加强防御工事。解放军因而失去了一个重大胜利的机会”（《我的戎马生涯——郑洞国回忆录》，第457页）。其他国民党战场指挥官也有同样看法。

② 陈明仁：《四平之战》，《四战四平》，第349页。

③ 《总统蒋公大事长编初稿》卷6（下），第465页。

④ 据亲历守城战的七十一军八十七师师长熊新民回忆，守卫铁西的八十八师师长彭锷打到最后，只身逃到铁东，陈指示下属不准放过来，“后来还是下面私自放他过来的”。而已经当过一次俘虏的辽北省主席刘翰东建议陈明仁突围，陈板面告之：如再有胆敢言突围者，以扰乱军心论处，立即枪毙！（熊新民：《一九四七年四平战役回忆》，《四战四平》，第355—356页）

互间成为带式阵地网状配备,使匪无法向任何方向突进,均不能长趋直入";"在主阵地前选择要点构成前进阵地,迟滞匪人于远方,非万不得已时不得弃守,俾心脏不受作战之威胁";"市区工事应将既设半永久性之据点工事予以加强,阵地之编成应采纵深配备,各阵地带须编成犄角侧防若干支点以半永久机枪掩体为骨干而以野战工事连系之";控制强大预备队,集中使用炮兵。对通信、交通、补给、民政等都作了具体规定①。整个部署强调以面为主,以点控面,纵深配备,交叉火力,对进攻一方形成较大威胁。

6 月 10 日,东北民主联军一纵司令员李天佑指挥部队发起了对四平的攻击。经过三天外围战斗,14 日对城区发起总攻。由于保安团队战斗力不强,弃守后退,一纵当晚攻入市内铁路以西市区,守军利用纵深工事进行顽强抵抗,攻守双方反复拉锯拼杀,战况之激烈前所未有。由于是城市攻防战,进攻与防守双方的作战地域都不大,兼之守军利用城区坚固楼房为工事,双方遂进行逐屋争夺,死伤惨重。东北民主联军此时装备已有了很大改善,此次进攻动用重火炮近百门,而国民党方面则动用大批次空军助战,更加剧了战斗的激烈程度②。19 日,七十一军司令部在猛烈进攻下告急,陈明仁不得不率部退往铁路以东。为尽快结束战斗,林彪下令调准备打援的六纵两个师投入战斗,并和罗荣桓电示各部:决以共计付出一万五千之伤亡,再以一星期的时间将此仗打到底,以达到完全消灭敌人和打垮敌守城信心③。至 22 日,七十一军机动兵力已告用尽,陈明仁已将军直属队编组投入战场,守军退至城区东北隅作最后的抵抗。当天,蒋介石电致陈明仁鼓其气,告以"关于增

---

① 《四平兵团防守计划》,《四战四平》,第 433—438 页。

② 陈明仁认为八年抗战都未遇到如此猛烈的炮火,熊新民则称"战斗之残酷,真是不堪回忆","是我生平打街巷战斗中最残酷的一次"(《四战四平》,第 350、354—355 页)。

③ 《阵中日记》上册,第 292 页。

援陆空各军，中朝夕督促向前迈进，预计五日内必可直上四平”①。

由于四平在国民党军东北防御体系中的重要作用，因此四平被围之后，国民党东北当局立即部署南、北两路增援，企图夹击中共部队，解四平之围。南兵团以新六军三个师自中长路右侧向四平东南迂回，另以二〇七师掩护其右侧安全；九十三军两个师及五十二军一九五师自铁岭沿中长路正面向四平推进，另以骑兵第一军掩护其左侧安全；刚刚由关内增援东北的五十三军两个师为预备队，随后跟进；北兵团以新一军两个师自长春南下四平。为了避免以往中共围点打援的情况再现，援军被要求实行纵深配备，逐段跃进，保持后方稳固。

6 月 22 日，四平援军南、北同时出动，南线占开原，27 日又占昌图，北线逼近公主岭。东北民主联军决定“对四平采取佯攻方针，吸打增援”，抽调部分攻城兵力，集中四平南阻击援军并着重打击新六军。但因援军行动谨慎，未能捕捉到战机，而四平前线攻击部队已显疲惫，态势不利，林彪遂决定停止攻击，除掩护部队外，全军于 30 日撤离四平战场。7 月 2 日，林彪等决定：后移休整，整顿组织，另寻战机。

四平攻城战，是继上年四平作战后在这一地区的又一次大规模作战，不同的是主客易位，仅仅一年时间，国民党军便由攻转守。东北民主联军以 1.3 万人伤亡的代价，未能攻下四平，最重要的原因是对四平守军情况不明（原估计只有两万人，有战斗力者不过五个团，实际有三万余人），因此未能形成绝对优势（攻击部队人数不到守军的两倍）；对其坚守决心估计过低（认为大半系新兵败兵），因此急躁轻敌；对城市攻坚战的战略战术掌握不够（主要是突破后的纵深战斗和巷战未及充分演练），因此伤亡较大；步炮协同不够熟练，有时压制火力已经结束，而进攻部队还在三里路之外②。还有一个事先未料到的原因，当时正值

---

① 《总统蒋公大事长编初稿》卷 6（下），第 479 页。

② 参李天佑：《四平攻坚战总结》，《四战四平》，第 143—156 页。

东北夏季,"日长夜短,白天不进攻,黄昏调集部队,一打天就亮,白天不能作战,其伤亡之大超过晚上作战伤亡"①,对素擅夜战的中共部队不利。但这种情况便利空军活动,国民党空军出动大规模机队支援守军作战,空投补给②,对攻击部队威胁极大,对守军也是个鼓舞。因为攻击四平是东北以至全国中共部队首次大规模攻坚作战,"对我军建立攻坚信心关系甚大",而最后未达预期目的,多少影响到其后林彪对攻坚战的看法。

虽然国民党方面经苦战保住了四平,但经过此次作战,东北国民党军损失兵力八万余人(四平一地即近三万),丢失县城42座,兵力大部退据几大城市和南满、北宁铁路沿线,已完全处于守势。不仅如此,东北是中共在全国范围内第一个由守转攻的战场,而且其攻势规模之大,动用兵力之多,大大出乎国民党的意料之外,连同其在山东战场遭到的挫折,已经使国民党切身感受到了中共对其统治的威胁。如同新华社在社论中所言:"东北形势的变化,不能不震动全国。东北解放军的全面反攻,难道不是整个解放区全面反攻的信号吗?以东北在全国经济上、政治上、军事上的重要,而首先反攻并取得了胜利,难道不是大大加强了华北解放军反攻时的地位吗?"③就在东北大战前后,遍及全国大中城市大规模的学生运动,使国民党在另一条战线上也疲于应付,国民党统治处于危机之中,由此而导致一系列更为严酷的统治措施的出台,其中最重要的就是"戡乱总动员"的酝酿与实施。

---

① 《阵中日记》上册,第287页。即便在晚间,守军也使用照明弹或柴油照明,协助防守。

② 据国民党资料统计,其空军在四平作战过程中各型飞机出动2000架次以上(《国民革命军战役史第五部》第2册,第716页),蒋介石称其为"第一首功"。

③ 《东北一年》,《新华社社论集》(1947—1950),第52页。

第二节　国民党统治的危机

一　国民政府的改组

自上年制宪国大之后，国民党便酝酿改组政府，改变一党独裁形象。1947 年初对中共的和平攻势失败后，国共关系全面破裂，制造全国和平统一的表象已不可能，国民党尤其需要在军事进攻的同时，摆出民主的姿态，争取舆论与民心，也对美国的“关心”予以回应①。在改组政府之前，1947 年 3 月 1 日，国民政府宣布，立法院增加委员 50 人，监察院增加委员 25 人，国民参政会增加参政员 44 人，其中均包括了青年党、民社党和社会贤达代表。3 月 15 日，国民党六届三中全会开幕，讨论结束训政促进行宪问题，蒋介石在开幕词中称：“本届全会对于行宪准备时期本党的地位和职责，应该特别有一个详尽的检讨和明确的决议……现在宪法既经颁布，在建国程序上，我们就要进入宪政时期，在政治形态上，就要由一党负责的时期过渡到各党派和全民共同负责的时期。”②23 日，三中全会通过《宪政实施准备案》，表示“本党之政治设施，应以从速扩大政府基础，准备实施宪法为中心”；“国民政府扩大基础后，在三民主义原则指导下，依据宪法基本精神所为之各项设施，本党应予以全面之支持”；“本党与国内其

① 杜鲁门在其声明中曾声称美国援助将给予改组后的民主政府，这也是国民党改组政府的目的之一。政府改组后，经济部长陈启天即以非国民党籍部长身份，向美国要求二三十亿美元的大规模援助，并称，美国不能待和平及政治改善后，援助中国，倘是项援助无望，则中国只有面临经济崩溃之途，而美国亦不免受其后果（陈启天：《寄园回忆录》，第 234 页）。而莫斯科三国外长会议即将举行，也是国民党改组政府的动因之一。

② 《中国国民党第六届中央执行委员会第三次全体会议记录》，第 6 页，1947 年印本。

他和平合法之政党，应切实合作，共同完成宪法实施之准备程序”①。3 月 31 日，国民政府公布行政、立法、司法、监察、考试五院组织法。至此，一直是雷声大雨点小的改组政府一事进入国民党的议事日程。

在讨论改组政府问题时，国民党与民社、青年两党的争执所在，表面是施政纲领应如何决定的问题，实际是权力如何再分配的问题。施政纲领是政府施政的指导方针，民、青两党既自诩入阁参政，自然要显出其与国民党的不同之处，尤其是不能如国民党那样以老大自居，在许多问题上更愿打出民主旗号；而国民党既要走改组政府这步棋，就不能不在一定程度上对民、青两党曲予优容，总要在表面上像那么回事。3 月 5 日，蒋介石召见民社党张君劢、徐傅霖和青年党左舜生、余家菊，讨论改组政府问题。18 日张君劢致函蒋介石，提出：“同人以为和平建国纲领，本为各党共同参加政府时代之决议，此纲领就年来之国内局势与主席最近之演说观之，已有出入，新政府之施政方针何在？令人有惘惘若失之感。兹特列举各点为商讨之资（另纸列陈），此项和平建国纲领依旧保存，此外加以补充。窃愿本此精神先行商讨，俾各党有一共守之信条，此后实行之际倘有背驰之处，则各党有进退之自由。”②民社党和青年党各提出了自己的施政纲领草案，民社党案强调以政协的《和平建国纲领》为准绳，试行行政院负责制，并提出仍以政治方法解决中共问题。青年党案除与民社党案相近处外，强调开放地方议会和政权，使各党派平等参加。政协会议通过的《和平建国纲领》，其实在一年来的风风雨雨中已经精神全失，但国民党还可以此作为搪塞外界指责的工具，因此对民、青两党的提案，国民党除了在中共问题上有所争执外，其余

① 《宪政实施准备案》（1947 年 3 月 23 日），《中国国民党第六届中央执行委员会第三次全体会议记录》，第 54 页。

② 《民社党张君劢上蒋主席告各党参加政府之意见函》（1947 年 3 月 18 日），《中华民国重要史料初编》第七编第二册，第 795 页。

未表反对①。实际上,关于施政纲领问题,国民党与民、青两党间都不过是为了敷衍外界而已,在改组政府时表面热闹,改组过后即置之度外,实际上的讨价还价集中在政府阁员的分配问题上。

在政府的改组过程中,国民党极力想拉进著名的党外人士,以装点民主的门面。然而民盟与国民党本非同道,自然不可能入阁,余下的所谓党外人士只有青年和民社两党。可是民社党自参加制宪国大以后,党内对未来政治走向看法不一,张东荪等已有退党之意,副主席伍宪子一派对张君劢在制宪、入阁等问题上自作主张很不满意,要求由中常会决定党内大政。对于入阁与否,民社党内有主张全面参加者(蒋匀田、戢翼翘等),有反对参加者(张东荪、叶笃义等),双方争执不下。民社党的核心人物张君劢虽然赞成改组政府,但明确表示暂不入阁。他在写给魏德迈的信中,谈到不入阁的原因是,最近几个月里,在中国迈向民主的道路上还没有什么有希望的征兆,国民党实际上也没有什么变化,国民党采取的许多行动并无平等和公平竞争精神②。虽然如此,张君劢却不能不考虑党内要求入阁的呼声③。最后由张君劢以主席身份决定参加并提出了民社党方面的名单,但只出任国府委员和行政院政务委员④。不过民社党因为张君劢不入阁,对部长的争夺似还收敛一些,青年党则将改组政府看作捞取实惠的好机会,对国府和行政院成员均

① 《陈布雷副秘书长上蒋总裁报告讨论国府改组后之施政方针案情形呈》(1947年3月22日),《中华民国重要史料初编》第七编第二册,第795—797页。

② Chang Chun-mai to Wedemeyer, July 26, 1947, *Chang Kia-ao Papers*, Box 10, Hoover Archives, Stanford University, California.

③ 据张君劢对董必武所言:为安插追随其个人数十年之党员及维持其生活起见,故参加政府之立、监两院及参政会与宪政实施促进会四机构,希望中共予以谅解(《国民党中央联秘处关于民社党活动情况的报告》,《中国民主社会党》,第370页)。

④ 因为入阁一事,民社党内意见不一,1947年5月,民社党中常委孙宝刚等因不满张君劢作为,成立革新委员会,8月,副主席伍宪子等人亦参加革新委员会,在《告全国同仁书》中,指责张君劢"自食其言的参加了国大,接着又忸忸怩怩的参加了所谓四民意机构,又支离破碎的参加了国府。……张氏受少数人的把持,竟一意孤行,前后翻覆,置大多数同仁意见于不顾"(《中国民主社会党》,第414页)。结果造成双方均自开代表大会,自称代表民主社会党的情况出现,民主社会党最终分裂。

要求比民社党多一席，完全是赤裸裸地伸手要官，令有识者为之齿冷①。青年党不仅要求参加中央政府，而且力争参加地方政权，要求四川一厅长一省委，湖北、湖南、江苏、福建、广东一厅长，江西、河北、安徽、辽宁一省委，因为这样"不但足以掩护党务活动，而且可以藉政权在手，吸引下层群众，争取乡镇保甲长，以为竞选之准备"②。

4月16日，蒋介石与民社党张君劢，青年党曾琦，社会贤达代表莫德惠、王云五等共同签署《共同施政纲领》。"纲领"共有十二条，基本内容是：1. 改组后之国民政府，以和平建国纲领为施政准绳，由参加之各党派及社会贤达，共同负责完成宪法实施之准备程序；2. 以政治民主化及军队国家化原则，为各党派合作之基础，在此共同认识之下，力谋政治上之进步与国家之安定；3. 外交政策，应对各友邦一律平等亲善，无所偏倚；4. 中共问题仍以政治解决为基本方针，只须中共愿意和平，铁路交通完全恢复，政府即以政治方法谋取国内之和平统一；5. 提前试行行政院负责制，行政院依国府委员会之决策，负执行全责；6. 行宪前之行政院院长人选，国民政府主席在提出任用时，应征求各党派之同意；7. 对各省行政，本军民分治与因地制宜原则，作彻底之检讨与改革；8. 凡因训政需要而设立之法制与机关，应予废止或裁撤；9. 彻底整理税制及财政，减轻人民负担；10. 严格保障人民各项自由，严禁非法逮捕与干涉，其因维持社会秩序避免紧急危难而必须予以限制者，其法

① 王世杰在日记中写道：青年党则因党中闲人甚众，亟思借参加政府而多获位置，对中央及地方政府均思取得甚多之位置，对今后政治之改进，似无任何真正理想或信仰(《王世杰日记》1947年3月3日)。

② 《陶希圣函陈民社党青年党方面之希望》(1947年3月17日)，《中华民国重要史料初编》第七编第二册，第794页；《国民党中央联秘处关于李璜坚辞经济部长内幕及青年党要求参加地方政权目的的专报》，1947年5月31日，《中国青年党》，第307页。青年党首领曾琦曾经坦率地告诉蒋介石：行政院必须改组，吾辈无所谓，吾辈部下就希望分得几部做官吃饭(《黄炎培日记》1946年10月29日，《中华民国史资料丛稿》增刊第5辑，第125页)。陈启天出任经济部长后，党内某老至其家，边哭边说："不给我做次长，我便死在这里不走。"(陈启天：《寄园回忆录》，第227页)

律应由国府委员会通过；11. 今后所举办之外债，应专为稳定并改善人民生活及生产建设之用；12. 各省市县参议会及地方政府，应尽量使各党派及无党派人士共同参加①。同日，国民党中常会决定，各级政府、机关、团体、学校，在政府改组后停止举行总理纪念周，不再悬挂党旗，不再诵读国父遗嘱，但各级党部照旧举行纪念周。

4月17日，国民党中常会通过修改后的《国民政府组织法》，推选蒋介石为国民政府主席，孙科为副主席，张群为行政院院长，孙科为立法院院长，居正为司法院院长，戴季陶为考试院院长②，于右任为监察院院长，同时选派25人为中央政治委员会委员，陈立夫为秘书长，作为全国政治的指导机构。18日，《国民政府组织法》正式公布，以国民政府委员会为最高国务机关。新任国民政府委员二十八人，其中国民党十七人，除五院院长外，还包括党政重要负责人张继、邹鲁、宋子文、翁文灏、王宠惠、章嘉呼图克图、邵力子、王世杰、蒋梦麟、钮永建、吴忠信、陈布雷；青年党四人，为曾琦、陈启天、何鲁之、余家菊；民社党三人，为伍宪子、胡海门、戢翼翘③；社会贤达四人，为莫德惠、陈光甫、王云五、包尔汉。当日，蒋介石对报界发表谈话，称政府改组为“自训政进入宪政之重要步骤”，“我国之政府权力，以往属于国民党负责，此次改组以后，将由国民党、民社党、青年党及社会贤达所共同行使。国民政府委员会将在此过渡时期行使其职权，执行国民大会之决议，而完成本年十二月二十五日开始行宪之准备工作”。为了与《共同施政纲领》和平解决中共问题的精神一致，蒋介石声称：“倘中共放弃其以武力夺取政权

① 中央训练团编：《宪政实施参考资料》，第266—268页，1947年印本。

② 蒋介石曾想提胡适为国府委员兼考试院院长，他亲自敦请胡出任此职，并请王世杰和傅斯年促胡接受，但胡表示不入政府则能为政府之一助力，终未接受（《王世杰日记》1947年2月9日）。

③ 民社党原提4人，由于徐傅霖坚辞（表示不愿干空头委员），临时未任命，直到6月6日，徐才被任为国府委员。伍宪子表示在党内纠纷未决前，暂不就职，8月15日，国务会议免去其委员职务。

之行动,能为国家之团结统一而合作,则该党仍有参加政府,从事建国工作之机会。”①

4 月 23 日,国民政府发表行政院组成人员名单,其中国民党十六席,包括院长(张群)、内政(张厉生)、外交(王世杰)、国防(白崇禧)、财政(俞鸿钧)等关键部门;青年党三席,为经济部长李璜、农林部长左舜生及政务委员常乃悳②;民社党二席,为政务委员李大明、蒋匀田③;社会贤达四席,为行政院副院长王云五、交通部长俞大维、卫生部长周诒春和政务委员缪云台;同日撤销国防最高委员会。至此,国民政府改组完成。5 月 1 日,张群首次向立法院报告新内阁的施政纲领,称其基本方针为:1. 多方努力迅速结束军事,早日实现政治解决国内纠纷,恢复统一;2. 力求收支平衡,努力整理通货;3. 遵守宪法精神,保障人民自由,严惩贪污;并称“立法院与行政院系并立而非对立,希望立法院体谅事实困难,信赖行政院之经验及能力,两方面切实保持联系”④。

虽然国民党声称“国民政府改组完成之日,即为训政开始结束之时”,然而,修改后的国民政府组织法仍以训政时期约法为根据,而国民党则称“实行主义保卫民国之责任,则义应积极继承而决不有丝毫之诿

① 《蒋主席为国府改组成立发表谈话》(1947 年 4 月 18 日),《中华民国重要史料初编》第七编第二册,第 798—799 页。

② 李璜被任命后一直未上任,原因是“经济部职权太小,吃力不讨好,党徒欲进经济部者太多,难以完全容纳,次长人选争夺剧烈,深恐开罪一方;又加以其川康干部多不主张就任,李璜因鉴于种种困难,为保持其干部信仰及领导地位,故坚决不就经济部长”(《国民党中央联秘处关于李璜坚辞经济部长内幕及青年党要求参加地方政权目的的专报》,1947 年 5 月 31 日,《中国青年党》,第 306—307 页)。青年党改推陈启天任经济部长,常乃悳任国府委员,郑振文、杨永浚任政务委员,5 月 18 日由国民政府公布。

③ 李大明当时滞留美国未归,不久后又参加民社党革新派,8 月 15 日,国务会议免其委员职务。

④ 《中华民国史史料长编》,第 97 页。张群对于政府的前途并不乐观,他坦率地对黄炎培说:我是没有办法才上台的,国民党关系四十年,蒋关系四十年(《黄炎培日记》1947 年 5 月 24 日,《中华民国史资料丛稿》增刊第 5 辑,第 142 页)。

卸”[1]。不仅中共对政府改组不屑一顾，斥为“不过是继承袁世凯旧筹安会的一个新筹安会，其媚外、残民、打内战、走死路诸特点，将无一而不相像”；民盟认为其“实与民主和平团结统一的途径背道而驰”；一般社会舆论也认为，“改组后的国民政府，在形式上纵然是多党政府，而实质仍是一党负责”[2]。即便国民党的合作伙伴青年党也不能不承认，除了在中央当花瓶之外，国民党“在各地之地方政府及民意机关，甚至各地选举事务所，竟拒绝青年党党员报名竞选，由此可见国民党仍欲把持地方政权，操纵选举，尚缺乏合作诚意，故要求开放地方政权，实为急切需要”[3]。而在极力主张改组政府的美国人眼中，青年党与民社党的追随者之少，使将他们拉入政府努力的重要性仅仅在于具有名义上结束一党统治的象征意义。司徒雷登在给国务院的报告中认为，现在估计政府改组的意义还为时过早，因为以往历次政府改组都只具有对外的意义，而在中国国内很少发生有影响的变化。然而有一点是可以肯定的，即政府的实际权力没有真正的改变，它们仍然牢牢地控制在国民党手中[4]。可见，政府改组在美国人眼中并没有国民党预想的效果[5]。实际上，国民

① 《第六届中央执行委员会第三次全体会议宣言》(1947 年 3 月 24 日)，《中国国民党第六届中央执行委员会第三次全体会议记录》，第 110 页。

② 《新筹安会——评蒋政府改组》(1947 年 4 月 22 日)，《新华社社论集》(1947—1950)，第 8 页；《中国民主同盟对时局宣言》(1947 年 4 月 25 日)，《中国民主同盟历史文献》，第 321 页；《国民政府宣布改组》，《大公报》(上海)1947 年 4 月 19 日。

③ 《国民党中央联秘处关于中国青年党第十一届全代会经过的专报》，1947 年 9 月 15 日，《中国青年党》，第 312 页。在青年党十一大上，决议向国民党交涉开放地方政权，解除各地方党政军对青年党之压迫歧视，如无圆满结果，则考虑退出政府(《中国党派》，第 108 页)。

④ *The China White Paper*, Vol. 1, p. 234; Stuart to the Secretary of State, April 19, 27, 1947, *The Forgotten Ambassador*, pp. 90, 99.

⑤ 司徒雷登直率地对急于得到美国援助的蒋介石说，他尚未得到任何指示，也没有任何理由相信美国政府已经做出了决定。美国政府首先关心的是，任何可能采取的财政援助应该真正有利于全中国人民，而不是任何派别或集团，这样的援助不应使内战延长，也不应使内战中的一方得益。短期内，政府应尽快结束主动的军事行动，同时向共产党敞开大门。目前的政府改组，应使未来进一步的改革成为可能。这是华盛顿的中国友人和所有热心公益的中国人的共同愿望(Stuart to the Secretary of State, April 25, 1947, *The Forgotten Ambassador*, p. 99)。

党改组政府的目的，除了表面文章之外，是拉各党为“剿共”内战共同负责。结果不出三月，所谓各党派联合政府便通过了“戡乱动员”案，为国民党的内战政策抹上了一层“民意”色彩。

二　反战运动的高涨

国民党在战场上失利的同时，其后方爆发了一场来势甚猛的反战运动，此次运动以大学生为主力，得到社会各界的支持，使国民党的统治基础大为动摇。

学生运动最初起因于经济危机。自2月间经济紧急措施实施之后，物价在强力管制下略为稳定了两个月。4月下旬以后，物价再度开始急速上涨，上海5月的物价指数比4月上涨了70%，米价上涨更为惊人，4月为15万元1担，5月急涨为31万元，翻了一番以上，较之上年下半年6万的均价上涨了四倍以上①。不止一座大城市爆发抢米风潮，要求解冻生活指数的呼声高涨。5月5日成都的抢米风潮，导致两人被打死，全市戒严，整个社会呈现不安与动荡之势。如《大公报》社评所言：“因物价腾昂，生活不安，人心浮动，几乎处处都在闹事，事事都有风波，一种阴霾恐慌的气象遍布各地。”②

大学生本为社会上较为特殊的一个群体。抗战以后，由于公费制度的实行，大学生不需要为生计而操心，即使是在日益高涨的通货膨胀之中，大学生的基本生活仍然得以维持。然而，战后通货膨胀的日趋恶性化，使定额公费远远追不上物价的上涨，严重影响了学生的生活。南京中央大学，学生伙食“看不见一滴油，吃不到一片肉，连一天两顿干饭一顿稀饭的伙食都不能维持了”；北京大学“由于最近物价暴涨，自本月（指5月——作者注）五日起改食丝糕，白开水一碗，青菜一碟，完全素

① 《上海解放前后物价资料汇编》，第121、169页。

② 《须要替老百姓找生路》，《大公报》（上海）1947年5月13日。

食”；即使在素有贵族学校之称的燕京大学，也开始供应玉米面、黄豆面和小米。以至校园里出现了这样的打油诗：“内战声高，公费日少。今日丝糕，明日啃草！”①舆论认为，出现这种情况的原因，是因为政府“除以军事为重外，似对其他建设较为淡漠，尤其是对教育的视线，几乎是视若无睹，遑论教育建设，各校经费拮据，直接原因当归于此”②。对于抗战时期的困难学生尚可忍受，而战后反不如战时，这对敏感的大学生们的思想是一个极大的刺激。进入5月以后，各大学校方和教职员率先要求提高待遇③，对于学生的行动也是一个鼓舞。

5月起始，各大学校园都处于动荡之中，而最先酿成风潮的是国民政府所在地南京的大学生们。5月13日，中央大学学生第一次向政府发起请愿，要求副食费增加一倍，但行政院秘书长甘乃光接见请愿学生时一派官腔，不仅对学生没有安抚，居然说出什么：中国穷，物资缺乏，所以物价亦涨，你们吃不饱，是实在的情形，可是，全国人民都吃不饱，我也吃不饱，我的儿女也吃不饱。甘的一番言词更激怒了学生，中大学生立即决定联合全国大学采取一致行动，导致学运迅速兴起，很快便到

① 《向炮口要饭吃》，1947年印本，第46页；中共北京市委党史研究室编：《反饥饿反内战运动资料汇编》，北京大学出版社1992年版，第86页；《在第二条战线上》，中国青年出版社1980年版，第72页。

② 《严重的教育问题》，《益世报》（北平）1947年2月23日。

③ 上海复旦等4所国立大学校长致电教育部称，“教职员生活困苦已达山穷水尽之境，非空言所能慰藉，务恳迅予提高待遇”；北大教授180余人透支4亿元，其中最多者为600余万元，校方称，如此下去，教授即将无法教书；清华大学教职员要求，“迅照现实物价指数，调整公教人员生活待遇，俾能略具薪水之资”；中央大学教授会发表宣言，批评“教育经费太少，故教师待遇很低”，决议要求提高待遇，否则“当考虑适当步骤以求上列决议案的有效实施”（《文汇报》1947年5月3日；《大公报》（天津）1947年5月6日；中国第二历史档案馆、中共南京市委党史办公室编：《五二〇运动资料》第1辑，人民出版社1985年版，第188页；《大公报》（上海）1947年5月13日）。

了国民党难以控制的程度①。

5月15日开始，南京学生连续举行反饥饿请愿游行。政府官员不是温语劝慰，而是一副官僚架势，不能缓和学生的情绪。教育部部长朱家骅表示，学生要求“为绝对办不到的事”；学生问“钱哪里去了？”行政院副院长王云五回答，“头可断亦无力答复”；学生复追问“为什么军费可以增加？”“为什么打内战？”②因为请愿未达目的，中大学生决定，如果政府不同意学生要求，将举行无限期罢课。南京学生的行动，很快得到各地学生的支持。上海复旦、同济、交大和杭州浙大等大学派出学生代表赴南京，参加向政府的联合请愿。北平学生从17日起先后罢课，18日走上街头，向市民宣传反对内战，受到青年军士兵的围攻，学生多人受伤，进一步刺激了学生的激烈情绪。北平学运自始即喊出了“立即停止内战，反对武力统一”、“恢复政协路线，组织民主的联合政府”的口号，表现了此次学运强烈的政治性③。

学生运动之起，来势迅猛，多少出乎国民党意外。国民党官僚机构事先既无防范，事起则一片慌乱，除了沿用一贯的高压手段外，别无他法。5月16日，行政院会议讨论如何应付学潮，教育部长朱家骅“主张采严厉办法”，但王世杰认为，学潮“一因经济的压迫遍及各校员生，一因内战之结束无期，人心苦闷”，“学潮之解决，究非警察所能为力

① 《文汇报》1947年5月14日。国民党对于学生要求自有说不出的苦衷。全国享受公费待遇的大学生有36万，每月每人需供米2.3斗，副食费为学校所在地公教人员生活补助费的七分之一，以5月的市价计，在南京、上海、北平等大城市中，两者合计每人每月共需十万余元，即国库每月需支出360亿元左右。如按学生要求的副食费增加一倍，则每月又需多支出200亿元(《学风与学潮》，华北日报社1947年印本，第24页)。这实在是一笔不小的开支，因此国民党迟迟不能作出决断，也就无法扼止学潮的发生。

② 《文汇报》1947年5月16、17日。

③ 《北京大学学生罢课宣言》(1947年5月18日)，《反饥饿反内战运动资料汇编》，第134页。

也"①。但此时军事与经济形势对国民党均极为不利，它不能容忍学潮再动摇其后方统治。18日，国府委员会匆匆通过《维持社会秩序临时办法》，称："京沪等地，竟有若干学校学生，及一部分工商界职工，相率集众请愿，迭提过当要求，出以越轨行动，妨害公务，阻碍交通，显系有意鼓动风潮，扰乱社会秩序，破坏行政措施……实亦政府所难坐视。""办法"规定不得越级请愿；请愿代表以十人为限；如有学生罢课、民众罢业、罢工，及游行示威等情事，各地行政主管机关应采取必要措施，或予以解散；凡不遵守以上规定者，当地政府应采取紧急处置，作有效之制止。当日，蒋介石发表谈话，指责学运受"共产党直接间接之策动"，"以达成其夺取政权，推翻中华民国之企图"，因此"决非政府所能许可，亦决不能有所姑息"。在这个谈话中，蒋声色俱厉地质问，"国家何贵有如此之学校，亦何惜于如此恣肆暴戾之青年"，"将不能不采取断然之处置"，完全没有了一国元首的气度②。教育部据此通令各大学，"近来学生之罢课游行，请愿要挟，荒废学业，扰乱治安，逾越教育范围行为，殊应予以纠正"；下令"已罢课者，即日复课，并查明滋事分子，分别主从，

---

① 《王世杰日记》1947年5月16、18日。

② 《中央日报》(南京)1947年5月19日。5月28日，金陵女子大学校长吴贻芳在蒋介石邀宴时，述特警凶暴殴学生状，蒋居然不顾以往惯用的礼贤下士的风度，愤愤地说，是我叫他们打的，他们奉我命令打的，他们是自卫，否则学生打他们了(《黄炎培日记》1947年5月28日，《中华民国史资料丛稿》增刊第5辑，第143页)。在著名教育家、且为女士的吴贻芳面前，蒋如此失态，可见其面对国民党政权危机时的真实心态。司徒雷登认为，蒋委员长和他周围的负责官员将学潮归之于中共和民盟的煽动，他们不能理解民众的诉求，倾向于武力镇压，反而对共产党有利。他们高估了共产党的影响力，实际上，绝大多数人既非共产党也非国民党，而只是中国人，关心自己的生存状况，即便学生与知识分子的激进行动，首先也是由于物质的痛苦和精神的幻灭。把这些归于共产党的阴谋，并企图以残暴的武力消灭之，只能加剧已有的不满(Stuart to the Secretary of State, June 4, 1947, *The Forgotten Ambassador*, p. 114)。

从严惩处，为首者一律开除学籍”①。由此可见，国民党及其领袖蒋介石离社会的脉搏相距甚远，他们已经完全被自身的既得利益蒙蔽了眼光。

国民党的处置并未能压抑学生运动，反而激起了学生反抗的高潮。5月19日，京、沪、苏、杭区十六所专科以上学校学生代表在南京中央大学集会，决定次日举行联合请愿游行，会议通过的宣言疾呼："我们不要自相残杀的内战，我们要饭吃，要图书，要仪器，要教授，要安定的生活”；要求全国教育经费提高到总预算的15%；学生副食费增至10万元，以后按物价指数逐月调整；专科以上学校学生一律享受公费待遇；提高教职员工待遇，并按物价指数逐月调整；请政府拨付充分外汇，交学校定购图书仪器及科学器材。会议通过的游行口号包括“反对内战”、“遵循政协路线”、“反对征兵征粮”等内容②。

5月20日这一天，南京、北平、天津等城市都爆发了大规模的学生反饥饿反内战游行。在南京，游行历时自晨至晚，学生与奉命阻拦的军警宪兵发生冲突，酿成流血事件，学生数十人受伤、被捕，是为“五二〇惨案”。在北平，游行最富于政治性。学生们明确地将反饥饿与反内战联系起来，在宣言中声明：“老百姓要团结，和平建国，而这反动腐败的一群却要实现武力统一，征兵征粮，一切为内战，不顾老百姓的死活。……在这紧急关头，为着千百万老百姓要活命，为着我们自己要活命，我们忍痛暂时牺牲学业，放下书本，进行反饥饿反内战运动。”其后又在递交北平行营的请愿书中，明确提出：“我们追根求源，知道目前中国社会一切混乱不安的局面，都是因为政治上不民主及打内战的关系，

① 《教育部饬令所属执行维持社会秩序临时办法代电》(1947年5月18日)，《五二〇运动资料》第1辑，第241页。

② 《京沪苏杭区专科以上十六校学生挽救教育危机联合大游行宣言》，《京沪苏浙各大专学校反饥饿反内战大游行口号》(1947年5月20日)，《五二〇运动资料》第1辑，第246—247页。

所以我们更要求政府，立即停止内战，恢复政协路线，实行民主政治。”①这些要求将这次学潮定位在反内战的政治层面，呼应了中共的政治主张，使此次学运发展为反对国民党统治的政治运动，这是与中共的领导和动员分不开的。

自上年底反美学生运动发生之后，中共对国统区组织发出指示，认为“民主爱国运动的基础正日益扩大，与解放区自卫战争的胜利已渐能起着配合作用”，要求“必须注意纠正对群众运动与民主来潮估计不足的右倾观点”，加强对学校学生组织的领导、发展和巩固②。还在此次学运发生前，中共已确定了国统区工作战略策略是，“扩大宣传，避免硬碰，争取中间分子，利用合法形式，力求从为生存而斗争的基础上，建立反卖国、反内战、反独裁与反特务恐怖的广大阵线”。“同时在斗争中要联系到、有时要转移到经济斗争上去，才能动员更广大群众参加，而且易于取得合法形式。有了经济斗争的广大基础，也易于联系到反特务反内战的斗争上去”③。学运兴起之后，中共认为“蒋管区要饭吃、要和平、反对借外债打内战的任何一种斗争，不管其主观想法如何，其客观意义都在搞垮蒋介石统治，甚至统治阶级内部的斗争，乃至相互埋怨，美帝国主义对蒋借债的犹疑，都可看作搞垮蒋介石统治的间接帮助。所以我们尽管放手动员群众进行反饥饿、反内战、反借款的斗争，向蒋政权要饭吃、要和平、要自由”④。与反美学潮的突发性不同，此次学运基本上是在中共预先有计划地组织和领导下进行的，中共以“隐蔽精

---

① 《华北学生反饥饿反内战联合会请愿书》(1947 年 5 月)，《反饥饿反内战运动资料汇编》，第 160 页。

② 《中央关于加强对蒋管区学生运动的组织与领导的指示》(1947 年 1 月 6 日)，《中共中央文件选集》第 16 册，第 383—385 页。

③ 《关于在蒋管区的工作方针和斗争策略的两个文件》(1947 年 2 月 28 日)，《周恩来选集》上卷，第 269 页。

④ 《中央关于蒋管区群众斗争方针的指示》(1947 年 5 月 22 日)，《中共中央文件选集》第 16 册，第 455 页。

干，长期埋伏，积蓄力量，以待时机”的国统区工作方针和有理、有利、有节的行动策略为基础，从一般群众可以接受的反饥饿、求生存口号入手，继之以反内战的政治性口号，目的是利用国民党政策的不得人心，造成国民党后方的不稳，从而配合战场作战①。

学生运动既起，如同时论所言，“反内战，反饥饿，是人民一致要求，无论何人，登高一呼，自会万众响应，群起支援”②。社会各界对学运多持支持至少是同情的态度，因为饥饿的问题不仅仅关系学生，也关系到社会各阶层。著名学者马寅初在中央大学演讲，愤愤地说：“请愿就是承认政府，与革命不承认政府完全不同，而政府不准，不知其用心何在。”他将一切问题归之于“内战造成的恶果”，“内战不停不得了，内战一天不停，风潮一天不息”③。北大和清华教授一百余人发表《为反内战运动告学生与政府书》，提出“政府当局则应深切省悟，政治败坏之责任，本在政府而不在学生。学生由苦闷郁愤而发生之呼吁及运动，只能善导而不应高压。治本之道，在求实现其正当合理之要求；治标之法，亦惟有疏导，以缓和其情绪。此乃政府起码的责任，亦当局应有的措施”。对于时局，平、津各大学教员在宣言中声明：“一切纷扰现象，根源胥起于经济危机，则又为长期内战之恶果。一切学潮工潮，均为当前时势下必然之产物。默察当前情势，无论政治、军事、经济、文化，俱已临于崩溃之边缘，危机迫于眉睫。政府如仍长此敷衍支吾，不迅采釜底抽薪之有效办法，最后势必同归于尽而后已！继续战争，决不能解决困难，而只有引起更大之困难。党政军各方面欲图自救救民，唯有立即停止内战，以诚意谈判并实现和平，迅速依照政协路线，成立联合政府，办理善后，此外别无他途。”上海各大学教授几十人亦发表《对学生运动之

① 中共对学运的领导，由各地地下组织通过学委进行，有关这方面的情况，请参《在第二条战线上》一书。

② 王水：《北方学运的源源本本》，《观察》第2卷第17期。

③ 中大《公报》1947年5月23、25日，引自《五二〇运动资料》第1辑，第391—392页。

意见》，表示学生主张“不可厚非，倘能一一贯彻，实可挽回国家民族的危运于无形”①。即使是亲国民党的北大校长胡适，虽碍于身份未公开支持学运，但对学运也未大加谴责。他一方面呼吁学生“以理智抑制住感情之冲动”，一方面表示希望当局与校方合作，“保护青年安全”。更有意思的是，他在蒋介石声色俱厉的讲话的次日发表谈话称，“所谓学生受共党煽惑，此说不甚公平，应当说是青年在困难无路中的烦闷较为合适，一个国家政治未上轨道，政治不满人意……学生必然要干涉政治”，话中透露出对学生的同情②。北平“五二〇”游行未发生大的冲突，与胡适事前向北平行营主任李宗仁疏通有一定关系。

此次学运中尤为引人注意的是舆论态度。原本立场左倾的上海《文汇报》自不待言，它与《联合晚报》和《新民晚报》因被国民党当局认为“连续登载妨害军事之消息，及意图颠覆政府破坏公共秩序之言论与新闻”，被淞沪警备司令部下令于 25 日起停刊。素称中国社会舆论喉舌、政治立场较为中立的《大公报》，其天津版此次态度鲜明地支持学生。据时人统计，《大公报》天津版在学运期中，发表社论 11 篇，专论三篇，特写三篇，以及大量的通讯报道，正面反映学运情况，主旨是停止内战，实现和平。上海版总编辑王芸生 5 月中旬恰在北平、天津公干，他在北平和天津各大学演讲，“简直与学生论调一致”，他对津版编辑部面授机宜，对于学运态度“居中而偏左”。事后他又撰文，表示反内战反饥饿不单是青年学生的要求，实是全国善良人民的共同呼声，并大声疾呼：赶快停战！快快和平！这是全国人民的要求，更是北方人民的生路。因此有人论为：“北方学潮之风起云涌，《大公报》不为无力。另外一点是，除该报的文字号召外，王芸生的口

---

① 《大公报》(上海)1947 年 5 月 30 日、6 月 3 日；《益世报》(天津)1947 年 5 月 29 日。

② 《最近学潮之起源及其演变》第 4 辑，时代出版社 1947 年版，第 62 页；北京市档案馆编：《解放战争时期北平学生运动》，光明日报出版社 1991 年版，第 160 页。

头宣传，得力尤大。”①无论此种说法的真实性究竟如何，对于一年前因《可耻的长春之战》社评，反对中共攻占长春，而遭中共尖锐批评的《大公报》，此时此刻的言论，表示出社会舆论对国民党政权的离心倾向。北平市政府在致蒋介石报告学潮的电文中承认，“综观此次学潮，社会人士明知学生系受奸匪煽动，但生活不安，人同此感，仍不免寄予同情。客观情势如此，强制消弭，似难奏效”②。

“五二〇”大规模游行发生之后，国民政府一方面于23日的国务会议通过《调整文武职人员待遇》和《追加公费学生膳费》案，给学生与公职人员适当安抚；另一方面下令对各地学运加强防范与镇压。淞沪警备司令部、平津警备司令部等军警机关，均发出严禁游行示威的命令，学运在严酷环境下渐趋回落③。

国民党指责学生运动为中共“利用之工具”，就前述中共对学运的领导而言，学运当然与中共有密切的关系。然而国民党并未追问何以学运是中共的工具而不能成为国民党的工具，根本原因还是国民党战后的一系列政策失去了民心。就连美国大使司徒雷登也承认，中国学生较之其他国家的学生更能反映民心所向，他们是社会中最为敏感的分子；他们日渐同情激进的社会主义运动，而非他们中绝大部分人认为是毫无希望的反动

---

① 王芸生：《我看学潮》，《大公报》（上海）1947年5月25日；王水：《北方学运的源源本本》，《观察》第2卷第17期。《大公报》上海版因处于国民党统治中心区，态度没有天津版激烈，对政府和学生两面都予敷衍。

② 《国民政府文官处抄送北平市政府有关学潮密电》（1947年6月6日），《五二〇运动资料》第1辑，第345页。

③ 此次学运的悲剧一幕发生在5月31日晚，武汉军警包围武汉大学，进行搜查，次日凌晨，军警枪击企图解救被捕同学的学生，结果打死三人，打伤十余人，武汉警备司令彭善因此而被撤职查办。

政府①。5月30日，毛泽东为新华社写了一篇评论，题为《蒋介石政府已处在全民的包围中》，对国统区学生运动作了高度评价，指出："中国境内已有了两条战线。蒋介石进犯军和人民解放军的战争，这是第一条战线。现在又出现了第二条战线，这就是伟大的正义的学生运动和蒋介石反动政府之间的尖锐斗争。……学生运动的高涨，不可避免地要促进整个人民运动的高涨。过去五四运动时期和一二九运动时期的历史经验，已经表明了这一点。"②

与学生运动发生的同时，国民党操纵的民意机关国民参政会内部也在酝酿着和平运动。自抗战胜利后，参政会便甚少开会，制宪国大召开之后，参政会本已失去其作用，但因为民盟拒不参加国大，同时又未退出参政会，国民党还想利用这个机构为自己的政策抹上更多的民意色彩，遂有参政会开会一举。不料，聪明反被聪明误，民盟正好利用参政会这个合法机构和场合，发起反战和平运动，使国民党一时狼狈不堪。

5月20日，国民参政会第四届第三次大会在学运高潮中开幕，若干参政员发起的和平运动引人注目。民盟参政员张澜、黄炎培、梁漱溟、章伯钧、韩兆鹗联署提出《停止内战恢复和平》案，提出"吾人主张，既求政治解决，只有政治解决，凡国内一切政治问题所构成的党派纠纷，必须在和谐融洽之空气中，用协商方式，本着相忍相谅之精神，以寻得结果"。建议：1. 依据政协路线，重开和平会议；2. 恢复国共联系，商讨停战方案；3. 政府停止征兵征粮征实；4. 尊重人权，保障自由，释放

① Stuart, *Fifty Years in China*, pp. 188—189. 也有美国学者认为，学生运动的目的本来并非是要推翻国民党统治，而只不过是因为对它的腐化无能不满而要限制它的权力而已，他们中的多数人显然并不赞成共产党统治全国的想法，但国民党的种种作为，使学生日渐疏远政府，使自己的群众支持减少到了最低点，同时扩大了其政治对手的群众支持(Pepper, *Civil War in China*, pp. 43, 69, 93)。

② 《蒋介石政府已处在全民的包围中》(1947年5月30日)，《毛泽东选集》(合订本)，第1120—1121页。

政治犯,停止特务恐怖行为①。26 日,大会通过临时动议,要求讨论和平方案,并邀请中共参政员来京出席。邵从恩、褚辅成、张难先等也提出和平方案,要求"政府重申和平意愿,恢复和平谈判,邀请中共速派代表进行商谈,并由参政会组织一特种委员会促进和平"。许德珩、钱端升、周炳琳等亦有《停止内战恢复和平案》提出②。参政员的行动实际反映了社会各界的共同呼声,《大公报》为此连续发表了多篇社评,认为"国共纷争骑虎难下,仇恨越搞越深,如不猛然回头,速化干戈为玉帛,则兵连祸结,尚无止期",希望参政会"尽其最大最善之努力,争取和平,务求迅速实现"③。

对于学生运动,国民党可取高压手段,但对于合法的参政会,国民党有点无可奈何。5 月 28 日,蒋介石亲自出马在参政会演讲,声称"当前国家最大之隐患,在于是非观念之混淆,与利害认识之不明,以致丧失共同之目标"。何为"是非"与"利害",蒋责以"在共产党迫使政府不得不以武力遏止破坏统一之武装行动时,而若干社会舆论,只以战争责任加之政府,反对征兵征粮,全不思此种痛苦之原因,系何方所造成"。晚间蒋宴请全体参政员时,更是声色俱厉地说:现政治、经济、军事皆临极危,但最要在明是非。中共区人民还要苦,何以不向他们诉苦,而责我征兵征粮。军警制止学潮,是奉令,不能以昆明事件比。七十四师师长张灵甫等殉职,是光荣。中共虽暂胜,必

① 《中国民主同盟代表向国民参政会提出停止内战恢复和平案》(1947 年 5 月 23 日),《中国民主同盟历史文献》,第 333—334 页。此次会议开幕前,民盟中常会认为参政会与国大及宪法毫不相干,决定民盟参政员出席此次参政会,以"反映人民意见","代表人民呼吁",同时要求"本盟各地组织应立即就近与民主团体联合,策动——争取和平阵容与当前之和平运动相配合"(《中国民主同盟中央对于五参政员出席参政会之决定》,1947 年 5 月 14 日,《中国民主同盟历史文献》,第 328 页)。

② 彭静中:《"和平老人"邵从恩》,《文史资料选辑》第 101 辑,第 182 页。

③ 《读收复区视察报告》,《国民参政会大会开幕》,《大公报》(上海)1947 年 4 月 16 日、5 月 20 日。

为我灭①。在当时情况下，蒋的这番讲话，多少给人以色厉内荏之感。在蒋的授意下，国民党参政员在会上大肆鼓吹“唯有派大军剿共，方有和平，政府是戡乱，不是进行内战”；“与共产党谈和，等于向日本人投降，与土匪妥协，请政府明令讨伐”②。结果，会议通过《共军扰乱情势日迫请政府速派大军分路应援以挽危局而救民命案》等“讨共”案，而和谈案则决议交驻会委员会“本此次大会之精神，于最短期间促成和平之实现”③。实际上，无论战与和均非国民参政会这样的“民意机关”所能决定，这也是参政会的最后一次会议，国民党很快就不需要这个工具了。

尽管国民参政会通过了若干“和平”议案，但此时已非一年之前，形势的发展已经使中共清楚地认识到国民党的致命弱点，对与其谈和根本不屑一顾④。经毛泽东修改定稿的新华社社论，将此次国民参政会会议称为“不但是一辆破车，并且已经抛锚了。以 CC 系、复兴系为中心的一切反动派，在这次参政会上结合起来，要帮蒋介石推动破车。但是，蒋介石失败的命运，决非他们所能挽救，也决非任何人所能挽救”⑤。

学生运动的猛烈兴起，社会各界的反战呼声，加上经济危机的日甚一日，使国民党疲于应付，统治基础大为动摇。从蒋介石当时的日记中，可以看出其忧心之虑：“上月间经济、物价、学潮与政治、军事，可谓险象毕呈，尤以参政会开会期间为甚，而奸党之造谣滋事，其势亦几至不可遏止，幸我当机立断，始告平服，现国内部分舆论，虽仍持异议，惟

---

① 《先总统蒋公思想言论总集》卷 22，第 131—132 页；《黄炎培日记》1947 年 5 月 28 日，《中华民国史资料丛稿》增刊第 5 辑，第 143 页。

② 《中华民国史史料长编》第 70 册，第 112 页。

③ 《中华民国史史料长编》第 70 册，第 117 页。

④ 此时国民党与中共唯一的联系渠道是解放区救济总会驻上海办事处，但试探的结果，救总称与解放区很难联系，对国民党的试探置之不理。

⑤ 《新华社社论集》(1947—1950)，第 30 页。

鉴于治乱世用重典之义，此亦良非得已，固未遑葸葸顾虑也。”①蒋心中的“乱世重典”即不久之后出台的“戡乱动员令”。

三 国共对前途的不同估计

1947 年年中，全面内战已经打了一年，国民党未能达成预期目的。政治上，制宪国大及其通过的宪法未能整合社会力量于一个共同目标，反而加剧了社会的分裂；经济上，以黄金潮为标志的经济危机，以及随后而起的学潮，极大地动摇了国民党的统治基础；外交上，不仅对苏外交一筹莫展，对美外交也无重大突破，美国援助未能如国民党原先之预期；最重要的是在军事上，经过一年的战争，国民党承认“以优势之装备及兵力，未能一举击破匪军主力，且于各战场屡遭局部重大之失败”。他们认为原因是，“在精神方面国军于抗战胜利后不无和平苟安轻视匪患之观念，缺乏旺盛坚勇积极战斗之意志，稍受挫折，又存惧匪之心理，或有观望不前，消极避战之行动，在指挥方面国军由于江西剿匪及八年抗战习惯过度保守及被动，一般指挥官缺乏独断专行与密切协同之精神，每每行动迟缓，各自为战，频失战机，不但不能制匪，反为匪所制，多因战略上之分离，及战术上之突出，予匪以可乘之机，致遭重大损失，始而失之骄，继而失之惧，遂致因惧而处处被动，由指挥过失所招致之失败，益影响战斗精神及士气之低落”②。

由于政治、经济、外交、军事上的种种失利，国民党已经没有了一年前的自信，党内弥漫着一种悲观气氛。一般人不论，即便当初主战最力的人，现在也感到情形之不容乐观。阎锡山致蒋介石函中认为，“依现在情况，三个月后局面恐有大变化，病如到了不可救药时再治，那就徒劳了”；傅作义“谓以如此政治如此军队剿共，直不知何年才能告一段

① 《总统蒋公大事长编初稿》卷 6(下)，第 472 页。

② 《一年来剿匪重要战役之检讨》，第 51 页。

落”;陈立夫感叹,“不想军事已到如此地步”;白崇禧“讲到剿共军事屡摇头,表示无把握”;胡宗南电告蒋,“当前战场我军几均处于劣势,危机之深,甚于抗战”①。蒋介石的头号大将陈诚一方面辩称“自己不能负责,因为命令多不由彼决定或发出”,向人抱怨蒋“几次之不当罚彼经过,直使其不能做下去”;另一方面又大叹“军队根本不够,况尚多不好用者”,“颇露消极之意,谓俟局势稍好转即将引退”,全没有了上年“三五个月解决中共”的“豪气”②。作为一个军事行动的旁观者,陈光甫在6月6日的国府会议上听了陈诚的军事报告后写道:我得到了确定无疑的印象,陈诚将军正面临着困难,战争在继续,而他的战线正越来越虚弱,他的报告充满了踌躇和不定,没有任何最后胜利或何时能得到这样的胜利的保证。这与我一年前得到的印象形成了鲜明的对照。当时,在一次蒋介石为欢送何应钦去联合国军事代表团任职的聚会上,陈诚和高级军事将领全体出席,大家充满了希望与自信,认为政府拥有压倒性的军事力量,胜利可以在一个非常短的时期内来到,并以共产党的失败而告终③。美国大使司徒雷登在给国务院的多份报告中,认为国民党的政治地位由于经济和军事状况而加速恶化,不安与失望日见增长,共产党的威望因为华北和满洲的军事胜利而大大加强。他甚至已经预见到国民党内开明派上台或中央政府瓦解的可能性④。

不仅是国民党军方对前途不乐观,政界人物也感到了形势的严重。6月18日,国民党中政会讨论时局,张继认为,“现在真是江河日下,今日并非不信总裁,不过派往东北军队都是精华,这种精华消耗到不精华将如何。我们不能尽恃命运,到北方不保恐南方亦难保,到那时又将如

---

① 《徐永昌日记》1946年2月25日、5月20、28、29日;《民国胡上将宗南年谱》,第199页。

② 《王世杰日记》1947年5月31日;《徐永昌日记》1947年6月8日。

③ Chen Kuang-pu Memo., June 7, 1947, *Chen Kuang-pu Collections*, Box 7, Rare Books and Manuscript Library, Columbia University, New York.

④ *The China White Paper*, Vol. 1, pp. 238 - 241.

何”。邹鲁谈及,“我每谈共匪必须打,旁边即有劝我,留点余地吧,可证人心之已死”。原先主张对共缓和的孙科在会上发言:“剿共最少必有两个把握之一,即美国援助吾人剿共,苏联不助共匪扰乱,今可明确的认识,美国不助我内战,而苏联确切的助共叛国,如此我们剿共决无把握。”可见国民党内高层对形势估计极其严重,但如何解救这样严重的形势,众人全无良方。王世杰的印象是,“大多数人均有重大恐惧心”。不少人主张退出东北,相当多数人对自己的力量失去信心,将希望寄托在美国人身上。彭学沛感叹:“美军部甚悉苏联野心,惜美国政事必听舆论以为准绳,今如有能转移美国舆论之论说在美发表,是最需要最有力的一法。”梁寒操甚至建议在东北实行张治中在新疆所用和苏一法,起用张学良,真给人以方寸尽失,病急乱投医之感①。陈光甫在进入国府委员会后,经过几次会议的讨论,总的印象是:目前的困局找不到出路。军事上,进展不令人鼓舞;经济上,形势是危险的;除非美国大规模经济援助的介入,我看不出目前的形势如何收拾。政府处于无望之中,他们不知该做什么,既没有明确的政策也没有有效的方法解决问题②。

面对国民党的颓势,蒋介石只能决定动员全部力量,作殊死之搏。国民党军事屡屡失利之后,蒋对军队将领的演讲和训诫明显增加,在鲁南失败之后,蒋更直接走上军事指挥的前台,决定由自己亲自指挥作战。他在高级将领军事研讨会上抱怨说:“我亲口说的话,亲手订的计划,告诉前方将领,不仅没有人遵照实行,而且嫌我麻烦觉得讨厌!以为委员长年纪老了,过了时代,好像家庭里面的一个老头子,唠唠叨叨,

---

① 《徐永昌日记》1947 年 6 月 18 日;《王世杰日记》1947 年 6 月 18 日。国民党寄予希望的美国,对于国民党政权的失败颇为失望,自无再全力相助之心。据司徒雷登在南京告诉黄炎培:蒋无能,且战败,美决不助蒋,美愿调国共(《黄炎培日记》1947 年 5 月 31 日,《中华民国史资料丛稿》增刊第 5 辑,第 143 页)。

② Chen Kuang-pu Memo., May 24, 1947, *Chen Kuang-pu Collection*, Box 7, Rare Books and Manuscript Library, Columbia University, New York.

什么都管，尽可不必重视他。”他认为“这就是你们一切失败的总因”。他告诫军队将领：“对于前方后方的情形，我所知道的比你们任何人都要清楚，我所想到的比你们任何人都要周密，只要你们照我的指示，实实在在的做到，我就可以保证你们成功。”①这倒真像一个大家长在苦口婆心地训斥一群不懂事的孩子，而且确实如蒋自己所言，是有点老年人的唠叨了，无奈孩子们不争气，令家长也徒唤奈何。从此，国民党军的行动“必受到蒋先生亲署命令方生作用”，更进一步养成了将领们的谨慎心理和依赖心理，更不利于作战积极主动性的发挥。何况，蒋介石的个人精力毕竟有限，“尤其远隔前方，情报不确，判断往往错误”，即便亲令，也是“一曝十寒，无甚效果”。蒋此举在国民党内被认为是“愈独裁愈不近人才，同时愈不放心人愈非私不用”②。蒋亲自指挥的结果，并未能改变国民党军事每况愈下的不利局面。

蒋介石挽救危局的另一重要措施是实行全国总动员。由他手批的《剿匪战事之检讨》提出：“剿匪军事，不仅为一单纯的军事问题，且有其政治性与经济性，不仅为中国国内问题，且有其国际性与世界性，故剿匪军事实为一可大可小，具体而微之战争，举凡与战争有关诸条件，如政治、经济、军事、外交等等，均含于剿匪问题之中。如仅以军事力量作战，而其他力量不发生作用，就战争之立场言，则为战力分散，乃军事上之孤军深入，即为被匪各个击破之态势。……故剿匪军事，非局部之戡乱，乃一可大可小，具体而微之世界战争，即在政治经济外交上，均非动员不可。”③在3月间举行的国民党六届三中全会上，由张继领衔提出“请对共产党问题重行决定态度案”，全会宣言并宣称，对中共“军事叛乱自不能不采取坚决迅速之措置，而予以遏止”，实际即预示全国总动

---

① 《高级将领精神心理之改变与剿匪战略之研究》(1947年2月26日)，《先总统蒋公思想言论总集》卷22，第30页。

② 《徐永昌日记》1947年5月29日、7月30日、9月28日、11月22日。

③ 《剿匪战事之检讨》，第1—2页。

员的即将实行①。其后山东和东北战场的接连失利、经济紧急措施的失败、学运造成的政治震撼、社会上的谈和呼声，使蒋介石只有使出加强控制，进行全国总动员这一招，以挽救国民党统治的危机。5月24日蒋自记："时局逆转，人心动荡，军、政、经、社，均濒危殆，奸党为遂行其推翻政府夺取政权之意图，其在前方则广泛展开武力斗争，攻城略地，着着进逼，而在后方各大都市，则鼓动风潮，扰乱社会，更无所不用其极，而此次参政会中，亦既为只求和平不顾利害之空气所笼罩，而本党同志又大都苟且自全，随声附和，革命志业，委以尸解，此诚危急存亡之秋也。若不早下决心，用斩钉截铁手段，拨乱反正，则因循延误，更难挽救，故决定先肃清后方，安定社会，再图军事之进展也。"②东北战事紧张之时，蒋介石又记："东北与华北战局紧张，人心动荡特甚，党内同志多失信心，顿呈忧惶之象，且有主张放弃东北，撤守关内者，余则主张应先决定明令讨共问题，一面全体动员，改革内政与币制，以一民志；一面仍进行宪政，如期召开国民大会。"③国民党的政治路向又走到了一个转折关头，"戡乱动员"呼之欲出（有关情况请参第十二卷）。

与国民党的悲观沮丧相反，中共内部却洋溢着一派乐观气氛。还在学运兴起之时，毛泽东便兴奋地写道："一切事变都证明我们估计的正确。""中国事变的发展，比人们预料的要快些。一方面是人民解放军的胜利，一方面是蒋管区人民斗争的前进，其速度都是很快的。为了建立一个和平的、民主的、独立的新中国，中国人民应当迅速地准备一切必要的条件。"④6月14日，毛泽东给中共中央工委刘少奇和朱德去电，谈及"我们身体均好，我比在延安时好得多了"；"敌人内部互相埋怨

① 《第六届中央执行委员会第三次全体会议宣言》，《中国国民党第六届中央执行委员会第三次全体会议记录》，第111页。

② 《总统蒋公大事长编初稿》第6卷(下)，第459页。

③ 《总统蒋公大事长编初稿》第6卷(下)，第479页。

④ 《蒋介石政府已处在全民的包围中》(1947年5月30日)，《毛泽东选集》(合订本)，第1123页。

日见增多，士气日渐下降，对前途悲观。我们则信心甚高，士气甚壮”；“本月当为全面反攻开始月份”①。1947 年 7 月 10 日，毛泽东在给林彪等人的电报中，对一年的战事作了总结：

（一）第一年作战，除山东外，国民党军的战略进攻在一切区域均已停止，其在陕北虽尚有进攻能力，但已变为游击性的，我军将逐步转入攻势。

（二）第一年共歼灭国民党正规军 97 个半旅，78 万人，连同非正规部队，共 112 万人。

（三）经一年作战，国民党军士气已衰，厌战情绪高涨，民心尤为厌战，蒋政权已陷孤立。

（四）我第二年作战应争取歼敌 100 个正规旅，使敌由数量优势变为劣势。

（五）我已有 112 个旅 90 万人，此外还有地方部队 60 万人，军事机关 40 万人。

（六）第二年作战任务：山东、太行两区力求占领长江以北，西北方面力求占领甘、宁大部，北线力求占领中长、北宁、平承、平石、平绥、同蒲各路之大部及路上除平、津、沈以外各城，孤立平、津、沈，如能占领沈阳则更好②。

根据中共公布的战报，自 1946 年 7 月至 1947 年 6 月的一年间，国民党正规军被歼灭 97 个旅，78 万人，非正规军被歼灭 34 万人，两者共计 112 万人，其中被俘 68 万人。中共部队损失 36 万人。国民党军净占中共解放区面积 19 万平方公里，人口 1800 万人，城市 84 座。但从 1947 年 3 月开始，在国民党最为看重的城市方面，中共所得已超过所

① 《致朱德刘少奇》（1947 年 6 月 14 日），中共中央文献研究室编：《毛泽东书信选集》，人民出版社 1983 年版，第 281 页。

② 《一年作战总结及今后计划》（1947 年 7 月 10 日），《毛泽东文集》第 4 卷，第 260—262 页。

失。到6月为止，国民党军一线攻击部队只有15个师40个旅，占其总兵力的不到五分之一，表明其攻击力已接近枯竭。更重要的是，中共在一年战争中，俘毙国民党军将级军官202人，其中上将1人，中将9人，"战争的这个令人惊异的特点，最是表现双方士气的悬殊"。所以陕北军事观察家自信地宣称："根据这些客观事实，一方愈战愈强大，一方愈战愈弱小，前途胜败如何，人们不难作出科学的判断。"①

还有一件事可作为中共自信心的重要象征。在中共部队的作战方法中，破路一直是重点，抗战刚刚结束时，破路甚至是中共部队最重要的行动。但在1947年6月，中共中央给各中央局的指示中，已经明确提出："现在我军作战业已全部由战略防御转变为战略反攻，过去需要破坏的铁路，现在一般地已无此种需要，相反，如果现在还不停止破坏铁路，我们就将做出错误。因此，从现在起，除作战时因为战术上的某些需要，仍可予以局部性的战术性的破坏外，一切大规模破坏铁路的行为应予停止。……此外，对于一切普通公私建筑物、道路、桥梁、矿山、工厂、机器、军用或民用物资，均照上项原则，除战术上必要者外，一律重申禁令，不得破坏，即使暂时可被敌利用，亦不要破坏。"②

7月21日至23日，中共中央在陕北靖边县小河村召开扩大会议，毛泽东第一次提出，"对蒋介石的斗争，计划用五年的时间来解决，从过

---

① 《中国人民解放战争第一年战绩公报及陕北军事观察家的评论》，《中国人民解放战争军事文集》第2册，第540—550页。蒋介石亦承认，"自从去年七月开始剿匪以来，我们前方有若干师旅团部高级指挥干部为匪所袭击，指挥官且被匪所俘，这不仅影响一部分的士气，而且使整个战局都受到顿挫"（《剿匪必胜的事实》，1947年5月12日，《先总统蒋公思想言论总集》卷22，第105页）。

② 《中央关于停止破路的指示》（1947年6月4日），《中共中央文件选集》第16册，第460页。在中共第一个反攻地区东北，毛泽东在4月26日即致电林彪，"我们感觉似不宜再破路"，"不久将来即可全为我用，若再破坏则将来修复极为困难"（《毛泽东年谱》下卷，第185页）。

去这一年的成绩来看是有可能的”[①]。这表明中国形势的发展已经到了一个转折关头。展望未来，摆在国民党和中共前面的是两种不同的估计，不同的发展前景，而根据一年来的形势发展，中共有充分的理由感到乐观。

① 《在小河中共中央扩大会议上的讲话》(1947 年 7 月 21 日)，《毛泽东文集》第 4 卷，第 266 页。

参考文献*

中文档案文献

军事图书馆藏档，北京

国民党中央执行委员会及各部会档案，中国第二历史档案馆藏，南京

国民政府及各部会档案，中国第二历史档案馆藏，南京

中国社会科学院近代史研究所藏档，北京

中央档案馆藏档，北京

《东北接收交涉日记》，张嘉璈著，*Chang Kia-ngao Papers*，Box 10，Hoover Archives，Stanford University，California.

《郭汝瑰日记》(稿本)，军事博物馆藏，北京

《熊式辉日记》，*Hsiung Shih-hui Collection*，Rare Books and Manuscript Library，Columbia University，New York.

《张发奎日记》，*Chang Fa-kuei Collection*，Rare Books and Manuscript Library，Columbia University，New York.

《执行部谈判总结》(稿本)，1948 年 4 月，军事图书馆藏，北京

《中共中央东北局重要档案汇编》，中共中央东北局办公厅秘书处编，中央档案馆藏，北京

---

* 本书目所收为本卷所引的主要参考文献。中文和日文书目以书名汉字的音序排列，西文书目以作者姓氏字母顺序排列。

中文著作

《八十年来》,黄炎培著,北京,文史资料出版社,1982

《白崇禧先生访问纪录》,台北中研院近代史研究所,1984

《财政年鉴》,财政部财政年鉴编纂处编,南京,1948

《陈公洽与台湾》,南瀛出版社,出版地不详,1947

《陈果夫传》,徐泳平著,台北,正中书局,1978

《陈仪生平及被害内幕》,全国政协、浙江省政协、福建省政协文史资料研究委员会编辑组编,北京,中国文史出版社,1987

《陈毅军事文选》,北京,解放军出版社,1996

《陈毅年谱》,刘树发主编,北京,人民出版社,1995

《陈毅传》,《陈毅传》编写组编著,北京,当代中国出版社,1991

《陈长官通知辑要》第1辑,台湾省行政长官公署机要室编,台北,台湾省印刷纸业股份有限公司,1946

《陈长官治台一年来言论集》,台湾省行政长官公署宣传委员会编,台北,1946

《成败之鉴——陈立夫回忆录》,台北,正中书局,1994

《重庆谈判纪实》(增订本),中共重庆市委党史研究室、重庆市政协文史资料委员会、红岩革命纪念馆编,重庆出版社,1993

《从参加抗战到目睹日军投降》,冷欣著,台北,传记文学出版社,1967

《从华北到西北——忆解放战争》,郑维山著,北京,解放军出版社,1985

《从延安到北京——解放战争重大战役军事文献和研究文章专题选集》,刘武生主编,北京,中央文献出版社,1993

《地下十二年与周恩来》,熊向晖著,北京,中共中央党校出版社,1991

《第二次世界大战中国战区受降纪实》,中国第二历史档案馆编,北京,中共党史资料出版社,1989

《第二期军事小组讨论结论汇集》,军官训练团编,出版地不详,1947

《第六战区受降纪实》,第六战区参谋处编,出版地不详,1946

《第三野战军征战日志》,《第三野战军战史》编辑室编,南京,江苏人民出版社,1995

《第一期复员军官佐十五万人个别转业训练计划》,出版地不详,1946
《第一期军事小组讨论大纲及参考资料》,军官训练团编,出版地不详,1947
《第一战区受降纪实》,第一战区参谋处编,出版地不详,1946
《东北解放战争大事记》,丁晓春、戈福禄、王世英编著,北京,中共党史资料出版社,1987
《东江纵队史料》,广东省档案馆编,广州,广东人民出版社,1984
《董必武年谱》,《董必武年谱》编纂组编,北京,中央文献出版社,1991
《董必武选集》,北京,人民出版社,1985
《二二八事变始末记》,黄存厚辑,南京,扫荡周报社,1947
《二二八事件研究报告》,二二八事件研究小组著,赖泽涵总主笔,台北,时报文化出版企业有限公司,1994
《法币、金圆券与黄金风潮》,中国人民政治协商会议全国委员会文史资料研究委员会编,北京,文史资料出版社,1985
《反法西斯战争文献》,北京,世界知识出版社,1955
《反饥饿反内战运动资料汇编》,中共北京市委党史研究室编,北京大学出版社,1992
《冯玉祥将军魂归中华》,冯洪达著,北京,文史资料出版社,1981
《傅长官讲话》,第十二战区长官部编,1947
《冈村宁次回忆录》,稻叶正夫编,天津市政协编译委员会译,北京,中华书局,1981
《革命文献》,秦孝仪主编,台北,中国国民党中央委员会党史委员会,1978
《耿飚回忆录》,北京,解放军出版社,1991
《顾维钧回忆录》,第5、6分册,中国社会科学院近代史研究所译,北京,中华书局,1987、1988
《广东受降纪述》,军事委员会委员长广州行营参谋处编,出版地不详,1946
《国防部改组纪要》,国防部史政局编,出版地不详,1947
《国际条约集》(1945—1947),北京,世界知识出版社,1959
《国民参政会第四届第二次大会提案原文》,国民参政会秘书处编,出版地不详,1946
《国民参政会第四届第三次大会提案原文》,国民参政会秘书处编,出版地不详,1947

《国民参政会纪实》,孟广涵主编,重庆出版社,1987
《国民大会代表对于中华民国宪法草案意见汇编》,国民大会秘书处编,南京,1946
《国民大会代表询问案之答复》,国民大会秘书处编,南京,1946
《国民大会会议纪录》,国民大会秘书处编,南京,1946
《国民大会实录》,国民大会秘书处编,南京,1946
《国民大会特辑》,黄香山主编,南京,东方出版社,1947
《国民党二中全会面目》,作者及出版地不详,1946
《国民党统治时期的小党派》,万仁元、方庆秋主编,北京,档案出版社,1992
《国民党政府政治制度档案史料选编》,中国第二历史档案馆编,合肥,安徽教育出版社,1994
《国民革命军战役史第五部——戡乱》,“三军大学”编,台北,“国防部”史政编译局,1989
《郭汝瑰回忆录》,成都,四川人民出版社,1987
《河北平津区敌伪产业处理局章则汇编》第1辑,河北平津区敌伪产业处理局秘书处编,出版地不详,1946
《何成濬将军战时日记》,台北,传记文学出版社,1986
《何廉回忆录》,朱佑慈等译,北京,中国文史出版社,1988
《和平民主的道路——国共停战协议及政治协商会议重要文献之一》,作者及出版地不详,1946
《和平民主建设的新阶段》,作者及出版地不详,1946
《和平民主新阶段的指针——国共停战协议及政治协商会议重要文献之二》,作者及出版地不详,1946
《和谈覆辙在中国——知难行易在美国》,张九如著,台北,文海出版社有限公司,1968
《贺龙军事文选》,总参谋部《贺龙传》编写组编,北京,解放军出版社,1989
《贺龙年谱》,李烈主编,北京,人民出版社,1996
《贺龙传》,《贺龙传》编写组编,北京,当代中国出版社,1993
《胡琏评传》,王禹廷著,台北,传记文学出版社,1985
《胡乔木回忆毛泽东》,北京,人民出版社,1994
《华北第三次国内革命战争史》,北京军区《华北第三次国内革命战争史》编写组

编，石家庄，河北人民出版社，1990
《华北学生运动小史》第1分册，《华北学生运动小史》编辑委员会编，出版地不详，1948
《华东战场参谋笔记》，王德著，上海文艺出版社，1996
《黄克诚回忆录》，北京，解放军出版社，1989
《黄炎培年谱》，许汉三编，北京，文史资料出版社，1985
《回忆国民党政府资源委员会》，全国政协文史资料研究委员会工商经济组编，北京，中国文史出版社，1988
《回忆与研究》，李维汉著，北京，中共党史资料出版社，1986
《寄园回忆录》，陈启天著，台北，商务印书馆，1965
《蒋介石的经济危机》，中国问题研究社编，华北新华书店，1947
《蒋经国自述》，长沙，湖南人民出版社，1988
《蒋主席最近言论》第1辑，上海，国际出版社，1945
《蒋总统集》，"国防研究院"编，台北，1960
《蒋总统秘录》，[日]古屋奎二著，台北，"中央日报"社，1986
《剿匪战事之检讨》，军官训练团编，出版地不详，1947
《解放战争时期北平学生运动》，北京市档案馆编，北京，光明日报出版社，1991
《解放战争中的西北战场》，全国政协等合编，北京，中国文史出版社，1992
《近代中国外谍与内奸史料汇编》，洪桂己编，台北，"国史馆"印，1986
《近五十年中国与日本》第5卷，张蓬舟主编，成都，四川人民出版社，1992
《九三学社历史资料选辑》，九三学社中央社史办公室编，北京，学苑出版社，1991
《旧中国的通货膨胀》，杨培新著，北京，三联书店，1963
《旧中国民族资产阶级》，黄逸峰、姜铎、唐传泗、徐鼎新著，南京，江苏古籍出版社，1990
《旧中国通货膨胀史料》，吴冈编，上海人民出版社，1958
《决战的历程》，陈廉著，合肥，安徽人民出版社，1991
《军事调处在徐州》，谢端尧主编，北京，中共党史出版社，1996
《军事调处执行情况汇编》，晋察冀日报资料科编，出版地不详，1946
《抗日战争时期国民党军机密作战日记》，万仁元、方庆秋主编，北京，中国档案出版社，1995

《抗议美军驻华暴行运动资料汇编》，中共北京市委党史研究室编，北京大学出版社，1989
《抗战后期反间活动》，陈恭澍著，台北，传记文学出版社，1986
《抗战胜利的代价》，许倬云、丘宏达主编，台北，联合报，1986
《抗战胜利后重要文告》，中国国民党河北省党部编，出版地不详，1945
《昆明一二一学生爱国运动》，陪都各界反对内战联合会编，出版地不详，1946
《莱芜战役纪实》，山东省政协文史资料委员会、莱芜市政协文史资料委员会合编，北京，中国文史出版社，1995
《莱芜战役资料选》，中共莱芜县委宣传部编，济南，山东人民出版社，1982
《李达军事文选》，《李达军事文选》编辑组编，北京，解放军出版社，1993
《李聚奎回忆录》，北京，解放军出版社，1986
《李闻案调查报告书》，中国民主同盟总部编，出版地不详，1946
《李宗仁回忆录》，中国人民政治协商会议广西壮族自治区委员会文史资料研究委员会，南宁，1980
《涟水保卫战》，中共涟水县委党史办公室编，南京，江苏人民出版社，1989
《两次大战与中国前途》，“中国大陆问题研究中心”编，台北，1985
《辽沈决战》，中共中央党史资料征集委员会、中国人民解放军辽沈战役纪念馆建馆委员会、《辽沈决战》编审小组编，北京，人民出版社，1988
《刘伯承军事文选》，北京，解放军出版社，1992
《刘伯承用兵要旨》，杨国宇编，昆明，云南人民出版社，1985
《刘鸿生企业史料》，上海社会科学院经济研究所编，上海人民出版社，1981
《刘汝明回忆录》，台北，传记文学出版社，1966
《刘少奇年谱》(1898—1969)，刘崇文、陈绍畴主编，北京，中央文献出版社，1996
《刘少奇选集》上卷，北京，人民出版社，1981
《鲁南战役资料选》，枣庄市出版办公室编，济南，山东人民出版社，1982
《罗瑞卿传》，黄瑶、张明哲著，北京，当代中国出版社，1996
《罗荣桓传》，罗荣桓传记编写组编，北京，当代中国出版社，1992
《马叙伦政论文选》，中国民主促进会中央宣传部编，北京，文史资料出版社，1985
《马寅初抨击官僚资本》，周永林、张廷钰编，重庆出版社，1983
《毛泽东军事年谱》(1926—1958)，中国人民解放军军事科学院毛泽东军事思想研

究所年谱组编，南宁，广西人民出版社，1994
《毛泽东军事文集》第3、4卷，中共中央文献研究室、中国人民解放军军事科学院编，北京，军事科学出版社、中央文献出版社，1993
《毛泽东年谱》(1893—1949)，逄先知主编，北京，人民出版社、中央文献出版社，1993
《毛泽东书信选集》，中共中央文献研究室编，北京，人民出版社，1983
《毛泽东文集》第3、4卷，中共中央文献研究室编，北京，人民出版社，1996
《毛泽东选集》(合订本)，北京，人民出版社，1967
《毛泽东传》(1893—1949)，金冲及主编，北京，中央文献出版社，1996
《蒙古人民共和国史纲》，[苏]伊·亚·兹拉特金著，陈大维译，北京，商务印书馆，1972
《孟良崮战役》，中共山东省委党史资料征集研究委员会、中共临沂地委党史资料征集委员会编，济南，山东人民出版社，1987
《民国财政经济问题今昔观》，贾士毅著，台北，正中书局，1970
《民国财政史》，杨荫溥著，北京，中国财政经济出版社，1985
《民国胡上将宗南年谱》，於凭远、罗冷梅等编，台北，商务印书馆股份有限公司，1980
《民联政治报告》，香港，民潮社，1947
《民主同盟文献》，中国民主同盟总部编，出版地不详，1946
《南京受降记》，严问天等编，贵阳，四人出版社，1945
《聂荣臻回忆录》，北京，解放军出版社，1984
《聂荣臻军事文选》，聂荣臻传记编写组编，北京，解放军出版社，1992
《聂荣臻传》，《聂荣臻传》编写组编著，北京，当代中国出版社，1994
《配合军事收复苏北紧急措施方案》，江苏省政府秘书处编，出版地不详，1946
《彭德怀军事文选》，彭德怀传记编写组编，北京，解放军出版社，1988
《彭德怀年谱》，王焰主编，北京，人民出版社，1998
《彭真文选》，北京，人民出版社，1991
《批判中国资产阶级中间路线参考资料》第4辑，中国人民大学中共党史系中国革命史教研室编，出版地不详，1958
《评二中全会》，学习知识社，出版地不详，1946

《评中美商约》，燕京大学学生自治会研讨股编，出版地不详，1947

《七十年奋斗与思考》，薄一波著，北京，中共党史出版社，1996

《侵华日军南京大屠杀史稿》，“南京大屠杀”史料编辑委员会编著，南京，江苏古籍出版社，1987

《全国粮食概况》，行政院新闻局编，出版地不详，1947

《任弼时年谱》，中共中央文献研究室编，北京，人民出版社、中央文献出版社，1993

《日本投降后中共动态资料汇编》，出版地不详，1945

《日本投降与我国对日态度及对俄交涉》，“中华民国外交问题研究会”编，台北，1966

《日军侵华八年抗战史》，何应钦著，台北，黎明文化事业股份有限公司，1983

《戎马生涯的回忆》，曾克林著，北京，解放军出版社，1992

《赛福鼎回忆录》，北京，华夏出版社，1993

《山东革命历史档案资料选编》第16辑，山东省档案馆、山东社会科学院历史研究所编，济南，山东人民出版社，1984

《山海关之战》，袁伟主编，北京，军事科学出版社，1988

《善后救济总署》，蒋廷黻著，出版地不详，1945

《上海解放前后物价资料汇编》，中国科学院上海经济研究所、上海社会科学院经济研究所编，上海人民出版社，1958

《上海周公馆——中共代表团在沪活动史料》，中国共产党代表团驻沪办事处纪念馆编，上海人民出版社，1994

《审讯汪伪汉奸笔录》，南京市档案馆编，南京，江苏古籍出版社，1992

《胜利前后》，邵毓麟著，台北，传记文学出版社，1967

《失去的机会？——抗战前后国共谈判实录》，杨奎松著，桂林，广西师范大学出版社，1992

《实施宪政》，秦孝仪主编，台北，1978

《石觉先生访问纪录》，台北中研院近代史研究所，1986

《世纪之履——李默庵回忆录》，北京，中国文史出版社，1995

《四川革命历史文件汇集》(1940—1947)，中央档案馆、四川省档案馆编，出版地不详，1989

《四战四平》，高永昌主编，长春，1988

《宋子文评传》,吴景平著,福州,福建人民出版社,1992
《苏俄据东北——第二次世界大战结束时苏俄侵据东北折冲纪要》,董彦平著,台北,文海出版社,1974
《苏联出兵东北》,孟宪章、杨玉林、张宗海主编,北京,中国大百科全书出版社,1995
《苏中七战七捷》,《苏中七战七捷》编写组编,南京,江苏人民出版社,1986
《粟裕军事文集》,《粟裕军事文集》编写组编,北京,解放军出版社,1991
《粟裕战争回忆录》,北京,解放军出版社,1988
《绥靖第一年重要战役提要》,国防部编,出版地不详,1948
《绥靖区行政法令汇编》第1辑,行政院绥靖区政务委员会秘书处编,出版地不详,1946
《绥靖政工手册》,出版地不详,1946
《台湾光复初期历史》,赖泽涵主编,台北中研院中山人文社会科学研究所,1993
《台湾光复和光复后五年省情》,陈鸣钟、陈兴唐主编,南京出版社,1989
《台湾事变内幕记》,唐贤龙著,南京,中国新闻社出版部,1947
《天翻地覆三年间——解放战争回忆录》,陈士榘著,北京,中共中央党校出版社,1995
《天津历史的转折——原国民党军政人员的回忆》,天津市政协文史资料研究委员会编,出版地不详,1988
《天山雄鹰》,赛福鼎著,北京,中国文史出版社,1987
《外蒙古现代史》第4册,张大军著,台北,兰溪出版社有限公司,1983
《王世杰日记》,台北中研院近代史研究所,1990
《王首道回忆录》,北京,解放军出版社,1988
《往事沧桑》,伍修权著,上海人民出版社,1986
《伪满覆亡》,孙邦主编,长春,吉林人民出版社,1993
《伪廷幽影录——对汪伪政权的回忆纪实》,黄美真编,北京,中国文史出版社,1991
《我的历程》,伍修权著,北京,解放军出版社,1984
《我的戎马生涯——郑洞国回忆录》,北京,团结出版社,1992
《我与民革四十年》,朱学范著,北京,团结出版社,1990

《五二〇运动资料》第1、2辑，中国第二历史档案馆、中共南京市委党史办公室编，北京，人民出版社，1985、1987
《五五宪草之评议》，孔繁霖编，南京，时代出版社，1946
《先总统蒋公全集》，张其昀主编，台北，中国文化大学，1984
《先总统蒋公思想言论总集》，秦孝仪主编，台北，中国国民党中央委员会党史委员会，1984
《宪草修改原则批判集》，三民主义宪法促成会编，出版地不详，1946
《宪政实施参考资料》，中央训练团编，出版地不详，1947
《向炮口要饭吃》，出版地不详，1947
《萧劲光回忆录》，北京，解放军出版社，1987
《新华社评论集》(1945—1950)，北京，新华通讯社编，1960
《新华社评论集》(1947—1950)，北京，新华通讯社编，1960
《新疆风暴七十年》第12册，张大军著，台北，兰溪出版社有限公司，1980
《新疆革命史》，朱培民著，乌鲁木齐，新疆人民出版社，1993
《行政院复员官兵计划委员会第一次会议报告及决议案》，出版地不详，1946
《徐永昌日记》，台北中研院近代史研究所，1991
《徐州绥靖概要》，谢声溢编，出版地不详，1946
《学风与学潮》，北平，华北日报社，1947
《杨伯涛回忆录》，北京，中国文史出版社，1996
《叶飞回忆录》，北京，解放军出版社，1988
《叶剑英传》，《叶剑英传》编写组编著，北京，当代中国出版社，1995
《一二·一民主运动纪念集》，于再先生纪念委员会编，上海，镇华出版社，1946
《一二·一运动》，中共云南省委党史资料征集委员会、中共云南师范大学委员会编，北京，中共党史资料出版社，1988
《一个老兵心目中的陈毅元帅》，王昊著，上海文艺出版社，1996
《1942—1946年的远东》，[英]琼斯、博顿、皮尔恩著，复旦大学外文系英语教研组译，上海译文出版社，1979
《一年来剿匪重要战役之检讨》，军官训练团编，出版地不详，1947
《亿万光年中的一瞬——孙元良回忆录》，高雄，世界出版社，1972
《忆南征》，王首道著，北京，人民出版社，1981

《忆往谈旧录》,梁漱溟著,北京,中国文史出版社,1987
《鹰犬将军——宋希濂自述》,北京,中国文史出版社,1986
《远东国际军事法庭》,梅汝璈著,北京,法律出版社,1988
《远东国际军事法庭判决书》,张效林译,北京,群众出版社,1986
《越南受降日记》,朱偰著,上海,商务印书馆,1946
《在第二条战线上》,北京,中国青年出版社,1980
《在河内接受日本投降内幕》,凌其翰著,北京,世界知识出版社,1984
《在蒋介石身边八年》,唐纵著,北京,群众出版社,1991
《在历史巨人身边——师哲回忆录》,北京,中央文献出版社,1991
《资源委员会档案史料初编》"国史馆"编,台北,1984
《战后中国的两条路线》,徐林仪编,山东新华书店,1946
《战争回忆录》,戴高乐著,北京编译社译,北京,世界知识出版社,1981
《张公权先生年谱初稿》,姚崧龄编著,台北,传记文学出版社,1982
《张治中回忆录》,北京,文史资料出版社,1985
《张宗逊回忆录》,北京,解放军出版社,1990
《阵中日记》,中共中央党史资料征集委员会、中国人民解放军档案馆编,北京,中共党史资料出版社,1987
《政海秘辛》,程思远著,哈尔滨,北方文艺出版社,1991
《政协文献》,历史文献社编,出版地不详,1946
《政治协商会议纪实》,孟广涵主编,重庆出版社,1989
《政治协商会议文献》,立华编,北平,中外出版社,1946
《政治协商会议与国共谈判》,李炳南著,台北,永业出版社,1993
《政治协商会议之检讨》,李旭编,南京,时代出版社,1946
《政治协商会议之经过及有关文件》,中国国民党河北省党部编,出版地不详,1946
《制宪述要》,《雷震全集》第23册,雷震著,台北,桂冠图书股份有限公司,1989
《中共中央解放战争时期统一战线文件选编》,中央统战部、中央档案馆编,北京,档案出版社,1988
《中共中央南京局》,中共江苏省委党史工作委员会、中共南京市委党史资料征集编研委员会、中共代表团梅园新村纪念馆编,北京,中共党史出版社,1990
《中共中央文件选集》第15、16册,中央档案馆编,北京,中共中央党校出版社,

1991、1992

《中国财政历史资料选编》第 12 辑,陈昭桐主编,北京,中国财政经济出版社,1990

《中国党派》,南京,中联出版社,1948

《中国各党各派现状》,卫聚贤编,重庆,说文社,1946

《中国各党派史略与批判》,北平市宣慰团编,出版地不详,1947

《中国各民主党派》,于刚主编,北京,中国文史出版社,1987

《中国共产党中国人民解放军组织史资料》第 3 卷,中国人民解放军总政治部组织部编,北京,长征出版社,1994

《中国国民党第六届二中全会辑要》,青年远征军第二〇八师政治部编,出版地不详,1946

《中国国民党第六届二中全会决议案行政院办理情形报告表》,出版地不详,1947

《中国国民党第六届中央执监委员会第二次全体会议行政院工作报告》,出版地不详,1946

《中国国民党第六届中央执行委员会第二次全体会议记录》,中国国民党中央执行委员会秘书处编,出版地不详,1946

《中国国民党第六届中央执行委员会第三次全体会议记录》,中国国民党中央执行委员会秘书处编,出版地不详,1947

《中国近代对外关系史参考资料选辑》下卷第 2 分册,复旦大学历史系中国近代史教研组编,上海人民出版社,1977

《中国近代工业史资料》,陈真等编,北京,三联书店,1957—1961

《中国近代经济史统计资料选辑》,严中平等编,北京,科学出版社,1955

《中国近代史转捩点》,蒋匀田著,香港,友联出版社有限公司,1976

《中国近代珍藏图片库——蒋介石与国民政府》,万仁元主编,香港,商务印书馆有限公司,1994

《中国经济年鉴》,狄超白主编,香港,太平洋经济研究社,1947

《中国巨大变化的一年》,东北日报社编,佳木斯,东北书店,1947

《中国民主促进会四十年》,中国民主促进会中央宣传部编,上海人民出版社,1985

《中国民主党派史》(新民主主义时期),张军民著,北京,华夏出版社,1989

《中国民主建国会历史文献选编》,中国民主建国会中央委员会宣传部编,北京,书目文献出版社,1992

《中国民主社会党》，方庆秋主编，北京，档案出版社，1988
《中国民主同盟历史文献》(1941—1949)，中国民主同盟中央文史资料委员会编，北京，文史资料出版社，1983
《中国青年党》，方庆秋主编，北京，档案出版社，1988
《中国人民解放军第一野战军战史》，第一野战军战史编审委员会编，北京，解放军出版社，1995
《中国人民解放军全国解放战争史》第 1、2 卷，军事科学院军事历史研究部编著，北京，军事科学出版社，1993、1996
《中国人民解放战争军事文集》，中国人民解放军总部编，北京，1951
《中国通货膨胀论》，杨培新著，上海，生活书店，1948
《中国通货膨胀史》，张公权著，杨志信译，北京，文史资料出版社，1986
《中国外交史》(中华民国时期，1911—1949 年)，吴东之主编，郑州，河南人民出版社，1990
《中国往何处去》，上海，文化出版社，1949
《中国现代军事史》，刘馥著，梅寅生译，台北，东大图书股份有限公司，1986
《中国现代思想史资料简编》第 5 卷，李华兴编，杭州，浙江人民出版社，1983
《中国现代史资料选辑》第 6 册，彭明主编，北京，中国人民大学出版社，1989
《中国现代政治史资料汇编》第 4 辑，中国科学院历史研究所第三所南京史料整理处编，出版地、时间不详
《中国战区受降始末》，中国人民政治协商会议南京市委员会文史资料委员会编，北京，中国文史出版社，1991
《中国战区中国陆军总司令部处理日本投降文件汇编》，中国陆军总司令部编，出版地不详，1946
《中国战区中国陆军总司令部受降报告书》，中国陆军总司令部编，出版地不详，1946
《中国资本主义发展史》第 3 卷，许涤新、吴承明主编，北京：人民出版社，1993
《中华民国货币史资料》第 2 辑，中国人民银行总行参事室编，上海人民出版社，1991
《中华民国经济发展史》第 2 册，秦孝仪主编，台北，近代中国出版社，1983
《中华民国史画》，秦孝仪主编，台北，近代中国出版社，1978

《中华民国史史料长编》,万仁元、方庆秋主编,南京大学出版社,1993
《中华民国史事纪要》,朱汇森主编,台北,“国史馆”,1988
《中华民国史资料丛稿》增刊第5、6辑,中国社会科学院近代史研究所中华民国史研究室编,北京,中华书局,1979、1980
《中华民国重要史料初编——对日抗战时期》,秦孝仪主编,中国国民党中央委员会党史委员会,台北,1981
《中华年鉴》,南京,中华年鉴社,1948
《中外旧约章汇编》第3册,王铁崖编,北京,三联书店,1962
《中央银行史话》,寿充一、寿乐英编,北京,中国文史出版社,1987
《中原突围》第1、2、3辑,鄂豫边区革命史编辑部编,武汉,湖北人民出版社,1983—1986
《中原突围纪事》,李少瑜等编著,北京,解放军出版社,1992
《中原突围前后》,中共河南省委党史工作委员会编,郑州,河南人民出版社,1988
《中原突围史》,湖北省鄂豫边区革命史编辑部、湖北省军区中原突围史专题编纂室编,北京,军事科学出版社,1996
《钟期光回忆录》,北京,解放军出版社,1995
《周恩来军事文选》,中共中央文献研究室、中国人民解放军军事科学院编,北京,人民出版社,1998
《周恩来年谱》(1898—1949),中共中央文献研究室编,北京,人民出版社、中央文献出版社,1989
《周恩来书信选集》,北京,中央文献出版社,1988
《周恩来选集》上卷,北京,人民出版社,1980
《周恩来一九四六年谈判文选》,中共中央文献研究室、中共南京市委员会编,北京,中央文献出版社,1996
《周佛海狱中日记》,公安部档案馆编注,北京,中国文史出版社,1991
《朱德军事活动纪事》,袁伟、吴殿尧主编,北京,解放军出版社,1996
《朱德年谱》,中共中央文献研究室编,北京,人民出版社,1986
《朱德选集》,北京,人民出版社,1983
《总统蒋公大事长编初稿》,秦孝仪主编,台北,中国国民党中央委员会党史委员会,1978

《最近学潮之起源及其演变》第 4 辑，时代出版社，出版地不详，1947

中文报纸

《大公报》，重庆、上海、天津
《大众日报》，山东
《和平日报》，南京、上海
《华北日报》，北平
《解放日报》，延安
《晋察冀日报》，张家口
《申报》，上海
《时事新报》，上海
《世界日报》，北平
《文汇报》，上海
《新华日报》，重庆
《新民报》，重庆、上海
《益世报》，北平、天津
《中央日报》，重庆、南京、上海

中文期刊

《党的文献》，北京
《东方杂志》，上海
《观察》，上海
《国民政府公报》，重庆、南京
《国史馆馆刊》，台北
《近代史研究》，北京
《近代中国》，台北
《抗日战争研究》，北京
《历史研究》，北京

《民国档案》，南京
《群众》，上海
《时与文》，上海
《世纪评论》，南京
《世界知识》，上海
《文史资料选辑》，全国及各省市
《消息半周刊》，上海
《银行周报》，上海
《再生》，上海
《中共党史研究》，北京
《中共党史资料》，北京
《传记文学》，台北

英文档案文献

Arthur N. Young Papers, Hoover Archives, Stanford University, California.

Chang Kia-ngao Papers, Hoover Archives, Stanford University, California.

Chen Kuang-pu Collection, Rare Books and Manuscript Library, Columbia University, New York.

Chen Li-fu Collection, Rare Books and Manuscript Library, Columbia University, New York.

T. V. Soong Papers, Hoover Archives, Stanford University, California.

Wellington Koo Collection, Rare Books and Manuscript Library, Columbia University, New York.

Wu Kuochen Collection, Rare Books and Manuscript Library, Columbia University, New York.

英文著作

Beal, John Robinson. *Marshall in China*, Doubleday Canada, Toronto, 1970

Belden, Jack. *China Shakes the World*, Victor Gollancz, London, 1951

Chen, Kenneth S. *Dilemma in China: America's policy debate*, 1945, Hamden, Archon Books, 1980

Cheng, Yui-kui. *Foreign Trade & Industrial Development in China*, The University Press of Washington, Washington D. C., 1956

The China White Paper, Originally Issued as United States Relations With China, With Special Reference to the Period 1944 - 1949, Department of State Publication 3573, Far Eastern Series 30, Stanford University Press, California, 1967

Directory of the China-America Council of Commerce and Industry-A Guide to Nearly 400 American Companies Interested in Developing Trade Between China and the U. S. A., The China-America Council of Commerce and Industry ed., New York, 1946

Feis, Herbert. *The China Tangle-American Effort in China from Pearl Harbor to the Marshall Mission*, Princeton University Press, New Jersey, 1953

Ferver, John H. *The Truman Administration and China, 1945 - 1950: the Policy of Restrained Intervention*, Michigan University, Microfilms International, 1980

Garver, John W. *Chinese-Soviet Relations, 1937 - 1945*, Oxford University Press, New York, 1988

Gosgrove, Julia F. *United States Foreign Economic Policy Toward China, 1943 - 1946*, Ann Arbor, 1983

Levine, Steven I. *Anvil of Victory - The Communist Revolution in Manchuria, 1945 - 1948*, Columbia University Press, New York, 1987

Marshall's Mission To China, December 1945 - January 1947, The Report and Appended Documents, University Publications of America, Inc. Arlington, Virginia, 1976

McLane, Charles. *Soviet Policy and the Chinese Communists 1931 - 1946*, Columbia University Press, New York, 1958

Pepper, Suzanne. *Civil War in China - The Political Struggle, 1945 - 1949*, University of California Press, Berkeley, 1978

Pogue, Forrest C. *George C. Marshall - States Man*, Viking Penguin Inc. New York, 1987

Rea, Kenneth W. and Brewer, John C. edited, *The Forgotten Ambassador: The Reports of John Leighton Sturat, 1946*, Westview Press Inc., Boulder, Colorado, 1981

Schaller, Michael. *The U. S. Crusade in China, 1938 - 1945*, Columbia University Press, New York, 1979

Stuart, John Leighton. *Fifty Years in China - The Memoirs of John Leighton Stuart, Missionary and Ambassador*, Random House, New York, 1954

Truman, Harry S. *The Memoirs of Harry S. Truman*, Vol. 1, *Year of Decisions—1945*, Vol. 2, *Years of Trial and Hope—1946 - 1953*, Hodder and Stoughton Ltd., Suffolk, 1955, 1956.

Tsou, Tang. *America's Failure in China, 1941 - 1950*, The University of Chicago Press, Chicago, 1963

Van Slyke, Lyman P. *Enemies and Friends - The United Front in Chinese Communist History*, Stanford University Press, California, 1987

Wells, Sumner. *Seven Decisions That Shaped History*, Harpes and Brothers, New York, 1951

Westad, Odd Arne. *Cold War & Revolution: Soviet - American Rivalry and the Origins of the Chinese Civil War*, Columbia University Press, New York, 1993

英文期刊

Dennett, Raymond. and Turner, Robert. eds, *Documents on American Foreign Relations*, Vol. 9, New Haven, 1950

人名索引*

* 本索引收入本卷中出现的人名，中国、日本、朝鲜、越南人名以其汉字的音序排列，其他国家的人名以其译音汉字的音序排列，并附其原文，少数不知原文者暂付阙如。

D

F

G

H

J

M

N

O

P

Q

R

S

T

W

X

Y

Z